새로운

표준 프랑스어 문법

La Grammaire Contemporaine du Français

서정철 · 이창순 공저

신아사

표준 프랑스어 문법
La Grammaire
Contemporaine du Français

책을 펴내면서

표준 불문법이 나온 지 오랜 동안에 프랑스어를 배우는 학생들은 물론 일반인들에게 많은 기여를 했다고 생각하는 바이다.

한 나라의 언어를 배우는데 있어서 문법의 중요함은 두말할 나위가 없다. 그러한 중요성에 입각해 본서가 나온 이래로 미흡한 부분을 보충할 생각도 있었고, 또한 본서에 관해 많은 독자들로부터 귀감이 되는 말을 많이 접해온 터라, 이런 점을 고려해 프랑스어를 처음 배우는 초보자들도 접할 수 있는 그런 것으로 개정할 필요가 있다고 생각이 들어서 서명도 표준 프랑스어 문법으로 새롭게 바꾸어 이번에 손을 보기로 했다.

먼저 전체적인 틀은 그대로 유지하면서 책을 현대 감각에 맞게 다시 꾸몄으며, 어려운 단어는 되도록 없애고 쉬운 단어로 대체하였으며, 예문에서도 어렵고 잘 쓰지 않는 표현들은 다른 예문으로 대체하여 좀 더 쉽고 이해하기 편하게 수정하였다. 특히 초보자를 위한 프랑스어 문법책은 많이 있지만 기초부터 고급 문법 수준까지 상세히 다룬 문법책은 별로 없는 점을 감안하여, 있는 내용을 다시 수정 보충하면서 기초문법부터 고급 내용까지 담은 더욱 알찬 책이 되도록 개정하였다.

또한 이번 개정판에는 연습문제도 새로 넣었다. 기초문제는 프랑스어를 처음 배우는 사람을 위해 초보적인 문제를, 기본문제는 좀 더 프랑스어 문법을 다지기 위한 문제를, 응용문제는 내용이 까다롭고 수준 높은 문제를 수록하였다. 따라서 기초문제는 말 그대로 초보자들이, 기본문제는 프랑스어를 전공하는 저학년 학생들이, 응용문제는 상급 학년이나 대학원 학생들이 접하면 도움이 되는 문제를 수록하였다. 응용문제는 어학적 개념이 들어간 까다로운 문제들도 많이 수록되어 있어서 기초문제나 기본문제들처럼 일률 단편적으로 정답을 적을 수가 없어 정답을 생략했다. 따라서 그런 문제들은 대학에서 프랑스어 문법이나 강독, 프랑스 어학강의 시간을 이용해 접해 보면 프랑스어를 이해하는데 많은 도움이 될 줄로 믿는다. 지면상 필수적으로 알아야 할 문제들만 다루어서 많은 문제를 수록하지는 못했으나, 연습문제 교재들이 오늘날 프랑스에서 많이 발행되고 있으니 더 많은 다양한 문제들은 그런 책을 이용해 프랑스어를 더욱 다져나가면 좋겠고, 본서가 그런 문제들 푸는데 도움이 되는 더욱 알찬 학습 자료가 되었으면 한다.

그래서 본서는 프랑스어를 처음 배우는 사람부터 고급 프랑스어 문법을 필요로 하는 사람에게까지 고루 이용할 수 있는 필요한 책이 되도록 했다. 프랑스어를 처음 접하는 학생은 물론 초보 학습자는 각 장의 첫 부분이나 각 절 혹은 주요 명제의 첫 부분을 보면서 기초 내용을 이해하고, 차츰 프랑스어가 익숙해지면 좀 더 상세한 설명부분을 읽어보고 연습문제를 풀어보면서 공부하면 평생 좋은 지침서가 될 거라고 생각된다. 그리고 프랑스어를 어느 정도 익힌 상급학년 학생에게는 상세한 상황을 알기 원하는 부분을 접해 읽어보면 일반적 규칙을 비롯해 주의할 만하고 좀더 예외적 사항까지 익힐 수 있도록 최대한 상세히 집필하였다.

매우 오랜 시일에 걸쳐 꼼꼼히 손을 보았지만 그래도 워낙에 까다롭고 미묘한 부분을 가진 것이 문법인지라 미비한 점 또한 없지 않으리라 믿는다. 앞으로 그런 점은 다시 보충하기로 마음먹으면서 아무쪼록 프랑스어를 배우는 여러분에게 좋은 지침서가 되었으면 하는 바람이다.

끝으로 이 책을 쓰는데 조언을 해준 외대 통역대학원의 Suzanne Salinas, Séverine Stoeckle 동료교수에게 감사의 마음을 전하며, 어려운 사정에도 본서를 끝까지 잘 편집하여 주시고 책이 나오게 해주신 신아사 정현걸 사장님과 편집부 직원들께 감사의 말씀을 드리는 바이다.

2010년 1월 저자

표준 프랑스어 문법
La Grammaire
Contemporaine du Français

목 차

제2부 품사론

제3부 구문론(Syntaxe)

제1부

음성론

제1부
음성론

프랑스어 연구 분야 중의 하나인 음성론은 프랑스어의 음을 연구하는 이론으로, 언어로서 가장 기본 요소라고 할 수 있는 발음을 비롯해, 철자나 독특한 철자기호 등의 용법을 다룬다. 또한 연음하는 법과 모음생략 등을 보여주며, 까다로운 프랑스어 철자법 등을 알 수 있게 해준다.

Ⅰ. 프랑스어 알파벳(Alphabet)

1. 프랑스어 문자

프랑스어의 자모는 26개의 문자이다.

A a [a]	B b [be]	C c [se]	D d [de]
E e [ə]	F f [ɛf]	G g [ʒe]	H h [aʃ]
I i [i]	J j [ʒi]	K k [ka]	L l [ɛl]
M m [ɛm]	N n [ɛn]	O o [o]	P p [pe]
Q q [ky]	R r [ɛ:ʀ]	S s [ɛs]	T t [te]
U u [y]	V v [ve]	W w [dubləve]	X x [iks]
Y y [igʀɛk]	Z z [zɛd]		

㈜ 알파벳 K와 W는 외래어나 외래어에서 차용한 단어에서 쓰인다.
kilogramme / le week-end / le wagon / whisky

2. 프랑스어 자모

프랑스어의 음은 크게 모음(voyelle)과 자음(consonne)으로 구분하며 이들의 중간 성질을 띤 반모음(semi-voyelle)을 따로 나누기도 한다.

모 음 : [i] [e] [ɛ] [a] ; [u] [o] [ɔ] [ɑ] ; [y] [ø] [ə] [œ] ;
[œ̃] [ɛ̃] [ɑ̃] [ɔ̃](16개)

반모음 : [j] [ɥ] [w](3개)
자　음 : [p] [b] [t] [d] [k] [g] ; [f] [v] [s] [z] [ʃ] [ʒ] [ʀ] ;
[l] [m] [n] [ɲ](17개)

Ⅱ. 모 음(Voyelle)

모음은 음소의 최소 단위이다. 모음은 발음할 때 입김이 입으로만 나오느냐, 입과 코로 동시에 나오느냐에 따라 구강모음(voyelle orale)과 비강모음(voyelle nasale)으로 크게 나뉜다.

또한 발음할 때 입의 벌림이라든가 혀의 위치, 입술 모양 등에 따라 여러 가지로 분류한다. 즉 혀 앞쪽이 조음부가 되면 전모음(voyelle d'avant), 혀 뒤쪽이 조음부가 되면 후모음(voyelle d'arrière), 혀의 위치와 이 사이는 전모음과 같고 입술모양이 후모음과 같으면 복합모음(voyelle composée)이라 한다.

	전모음(평순모음)	복합모음(원순모음)		후모음(원순모음)
구강모음	[i] [e] [ɛ] [a]	[y] [ø] [œ]	[ə]	[u] [o] [ɔ] [ɑ]
비강모음	[ɛ̃]	[œ̃]		[ɑ̃] [ɔ̃]

1. 구강모음(voyelle orale)

(1) 전모음 [a]→[ɛ]→[e]→[i]의 순서로, 입을 아주 크게 벌리고 혀를 정상적으로 아랫니 안쪽에서 편평하게 하였다가 혀끝이 점차 위로 올라가 윗니 안쪽으로 나가며 동시에 아래 위 입술이 옆으로 벌어진다.

[a] *a*mi g*a*rçon　　[ɛ] pr*è*s t*ê*te m*e*r
[e] *été* ch*ez*　　[i] f*i*n*i* écr*i*re

(2) 후모음 [u]→[o]→[ɔ]→[ɑ]의 순서로 양 입술을 오므리고 앞으로 툭 튀어나온 상태에서 뒤쪽이 차차 낮아지고 이 사이가 벌어지며, 입술이 뒤로 당겨지면서 동그랗게 좀더 많이 벌어진다.

[u] *joujou* t*ou*t　　[o] chât*eau* j*au*ne
[ɔ] *o*bjet *au*rore　　[ɑ] b*â*timent p*as*

(3) 복합모음 [œ]→[ə]→[ø]→[y]의 순서로 혀끝 쪽은 점차로 위로 올라 윗니 안쪽에 다가가고 동시에 입술이 동그랗게 오므라든다.

[œ] *œu*vre seu*l* *œ*il [ə] m*e* repas

[ø] f*eu* *œu*fs [y] *u*ne obsc*u*r j'ai *eu*

✻ [œ]발음은 입술은 [ɔ], 혀는[ɛ]위치로 놓고 발음하며, 우리말의 '외'와 '어'를 단일화시켜 좀 더 입을 열고 발음한 것 비슷하다. 입 안을 열고 입술은 앞으로 내밀며 발음한다.

✻ [ø]발음은 입술은 [o], 혀는 [e]위치에 놓고 발음하며, 우리말의 '의'와 '으'를 단일화 시켜 입을 닫고 발음한 것과 비슷하다. 입 안은 비좁게 입술은 앞으로 내밀며 발음한다.

✻ [y]발음은 우리말의 '위'와 비슷하다. 입술을 앞으로 내밀며 단모음으로 발음한다.

✻ [ə]의 발음은 우리말의 '어'와 '으'의 중간음으로 입을 열고 발음한다. 대부분 무음일 경우가 많지만, 그렇지 않은 경우는 다른 모음처럼 정확히 발음해 주어야한다.

❖ Remarque : **무음 e의 발음법**

ⓐ 2음절 이상의 단어 끝에 오는 -e는 원칙적으로 무음;
salad*e* véritabl*e* musiqu*e* dam*e*

ⓑ 단음절로 된 단어 끝, 혹은 음절의 끝에 오는 -e는 [ə], 혹은 무음;
[ə] l*e* r*e*pos f*e*nêtre d*e*main
✻ 무음 contrair*e*ment / maint*e*nant / ach*e*ter

ⓒ -e의 발음을 생략함으로써 자음 3개가 연속되는 경우에만 발음이 곤란해지므로 e muet를 생략하지 않고 [ə]로 발음한다.
véritabl*e*ment quelqu*e* chose pr*e*mier ferm*e*té

ⓓ 문장에서 리듬 단락의 첫 모음으로 온 e muet는 보통 [ə]로 발음한다.
J*e* sais. [ʒəsɛ]
J*e* sais bien que vous viendrez. [ʒəsɛbjɛ̃ kə vuvjɛ̃dʀe]

ⓔ 문장에서 리듬 단락 때에 2개 이상의 e muet가 올 때는 일반적으로 처음에 나오는 e는 [ə]로 발음하고 뒤의 것은 생략한다.
J*e* le sais. [ʒəlsɛ]
N*e* me dis rien. [nəmdiʀjɛ̃]

ⓕ 유음 h 앞에서의 e는 반드시 발음된다.
un*e* hache [ynəaʃ]

ⓖ 발음을 명백히 하기 위하여 e를 생략하지 않을 때도 있으며 어느 때는 강조하기 위하여 [ø]와 [œ]로 발음하기도 한다.
Je l*e* veux. [ʒəlœvø]
Prends-l*e*. [prɑ̃lø]

2. 비강모음(voyelle nasale)

[ɛ̃], [œ̃], [ɔ̃], [ɑ̃]이 있고, 그 발음은 구강모음의 입술이나 혀의 상태에서 숨의 일부를 코로 뿜어, 콧소리가 나는 발음이다.

[ɛ̃] p*in* pa*in* *sym*bole [œ̃] *un* br*un* h*um*ble

[ɔ̃] b*on*jour b*omb* [ɑ̃] *ensem*ble t*an*te p*aon*

3. 반모음(semi-voyelle)

모음 [i] [u] [y]는 뒤에 다른 모음이 와서 그 모음과 한 음절 속에 끼면 제대로 완전한 모음 소리를 못 내고 아주 짧게 발음되어, 소리는 모음과 비슷하나 음절 형성 능력이 없으므로 마찰자음(fricative)화 했다고 보는데, 이를 반모음(semi-voyelle) 혹은 반자음(semi-consonne)이라 부른다. 발음기호는 다음과 같이 표시한다.

[i]→[j] [u]→[w] [y]→[ɥ]

[j] p*i*ano c*i*el *y*eux P*i*erre b*i*en

[w] *ou*i l*ou*er L*ou*is l*ou*age

[ɥ] dep*u*is n*u*it n*u*age s*u*ite j*u*illet

Ⅲ. 자 음(Consonne)

자음은 크게 나누어, 입김이 구강으로 통하는 구강자음 (consonne orale)과 코로 통하는 비강자음 (consonne nasale)이 있다.

또한 성대를 진동하여 내는 유성음(sonore)과 진동하지 않고 내는 무성음 (sourde)으로 나눈다. 발음 방법에 따라서 폐쇄음 (occlusive, 혹은 파찰음이라고도 함), 마찰음 (fricative), 측음 (laterale)으로 나눈다.

또 발음할 때 입 안의 어느 부분이 주로 관계되는가에 따라 순음 (labiale), 치음 (dentale), 구개음(palatale), 연구개음 (vélaire)으로 나눈다.

			순 음		치음	구개음	연구개음
			양순음	순치음			
구강자음	폐쇄음	무성음 유성음	[p] [b]		[t] [d]		[k] [g]
	마찰음	무성음 유성음		[f] [v]	[s] [z]	[ʃ] [ʒ]	[ʀ]
	측음	유성음			[l]		
비강자음	폐쇄음	유성음	[m]		[n]	[ɲ]	

1. 구강 자음

(1) 폐쇄음(occlusive) 숨길을 일단 완전히 막은 다음, 갑자기 열어서 생기는 음이다.

[p] *p*orte o*b*server a*pp*orter [b] *b*ras li*b*erté a*bb*é

[t] *t*axi ques*t*ion a*tt*ention [d] *d*emain gran*d*e a*dd*ition

[k] *k*ilo *c*rayon *qu*artier [g] *g*are *gu*erre *g*lace

✽ [p], [t], [k]는 영어나 독일어식의 'ㅍ, ㅌ, ㅋ'이 아니고, 우리말의 'ㅃ, ㄸ, ㄲ'으로 발음한다.

(2) 마찰음(fricative) 숨길이 좁혀져 마찰에 의해 생기는 음이다.

[f] ca*f*é *f*ort e*ff*et [v] *v*alise ca*v*e *w*agon

[s] service de*ç*a a*ss*iette [z] ro*s*e *z*éro *s*ixéme

[ʃ] *ch*emin diman*ch*e [ʒ] *g*irafe *j*e *G*eorge

[ʀ] su*r* *r*i*r*e igno*r*ant

✽ [ʀ]는 입 천정과 목 근처의 혀 뒷부분을 올리면서 마찰시켜 나는 독특한 음이다.

(3) 측음 측음은 혀 양 옆으로 숨을 보내어 내는 소리이다.

[l] *l*ivre b*l*é sa*ll*e

2. 비강자음

입의 어느 부분에서 숨길을 막고 소리를 코로 뽑아내는 음이다.

[m] *m*ère dra*m*atique em*m*ener

[n] *n*ombre ba*n*a*n*e en*n*ui

[ɲ] monta*gn*e co*gn*ac Espa*gn*e

✽ [ɲ]는 우리말의 'ㄴ'를 띠면서 '뉴'와 비슷하게 발음한다.

㈜ 프랑스어에서 단어의 끝 자음은 일반적으로 발음을 안 하나, 발음하는 경우도 있다. 끝자음 c, f, l, q는 발음 안 되는 경우가 거의 대부분으로써 일부 단어에서만 발음되고, r 은 반반 정도, 그 밖의 자음들은 거의 발음을 안 한다.

Ⅳ. 철자와 발음

프랑스어 철자는 일정한 음가를 갖고 있어서, 알파벳 26자의 음가와 그밖의 복합된 문자들의 음가를 전혀 어휘에 대한 지식이 없더라도 읽을 수가 있다. 그러나 독일어, 스페인어, 이탈리아어 등과 같은 다른 유럽어와는 달리, 특히 철자법이 까다롭고 그 철자법에 따라 발음에 영향을 미치고 또한 불규칙한 것이 존재함으로 철자와 발음에 유의할 필요가 있다.

❖ Remarque : 철자발음법

한 단어 내에서 철자는 다음과 같이 발음된다.

1. 단모음 글자

(1) a, à, e + mm, nn :	[a]	salade	là	femme	évidemment
(2) a, â :	[ɑ]	âme	pas	âgé	las
(3) é, e + 자음(어미) :	[e]	été	bébé	chez	aimer
(4) è, ê, é(극히 일부만) :	[ɛ]	près	tête	événement	
e + 2중자음,		lettre	elle		
e + 자음(어미) :		fer	mer		
어미가 -et일 때 :		muet	projet		
(5) o, ô :	[o]	pot	pôle	chose	
(6) o :	[ɔ]	port	sol	joli	
(7) i, î, y :	[i]	fini	gîte	style	
(8) u, û :	[y]	dû	dur	pureté	
(9) 무음 e :	[ə]	demain	dame		

㈜ e가 때로는 전혀 발음되지 않거나 또는 약한 [ə]로 발음되는데, 이것을 무음의 e(e muet 또는 e caduc)라고 부른다.

2. 반모음 글자

(1) i, y + 모음자 : [j] p*i*ano m*i*el *y*eux
(2) u + 모음자 : [ɥ] n*u*it n*u*age l*u*i
(3) ou + 모음자 : [w] *ou*est *ou*i L*ou*is

3. 복모음 글자

(1) ai, aî, ei : [ɛ] vr*ai* m*aî*tre s*ei*ze
(2) eu, œu, eû + 무음의 자음 : [ø] *eu*x v*œu* *œu*fs
(3) eu, œu, œ + 발음되는 자음 : [œ] h*eu*reux s*œu*r *œ*il
(4) au, eau : [o] P*au* nouv*eau* b*eau*coup
(5) ou, où, oû : [u] s*ou*s *où* g*oû*t
(6) oi, oî, oe, oê : [wa] *oi*seau cr*oî*tre m*oe*lle p*oê*le
(7) ay : [ei] p*ay*sage p*ay*san
 ay + 모음자 : [ɛj] cr*ay*on p*ay*er ess*ay*er
(8) ey + 모음자 : [ɛj] ass*ey*ez
(9) oy + 모음자 : [waj] v*oy*age r*oy*al
(10) uy + 모음자 : [ɥij] br*uy*ant t*uy*au
(11) ille : [ij] f*ille* fam*ille*
 ail, aille : [aj] trav*ail* p*aille*
 eil, eille : [ɛj] sol*eil* bout*eille*
 euil, euille : [œj] faut*euil* f*euille*
 ueil, ueille : [œj] acc*ueil* c*ueille*
 ouil, ouille : [uj] fen*ouil* gren*ouille*
 œil, œille : [œj] *œil* *œill*et

4. 비강모음 글자

(1) an, en, am, em, aon, aen : [ɑ̃] b*an*c *en*core *en*se*m*ble *em*pire p*aon* C*aen*
(2) ain, aim, ein, eim, in, im, yn, ym : [ɛ̃] b*ain* f*aim* pl*ein* enf*in* *im*portant s*yn*taxe s*ym*bole

(3) un, um : [œ̃] br*un* hu*m*ble l*un*di

(4) on, om : [ɔ̃] b*on* n*om*bre p*om*pe

(5) ien, yen : [jɛ̃] b*ien* mo*yen*

(6) oin : [wɛ̃] m*oins* l*oin*

5. 단자음 글자(또는 동일한 자음 글자)

(1) b, bb : [b] li*b*erté a*bb*é *b*ras

b + s : [p] a*b*solu a*b*sent o*b*server

(2) c, cc+a, o, u : [k] *c*ar *c*oton *c*ube a*cc*ord

cu, ccu+e : [k] *cu*eillir a*ccu*eil

c, cc+e, i : [s] *c*e*c*i mer*c*i a*cc*ident

(3) d, dd : [d] *d*ate a*dd*ition

(4) f, ff : [f] *f*acile e*ff*et

(5) g + a, o, u : [g] *g*are *g*omme lé*g*ume

g + e, î, y : [ʒ] â*g*e *g*îte *g*ymnase

gu + e, i : [g] *gu*erre *gu*itare

ge + a, o : [ʒ] *Ge*orge il man*ge*a.

(6) h : (발음안함) [–] *h*ôtel *h*éros

(7) j : [ʒ] *j*our bon*j*our *j*eton

(8) k : [k] *k*ilo *k*aki

(9) l, ll : [l] tab*l*e a*ll*er

(10) m, mm : [m] *m*ère se*m*aine gra*mm*aire

(11) n, nn : [n] *n*uit do*nn*er

(12) p, pp : [p] *p*eu a*pp*orter

(13) q : [k] co*q* pi*q*ûre

qu + a, e, i, o [k] *qu*atre lors*qu*e *qu*itter

(14) r, rr : [ʀ] *r*ose a*rr*oser

(15) s, ss : [s] *s*ourcil a*ss*eoir

s(모음 사이) : [z] ro*s*e va*s*e

(16) t, tt : [t] *t*imbre a*tt*aquer

(17) v : [v] *v*ingt de*v*iner

(18) w : [v] *w*agon

(19) x : [ks] ta*x*i te*x*te

[gz] e*x*ercice e*x*otisme

[s] di*x* si*x*

(20) z, zz : [z] ga*z* ja*zz*

㊟ 유음의 h와 무음의 h(h aspiré et h muet) : 무음의 h로 시작하는 단어는 마치 모음으로 시작하는 단어처럼 취급해서 모음자 생략(élision)이나 연음(liaison)을 적용하고, 유음의 h로 시작하는 단어는 마치 자음으로 시작하는 단어처럼 취급해서 생략이나 연음을 하지 못한다. 즉 두 경우 다 h의 발음은 안하나 철자법과 연음에 유의해야 한다.

✽ 무음의 h : l'hôtel [lotɛl] les hôtels [lezotɛl]

✽ 유음의 h : le héros [ləeʀo] les héros [leéʀo]

6. 복자음 글자

(1) ch : [ʃ] *ch*iffre mar*ch*é *ch*armant

ch : [k] *ch*aos *ch*oléra *ch*rétien

(2) gn : [ɲ] co*gn*ac monta*gn*e ma*gn*ifique

gn : [gn] stag*n*ation

(3) sc : [s] *sc*ène *sc*ie *sc*ience

sc : [sk] *sc*orpion *sc*olastique

(4) ph : [f] *ph*are *ph*ilosophe

Ⅴ. 음 절(Syllabe)

한 숨에 발음되는 음의 단위가 음절이며, 음절은 반드시 모음을 중심으로 이루어진다. 하나의 음절에는 하나의 모음만 들어가는데, 철자상으로 2개 이상의 모음자가 들어가도 실제로 발음할 때는 하나의 모음으로만 발음된다.

음절을 나누는 방법은 다음과 같다.

1. 발음으로 음절 나누기

(1) 낱말 처음에 오는 자음(반모음도 포함)은 그 다음 모음과 한 음절이 되며, 맨 끝에 오는 자음은 그 앞의 모음과 한 음절을 이룬다.

cahier [ka-jɛ] agir [a-ʒiʀ]

(2) 두 모음 사이에 오는 자음은 하나일 때는 그 자음 앞에서 자른다.

fini [fi-ni] chapeau [ʃa-po]

(3) 두 모음 사이에 온 자음이 둘일 때는 그 사이를 가른다.

argent [aʀ-ʒɑ̃] contraire [kɔ̃t-ʀɛːʀ]

(4) 연속된 두 모음은 그 사이를 가른다.

théâtre [té-aːtʀ] poème [pɔ-ɛm]

(5) 두 자음 사이의 -s는 보통 앞 음절에 속한다.

lorsque [lɔʀs-k(ə)] abstenir [aps-tə-niːʀ]

2. 철자로 음절 나누기

철자상으로 나누는 경우로는 한 단어가 행 끝에 걸치게 되어 둘로 나뉘게 될 때에 쓰이는데, 보통 발음상의 음절 나누는 방법과 같으나 다른 점은 다음과 같다.

(1) -e가 무음이라도 발음되는 것으로 보고 음절을 나눈다.

ba-na-ne sa-me-di mer-cre-di

(2) 연속된 모음은 비록 별개의 음절이라도 나누지 않는다.

théâ-tre poè-me

(3) 모음 사이에 낀 두 개의 자음은 반드시 둘로 가른다.

bon-ne liv-re pas-sa-ge

Ⅵ. 철자 기호(Signe orthographique)

일부 문자의 음을 구별하거나 또는 단어의 철자 방식을 보충하기 위해서 사용되는 철자상의 기호를 말한다.

1. 악상부호(Accent orthographique)

이것은 발음상의 강세표시가 아니라 명확한 발음과 다른 단어와의 혼동을 피하기 위해 모음 위에 붙이는 기호이다.

(1) accent aigu : (´)

모음 e 위에 붙이는 기호로 항시 [e]로 발음된다.

vérit*é* *été* bl*é* b*é*b*é*

예외적으로 [ɛ]로 발음되는 경우도 있다.

év*é*nement aim*é*-je all*é*gement all*é*grement

(2) accent grave : (`)

모음 a, e, u 위에만 붙으며 à [a], è [ɛ]로 소리 나며 ù [y]는 u발음과 같다.

voil*à* déj*à* deç*à* p*è*re succ*è*s o*ù*

(3) accent circonflexe : (^)

모음 a, e, i, o, u 위에 붙으며 주로 장모음을 나타내거나, 역사적으로 생략된 글자가 있다는 것을 표시하는 수가 많고, 같은 철자의 단어와 구별하기 위한 경우도 있다.

① 장모음 : dipl*ô*me gr*â*ce extr*ê*me

② s 탈락표시 : for*ê*t(forest) h*ô*pital(hospital)

③ 동음이의어의 구별 : d*û*/ du cr*û*/ cru je*û*ne/ jeune

2. 기타 철자 부호

(1) 트레마(Tréma) : (¨)

모음 e, i, u 앞에 붙여서 그 모음을 앞 모음과 분리해서 발음한다는 표시이다.

ha*ï*r [ai:ʀ] aigu*ë* [egye] ma*ï*s [mais]

(2) 세디유 (Cédille) : (¸)

모음 a, o, u 앞에 온 c자 아래에 붙으며 c가 [k] 대신 [s] 발음이 나도록 해준다.

français leçon reçu François

(3) 연결부호 (Trait d'union) : (-)

주로 두 개 이상의 낱말을 연결하는 부호로 다음과 같은 경우에 사용된다.

① 합성어

arc-en-ciel demi-heure rendez-vous

② 수사를 만들 때
dix-sept vingt-deux quatre-vingt-dix-neuf

③ 동사와 주어(대명사) 사이
Aimez-vous Brahams? Est-ce un magnétophone?

④ 명령형 동사와 인칭대명사 사이
Crois-moi. Allez-vous-en.

⑤ 대명사와 même 사이
moi-même lui-même eux-mêmes

⑥ 부사 -ci, -là 와 함께 구성되는 합성어에서
cet oiseau-ci celui-là ci-joint

⑦ 고유명사, 세례명에서
la rue Saint-Jacques les État-Unis

⑧ 행의 끝에서 한 단어가 잘리어 다음 행으로 가게 될 경우

Ⅶ. 연 음(Liaison)

단어 끝의 발음되지 않는 자음자가, 뒤에 오는 단어의 첫머리 모음이나 무음의 h와 만나서, 발음되는 현상을 연음 혹은 연독이라 한다. 연음시에는 어미 자음의 발음이 변하는 경우가 더러 있다.

1. 연음시 발음의 변화

(1) 자음의 발음 변화

단어 끝의 자음이 연음될 때는 그 자음소리 그대로 연음되는 것이 원칙이나 아래와 같은 일부 자음들은 변화되어 발음된다.

① - s, - x → [z] di*x*‿hommes le*s*‿armoires

② - d → [t] quan*d*‿il gran*d*‿arbre

③ - g → [k] lon*g*‿hiver lon*g*‿oubli

④ - f → [v] neu*f*‿heures neu*f*‿ans

(2) 비강모음의 발음 변화

비강모음이 연음될 때는 비강모음+[n] 또는 구강모음+[n]이 된다. 그리고 m으로 끝난 비강모음은 연음되지 않는다.

① -ain, -ein, -en, -on으로 된 품질형용사는 명사 앞에서 각각 [ɛn], [ɛn], [ɛn], [on]으로 된다.

v*ain*‿espoir pl*ein*‿air b*on*‿auteur

✽ 소유형용사는 비강모음이 그대로 남으면서 연음된다.
m*on*‿ami [mɔ̃nami]

② -in로 된 품질형용사는 비강모음이 그대로 남기도 하고 또는 구강모음화하기도 하면서 연음된다.

mal*in*‿esprit [malɛ̃nɛspʀi] 혹은 [malinɛspʀi]

③ un, aucun, commun, on, rien, bien, en, combien, non 뒤에서는 비강모음이 그대로 남으면서 연음된다.

un‿ami [œ̃ nami] auc*un*‿homme [okœ̃ nom]

2. 연음의 유무

(1) 반드시 연음해야 할 경우

① 관사와 명사, 관사와 형용사, 형용사와 명사 사이

des‿hôtels, les‿amis, les‿anciens camarades, un petit‿enfant

② 주어대명사와 동사, 동사와 주어대명사 사이, 보어대명사와 동사, 동사와 보어대명사 사이

Nous‿avons... Aiment-‿ils...?
Vous‿en‿avez beaucoup. Donnez-m‿'en.

③ 동사와 속사 사이

Nous sommes heureux. Il est‿élève.

④ 조동사와 과거분사 사이

Il est‿allé... Il avait‿été... Ils seront‿entrés.

⑤ 부사 다음에서

très‿utile bien‿aimable plus‿important

⑥ 전치사와 그 보어 사이

chez‿elle devant‿eux sous‿un arbre

⑦ 관용구와 복합어에서
de temps‿en temps tout‿à coup Champs‿Elysées

(2) 연음해서는 안 되는 경우

① 의미상 서로 관련이 없는 말 사이에서, 또는 마침표나 쉼표가 사이에 있는 단어 사이는 연음하지 않는다.
Allez-vous／en voiture?
Vieillards,／hommes, femmes,／enfants,／tous voulaient me voir.

② 명사 주어와 동사 사이
Les enfants／aiment leurs parents.

③ h aspiré(유음의 h) 앞에서
les／héros un／haricot

④ 접속사 et 다음에서
un homme et／une femme

⑤ 단수명사와 형용사 사이에서
un enfant／aimable sujet／intéressant

⑥ 수사 huit, onze 앞이나 cent 뒤에서
depuis／huit heures les／onze châteaux cent／hommes

⑦ oui 앞에서
mais／oui

⑧ -es로 끝나는 직설법현재, 접속법현재 동사변화 다음에서
Tu chantes／une chason. Que tu restes／ici

Ⅷ. 모음자 생략(Élision)

모음 e, a, i로 끝난 단어는 뒤에 모음이나 무음 h로 시작하는 단어가 오면 모음충돌을 피하려는 일환으로 모음자가 생략되고 apostrophe(')를 찍는데 이런 현상을 모음자 생략(élision)이라 한다.

1. 생략이 되는 경우

(1) je, me, te, se, le, la, ce, ne, de, jusque, que는 모음이나 무음 h로 시작하는

단어 앞에서는 항상 어미 모음이 생략된다.

*j'*aime il *m'*envoie *c'*est *l'*âme *jusqu'*au soir

*l'*homme

㊟ Je, me, le는 강세가 있을 경우는 탈락 안한다.
Dit-le à ta mère. Ai-je aimé?

(2) lorsque, puisque, quoique는 il, elle, un, une, en, on, ainsi 앞에서
*lorsqu'*elle chante

(3) quelque는 un, une 앞에서만
*quelqu'*un *quelqu'*une

(4) entre, presque의 몇몇 경우에만(주로 복합어이다)
*s'entr'*aimer *s'entr'*appeler *cf. entre* eux
*entr'*acte *presqu'*île

(5) si는 il, ils 앞에서만
*s'*il fait beau *s'*ils ... *cf. si* elle prépare...

2. 특수한 경우

(1) le, la, je 등은 동사 뒤에 오면 생략되지 않는다.
Ai-*je* aimé? Fini-*le* en deux minutes.

(2) 수사 un, huit, onze, huitième, onzième, huitaine 앞에서, 또 oui 앞에서는 생략하지 않는다.
Je crois *que* oui. *le* onzième étage

✽ huit, onzième, oui는 생략하는 경우도 있다.

(3) ce는 être 동사, avoir 동사 및 en 앞에서만 생략이 된다.
*C'*est *C'*en est fait.

(4) 몇몇 단어 앞에서는 생략되지 않는다.
le uluation *le* yacht *la* yole

(5) H로 시작하는 고유명사는 해도 좋고 안 해도 좋다.
au nom d'Henri Ⅳ, fille de Henri le Grand

(6) 알파벳 모음과 자음 f, h, l, m, n, r, s, x 앞에서는 생략되지 않는다.
la prononciation de r

✽ 예외도 있다. *cf.* L's devient z en liaison

Ⅸ. 대문자 사용

대문자를 단어에 쓸 경우는 대부분 고유명사가 많지만, 형용사일 때도 대문자로 쓰는 경우가 있다.

1. 문장 시작할 때

(1) 문장 첫 글자는 대문자 쓴다.
Je suis étudiant. 나는 학생이다.

(2) 감탄부호, 의문부호, 휴지부 다음에 문장이 종료됐을 때, 그 다음 문장 첫 글자에 쓰인다. 문장이 종료 안됐을 경우는 소문자를 쓴다.
Silence! ici on ne doit pas causer à haut voix.
조용! 여기서는 큰 목소리로 잡담하면 안 된다.

2. 고유명사 또는 고유명사화한 단어들

(1) 고유명사는 대문자를 쓴다.
Pierre, Henri, France

(2) 신과 신화에 의해 행성이 의인화되어 신이 되는 이름

Dieu 신	la Providence 신	le Créateur 신
le Seigneur 신	le Tout-Puissant 신	le Saint-Esprit 성령
le Très-Haut 신	Mars 군신	

✽ 태양(le soleil), 달(la lune) 지구(la terre)는 소문자 쓰며 천문용어에서는 대문자 쓴다.

(3) 고유명사적으로 지방명이나 건물, 장소, 배, 거리, 행정 기관명 등을 나타낼 때

Sorbonne 소르본느	le Midi 프랑스 남부
Extrême-Orient 극동	Hôtel de la Monnaie 조폐국
l'Institut de France 프랑스 학사원	le Sénat 상원
la Bourse 증권거래소	le Titanic 타이타닉호

(4) 작품, 서적 이름
Les Misérables 레미제라블

(5) 국민 이름, 민족, 왕조, 가문 등의 명사
les Bourbons 부르봉왕가 les Français 프랑스 사람들

(6) 축제명
Noël 크리스마스

(7) 귀족명 앞에 오는 관사
la famille de La Rochefoucauld 라 로슈푸코 가문

(8) 존칭
Son Excellence 전하 Sa Majesté 전하

(9) 고유명사화한 보통명사
la Révolution 프랑스 혁명 la Vierge 성모마리아
la Pucelle 잔다르크

(10) 추상적인 것을 의인화할 때
la Fortune 운명

(11) Etat가 국가를 의미할 때
les revenus de l'Etat 국가 수입

3. 형용사의 대문자

(1) 지리명을 가리킬 때
le mont Blanc 몽블랑 l'océan Pacifique 태평양

(2) 고유명사에서 명사 앞에 형용사가 올 경우
La Divine Comédie 신곡

* 명사 뒤에 오면 소문자를 쓴다.
Académie française 프랑스 학술원

(3) 고유명사와 더불어 한 단어 같이 쓰일 때
Louis Germanique 루이 2세 Les Etats-Unis 미합중국

Ⅹ. 구두 부호(Signe de ponctuation)

글을 쓰거나 읽을 때 휴지(休止), 음조 등을 나타내는 부호이다.

. point(point final) 종지부호 : 평서문의 종지와 약어 표시

, virgule 쉼표 : 문의 짧은 휴지를 표시

; point-virgule 세미콜론 : point과 virgule의 중간 정도의 휴지를 나타냄.

: deux point 콜론 : 직접화법이나 설명적인 절 등에 쓰여 짧은 휴지를 나타냄.

? point d'interrogation 의문부호 : 직접의문문 끝에 붙임.

! point d'exclamation 감탄부호 : 간투사나 감탄문 끝에 붙임.

… point de suspension 휴지부호 : 감동・주저에 의한 문의 중단, 또는 긴 휴지를 표시

< > " " guillemets 인용부호 : 직접화법, 인용, 강조 부분을 표시.

( ) parenthèses 괄호 : 삽입어, 인용구의 출처・설명 등 부수적 요소를 본문과 분리해 줌.

[ ] crochets 큰 괄호 : ( )와 같으나 그것을 문에서 또 다시 분리할 때 씀.

— tiret 대시 : 대화에서 말하는 사람이 바뀜을 표시

* astérisque 별표 : h의 유성음 표시, 각주 등에서의 참조, 밝히고 싶지 않는 고유명사 등을 표시

연습문제

1. [a]발음이 아닌 단어는?

① a ② à ③ la ④ là ⑤ pas

2. [ɛ]발음이 아닌 ai는?

① mai ② lait ③ laid ④ mais ⑤aiguille

3. [e]가 아닌 ai는?

① gai ② j'ai ③ j'aurai ④fait ⑤ j'aimai

4. [ɛ]발음이 없는 단어는?

① laine ② peine ③ air ④ reine ⑤ naïf

5. 다음 단어 중 [ɑ̃]발음이 포함 안 된 단어를 고르시오?

jambe, centre, danger, grammaire, dans, femme, an, anniversaire, année, pendant, temps.

6. 이탈릭체 철자 e가 [ə]로 발음 안 되는 단어는?

① r*e*garde ② entr*e*tenir ③ m*e*
④ appart*e*nir ⑤ cont*e*nance

7. 발음 안 되는 철자를 말하시오.

Paris, Boulevard, Cours, Vingt, Trois, Sept.

8. 철자 X를 발음 안 하는 것은?

Deux, Six, Dix, Prix,

9. 연음되는 곳을 표시하시오.

J'ai vingt ans. J'habite à Paris. Il s'appelle Alain. Elle est américaine. Elle est mexicaine. Il est français. Il s'appelle Henri.

10. [ɔ] 발음 나는 것은?

① tôt ② or ③ chose ④ dépôt ⑤ beau
⑥ Rhône ⑦ château ⑧ mode

11. [œ]발음 나는 단어들은?

① dieu ② neuf ③ jeudi ④ deuxième ⑤ soeur
⑥ oeufs ⑦ queue ⑧ peur

12. s가 [z]로 발음 안 되는 것은?

① Alsace ② maison ③ oiseau ④ parasol ⑤ os
⑥ chose ⑦ sel ⑧ système

13. t가 [s]로 발음되는 것은?

① content ② question ③ manteau ④ nation ⑤ démocratie
⑥ partie ⑦ pitié

14. 단어 끝의 c가 발음되지 않는 것은?

① sac ② sec ③ bec ④ tabac ⑤ parc

정답 1. ⑤ 2. ⑤ 3. ④ 4. ⑤ 5. grammaire, femme, anniversaire, année 6. ⑤ 7. Pari*s*, Boul*e*vard, Cour*s*, Vingt, Troi*s*, Se*p*t. 8. Deux, Prix 9. J'ai vingt‿ans. J'habite‿à Paris. Il s'appelle‿Alain. Elle‿est‿américaine. Elle‿est mexicaine. Il‿est français. Il s'appelle‿Henri. 10. ②, ⑧ 11. ②, ⑤, ⑧ 12. ④, ⑤, ⑦, ⑧ 13. ④, ⑤ 14. ④

제2부

품사론

제1장

관사 (Article)

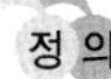
정의

명사 앞에 쓰여 그 명사를 한정해 주면서 그 명사의 성과 수를 나타내주며, 그 명사를 활동화시키는 품사다. 이와 같은 기능으로 관사를 형용사의 일종으로 본다. 따라서 관사는 항상 그것이 가리키는 명사와 성 수가 일치해야 한다.

la mère 어머니　　les filles 소녀들　　un arbre 나무

㈜ 때로 남성 명사 앞에 여성 관사가 오는 경우가 있는데, 그것은 그 명사와 관사 사이에 다른 단어가 생략되어 있는 경우이다.
la moustache à la Kaiser 독일 황제 같은 수염(à la façon du Kaiser의 뜻임)

Ⅰ. 관사의 종류와 위치(Espèce et place de l'article)

1. 관사의 종류

관사의 종류로는 정관사, 부정관사, 부분관사가 있다.1)

성·수 / 종 류	단 수		복 수	
	남 성	여 성	남 성	여 성
정관사	le(l')	la(l')	les	
부정관사	un	une	des	
부분관사	du(de l')	de la(de l')	des	

1) 관사는 보통 두 종류, 즉 정관사와 부정관사로만 분류하는 경우가 많다. 부분관사는 형태상으로는 정관사에 속하나 그 의미상으로는 부정관사와 비슷하므로 부정관사에서 함께 다루는 경우가 많다.

2. 관사의 위치

(1) 일반적으로 관사는 항상 명사 앞에 온다. 명사 앞에 부가형용사가 올 경우 관사는 형용사 앞에 온다.

un enfant 어린아이　　　　le grand arbre 큰 나무

*L'*homme est *le* roi de *la* création. 인간은 창조의 왕이다.

(2) 형용사 tout와 이것의 변형들 tous toute toutes 등이 명사 앞에 올 때는 관사가 그 뒤에 온다.

tout *le* monde 모든 사람　　　　toutes *les* femmes 모든 여자

toute *la* classe 교실 전체　　　　tous *les* citoyens 온 시민들

㈜ 다음의 고정된 표현에서는 tout 앞에 관사가 온다.
la toute fin 맨끝　　　　*le* Tout-Paris 파리의 명사들

(3) 상대를 높이는 경칭인 경우 관사는 칭호 뒤에 온다.

Monsieur *le* professeur 교수님

Son Excellence *l'*Ambassadeur 대사 각하

Madame *la* comtesse 백작 부인

Monsieur *le* Député 국회의원님

Sa majesté *l'*Empereur 황제 폐하

Son Eminence *le* cardinal un tel 모 추기경 예하

(4) 사람의 별명이 따라 올 때는 명사 뒤에 따라오는 형용사 앞에 위치하며, 이 경우 형용사의 머리글자는 대문자로 쓴다.

Louis *le* Grand 루이 14세

Richard *le* Lion 사자심왕(영국 리차드 2세 왕)

Louis *le* Germanique 루이 2세

Alexandre *le* Grand 알렉산더 대왕

Ⅱ. 정관사(Article défini)

1. 정 의

정관사는 명사 앞에 쓰여 그 명사를 한정하면서 이를 개체화·특정화 한다.

Donnez-moi *la* clef. 열쇠를 제게 주십시오. (서로 알고 있는 열쇠를 뜻함)

aimer *les* pauvres 가난한 이들을 사랑하기

2. 형 태

성 / 수	남 성	여 성
단 수	le	la
복 수	les	les

(1) 단수형 le, la는 모음이나 무음의 h(h muet) 앞에서는 모음 생략(élision)이 되어 l'이 된다.

l'or 금　　l'arme 무기　　l'habit 옷　　l'heure 시간

(2) 단축 관사(Article contracté)

◇ 전치사 à, de가 정관사와 만나 축약된 형태

à : à + le → *au*(*à l'*)

à + les → *aux*

de : de + le → *du*(*de l'*)

de + les → *des*

Ma mère va *au* marché. 나의 어머님은 시장에 가신다.

Voici la boîte *aux* lettres. 여기에 편지함이 있다.

Il y a la table *du* professeur et les livres *des* élèves.

선생님의 책상과 학생들의 책이 있다.

㈜ 1. 고어에서는 en+les, dans+les의 축약된 형태 ès가 쓰였는데 현재는 몇몇 표현에 그 잔재가 남아 있다. 특히 학위, 학문명에 많이 남아 있다.

maître *ès* arts 예술의 대가　　licencié *ès* lettres 문학사

docteur *ès* sciences 이학박사　　bachelier *ès* letters 문과 입학자격사

Saint-Pierre-*ès*- Liens 생 피에르 에스 리앵
verser une somme *ès* mains de quelqu'un 누구의 손에 금액을 지불하다
Baudelaire a dédié 'les Fleurs du Mal' à Théophile Gautier, 'parfait magicien *ès* lettres françaises'.
보들레르는 '악의 꽃'을 '프랑스 문학의 완벽한 마술사'인 테오필 고티에에게 바쳤다.

㊟ 2. 정관사가 붙은 작품(미술, 문학 등)의 제목이 전치사 à, de로 유도될 때도 단축이 일어난다.
l'auteur *du* 'Misanthrope' '염세가'의 저자
Molière songeait *aux* 'Précieuses ridicules'.
몰리에르는 '사이비 재원'을 생각하고 있었다.

☞ 그러나 제목 자체에 접속사 et 또는 ou가 들어 있는 것은 일정한 법칙 없이 다음과 같이 여러 가지 방법으로 쓰인다.
le lecture *du* 'Rouge et Noir' '적과 흑'의 강독
le héros *du* 'Rouge et du Noir' '적과 흑'의 주인공
les beautés *du* 'Rouge et le Noir' '적과 흑'의 아름다움
la fin de 'Rouge et le Noir' '적과 흑'의 결말

㊟ 3. 정관사가 붙은 지명에 역시 전치사 à 또는 de가 그 앞에 올 때도 단축이 일어난다.
aller *au* Havre 르아브르에 가다 venir *du* Caire 카이로에서 오다
l'aérodrome *du* Bourget 부르제 공항

☞ 그러나 사람이름 앞에 붙은 le는 단축되지 않는다.
les tableaux *de* Le Nain 르냉의 화폭들
le style *de* Le Corbusier 르코르뷔지에의 스타일

3. 용 법

3.1. 보통명사 앞에서 쓰일 때

(1) 그 종류에 있어서 유일한 것을 지칭할 때 쓰인다.

le soleil 태양 *la* lune 달 *le* ciel 하늘
la terre 땅 *la* mer 바다

(2) 같은 종류의 사물이나 사람을 총칭하여 일반적인 의미를 나타낼 때 붙이며, 추상명사의 경우도 정관사를 붙인다.

*L'*homme est mortel. 인간은 죽는다.
La littérature me passionne. 나는 문학에 심취해 있다.
Le fer, le bois sont des matériaux. 철, 나무는 건축 재료들이다.
*L'*avarice est un vice. 인색도 악이다.

㊟ 추상명사나 물질명사가 복수가 되면서 구체화되기도 한다.
les biens 재산 les eaux 강, 호수, 바다
les maux 악, 불행

(3) 문맥상 한정되었거나, 한정될 사물이나 사람에 쓰인다.

le livre de Pierre 피에르의 책

Parlez-moi *du* voyage que vous avez fait. 당신이 하신 여행 이야기 좀 들려주시오.

Il entre dans sa chambre et ouvre *la* fenêtre. 그는 자기 방에 들어가 창문을 연다.

(4) 지시형용사를 대신한다.

Prenez garde *au* chien(=à ce chien-ci). 개를 주의하시오.

Pour *le* moment(=en ce moment) il est absent. 현재 그는 결석 중이다.

Je ne veux pas être traité de *la* sorte. 나는 그렇게 취급받고 싶지 않다.

C'est *l'*heure. 시간이 되었다.

㈜ C'est l'heure de dormir. 잘 시간이다. (이 경우의 le는 한정되어서 쓴 것이다.)

(5) 이미 알고 있는 어떤 사물이나, 습관적인 사실, 또는 그런 대상의 어떤 사물이나 사람을 지칭할 때 그 앞에 쓰인다.

Où avez-vous mis *le* vin? 포도주를 어디에 두셨지요?

Servez *les* fruits. 과일을 대접하시오.

mettre *la* table 식탁 차리기

(6) 문맥상으로 보아 소유의 관념이 뚜렷하다고 볼 때 소유형용사 대신 쓰이는데 이것은 주로 신체의 일부분을 나타내는 명사 앞에서 특히 잘 쓰이며, 간혹 의복의 어느 부분 또는 정신 능력에도 쓰인다.

J'ai mal à *la* tête. 난 머리가 아파요.

Elle se lave *les* mains. 그녀는 손을 씻는다.

Sa chute lui a brisé *les* jambes. 떨어져서 그는 다리가 부러졌다.

La police le saisit *au* collet. 경찰이 그의 목덜미를 잡았다.

Il perd *la* mémoire. 그는 기억이 없다.

㈜ 위 법칙은 절대적인 것이 아니다. 고전적 표현법에 따라 소유형용사가 쓰일 때도 있는데 이는 강조하기 위해서일 경우가 많다.
Elle a encore mal à *sa* tête. 그녀는 아직도 머리가 아프다.
Ne remue donc pas *tes* pieds comme ça. 그렇게 발을 움직이지 말아라.
J'ai beau frotter *mon* front, j'ai beau mordre *mes* doigts. (Boileau)
이마를 쳐봤자 소용없고 손가락을 물어뜯어 보았자 소용이 없다.
Il la tire familièrement par *sa* manche. (M. Prévost)
그는 다정하게 그녀의 소매를 잡아당긴다.

☞ 소유형용사 대신 부정관사를 쓰는 경우도 있다.
Il a *un* front haut, *des* cheveux blonds. 그의 이마는 넓고 머리는 갈색이다.

(7) 집합명사로 전체를 나타내고자 할 때 그 보어에 정관사를 붙인다.

la foule *des* ignorants 수많은 문맹자

la grand armée *des* sauterelles 큰 무리의 메뚜기

㊟ 집합명사나 수량의 부사가 부분적인 의미를 나타낼 때 그 보어는 정관사를 취하지 않는다.
une foule d'ignorants 많은 문맹자 beaucoup de fruits 많은 과일
Que de craintes! 얼마나 두려움이 큰가!

☞ 그러나 그 보어가 한정되어 있을 때는 다시 정관사를 붙인다.
Un grand nomdre *des* candidats qui se sont présentés ce matin ont été refusés.
오늘 아침에 출석한 많은 후보자가 거절당하였다.
Beaucoup *des* fruits que vous m'avez envoyés se sont trouvés gâtés.
당신이 보내 주신 많은 과일이 썩은 것으로 나타났다.

☞ la plupart 대부분, le plus grand nombre 많은 수의, la plus grande partie 대부분, la majorité 대다수, la moitié 절반 등의 보어에는 관사가 붙는다.
la plupart *des* étudiants 대부분의 학생들
la majorité *des* citoyens 대다수의 시민들

(8) 놀람, 감탄, 분노를 뜻하는 감탄사의 대용으로 쓰인다.

La belle voiture! 굉장히 멋진 차로군 !

Ah, *le* brave homme! 아, 친절한 분이시구나!

Les frippons! 개구장이들이군!

(9) 감탄사 없이 경멸어로서 또는 반대로 완곡한 표현으로 사용된 명사 앞에 쓰인다.

Je ne veux rien avoir de commun avec *le* monsieur.

나는 그 분과는 공통점이라곤 전혀 갖고 싶지 않아요.

Vous connaissez *le* personnage. 당신도 그 인물을 알고 계십니다.

(10) 가격, 속도 등의 단위에 붙인다. 이때는 chaque의 뜻이다.

On vend le pain à *la* livre. 빵은 리브르(=반 킬로) 단위로 판다.

Le champagne coûte, là-bas, vingt euros *la* bouteille.

저기서는 샴페인이 병당 20유로씩 한다.

Le nouvel express fait 200 kilomètres *l*'heure.

새 급행열차는 1시간에 200킬로미터를 달린다.

㊟ 1. 단위명이 복수일 때는 형용사 복수 형태인 tous, toutes가 정관사 앞에 붙여 같은 의미를 나타낸다.
On planta des pins *tous* les trois mètres. 소나무를 3m마다 심었다.
Il y a des fautes d'impression dans *toutes* les pages.
각 페이지마다 인쇄상의 실수가 있다.

㊟ 2. 분할의 의미로 par를 사용할 때는 관사가 생략된다.
Il gagne deux cent cinquante euros *par* semaine. 그는 주당 250유로를 번다.
Le déjeuner coûte dix euros *par* tête. 점심은 한 사람에 10유로씩이다.

cf. 속어에서는 모든 한정어를 생략한 채로 쓸 때가 있다.
des oranges à trois sous *pièce* 한 조각에 3수씩 하는 오렌지

(11) 계절명, 학문 이름, 방위명, 병명 등에 쓴다.

le printemps 봄	l'été 여름	l'automne 가을
l'hiver 겨울	le droit 법학	l'économie 경제학
la chimie 화학	l'est 동	l'ouest 서
le sud 남	le nord 북	la grippe 감기

㈜ 1. '봄에', '여름에' 등의 뜻으로는 au printemps, en été, en automne, en hiver로 쓴다.
㈜ 2. 부정관사 쓴 병명도 있다.
une bronchite 기관지염

(12) 날짜 앞에서 쓴다.

C'est aujour'hui *le* 14 juillet. 오늘은 7월14일이다.

Il est né *le* 25 mai 1994. 그는 1994년 5월 25일 생이다.

㈜ 요일, 월 시간 등에는 정관사가 안 붙는다.
Elle vient lundi. 그녀는 월요일 날 온다.
Je pars en juin. 나는 6월에 떠난다.

☞ 요일에 정관사 쓰면 습관적인 반복을 나타내며, 월에 쓰면 한정되어 순서를 나타낸다.
Elle vient le voir le samedi. 그녀는 매 토요일 그를 보러 온다.
le troisième mardi du fevrier 2월 3째 화요일

cf. sur les une heure 한 시경에(대강을 말할 때 정관사 복수사용)

(13) 순서, 특히 서수와 함께 많이 쓴다.

le premier jour 첫날　　le deuxième étage 3층

3.2. 고유명사 앞에 쓰일 때

보통, 사람이나 지리상의 고유명사는 그 자체가 한정된 것이므로 붙지 않으나, 특별한 경우에는 정관사를 붙인다.

(1) 사람 이름의 경우

① 경멸을 나타낸다.

Quel est cet homme, *le* Robert, dont on parle sans cesse?

끊임없이 사람들의 입에 오르내리는 그 로베르라는 사람은 누구지?

② 저속적으로 누군가 특정하여 지칭할 때 가끔 쓰인다.

Il n'y a pas parmi vous *la* Suzanne Salin?

당신들 가운데 쉬잔 살랭이라는 이는 없는지요?

③ 이탈리아식으로, 이탈리아 태생의 유명한 시인, 예술가 등의 이름 앞에 붙인다.

Montaigne visita *le* Tasse. (Chateaubriand)

몽테뉴는 타쏘를 방문하였다.

㈜ 요즘은 관사를 생략하는 경향이 있다.
Dante vient à Paris faire son premier vers. (Hugo)
단테는 파리로 와서 그의 첫 번째 시를 짓는다.

④ 고유명사가 형용사나 보어로 한정될 때 관사를 붙인다.

le grand Corneille 위대한 코르네이유

le Racine des 'Plaideurs' '소송인'을 쓴 라신

㈜ 고유명사 앞에 saint 성, feu 고, défunt 고, maître 대가, monseigneur 각하, monsieur 씨, madame 부인, mademoiselle 양, lord 경, milord 경 등이 붙어 한정될 때는 관사를 생략한다.
le supplice de *saint* Pierre 성 피에르의 고통
les funérailles de *défunt* Dupont 고 뒤퐁의 장례식

⑤ 동일한 명칭의 둘 이상의 개인들을 지칭할 때 복수관사를 붙인다.

les Goncourt 공쿠르 형제

les deux Bernard 두 사람의 베르나르

⑥ 어느 인물의 작품을 지칭하고자 할 때 그 인물 앞에 정관사를 붙여서 작품을 나타낸다.

jouer *du* Mozart 모짜르트의 작품을 연주하다.

A mon gré, *le* Corneille est joli quelquefois.

내 기호에 맞게, 코르네이유의 작품은 이따금 아름답다.

cf. 열거 시에는, 강조하기 위해서 정관사 복수를 붙인다.
Les Corneille, *les* Racine, *les* Molière ont illustré la scène française.
코르네이유, 라신, 몰리에르 작품들은 프랑스의 무대를 빛내 주었다.

(2) 지명의 경우

① 대륙, 국가, 지방, 산, 바다, 하천의 고유명사 앞에는 정관사를 붙인다.

*l'*Amérique 아메리카 대륙	*la* France 프랑스
la Bourgogne 브르고뉴 지방	*la* Flandre 플랑드르 지방
les Vosges 보쥬 지방	*la* Méditerranée 지중해
la Loire 르와르 강	*le* Rhin 라인 강
les Alpes 알프스 산맥	

㊟ Israël 이스라엘은 관사 없이 사용된다.
La longue frontière qui sépare *Israël* de l'Égypte.
이스라엘과 이집트를 가르는 긴 국경선

② 도시 명에는 원칙적으로 관사를 붙이지 않으나 형용사나 보어 등으로 한정되어 있을 때는 관사를 붙인다.

le vieux Paris 옛 파리 *le* Bruxelles d'autrefois 예전의 브뤼셀
le vieux Bruxelles 옛 시가지 브뤼셀

Virigile a visité par l'imagination *la* Rome qui n'existait pas encore.
베르길리우스는 아직 존재하지도 않았던 로마를 상상을 통해서 찾아갔다.

㊟ 1. 도시 명에 원래 정관사가 붙어 있는 것도 있다.
le Havre 르아브르 *la* Rochelle 라로셸 *le* Haye 헤이그

㊟ 2. 다음의 표현은 한정어가 붙지만 관사를 쓰지 않는다.
tout Paris 파리 전체 Bruxelles *entier* 브뤼셀 전체

③ 보통 큰 섬 앞에는 관사를 붙이나, 유럽대륙에 인접해 있는 작은 섬이나 멀리 떨어져 있는 남성의 섬들은 관사를 붙이지 않는다.

le Sardaigne 사르디니아 섬 l'Islande 아이슬랜드 섬
la Nouvelle-Zélande 뉴질랜드 섬 Bornéo 보르네오 섬
Malte 말타 섬

④ 왕래, 발착, 소재, 소속, 산지 등을 의미하는 경우의 지명 및 국가명 앞의 정관사의 용법은 다음과 같다. 특히 aller, arriver, revenir 등과 잘 쓰인다.

▸ 자음으로 시작하는 남성의 국가명 앞에는 au, du를 사용한다.
aller *au* Pérou(*au* Congo, *au* Canada) 페루(콩고, 카나다)에 가다.
revenir *du* Mexique(*du* Brésil, *du* Japon) 멕시코(브라질, 일본)에서 돌아오다.
faire un voyage *au* Maroc 모로코로 여행하다.
les volcans *du* Japon 일본의 화산

▸ 모음으로 시작하는 남성의 국가명, 대부분의 여성 국가명 앞에는 정관사를 생략하고 en, de를 사용한다.
aller *en* Iran(*en* Extrême-Orient, *en* France, *en* Égypte)
이란(극동, 프랑스, 이집트)에 가다.
revenir d'Allemagne(*de* Tchéchoslovaquie)
독일(체코슬로바키아)에서 돌아오다.
les vins *d'*Espagne 에스파니아 산의 포도주

du fromage *de* Hollande 네덜란드 산의 치이즈

l'ambassadeur *de* Corée 한국 대사

✽ 강조를 나타내기 위해 정관사를 사용하기도 한다.
le drapeau tricolore *de* la France 프랑스의 삼색국기

㈜ 1. 프랑스 지방명에서 습관적으로 en을 쓰는 곳도 있다
en Picardie 피카르디 지방 en Limousin 리무쟁 지방

㈜ 2. 외국 지방명은 여성명사는 en 또는 dans la, 남성명사는 dans le를 사용한다.
en(dans la) Lombardie 롬바르디아 지방에서
dans le Luxembourg 뤽상부르 지방에서

⑤ 대부분의 축제일 명사 앞에는 정관사를 사용한다. 이는 la fête de가 생략된 형태이기 때문이다.

la Saint-Jean 성 요한제 *la* Fête-Dieu 성체첨례
la Toussaint 만성절

㈜ Pâques, Noël은 정관사를 붙이지 않는다.

3.3. plus, moins, mieux와 함께 최상급을 쓸 때 정관사를 사용한다.

(1) 형용사나 분사 앞에 plus, moins, mieux가 올 경우 ; 이 때 의미는 비교를 나타내며, 절대최상급일 때 관사 le는 불변한다(절대최상급 : 비교 대상이 없이 단독으로 쓰는 최상급을 말함).

C'est au milieu de ses enfants qu'une mère est le plus heureuse.
(한 엄마에 대한 최상급) 엄마가 가장 행복해 할 때는 어린아이들과 어울려 있을 때다.

㈜ 서로 비교대상이 있는 표현의 최상급에서 관사는 그 명사와 성수 그대로 일치시킨다.
Cette femme est la plus heureuse des mères. (상대 최상급 : 비교 대상이 있음)
이 여자가 엄마들 중에서 가장 행복하다. (엄마가 비교 대상이 됨)

(2) le plus, le moins, le mieux가 동사, 부사, 부사구를 수식할 때 관사 le는 불변한다.

Ceux qui sont venus le plus souvent. 가장 자주 오는 사람들

Ⅲ. 부정관사(Article indéfini)

1. 정 의

한정되어 있지 않은 사람이나 사물 앞에 쓰인다. 즉 말하는 사람에게는 특정의 것으로 생각되더라도 상대방에게는 그 개체가 뚜렷이 특정한 것으로 생각들지 않게 하는 기능을 가지며, 그 명사 앞에 쓰인다.

C'est *une* maison. 이것은 집이다. (수많은 집들 중 아무거나 한집을 의미함)

Je pense à *des* fleurs. 나는 꽃들을 생각한다.

2. 형 태

성 / 수	남 성	여 성
단 수	un	une
복 수	des	des

㊟ 1. 부정관사 un, une는 원래 숫자로서의 un, une(하나)에서 나온 것이지만, 서로 구분하여야 한다.

㊟ 2. 부정관사 복수형 des와 단축 관사 des를 혼동하지 말아야 한다.
Des fleurs ornent la maison. (부정관사) 꽃들이 집을 장식하고 있다.
L'odeur *des* fleurs parfume la maison. (단축관사)
꽃 향기가 집 안을 진동시키고 있다.

3. 용 법

(1) certain, quelque(어떤)의 의미를 갖는다.

Elle poussa *un* cri de joie. 그녀는 기쁨의 소리를 질렀다.

Un nouveau facteur fera son devoir. 새 우체부는 의무를 다할 것이다.

(2) 숫자로서의 의미인 '하나뿐인, 유일한'을 나타낸다.

Il n'y avait pas *une* étoile. 별이 하나도 없다.

On fait quelquefois sept ou huit lieues sans apercevoir *une* trace d'habitation. 때로는 인가의 흔적이라곤 하나도 찾아볼 길 없이 칠팔십리씩 간다.

(3) 같은 종류의 사람이나 사물을 총칭하는 일반적 의미를 갖는 정관사 용법

과 동일한 용법을 가지며, 강조의 의미를 포함한다.

Un soldat français ignore la fatigue. 프랑스 군인은 피로를 모른다.

Une mère est toujours heureuse du succès de son enfant.

어머니란 자식의 성공에 대해 늘 행복하게 여긴다.

(4) 일상 회화에서 감탄적으로 쓰여 '굉장한, 놀랄 만한, 특이한(= grand, étonnant, extraordinnaire)'의 뜻으로 쓰인다. 이 경우 형용사는 대체로 생략한다.

Tu as *un* appétit! j'ai *une* soif! 넌 몹시 배고프지! 난 굉장히 목이 말라!

(5) '진짜의, 정말의(=vrai)'의 뜻으로 쓰인다.

Ça, c'est *un* homme. 이 사람은 진짜 남자다.

Vous êtes *un* père! 당신은 정말 아버지로군요!

(6) 부정관사는 고유명사 앞에 쓰여 보통명사 의미로 쓰이며, 감정적 표현이 내포되어 있다.

Un Corneille, *un* Racine(*des* Corneille, *des* Racine) ont créé la tragédie classique. 코르네이유, 라신 같은 사람이 고전주의 비극을 창조하였다.

Un Harpagon est toujours plein de son argent.

아르파공 같은 수전노는 늘 돈 생각으로 꽉 차 있다.

(7) 시간, 날짜, 주일, 연, 타스, 쪽 등의 앞에 복수형 des를 놓아, 계속 혹은 전체를 뜻한다.

Je t'ai attendu pendant *des* heures. 나는 너를 여러 시간 기다렸다.

Il y a *des* années que je ne l'ai vu. 그를 본 지 여러 해 되었다.

㈜ 강조하기 위해 숫자 앞에 복수형 부정관사 des를 쓰는 경우가 있으며, un 앞에도 쓴다.
Marius rentre à présent à *des* une heure du matin!(Hugo)
지금 새벽 1시인데 마리우스가 돌아오다니!

(8) 저자 앞에 부정관사를 놓아 작품을 뜻한다.

J'ai acheté *un* Corneille complet. 나는 코르네이유 전집을 샀다.

Je lui ai donné *un* Sartre. 나는 그에게 사르트르 작품을 하나 주었다.

(9) 병명 중 일부(원래 병명은 정관사를 사용하나 일부는 부정관사를 사용한다.)에 쓰인다.

J'ai eu *une* ophtamie. 나는 안질을 앓았다.

Elle a *une* bronchite. 그녀는 기관지염을 앓고 있다.

Ⅳ. 부분관사 (Article partitif)

1. 정 의

부정관사처럼 한정이 되어 있지 않는 사물 앞에 쓰이는데, 주로 셀 수 없는 물질명사나 추상명사 앞에 쓰여 부분적인 뜻을 나타낸다.

J'ai bu *du* vin et il a mangé *de la* viande. 나는 포도주를 마셨고 그는 고기를 먹었다.

2. 형 태

수 \ 성	남 성	여 성
단 수	du(de l') / de	de la(de l') / de
복 수[2)]	des / de	des / de

3. 용 법

(1) 셀 수 없는 명사 앞에 쓰여 한정되지 않은 양을 나타낸다.

On nous servit *du* bœuf avec *des* légumes.
우리는 야채가 곁들인 쇠고기 요리를 대접받았다.

Nous avons bu *de la* bière, de l'apéritif. 우리는 아페리티프로 맥주를 마셨다.

Montrez *du* courage. 용기를 내시오.

㊟ 때로는 셀 수 있는 명사 앞에도 부분관사를 써서 비유적으로 부분적인 뜻을 나타낸다.
manger *du* cheval(= de la viande *du* cheval) 말고기를 먹다.
Il y a *de l'*apôtre. 사도 정신이 깃들어 있다.

(2) 원래 부분관사를 사용하지 못할 명사 앞에 놓아 그 명사의 부분 또는 속성을 나타낸다.

Jouer *du* Bach 바하(작품의 일부)를 연주하다.

2) 부분관사 복수형 des에 대하여 문법 학자들은 복수형 des가 존재할 수 있느냐 없느냐에 관해 의견이 분분하다. 사실상 부분관사 복수형 des와 부정관사 복수형 des는 그 형태가 같고 뜻도 별 차이가 없다. 그러나 부분관사 복수형이 존재해야 한다는 주장에는 충분한 근거가 있다. 셀 수 있는 명사의 복수 pommes(사과)의 단수는 de la pomme가 아니고 une pomme라고 보아야 하겠으나, des confitures(잼)는 부분관사 복수로서 그 단수형이 de la confiture인 것을 보면 알 수 있다. 그러나 후자의 경우 des confitures는 부정관사의 복수로 여러 가지 종류의 잼을 가리킬 수도 있다. 그래서 실제상 des는 오늘날 부분관사에서 제외되어 가는 경향이 있다.

(3) 부정문에서 de가 직접목적보어 앞에서 부분관사를 대신한다.

Je ne vends pas *de* vin. 나는 포도주를 팔지 않는다.

(4) 대다수 수량 부사 다음에는 de가 부분관사를 대신해 쓰인다.

Il y a beaucoup *de* neige. 많은 눈이 왔다

Ⅴ. 부정관사·부분관사와 DE

1. "형용사 + 명사" 앞에서 부정관사와 부분관사가 de로 되는 경우

일반적으로 문어에서 또 예의바른 구어에서는 "복수형용사+복수명사" 앞에 쓰인 부정관사 des 대신 de를 쓴다. 그러나 "형용사+명사" 앞에 쓰인 부분관사 (du, de la, des) 대신 de로 쓰지만 안써도 무방하다.

On voyait *de* grands navires, *d'*assez grands navires.
사람들은 큰 선박들을, 아주 큰 배들을 보았다.
Prenez *d'*autres livres. 다른 책들을 가져가시오.
De pareilles erreurs sont étonnantes. 그런 류의 실수는 놀랍다.
Il partit en campagne avec *de* grandes espérances.
그는 크나큰 희망을 품고 시골로 떠났다.
Il boit *de*(*du*)bon vin. 그가 좋은 포도주를 마신다.
J'ai *de*(*du*) bon tabac. 내게는 좋은 담배가 있습니다.
J'ai le plus grand plaisir, dit-il, à jouer *de*(*de la*) bonne musique.
자기는 훌륭한 음악을 연주하는데 느끼는 기쁨이 가장 크다고 그가 말했다.

㈜ 1. 그러나 부정관사 복수형 des를 그냥 쓰는 경우도 많다. 특히 형용사와 명사가 결합되어 하나의 뜻으로 쓰인 경우와 합성명사 앞에서는 de로 바꾸지 않고 du, de la, des 등을 그대로 쓴다.
Quelle sorte de carotte voulez-vous?—J'en ai *des* grosses et *des* petites.
어떤 종류의 홍당무를 찾으시죠?—굵고 작은 것들을 원합니다.

☞ *des* bas-côtés(교회의) 측랑 / *des* bas-reliefs 저부조
des jeunes gens 청년 / *des* jeunes filles 처녀
des bons mots 익살 / *des* simples soldats 졸병
du bon sens 상식 / *de la* bonne volonté 성의, 호의

☞ *de* petits enfants 키 작은 아이들 / *des* petit-enfants 손자들

㈜ 2. 또한 명사에 한정보어가 따를 때, 또 형용사가 나타내는 의미를 강조하고 싶을 때는 형용사

앞에 부정관사 복수나 부분관사를 그대로 쓴다.
J'ai bu *du* bon vin que vous m'avez envoyé.
당신이 보내 주신 맛 좋은 포도주를 마셨습니다.
Servez-nous *de l'*excellent potage dont votre cuisinier a le secret.
당신의 요리사가 자랑하는 그 훌륭한 수프를 먹게 해 주시오.
Ce marchand vend *de la* bonne et *de la* mauvaise toile.
이 상인은 좋은 옷감도 팔고 나쁜 옷감도 판다.

㊟ 3. 지시형용사, 소유형용사, 부정관사 앞에 있는 de는 부분의 de로 약간량을 의미한다.
Donnez-moi *de* ce vin. 이 술 약간 주세요.
Donnez-nous *de* vos nouvelles. 당신 소식을 (일부나마) 전해 주세요.

2. 전치사 de 다음에 부정관사와 부분관사가 생략되는 경우

다음과 같은 경우 부분관사 du, de la, des 및 부정관사 des는 생략되고 de만 남아 쓴다.

(1) 전치사 + 명사 형태로 수식하는 명사(특히 집합명사)의 한정보어가 될 때 de만 쓰며, 이때의 의미는 총체적 의미의 동류를 표시하며 형용사적으로 쓰인 것이다.

une tasse *de* café 커피 한잔(de= de du)
une corbeille *de* fruits 과일 한 광주리(de= de des)
une foule *de* jeunes gens 한 무리의 젊은이들(de= de de)

㊟ 한정보어가 또 다른 보어로 한정되어 있으면 그대로 사용한다.
Un grand nombres *des* candidats qui se sont présenté ont été refusé.
출석한 지원자 대부분이 거절당했다.

(2) 다음과 같은 분량 부사의 보어가 되는 경우에도 de만 쓴다.

assez, beaucoup, combien, moins, pas mal, peu, plus, que, trop...

Combien *de* livres avez-vous? 몇 권의 책을 가지고 있니?
assez *de* bruit 상당한 소음
beaucoup *de* fautes 많은 과오들
une foule *de* visiteurs 많은 방문객들

㊟ 1. 위의 표현에 부분적 의미를 확실히 해 주는 보어나 관계절이 따르면 du, de la, des 등을 그대로 사용한다.
Nous considérons beaucoup *des* pensées de Valéry comme esprit public.
우리는 발레리의 많은 사상들을 대중 정신으로 간주하고 있다.

Il me reste peu *de la* laine que vous m'avez fournie.
나에게는 당신이 주셨던 양모는 별로 남아 있지 않습니다.

㈜ 2. 예외적으로 bien(많은), la plupart(대부분의) 다음에는 de만 쓸 수가 없고 항상 관사를 동반하여 쓴다.
Bien *des* soucis vous seront épargnés. 당신은 많은 걱정을 면할 것이다.
Il dort la plupart *du* temps. 그는 대부분 시간을 잠잔다.

☞ 그러나 bien *d'*autres(다른 많은 사람들)인 경우는 다시 예외적으로 de만 쓴다.
Bien *d'*autres apparitions sombres ont hauté les premières années de ma vie.
내 생애 초기에는 많은 다른 음울한 환영들이 머리에서 떠나지 않았다.

(3) 전치사 de를 요구하는 동사나 동사구의 보어인 경우도 de만 쓴다.
J'ai besoin *d'*argent. 돈이 필요하다.

3. 부정문에서 부정관사와 부분관사가 de로 바뀌는 경우

(1) 부정문에서 직접목적보어 앞에 쓰인 모든 부정관사와 부분관사는 보통 de로 바뀐다.
Il n'y a plus *de* vin dans la cave. 지하실에는 이제 포도주가 없다.
Vous ne m'avez jamais fait *de* peine. 당신은 제게 걱정을 끼친 일이 없는데요.
Ne faites-vous jamais *de* projets d'avenir, mon enfant?(J. Green)
여보게, 자네는 장래 계획은 절대 안 세우나?

cf. Ils eussent voulu battre l'omelette sans casser *d'*œufs
달걀을 깨뜨려 넣지 않았어도, 그들이 오믈렛을 만들고 싶었었을까.

(2) 부정 의문문에서도 직접목적보어는 de를 사용한다.
N'avez-vous pas acheté *de* vin? 포도주 사지 않으셨나요?

㈜ 1. 부정문에서 속사 앞의 부정관사 부분관사는 그대로 쓴다.
Ce n'est pas *un* livre. 그것은 책이 아니다.

㈜ 2. 부정문이 문장 전체를 완전히 부정하는 게 아니라, 부분적인 부정의 뜻이거나, 실지로 긍정의 뜻을 지닐 때는 관사를 그대로 쓴다.
Je n'ai pas *de l'*argent pour le gaspiller. 나는 낭비할 돈이 없다.
On n'y voyait presque jamais *des* barques de pêche.
그 곳에서는 거의 한번도 고깃배를 본 적이 없다.

㈜ 3. pas un, pas une가 '하나도(한 사람도) ~하다'의 뜻으로 일종의 강조의 뜻으로 쓰일 때도 부정관사를 그대로 쓴다.
Je n'ai *pas un* sou. 나는 한 푼도 없다.

㈜ 4. 동사구 avoir faim 배고프다, avoir soif 목마르다, avoir honte 수치스럽다, chercher querelle 싸움을 걸다 등에서처럼 동사와 직접보어가 긴밀히 연결되어 있는 경우에 전치사 de를 사용하지 않는다. 단, 시어나 특별한 뉘앙스가 있는 문장에서는 de를 사용하기도 한다.

Il n'a pas faim. 그는 배가 안 고프다.

N'avez-vous pas *de* honte?(Hugo) 창피하지도 않소?

(3) '오직 ~뿐'이란 ne ~que 표현이 따르는 명사에는 보통 de만 사용한다.

Je n'ai *de* volonté que la tienne. 당신의 의지가 곧 나의 의지이다.

Je n'ai *de* repos dans la vie que les heures passées avec vous.
내 인생에서 당신과 함께 지낸 시간만이 유일한 휴식이었다.

❖ Remarque : de + 명사

명사는 "전치사 + 명사" 형태로 문장에서 여러 형태의 보어 역할을 하는데, 그 명사가 복수 명사일 경우 전치사 de는 부정관사 des없이 사용한다. 즉 "전치사 de+부정관사 des"의 형태로 쓰일 수 없으며 이때의 의미는 'de +certains(일부의)'의 뜻을 내포하고 있다.

ⓐ 명사의 한정보어일 때

J'attends l'arrivée de voyageurs. 나는 여행객들의 도착을 기다리고 있다.

J'attends l'arrivée d'un voyageur. 나는 한 여행객의 도착을 기다리고 있다.

ⓑ 형용사의 한정보어일 때

Ce sol est riche de métaux fossiles. 이 땅은 화석이 된 금속이 풍부하다.

Je suis riche d'une maison. 나는 집이 한 채있는 부자다.

ⓒ 목적보어일 때

Parlez de choses sérieuses. 근거 있는 말들에 대해 하시오.

Parlez d'une chose sérieuse. 근거 있는 말에 대해 하시오.

ⓓ 동작주 보어일 때

Le Président, suivi de ministres... 장관들의 수행을 받는 대통령

Le Président, suivi d'un ministre... 장관의 수행을 받는 대통령

ⓔ 상황 보어일 때

Entoure ta maison de murs. 네 집을 담들로 둘러싸라.

Entoure ta maison d'un mur. 네 집을 담으로 둘러싸라.

㈜ 단수 보어라도 그 의미가 certains를 뜻하지 않고 일반적 의미를 뜻하면 부정관사 없이 쓰기도 한다.

Parles-moi d'amour. 사랑에 대해 이야기해 주세요.

Occupez-vous de littérture. 문학에 전념하세요.

Ⅵ. 관사의 생략(Omission de l'article)

1. de로 생략

명사 앞에 관사를 붙이지 아니하는 것은 규칙이라기보다는 예외이다. 그러나 앞에서 본바와 같이 부정관사 부분관사가 de로 대치되어지면서 생략되는 경우로 다음과 같다.

(1) 복수형용사 앞에서

de beaux livres 아름다운 책들

(2) beaucoup, trop 등과 같은 수량부사 뒤에서

beaucoup d'enfants 많은 아이들

(3) 부정문의 목적보어 앞에서

Je n'ai pas de pain 나는 빵이 없다.

(4) 전치사 + 명사 형태로 certains의 의미로 그 명사가 복수로써 문장에서 각종 보어 역할로 쓰이는 경우

Parlons de voyages 여행에 대해 이야기 하자.

(5) 전치사 + 명사 형태로 총체적 의미를 가진 동류를 표시하며 형용사적으로 사용될 때

un casque de soldat 군인 철모

2. 일반적 생략

de로 대치되는 경우 이외에 정관사나 부정관사가 생략되는 경우가 있다. 보통 명사에는 관사가 붙는 것이 원칙이나 다음과 같은 경우는 관사를 생략한다. 그리고 고유명사는 관사를 취하지 않는 것이 원칙이나 취하는 예외도 있다.

(1) 속담, 격언, 선언문, 비교 구문 및 이와 비슷한 성구에서

Noblesse oblige. 귀함에는 의무가 따른다.

Erreur ne fait pas *compte.* 과오는 고의로 저지르는 것이 아니다.

blanc comme *neige* 눈처럼 흰

Pauvreté n'est pas *vice.* 가난은 죄악이 아니다.

㈜ 위의 경우에 관사를 쓸 때도 있다.
Les murs ont *des* oreilles. 벽에도 귀가 있다.

(2) 명사를 한정하는 보어가 형용사처럼 쓰여 특징 등을 나타낼 때 그 보어 앞의 관사를 생략한다.

une table de *marbre* 대리석으로 된 식탁

un pot à *lait* 우유 단지

un chapeau à *plumes* 깃털 달린 모자

un poète de *génie* 천재적 시인

la gravure sur *verre* 유리 위에 새긴 판화

les transports par *eau* 수상 수송 기관

㈜ 한정보어가 다시 한정될 경우, 또는 이미 알고 있거나 한정적인 보어가 또 뒤따를 때는 관사를 붙인다.
un homme *aux* yeux noirs 검은 눈의 남자
la maison *aux* volets verts 푸른 덧창이 있는 집
Connaissez-vous M. Delamain, chef d'orchestre? — M. Delamain, chef de *l'*orchestre de Grand Théâtre?
오케스트라 지휘자인 들라맹씨를 알고 계십니까? — 그랑 테아트르의 오케스트라 지휘자인 들라맹씨 말입니까?

(3) 신분, 직업, 국적 등을 나타내며 속사로 쓰인 명사가 형용사적으로 사용되었을 때 관사를 생략한다.

Mon frère est devenu *médecin*. 내 동생은 의사가 되었다.

Schweitzer est *français*. 슈바이쩌는 프랑스인이다.

On l'a élu *président*. 그는 대통령으로 선출되었다.

On le traîte d'*âne*. 그는 바보 취급당한다.

㈜ 속사가 한정된 경우나, 특별히 명사로서의 뜻을 강조하고자 할 때에는 관사를 쓴다.
Son père est *le* médecin qui m'a guéri, il est *un* médecin distingué, *un* excellent médecin.
그의 아버님은 나를 치료해 준 의사로, 저명한 의사, 퍽 훌륭한 의사이다.
Vous êtes *la* reine. 그대는 여왕이십니다.
Celui-là est *un* avocat! 저 분은 변호사예요!

(4) 동격으로 쓰인 명사 앞에서 관사가 생략된다.

M.Lefèvre, *transporteur*, habite place Victor-Hugo.
르페브르 씨는 운수업자로 빅토르 위고 광장에 살고 있다.

Napoléon, *empereur* des Français. 프랑스인의 황제, 나폴레옹

J'ai lu hier soir 'La Peste', *roman* d'Albert Camus.
어제 저녁 알베르 카뮈의 소설『페스트』를 읽었다.

㊟ 동격명사가 한정되었거나, 특별히 그 의미를 강조하고자 할 때는 관사를 붙인다.
C'est une mélodie de Gounot, *le* grand compositeur français.
이것은 프랑스의 유명한 작곡가 구노의 곡이다.
Toi, *un* avocat, tu as pu trahir ton serment!
자네가, 변호사인 자네가 맹세를 저버리다니!

(5) 호격으로 쓰인 명사 앞에서 관사를 생략한다.

Cieux, écoutez ma voix. 하늘이여, 내 소리를 들으시오.

Soldats, du haut de ces Pyramides, quarante siècles vous contemplent. (Bonaparte)

병사들이여, 이 피라미드의 꼭대기에서 40여 세기가 그대들을 지켜보고 있다.

Ami, je t'aime pour ton caractère sérieux.

친구여, 자네의 그 진지한 성격 때문에 나는 자네를 사랑한다.

㊟ 1. 속어나 구어에서는 정관사를 붙여, 보다 확실한 의미를 나타내기도 한다.
Il faut partir, *les* amis! 얘들아! 떠나야 한다.
Il y a des sauvages en Amérique, *l*'oncle Mechoir?
므슈와르 삼촌, 아메리카에는 미개인이 있나요?

㊟ 2. 호격으로 사용된 monsieur, madame, mademoiselle, monseigneur는 그것이 신분을 나타낼 때는 명사 앞에 관사를 붙인다.
Oui, monsieur *le* directeur. 네, 사장님.
monsieur *le* Président 대통령 각하
monsieur *le* comte 공작님

㊟ 3. 호격으로 된 것이 최상급으로 수식되면 반드시 정관사를 붙인다.
Arrête, *le* plus lâche des hommes! 제일 비겁한 자식아, 멈추어라!
O *la* plus chère tombe et *la* plus chère femme!
오, 가장 사랑스런 무덤이여! 가장 사랑스런 여인이여!

(6) 서적의 제목, 표제, 게시물, 간판, 주소 등에서 관사는 생략된다.

Voyages de Gulliver 걸리버 여행기

Pascal, '*Pensées*' 파스칼의 '팡세'

version Ⅲ, *Thème* Ⅴ 3장 번역, 5장 작문

maison à vendre 팔 집

rue de Rivoli 리볼리 가

㊟ 책에 대해 이야기할 때는 다음과 같이 관사를 사용하는 것이 보통이다. ("정관사" 참조).
Avez-vous lu *les* 'Voyages de Gulliver' et *les* 'Pensées' de Pascal?
'걸리버 여행기'와 파스칼의 '팡세'를 읽으셨습니까?
le succès *du* 'Harry Potter' '해리 포터'의 성공

(7) 동사 +직접목적보어 형태인 동사구에서 보어 앞에서 보통 관사를 생략한다.

avoir peur 두렵다	avoir raison(tort) 옳다(그르다)
avoir chaud(froid) 덥다(춥다)	avoir mal à ~가 아프다
avoir faim(soif) 배고프다(목마르다)	tenir parole 약속을 지키다
avoir lieu 일어나다, 생기다	chercher noise à ~에게 싸움을 걸다
donner congé 해고하다	donner ordre de ~이라고 명령하다
rendre compte 보고하다	rendre justice à ~을 옳다고 하다
garder rancune à ~에게 원한을 품다	imposer silence à ~을 침묵시키다
prendre patience 참다	demander pardon 용서를 빌다

(8) 전치사와 함께 성구를 이룰 때 ;

à pied 걸어서	à cheval 말 타고
sans gêne 스스럼없이	à temps 꼭 알맞게
par hasard 우연히	avec soin 조심스럽게
sans merci 가차 없이	par terre 땅바닥에
sous clef 자물쇠로 채운	en avion 비행기로
contre nature 부자유스러운	en public 공공연하게
à travers champs 벌판을 가로질러	par exemple 예를 들어
peindre d'après nature 사생하다	avec facilité 쉽게
avoir à cœur de ~하려고 마음먹다	
sauf correction 잘못이 있으면 정정한다는 조건으로	

㊟ 위의 표현에서 보어가 한정될 때는 반드시 관사를 붙인다.
J'ai *faim*. 배가 고프다.
J'ai *une faim* de loup. 지독히 배가 고프다.
Il travaille avec *facilité*. 그는 쉽게 일을 한다.
Il travaille avec une *facilité* étonnante. 그는 굉장히 쉽게 일을 한다.
Elle est revenue en *voiture*. 그녀는 자동차로 돌아왔다.
Elle est revenue dans *la voiture* du président. 그녀는 사장님 차로 돌아왔다.

(9) Il y a, il est, c'est, il faut 등으로 시작되는 비인칭주어 문장에서 관사는 생략된다.

C'est dommage. 유감이다.

Il *fait* jour. 날이 밝는다.

(10) 보통명사가 고유명사처럼 쓰였을 때 관사를 생략한다.

Grand-mère n'est pas rentrée. 할머니은 돌아오시지 않았다.

Madame est servie. 마님의 식사 준비가 다 되었습니다.

(11) 달, 요일 명에서 관사가 생략된다.

Nous sommes en septembre. 9월이다.

C'est aujourd'hui samedi. 야 토요일이다.

(12) soit~soit(~이든지 ~이든지), soit~ou(~이든지 ~이든지), tant~que(~만큼), (ni) ~ni(~도 아니고 ~도 아닌), (et) ~et~ 등과 같은 구분 앞에서 보통 생략한다.

Soit modeste, soit presse, il n'a jamais rien écrit.

간단한 것이든, 긴급한 것이든, 그는 절대로 아무것도 쓰지 않았다.

Il y avait une centaine de personnes, tant hommes que femmes.

백여 명의 사람들, 즉 여자 수만큼 남자들도 있었다.

Il n'avait ni dignité ni aisance dans ses manières.

그의 태도에는 품위도 여유도 없었다.

(13) 표현에 생기를 주기 위해 열거 할 때는 관사를 생략하기도 한다.

Vieillards, hommes, femmes, enfants, tous voulaient me voir.

남녀노소 모두가 나를 보고 싶어 했습니다.

✽ 관사의 생략은 대개 동류의 명사들일 경우에 생긴다.
Patrons et ouvriers sont d'accord. 고용주와 노동자가 합의한다.
Grandeur et lenteur vont ensemble. 위대함과 느림은 함께 진행한다. 대기만성.

(14) 명사 자체가 객관화 될 때 관사를 생략한다.

Tableau a deux syllabes. Tableau는 2음절이다.

(15) 어떤 구체적인 것이 아니라 명사가 추상적 개념으로 바뀌면서, 가끔 관사를 생략한다.

Tout ce qui n'est point vers est prose. 운문으로 되어 있지 않은 것은 모두 산문이다.

Ce qu'on dit de soi est toujours poésie.

자신에 관해서 말할 때는 항상 미화시키기 마련이다.

Légiste est de la famille de loi. 법률학자는 법조계에 속한다.

(16) 서술의 부정법(l'infinitif de narration)절의 주어는 그것이 복수명사로 문어에 쓰인 것이면 보통 관사를 생략한다.

Grenouilles aussitôt de sauter dans les ondes, *Grenouilles* de rentrer en leurs grottes profondes.

개구리들은 즉시 물속에서 뛰어 올랐다가 다시금 깊은 자신의 집 속으로 돌아간다.

(17) 전보문에서 글자 수를 줄이기 위해 관사를 생략한다.

'*Reçu* colis, *Lettre* suit' '소포 받음. 편지 잇따라 감.'

Ⅶ. 관사의 반복(Répétition de l'article)

1. 형용사 수식없이 명사 단독일 경우

(1) 명사들이 서로 다른 종류일 경우는 관사를 일일이 반복한다.

Alors défilèrent *les* artilleurs, *les* cavaliers et *les* fantassins.

그 때에 포병, 기병, 보병들이 행진해 지나갔다.

Le courage, *la* patience et *la* prudence sont nécessaires dans la vie.

용기, 인내, 신중함은 인생에서 필요하다.

Il boit *de la* biére et *de l'*eau. 그는 맥주와 물을 마신다.

les pères et *les* mères 부모님들

les frères et *les* soeurs 남매들

(2) 몇 개의 명사가 합쳐 전체적인 표현을 나타낼 때는 관사는 첫 명사에만 표시하는데 주로 행정이나 사법상의 표현에 많다.

les arts et métiers 공예

les dommages et intérêts 손익

les us et coutumes 관례와 풍습

les officiers, sous-officiers et soldats 장교, 하사관 및 병사

indiquez *les* noms, prénoms, et dates de naissance d'enfants

아이들의 이름, 성, 그리고 출생 일자를 가리키세요.

(3) 두개의 명사가 같은 사람을 나타낼 때는 관사를 반복하지 않는다.

le frère et collaborateur de l'architecte 건축가의 형이자 협조자

un collègue et ami de mon père 나의 아버님의 동료이자 친구

2. 형용사가 명사를 수식할 때

(1) 명사 각각에 서로 다른 형용사가 따를 경우는 관사를 일일이 반복한다.

les petits profits et *les* grands succès 적은 이익과 큰 성공

(2) 하나의 명사에 접속사 et나 ou로 유도되는 여러 개의 형용사가 수식하고, 그 형용사가 서로 완전히 다른 의미를 나타낼 때는 관사를 반복한다.

le premier et *le* second étage 이층과 삼층

Il y a *une* bonne et *une* mauvaise honte. 고상한 불명예와 좋지 않은 불명예가 있다.

au douzième et *au* treizième siècle de notre ère. 서기 12세기와 13세기에

*l'*histoire ancienne et *la* moderne 고대사와 현대사

cf. les histoires ancienne et moderne 고대사와 현대사

(3) 수식해 주는 형용사들이 동류의 뜻을 나타낼 때는 관사를 반복 안한다.

la grande et belle ville de Paris 크고 아름다운 도시 파리

un pitoyable et insupportable raisonnement 하찮고도 참을 수 없는 억설

jusqu'à *la* troisième et quatrième génération 3 · 4 세대까지

㊟ 표현을 강조할 경우에는 동류의 형용사라도 관사를 반복한다.
les jeunes, *les* jolis enfants de mon père 나의 아버님의 어리고도 귀여운 자식들
le vierge, *le* vivace et *le* bel aujourd'hui 순수하고도 강인하며 아름다운 현세

(4) 최상급 앞에서는 항상 관사를 반복한다.

Je m'en vais vous demander la chose *la* plus étonnante, *la* plus surprenante, *la* plus merveilleuse, etc....

당신에게 가장 의아스럽고, 가장 놀랄 만하고, 가장 신기로운 것…을 요구하려 합니다.

연습문제

A. 기초 문제

1. 다음 명사 앞에 정관사와 부정관사를 쓰시오.

livre, histoire, montre, livres, jupe, hôtel, maison, arbre, filles, ami

2. 다음 명사에 알맞은 부분관사를 쓰시오.

① pain ② viande ③ argent ④ eau ⑤ vin
⑥ légumes

3. 적당한 관사나 전치사 혹은 축약관사를 ( )에 넣으시오.

① Au Quartier latin, il y a ( ) cinémas. Nicolas adore ( ) cinéma. Il va beaucoup ( ) cinéma Saint-Michel.
② Jacques a ( ) amie espagnole. elle travaille ( ) ambassade d'Espagne.
③ Sylvie connaît ( ) chanteur d'opéra. Il s'appelle Luini. C'est ( ) ami de Roland. Il chante ( ) Opéra de Paris.

B. 기본 문제

1. 밑줄 친 부분에 적당한 관사를 넣으시오.

① Je voudrais.....café. J'aime.....café.
② J'aime bien.....fromage. Est-ce qu'il y a.....fromage au dessert?
③ .....thé est prêt. Est-ce que vous voulez.....thé.
④ Il aime bien.....tartes aux pommes mais il préfère.....tartes au citron.
⑤ J'ai.....bière dans le réfrigérateur. Tu veux boire.....bière?

2. 다음 고유명사 중 정관사가 필요한 것을 골라 정관사와 같이 써보시오.

Séoul, Allemagne, Comédie-Française, Paris, New-York, Méditerranée, Hugo, Alpes, Napoléon.

3. 괄호에 알맞은 정관사, 부정관사, 부분관사 또는 부정이나 부분을 나타내는 de를 넣고 필요없는 곳은 x를 하시오.

① ( ) homme est mortel.
② L'hiver est précédé de ( ) automne.
③ Il va en ( ) France.
④ J'ai ( ) livre.
⑤ Elle mange ( ) pain.
⑥ Elle achète ( ) légumes.
⑦ Il vient de ( ) France.
⑧ Je ne bois pas ( ) bière.
⑨ Il est ( ) Français.
⑩ Vous n'aimez pas ( ) banane.
⑪ Elle l'a fait sans ( ) peine.
⑫ Tu le pourrais avec un peu de ( ) courage.
⑬ Ils mangent ( ) bonnes soupes.
⑭ Il va à ( ) pied.
⑮ Elles sont arrivées en ( ) auto.
⑯ Il part par ( ) train.
⑰ C'est l'homme ( ) plus heureux.
⑱ Elle vient me voir trois fois ( ) semaine.
⑲ Le soleil se lève à ( ) est et se couche à ( ) ouest.
⑳ Cet épicier vend ( ) bon fromage.

C. 응용 문제

1. 괄호 안에 적당한 관사 또는 de를 써넣고, 필요없는 곳은 ×를 하시오.

① Nous avons ( ) bonnes nouvelles.
② Il n'y a pas ( ) arbres dans le jardin.
③ Mon père fume ( ) bon tabac.
④ N'aimez-vous pas ( ) jeunes gens.
⑤ Donnez-moi ( ) ce vin.
⑥ ( ) eau de cet étang est dormante.

⑦ Il étudie ( ) français.

⑧ Il parle ( ) français.

⑨ Il parle bien ( ) français.

⑩ Il m'a montré ( ) orgueil.

⑪ C'est ( ) femme de ( ) talent.

⑫ Nous aimons ( ) pommes.

⑬ Ce sont ( ) Espagnols.

⑭ C'est ( ) Américain.

⑮ Il est ( ) médecin.

⑯ Dans ( ) tasse de Marie, il y a ( ) lait.

⑰ Voilà un livre. C'est ( ) livre de Jean.

⑱ Il boit trop de ( ) bière.

⑲ Il mange bien de ( ) viande.

⑳ Il a montré ( ) grande audace.

2. 아래 문을 비교해 보아라, 두 문장의 의미의 차이점을 찾아 논의해 보시오.

"Elle a épousé un garçon très bien, c'est le garçon que je t'avais présenté un jour chez Marc, tu te rappelles?"

"Elle a épousé un garçon très bien, c'est un garçon que je t'avais présenté un jour chez Marc, tu ne te rappelles pas."

3. 아래 두 문장에서 어떤 관사를 사용했으며 왜 그렇게 사용되었는지 설명하시오.

"Demain, 14 octobre, le soleil se lèvera à 6 h 18 et se couchera à 17h 42."

"Le ministère de l'Education a publié un décret modifiant les dates des vacances scolaires........"

4. 아래 문장에 관사를 넣고, 그 관사를 왜 사용해야하는지 설명해 보시오.

① "Je lui demandai de réserver _______ chambre d'hôtel. Je fis le tour de ______ chambre. _______ lit était couvert d'______ édredon brun. _______ lavabo saillait du mur. ______ table ronde et trois chaises étaient bizarrement disposés au centre de _____ piece. ______ fenêtre était grande, il y a avait ____ balcon. Sans retirer mon manteau, je fis couler ____ eau dans mon lavabo, libérai ____ minuscule savon de son emballage et me lavai ____ mains."

② "Devant moi, ___ porte, ____ chambre san doute, j'ouvre ___ porte, j'entre dans ______ chambre, ______fenêtre est ouverte. Devant ____ fenêtre, _______ table en bois sombre."

5. 아래 각각의 두 문장의 뜻을 구별해 정확한 의미를 파악해 보시오.

J'ai acheté la voiture. J'ai acheté une voiture.

Vous avez vu le film? Hier nous avons vu un film superbe.

Ils ont visité l'appartement. Ils ont visité un appartement.

6. 아래 문장에서 정관사를 부정관사로 바꾸어 쓸 수 있는 것은 어느 것이며, 왜 그럴 수 있는지 설명해 보시오.

① La R5 coûte 45000 francs.

② La R5 se vend de plus en plus

③ Le roman policier se lit bien quand on est fatigué.

④ Le roman policier a connu un bond spectaculaire.

⑤ L'immigré devient l'ennemi des mouvement de droite.

⑥ L'immigré a généralement beaucoup de mal à s'adapter.

7. 아래 각 문장에서 함께 쓸 수 없는 명사는 무엇이며 그 이유는 무엇인가?

① Il faudrait acheter de la crème.
de la moutarde.
de la mayonnaise.
de la boîte de haricot.

② Vous prenez du thé?
du croissant?
du café?
du lait?

③ Je voudrais de l'allumette, s'il vous plaît.
de l'huile,
de l'eau.

8. 아래 빈칸을 적당한 관사로 채우고 그 용법에 대해 설명해 보시오.

Il boit ....jus d'orange.

Il faut .... gymnastique.

Il prend .... douche.

et puis

Il fait ..... café : Il prend....... café avec ......lait et ......sucre.

9. 다음 각각의 두 문장이 어떤 차이점을 갖고 있는지 설명해 보시오.

① Il fait du vélo. Il fait le vélo.

② L'huile a encore augmenté. Je voudrais de l'huile.

③ Le beurre est riche en lipides. Vous mettez du beurre sur vos tartines.

10. 아래 대화에서 왜 물질명사 앞에 어느 때는 un, une를 쓰고 어느 때는 du를 썼는지 그 이유를 설명해 보시오.

Une baguette, s'il vous plaît.

Une ficelle bien cuite...

Un pain de campagne....

Tiens! tu manges du pain campagne, toi aussi......

정답 **A. 기초문제**

1. le livre, un livre; l'histoire, une histoire; la montre, une montre; les livres, des livres; la jupe, une jupe; l'hôtel, un hôtel; la maison, une maison; l'arbre, un arbre; les filles, des filles; l'ami, un ami; 2. ① du pain ② de la viande ③ de l'argent ④ de l'eau ⑤ du vin ⑥ des légumes 3. ① des, le, au ② une, à l' ③ un, un, à l'

B. 기본문제

1. ① du(un), le ② le, du ③ Le, du ④ les, les ⑤ de la, de la(une) 2. l'Allemagne; la Comédie-Française; la Méditerranée; les Alpes. 3. ① L'(Un) ② l' ③ x ④ un ⑤ du ⑥ des ⑦ x ⑧ de ⑨ x ⑩ de ⑪ x ⑫ x ⑬ de ⑭ x ⑮ x ⑯ le ⑰ le ⑱ une(la) ⑲ l' ; l' ⑳ du(de)

제2장

명 사(Nom)

정 의

명사(nom ou substantif)는 생물, 사물, 관념 등의 이름을 가리키는 것으로, 프랑스어에서는 남성 혹은 여성 중 어느 하나의 성(genre)을 반드시 갖고 있다.3)

남성(m.) le cheval 말(馬) le départ 출발 le soleil 태양

여성(f.) la rose 장미 la famille 가족 la femme 여자

Ⅰ. 명사의 종류(Espèce du nom)

명사를 분류하는 방법은 관점에 따라 다양하다.4) 의미에 따라 고유명사와 보통명사, 구상명사와 추상명사, 개체명사와 집합명사로 나누고, 형태에 따라 단일명사와 합성명사로 나눈다.

1. 보통명사(Nom commun)와 고유명사(Nom propre)

(1) 보통명사－같은 종류의 사물을 총칭하여 쓰는 명사를 말한다.

la femme 여자 l'arbre 나무 l'amitié 우정 l'idée 생각

---

3) 대부분 생물이 암수가 있지만 언어에서는 사람과 일부 동물만 남성형 여형형 명사가 있으며 그 외의 생물은 자연 상태로 양성이 구별되어지는 것이 아니며 하나의 성(genre)만 갖는 것이 대부분이다.
la souris 생쥐, le crocodile 악어, le moineau 참새, la tortue 거북

4) 명사와 형용사 : 형용사가 관사를 동반하면 쉽게 명사화한다. 또 관사 없이 쓰인 명사는 사람, 사물 등의 속성을 나타내므로 형용사적으로 쓰인 것이다. 이처럼 두 품사간의 명확한 한계는 없다. 예전에는 명사를 nom substantif, 형용사를 nom adjectif라 불렀던 것을 보아도 알 수 있다. 지금도 명사를 substantif(실사)라 부르는 학자가 많다.
un *homme*(명사)
vraiment *homme*(형용사) 진실로 남자다운

(2) 고유명사 - 사람, 나라, 지방, 도시, 강, 산 등의 이름, 즉 어느 종류의 특정한 명칭을 가리키는 명사로 단어 첫 문자는 대문자이다.

la Corée 한국 Moliére 몰리에르 Paris 파리

la Seine 센 강 la Comédie-Française 코메디 프랑세즈(극장)

2. 구상명사(Nom concret)와 추상명사(Nom abstrait)

(1) 구상명사 - 그 형태를 오관으로 감지할 수 있는 명사

le fleuve 강 le nuage 구름 l'homme 사람 l'ange 천사

(2) 추상명사 - 형태가 없는 것으로 사물의 성질 또는 사상, 감정, 현상 따위를 나타내는 명사

l'amour 사랑 la patience 인내 la beauté 아름다움

l'épaisseur 두께 le bonheur 행복

3. 개체명사(Nom individuel)와 집합명사(Nom collectif)

(1) 개체명사 - 단어의 의미상 개별적인 것을 나타내는 명사

le jardin 정원 l'habit 옷 la pierre 돌 le pigeon 비둘기

(2) 집합명사 - 단어의 의미상 집합을 나타내는 명사

la foule 군중 le groupe 단체 la clientèle 고객(총칭)

4. 단일명사(Nom simple)와 합성명사(Nom composé)

(1) 단일명사 - 단 하나의 단어로 이루어진 명사

la ville 도시 le chef 장(長) le portemanteau 옷걸이

le contrecoup 반동 la neige 눈(雪)

(2) 합성명사 - 두 개 이상의 단어가 합하여 뜻을 나타내는 명사, 보통 연결부호(trait d'union)로 연결하며, 연결 부호를 사용하지 않는 것도 있으며, 단일 명사 중에서도 두 개 이상 연결부호 없이 결합하여 이루어진 것도 합성 명사로 보는 경우도 있다.

l'arc-en-ciel 무지개 le garde-magasin 창고지기

la pomme de terre 감자 le porte-parole 대변인

le portemanteau 옷걸이 le contrecoup 반동

㈜ 1. 구상명사와 추상명사는 서로 바꾸어 쓰이는 수가 있다.[5)]
un mal de *tête* 두통 (구상명사)
perdre la *tête* 이성을 잃다 (추상명사)
la *douceur* d'un fruit 과일의 단 맛 (추상명사)
Acceptez ces *douceurs*. 이 사탕들을 받으세요. (구상명사)

㈜ 2. 개체명사도 집합명사가 될 수 있다. 이런 현상은 특히 구어에서 흔하다.
Ma *chambre* est au premier étage. 내 방은 이 층에 있다. (개체명사)
La *chambre* s'est réunie. 국회가 재소집 되었다. (집합명사)
Il est *soldat*. 그는 군인이다. (개체명사)
Le sang enivre le *soldat*. 피는 군인을 들끓게 한다. (집합명사)

㈜ 3. 보통명사와 고유명사의 철자가 동일한 단어는 단어 첫 문자의 대문자 여부로 구분한다.
Soyez béni, mon *Dieu*. 하나님이시여, 축복 받으소서. (고유명사)
les *dieux* romains 로마의 신(神)들 (보통명사)
la *Bourgogne* 부르고뉴 지방 (고유명사)
la *bourgogne* 부르고뉴 산(産) 포도주(보통명사)

㈜ 4. 고유명사라고 반드시 개체가 하나라는 뜻이 아니다. le soleil 태양, la lune 달 등은 고유한 것이지만 개념상 보통 명사로 사용하며, les Coréens 한국 사람들, les Français 프랑스 사람들 등과 같은 것들은 복수지만 고유명사다.

❖ 전성 명사

명사가 아닌 다른 품사가 명사로 쓰이는 것을 말한다. 일반적으로 다른 품사에 관사를 붙여서 사용한다.

le non(부사에서) 부정 le vrai(품질형용사에서) 진실
le ceci(대명사에서) 이것 le manger(동사에서) 음식
le fait(과거분사에서) 행동 le pourquoi(접속사에서) 이유
le contre(전치사에서) 반대

Ⅱ. 명사의 용법과 기능(Emploi et fonction du nom)

명사의 기능, 즉 문장에서 명사의 역할은 다양하고, 그 다양한 기능은 각기 개별적 명사의 용법과 직결된다. 따라서 명사의 기능은 모든 명사의 일괄적

5) 이와 같은 명사는 상호간에 환유법(métonymie)에 의해 그 의미가 바뀐다.

인 공통 용법인 만큼 그 쓰임에 확실히 익숙해 두어야 한다. 명사는 주로 주어, 속사, 목적보어, 형용사 및 부사의 보어, 동격, 호격 등으로 쓰인다.

1. 주어로 쓰인다.

Le chien défend toujours son maître. 개는 늘 주인을 방어해 준다.
Cécile est très obéissante. 세실은 몹시 고분고분하다.

2. 속사로 쓰인다.

Napoléon était *un homme* impérieux. 나폴레옹은 독재적인 사람이었다.
On a élu mon père *député*. 나의 아버님은 국회의원으로 선출되었다.

3. 보어로 쓰인다.

(1) 직접보어

C'est si bon d'avoir sa chaude *maison.*
따뜻한 자기 집을 소유한다는 것은 아주 좋은 일이다.

(2) 간접보어

Pardonnez *à ma franchise* de vous dire cela.
당신께 그런 걸 말씀드리는 저의 솔직성을 용서해 주십시오.

(3) 상황보어

Il voyage *nuit et jour*. (시간) 그는 밤낮으로 여행을 한다.
J'ai balayé l'escalier *depuis le haut jusqu'en bas*. (장소)
나는 맨 꼭대기에서 아래까지 계단을 쓸었다.
Par jalousie, elle pria Dieu de tuer son mari. (원인)
질투로, 그녀는 남편을 죽여주십사 하느님께 기도하였다.
Il faut travailler *pour le bonheur de ses compatriotes*. (목적)
자신의 동족의 행복을 위해서 일해야 한다.
Elle se retira, *les yeux baissés*, sans faire bruit. (양태)
눈을 내리 뜨고, 아무 소리 없이 그녀는 물러났다.

(4) 동작주 보어

전치사 de나 par에 의해 수동태에서 동사의 보어가 된다.

L'honnête homme sera aimé *de tout le monde*.

정직한 사람은 모든 이에게서 사랑을 받을 것이다.

(5) 명사의 보어

전치사를 동반하여 그 앞에 나온 명사의 보어가 된다.

la maison *de mon oncle* 나의 아저씨의 집(소유)

un pont *de bois* 나무로 된 다리(재료)

une femme *aux yeux noirs* 검은 눈의 여인(특징)

une fille *d'une famille noble* 귀족 집안 출신의 처녀(유래)

le train *pour Paris* 파리행 기차(방향)

une espèce *de papillon* 나비의 종류(종류)

(6) 형용사의 보어

전치사를 동반하여 그 앞에 온 형용사의 보어가 된다.

Il est fidèle *à sa femme*. 그는 부인에게 충실하다.

Soyez attentifs *à mes paroles*. 내 말에 주의를 하십시오.

(7) 부사의 보어

명사가 부사를 한정해, 부사의 보어로 쓰이는 경우가 있다. 몇 개의 분사와 분량 부사, 상태 부사들이 이와 같이 쓰인다.

trois ans après 삼년 후에

bien *des gens* 많은 사람들

conformément *à vos ordres* 당신 명령에 따라서

contrairement *à mon habitude* 내 습관과는 달리

beaucoup *de mérite* 많은 장점

㈜ 명사가 한정하는 부사는 다음과 같다.

après 후에	bien(des) 많은
beaucoup 많은	assez 충분한
contrairement 반대로	conformément …에 의해
indépendamment 독립적으로	séparément … 별개로
relativement… 상대적으로	

(8) 대명사의 보어

전치사와 더불어 앞에 나온 대명사의 보어가 된다.

Lequel *de ces chapeaux* préférez-vous, celui *de Marie* ou celui *de Jeanne*?

이 모자들 가운데 어느 것을 더 좋아하십니까? 마리의 것입니까, 쟌의 것입니까?

4. 동격어로 쓰인다.

Paris, *capitale de la France*, est situé sur la Seine.
프랑스 수도인 파리는 센 강 가에 위치하고 있다.

5. 호격으로 쓰인다.

Faites comme moi, *l'ami*, et vous deviendrez riche comme moi.
나처럼 하시오 친구여, 그러면 나처럼 부자가 될 테니까.

Ⅲ. 명사의 성

프랑스어의 명사는 모두 남성(masculin), 여성(féminin) 중 어느 한 가지 성을 갖는다. 생물을 나타내는 명사는 대부분 자연성(genre naturel)을 따르나, 무생물이나 추상명사 따위는 전통적으로 정해진 문법상의 성(genre grammatical)을 가지므로 사전을 찾아 남성, 여성을 확인해야 한다.6)

다음과 같은 방법으로 대략 성을 판별할 수 있다.

1. 보통명사의 성

1.1. 뜻에 의한 판별

(1) 남성명사

다음과 같은 종류의 명사는 대체로 남성이다.

① 동물의 남성

le père 아버지 l'oncle 아저씨
le chien 개 le lion 사자

② 나무

6) 희랍어, 라틴어, 독일어, 네덜란드어 등에서는 중성이 있으나 프랑스어의 명사에서는 중성은 없다. 라틴어계의 중성명사는 프랑스어에서 대부분 남성으로 되었고, 몇몇 개는 여성으로 변했다.

le chêne 떡갈나무 le tilleul 보리수

[예외] une yeuse 털가시나무

③ 금속

le fer 철 le cuivre 구리 l'or 금 l'argent 은

[예외] la fonte 주철, −ite로 끝난 대부분의 금속명 : l'alumine 알미늄

④ 요일, 달, 계절, 방위

le lundi 월요일 le printemps 봄

un avril pluvieux 비가 자주 오는 4월 le sud-ouest 남서쪽

⑤ 바람

le zéphyr 미풍 le mistral(프랑스 남부의) 북풍

le norois 북서풍

[예외] la bise 북풍, la tramontane(지중해의) 북풍, la brise 미풍

⑥ 숫자, 문자, 음계

Le huit a gagné. 8번이 이겼다.

Écrivez un B et un do. B와 도를 쓰시오.

⑦ 십진법의 도량형

le mètre 미터 le gramme 그램

[예외] une lieue 거리의 단위(약 4km), une livre 1/2킬로그램

⑧ 무성의 -e로 끝나지 않는 국명, 하천명

le Portugal 포르투갈 le Japon 일본 le Rhin 라인 강

⑨ 형용사, 부정법 및 불변하는 품사(부사, 전치사, 접속사, 간투사)에서 전환된 명사(전성명사)

le bleu 푸른색 le rouge 붉은색

le vrai 사실 le dîner 저녁 식사

le souvenir 추억 le bien 선(善)

le *devant* de l'armoire 옷장의 전면

Je me moque du *qu'en dira-t-on*. 나는 남들이 하는 말을 무시한다.

[예외] l'anglaise 영국식 춤 / une polonaise 폴란드 무곡

(2) 여성명사

다음과 같은 종류의 명사는 대체로 여성이다.

① 동물의 여성

la mère 어머니 la tante 아주머니
la chienne 암캐 la vache 암소

② 질병

la bronchite 기관지염 la typhoïde 장티푸스
la grippe 감기

[예외] le choléra 콜레라/ le croup 크루프 성 후두염/ le diabète 당뇨병 l'emphysème 기종/ le rhume 감기/ -sme로 끝난 질병 이름

③ 학문

la médecine 의학 les mathématiques 수학
la politique 정치학

[예외] le droit 법학

④ 축일

la Saint-Barthélemy 성 바르틀레메오의 축일 la Toussaint 만성절

[예외] Noël 성탄절/ Pâques 부활절

⑤ 열매

la pomme 사과 la prune 자두 la poire 배

[예외] l'abricot 살구/ le citron 레몬/ le marron 밤/ le raisin 포도

⑥ 대부분의 추상명사, 특히 -eur로 끝난 추상명사(예외도 많다) :

la candeur 순진함 la valeur 가치

[예외] le bonheur 행복/ le malheur 불행/ l'honneur 명예

⑦ 무성의 -e로 끝나는 국명, 하천명

la Corée 한국 la Seine 센 강

[예외] le Mexique 멕시코/ le Danube 다뉴브 강/ le Rhône 론느강

1.2. 단어 어미에 의한 성 판별

성을 구분하는 데는 어미에 의한 판별이 가장 많이 이용되고 있다. 하지만 이 방법도 예외가 많고 구분의 종류가 많아 확실한 판별의 표준은 되지 못한다.

(1) 남성형 어미

▸ age(행위 및 행위의 결과)

village 마을 / courage 용기 / gage 담보물 / voyage 여행

▸ ail

épouvantail 허수아비 / vitrail 채색 유리창 / détail 상세

▸ al

bal 무도회 / journal 신문 / cheval 말

▸ ard(사물)

brassard 완장 / poignard 단도

▸ as(집합, 경멸)

plâtras 회반죽의 부스러기 / coutelas 큰 식칼

▸ eur(동작주)

flatteur 아첨군 / visiteur 방문객 / acteur 배우

▸ eur(추상명사)

labeur 노동 / honneur 명예

▸ er, - ier(과일나무, 남성 직업)

oranger 오렌지나무 / fer 철 / papier 종이 / pompier 소방대원

boulanger 빵집 주인 / pommier 사과나무

▸ eau

chapeau 모자 / caveau 작은 지하실/ marteau 망치

▸ t, - et, - ot, - at

salariat 봉급생활자 / chocolat 쵸코렛 / mot 말 / sujet 주제 / but 목적

▸ c

lac 호수 / soc 보습의 날

▸ fice

artifice 기술 / édifice 건축물 / sacrifice 희생

▸ is

cliquetis 부딪치는 소리 / fouillis 뒤죽박죽

▸ isme(논리, 병)

socialisme 사회주의 / arthritisme 관절염

▸ ium

aquarium 어항 / sanatorium 요양소 / radium 라디움

▸ ment(행위 및 그 결과)

mouvement 운동 / crasement 분쇄 / bâtiment 건물

▸ oir(기구)

semoir 씨앗 주머니 / mirroir 거울 / rasoir 면도기

▸ ron, -eron

moucheron 모기 / clairon 나팔수

※ 아래 어미는 거의 확실히 남성 여성어미들이다.
남성명사 : −fice, −ment, −ium, −acre, −ège, −on
여성명사 : −une, −tude, −ance, −ence
[예외] le silence

(2) 여성형 어미

▸ ade(행위, 집합)
bousculade 떠밀기 / promenade 산책

▸ aie(나무 재배지)
chênaie 떡갈나무 숲

▸ aille(집합)
ferraille 고철 / trouvaille 발견물

▸ ailles(복수로서의 행위)
fiançailles 약혼식 / épousailles 결혼식

▸ aison, - oision, - ison, - ation, - ition, - otion, - ution(행위)
pendaison 매달기 / pâmoison 기절 / guérision 회복 / confusion 혼잡
fondation 창설 / finition 끝 / émotion 감정 / parution 발행

▸ ance(행위, 상태)
brillance 광휘 / vaillance 용맹

▸ asse(집합)
paillasse 짚을 넣은 매트

▸ ée, - etée(내용)
potée 야채와 돼지비계를 넣어 삶은 요리 / pelletée 삽 하나의 분량

▸ elle, - erelle(축소)
poutrelle 작은 들보

▸ esse(생물, 성질)
poétesse 여류 시인 / messe 미사 / paresse 게으름/ finesse 가냘픔

▸ ette(축소)
starlette 신인 여배우 / fillette 작은 소녀 / cigarette 궐련

▸ ie, - rie(질병, 행위)
leucémie 백혈병 / causerie 한담/ sonnerie 종소리

▸ ière(여성 직업)
lavandière 빨래하는 여자 / soupière 수프 그릇

▸ ine(축소)

bécassine 깍도요(새) / tartine 버터 바른 빵 / colline 언덕

▸ ise(질, 상태, 행위)

maîtrise 지배권 / prêtrise 성직 / hantise 강박 관념

▸ itude(상태, 질)

exactitude 정확성

▸ ose(질병)

tuberculose 결핵

▸ otte(축소)

cocotte(아이 말) 암탉 / botte 장화/ motte 흙덩이

▸ té(질, 상태)

saleté 불결함 / émotivité 감수성

▸ tude

étude 공부 / solitude 고독 / longitude 경도(經度)

▸ une

rancune 원한 / fortune 재산

▸ ure(행위, 결과)

brûlure 화상 / blessure 상처

2. 고유명사의 성

(1) 사람 이름

보통 말하는 성(姓 : nom ou nom de famille)에는 문법적인 성(genre)은 없다. 이름(prénom)은 그 형태에 따라 성을 달리하나 이것도 규칙은 아니고 거의 관습이나 습관에 의해서 구별한다.

◆ 남성

Jean Henri Charles François Eugène Étienne Maurice

◆ 여성

Jeanne Henriette Charlotte Françoise Eugènie Alice Catherine

㊟ 대부분의 여성 이름은 어미가 -e로 끝난다. 그러나 그 중 몇 개는 남·여 이름에 모두 쓰인다.
Claude est petit(e). 클로드는 작다.
Dominique est devenu(e) hôte de l'air(hôtesse de l'air).
도미니크는 비행기(여)승무원이 되었다.

(2) 나라 이름

어미가 무성의 -e로 끝난 대부분의 나라 이름은 여성이고, 그렇지 않은 것은 남성이다.

◆ 남성

l'Angola 앙골라 le Brésil 브라질 le Canada 캐나다
le Chili 칠레 le Congo 콩고 le Danemark 덴마크
le Ghana 가나 le Japon 일본
le Luxembourg 룩셈부르크 le Maroc 모로코
le Nigéria 나이지리아 le Pérou 페루
le Portugal 포루투갈

◆ 여성

l'Albanie 알바니아 l'Allemagne 독일 l'Angleterre 영국
la Belgique 벨기에 la Bulgarie 불가리아 la Corée 한국
la Chine 중국 l'Espagne 스페인 la France 프랑스
l'Inde 인도 la Hollande 네덜란드 la Grèce 그리스
l'Irlande 아일랜드 l'Italie 이탈리아 la Norvège 노르웨이
la Pologne 폴란드 la Russie 러시아 la Roumanie 루마니아
la Suisse 스위스 la Suède 스웨덴 la Turquie 터키

◆ 남성복수

les États-Unis 미합중국 les Pays-Bas 네덜란드

㈜ 1. 다음 국가명은 -e로 끝났지만 남성이다.
le Caucase du Nord 북 코카서스
le Mexique 멕시코
le Mosambique 모잠비크

㈜ 2. le Nigéria는 la Nigéria라고도 한다.

㈜ 3. 위와 같은 성 판별은 대륙 이름 및 각 나라의 주 등에도 해당이 된다.

✻ 여성 l'Asie 아시아 주
l'Afrique 아프리카 주
l'Australasie 오스트랄라시아 주
l'Europe 유럽 주

❖ Remarque : 국명과 전치사

국가명 앞에 오는 전치사는 각 국가별로 다르다. 일반적으로 여성이면 en, 남성이면 au를 쓰는데 모든 것이 규칙이 아니다("전치사의 용법" en 또는 정관사 용법 참조).
다음 표는 국가명(섬 포함) 앞에 전치사의 쓰임을 보여준다.

국가명	장소 또는 갈 때	올 때	국 가 명	장소 또는 갈 때	올 때
l'Afghanistan	en	d'	l'Afrique du Sud	en	d'
l'Albanie	en	d'	l'Algérie	en	d'
l'Allemagne	en	d'	l'Angola	en	d'
l'Arabie Saoudite	en	d'	l'Argentine	en	d'
l'Australie	en	d'	l'Autriche	en	d'
les Bahamas	aux	des	Bahrein	à	de
les Baléares	aux	des	le Bangladesh	au	du
la Barbade	à la	de la	la Bélgique	en	de
Belize	à	de	le Bénin	au	du
le Bhoutan	au	du	la Birmanie	en	de
la Bolivie	en	de	le Botswane	au	du
le Brésil	au	du	Brunei	à	de
la Bulgarie	en	de	le Burkina Faso	au	du
le Burundi	au	du	le Cameroun	au	du
le Canada	au	du	les Canaries	aux	des
les îles du Cap-Vert	aux	des			
la République Centrafrique				en	de
le Chili	au	du	la Chine	en	de
Chypre	à	de	la Colombie	en	de
les Comores	aux	des	le Congo	au	du
la Corée	en	de	la Corse	en	de
le Costa Rica	au	du	la Côte d'Ivoire	en	de
la Crète	en	de	Cuba	à	de

le Danemark	au	du			
la République Dominicaine				en	de
l'Egypte	en	d'			
les Emirats Arabes Unis				aux	des
l'Equateur	en	d'	l'Espagne	en	d'
les Etats-Unis	aux	des			
l'Ethiopie	en	d'	les Fidji	aux	des
la Finlande	en	de	Formose	à	de
la France	en	de	le Gabon	au	du
la Gambie	en	de	le Ghana	au	du
la Grèce	en	de	la Grenade	à la	de la
la Guadeloupe	en	de	Guam	à	de
le Guatemala	au	du	la Guinée	en	de
la Guyane	en	de	Haïti	a(en)	d'
la Hollande	en	de	le Honduras	au	du
Hong-Kong	à	de	la Hongrie	en	de
l'Inde	en	d'	l'Indonésie	en	d'
l'Irak	en	d'	l'iran	en	d'
l'Irlande	en	d'	l'Islande	en	d'
Israël	en	d'	l'Italie	en	d'
la Jamaïque	à la	de la	le Japon	au	du
le Groenland	au	du	la Jordanie	en	de
le Kampuchéa	au	du	le Kenya	au	du
le Koweit	au	du	le Laos	au	du
le Lesotho	au	du	le Liban	au	du
le Libéria	au	du	la Libye	en	de
le Luxembourg	au	du	Macao	à	de
Madagascar	à	de	la Malaisie	en	de
le Malawi	au	du	les Maldives	aux	des
le Mali	au	du	Malte	à	de
le Maroc	au	du	la Martinique	en	de
l'Ile de Maurice	à l'	de l'	la Mauritanie	en	de
le Mexique	au	du	la Mongolie	en	de

le Mozambique	au	du	la Namibie	en	de
le Népal	au	du	le Nicaragua	au	du
le Niger	au	du	le Nigéria	au	du
la Norvège	en	de	la Nouvelle-Calédonie	en	de
la Nouvelle-Zélande	en	de	l'Oman	à(en)	d'
l'Ouganda	en	d'			
les Iles					
du Pacifique	aux	des			
- les Marshall					
- les Carolines					
- les Mariannes					
le Pakistan	au	du	Panama	à	de
la Papouasie	en	de	le Paraguay	au	du
les Pays-Bas	aux	des	le Pérou	au	du
les Philippines	aux	des	la Pologne	en	de
la Polinésie française				en	de
- les Iles Australes	aux	des			
- les Iles Marquises					
- les Iles Tuamoto					
- les Gambier					
- Tahiti	à	de			
Porto Rico	à	de	le Portugal	au	du
Qatar	au	du	la Réunion	à la	de la
la Roumanie	en	de			
le Royaume-Uni	au	du			
- l'Angleterre	en	d'			
- l'Ecosse	en	d'			
- l'Irlande du Nord	en	d'			
la Russie	en	de	le Rwanda	au	du
l'Ile de Sainte-Lucie	à l'	de l'			
l'Ile de Saint-Vincent	à l'	de l'			
les Iles Salomon	aux	des	le Salvador	au	du
les Iles de Sao Tomé et Principe				aux	des

le Sénégal	au	du	la Sierra Leone	en	de
Singapour	à	de	la Somalie	en	de
le Soudan	au	du	Sri-Lanka	au	du
la Suède	en	de	la Suisse	en	de
le Surinam	au	du	le Swaziland	au	du
la Syrie	en	de	la Tanzanie	en	de
le Tchad	au	du	la Tchécoslovaquie	en	de
la Thaïlande	en	de	le Togo	au	du
la Tunisie	en	de	la Turquie	en	de
l'Uruguay	en	d'	le Vénézouéla	au	du
la Vietnam	au	du	le Yéman	au	du
la Yougoslavie	en	de	le Zaïre	au	du
la Zambie	en	de	le Zimbabwe	au	du

(3) 도시 이름

도시명은 관사가 붙지 않아 성을 구별할 필요가 없지만 문장 상 필요할 때에는 보통 남성으로 취급한다. 그 중 일부는 관습상 여성으로 쓰인다.

◆ 남 성

New York 뉴욕 Marseille 마르세이유 Paris 파리
Londres 런던 Séoul 서울

◆ 여 성

Rome 로마 Athènes 아테네 Sparte 스파르타
Alexandrie 알렉산드리아 Carthage 카르타고 Florence 피렌체
Jérusalem 예루살렘 Pompéi 폼페이 Venise 베니스

Marseille est *actif.* 마르세이유는 활기에 넘친다.

Rome est *glorieuse*. 로마는 찬란하다.

㊟ 1. 관할 구역을 포함한 그 도시 전체를 칭하는 등, 특별한 의미를 지닐 때는 모두 남성 취급한다.
le Grand Paris 위대한 파리/ le Grand Rome 위대한 로마

㊟ 2. 도시 이름에 고유한 자체 관사를 갖고 있는 것은 그 관사의 성에 따른다.
le Caire 카이로/ le Havre 르아브르/la Haye 헤이그/ la Rochelle 라로셸
Le *Havre* est *reconstruit* depuis 1950. 르아브르는 1950년 이래로 재건되고 있다.

㊟ 3. 도시명의 성의 혼동을 피하려면 동격명사 la ville(도시)를 붙여 여성으로 표현하면 편리하다.
La ville de Paris est la plus artistique du monde. 파리시는 세계에서 가장 예술적이다.

(4) **바다 이름**

바다 이름은 그 앞에 남성인 l'océan(대양), 여성인 la mer(바다)를 붙여 쓰는 경우가 많으므로 그에 따라 성이 결정되고, 그 이외의 경우는 그 바다 이름 고유의 성에 따르므로 별 문제가 되지 않는다.

◆ 남 성

l'Atlantique(l'Océan Atlantique) 대서양
le Pacifique(l'Océan Pacifique) 태평양
l'Océan Glacial Arctique 북빙양

◆ 여 성

la Méditerranée(la Mer Méditerranée) 지중해
la Mer du Nord 북해 la Manche 도버 해협

(5) **강 이름**

어미가 -e로 끝난 것은 대부분 여성이고 그렇지 않은 것은 남성이나, 예외가 아주 많다.

◆ 남성

le Nil 나일 강 le Mississipi 미시시피 강 le Rhin 라인 강
le Danube 다뉴브 강 le Rhône 론 강 le Tibre 티베르 강

◆ 여성

la Loire 르와르 강 la Seine 센 강 la Tamise 템즈 강

㈜ 강 이름의 성의 혼동을 피하려면 동격명사 le fleuve를 붙여 남성으로 취급하면 편리하다.
Le fleuve Han arrose Séoul. 한강은 서울을 흘러간다.

(6) **산 이름**

산 이름도 그 앞에 le mont(산)이나 les monts(산맥)을 붙여 씀으로 남성이지만, les monts 없이 쓰는 산맥은 대부분 여성이다.

◆ 남성

le Mont Blanc 몽블랑 산 le Mont Everest 에베레스트 산
les Monts Ourals 우랄 산맥 le Caucase 코카서스 산

◆ 여성

les Alpes 알프스 산맥 les Pyrénées 피레네 산맥

(7) **섬 이름**

섬 이름 앞에는 보통 île(섬)라는 여성명사가 붙으므로 여성으로 쓰인다. 그러나 유명한 섬들은 île를 생략한 채 고유명사만 쓰고 있으며 여성으로 취급한다.

la Corse 코르시카 섬
l'Islande 아이슬랜드
l'île d'Elbe 엘바 섬
l'Irlande 아일랜드 섬
la Sicile 시실리 섬
les îles Philippines 필리핀 군도

(8) **배 이름**

전함이나 어선의 경우는 명명된 이름의 성을 따른다. 그러나 상선과 대서양 횡단 정기선의 경우는 보통 남성으로 쓰인다. 물론 배 이름 자체가 관사를 가지고 있는 경우에는 그 관사의 성에 따른다.

✽ 전함 및 어선
le 'Jaguar' '재규어' 호 la 'Jeanne d'Arc' '잔다르크' 호
la 'Rose-Marie' '로즈마리' 호

✽ 상선 및 대서양 횡단 정기선
le 'France' '프랑스' 호 le 'Flandre' '플랑드르' 호
'La Belle Paule' fut chargée de rapporter en France la dépouille de Napoléon.
'벨 폴'호는 나폴레옹 유해를 프랑스에 운구할 책임을 맡았다.

㊟ 성의 혼동을 피하기 위해서는 동격명사 le paquebot(여객선), l'aviso(통보함) 등을 앞에 놓아 사용한다.
le paquebot 'France' 여객선 '프랑스' 호/ l'aviso 'Meuse' 통보함 '뫼즈' 호

(9) **비행기 이름**

프랑스어의 보통명사에서 유래된 것은 그 명사의 성을 가지며, 외국어나 상징으로 명명된 것은 남성으로 취급한다.

✽ 프랑스어에서 온 것
la Caravelle 카라벨 기
cf. le Concorde 콩코르드 기

✽ 외래어에서 온 것
un Boeing 보잉 기 un DC4 DC4 제트기

(10) **로켓트 이름**

대개 남성이다.

un spoutnik 스프트닉크 호
les premiers Surveyor 초기의 서베이어 호
les précédents Luna 먼저 발사된 루나 호

(11) **자동차 이름**

승용차는 여성, 트럭은 남성이다.

✽ 승용차
une Jaguar 쟈가르 une Citroën 시트로엥 une 404 404 승용차

✽ 트럭
un Berliet 베르리어 un Citroën 시트로엥 트럭

(12) **기타 건물, 역사적 사건**

일정한 규칙이 없다.

la Sorbonne 소르본느　　le Louvre 루브르 박물관
la Bibliothèque Nationale 국립도서관　　le Vatican 바티칸
la Révolution 프랑스 혁명　　la Réforme 종교개혁

3. 합성명사의 성

합성명사의 성 판별은 다음과 같다.

(1) "명사 + 명사"

보통 첫 번째 명사의 성에 따른다.

un chou-fleur 꽃양배추　　le chef-d'œuvre 걸작
une pêche abricot 살구 맛 나는 복숭아

(2) "형용사 +명사"

명사의 성에 따른다.

la chauve-souris 박쥐　　le jeune homme 청년
la jeune fille 처녀

[예외] le rouge-gorge 울새(새) / la mi-temps 중간 휴식시간(하프 타임)
la mi-carême 사순절 제 3주째의 목요일 / la mi-août 8월 중순

(3) "동사 + 명사"

① 명사가 사람인 경우 : 그 명사의 자연성에 따라 결정된다.

le garde-barrière 건널목지기(남성)　　la garde-barrière 건널목지기(여성)

② 명사가 동물 또는 사물인 경우 : 대체로 남성이다.

le tire-bouchon 병마개뽑이　　le porte-cigarette 궐련 케이스
le garde-boue(수레바퀴의) 흙받이　　le hoche-pueue 할미새

[예외] la garde-robe 옷장/ le perce-neige 스노우드롭(꽃이름)

(4) "동사 + 동사"

항상 남성이다.

le savoir-faire 수완　　un ouï-dire 소문

(5) "전치사(혹은 부사) + 명사"

① 명사가 사람을 뜻하는 경우 : 그 명사의 자연성에 따라 결정된다.

un sans-soin 거친 남자 une sans-soin 거친 여자
un sans-cœur 매정한 남자 une sans-cœur 매정한 여자

② 명사가 사물인 경우

— 첫 요소가 전치사라기보다 부사적 의미를 지니면 명사의 성을 따른다.

un avant-poste 전초 une avant-cour 앞뜰
un contre-ordre 취소 명령 une contre-proposition 반대 제안
un sous-produit 부산물 la sous-production 생산 부족

— 첫 요소가 전치사라면 대부분 남성형이다.

un à-propos 시기에 적절함 un à-côté 부수입
un en-cas 양산 겸용 우산 le sans-façon 버릇없음
l'après-guerre 전후 un hors-d'œuvre 전체요리

[예외] l'après-midi(오후)는 남성, 여성으로 모두 쓸 수 있다.

(6) 성구나 문장의 어느 부분이 고정되어 이루어진 합성명사는 남성이다.

un on-dit 소문 le qu'en-dira-t-on 남의 평판
le va-et-vient 왕복 le sauve-qui-peut 패주
un pied-à-terre 우거

㈜ 사람인 경우는 그 사람의 성에 따라 결정된다.
un couche-tard 밤늦게 자는 남자/ une couche-tard 밤늦게 자는 여자
un lève-tôt 일찍 일어나는 남자/ une lève-tôt 일찍 일어나는 여자
un rien-du-tout 보잘 것 없는 남자/ une rien-du-tout 보잘 것 없는 여자

(7) 새를 뜻하는 합성명사는 대부분 남성이다.

le rouge-gorge 울새 le rouge-noir 방울새의 일종
le blanc-cul 피리새

4. 동물의 성

사람은 남・여성으로 구분되나, 사람과는 달리 일부 짐승을 제외하고 동물은 대부분 남성이나 여성 어느 한 쪽의 성만 갖는다.

(1) 남성을 취하는 동물(여성이 없는 것)

escargot 달팽이	bareng 청어	corbeau 까마귀
crocodile 악어	papillon 나비	serpent 뱀
crabe 게	saumon 연어	moineau 참새

(2) 여성을 취하는 동물(남성이 없는 것)

araignée 거미	souris 생쥐	tortue 거북
grue 학	grenouille 개구리	girafe 기린
taupe 두더쥐	fourmi 개미	abeille 꿀벌
mouche 파리	hirondelle 제비	anguille 미꾸라지
carpe 잉어	autruche 타조	alouette 종달새

5. 자연성과 반대의 성을 가진 명사

그냥 자연적으로 보기와는 달리 성이 반대인 명사들이 많이 있다.

(1) 보통 직업상 또는 관념상 남자로 여겨지나, 문법상 성이 여성인 것

une estafette 속달 파발꾼	la sentinelle 보초
la vigie 망보는 사람	une ordonnance 전령 기병
la personne 사람	la dupe 속은 사람
la victime 희생자	la vedette 인기배우
la canaille 불량배	une recrue 신병

Il a été *la dupe*, *la victime* de son imagination.
그는 자신의 망상에 속은 사람이고, 그 희생자이다.
M. Leclec est *une vedette* de cinéma. 르클렉 씨는 인기 영화배우이다.

(2) 여자이지만 남성명사인 것

le tendron 소녀	le trottin 심부름 소녀
le souillon 더러운 소녀	le laideron 미운여자

Cette fille est *un vrai souillon.* 이 애는 정말 더러운 여자애다

6. 형태는 같으나 뜻에 따라 성이 다른 명사

모양이 같으나 의미에 따라 성을 달리하는 명사들도 있다.

(1) 어원이 다른 것

	남성	여성
aune	오리나무	척도의 단위(1,188m)
barde	음유시인	말의 갑옷
coche	역마차 ; 배	새긴 금
litre	리터	가문을 새긴 검은 휘장
moule	주물	홍합
ombre	민물송어의 일종	그늘
platine	백금	격발장치
poste	부서	우편
souris	미소	생 쥐
vague	애매함	파도
barbe	(독일)바르바리아 언어	수염
carpe	팔의 관절	잉어
foudre	투창 ; 큰 통	벼락
livre	책	파운드(454g)
mousse	(소년) 수부	이끼
page	몸종	페이지
poêle	스토브	프라이팬
somme	잠	금액
tour	회전	탑
vase	그릇	진흙

(2) 어원이 같은 것

	남성	여성
aide	보조자	도움
cache	(사진)인화대	은닉 장소
chèvre	염소로 만든 치즈	암염소
couple	동아줄	부부
critique	평론가	평론
espace	공간	스페이스(인쇄)
greffe	서기과	접목
interligne	행간	인테르(인쇄)
manche	손잡이	소매
mémoire	기록	기억
œuvre	전작품	작업, 작품

paillasse	배반자	짚방석
pendule	시계추	벽시계
pourpre	자주빛 ; 자반병	자주빛물감
remise	전세 마차	제자리에 놓기, 할인
solde	잔고 ; 세일	급료
trompette	나팔수	나팔
voile	베일	돛
aigle	독수리	(가문의) 수리무늬
cartouche	(건축)꽃무늬장식	탄약통
couleur	주물공	색깔
crêpe	피륙의 일종	크레프빵
enseigne	기수	간판
garde	호위병	경계
guide	안내인	고삐
laque	옻, 티크	칠기
manœuvre	인부	연술
mode	방법	유행
office	직무	취사장
parallèle	비교	평행선
physique	육체	물리학
relâche	휴식	기항지
scolie	정리에 대한 주석	비평, 주석
statuaire	조각가	조각(술)
vapeur	증기선	증기

(3) 기타 용법에 따라 성을 달리하는 명사

쓰인 그 명사의 용법에 따라 뜻이나 성이 달라지는 명사들이 있다.

① amour(사랑)

보통, 단수에는 남성, 시문에서는 여성, 복수에서는 여성 취급한다.

l'amour maternel 모성애

Mais, pour désaltérer cette *amour* curieuse…

그러나, 기묘한 사랑을 달래 주려면 …

Ces hommes de l'empire... parlent de leurs premières *amours*.

제국의 사람들은… 그들의 첫사랑에 대해 말하고 있다.

② chose(물건, 것)

단독으로 사용하면 여성 취급한다. 그리고 quelque chose, autre chose, pas grand-chose, peu de chose 등처럼 부정대명사에 쓰이면 남성으로 취급한다.

Le plus mauvais de la *chose,* 최악의 것은.....
quelque chose de beau 아름다운 어떤 것

③ délice(황홀)

단수형은 남성, 복수형은 여성이다.

Le lecture de cet ouvrage est un pur *délice.* 이 작품을 읽는 것은 순수한 환희이다.
L'imagination m'apportait des *délices* infinies.
공상은 내게 무한한 황홀경을 가져다주었다.

④ gens(사람)

▸ 한정되지 않은 다수의 사람을 뜻할 경우는 남성복수이다.

Quoique déchus de leurs honneurs et de leur fortune, ces *gens* paraissent heureux.
자신들의 명예와 재산을 잃었더라도 이 사람들은 행복해 보인다.

▸ gens의 직전에 놓여지는 형용사에 보어가 딸리지 않으면 그 형용사는 여성형으로 쓰며, 그와 달리 gens의 뒤에 오는 형용사나 gens을 받는 대명사는 남성형을 쓴다.

toutes les vieilles *gens* 모든 노인들
Mes amis étaient de vieilles bonnes *gens* pleins de saveur.
내 친구들은 멋이 듬뿍 들은 좋은 옛 친구들이다.
J'écris pour ces petites *gens* d'entre lesquels je suis sorti.
나는 내가 출생한 부류인 소시민들을 위해 글을 쓴다.

cf. 도치에 의해서 gens앞에 놓여진 형용사는 남성이다.
Instruits par l'expérience, les vieilles *gens* sont soupçonneux.
경험에 의해 단련된 노인들은 의심이 많다.

▸ 앞에 놓여지는 형용사가 둘 이상일 때 gens과 직접 연결되는 형용사의 발음이 남·녀 동형이면 모두 남성으로 쓰며, 그렇지 않은 경우는 둘 다 여성으로 놓는다.

Quelles honnêtes et bonnes *gens*! 아주 성실하고 착한 사람들이군!
Quels bons et honnêtes *gens*! 아주 착하고 성실한 사람들이군!

▸ tous가 gens과 직결되고 gens뒤에 형용사나 보어가 올 경우는 남성이다.

tous *gens* bien connus 아주 잘 알려진 사람들 모두
tous *gens* d'esprit et de mérite 기지와 재능이 있는 사람 모두

▸ "gens + de + 명사"(성질, 직업, 신분)로 된 표현에서 gens의 직전에 형용사가 놓이면 남성이다.

de nombreux *gens* de lettres 많은 문학가들

certains *gens* d'affaires 몇몇 사업가들

les vrais *gens* de cinéma 진짜 영화인들

▸ '혈족, 국가, 민족'을 뜻하는 gent(단수)은 여성형이다.

la gens trotte-menu 생쥐 족속

⑤ hymne - '노래, 시, 국가'의 의미로 쓰이면 남성, '찬미가, 성가'의 뜻이면 여성이다.

l'*hymne* national 국가

Seigneur, quels *hymnes* sont dignes de vous?

주인님, 어떤 노래가 당신께 어울립니까?

Je me suis rappelé quelques paroles de l'*hymne* latine.

나는 라틴어로 된 성가의 몇 소절을 기억해 냈다.

⑥ merci - '감사'의 뜻이면 남성, '자비'의 뜻이면 여성이다.

Le dauphin dit ; Bien grand *merci*. "대단히 고맙소" 하고 황태자는 말했다.

N'attendez de lui aucune *merci*. 그에게는 어떠한 자비도 기대하지 마세요.

être à la *merci* de quelqu'un 누구의 뜻에 달려 있다.

⑦ orgue(오르간) - 단수는 남성이다. 복수가 여러 개의 오르간을 일컬을 때는 남성이고, 유일한 특성을 가진 오르간을 지칭하면 여성이다.

L'*orgue* de cette église est excellent. 그 교회의 오르간은 썩 훌륭하다.

Les deux *orgues* de cette église sont excellents.

그 교회의 두 개의 오르간은 아주 훌륭하다.

Cela ressemblait aux sons d'*orgues* lointaines.

이것은 멀리서 들려오는 오르간 소리와 흡사하다.

⑧ pâque

▸ 대문자 혹은 소문자로 시작하며 관사를 가진 형태는 '유태교의 유월절'의 뜻을 가진 여성형이다.

Le temps de la *Pâque* est venu. 유월절이 왔다.

▸ 대문자로 시작하며 -s가 어미에 붙은 형태. Pâques는 항상 무관사로 '기독교의 부활절'을 뜻하며 남성 · 단수이다.

Je vous paierai à *Pâques* prochain. 돌아오는 부활절 날 갚아 드리겠습니다.

▸ 관사를 쓴 les Pâques는 '기독교의 부활절'을 나타내며 늘 부가형용사가 따르는데 이때는 여성 복수이다.

Ils se rappelaient les *Pâques* éclatantes de soleil.
그들은 태양이 빛나던 부활절을 회상하였다.
Et toute l'année suivante il avait attendu les prochaines *Pâques*.
그리고 다음 해 내내, 그는 돌아올 부활절을 기다렸다.

⑨ période(기간, 시기) - '기간, 시기' 등 일반적인 개념일 때는 여성이지만, 남성으로는 문어 등 품위 있는 언어로 쓰일 때, '절정, 최후의 단계(고어)'의 뜻으로만 쓰인다.
la *période* révolutionnaire 혁명의 시기
Vous ne connaissez pas la misère à son dernier *période*.
당신은 최후의 절정에 다다른 비참을 모르시군요.

⑩ personne(사람) - 명사로 쓰이면 '사람'의 뜻으로 여성으로 취급하며, 부정대명사로 쓰이면 '아무도 ~않다'의 의미로 남성으로 취급한다.
C'est une *personne* de mérite. 이 사람은 능력 있는 분이다.
Personne ne sera assez hardi pour le faire.
그걸 할 만큼 용감한 사람은 아무도 없을 것이다.

7. 성이 불분명하게 쓰이는 명사

확실한 구별없이 남·여성으로 통일해 쓰는 명사들도 있다.

(1) alvéole(벌집의 작은 구멍 ; 서류 분류함 ; 치조 ; 회전탄창) : 남·여성 다 쓰나 어미가 -e로 된 것으로 인해 주로 여성 취급한다.
Chaque abeille a son petit *alvéole*. 벌은 각기 자그마한 벌집 구멍을 갖고 있다.
Ce cabinet de travail qui était comme une *alvéole* vide.
텅 빈 벌집과 같았던 이 사무실.

(2) après-midi(오후) : 양성으로 다 쓰이나 주로 남성으로 많이 쓰인다.
par un *après-midi* très chaud 몹시 더운 어느 날 오후에
toutes les *après-midi* 오후마다

(3) automne(가을) : 간혹 여성으로 쓰이나 주로 남성으로 쓰인다.
un *automne* pluvieux 비가 자주 오던 어느 해 가을
L'extrême *automne* était serein. 가을의 마지막은 청명하였다.

(4) avant-guerre, après-guerre, entre deux-guerres(전전, 전후, 양차 대전 사이) : 양성으로 모두 다 잘 쓰인다.

l'humaniste optimiste du premier *après-guerre.*
1차 대전 후의 낙관적인 휴머니스트
La période de la première *après-guerre* 제 1차 대전 후의 시기

(5) chromo(=chromolithographie, 착색 석판술 ; 석판화) : 논리적으로는 여성이어야 하는데 남성으로도 자주 쓰인다.

C'est un vulgaire *chromo.* 평범한 착색 석판화이다.
une *chromo* pendue dans les auberges 주막에 걸린 석판화 한 장

(6) disparate(부조화) : -e로 끝났으므로 여성으로 주로 쓰이는데, 어원인 스페인어가 남성이므로 남성으로 취급하는 경우도 더러 있다.

Il y avait en moi de telles *disparates.* 내 마음 속에는 그러한 부조화가 있었다.
On a souvent noté *le disparate.* 사람들은 부조화를 자주 주목하였다.

(7) effluve(s)(유기체의 발산물, 영적인 기운) : 사전에서는 남성 취급하나, 어미가 -e로 끝나는 것으로 인해 여성으로 쓰는 사람도 많다.

de petits *effluves* glacials 차디찬 자그마한 발산물
les *effluves* bleus 푸른색 유기체 발산물

(8) entrecôte(갈비뼈 사이의 쇠고기) : 사전에서는 남성으로 보는 것이 많으나, 실제적으로는 주로 여성 취급한다.

un *entrecôte* bien tendre 아주 연한 쇠고기
une *entrecôte* grillée 불에 구운 쇠고기

(9) enzyme(효소) : 양성 모두 많이 쓰인다.

les *enzymes* digestifs 소화 효소
La cellule a donc besoin de cette *enzyme.* 세포는 그래서 이 효소가 필요하다.

(10) H. L. M(=habitation à loyer modéré, 공용 주택) : 생략되지 않은 표현에서 보듯 당연히 여성 취급을 하는데, 그 의미상 "logement 숙소", "immeuble 건물", "ensemble 주거 단지"를 연상하고 이것들이 모두 남성이므로 남성 취급하기도 한다.

Je pourrais même construire une *H.L.M.* de vacances.
나는 휴가용 공용 주택까지 건립하게 될지도 모른다.
habiter un *H.L.M.* 공용 주택에서 살다.

(11) interview(인터뷰 ; 면담) : 남성으로도 간혹 쓰이나, 주로 여성으로 쓰인다.

Ce nouvel *interview* parut le lendemain. 그 새 인터뷰 기사는 그 다음 날 게재되었다.
au cours d'une *interview* de presse 신문사의 인터뷰 동안에

(12) ordonnance(당직사관) : 몇몇 사전에는 여성으로 되어 있으나, 보다 많은 사전이 남성으로의 쓰임을 덧붙이고 있다.

Un officier cherchait en vain, un *ordonnance*.
장교는 당직사관을 찾았으나 허사였다.
les *ordonnances* officieuses 비공식의 당직사관들

(13) palabre(흑인 추장에게 주는 선물, 담판 ; (구어) 길고 지루한 이야기) : 양성이 다 쓰이나, 어원학적으로 여성이고 작가들도 주로 여성으로 사용한다.

sans aucuns *palabres* philosophiques 철학적인 이야기는 조금도 없이
Elles tenaient une *palabre*. 그녀들은 지루한 이야기를 계속하였다.

(14) pamplemousse(왕귤나무, 왕귤) : 양성으로 다 쓰이나 남성으로 주로 쓰인다.

Madame a un *pamplemousse* et des fruits du jardin.
부인에게는 왕귤 하나와 정원에서 난 과일들이 있다.

(15) perce-neige(스노우드롭, 눈꽃<식물명>) : 사전상으로는 여성이지만 실제로는 남성으로 더 많이 쓰인다.

Elle avait l'air d'un *perce-neige*. 그녀는 눈꽃 같은 표정이었다.
Elle garda la *perce-neige*. 그녀는 눈꽃을 키웠다.

(16) phalène(자벌레나방) : 양성 다 많이 쓰인다.

Comme un *phalène* dans la nuit··· 밤의 나방처럼···
sous la forme d'une mouche ou d'une *phalène*···
파리나 나방의 형상을 하고 ···

(17) sandwich(샌드위치) : 사전에는 여성이나, 몇몇 작가들을 비롯해 일반적으로는 남성으로 많이 쓰인다.

un *sandwich* au jambon 햄 넣은 샌드위치
une *sandwich* au foie gras 거위 간을 곁들인 샌드위치

(18) steppe(초원) : 사전에는 남성이나 일상적으로는 여성형이 많이 쓰인다.

Le *steppe* ne nous inspirait pas de mélancolie.
초원은 우리들에게 우울한 느낌을 주지 않았다.
une *steppe* immense 광활한 초원

(19) thermos(보온병) : 여성형도 쓰이나 보통 남성으로 많이 쓰인다.

J'essayais de verser le café du *thermos*. 나는 보온병의 커피를 따르려 애썼다.
J'ai encore deux *thermos* pleines d'alcools.
나에게는 아직도 알콜이 그득한 보온병이 두 개나 있다.

8. 프랑스어 자모의 성

(1) 모음자는 반드시 남성이다.

Mettez-y un a. 거기에 a를 넣으시오.

(2) 자음자는, 회화체에서는 모두 남성이나, 문어체에서는 다음과 같이 구별한다.

◆ 남성

b, c, d, g, j, k, p, q, t, v, w, x, z

◆ 여성

f, h, l, m, n, r, s

Ce mot 'honneur' ne devrait s'écrire qu'avec une n.
'honneur'란 단어는 n 하나만 가지고 쓰였어야 했다.
Devant une voyelle et une *h* muette. 모음과 무음의 h 앞에서.

Ⅵ. 여성명사 만드는 법

1. 일반적 규칙

여성 명사 만드는 일반적인 규칙으로는 사람이나 동물을 뜻하는 명사는 남성명사에서 여성명사를 만들 수 있다. 대개는 남성명사 어미에 -e를 덧붙여 여성명사를 만든다.

ami 친구 → amie
Anglais 영국인 → Anglaise
marchand 상인 → marchande
ours 곰 → ourse
étudiant 대학생 → étudiante

2. 변칙적으로 여성명사 만드는 법

(1) 어미의 자음을 중복해서 -e를 덧붙이는 것

① -el, -eau로 끝나는 명사는 -elle로 한다.

colonel 대령 → colonelle 대령 부인
Marcel → Marcelle 마르셀(사람이름)
jumeau 쌍둥이 → jumelle
chameau 낙타 → chamelle

② -en, -on은 -enne, -onne로 한다.

baron 남작 → baronne 남작부인
lycéen 남고생 → lycéenne 여고생
lion 사자 → lionne
pharmacien 약사 → pharmacienne

cf. 옛날에 만들어진 명사들은 n을 겹쳐서 만들고, 새로운 명사들은 n을 겹치지 않고 -e만 붙여 여성형을 만든다.
mormon 몰몬 교도 → mormone　　Simon 시몽 → Simone 시몬(사람 이름)

㈜ -an으로 끝난 것은 정상적으로 -e만 덧붙여 여성명사를 만든다.
courtisan 궁인 → courtisane　　sultan 회교국 군주 → sultane
persan 페르시아인 → persane　　faisan 꿩 → faisane

cf. 그리고 예외적으로 Jean과 paysan도 -anne로 된다.
Jean 장 → Jeanne 잔(사람이름)　　paysan 농부 → paysanne

㈜ -ain, -in 으로 끝난 명사는 정상적으로 -e를 붙여 여성으로 만든다.
châtelain 성주 → châtelaine　　voisin 이웃집 사람 → voisine
cousin 사촌 → cousine　　orphelin 고아 → orpheline

③ -et는 -ette로 한다.

cadet 손아래 사람 → cadette　　coquet 멋쟁이 → coquette
muet 벙어리 → muette

㈜ 다음은 -et로 끝나지만 -ète가 된다.
préfet 도지사 → préfète 도지사 부인
sous-préfet 군수 → sous-préfète 군수 부인

④ -at, -ot로 끝난 단어의 몇몇 개는 -atte, -otte로 되고, 대부분은 -ate, -ote로 된다.

boulot 땅딸막한 사람 → boulotte　　chat 고양이 → chatte
boscot 꼬마 곱사등이 → boscotte　　linot 홍방울새 → linotte
marmot 어린애 → marmotte　　sot 바보 → sotte

candidat 후보 → candidate avocat 변호사 → avocate
dévot 독신자 → dévote idiot 백치 → idiote
huguenot 위그노 교도 → huguenote bigot 완고한 사람 → bigote

⑤ métis(혼혈아), roux(적갈색 머리의 사람)는 각각 métisse, rousse로 된다.

✽ 이외 −s로 끝난 것은 정상적으로 −e만 붙인다.
marquis 후작 → marquise 후작 부인 bourgeois 시민 → bourgeoise
Français 프랑스인 → Française

(2) 어미의 모음이나 자음이 변하는 것

① -er은 -ère로 한다.
berger 목동 → bergère
fermier 소작인 → fermière
écolier 초등학생 → écolière
boulanger 빵 가게 주인 → boulangère

② -x 는 -se로 한다.
ambitieux 야심가 → ambitieuse époux 배우자 → épouse 아내
envieux 샘내는 사람 → envieuse
[예외] vieux 노인 → vieille

③ -f는 -ve로 한다.
juif 유태인 → juive veuf 홀아비 → veuve 미망인

㈜ −p로 끝난 것도 −ve되는 경우가 있다.
loup 늑대 → louve

④ -c로 끝나면 -que로 한다.
Turc 터어키인 → Turque Franc 프랑크 사람 → Franque
[예외] Grec 그리이스 인 → Grecque

(3) 특수하게 변하는 것

① -eur(특히 -teur)의 어미를 가진 명사 중 동사로부터 유래한 것은, 그 -eur 대신 -ant을 붙임으로 현재분사가 되는 명사는 여성형이 -euse로 되고, -ant로 바꾸어도 현재분사가 되지 않는 -teur는 여성형이 -trice가 된다.

✽ -euse :
menteur 거짓말쟁이 → menteuse buveur 술꾼 → buveuse
danseur 무용가 → danseuse visiteur 방문객 → visiteuse

✽ -trice :
accusateur 고발자 → accusatrice créateur 창조자 → créatrice

fondateur 설립자 → fondatrice
acteur 배우 → actrice
opérateur(기계)조작자 → opératrice
directeur 부장 → directrice
tuteur 후견인 → tutrice

㈜ 1. −euse로 되어야 할 것이 −eresse로 되는 것
enchanteur 마술사 → enchanteresse/ pécheur 죄인 → pécheresse
vengeur 복수자 → vengeresse

㈜ 2. −teuse로 되어야 할 것이 −trice로 되는 것
exécuteur 집행자 → exécutrice / inspecteur 감독관 → inspectrice
inventeur 발명가 → inventrice/ persécuteur 박해자 → persécutrice

㈜ 3. 그 밖의 예외로 뜻에 따라 여성형이 달라지는 것들도 있다.
ambassadeur 대사 → ambassadrice 대사 부인
empereur 황제 → impératrice
débiteur 채무자 → débiteuse 여자 이야기꾼/ débitrice 여자 채무자
procureur 검사 → procureuse 검사 부인/ procuratrice 여자 대리인
chanteur 가수 → chanteuse, cantatrice 여가수

② -eur로 된 것 중 형용사가 명사화한 것은 -eure로 한다.

supérieur 상급자 → supérieure
mineur 미성년자 → mineure
prieur 수도원장 → prieure
inférieur 하급자 → inférieure

③ -eur로 끝난 것이 -eresse 여성 어미로도 되는 것들이 있다. 이 경우는 법률, 시, 성서 등의 용어로 쓰일 때 흔히 본다.

bailleur 임대인 → bailleresse
défendeur 피고인 → défenderesse
demandeur 고소인 → demanderesse(법률용어) demandeuse(일반용어)
vendeur 판매인 → venderesse(법률용어) vendeuse(일반용어)
chasseur 수렵가 → chasseuse(일반 용어) chasseresse(문어)
devineur 점장이 → devineuse(일반 용어) devineresse(문어)

④ 무성의 -e로 끝난 남성명사가 -esse로 여성명사가 되는 수가 있다.

âne 당나귀 → ânesse
chanoine 주교좌 성당 참사원 → chanoinesse
comte 백작 → comtesse 백작 부인
diable 악마 → diablesse
drôle 망나니 → drôlesse
hôte 주인 → hôtesse
ivrogne 술꾼→ ivrognesse
maître 주인 → maîtresse
nègre 흑인→ nègresse
ogre 식인귀 → ogresse
prince 왕자 → princesse 공주
prophète 예언자 → prophétesse
Suisse 스위스 남자→ Suissesse
tigre 호랑이→ tigresse

㈜ 1. 다음은 무성의 −e로 끝나지 않았으나 −esse를 붙여 여성을 만드는 것들이다.

abbé 수도원장 → abbesse / quaker 퀘이커 교도 → quakeresse
pair 대귀족 → pairesse/ sauvage 야만인 → sauvage, sauvagesse

㈜ 2. poète는 poétesse라고도 하나 잘 쓰이지 않고 femme poète 혹은 poète가 그냥 여성형으로 쓰인다.

3. 동물 이름 여성명사 만드는 방법

가축이나 일부의 새, 짐승을 제외하고는 대부분 그 종족만을 가리키기 때문에 일반적으로 동물의 성은 남성이나 여성 중 어느 한 쪽만을 가지고 있다.

그래서 성을 구별할 필요가 있을 때는 mâle(수컷), femelle(암컷)를, 혹은 그 밖의 한정어를 가하여 표시한다.

un éléphant 코끼리(수컷) — un éléphant femelle(암컷)
une souris 생쥐 — une souris mâle(수컷)
une poule faisane 까투리 — un coq faisan 장끼

4. 불규칙 변화하는 것

(1) 남・여성이 어근이 같으나 여성 형태가 매우 불규칙하게 변한 것

canard 오리 → cane
chevreau 새끼염소 → chevrette
chevreuil 노루새끼 → chevrillard
coco(아이 말) 닭 → cocotte
compagnon 동반자 → compagne
dieu 신 → déesse 여신
dindon 칠면조 → dinde
favori 총신 → favorite
gouverneur 총독→ gouvernante
héros 영웅 → héroïne
lévrier 그레이하운드(사냥개)→ levrette
merle 티티새 → merlette
mulet 노새 → mule
neveu 조카 → nièce
perroquet 앵무새 → perruche
pierrot 어릿광대 → pierrette
poney 조랑말 → ponette
poulain 망아지 → pouliche
roi 왕 → reine 여왕
serviteur 하인 → servante
Tsar 러시아 황제→ Tsarine
vieillard 노인 → vieille

(2) 남・여성의 어근이 서로 아주 다른 것

bélier 양 → brebis
bouc 염소 → chèvre
cerf 사슴 → biche
coq 수탉 → poule 암탉
empereur 황제 → impératrice
étalon 종마 → jument

garçon 소년 → fille 소녀
frère 형제 → sœur 자매
jars 거위 → oie
mâle 남성 → femelle 여성
matou 고양이 → chatte
monsieur 신사 → madame 부인
papa 아빠 → maman 엄마
père 아버지 → mère 어머니
singe 원숭이 → guenon
verrat 돼지 → truie
gendre 사위 → bru 며느리
homme 남자 → femme 여자
lièvre 산토끼 → hase
mari 남편 → femme 아내
moine 수도승 → moniale
oncle 아저씨 → tante 아주머니
parrain 대부 → marraine 대모
taureau 소 → vache 암소
sanglier 멧돼지 → laie

5. 여성형이 없는 명사

(1) 사람을 나타내며 대부분 -e로 끝난 다음의 명사들은 남·여성, 즉 양성에 동일하게 쓰이며, 관사로 성을 구별한다.

acolyte 시종	adepte 대가	adversaire 적수
aide 조수	ancêtre 선조	arbitre 심판관
artiste 예술가	athlète 운동가	automate 꼭두각시, 바보
Belge 벨기에인	bigame 중혼자	camarade 친구
cinéaste 영화인	collègue 동료	complice 공범자
concierge 수위	convive 회식자	copiste 필경사
cycliste 자전거 선수	dentiste 치과의사	disciple 제자
élève 생도	émute 경쟁자	enfant 어린아이
esclave 노예	garde 관리인	hypocrite 위선자
journaliste 신문기자	libraire 서점주인	locataire 세든 사람
novice 초심자	otage 볼모	partenaire 짝
patriote 애국자	pensionnaire 기숙생	philosophe 철학자
pianiste 피아니스트	propriétatire 소유자	pupille 피후견인
Russe 러시아인	secrétaire 비서	Slave 슬라브인
soprano 소프라노 가수	touriste 관광객	va-nu-pieds 가난뱅이

un artiste peintre 남자 화가 / *une* grande *artiste* 위대한 여자 예술가
un bel *enfant* 아름다운 남자 아이 / *une* aimable *enfant* 사랑스런 여자 아이

(2) 다음의 명사들은 남성형만 있고, 여성형은 따로 없다. 대부분 남자들이 독점해 온 직업이나 신분을 뜻하는 이 명사들은 관습상 여성명사가 없는

데, 보통 femme(여자)란 단어를 형용사처럼 명사 앞에 놓아 여성형을 만들거나, 또는 '여성'이란 뜻이 문장 내용상 명확하면 남성형을 그대로 사용한다.

agitateur 선동자	amateur 아마추어	assassin 살인자
architecte 건축가	auteur 저자	avocat 변호사
batonnier 변호사 회장	bourreau 망나니	cardinal 추기경
censeur 비평가	champion 선수	charlatan 돌팔이 의사
chauffeur 운전수	conseiller 충고자	conservateur 관리인
chef 장	chevalier 기사	curé 사제
défenseur 옹호가	docteur 박사	député 국회의원
écrivain 작가	évêque 주교	géomètre 기하학자
graveur 조각사	guide 안내자	imprimeur 인쇄인
ingénieur 기사	juge 재판관	littérateur 문학가
magistrat 사법관	ministre 장관	médecin 의사
peintre 화가	pionnier 개척자	plombier 배관공
possesseur 소유자	précepteur 교사	professeur 교수
sculpteur 조각가	soldat 군인	successeur 후계자
témoin 증인	tyran 폭군	vainqueur 정복자
voyou 부랑자		

Les femmes qui exercent un métier intellectuel ou se préparent à l'exercer, étudiantes, *femmes avocats*, *femmes médecins, femmes professeur, femmes écrivains,*…
지적인 직업을 영위하거나, 영위할 준비를 하고 있는 여성들, 즉 여대생, 여변호사, 여의사, 여교수, 여류 작가 들, …

Mme de Sévigné est un grand *écrivain.* 세비녜 부인은 위대한 작가이다.
Elle est *professeur* de chant. 그녀는 성악 교수이다.

㈜ 1. 여권의 신장과 여성의 사회 진출로 인해 여성이 갖는 직업과 신분이 넓어짐에 따라, 남성으로만 쓰이던 명사에서 여성명사가 만들어져 사용되고 있다. 그 예는 다음과 같다.

artisane 여직공	auditrice 여방청인
aviatrice 여류 비행가	avocate 여변호사
candidate 여후보자	championne 여자선수
chirurgienne 여자 외과의	commandante 여지휘관
conseillère 여의원	commise 여점원
contremaîtresse 여감독	députée 여의원
dictatrice 여독재자	électrice 여자 유권자
employée 여고용원	lauréate 여자 수상자
mairesse 여시장	la ministre 여자 장관

ministresse 여자 장관	oratrice 여자 연설자
pharmacienne 여약사	postière 여우체국원
sculptrice 여류 조각가	sénatrice 여자 상원의원
technicienne 여자 기술자	soldate 여자 군인

Julien vit une *soldate* en uniforme. 줄리앙은 군복 입은 여군을 한 명 보았다.
N'a-t-on pas vu, cette année, une jeune *avocate* nommée secrétaire de la conférence.
그 회의의 서기로 임명된 젊은 여자 변호사를 올해엔 보지 못하셨나요.
Elle était *commise* dans un humble magasin de chaussures.
그녀는 한 초라한 구두 가게의 점원이었다.

☞ 위의 명사 대신 남성명사를 그대로 사용하거나 그 앞에 여성관사를 붙여서 사용하는 경향이 많다.
Madame Louise Durand, *conservateur* du musée Rodin.
로댕 미술관의 관리인인 루이즈 뒤랑 부인
Madame le *ministre* 장관님/ *le Docteur* Marthe Lamy 마르트 라미 의사
une docteur (여)박사

㈜ 2. 여자에게만 적용되는 몇몇 명사들은 남성형이 없고 여성명사로만 쓰인다.

amazone 여장부	caillette 경박한 여자
douairière 신분 높은 미망인	harengère 생선 파는 여자
lavandière 세탁부	nonne 수녀
nourrice 유모	matrone 나이 지긋하고 품위 있는 여인

㈜ 3. 남성명사에 형용사 vrai, véritable 등을 붙여서 여성명사처럼 사용하기도 한다.
Cette femme est *un vrai tyran*. 이 여인은 진짜 폭군이다.

V. 명사의 수

프랑스어 명사의 수는 단수(singulier)와 복수(pluriel)가 있다.

1. 복수형 만드는 방법(일반규칙)

복수는 보통 단수에 s를 붙여 만든다. s는 발음되지 않는다.

단수	la maison 집	*une* plume 깃 털
복수	les maisons 집들	*des* plumes 깃털들

2. 보통 명사의 복수형 만드는 방법

2.1. 규칙적으로 복수형 만드는 방법

(1) 가장 일반적인 규칙으로 단수명사에 -s를 붙여 만든다.

un homme → des hommes 사람
une chatte → des chattes 암고양이

(2) 어미가 -s, -x, -z로 된 명사는 복수형도 그대로이다.

le bois → les bois 숲
la voix → les voix 목소리
le nez → les nez 코
le pays → les pays 나라
un pois → des pois 완두콩
une croix → des croix 십자가
un gaz → des gaz 가스

(3) -al로 된 명사는 -aux로 된다.

un journal → des journ*aux* 신문
les piédestal → les piédest*aux* 발판
le cheval → les chev*aux* 말(馬)

㈜ 1. 다음의 단어들은 -al로 되었지만 정상적으로-s만 붙인다.

le bal → les bals 무도회
le carnaval → les carnavals 사육제
le chacal → les chacals 재칼
le festival → les festivals 축제
le pal → les pals 말뚝
le régal → les régals 기쁨 ; 대연회
le cal → les cals(손바닥 등의) 못
le cérémonial → les cérémonials 예식
le choral → les chorals 합창대
le narval → les narvals 일각 고래
le récital → les récitals 독주회

㈜ 2. val(계곡)은 관용구와 고유명사에서만 복수형 vaux를 쓰고, 나머지에는 vals을 쓴다.

par monts et par *vaux* 산 넘어 골짜기를 건너
les *Vaux*-de-Cernay 보드세르네
On sait la richesse des flancs du Vésuve, des *vals* de l'Etna.
사람들은 베스비어스 산등성이와 에트나 산 계곡의 풍요로움을 알고 있다.

* étal(푸주간의 도마)의 복수형은 étaux인데 étau(기계의 바이스)의 복수형과 혼동을 피하기 위해서 étals을 더 많이 쓴다.
Ce boucher a plusieurs *étaux.* 이 푸주간은 도마를 몇 개 갖고 있다.
devant les *étals* de boucherie 푸주간의 도마 앞에서

* idéal(이상)의 복수형은 idéaux, idéals이 모두 쓰이는데 idéaux는 철학과 수학의 학술 용어로, idéals은 문학, 예술, 윤리학 용어로 많이 쓰이며, 보편적으로는 idéaux를 더 많이 쓴다.
De tous *les idéals* tu composais ton âme. (Hugo)
온갖 이상을 가지고 너는 네 영혼을 이루어 가고 있었다.
L'humanité est plus ample qu'aucun des *idéaux* de ma jeunesse.
인류애는 내 젊은 시절의 그 어떠한 이상보다도 더 여유가 있다.

(4) -ail로 된 다음의 것은 -aux로 된다.

le bail → les b*aux* 임대차 le corail → les cor*aux* 산호
un émail → des ém*aux* 에나멜 le soupirail → les soupir*aux* 환기창
le travail → les trav*aux* 일 le vantail → les vant*aux* 문 한 짝
le vitrail → les vitr*aux* 유리창 l'aspirail → les aspir*aux* 통풍구
le fermail → les ferm*aux* 똑딱단추
le ventail → les vent*aux* 투구의 바람 구멍

㊟ 1. 위의 것을 제외하고는 대부분 정상적으로 -s로 복수형을 만든다.
le chandail → les chandails 스웨터 / l'éventail → les éventails 부채
le rail → les rails 레일

㊟ 2. le bétail(가축)은 집합명사로 복수형이 없고, les bestiaux(가축)은 단수형이 없으며 bétail의 복수형이 아니다. 마찬가지로 le matériel(기재, 설비)은 집합명사로 복수형이 없고, les matériaux '건축 재료'는 단수형 le matériau가 있다.

(5) -au, -eau, -eu, -oeu로 된 단수명사는 복수가 되면 -x를 그 어미에 붙인다.

un tuyau → des tuyau*x* 파이프 le noyau → des noyau*x* 씨(과일)
un chapeau → des chapeau*x* 모자 un château → des château*x* 성
un neveu → des neveu*x* 조카 un cheveu → des cheveu*x* 머리카락

[예외] 다음의 경우는 그냥 -s를 붙여 복수를 만든다.

un landau → des landaus 장도마차 un sarrau → des sarraus 작업복
un bleu → des bleus 신병 un pneu → des pneus 타이어
un lieu → des lieus 물고기(대구의 일종)
un émeu → des émeus 에뮤(오스트리아 산 큰 새)

(6) -ou로 끝난 명사는 대부분 정상적으로 -s가 된다.

le clou → des clou*s* 못 le trou → les trou*s* 구멍
un sou → des sou*s* 1수짜리 동전

㊟ 다음의 7개만 -oux가 된다.

un joujou → des joujou*x* 장난감 un bijou → des bijou*x* 보석
un caillou → des caillou*x* 조약돌 un chou → des chou*x* 양배추
un genou → des genou*x* 무릎 un hibou → des hibou*x* 올빼미
un pou → des pou*x* 이(해충)

2.2. 복수형이 두 개인 명사

복수형이 두 개인 명사는 각기 그 뜻을 달리해 사용한다.

(1) aïeul(조부)

① les aïeuls 조부모 ② les aïeux 조상

Ses deux *aïeuls* assistaient à son mariage. 조부모님은 그의 결혼에 참석하셨다.
C'était la mode chez nos *aïeux*. 그것이 우리 선조들에게는 유행이었다.

(2) ail(마늘)

단축관사 aux와의 혼동을 피하기 위해 aulx [o]의 형태를 갖고 있었으나 요사이는 학술 용어로서 많이 쓰던 les ails형태로 더 많이 쓰인다.

Il aidait sa mère à tresser les *aulx*.그는 어머니가 마늘을 줄줄이 엮는 것을 도와드렸다.

(3) ciel(하늘)

① les cieux 하늘, 천국

② les ciels 침대, 용광로의 덮개 및 천정, 그림으로 표현된 하늘, 기후, 풍토

notre père qui êtes aux *cieux* 하늘에 계신 우리 아버지
Aimez-vous les *ciels* de ce peintre? 당신은 이 화가가 그리는 하늘을 좋아하십니까?

(4) œil(눈 : 眼)

① les yeux 눈(복수형), 기포

② les œils 대부분 전문 용어로 합성어에 쓰인다.

des *yeux* bleus 푸른 눈
un fromage qui n'a point d'*yeux* 기포라고는 없는 치이즈
les *œils*-de-perdrix(발가락의) 티눈
les *œils*-de-tigre 호안석
les *œils*-de-bœuf 둥근(타원형의) 창, 천창

(5) travail(일)

① les travaux travail(일)의 복수

② les travails 편자를 박거나 치료할 때 말을 잡아매는 틀

les *travaux* pràtiques 실습, 연습
Ce maréchal-ferrant a deux *travails*. 편자대장장이는 틀을 두 개 갖고 있다.

2.3. 단수로만 사용되는 명사

복수형이 존재하지만 거의 사용하지 않고 단수로만 사용하는 명사들이 있다.

(1) 과학, 예술에 관한 명사

la botanique 식물학 l'algèbre 대수학
la sculpture 조각술 la peinture 회화

(2) 일반적인 뜻으로 사용된 재료의 명사

l'or 금 l'eau 물 le vin 포도주
la sauce 소스 le plâtre 석고 la géologie 지질학

(3) 윤리상의 명사, 정신, 신체의 상태를 가리키는 명사

la bonté 착함 l'avarice 인색 l'angoisse 고뇌
la soif 갈증 la faim 기아 la pauvreté 가난

(4) 전환 명사로 사용된 몇몇의 부정법과 형용사

le boire 마실 것 le vrai 사실, 진실
l'agréable 기분 좋음 un perpétuel devenir 영원한 변천

(5) 방향, 감각을 나타내는 명사

le nord 북 le sud-ouest 남서쪽 l'orient 동쪽
l'odorat 후각 l'ouï 청각

㊟ 1. 그러나 위 명사의 대부분이 비유적으로 또 특수한 의미로 쓰일 때에는 복수로도 쓰인다.

㊟ 2. 추상명사를 강조하거나 반복하고자 할 때, 또 구체적인 사물이나 정신 상태를 표현하고자 할 때는 복수로서 사용한다.
pour réserver sa tête aux *hontes* du supplice 자기 얼굴을 고통의 수치 가운데 두려고
acheter des *douceurs* à un enfant 아이에게 과자를 사 주다.
Qu'ils connaissent toutes les *soifs*, toutes les *faims*.
그들이 온갖 갈증과 배고픔을 알게 하소서.

㊟ 3. 재료를 뜻하는 명사는 그 재료로 된 물건이나 그 재료의 특이한 종류를 나타낼 때 복수 표시를 한다.
La bonne fera les *cuivres* de la cuisine.
하녀는 부엌에 있는 구리로 된 그릇들을 닦을 것이다.
Dans cette réception, les *ors* des uniformes jetaient un vif éclat.
그 리셉션에서는 제복들의 금빛 장식들이 강렬하게 반짝이고 있었다.

2.4. 복수로만 사용되는 명사

단수형은 없고 복수로만 쓰이는 명사들이 있다. 그 의미상 집합 내지 복수의 의미를 가진 명사의 대부분이 이에 속한다.

les agrès 배의 장비	les alentours 주변
les ancêtres 조상	les annales 연대기
les appas(여자의) 매력	les archives 고문서
les armoires 가문	les arrhes 계약금
les balayures 쓰레기	les broussailles 가시덤불
les catacombes 지하묘지	les confins 국경
les décombres 파편	les dépens 비용
les entrailles 내장 ; 마음 속	les environs 부근
les fiançailles 약혼식	les frais 경비
les funérailles 장례식	les gens 사람들
les hardes 헌 옷	les légumes 채소
les matériaux 건축 재료	les mathématiques 수학
les mœurs 풍습	les munitions 군수품
les obsèques 장례식	les pleurs 눈물
les pierreries 보석(세공품)	les pincettes 핀세트
les prémices 신출 ; 시초	les tenailles 집게
les ténèbres 어둠	les thermes 온천장
les vêpres 만도(기도의 종소리)	les vivres 양식

2.5. 수에 따라 뜻이 달라지는 명사

	단 수		복 수
appât	미끼, 유혹	appas	매 력
assise	(수평으로 쌓인) 벽돌의 층	assises	중죄재판
ciseau	끌, 정	ciseaux	가 위
arme	무 기	armes	문 장
défense	방어, 금지	défenses	방위시설, 코끼리 어금니
gage	담보, 보증	gages	급료
lunette	망원경	lunettes	안 경
vacance	공 석	vacances	휴 가

㈜ caleçons(남성용 팬츠), culottes(반바지), moustaches(콧수염), jumelles(쌍안경), tenailles(못뽑이 집게), lorgnons(코안경) 등과 같이 짝지어 하나를 이루는 명사는 단수로도 복수로도 쓰인다.

culotte de drap 비단 반바지   une paire de *culottes* 반바지

porter des *culottes* 반바지를 입다
porter des *caleçons* 팬츠를 입다
porter des *moustaches* 콧수염을 달고 있다
être en caleçon 팬츠 차림이다
pouper(raser) sa *moustache* 콧수염을 자르다

3. 합성명사 복수형 만드는 방법

3.1. 단일화된 합성 명사

단일명사처럼 결합된 합성명사는 일반적 법칙에 따라 어미에 -s혹은 -x 등을 덧붙여 복수를 만든다.

un électrocardiogramme 심전도(의학) → des électrocardiogramme*s*
un passeport 여권 → des passeport*s*
un abrivent 바람막이 → des abrivent*s*
un portemanteau 옷걸이 → des portemanteau*x*

㈜ 다음의 경우는 각 요소를 분리해서 복수화 한다.
un bonhomme 호인 → des bonshomme*s*
un gentilhomme 신사 → des gentilshomme*s*
un monsieur 신사 → des *m*essieur*s*
un monseigneur 각하 → des *m*esseigneur*s*(nosseigneur*s*)
une madame 부인 → des mesdame*s*
une mademoiselle 아가씨 → des mesdemoiselle*s*

3.2. 분리되어 있는 합성명사

단어가 분리되어 있는 합성명사의 경우는 각 요소의 성질에 따라 다음과 같이 구분하여 복수를 만든다.

(1) "명사 + 명사" : 두 명사가 대등한 관계에 있으면 둘 다 복수 표시를 한다.

un chef-lieu 도청 소재지 → des chefs-lieu*x*
un oiseau-mouche 벌새 → des oiseau*x*-mouche*s*
un peintre-tapissier 따피스리 화가 → des peintre*s*-tapissier*s*
un sabre-baïonnette 총검 → des sabre*s*-baïonnette*s*
un loup-cervier 삵괭이 → des loup*s*-cervier*s*
un wagon-lit 침대차 → des wagon*s*-lit*s*

(2) "명사 + 명사" : 두 명사가 주종 관계에 놓이면 주된 요소는 복수 표시를 하고 종속된 명사는 변하지 않는다.

une pomme de terre 감자 → des pomme*s* de terre
une timbre-poste 우표 → des timbre*s*-poste
un hôtel-Dieu 시립 병원 → des hôtel*s*-Dieu

un aide de camp (장군의) 부관 → des aide*s* de camp
un chef-d'œuvre 걸작품→ des chefs-d'œuvre
un arc-en-ciel 무지개 → des arc*s*-en-ciel
un ver à soie 누에 → des ver*s* à soie

[예외] 다음 명사는 관사로만 복수 표시를 한다.

une tête-à-tête 대담 → des tête-à-tête
un pied-à-terre 임시 숙소 → des pied-à-terre
un pot-au-feu 수프 → des pot-au-feu
un vol-au-vent 생선 파이 → des vol-au-vent

(3) "명사+형용사", "형용사+명사" : 두 요소가 모두 변한다.

le coffre-fort 금고 → les coffre*s*-fort*s*
la carte-fiche 색인카드 → les carte*s*-fiches
un état-major 참모부 → des état*s*-major*s*
le grand-père 할아버지 → les grand*s*-père*s*
la basse-cour 가금 사육장 → les basse*s*-cour*s*

㈜ 1. grand-합성된 여성명사는 전통적으로 명사만 변화된다. 그러나 요즈음은 형용사 grand도 복수로 하기도 한다. 반면 남성명사는 항상 모두 복수 표시를 한다.
une grand-mère 할머니 → des grand(*s*)-mère*s*
une grand-messe 대미사 → des grand(*s*)-messe*s*
cf. un grand-père 할아버지 → des grand*s*-père*s*

㈜ 2. 명사 앞에 놓인 demi-, mi-, nu-는 복수 표시를 안 한다.
une demi-heure 30분 → des demi-heure*s*
une demi-mesure 반 소절(음악) → des demi-mesure*s*
une mi-carême 사순절의 3번째 목요일 → des mi-carême*s*
un nu-tête 모자 안 쓴 머리 → des nu-tête*s*

㈜ 3. -o로 끝난 형용사는 변하지 않는다.
un Gallo-Romain 갈로 로마인 → des Gallo-Romain*s*
un électro-aimant 전자석 → des électro-aimant*s*
les Anglo-Saxon*s* 앵글로색슨족
des néo-platonicien*s* 신플라톤학파 사람들

㈜ 4. "명사+형용사"에 준하는 합성명사는 명사만 바뀐다.
des arcs-en-ciel 무지개 / des coups d'Etat 쿠데타 / des timbres-poste 우표

☞ 상황적인 것이 붙으면 변하지 않는다.
des pot-au-feu 수프(남비) / des tête-à-tête 대담

(4) "형용사+형용사" : 두 형용사 모두 복수 표시를 한다.

un clair-obscur 명암(법) → des clair*s*-obscur*s*
un sourd-muet 농아 → des sourd*s*-muet*s*

une toute-bonne 샐비어의 일종(식물) → des toute*s*-bonne*s*
le dernier-né 막내 → les dernier*s*-né*s*
㈜ 첫 번째 형용사가 부사적으로 쓰였을 때는 복수 표시를 하지 않는다.
un nouveau-né 신생아 → des nouveau-né*s*

(5) "동사+ 명사(동사의 직접목적보어)" : 목적보어에 복수 표시를 할 때도 있고 안 할 때도 있다. 다음과 같이 분류한다.

① 명사에 복수 표시를 안 하는 것

des abat-jour 전등갓
des abat-vent 차양(바람막기)
des brise-glace 쇄빙기
des cache-col 얇은 목도리
des casse-museau 파삭파삭한 과자
des chasse-marée 연안 항해선
des coupe-gorge 위험한 장소
des crève-cœur 비통한 심정
des gagne-pain 밥벌이
des garde-manger 찬장
des gratte-ciel 마천루
des perce-neige 눈꽃
des porte-drapeau 기수
des porte-plume 펜대
des prie-Dieu 기도대
des réveille-matin 자명종
des rabat-joie 흥을 깨는 사람
des saute-ruisseau 사환
des serre-tête 머리수건(띠)
des souffre-douleur 천덕꾸러기
des tire-fiacre 늙은 마차 말
des trompe-l'œil 실물과 같은 착각을 일으키는 그림

② 명사에 복수 표시를 하는 것

des accroche-cœur*s* 애교머리
des bouche-trou*s* 임시변통의 것
des chasse-cousin*s* 조잡한 음식물
des coupe-légume*s* 채소 칼
des couvre-livre*s* 책 커버
des couvre-œil*s* 안대
des croque-mort*s* 장의사의 일꾼
des cure-dent*s* 이쑤시개
des garde-fou*s* 난간
des garde-robe*s* 옷장 ; 앞치마
des passe-coude*s*(목이) 긴 장갑
des passse-montagne*s* 방한모의 일종
des perce-bouchon*s* 병마개 뽑이
des pèse-lettre*s* 우편물 저울
des prête-nom*s* 명의인
des tire-botte*s* 장화 벗는 발판
des tire-bouchon*s* 병마개 뽑기

③ 단수 · 복수형 모두 명사에 복수 표시가 된 경우(복수형=단수형)

des brise-lame*s* 방파제
des casse-noisette*s* 호두까개
des chasse-mouche*s* 파리채
des compte-goutte*s*(안약 등의) 점적기
des coupe-cigare*s* 여송연 칼
des garde-doigt*s* 골무
des gobe-mouche*s* 딱새무리(새)
des porte-allumette*s* 성냥갑

④ 명사에 복수 표시를 하기도 하고 안 하기도 하는 것

des attrape-nigaud(s) 유치한 속임수
des croque-note(s) 서투른 음악가
des essuie-main(s) 손수건
des essuie-plume(s) 펜촉 닦개
des garde-cendre(s)(아궁이의) 재받이
des garde-nappe(s) 접시받침
des grippe-sou(s) 구두쇠

㊟ garde가 사람을 뜻하면 복수 표시를 하고(①), 사물을 뜻하면 복수 표시를 하지 않는다(②).

① des gardes-barrière(s) 건널목지기
des gardes-malade(s) 간호인
des gardes-magasin(s) 창고지기
des gardes-chasse(s) 사냥터지기

② des garde-corps 난간
des garde-crotte(수레의) 흙받이
des garde-manche(s) 소매 커버
des garde-meuble(s) 가구 창고

(6) "불변하는 품사(부사, 전치사 등) + 명사" :
명사만 복수 표시를 한다.

des après-dîner*s* 저녁 후 시간
des arrière-garde*s* 후위
des à-coup*s* 급정거
des contre-attaque*s* 역습
des haut-parleur*s* 확성기
des quasi-délit*s* 준범죄
des sans-cœur*s* 무정한 사람
des sous-sol*s* 지하실
des avant-scène*s*(무대앞)칸막이 좌석
des non-valeur*s* 쓸모없는 것

㊟ 다음 경우는 복수 표시를 하지 않는다.
des après-midi 오후 / des après-guerre 전후 / des hors d'œuvre 전채요리

✽ "contre+명사"에서는 명사가 항상 변한다.
des contre-maré*s* 역조
des contre-plainte*s* 반대소송
des contre- révolution*s* 반혁명
des contre-ruse*s* 고육지책

(7) "동사+동사", "대명사+동사", "동사+직접목적보어 외의 보어", "동사+구"
로 된 합성명사는 복수 표시를 하지 않는다. (단 · 복수불변)

des laisser-aller 태만
des ouï-dire 풍문
des manque à gagner 불경기
des meurt-de-faim 극빈자
des on-dit 소문
des passe-partout 만능열쇠
des pince-sans-dire 시치미 떼고 조롱하는 사람
des qu'en-dira-t-on 남의 평판
des rendez-vous 약속
des va-et-vient 왕래

(8) 합성명사 중 외래어는 항상 변하지 않는다.

des ex-voto(기원 · 기도의) 봉납물
des in-douze 12절판(책)
des in-folio 2절판(책)
des mezzo-termine 절충안
des nota bene 주의
des post-scriptum 추신

des statu quo 현상　　des vice-roi 부왕, 총독
des ultra-royaliste 과격 왕정주의자

㊟ 1. 외래어 중에는 마치 프랑스어처럼 취급되어 복수 표시를 하는 것도 있다.

des fac-similé*s* 복사　　des orang*s*-outang*s* 오랑우탕(동물)
des senatu*s*-consulte*s* 상원 결의　　des surprise*s*-partie*s* 습격 파티
des best-seller*s* 베스트셀러　　des boy-scout*s* 소년단
des cows-boy*s* 목동　　des music-hall*s* 뮤직홀

㊟ 2. 의성어일 경우는 복수형이 일정치 않아 두 번째 요소를 복수 표시하기도 하고, 두 요소 다 하기도 하며, 혹은 둘 다 복수 표시를 않기도 한다.

des tic-tacs(des tic-tac)(시계) 똑딱거리는 소리
des fric-frac(s) 찍찍(물건이) 째지는 소리
des ping-pong 탁구

4. 외래어 복수형 만드는 방법

4.1. 프랑스어화 된 외래어

거의 프랑스어화된 외래어는 프랑스식의 복수 표시(-s)를 하는 것이 일반적인 원칙이다.

accessit*s* 장려상　　agenda*s* 비망록　　album*s* 앨범
alibi*s* 알리바이　　autodafé*s* 화형　　bifteck*s* 비프스테이크
bravo*s* 만세　　concerto*s* 협주곡　　dahlia*s* 다알리아
écho*s* 메아리　　examen*s* 시험　　hourra*s* 함성
lavabo*s* 세면대　　lord*s* 경　　macaroni*s* 국수
meeting*s* 회합　　mémento*s* 기념물　　mémorandum*s* 비망록
numéro*s* 번호　　opéra*s* 오페라　　panorama*s* 파노라마
paria*s* 천민　　rail*s* 레일　　sopha*s* 소파
solo*s* 독창　　spécimen*s* 표본　　toast*s* 토스트
vendetta*s* 복수　　villa*s* 별장　　visa*s* 입국사증

4.2. 기타 외래어

그 밖의 외래어는 복수 표시를 하지 않거나 원어에서 사용하는 복수 표시를 한다.

(1) 라틴어로 통용되는 것은 복수 표시를 하지 않는다.

amen 아멘　　avé 아베 마리아　　confiteor 고해의 기도
crédo 사도 신경　　extra 특별한 것　　errata 정오표
gloria 영광의 찬송가　　magnificat 성모 마리아의 찬가

pater 주기도문 réquiem 추도 véto 거부권

㈜ 다음 몇몇 단어는 고유한 복수형이 있는데, 회화에서는 -s를 붙인 프랑스어 식 복수형을 많이 쓴다.

un maximum – des maxima – des maximum*s*(프랑스어식) 최고한도

un minimum – des minima – des minimum*s* 최저한도

un moratorium – des moratoria – des moratorium*s* 지불 유예령

un sanatorium – des sanatoria – des sanatorium*s* 요양소

un ultimatum – des ultimata – des ultimatum*s* 최후통첩

(2) 이탈리아어에서 온 것은 복수 표시로 어미를 i로 바꾼다.

bravo - bravi 자객 또는 갈채

carbonaro - carbonari 숯장이 당원(이탈리아)

dilettante - dilettanti, dilettantes 예술 애호가

soprano - soprani 소프라노 가수

㈜ 1. 다음은 예외이다.

un prima donna – des prime donne [pʀimedɔne]최고의 여가수

㈜ 2. 음악악보 용어는 단·복수불변이다.

des crescendo 점차 강음 des piano 약한 반주 부분

des smorzando 점차 약음

(3) 영 어

① -man의 어미형은 -men처럼 영어식 복수형으로 만들지만 때로는 -mans처럼 프랑스어 식으로 복수를 만들기도 한다.

un alderman - des alder*men*(des alderman*s*) 시참사 회원

un barman - des bar*men*(des barman*s*) 술집 주인

un cabman - des cab*men*(des cabman*s*) 택시 운전사

un gentleman - des gentle*men*(des gentleman*s*) 신사

un policeman - des police*men*(des policeman*s*) 경찰관

un sportsman - des sports*men*(des sportsman*s*) 운동선수

② -y의 어미형은 영어식으로 -ies로 하여 복수형을 만들지만 가끔 프랑스어 식으로 -ys처럼 복수형을 만들기도 한다.

un baby - des bab*ies*(des baby*s*) 아기

un dandy - des dand*ies*(des dandy*s*) 멋쟁이

un gipsy - des gips*ies*(des gipsy*s*) 집시

un hippy - des hipp*ies*(des hippy*s*) 히피

un lady - des lad*ies*(des lady*s*) 숙녀

un whisky - des whisk*ies*(des whisky*s*) 위스키

③ une miss - des miss*es*(des miss*s*) 아가씨
un match - des match*es*(des match*s*) 시합
un sandwich - des sandwich*es*(des sandwich*s*) 샌드위치
un box - des box*es*(des box) 간막이 좌석, 피고석

(4) 독일어

음악 용어에서 un lied(짧은 노래)는 des lieder(독일어 식)로 또는 des lied*s*(프랑스어 식)로 복수형을 표현한다.

5. 전성된 명사의 복수형 만드는 방

(1) 명사로 전성된 대명사, 부사, 전치사, 접속사, 간투사, 문자, 숫자 등에는 복수 표시를 않는다.

Les *moi* divers qui meurent successivement.
잇달아 죽어가는 여러 가지 형태의 나.
Il y a trois '*oui*' et deux '*faire*' dans cette phrase.
이 문장에는 세 개의 'oui'와 두 개의 'faire'가 있다.
écrire deux *sept* 7을 두 번 쓰기.

(2) 전성명사화한 부정법, 전치사 avant, devant, derrière는 복수 표시(-s)를 한다.

des *rires* étouffés 꾹 참는 웃음
des *parlers* étranges 기묘한 말씨
les *derrières* d'une armée 군대의 후미
prendre les *devants* 앞서기

(3) 단일 혹은 합성된 단위명사는 일반 원칙에 따라 복수형을 만든다.

cinquante kilo*s* 50킬로그램
des voltampère*s* 볼트암페어
des décibel*s* 데시벨(전기 · 물리)

6. 고유명사의 복수와 용법

고유명사의 복수에 대해서는 문법 학자들의 의견이 다르기 때문에 체계적인 법칙을 제시하기가 곤란하다. 그러나 복수형이 표현된 상황에 따라 대략 다음과 같은 용법 으로 쓰인다.

6.1. 복수 표시를 하는 경우와 그 용법

(1) 역사상 유명한 왕가나 한 국가의 전체 국민을 지칭할 때

les Pharaon*s* 파라오들
les Bourbon*s* 부르봉 왕가
les Belge*s* 벨기에인
les Italien*s* 이탈리아 국민
les Ptolémée*s* 프톨레미 왕가
les Tudor*s* 튜더 왕가
les Coréen*s* 한국인

(2) 고유명사가 보통명사처럼 쓰여 어떤 종류나 유형을 비유적으로 표현하고자 할 때

les Mécène*s* 문필가나 미술가를 옹호하는 부유한 사람들
les Cicéron*s* 키케로 같은 대 웅변가들
Les Racines et *les Molières* sont rares dans l'histoire littéraire du monde.
라신과 몰리에르 같은 극작가는 세계 문학사상 드물다.

㈜ 복수의 표시를 하지 않는 경우도 있다. 한정어만 복수를 취한다.
Répondez à tous les *Caïn* du monde. 온 세계의 카인 같은 사람들에게 대답하세요.
Il y a peut-être eu des *Shakespeare* dans la lune.
달세계에도 아마 셰익스피어 같은 사람들이 있었을 것이다.

(3) 예술 작품의 인물 명을 통해 예술 작품을 지칭하고자 할 때

Rappelez-vous les oeuvres italiennes, tant de *Madones* avec l'enfant, tant de *Jupiters*, d'Apollons et de *Dianes*?
아기 예수를 안은 그 많은 성모 마리아상, 그 많은 쥬피터상, 아폴론상 그리고 다이아나상들인, 이탈리아 작품들을 기억하는나?

㈜ 이 경우도 역시 복수 표시를 하지 않은 때가 있다.
On peint des *Enfant Jésus* et surtout des *Christ* en croix.
사람들은 아기 예수와 특히 십자가에 못 박힌 그리스도를 그린다.

(4) 동일한 이름을 가진 국가, 지방, 하천 등을 지칭할 때

les Amériques 아메리카
les Castilles 카스틸랴 지방
les trois Guyanes 세 개의 기아나
les Gaules 골 지방
les Indes 인도 제국

㈜ 몇몇 지명들, 특히 군도, 산맥 등은 늘 복수 형태를 취한다.
les Antilles 서인도 제도 / les Alpes 알프스 산맥 / les Pyrénées 피레네 산맥

6.2. 복수 표시를 안 하는 경우와 그 용법

(1) 가족 전체를 지칭할 때

les Bonaparte 보나파르트가
les Habsbourg 합스부르크 가

les Thibault 티보 가　　　　　les Kim 김씨 가족

J'ai dîné chez les *Dupont*. 나는 뒤퐁 씨 댁에서 저녁을 들었다.

(2) 집안 전체가 아니라 그 가족의 개인을 지칭할 때

Cela est pour les deux *Corneille*. 그것은 두 사람의 코르네이유를 위해서이다.

J'aurais certainement choisi une de ces *Suzanne*.

확실히 내가 쉬잔 자매들 가운데 한 명을 택했을 거다.

(3) 어느 한 개인만을 지칭할 때 그것을 강조하고 싶으면 역시 복수 관사를 붙인다.

Il n'y eut, aucun orateur comme les *Demosthène*.

이탈리아의 데모스테네스 같은 웅변가는 없었다.

(4) 잡지, 신문, 책 등의 제목을 표시할 때

Il attendit son tour en feuilletant des vieux *Monde illustré*.

그는 오래된 '몽드 일뤼스트레'들을 뒤적이며 자기 차례를 기다렸다.

(5) 사람의 고유명사가 비유적으로 쓰여 그 인물이 만든 작품을 나타낼 때

Ils se risquaient à acheter des *Matisse*.

그들은 위험을 무릅쓰고 마티스의 작품들을 샀다.

l'un des plus beaux *Corot* du monde.

세상에서 가장 아름다운 코로의 작품들 중의 하나

연습문제

A. 기초 문제

1. 아래 명사들을 남성, 여성으로 구분하시오.

① livre ② fleuve ③ entrée ④ mer ⑤ lundi
⑥ arbre ⑦ or ⑧ cousine ⑨ ville ⑩ nuage

2. 아래 명사를 여성형으로 써보시오.

① père ② fils ③ oncle ④ neveu ⑤ roi
⑥ homme ⑦ ami ⑧ voisin ⑨ Français ⑩ frère

3. 다음 명사를 복수형으로 써 보시오.

① livre ② lion ③ fils ④ nez ⑤ maison
⑥ madame ⑦ travail ⑧ cheveu ⑨ bijou ⑩ oeil

4. 다음의 문장들을 반대의 성으로 완성시키시오.

Il est infirmier/ Elle est ....

Elle est concierge/ Il est ....

Il est acteur/ Elle est ....

Il est dentiste/ Elle est ....

5. 틀린 곳이 있으면 고치시오.

Marie est Français. Elle est né le 13/6/1979. Elle est actrice :

Il est chinois. Il est née le 28/4/1989. Il est étudiante :

Je m'appelle Pierre. Je suis Canadienne. Je suis né le 15/6/1963 :

6. 전치사 또는 전치사+관사 형태로 알맞게 ( )에 넣으시오.

① Lars Wise habite ( ) Allemagne.
② Yoko Hukuda habite ( ) Japon.
③ Harry Wilson habite ( ) États-Unis.
④ Luis Domingo habite ( ) Mexique.
⑤ Luigi Lorenzo habite ( ) Italie.
⑥ Je vais ( ) France, ( ) Paris chez des amis.
⑦ Elle va ( ) concert, ( ) Opéra.
⑧ Samedi on va ( ) campagne, ( ) Normandie.
⑨ D'où venez-vous? - ( ) Guadeloupe.
⑩ Guillaume revient ( ) Cuba.
⑪ Brigitte revient ( ) Pérou.
⑫ Ce train part ( ) Paris à 18 h. et arrive ( ) Lyon à 20 h.

B. 기본 문제

1. 다음 명사들을 여성형으로 바꾸시오.

① paysan ② gouverneur ③ étranger ④ comte ⑤ acteur
⑥ lion ⑦ prince ⑧ veuf ⑨ dieu ⑩ héros
⑪ coq ⑫ chat ⑬ cheval ⑭ canard ⑮ porc
⑯ tigre ⑰ loup ⑱ pigeon ⑲ cerf ⑳ chien

2. 다음 명사를 복수형으로 고치시오.

① chameau ② joyau ③ trou ④ chou ⑤ oeil
⑥ bal ⑦ détail ⑧ carnaval ⑨ époux ⑩ monsieur

3. 아래의 단수와 복수의 뜻을 말하시오.

① une lunette, des lunettes
② une vacance, des vacances
③ un ciseau, des ciseaux

4. 적당한 단위 명사를 괄호 안에 쓰시오.

① un ( ) de craie ② une ( ) de papier ③ une ( ) de café
④ un ( ) de bière ⑤ une ( ) de viande

C. 응용 문제

1. 남성과 여성이 각각 뜻이 다른 아래의 명사들의 뜻을 쓰시오.

① le tour, la tour ② le somme, la somme
③ le mémoire, la mémoire ④ le livre, la livre
⑤ le mode, la mode ⑥ le mort, la mort
⑦ le voile, la voile ⑧ le vapeur, la vapeur
⑨ le garde, la garde ⑩ le physique, la physique

2. 아래 명사들은 항상 복수로만 쓰인다. 그 뜻을 말하시오.

① les ténèbres ② les funérailles ③ les fiançailles
④ les pincettes ⑤ les gens ⑥ les proches
⑦ les vivres ⑧ les alentours ⑨ les environs
⑩ les bestiaux

3. 다음 합성 명사의 복수형을 쓰시오.

① un wagon-lit ② un chef d'oeuvre
③ un coffre-fort ④ un timbre-poste
⑤ une salle de bain ⑥ une machine à écrire
⑦ un chou-fleur ⑧ un tire-bouchon
⑨ un arc-en-ciel ⑩ un laisser-faire

4. un peu de/ quelques/ un morceau de를 ( )에 알맞은 형태로 넣으시오.

① Voulez-vous ( ) vin? Non, je voudrais ( ) eau, s'il vous plaît.
② Voulez-vous encore ( ) frites? Non, mais je veux bien ( ) salade.
③ Prenez encore ( ) gâteau. Non, merci, Je vais prendre ( ) glace.
④ Je peux prendre encore un petit ( ) fromage?

5. 괄호 안에 적당한 관사를(2종류의 관사가 가능한 경우도 있음)쓰고, 용법에 대해 논의해 보시오.

① Elle a ( ) petit nez.

② Elle a ( ) joli nez.

③ Elle a ( ) nez droit.

④ Elle a ( ) yeux bleus.

⑤ Elle a ( ) yeux en amande.

⑥ Elle a ( ) yeux rouges.

⑦ Elle a ( ) visage long.

⑧ Elle a ( ) visage superbe.

6. 명사 앞에 소유대명사나 관사를 쓰고(둘 다 가능할 경우도 있음) 왜 그렇게 쓰는지 설명해 보시오.

① Il lui a cassé..........bras.

② Le chien lui a sauté à............gorge.

③ ....vertèbres le font terriblement souffrir.

④ Il ne peut plus tourner..........tête.

⑤ Il a mal.........oreilles.

⑥ Il s'est foulé.........cheville.

⑦ J'ai une poussière dans...........oeil.

7. 아래 요리법 문장에서 물질명사 앞의 괄호 안에 관사를 쓰고, 그 관사를 왜 써야 하는지 설명해 보시오.

Il faut du chocolat(200g), du lait(1L), de la crème(2cuillères) et de la vanille.

Cassez ( )chocolat en petits morceaux. Faites-le fondre dans de l'eau, à feu doux.

Ajoutez ( ) lait petit à petit, en tournant. Laissez cuire 5 mn. Ajoutez ( ) crème, puis ( ) sucre et ( ) vanille.

8. 각 두 문장씩 밑줄 친 부분의 차이점을 설명해 보시오.

Je voudrais <u>un chevalet de peintre.</u>

<u>Le chevalet du peintre</u> est resté près de la rivière.

Un coffre de voiture doit être spacieux.

Tu as encore laissé la coffre de la voiture ouvert!

9. 아래 글은 R. Queneau의 작품 Pierrot mon ami에서 발췌한 글이다. '명사의 보어'를 찾아내고 그 의미를 설명해 보아라.

.... Il a des yeux de braise, un front de penseur, des mains de pianiste, une taille de guêpe, une barbe de sapeur, des lèvres de corail, un thorax de taureau, ah! qu'il est beau! ....

10. 밑줄 부분에 c'est 또는 il est를 넣고, 두 용법의 차이점을 말해 보시오.

Un bon livre..............est idéal pour passer la soirée!

Tu as lu le dernier roman de G. Ramone? Oui, ...est excellent.

Il t'a encore parlé de ses problèmes, ...est pénible!

Un petit rayon de soleil, ...est le bonheur!

정답 **A. 기초문제**

1. 남성;① ② ⑤ ⑥ ⑦ ⑩ 여성;③ ④ ⑧ ⑨ 2. ① mère ② fille ③ tante ④ nièce ⑤ reine ⑥ femme ⑦ amie ⑧ voisine ⑨ Française ⑩ soeur 3. ① livres ② lions ③ fils ④ nez ⑤ maisons ⑥ mesdames ⑦ travaux ⑧ cheveux ⑨ bijoux ⑩ yeux 4. infirmière, concierge, actrice, dentiste 5. Français→Française, né→née, née→né, étudiante→étudiant, Canadienne→Canadien 6. ① en ② au ③ aux ④ au ⑤ en ⑥ en; à ⑦ au, à l' ⑧ à la, en ⑨ de ⑩ de ⑪ du ⑫ de, à

B. 기본문제

1. ① paysanne ② gouvernante ③ étrangère ④ comtesse ⑤ actrice ⑥ lionne ⑦ princesse ⑧ veuve ⑨ déesse ⑩ héroïne ⑪ poule ⑫ chatte ⑬ jument ⑭ canne ⑮ truie ⑯ tigresse ⑰ louve ⑱ colombe ⑲ biche ⑳ chienne 2. ① chameaux ② joyaux ③ trous ④ choux ⑤ yeux ⑥ bal ⑦ détails ⑧ carnavals ⑨ époux ⑩ messieurs 3. ① 망원경, 안경 ② 공석, 휴가(방학) ③ 끌, 가위 4. ① morceau ② feuille ③ tasse ④ verre ⑤ livre

제3장

형용사 (Adjectif)

정 의

형용사는 명사나 대명사를 직접, 간접으로 수식하여 그 속성이나 상태를 나타내거나 그 뜻을 한정한다. 또한 형용사구(locution adjective)나 형용사절은 여러 단어가 모여 형용사적 용법으로 쓰이는 구나 절을 말한다.

une *vieille* femme 늙은 할머니(형용사)

un poète *de génie* 천재적인 시인(형용사구)

un homme *qui m'aimait* 나를 사랑했던 남자(형용사절)

형용사는 성 · 수를 가지며, 수식하는 명사나 대명사의 성 · 수와 항상 일치시켜야 한다.

Ⅰ. 형용사의 종류(Espèce de l'adjectif)

일반적으로 품질형용사(adjectif qualificatif)와 비품질형용사(adjectif non qualificatif) 두 가지로 나누며 비품질형용사는 다시 7가지로 분류한다.[7)]

◇ 품질형용사

◇ 비품질형용사(한정형용사)

① 수형용사 ② 소유형용사 ③ 지시형용사

④ 의문형용사 ⑤ 관계형용사 ⑥ 부정형용사

⑦ 감탄형용사

7) 비품질형용사를 한정형용사(adjectif déterminatif)라고도 부르고, 흔히 형용사라 함은 품질형용사를 지칭한다.

흔히 일반적으로 "형용사"를 뜻하고 지칭하는 품질형용사는 그 역할(또는 용법 및 구성)에 있어서 비품질형용사(한정형용사)와는 매우 다르다. 품질형용사는 부가형용사나 속사 등으로 쓰여 명사·대명사의 속성과 양태를 나타내며, 한정형용사는 명사를 외연적으로만 한정하며 관사 대신 쓰인다.

Ⅱ. 품질형용사(Adjectif qualificatif)

품질 형용사는 명사로 표시되는 사람, 동물, 사물의 물질적 존재 또는 정신적 존재의 성질과 양태를 나타낸다. 이 때 형용사가 명사를 수식한다고 말한다.[8)]

la *grande* femme 키 큰 여자

un cheval *gris* 회색 말

la *belle* fille 아름다운 소녀

un voyage *intéressant* 재미있는 여행

여기서 나오는 grande, gris, belle, intéressant 등이 품질형용사다. 그러나 실제로 문장 상에서는 이렇게 단순하고 순수한 단어들만 품질형용사 역할을 하는 것이 아니다. 아래와 같은 형태들도 문장에서 품질형용사 역할을 하며, 품질형용사처럼 쓰인다. 다른 품사에서 전화되어 형용사 기능을 하는 것들이다.

❖ Remarque : **품질형용사 역할하는 것들**

(가) 과거분사 : 대개 수동의 뜻으로 쓰인다.

la montagne *couverte* de neige 눈 덮인 산

une femme bien *chérie* 몹시 사랑받는 여자

Il restait *couché* dans le fossé 그는 도랑에 누운 채였다.

(나) 현재분사 : 대개 능동의 뜻으로 쓰인다.

le soleil *couchant* 석양

le roseau *pensant* 생각하는 갈대

(다) à가 앞에 오는 부정법

une maison *à vendre* 팔 집

8) 프랑스어 문법에서는 '수식'이나 '수식어'라는 단어보다 '보어'라는 단어를 더 잘 쓴다. 즉 다시 말하면 형용사가 '명사의 보어'가 된다고 말하는 것은 형용사가 명사를 수식한다는 의미다.

une histoire *à mourir de rire* 우스워 죽을 지경인 이야기

(라) 부사, 부사구

une statue *debout* 서 있는 동상

un seigneur *très comme il faut* 아주 훌륭한 나으리

(마) 전치사를 동반한 명사

un chemin *de fer* 철도 une salle *d'attente* 대합실

une montre *en or* 금시계 le voyage *sur mer* 해상 여행

(바) 전치사 없이 앞의 명사에 직접 연결되는 뒤의 명사

le code *Napoléon* 나폴레옹 법전

le boulevard *Haussemann* 오스만 대로

le wagon-*restaurant* 식당차

le rayon *X* X선

(사) 양식을 나타내는 명사

une chaise *Louis* XIV 루이 14세 식 의자

le tapisserie *à la Watteau* 와토 식의 장식 융단

㈜ 여기서 à la는 à la manière de…의 생략임

(아) 색채를 나타내는 명사

des étoffes *marron* 밤색 천 des rubans *orange* 오렌지색 리본

une fleur *couleur de piment* 피망색의 꽃

㈜ 색채를 나타내는 명사는 불변이며, 색으로 사용되지 않는 명사가 색을 나타낼 때는 couleur de...를 사용하며 역시 변하지 않는다.

✱ couleur de terre 흙 빛

1. 품질형용사의 용법과 기능

(품질) 형용사의 기능, 즉 문장에서 품질 형용사의 역할은 다양하다. 그 다양한 기능은 각기 개별적 품질형용사의 용법과 직결된다. 따라서 품질형용사의 기능은 모든 품질형용사의 일괄적인 공통 용법인 만큼 그 쓰임에 확실히 익숙해 두어야 한다.

1.1. 품질형용사의 용법

품질 형용사의 주요 용법은, 부가적 용법, 속사적 용법, 동격으로 쓰이는 경우 등이 있다.

(1) 부가적 용법

명사 또는 대명사의 앞, 혹은 뒤에서 그 명사나 대명사를 수식해 주며, 이런 형용사를 부가형용사(Épithète)라 한다.

une *jeune* fermière 젊은 농부의 아내
la table *ronde* 둥근 탁자
le cheval *blanc* 흰 말
des femmes *parisiennes* 파리의 여자들
un *beau* visage 아름다운 얼굴

㈜ 1. quelque chose, quelqu'un, personne, rien, quoi, ceci, cela 등의 대명사에 부가형용사가 올 경우, 반드시 그 뒤에 오고, 사이에는 전치사 de를 넣는다.
rien de *meilleur* 더 좋은 것은 없는/ quelque chose de *beau* 아름다운 것

㈜ 2. 2개 이상의 품질 형용사를 같이 쓸 때는 virgule(,)이나 접속사 et를 사용하거나, 혹은 사용하지 않는 경우도 있다.
une fille *pauvre*, *maigre* et *sale* 가난하고 마르고 더러운 소녀
une *jolie petite* femme *blanche* 예쁘고 흰 작은 여자

(2) 속사적 용법

문장에서 속사(attribut)의 기능을 한다.

1) 주어의 속사로 쓰인다.

① 주어와의 사이에 être, devenir, sembler, passer pour, paraître, vivre 같은 연결동사(verbe copule)를 이용해 쓰인다.
Nicole était *jeune*. 니콜은 젊었다.
Petit poisson deviendra *grand*. 작은 물고기는 커질 것이다.
Elle semble *triste*. 그녀는 슬픈 것 같다.
L'homme est né *libre*. 인간은 자유롭게 태어났다.

② être nommé(appelé, désigné, élu 등), être regardé comme(pour) 등과 같은 수동형에서 속사가 된다.
Elle était regardé comme *morte*. 그녀는 죽은 것으로 여겨졌다.

2) 목적보어의 속사로 쓰인다.

① trouver, rendre, nommer, déclarer, élire 등과 같은 타동사의 직접목적보어의 속사로 쓰인다.
Il estime cet enfant *capable* de bien faire.
그는 이 아이가 잘 할 수 있는 능력이 있다고 본다.
J'ai trouvé le médecin *excellent*. 나는 그 의사가 썩 훌륭하다고 생각했다.

Je le crois *sincère*. 나는 그가 진지하다고 생각한다.

㊟ avoir, trouver 동사의 목적보어의 속사가 형용사일 때는 그 속사 앞에 전치사 de가 오는 경우가 더러 있다.
Je n'ai plus trouvé une chambre *de* libre. 빈 방을 더 이상 못 찾았다.

② se sentir(자신을 ~라고 느끼다), se croire(자신을 ~라고 믿다), se juger(자신을 ~라고 판단하다), se considérer comme(pour)(자신을 ~라고 여기다), se regarder comme(pour)(자신을 ~라고 여기다) 등과 같은 대명동사의 목적보어의 속사로 쓰인다.

Elle se sent bien *triste*. 그녀는 슬픔을 느낀다.

(3) 동격어(apposition)로 쓰인다.
형용사가 부가형용사처럼 명사를 긴밀히 수식하지도 않으며 속사로 쓰이지도 않고, 단순히 명사 옆에서 쉼표 다음에 쓰여 그 명사의 성질을 나타낼 경우, 그 형용사는 동격으로 쓰였다고 볼 수 있다.[9)]

Jeune, elle marchait d'un pas alerte.
젊었으므로 그녀는 재빠른 걸음으로 걷고 있었다.

(4) 부사적으로 쓰인다.
몇몇 형용사는 부사적으로 사용된다.

Il voyait *grand*. 그는 안목이 높았다.

Les troupes ont tenu *ferme* contre l'ennemi. 부대는 적을 맞아 꿋꿋이 버티었다.

㊟ 어떤 형용사는 여성형을 취하여 부사적 숙어로 사용된다.
à la dérobée 몰래 / à la pareille 동일하게

(5) 명사적으로 쓰인다.
어떤 형용사들은 명사로 전환하여 쓰인다. 보통 형용사 앞에 관사를 붙여 명사화 된다.

le sacré et *le profane* 성스런 것과 속된 것

Joignons *l'utile* à *l'agréable*. 쾌적함에 유용성을 더합시다.

les vieux 노인들　　les belles 미인들

---

9) 형용사의 동격어 용법은 몇몇 문법 학자들 간의 관점들이 약간씩 다르다. 분리된 부가형용사(épithète disjointe)로 보기도 하고 부사적으로 쓰인 속사로 보기도 한다.
J'aime les élèves ***attentifs***. (épithète conjointe) 나는 주의 깊은 학생들을 좋아한다.
Attentifs, les élèves notent l'énoncé du problème. (épithète disjointe ou attribut) 주의 깊게, 학생들은 문제의 발표를 적고 있다.

1.2. 품질형용사의 보어

'품질형용사의 보어'란 그 품질형용사를 수식, 보충 또는 한정하는 것들을 일컫는다. 품질형용사의 보어가 되는 것에는 여러 가지가 있으며, 또 보어는 전치사로 연결되는 경우도 있고 직접 연결되는 경우도 있다. 다음과 같은 형태로(품질)형용사의 보어 역할을 한다.

(1) 부사 또는 부사구가 형용사의 보어가 된다.

Il est *vraiment* modeste. 그는 아주 겸허하다.
L'écureuil est un animal *très* vif. 다람쥐는 매우 날쌘 동물이다.

(2) "전치사+명사", "전치사+대명사"형태로 형용사의 보어가 된다.

La Suisse est célèbre *par ses sites grandioses*.
스위스는 웅장한 경치로 유명하다.
Un homme fier *de ses succès*. 자기의 성공을 자랑하는 사람
Cette fille-là n'est pas convenable *à toi*. 그 소녀는 너와 맞지 않는다.

(3) "전치사+부정법"형태로 형용사의 보어가 된다.

Une enfant malade *à mourir*. 몹시 아픈 여자 아이
C'est un livre facile *à lire*. 이건 읽기 쉬운 책이다.
Je suis sûr *de gagner le procès*. 나는 소송에 이길 것으로 확신한다.

(4) 접속사 que로 유도되는 절로 형용사의 보어가 된다.

Je suis content *qu'il accepte*. 그가 받아들였다니 반갑군요.
Elle est fâché *qu'il soit parti*. 그가 떠나자 그녀는 화가 났다.

㈜ 비인칭 구문에서 의미상 주어로 쓰인 "de + 부정법"또는"que + 절"을 형용사의 보어와 혼동해서는 안 된다.
Il est agréable de rester. 쉬는 것은 기분 좋은 것이다.
Il est nécessaire que l'on travaille. 일하는 것이 필요하다.

❖ Remarque : **품질형용사와 전치사**

품질형용사가 명사, 대명사 혹은 부정법을 보어로 취할 때, 그 형용사마다 고유하게 따라오는 전치사가 있다. 또 어떤 형용사는 여러 전치사가 따라오지만 그 때는 전치사에 따라 의미가 다소 달라지는 경우가 있다.

(가) 전치사 à를 취하는 형용사

accessible 접근하기 쉬운 adroit 익숙한

agréable 기분 좋은
applicable 적용할 수 있는
ardent 열심인
bon 좋은
comparable 비교할 수 있는
contraire 반대의
enclin 기울기 쉬운
étranger 이상한
fatal 숙명적인
fidèle 충실한
habile 능란한
impénétrable 침입할 수 없는
inférieur 보다 못한
nécessaire 필요한
parallèle 평행의
postérieur 뒤의
présent 출석한
prompt 빠른
rebelle 반항적인
sensible 예민한
sourd 무감각한
utile 유용한

antérieur 이전의
apte 적합한
attentif 주의 깊은
cher 소중한
conforme 일치하는
docile 양순한
essentiel 긴요한
exact 정확한
favorable 유리한
funeste 불길한
hostile 적대하는
indifférent 무관심한
inflexible 굽힐 줄 모르는
nuisible 유해한
pareil 비슷한
préférable 좋은
prêt 준비된
propre 적당한
semblable 비슷한
sévère 엄격한
supérieur 보다 상급의

(나) 전치사 de를 취하는 형용사

âgé 나이 든
altéré 변질한
avare 인색한
capable 할 수 있는
confus 당황한
coupable 죄있는
désireux 열망하는
économe 경제적인
fou 열중한
heureux 기뻐하는

aisé 손쉬운
amoureux 사랑하는
avide 열망하는
certain 확실한
content 만족한
curieux 호기심 많은
digne 합당한
fier 자부하는
furieux 분노한
glorieux 자랑하는

honteux 부끄러운
impatient 초조한
impossible 불가능한
innocent 죄 없는
inquiet 불안한
jaloux 질투하는
las 지친
natif 타고난
orgueilleux 자랑하는
originaire 출신의
plein 가득 찬
possible 가능한
proche 가까운
ravi 대단히 기쁜
reconnaissant 감사하는
responsable 책임 있는
riche 풍부한
satisfait 만족한
soucieux 걱정하는
susceptible 하기 쉬운
voisin 가까이 하는
vide 빈

(다) 전치사 en을 취하는 형용사

abondant 풍부한
expert 숙달한
fécond 풍요한
fertile 비옥한
fort 우수한
ignorant 무지한
pauvre 빈곤한
riche 많은
savant 박식한

(라) 전치사 avec를 취하는 형용사

compatible 서로 용납되는
conciliable 화해할 수 있는
inconciliable 화해할 수 없는

(마) 전치사 pour를 취하는 형용사

ardent 열렬한
nécessaire 필요한
bienveillant 친절한
sévère 엄격한
bon 적당한
suffisant 충분한
utile 유용한
insuffisant 불충분한

(바) 전치사 envers를 취하는 형용사

charitable 자비심 있는
cruel 잔인한
dur 무뚝뚝한
généreux 관대한
indulgent 관대한
ingrat 배은망덕한
juste 올바른
poli 예의바른

Nous sommes *prêts à* partir tout de suite. 우리는 즉시 떠날 준비가 되어 있다.
Roméo a été *amoureux de* Juliette. 로미오는 줄리엣과 사랑하는 사이였다.

Cet élève est très *fort en* mathématiques. 이 학생은 수학을 퍽 잘 한다.

Il est toujours *indulgent envers* moi. 그는 내게 늘 관대하다.

㊟ 1. 2개의 형용사가 동일한 전치사를 취할 때에는 공통적인 하나의 보어를 취할 수 있다.
Ce dictionnaire ancien est utile et cher *à* ses élèves.
이 옛 사전은 학생들에게 꼭 필요하며 또 소중하다.

㊟ 2. 형용사가 각각 다른 전치사를 요구할 때에는 각 형용사에 따라서 전치사를 취한다.
Ce maître est sévère *pour* ses élèves et cependant cher *à* tous.
그 선생은 학생들에게 엄격히 대하시는 한편 모두에게 귀한 분이시다.

㊟ 3. 위의 형용사에 따르는 전치사가 반드시 고정되어진 것이 아니다. 다른 전치사를 사용해서 유사한 내용을 표현할 수 있다.
Il est fort *en* français. 그는 프랑스어 과목을 잘한다.
⇒ Il est fort *dans* la langue français.
Cela est nécessaire *à* la santé. 이것은 건강을 유지하는 데 필요하다.
⇒ Cela est nécessaire *pour* conserver la santé.

㊟ 4. 사람과 사물을 동시에 보어로 취하는 형용사도 있다.
Elle est redevable *de* la vie *à* son médecin. 그녀는 의사 덕분에 생명을 건졌다.

2. 품질형용사의 성

형용사 역시 명사처럼 남성과 여성이 있는데 여성형은 대개 남성형에서 만들며, 만드는 원칙이나 예외 등이 모두 명사의 여성형 만드는 법과 비슷하다.

2.1. 여성형 만드는 방법

(1) 일반적으로 남성 어미에 -e를 덧붙인다.

petit → petit*e* 작은
noir → noir*e* 검은
loyal → loyal*e* 충실한
courtois → courtois*e* 예의바른

(2) 남성 어미가 -e로 끝난 것의 여성형은 변하지 않고 그대로이다.

un livre util*e* 유용한 책 → une chose util*e* 유용한 것
un homme honnêt*e* 성실한 남자 → une femme honnêt*e* 성실한 여자
un instrument pratiqu*e* 실용적인 기구
→ une installation pratiqu*e* 실용적인 시설

㊟ 1. drôle(이상한), ivrogne(취한), mulâtre(흑백 혼혈의), nègre(흑인의), pauvre(가난한), sauvage(야만스런), suisse(스위스의) 등은 형용사의 여성형일 때는 변함이 없지만, 명사의 여성형으로 쓰이면 −esse로 되는 수도 있다.

une histoire *drôle* 이상한 이야기(형용사)
un *drôle* d'histoire 이상한 이야기(명사)
une petite *drôlesse* 조그마한 말괄량이(명사)

㈜ 2. maître(뛰어난), traître(배반하는)는 형용사의 여성형으로 될 경우, maîtresse, traîtresse로 쓰는 때도 있다.
idée *maîtresse* 주개념

(3) -el, -eil은 -elle, -eille로 된다.

cruel →cruel*le* 잔인한
naturel → naturel*le* 자연적인
nul → nul*le* 존재하지 않는
vermeil → vermeil*le* 주홍빛의
gentil → gentil*le* 점잖은
pareil → pareil*le* 비슷한

(4) -en, -on은 -enne, -onne로 된다. (약간의 -an 형용사도 -anne으로 됨)

ancien → ancien*ne* 오래된
parisien → parisien*ne* 파리의
bon → bon*ne* 좋은
paysan → paysan*ne* 촌스런
rouan → rouan*ne* 밤색에 희끗희끗 털이 박힌

㈜ 1. −an으로 끝난 것이 −ane로 되는 것도 있다.
afghan → afghan*e* 아프가니스탄의
castillan → castillan*e* 카스틸리아의
musulman → mushlman*e* 회교의
occitan → occitan*e* 오크 말의

㈜ 2. mormon(몰몬교의)의 여성은 mormone이다.
la doctrine *mormone* 몰몬 교리

㈜ 3. lapon(랩란드의), nippon(일본의)은 −onne형으로, 또는 −one형으로 여성형을 만든다.
la race *lapone* 랩란드족 / deux sœurs *laponnes* 두 명의 랩란드 자매

(5) -et, -ot는 -ette, -otte로 된다.

muet → muet*te* 벙어리의
net → net*te* 깨끗한
propret → propret*te* 말쑥한
sot → sot*te* 어리석은
vieillot → vieillot*te* 늙수구레한
pâlot → pâlot*te* 약간 창백한

㈜ 1. complet(완전한) incomplet(불완전한) concret(구체적인) jésuet(낡아빠진) discret(신중한) indiscret(조심성 없는) quiet(평온한) inquiet(불안한) replet(살찐) secret(비밀의) 등은 −ète로 된다.
complet → compl*ète* secret → secr*ète*

㈜ 2. bigot(소견이 좁은) bot(사지가 기형인) falot(우스꽝스런) idiot(바보스런) manchot(손・팔이 병신인) parigot(파리의) petiot(아주 작은) 등은 −ote로 된다.
idiot → idi*ote*

(6) 다음 -as, -os로 끝난 몇몇 형용사는 -sse로 된다.

bas → bas*se* 낮은
gras → gras*se* 기름진
las → las*se* 피곤한
métis → métis*se* 혼혈의
épais → épais*se* 두꺼운
gros → gros*se* 뚱뚱한

㊟ 1. -s로 끝난 다음과 같은 형용사는 단순히 -e만 붙인다.

gris → gris*e* 회색의 sournois → sournois*e* 엉큼한
dispos → dispos*e* 생기 있는 divers → divers*e* 다양한
retors → retors*e* 교활한 relaps → relaps*e* 다시 죄에 빠진

㊟ 2. 아래 형용사는 -s 등으로 끝났지만 특이한 여성형을 가진다.

exprès → expres*se* 명백한 profès → profes*se* 서원을 한
tiers → tier*ce* 제3의 frais → fraî*che* 신선한

(7) -er로 끝난 것은 -ère로 된다.

léger → légè*re* 가벼운 dernier → derniè*re* 마지막의
premier → premiè*re* 처음의 cher → chè*re* 친애하는
fier → fiè*re* 자랑스런 amer → amè*re* 쓰디쓴

(8) -x로 끝난 것은 -se로 된다.

heureux → heureu*se* 행복한 jaloux → jalou*se* 질투하는
honteux → honteu*se* 수치스런 peureux → peureu*se* 겁 많은

㊟ 1. préfix → préfi*xe* 미리 정해진 doux(부드러운)는 dou*ce*가 된다.
㊟ 2. vieux(늙은)는 vi*eille*가 된다.
㊟ 3. faux(거짓의), roux(갈색의)는 fau*sse*, rou*sse*가 된다.

(9) -f로 끝난 형용사는 -ve로 된다.

naïf → naï*ve* 순진한 vif → vi*ve* 활발한
neuf → neu*ve* 새로운 actif → acti*ve* 활동하는
captif → capti*ve* 포로가 된 sauf → sau*ve* 무사한

㊟ 1. 다음 경우는 -f가 -ve로 변하되 앞에 accent이 붙는다.

bref → brè*ve* 짧은 grief → griè*ve* 심한

㊟ 2. juif → jui*ve*(사람을 수식할 때 형용사로 쓰임) 유대인의

(10) -c로 끝난 것은 -c 대신 -que를 붙여 여성형을 만든다.

ammoniac → ammonia*que* 암모니아의
caduc → cadu*que* 무효가 된 franc → fran*que* 프랑크의
public → publi*que* 공공의 turc → tur*que* 터어키의

㊟ 1. grec → grec*que* 그리이스의

㊟ 2. blanc → blan*che* 흰색의 franc → fran*che* 솔직한

㊟ 3. sec → s*èche* 건조한

㊟ 4. laïque(속인의)는 남・여성 같다.

habit *laïque* 평복 une personne *laïque* 속인

(11) -g는 -gue로 된다.

long → lon*gue* 긴　　　　oblong → oblon*gue* 장방형의

(12) -gu는 -guë [gy]가 된다.

aigu → ai*guë* 날카로운　　　　ambigu → ambi*guë* 모호한

(13) -eur로 끝난 형용사는 특수한 여성형 어미를 갖는데 대체로 명사의 여성형 만드는 법에 준한다.

① 동사에서 만들어진 -eur로 끝난 형용사 중 그 -eur 대신 -ant을 붙임으로 현재분사를 만들 수 있는 것은 -euse로 된다. 이것은 일반적인 방법이다.

menteur → ment*euse* 거짓말하는　　trompeur→ tromp*euse* 속이는
rieur → ri*euse* 웃는　　chanteur→ chant*euse* 잘 지저귀는
pleureur → pleur*euse* 울기 잘하는

㈜ 1. pécheur → péch*eresse* 죄를 짓는
enchanteur → enchant*eresse* 황홀케 하는
vengeur → veng*eresse* 복수하는

㈜ 2. vainqueur → *victorieuse* 승리를 거둔

② -teur로 끝난 많은 형용사는(-eur 대신 -ant을 붙임으로 현재분사를 만들 수 없는 것. exécuteur [행정의], persécuteur [박해하는]는 예외) 여성형이 -trice가 된다. 이것은 학문적인 구성 형태이다.

consolateur → consola*trice* 위로하는
destructeur → destruc*trice* 파괴하는
protecteur → protec*trice* 보호하는
créateur → créa*trice* 창조하는
directeur → direc*trice* 지도하는
interrogateur → interroga*trice* 질문의

③ 비교급에서 유래한 -eur로 된 형용사는 -e만 붙여 -eure가 된다.

antérieur → antérieur*e* 앞서는　　postérieur → postérieur*e* 나중의
extérieur → extérieur*e* 외부의　　intérieur → intérieur*e* 내부의
majeur → majeur*e* 더 큰　　mineur → mineur*e* 보다 작은
supérieur → supérieur*e* 상급의　　inférieur → inférieur*e* 하급의
meilleur → meilleur*e* 더 좋은　　ultérieur → ultérieur*e* 차후의

(14) beau(아름다운), nouveau(새로운), fou(미친), mou(물렁물렁한)는 남성 제2형을 가지며, 여성형은 남성 제2형에 -le를 덧붙여 만든다.

남성 제1형	남성 제2형	여성형
beau	bel	bel*le*
nouveau	nouvel	nouvel*le*
fou	fol	fol*le*
mou	mol	mol*le*

㊟ 남성 제1형은 자음으로 시작하는 남성 단수명사 앞에서, 남성 제2형은 모음이나 h muet로 시작하는 남성 단수형 앞에 쓰인다.
bel arbre 아름다운 나무 / nouvel esprit 새로운 정신
nouveau bâtiment 새 건물 / beau poème 아름다운 시

(15) -eau로 끝난 것은 -elle로 변한다.

jumeau → jum*elle* 쌍둥이의　　tourangeau → tourang*elle* 투르 도시의

(16) 특수하게 불규칙하게 변화하는 것

coi → coi*te* 조용한　　favori → favori*te* 마음에 드는

hébreu → hébr*aïque*(사물을 수식할 때) 히브리의

bénin → béni*gne* 관대한　　malin → mali*gne* 약삭빠른

andalou → andalou*se* 안달루시아의

2.2. 여성형이 없는 형용사

어미가 -e로 끝나지 않았는데도 여성형이 없는 형용사가 있다. 즉 이런 형용사는 남・여성이 동일한 형용사로 특별히 여성형으로 변하지 않고 그대로 사용한다.

(1) 다음의 형용사는 항상 남성형(남・여성 공통)으로만 쓰인다.

angora 앙고라의	bougon 투덜거리는	châtain 밤색의
gnangnan 연약한	grognon 불평하는	kaki 카키색의
impromptu 즉석의	marron 밤색의	mastoc 우둔한
rococo 로코코 식의	snob 유행을 따르는	chic 멋진

un chat *angora* 앙고라 고양이(수컷)　　une chatte *angora* 앙고라 고양이(암컷)
un chapeau très *chic* 아주 멋진 모자　　une robe *chic* 멋진 드레스
un uniforme *kaki* 카키색 제복　　une casquette *kaki* 카키색 모자

(2) grand, fort, possible은 옛부터 쓰이던 몇몇 성구에서 여성형으로 변하지 않고 그대로 쓰인다.

la *grand*-croix 레지옹도뇌르 최고훈장　　la *grand*-mère 할머니
la *grand*-messe 대미사　　la *grand*-rue 대로

avoir *grand*-faim(grand-soif, grand-peur) 몹시 배고프다(목마르다, 두렵다)

Elle se fait *fort* d'obtenir la signature de son mari.

그녀는 남편의 서명을 받아내겠다고 약속하였다.

cf. Ils se font *forts* de réussir. 그들은 성공하겠다고 장담하고 있다.

✽ possible은 le plus, le moins, le meilleur 다음에서 변화하지 않는다. 그러나 최상급이 복수이면 일치는 임의롭다.

les ministres ***possibles*** 장관이 될 수 있는 사람

acheter le plus de livres ***possible*** et les meilleurs ***possible.***

될 수 있는 대로 가장 많고 가장 좋은 책을 사다.

2.3. 여성명사에만 쓰이는 형용사

아래 형용사들은 특이하게 여성 명사만을 수식하는데 쓰인다.

accorte 유순한	bée 널다랗게 벌린
cochère 마차가 드나들 수 있는	crasse 치사한, 심한
enceinte 임신한	grège 고치에서 뽑은 채로
philosophale 연금사의	pie 경건한
poulinière 종마로 쓰이는	scarlatine 성홍열의
suitée 동반자를 거느린	théologale 신에 관한
trémière 접시꽃의	

Rester bouche *bée* 입을 헤 벌리고 있다

la porte *cochère* 마차 드나드는 문

ignorance *crasse* 지독한 무지, 무지막지

soie *grège* 생사

jument *poulinière* 씨암말

2.4. 남성명사에만 쓰이는 형용사

아래 형용사들은 특이하게 남성 명사만을 수식하는데 쓰인다.

aquilun 매부리	benêt 어리석은
fat 미련하고 자존심이 강한	pers 청색과 녹색의 중간색의
saur 소금을 친	salant 소금의
précurseur 미리 알리는	sterling(영국화폐) 스털링의
turquin 남빛의	

un nez *aquilin* 매부리코

les marais *salants* 염전

les signes *précurseurs* de l'orage 뇌우의 전조

3. 품질형용사의 수

형용사도 명사처럼 단수 복수가 있으며, 명사의 복수형 만드는 법과 유사하게 복수형을 만든다.

3.1. 복수형 만드는 방법(일반규칙)

명사에서 복수형 만드는 것처럼 일반적으로 -s를 붙여 만든다. 복수의 -s는 보통 발음하지 않는다.

남성형 단수	남성형 복수	여성형 단수	여성형 복수
petit	→ petit*s* 작은	petite	→ petite*s*
actif	→ actif*s* 행동하는	active	→ active*s*
blanc	→ blanc*s* 흰	blanche	→ blanche*s*

3.2. 규칙적으로 복수형 만드는 방법

일반적 규칙처럼 대부분의 형용사가 -s를 붙여 복수형을 만들지만 그것 외에도 형용사의 복수형이 규칙적으로 만들어지는 것들이 있다.

(1) -s, -x, -z로 끝난 형용사는 복수에서 변하지 않는다.

un bœuf gras → des bœufs gra*s* 기름진 쇠고기

un homme heureux → des hommes heureu*x* 행복한 사람들

(2) -eau로 끝난 것은 -eaux로 된다.

beau → beau*x* 아름다운 nouveau → nouveau*x* 새로운

tourangeau → tourangeau*x* 투르 도시의

(3) -al로 끝난 것은 -aux로 된다.

loyal → loy*aux* 충실한 brutal → brut*aux* 난폭한

amical → amic*aux* 우정어린

주 1. 몇몇 형용사는 −als로 된다.

bancal → bancal*s*(다리가) 구부러진 natal → natal*s* 태어난

fatal → fatal*s* 운명의 naval → naval*s* 해군의

final → final*s* 끝의

주 2. banal은 뜻에 따라 banals(평범한)과 ban*aux*(영주 소유의) 두 가지로 쓰인다.

(4) -eu로 끝난 형용사는 대개 -eus로 된다.

feu → feu*s* 죽은 bleu →bleu*s* 푸른

des contes bleu*s* 동화

les feu*s* rois de Suède et de Danemark 고 스웨덴 및 덴마크 국왕들

㈜ hébreu(히브리어의)는 hébreux가 된다.
des mots *hébreux* 히브리어 낱말들

(5) 다음의 형용사는 복수표시 -s를 하지 않고 그대로 쓴다.

angora 앙고라의	bath 멋진	capot 꼼짝달싹 못하는
chic 멋진	gnangnan 약한	kaki 카키색의
mastoc 우둔한	rococo 로코코의	rosat 장미가 들어 있는
standard 표준의	sterling 스털링	

les gens les plus *chic* 가장 멋진 사람들
des chaussettes *kaki* 카키색 양말
une de ces belles églises *rococo* 로코코 식의 아름다운 성당 가운데 하나

㈜ 위의 형용사 중 angora, kaki, 특히 chic은 복수형 -s을 붙이기도 한다.
tous les artistes *chics* 모든 훌륭한 예술가들
Elle m'écrivait de *chics* lettres. 그녀는 내게 친절한 편지를 보냈다.
Trois ou quatre étaient vêtus d'uniformes *kakis*. 서너 명은 카키색 제복을 입고 있었다.

4. 품질형용사의 일치

품질형용사는 부가형용사, 속사 또는 동격어 등, 그 기능이 무엇이든 간에 그 형용사와 관계되는 명사나 대명사의 성과 수에 일치한다.

4. 1. 형용사 일치의 일반적인 방법

(1) 품질형용사가 단 하나의 명사와 관련될 때는 그 명사의 성과 수에 일치된다.

un *grand* jardin 큰 정원
de *grandes* fleurs 커다란 꽃들
Pierre est *intelligent*. 피에르는 영리하다.
Ses filles sont *intelligentes*. 소녀들은 영리하다.

(2) 두 개 이상의 명사에 관련된 형용사 역시 관계되는 명사의 성과 수에 일치하되 만일 그 명사들의 성이 서로 다를 경우에는 형용사를 남성 복수로 한다.

Pierre et Jean sont *heureux*. 피에르와 쟝은 행복하다.
L'Amérique et l'Asie sont à peu près *égales* en superficie.
아메리카와 아시아는 표면적이 거의 비슷하다.

A l'équinoxe, le jour et la nuit sont *égaux*.
춘(추)분에는 밤낮의 길이가 똑같다.

(3) 한 개의 복수명사에 관련하는 여러 개의 품질형용사는 모두 단수로 한다.

Les deux cérémonies *civile* et *religieuse* s'accomplirent.
비종교적이고 종교적인 두 의식이 거행되었다.

les littératures *espagnole* et *italienne* 스페인 문학과 이탈리아 문학

Aux *septième*, *huitième* et *neuvième* siècles... 7, 8, 9세기에…

㊟ 명사를 단수로 할 경우에는 형용사마다 명사를 반복해야 한다.
le code *civil* et le code *pénal* 민법과 형법

(4) 형용사가 비교접속사 comme, ainsi que 등으로 연결된 명사에 걸릴 때에는, 그 접속사가 비교의 뜻을 가지면 형용사는 처음에 오는 명사의 성과 수에 일치한다.

L'aigle a le bec, ainsi que les serres, *puissant* et *acéré*.
독수리는 발톱만큼 강하고 날카로운 부리를 가지고 있다.

✽ 그러나 그 접속사가 단순히 연결의 뜻으로 쓰였으면 형용사는 두 명사에 동시에 일치해야 한다.
Il avait la main ainsi que l'avant-bras tout *noirs* de poussière.
그는 손과 아래팔이 먼지로 시커멓게 되어 있었다.

(5) 다음의 경우처럼 몇 개의 명사 뒤에 놓인 형용사는 그 마지막 명사의 성과 수에 일치한다.

① 형용사가 비슷한 뜻의 명사들이나 점진적인 의미의 명사들과 관련될 때

un courage, une énergie peu *commune* 흔하지 않은 용기, 기력

② 몇 개의 명사가 접속사 ou로 연결되고 그 뜻이 '또는'일 때

Nous prenions notre partie ou notre conversation *interrompue* de baisers.
우리의 게임이나 대화는 키스로 중단되곤 하였다.

une statue de marbre ou de bronze *doré* 대리석상 혹은 금빛나는 청동상

㊟ ou가 '그리고'의 뜻으로 쓰이면 앞의 명사들의 성·수에 일치하여 항상 복수로 한다.
Le doute eût supprimé par une connaissance ou une ignorance *complètes*.
의혹은 완전한 지식이나 무지로 인해 없어졌을 텐데.

(6) 형용사가 한정보어 뒤에 올 때는, 의미에 따라서, 한정되는 명사 또는 한정하는 명사의 성·수에 일치한다.

un groupe de soldats *blessés* 부상당한 일단의 군인들

un tas de fagots très *haut* 높이 쌓인 나뭇단 더미
des pièces de drap *noir* 검은 천 조각들

(7) 형용사가 des plus, des moins, des mieux 다음에 올 때는 거의 늘 복수로 한다.

L'opération était des plus *délicates* . 수술은 아주 까다로웠다.
L'enterrement fut des plus *simples*. 장례는 아주 간단했다.
N'est-ce pas que cet homme est des moins *ordinaires*?
이 사람이 그 중 제일 비범한 사람이 아닙니까?

(8) 다음 경우에 형용사를 보통 일치시키지 않는다.

① 일상어에서 형용사적으로 사용된 단일명사와 합성명사는 생략 어법으로 보고 일치하지 않는다.

Oh! j'ai des goûts très bourgeois, très *pot-au-feu*.
오! 나는 아주 서민적이고 평범한 취미를 가졌죠.
des airs *bonhomme* 호인의 풍모

㈜ 아직 굳어지지 않은 표현에서는 속사나 부가형용사로 취급하여 일치시킨다.
C'étaient des hommes *géants* sur des chevaux colosses.
그들은 거대한 말 위에 탄 거인들이었다.

② 다음과 같이 많은 형용사는 몇몇 동사 뒤에서 부사적으로 쓰이는데, 그럴 경우 형용사는 변화하지 않는다.

bas bon cher clair court creux doux droit
dru dur faux ferme fort franc gras gros
haut juste lourd mauvais net profond sec ...

acheter *cher* 비싸게 사다
aller *droit* 똑 바로가다
ses cheveux frisottants, coupés *court*. 짧게 깎은 곱슬곱슬한 그의 머리
Nous avons vu *clair*. 우리는 확실히 보았다.
parler *haut*(*bas*) 크게(작게) 말하다
chanter *juste* 옳게 노래 부르다
refuser *net* 단호히 거절하다
sentir *bon*(*mauvais*) 좋은(나쁜) 냄새가 나다

(9) 형용사가 Majesté(폐하), Éminence(예하), Excellence(각하), Altesse(전하) 등과 같은 칭호와 관련되면 그 칭호와 일치시킨다.

Votre Eminence est trop bonne 예하께서는 너무 마음이 좋다.

㊟ 칭호와 동일한 것을 나타내는 명사가 칭호 다음에 오면 형용사는 그 명사와 일치한다.
Sa majesté le roi en serait *heureux*. 국왕 폐하는 그 때문에 행복할 테지요.
Son Éminence le cardinal sera *conduit* solennellement à la cathédrale.
추기경 예하는 엄숙하게 성당으로 안내될 것입니다.

4.2. 색깔을 나타내는 형용사의 일치 방법

색깔을 나타내는 형용사의 일치 방법은 단일형으로 되었을 때와 합성으로 되었을 때에 따라 다르다.

(1) 단일형으로 된 형용사는 수식하는 명사의 성과 수에 따라 일치한다.

des cheveux *noirs* 검은 머리
des étoffes *vertes* 초록색 천
un corsage *vert* 푸른색 블라우스

㊟ 1. 색깔 형용사도 전환하여 사용되는 명사는 주로 변화하지 않는다.
des rideaux *cyclamen* 시클라멘색의 커텐
des satins *prune* 짙은 자주빛의 새틴
une robe et un chapeau *aubergine* 가지색의 원피스와 모자
des souliers *marron* 밤색 구두

☞ 이 중에서도 오래 전부터 형용사화하여 쓰인 명사는 변화한다.
écarlate 진홍색(←추기경의 옷) / fauve 엷은 갈색의(←사슴)
mauve 붉은 보랏빛의(←접시꽃) / pourpre 자주빛의(←추기경의 옷 색)
rose 장밋빛의(←장미) / violet 보랏빛의(←오랑캐꽃)
châtin 밤색의(←밤)
des lueurs *fauves* 엷은 갈색의 미광 / des étoffes *pourpres* 자주색 천
des cheveux *châtins* 밤색 머리칼

(2) 색깔을 나타내는 형용사에 다른 형용사나 명사가 덧붙여 합성된 형용사는 변화하지 않는다.

des yeux *bleu clair* 연한 푸른색 눈
des robes *bleu de ciel* 하늘색 원피스
des tissus *gris souris* 쥐색의 천
une nuance *vert bouteille* 농록색의 색조
une robe *gris perle* 진주 빛 드레스

㊟ 색들이 혼합되어 있을 때는 다음과 같이 표현한다.
une robe *noirs et blanche* 흰색과 검은색이 섞인 드레스

4.3. 합성 형용사의 일치 방법

(1) 두 개의 형용사가 같은 명사를 서로 수식하는 경우는 두 형용사 모두 변화한다.

une fille *sourde-muette* 농아 소녀
des fruits *aigres-doux* 새콤달콤한 과일들
les opinions *sociales-chrétiennes* 사회주의적인 기독교 견해

㈜ 첫 번째 형용사가 -o, -i로 끝나면 그것은 변화하지 않는다.
les rapports *franco-allemands* 프랑스와 독일의 관계
une scène *tragi-comique* 희비극적인 장면

(2) 합성형용사가 불변하는 어휘(부사, 전치사)와 형용사로 구성되어 있으면 물론 형용사만 변화한다.

l'avant-dernière page 끝에서 둘째 쪽
une conséquence *quasi certaine* 거의 확실한 결과

(3) 두 개의 형용사로 된 합성형용사는 그 첫 번째 형용사가 부사적으로 쓰이면 그것은 변화하지 않는다.

une petite fille *nouveau-née* 갓 태어난 계집 아이
des personnes *haut placées* 고관

㈜ 부사적으로 쓰인 형용사가 처음에 오더라도 옛 관습상 명사의 성・수에 따라 일치하는 경우도 있다.
des roses *fraîches* écloses 피어난 신선한 장미
le blessé aux yeux *grands* ouverts 눈을 크게 뜬 부상자
les enfants *premiers*-nés 초생아

4.4. 일부 형용사의 특수한 경우의 일치

(1) avoir l'air

이 숙어 다음에 형용사가 올 경우에는 그 형용사를 'air'와 일치시켜도 되고 시키지 않아도 무방하다. 그러나 현재 경향은 주어와 일치하고 있다.

① air와 일치할 때는 그 의미가 '모습, 표정'을 나타낼 때가 많다.

La reine d'Espagne a l'air *bon et bienveillant.*
스페인 왕비는 선하고 자상한 모습을 하고 있다.
Elle avait l'air très *fâché*. 그녀는 매우 화난 표정이었다.

② 주어와 일치할 때는 avoir l'air 가, 'sembler, paraître ~처럼 보인다'의 뜻이다.

La ville a l'air *illuminé*. 도시는 조명으로 장식한 듯싶다.
La lumière a l'air *noire* et la salle a l'air *morte*.
빛은 검어 보이고, 방은 죽은 듯하다.

Elle n'avait pas l'air trop *fâchée*. 그녀는 그리 화나 보이지 않았다.

(2) bon

bon이 'à quoi bon? 무슨 소용이 있담?' 이란 숙어에 쓰여 'pourquoi?'나 또는 'qu'importe?'뜻으로 쓰이면 변화하지 않는다.

A quoi *bon* des paroles? 말이 무슨 소용이 있을까요?

A quoi *bon* la beauté charmante des ravins?

협곡의 매혹적인 아름다움이 무슨 쓸 데가 있겠습니까?

㈜ bon이 à quoi와 떨어져 쓰이면 일치해야 한다.
A quoi les richesses sont-elles *bonnes*? 부가 무슨 소용이 있겠습니까?

(3) demi, semi, mi, nu

① demi

▸ 수식하는 명사 앞에 오고 연결부호(-)로 연결될 경우 불변.

une *demi*-heure 반시간

les *demi*-litres de vin 반리터짜리 포도주 병들

les *demi*-douzaines de poires 배 반 타스들

▸ 명사 뒤에 오고 et로 연결될 경우 앞 명사의 성에만 일치하고 수에는 일치안함.

deux heures et *demie* 2시 30분 deux douzaines et *demie* 2 타스 반

② demi, semi

형용사 앞에 쓰여 연결부호(-)로 연결된 demi, semi는 부사로 취급되어 변화하지 않는다. 마찬가지로 à demi 는 형용사 앞 또는 뒤에 쓰여 변화하지 않는다.

Ah! je suis *demi*-morte! 아! 나는 반쯤 죽었구나!

la volatile malheureuse *demi*-morte et *demi*-boiteuse

반은 죽고 반은 절뚝거리는 불행한 닭

la terre *semi*-aride 반 불모의 땅

les revues *semi*-mensuelles 한 달에 두 번 발행하는 잡지

La statue était *à demi* voilée. 동상은 반쯤 베일로 가려 있었다.

③ mi

늘 불변한다. 단독으로 쓰이는 법은 없고, 주로 주기나 월을 뜻하는 명사 앞에 연결부호(-)로 연결된다.

▸ 형용사로 쓰이면 관사는 늘 여성관사를 취한다.

le cortège de la *mi*-carême 사순절 제3주째의 목요일의 행렬
Le magasin sera fermé à la *mi*-août. 상점은 8월 중순에 닫힐 것이다.

▸ 형용사나 분사 앞에, 혹은 몇몇 명사 앞에서 부사적으로 쓰이기도 한다.
avoir les yeux *mi*-clos 눈을 반쯤 감고 있다.
de l'étoffe *mi*-soie 생사가 반쯤 섞인 천

▸ à mi- 형태는 명사 앞에 잘 쓰인다.
à *mi*-corps 몸 가운데에 à *mi*-jambes 정강이 중간까지
jusqu'à *mi*-chemin 중도까지

④ nu
명사 앞에 있으면 불변하고, 뒤에 오면 일치한다.
nu-jambe 다리를 드러내고 jambes-*nues* 다리를 드러내고

(4) ci-joint, ci-inclus
'동봉의' '첨부의'의 뜻인 이 형용사는 명사 앞에 오면 변화하지 않고, 뒤에 오면 변화한다.

Vous trouverez, *ci-joint*, deux pièces.
→ Vous trouverez deux pièces *ci-jointes*. 동봉한 두 통을 받아 주십시오.
ci-inclus copie de la réponse.
→ la copie de la réponse ci-incluse 동봉한 답장 사본

(5) y compris, non compris
각각 '포함해서' '~은 제외하고'를 뜻하며, 일반적으로 명사 앞에 오고, 변화하지 않는다.

douze livres *y compris* les grammaires 문법책까지 포함한 12권의 책

(6) sans égal
'비길데 없는'의 뜻으로 보통은 앞의 명사의 성·수에 일치한다.

des chagrins sans *égaux* 비길 데 없는 큰 슬픔
une félicité sans *égale* 견줄 데 없는 큰 행복
un succès sans *égal* 대성공

(7) feu(=défunt)
feu는 관사(소유형용사 포함)와 명사 사이에 올 때만 변화한다.

la *feue* reine 죽은 왕비 la *feue* mère 돌아가신 우리 어머님
les *feus* rois de Suède et Danemark 고 스웨덴과 덴마아크 왕들

cf. *feu* ma sœur 죽은 내 여동생
feu mes oncles 죽은 나의 아저씨들

5. 품질형용사의 위치와 부가 형용사

프랑스어에서 품질 형용사가 속사로 쓰는 경우를 제외하고 부가 형용사 역할을 할 때에는 일반적으로 수식하는 명사 뒤에 오는 것이 원칙이다. 그러나 형용사와 명사가 긴밀히 결합되어 문장 내에서 확고한 하나의 개념으로 쓰일 때와 습관적으로 명사 앞에 쓰이며 내려온 형용사는 명사 앞에 온다. 그래서 명사 앞 또는 뒤에 오는 형용사는 이미 정해져있는 경우가 대부분이지만, 문학상의 산문과 시에서는 특수한 효과를 내기 위하여 그 위치가 자주 변한다.

5.1. 속사로 쓰일 때 형용사의 위치

속사로 사용된 경우 형용사는 동사나 목적보어 뒤에 온다.

La femme est *belle*. 그 여자 예쁘다.

Le ciel est *gris*. 하늘이 회색이다.

Pierre a rendu Marie *heureuse*. 삐에르는 마리를 행복하게 했다.

5.2. 부가 형용사의 위치

문장에서 부가어로 사용되는 형용사, 즉 부가 형용사는 일반적으로 명사 뒤에 오지만 형용사에 따라 명사 앞에 오는 것도 있다.

(1) 명사 앞에 오는 형용사

① 짧고 자주 쓰이는 형용사

beau 아름다운	bon 좋은	grand 큰
gros 두꺼운	haut 높은	jeune 젊은
joli 예쁜	long 긴	mauvais 나쁜
petit 작은	vilain 천한	vieux 늙은

un *beau* paysage 아름다운 경치　cette *bonne* pioche 이 좋은 곡괭이

ce *grand* arbre 그 커다란 나무　un *long* voyage 긴 여행

une *petite* maison 작은 집

㈜ 1. 위의 형용사들은 très, peu와 같은 짧은 음절의 부사로 수식될 때는 편의상 명사 뒤에 오기도 하는데, 만일 긴 음절의 부사로 수식될 경우는 형용사가 반드시 명사 뒤에 온다.
un homme très *grand* 몹시 키가 큰 사람
un garçon vraiment *petit* 아주 작은 소년

㈜ 2. 형용사들 중 일부는 인간, 혹은 인간과 관계되는 사실에 연루될 때 그 일차적인 의미를 잃어버리는 경우가 많다. 이 때 형용사는 명사와 일체가 되어 설명적인 뜻보다는 감정적,

비유적인 뜻이 강하다.
un *grand* homme 위인 / un *pauvre* homme 딱한 사람
les *vieux* amis 옛 친구

✽ 따라서 그 형용사의 일차적인 의미가 비유적인 의미와 혼동되지 않도록 하기 위해서는 형용사를 뒤에 두는 경우가 많다.
un *grand* homme 위인 un homme *grand* 키 큰 사람
une *triste* femme 한심한 여자 une femme *triste* 슬퍼하는 여자

② 성질을 나타내는 부가형용사로 여겨지는 형용사

la *pâle* mort 창백한 죽음

cf. 비품질형용사(한정형용사)는 거의 모두 당연히 명사 앞에 온다.
le *vingtième* siècle 20세기 le *troisième* homme 제3의 남자
le *premier* étage 이층 *ma* soeur 내누이

(2) 명사 뒤에 오는 형용사

① 단음절로 된 명사를 수식하는 여러 음절로 된 형용사

un livre *intéressant* 재미있는 책

un vers *harmonieux* 잘 조화된 시

un cœur *sensible* 민감한 마음

② 물리적 성질, 색깔, 모양 등을 나타내는 형용사

une planche *carée* 네모난 판자

une démarche *lente* 느릿느릿한 발걸음

un toit *rouge* 붉은 지붕

une ligne *courbe* 곡선

un temps *froid* 추운 날씨

③ 종교, 국적, 사회, 정치, 행정, 기술, 역사, 지리 등을 나타내는 형용사

la morale *chrétienne* 기독교 윤리

une circulaire *ministérielle* 행정 회람

le parti *socialiste* 사회당

la désintégration *atomique* 원자 붕괴

le principe *monarchique* 군주정치 원리

la zone *tropicale* 열대 지역

④ 형용사적으로 쓰인 과거분사와 현재분사의 대부분

un homme *estimé* 존경받는 사람

des sables *mouvants* 움직이는 모래

⑤ 보어가 딸린 형용사 역시 명사 뒤에 온다.

une soupe *bonne* pour les chiens 개에게 좋은 수프

un jardin *grand* comme la main 손바닥만한 정원

5.3. 위치에 따라 뜻이 달라지는 형용사

많은 형용사가 위치에 따라 뜻이 달라지는데, 본래의 뜻으로 사용될 때는 명사 뒤에, 비유적인 뜻으로 사용될 경우는 명사 앞에 놓인다.

un *ancien* ami 친구였던 사람	un ami *ancien* 옛 친구
un *bon* homme 호인	un homme *bon* 선량한 사람
un *brave* homme 정직한 사람	un homme *brave* 용감한 사람
un mal *certain* 확실한 악	un *certain* mal 어떤 악
un *cruel* homme 귀찮은 사람	un homme *cruel* 잔인한 사람
la *dernière* année 마지막 해	l'année *dernière* 작년
un *galant* homme 신사	un homme *galant* 바람둥이
un *grand* homme 위대한 사람	un homme *grand* 키 큰 사람
une *grosse* femme 뚱뚱한 여인	une femme *grosse* 임신한 여인
un *honnête* homme 교양있는 사람	un homme *honnête* 정직한 사람
un *maigre* repas 형편없는 식사	un repas *maigre* 기름지지 않은(고기 없는) 식사
de *méchants* vers 서툰 시	des vers *méchants* 신랄한 시
le *mauvais* air 부패한 공기	l'air *mauvais* 간악한 풍모
un *nouvel* homme 새로운 사람	un homme *nouveau* 벼락감투를 쓴 사람
un *pauvre* homme 가엾은 사람	un homme *pauvre* 가난한 사람
un *petit* homme 키가 작은 사람	un homme *petit* 소인
mon *propre* gilet 내 소유의 조끼	mon gilet *propre* 깨끗한 내 조끼
une *sacrée* histoire 망칙한 이야기	une histoire *sacrée* 성스런 이야기
un *simple* soldat 졸병	un soldat *simple* 소박한 병사
une *triste* femme 한심한 여자	une femme *triste* 슬픈 여인
un *unique* fils 남아 있는 유일한 아들	un fils *unique* 독자
un *vieil* ami 옛 친구	un ami *vieux* 늙은 친구
un *vilain* homme 엉큼한 사람	un homme *vilain* 추남

6. 품질형용사의 등급

품질형용사는 그 뜻의 정도에 따라 원급(positif), 비교급(comparatif), 최상급(superlatif)의 세 가지 급으로 나뉜다. 그리고 최상급에서는 동등 최상급은 없고 절대 최상급이 있다. 예를 들어 형용사 grand에 대해 등급을 표시하면 아래와 같다.

	원 급	비 교 급	최 상 급
우 등	grand	plus grand que	le plus grand de
동 등		aussi grand que	—
열 등		moins grand que	le moins grand de

6.1. 원급(Positif)

품질형용사가 비교의 뜻은 없고 그저 성질만 나타낸다.

Cette porte est *étroite*. 그 문은 좁다.

Pierre est *heureux*. 피에르는 행복하다.

6.2. 비교급(Comparatif)

둘 이상의 사람이나 두 개 이상의 사물간의 성질의 우열 또는 동등한 정도를 비교한다. 비교 대상이 되는 명사나 절은 que에 의해 유도되고, que 이하의 절이 주절과 구성이 같을 경우 일반적으로 같은 단어나 어귀는 생략하고 비교의 대상이 되는 요소만 남긴다. 그리고 형용사 앞에 부사 aussi(si), plus, moins를 써서 사용한다.

Ils sont plus heureux que leurs ancêtres. (que leurs ancêtres étaient heureux를 생략한 것임) 그들은 그들의 조상들보다 행복하다.

(1) 세 가지 비교급이 있다.

동등 비교급 (Comparatif d'égalité)	aussi ~ que(긍정문에서), si ~ que(부정문, 의문문에서)
우등 비교급 (Comparatif de supériorité)	plus ~ que
열등 비교급 (Comparatif d'infériorité)	moins ~ que

Hélène est *aussi* savante *que* lui. 엘렌은 그만큼 재치가 있다.

Hélène n'est *pas* si savante *que* lui. 엘렌은 그만큼 재치가 있지 않다.

Pierre est *plus* prudent *que* Paul. 피에르는 폴보다 더 신중하다.

Ils sont *moins* intelligents *qu'*elles. 그들은 그녀들보다 덜 영리하다.

(2) 동등 비교급의 용법

긍정문에서는 aussi ~ que, 부정문 의문문에서는 si ~ que를 사용한다.

① 비교 대상이 서로 다를 경우

Pierre est *aussi* grand *que* Jean. 피에르는 쟝보다 크다.

Pierre n'est pas *si* grand *que* Jean. 피에르는 쟝보다 크지 않다.

② 비교 대상이 주어 자체이거나 자체의 다른 속성일 때

Pierre est *aussi* sage *que* courageux. (qu'il est courageux)

피에르는 용감한 만큼 마음도 다정하다.

③ que 이하가 절일 때

Paul n'est pas *si* sage *qu*'on le dit. 폴은 사람들이 말하는 것만큼 다정하지 않다.

④ 비교 대상이 생략 된 경우

Je ne connais rien de si splendide. 나는 이렇게 빛나는 것은 아무것도 모른다.

㈜ 1. 동등 비교급의 부정은 보통 si ~ que로 많이 쓰이는데 aussi ~ que도 무방하게 쓰인다.
Il n'est pas *si*(*aussi*) studieux *que* son frère. 그는 동생만큼 근면하지 않다.

㈜ 2. si …que(너무...해서)는, tellement ...que(하도...해서), quelque … que(아무리 …해도)의 뜻으로 사용하는 용법도 있으니 비교급의 si …que와 혼동하지 말고 주의해야 한다.
Elle était si triste qu'elle ne pouvait parler.
그녀는 너무 슬퍼서 말을 할 수 없었다. (그녀는 말을 할 수 없을 정도 매우 슬펐다.)

(3) 우등 비교급 용법

plus ...que를 사용해 우등 비교급을 표현한다.

① 비교 대상이 서로 다를 때

Pierre est *plus* grand *que* jean. 피에르는 쟝보다 더 크다.

㈜ 1. 형용사적으로 쓰인 명사를 비교할 때도 비교급을 사용한다.
Il se montra fort religieux, plus *prêtre* que guerrier.
그는 몹시 신앙심이 깊어서 전사라기보다는 성직자였다.

㈜ 2. 우등비교의 부정은 두 가지 의미를 가지고 있다. 열등의 의미와 동등의 의미가 있다.
Paul n'est pas *plus* grand *que* Pierre.
폴은 피에르보다 더 키가 큰 것은 아니다(작으면 작았지 크지 않다 : 열등의 의미) 폴은 피에르보다는 키가 더 크지 않다. (같을 수도 있음 : 동등의 의미)

㈜ 3. 우등 비교의 부정일 때, 특히 ne…jamais, ne…aucun, ne…nul로 부정할 때 의미가 비교 최상급의 뜻을 지니기도 한다.
Elle n'avait jamais paru plus jolie. 그녀가 더 예쁘게 보인적은 결코 없었다.

② 비교 대상이 주어 자체이거나 자체의 다른 속성일 때

Paul est *plus* sage *que* courageux. (qu'il est courageux)

폴은 용감한 것보다 더 마음도 다정하다.

③ que 이하가 절일 때

Paul est *plus* sage *qu'*on le dit. 폴은 사람들이 말하는 것만큼 더 다정하다.

④ 비교 대상이 생략 된 경우

Nous désirons un *plus* grand artiste. 우리는 좀 더 위대한 예술가를 원한다.

⑤ 특수한 우등 비교급 형태

몇몇 형용사의 우등 비교급은 'plus + 형용사'형을 취하지 않고 특수한 형태를 갖는다.

bon — meilleur 더 좋은
mauvais — pire, plus mauvais 더 나쁜
petit — moindre, plus petit 더 작은

Ce vin-ci est *meilleur que celui-là*. 이 포도주는 저것보다 맛이 더 좋다.

Les femmes sont *meilleures* ou *pires* que les hommes.
여자들은 남자들보다 더 마음이 좋거나 나쁘다.

Ses souffrances sont *moindres* que les vôtres.
그의 고통은 당신의 고통보다는 덜하다.

㊟ moindre, pire는 문어체에 주로 사용하는데 특히 추상적인 것을 나타낼 때에 쓰이고, plus petit, plus mauvais는 주로 구체적인 것을 비교할 때 쓰인다.
Son mal n'est pas ***moindre*** que le vôtre. 그의 아픔은 당신의 아픔보다 더 크다.
Cette chambre est ***plus petite*** que celle-là. 이 방은 저 방보다 더 작다.
Le remède est ***pire*** que le mal. 약이 병보다 더 고약하다.

✽ 구어에서는 보통 pire보다 역시 plus mauvais를 사용하는데, 특히 mauvais의 뜻이 fâcheux (화난), importun(귀찮은), impropre(어울리지 않는)일 때는 plus mauvais를 더 쓴다.
Sa vue est ***plus mauvaise*** que jamais. 그의 시력은 어느 때보다 더 나쁘다.

✽ bon은 plus ou moins(다소)과 함께 쓰일 때는 meilleur를 사용하지 않는다.
Ces feuilletons sont plus ou moins ***bons***. 이 신문소설은 다소 좋다.

(4) 열등 비교급 용법

moins··· que로 나타낸다.

① 비교 대상이 서로 다를 경우

Pierre est *moins* courageux *que* Jean. 피에르는 쟝보다 덜 용감하다.

㊟ moins··· que의 부정은 의미에 있어서 긍정이 된다.
Le fer n'est pas ***moins*** précieux ***que*** l'or. 철은 금만큼 귀중하다.

② 비교 대상이 주어 자체이거나 자체의 다른 속성일 때

Jean est *moins* sage *que* courageux. (qu'il est courageux)
쟝은 용감한 만큼 덜 다정하다.

③ que 이하가 절일 때

Anne est *moins* belle *que* quand elle était partie.

안느는 떠났을 때 보다 덜 예쁘다.

④ 비교 대상이 생략 된 경우

J'ai quelque chose de *moins* cher. 더 싼 것도 있습니다.

(5) 비교급 강조 : 우등 또는 열등 비교급의 강조부사

bien(잘), beaucoup(퍽), de beaucoup(훨씬), un peu(조금), autrement(몹시), infiniment(대단히),(de) la moitié(반쯤), de moitié(반쯤), trois fois(세 배) 등을 plus나 moins 앞에 놓아 그 의미를 강조한다.

L'honneur est *bien* plus précieux que l'argent. 명예가 돈보다 더 귀중하다.

Cet homme est devenu *beaucoup* pire qu'il était.

이 사람은 전보다 훨씬 더 나쁘게 되었다.

Quant à lui, il est *infiniment* plus savant.

그로 말할 것 같으면, 그는 무한히 박식하다.

Le soleil est *mille fois* plus grand que la terre.

태양은 지구보다 천 배나 더 크다.

(6) 기타 비교급의 용법

① 라틴어 비교급에서 파생된 아래의 어휘들은 어의적인 면에서 비교급에 속하는데, 이 때 plus, moins은 쓰지 않으며, 비교 상대도 que 대신 전치사 à를 취한다.

antérieur ~전의	supérieur 상급의	postérieur ~후의
inférieur 하급의	intérieur 안의	extérieur 밖의

Ce contrat est *antérieur à* l'autre. 이 계약이 다른 것보다 먼저다.

㈜ 오늘날은 plus, moins 등을 사용해 쓰기도 한다.
Cette robe est plus inférieur. 이 옷은 좀 더 하급이다.

② 두 대상간의 격차의 정도를 나타내고자 할 때는 'de+수량'을 쓴다.

Je suis plus âgé que lui *de* trois ans. 나는 그보다 세 살이 더 많다.

(7) 비교급이 없는 형용사

아래 형용사들은 비교급이 없다. 이미 형용사 자체가 비교의 뜻이나 최상급의 뜻을 갖고 있는 형용사들로 대부분 라틴어의 최상급에서 유래한 것이다.

aîné 나이를 더 먹은	absolu 절대적인	cadet 손아래의
carré 정사각형의	circulaire 원을 그리는	citérieur 이쪽의
dernier 최후의	double 두 배의	excessif 극단의
externe 외부의	extrême 극도의	infime 아주 작은
interne 내부의	intime 내적인	minime 최소의
mineur 보다 작은	majeur 더 많은	premier 제일의
principal 주된	sublime 최고의	superbe 훌륭한
ultime 최후의	unique 유일한	ultérieur 보다 후의

㈜ 오늘날 이 형용사들 앞에도 plus, aussi, moins, très 등을 넣어 사용하는 경우가 많이 있다.
Je crois qu'ils n'auraient pas pris une résolution *aussi extrême*.
그들이 그만큼 극단적인 결정을 하지 않았으리라고 생각된다.

6.3. 최상급(Superlatif)

최상급에는 절대 최상급과 상대 최상급이 있으며 다시 상대 최상급은 우등 최상급과 열등 최상급으로 분류한다.

(1) 상대 최상급

상대 최상급에는 두 가지 종류가 있다.

우등 최상급(superlatif de supériorité) : le(la, les) plus~
열등 최상급(superlatif d'infériorité) : le(la, les) moins~

① 상대 최상급은 비교급에다가 정관사를 선행시키며, que를 사용하지 않고 비교 대상에 de를 놓아 사용한다. 또한 정관사는 형용사의 성·수에 일치시켜야 한다.

Elle est *la plus belle* élève de la classe. 그녀는 반에서 제일 예쁘다.

Néanmoins nous sommes *les moins pervers* de notre société.

그렇지만 우리들이 우리 사회에서 가장 덜 타락한 것이다.

㈜ 1. 최상급은 부사 tout(몹시, 매우), de beaucoup(훨씬), de(bien) loin(월등하게), du monde(지극히) 등에 의해 강조된다.
C'est le plus méchant du monde. 그는 지극히 악독한 자다.
le fabuliste de beaucoup le plus célèbre 가장 훨씬 유명한 우화작가

㈜ 2. 다음과 같은 경우에는 plus, mieux, moins 앞에 오는 정관사 le를 형용사의 성·수에 일치시키지 않고 그대로 쓴다. 이때 le는 중성적이다.
* 다른 것과 비교하지 않고 주어 자체의 속성의 정도를 비교할 때

Cette rivière n'a pas débordé, quand elle a été *le* plus haute.
이 강은 수위가 가장 높을 때, 범람하지 않았다.

* plus, mieux, moins 등을 단독으로 사용하거나 다른 부사를 동반할 때
La rose sent *le* plus délicatement de toutes les fleurs.
장미가 모든 꽃들 중에서 우아하게 가장 향기가 좋다.

㈜ 3. 형용사의 최상급은 반드시 정관사 또는 소유형용사만을 취하는 것은 아니다.
C'est *tout ce qu'il y a de plus* beau. 그것은 정말 가장 아름다운 것이다.
Elle est *on ne peut plus* belle. 그녀는 말할 수 없이 아름답다.

② meilleur, pire, moindre도 정관사를 앞에 놓아 최상급을 만든다.

Lequel de vos amis est *le meilleur*? 당신 친구들 중 누가 제일 훌륭합니까?

㈜ 정관사 대신 소유 형용사나 전치사 de가 올 수도 있다.
Mon chien est *mon meilleur* ami. 나의 개는 나의 가장 좋은 친구이다.
Ce qu'il y a *de meilleur*. 최상의 것

③ 명사 앞에 와야 할 형용사라도 상대 최상급에서는 명사 뒤에 놓을 수가 있다.

Cléopatre est *la plus belle* femme du monde.
(=Cléopatre est la femme *la plus* belle du monde.)
클레오파트라는 세상에서 가장 아름다운 여인이다.

(2) 절대 최상급

비교의 대상 없이 그 자체만 가지고 성질의 정도를 나타내는 최상급이다. 주관적인 의미가 강하다.

① 부사

très(매우), fort(대단히), bien(잘), extrêmement(극단적으로), excessivement(과도하게), terriblement(굉장히), infiniment(몹시), divinement(기가 막히게) 등을 형용사 앞에 놓거나, possible(가능한), au possible(무척), qu'il est possible(가능한 것 중에서 ~한) 등을 형용사 뒤에 놓아 나타낸다.

Il est *très* sage, *fort* aimable. 그는 몹시 점잖고 상냥하다.
J'ai été *extrêmement* surpris. 나는 굉장히 놀랐다.
C'est la meilleure place pour admirer *qu'il est possible*.
그곳이 감상하기에는 그 중에 가장 좋은 자리이다.

② archi-(초), extra-(극상의), super-(최고의), sur-(과), ultra-(극단의) 등의 접두사를 형용사 앞에 붙여 나타낸다.

archicomble 초만원의　　extraordinaire 극도의
superfin 최상의　　superexcellent 극상의

surchargé 너무 많이 실은 ultra-libéral 급진 자유주의의

③ 접미사 -issime을 어미에 붙여 존경, 과장 등을 나타낸다(이탈리아어에서 유래한 것임).

excellentissime 지극히 뛰어난 illustrissime 지극히 이름 높은
grandissime 어마어마하게 큰 richissime 지극히 부유한

Ⅲ. 수 형용사(Adjectif numéral)

기수형용사(adjectif numéral cardinal)와 서수형용사(adjectif numéral ordinal)로 나누어진다.

1. 기수형용사(Adjectif numéral cardinal)

기수형용사는 보통 말하는 "수"로 명사 앞에 놓는다.

1	un, une	2	deux
3	trois	4	quatre
5	cinq	6	six
7	sept	8	huit
9	neuf	10	dix
11	onze	12	douze
13	treize	14	quatorze
15	quinze	16	seize
17	dix-sept	18	dix-huit
19	dix-neuf	20	vingt
21	vingt et un	22	vingt-deux
29	vingt-neuf	30	trente
31	trente et un	32	trente-deux
39	trente-neuf	40	quarante
41	quarante et un	42	quarante-deux
49	quarante-neuf	50	cinquante
51	cinquante et un	52	cinquante-deux
59	cinquante-neuf	60	soixante
61	soixante et un	62	soixante-deux
69	soixante-neuf	70	soixante-dix
71	soixante et onze	72	soixante-douze
79	soixante-dix-neuf	80	quatre-vingts
81	quatre-vingt-un	82	quatre-vingt-deux
89	quatre-vingt-neuf	90	quatre-vingt-dix

91	quatre-vingt-onze	92	quatre-vingt-douze
99	quatre-vingt-dix-neuf	100	cent
101	cent un	102	cent deux
110	cent dix	200	deux cents
201	deux cent un	1000	mille
1001	mille un	2000	deux mille
10000	dix mille	100000	cent mille

1.1. 기수형용사의 용법(형태와 일치)

(1) 1은 남성 및 여성이 있으며, 그 형태가 부정관사와 같다 따라서 21, 31 등과 같은 것들도 따라오는 명사에 따라 남성 및 여성으로 표현해야 한다.
les Mille et *Une* Nuits 천일야화 trente et *un* euros 31유로

㈜ 명사 뒤에 와서 서수형용사가 되면 불변한다.
page un 1쪽 / strophe trente et un 31장

(2) 17, 18, 19는 로마식의 십진법을, 70, 80, 90 등은 10을 단위로 하는 십진법과 20을 단위로 하는 켈트족의 셈 방식을 그대로 받아 들여 17 = 10+7, 18 = 10 + 8, 19 = 10 + 9, 70 = 60 + 10, 80 = 4 × 20, 90 = 4 × 20 + 10 등과 같은 방식으로 표현한다.

(3) 고대 프랑스어에서는 septante(70), octante(80), nonante(90)와 같은 형태가 사용되었으나, 지금은 남부프랑스, 스위스, 벨기에 등의 일부 지방에만 남아 있을 뿐이다.

(4) cinq(5), six(6), huit(8), dix(10)의 어미 자음은 단독으로 읽을 때는 발음되고, 모음이나 무성 h로 시작하는 단어 앞에서는 연음을 해 주며, 자음이나 유성 h로 시작하는 단어 앞에서는 발음되지 않는다.

cin*q* livres [sɛ̃livʀ] cinq enfants [sɛ̃kɑfɑ̃]
si*x* chevaux [siʃəvo] six oiseaux [sizwazo]
hui*t* garçons [ɥigaʀsɔ] huit hommes [ɥitɔːm]
di*x* filles [difij] dix ânes [dizɑn]

㈜ cinq는 자음이나 유성 h 앞에서 어미 자음이 발음되기도 하고 안 되기도 한다.
cinq garçons [sɛ̃gaʀsɔ̃] 혹은 [sɛ̃kgaʀsɔ̃]

(5) vingt-deux에서 vingt-neuf까지는 vingt를 [vɛ̃t]로 발음한다.

(6) vingt과 cent의 앞에 계수가 와서 배수가 될 때는 -s를 취하지만 그 뒤에 또 다른 수가 오면 -s는 생략한다.

quatre-vingt*s*(80) quatre-vingt-onze(91)
deux cent*s*(200) deux cent un(201)
J'ai quatre-*vingts* euros. 나는 80유로가 있다.

cf. Depuis *cents* et *cents* années 수백 년 이래로

㈜ 1. 명사 뒤에 놓여 서수형용사가 되면 s를 안 붙인다.
page quatre-*vingt* 80쪽
l'an dix neuf *cent* 서기 1900년

㈜ 2. quelque와 des도 계수 취급한다.
Je fis quelque *cents* métres. 나는 몇 백 미터 걸었다.

㈜ 3. 정관사는 한정사로써 계수로 취급하지 않으므로 -s를 취하지 않는다.
les *vingt* livres de rente 연금 20 파운드

(7) 100 이하의 단위에서는 21, 31, 41, 51, 61, 71에만 et를 사용하고, 그 외는 연결부호(-)를 사용하며, 100이상 단위에서는 연결부호를 사용하지 않는다.

(8) 수형용사로서의 mille는 항상 불변한다.

deux *mille* euros 2천 유로

Quatre cent soixante *mille* hommes furent tués.
사십육만 명의 사람이 죽었다.

des dizaines de *mille* 약 만 이천

㈜ 1. 서력 기원을 표시할 때는 mille 대신 보통 mil을 사용한다.
l'an *mil* neuf cent quatre-vingt-quatre 서기 1984년

☞ 천 단위 뒤에 아무런 수도 오지 않으면 mille를 그냥 쓴다.
quand l'an deux *mille* viendra 서기 2000년이 올 때는

㈜ 2. mille이 명사로 쓰여 "마일"을 나타낼 때는 -s를 붙인다.
Ce navire parcourt tant de *milles* à l'heure.
이 선박은 한 시간에 수 마일을 달린다.
A deux mille *milles* de tout secours.
온갖 도움을 받을 수 있는 곳으로부터 2천 마일이나 떨어진 곳에.

㈜ 3. mille un(cent un도 포함)은 'mille et une nuits ; 천일 야화'같은 제명 이외에는 et를 사용하지 않는다.

☞ 그러나 다수를 뜻할 때는 특수한 표현으로 et를 사용하는 수가 있다.
A ces deux exemples, je pourrais ajouter cent et une autres preuves.
이 두 개 외에 백가지 다른 증거를 첨부할 수 있다.

(9) cent과 mille은 100과 1,000을 나타낼 때 결코 un이 그 앞에 붙지 않는다.
cent(100) mille(1000)

(10) 백 만(million), 10억(milliard), 조(trillon) 등은 명사이다. 따라서 뒤에

명사가 오면 de를 사용해야 하고 다른 수 형용사와 함께 쓸 경우는 et를 사용해야한다. 그리고 앞에 un외의 다른 계수가 올 경우 명사로써 복수형을 사용해야 한다.

un million d'habitants 인구 백만

un million et deux cent mille 120만

cinq millions 500만

1.2. 기수형용사의 위치

(1) 기수형용사는 보통 명사 앞에 놓는다.

trois hommes 세 사람

기수형용사 앞에는 보통 관사를 붙이지 않으나, 특별히 한정하고자 할 때는 정관사나 지시형용사 등을 붙인다.

ces dix livres 그 열 권의 책

Quels sont *les* sept jours de la semaine? 일주일의 그 7일이란 무엇들이냐?

(2) 다음과 같은 경우에는 명사 뒤에 온다.

① 군주나 로마 교황의 칭호를 나타낼 때

Louis *quatorze* 루이 14세　　Jean Paul *deux* 요한 바오로 2세

② 서적 등의 구분이나 연극의 장면 등을 나타낼 때

Livre *cinq* 서적 제 5권　　Chapitre *sept* 제 7장

Acte *quatre* 제 4막　　Scène *huit* 제 8장

③ 연대를 표시할 때

l'an *mille* 서기 1000년

④ 명사와 수형용사가 동격으로 사용될 때

le chiffre *huit* 8이라는 숫자

2. 서수형용사(Adjectif numéral ordinal)

사람이나 사물의 차례를 나타내는 형용사로서 premier, second만 제외하고는 기수형용사의 어미에 -ième를 가하면 그대로 서수형용사가 된다.

$1^{er}(1^{ère})$	premier(ère)	2^e	deuxième, second(e)
3^e	troisième	4^e	quartrième
5^e	cinquième	6^e	sixième
7^e	septième	8^e	huitème
9^e	neuvième	10^e	dixième
11^e	onzième	12^e	douzième
13^e	treizième	14^e	quatorzième
15^e	quinzième	16^e	seizième
17^e	dix-septième	18^e	dix-huitième
19^e	dix-neuvième	20^e	vingtème
21^e	vingt et unième	22^e	vingt-deuxième
30^e	trentième	40^e	quarantième
50^e	cinquantième	60^e	soixantième
70^e	soixante-dixième	80^e	quatre-vingtième
90^e	quatre-vingt-dixième	100^e	centième
101^e	cent unième	1000^e	millième
1001^e	mille unième		

2.1. 서수형용사의 용법(형태와 일치)

(1) 서수형용사는 보통 정관사를 동반하여 명사 앞에 쓰이며 그 명사의 성과 수에 일치한다.

les premières places 첫 번째 좌석들 *le vingtième* siècle 20세기

㈜ 1. 단독으로 사용할 때는 정관사를 생략하기도 한다.
Tu es premier. 네가 첫째다.

㈜ 2. 전치사 en이 올 때도 정관사를 생략한다.
J'ai voyagé en troisième classe. 나는 3등으로 여행했다.

(2) unième은 21, 31 등과 같이 합성된 수 형용사에만 쓰인다.

cinquante et *unième* 51번째 cent *unième* 101번째

(3) premier 만은 특별히 dernier의 반대 개념으로 복수형으로 사용된다. 다른 서수형용사에는 이런 것은 없다.

Ils sont les premiers à partir. 그들이 제일 선두로 출발한다.

(4) 1er은 premier, première, 2^e은 second, seconde처럼 남·여성의 형태가 다르지만, 21, 31, 41 … 22, 32, 42 등에서는 unième, deuxième가 동시에 남·여성을 나타낸다.

21e vingt et unième 32e trente-deuxième

(5) 몇 개의 서수형용사가 et 또는 ou로 나열되어 있을 때는 맨 끝의 수형용사

만 서수로 놓는다.

à la cinq ou *sixième* entrevue 다섯 혹은 여섯 번째의 회담에서

pour les quinze, seize, dix-sept et *dix-huitième* impostures

열다섯, 열여섯, 열일곱 그리고 열여덟 번째 속임수를 위해

(6) 서수형용사 역시 명사로도 사용된다.

être *le second* à Rome 로마에서 2인자이다.

(7) 서수형용사는 부사적으로도 사용된다.

Il l'a trouvé, le premier. 그가 최초로 그것을 발견했다.

2.2. 서수형용사의 위치

(1) 일반적으로 명사 앞에 온다.

le *premier* avril 4월 1일 le *troisième* femme 세 번째 여자

(2) 서적, 권, 장, (시의)편을 이야기할 때는 명사 뒤에 오기도 한다.

le tome *second*(=le second tome) 제 2권

le chapitre *troisième*(=le *troisième* chapitre) 제 3장

3. 기수형용사가 서수형용사를 대신하는 경우

(1) 군주의 칭호(단, 1세는 서수 premier를 사용한다.)

Louis XVI(*seize*) 루이 16세 Napoléon III(*trois*) 나폴레옹 3세

cf. Henri I(*premier*) 앙리 1세 Napoléon I 나폴레옹(*premier*) 1세

(2) 날짜나 시간 및 연대에서, 그러나 매월 1일은 서수 premier를 사용한다.

le 15 août(le *quinze* août) 8월 15일

à *neuf* heures du soir 저녁 9시에

l'an mil *neuf cent quarante-cinq*(*dix neuf cent quarante-cinq*) 1945년

cf. le 1er(*premier*) janvier 정월 초하루

(3) 서적의 권, 장, 연극의 막, 장면, 가곡, 번호 등에 숫자를 쓸 때 1은 기수와 서수를 동시에 사용할 수 있다.

le *premier* acte(=l'acte *un*) 제 1막

la leçon *deux*(=la deuxième leçon) 제 2과

page 59(*cinquante-neuf*) 59쪽

chapitre 2(*deux*) 제 2장

scène III(*trois*) 장면 3

n° 1(numéro *un*) 1번

㊟ 1. 기수가 명사 뒤에 놓여서 수형용사가 될 때는 배수에 −s를 붙이지 않는다.
page *quatre-vingt* 80쪽　　　l'an *deux cent* 서기 2000년

㊟ 2. un은 명사 뒤에 놓이면 여성형(une)으로 쓰이지 않는다.
leçon *un* 제 1과　　　scène *un* 제 1장면

❖ Remarque : un과 premier

'첫째'라는 의미를 나타낼 때는 premier를 쓰는 수가 많으며, un을 써야 하는 경우와 양쪽 다 쓰는 경우가 있다.

(가) 제왕 표시와 날짜에는 반드시 premier를 사용한다.

le premier avril 4월 1일　　　Napoléon premier 나폴레옹 1세

(나) 시간 연대 번호 등에는 반드시 un, une을 쓴다.

numéro un 제1번　　　à une heure 한시에

l'an un de la Républic 공화력 제1년

(다) 그 외는 일정하지 않고 양쪽 다 사용한다.

Leçon un 또는 premier leçon 제1과

acte un 또는 acte premier 제1장

4. 수명사(Nom de nombre)

수를 나타내는 어휘 중 다음과 같은 것들은 특히 수명사라 한다.

4.1. 명사로서 사용된 수형용사

(1) 다음 경우는 수형용사가 명사로 사용됐다.

Deux et *deux* font *quatre*. (2 + 2 = 4)

Quatorze moins *cinq* font *neuf*. (14 − 5 = 9)

Cinq multipliés par *sept* font *trente-cinq*. (5 × 7 = 35)

Quatre divisés par *deux* font *deux*. (4 ÷ 2 = 2)

un *dixiéme* de la Loterie nationale 복권 10위

(2) million(100만), millard(10억), trillion(조) 등은 형용사가 아니고 명사라서, cent, mille과는 달리 그 앞에 관사 un이 붙으며 배수가 올 때는 그 명사가

복수가 되어야 함으로 어미에 -s가 붙는다.

un million 백 만 cent millions 1억

❀ 위의 숫자가 명사와 쓰일 경우는 "de+명사"가 뒤에 오며, 다른 수형용사가 올 경우에는 et로 사용한다.
neuf millions *et* quatre cent mille *d'*habitants 940만 주민

4.2. 배수(Multiplicatif, Nombre multiple)

1배 le simple	5배 le quintuple	9배 le nonuple
2배 le double	6배 le sextuple	10배 le décuple
3배 le triple	7배 le septuple	100배 le centuple
4배 le quadruple	8배 l'octuple	

le double de la somme 2배의 금액

㊟ 1. 형용사로 쓰이기도 한다.
une feuille *simple* 단 한 장 un *triple* saut 3배의 점프

㊟ 2. 일상어에서는 deux fois(2배), trois fois(3배), cent fois(100배) 등의 표현을 주로 사용한다.

4.3. 분수(Fraction)

분모가 2에서 4까지는 특수형을, 특수형을 제외하고 분자는 기수형용사를 쓰며, 분모 5 이상은 남성형 서수형용사를 쓴다. 그리고 분자가 2 이상일 때 분모에는 s가 붙는다.

(1) $\frac{1}{2}$: la moitié(혹은 une moitié, un demi)

$\frac{1}{3}$: le tiers $\frac{1}{4}$: le quart

(2) 분모가 5 이상인 경우는 서수형용사를 명사적 용법으로 사용하며, 분자가 2 이상일 때는 분모에 -s를 붙인다.

$\frac{1}{5}$: un cinquième $\frac{3}{100}$: trois centièmes

$\frac{1}{300}$: un trois centième $\frac{4}{1000}$: quatre dix millièmes

(3) 분모, 분자가 모두 큰 수이면 둘 다 기수형용사를 사용한다.

$\frac{21}{56}$: vingt et un divisés par(혹은 sur) cinquante-six

$\frac{100}{25}$: cent divisés par vingt-cinq

(4) 수학 용어에서 "절반($\frac{1}{2}$)"의 어휘 demi는 수식되어 있지 않았을 경우에만 쓰고, 수식되었을 경우는 la moitié를 쓴다.

$4+\frac{1}{2}$: quatre plus *un demi*

10 €.+$\frac{30}{2}$€. : dix euros plus *la moitié* de trente euros

la moitié du revenu 수입의 절반

㈜ 수명사 demi는 명사로도 사용되고 형용사로도 사용된다. 따라서 여성 명사와 같이 쓰일 때는 여성 명사로 써야 한다.
une heure et demie 한시간 반

4.4. 어림수

(1) 기수형용사 뒤에 어미 -aine 등을 붙여 만들고, 여성명사가 된다. 따라서 대부분 une가 앞에 오고 종속되는 명사는 de로 인도되며 관사를 생략한다.

une huitaine 약 8개	une quinzaine 약 15개
une dizaine 약 10개	une vingtaine 20여 개
une douzaine 약 12개	une trentaine 30여 개
une quarantaine 40여 개	une cinquantaine 50여 개
une soixantaine 60여 개	une centaine 100여 개

Donnez-moi *une douzaine* d'œufs. 달걀 12개가량 주세요.

㈜ 1000여 개는 남성 명사 un millier를 사용한다.
des *milliers* de soldats 수 천의 병사
un *millier* de femmes 약 천명의 여자

(2) 시작법에서는 -ain을 붙여 '절'을 의미한다.

Un sonnet comprend deux *quatrains* et deux tercets.
소네트는 2개의 4행절과 2개의 3행절로 되어 있다.

Un *sizain* est une strophe de six vers.
6행절은 6개의 행으로 된 절이다.

4.5. 소수(Fraction décimale)

다음과 같이 읽는다.

1,2 : un virgule deux 혹은 un entier deux dixième

34,56 : trente-quatre virgule cinq six 혹은 trente-quatre entiers cinquante-six centièmes

0,1234 : zéro virgule un deux trois quatre

㈜ 숫자 외 소수는 명사를 소수점 이하 수 앞에 놓고 읽는다.
1,25 euros : un euro vingt-cinq
3,5 mètres : trois mètres et demi

cf. 프랑스에서 소수점은 (,)로 찍는다.

4.6. 승수(Puissance)

2승 : le carré 혹은 la deuxième puissance
3승 : le cube 혹은 la troisième puissance
4승 : la quatrième puissance
5승 : la cinquième puissance
5^2 : le carré de cinq 혹은 cinq au carré, 또는 cinq à la deuxième puissance
5^3 : le cube de cinq 혹은 cinq au cube, 또는 cinq à la troisième puissance

4.7. 근(Racine)

4승근 이하는 서수형용사를 이용해 읽는다.
2승근($\sqrt{\ }$) : la racine carrée
3승근($\sqrt[3]{\ }$) : la racine cubique
4승근($\sqrt[4]{\ }$) : la racine quatrième
5승근($\sqrt[5]{\ }$) : la racine cinquième
$\sqrt{9}$: la racine carré de neuf
$\sqrt[3]{27}$: la racine cubique de vingt-sept
$\sqrt[4]{81}$: la racine quatrième de quatre-vingt-un
$n\sqrt{\frac{A}{B}}$: la racine n[ième] de A sur B(A sur B 앞에서 끊어 읽는다.)
$\frac{n\sqrt{A}}{B}$: la racine n[ième] de A sur B(sur B 앞에서 일단 끊어 읽는다.)

Ⅳ. 소유형용사(Adjectif possessif)

어떤 물건이나 사람의 소유를 가리키는 한정형용사이다.

1. 형 태

(1) 소유형용사는 소유되는 사물 및 사람의 성·수와 소유자의 인칭 및 수에 따라 결정된다.

mon père et *ta* mère. 나의 아버님과 너의 어머님

notre professeur et *nos* parents. 우리 선생님과 우리 부모님들

소유자 \ 피소유물		단수		복수	뜻
		남성	여성	남·여성	
단수	1인칭 2인칭 3인칭	mon ton son	ma ta sa	mes tes ses	나의 너의 그(녀)의, 그것의
복수	1인칭 2인칭 3인칭	notre votre leur	notre votre leur	nos vos leurs	우리들의 너희의, 당신(들)의 그(녀)들의, 그것들의

㈜ 프랑스어에서 소유형용사는 소유자의 성이 나타나 있지 않으므로 모호한 점이 있음으로 유의해야 한다.
Elle m'a même dit qu'elle aurait été heureuse de le revoir avant *sa* mort.
그녀는 죽기 전에 그를 보면 자신이 행복했을 거라고 내게 말할 정도였다.(여기서 sa mort는 "그녀의 죽음"인지 "그의 죽음"인지 애매하다. 이럴 때는 문장 전후의 내용을 보고 결정해야 한다).

(2) ma, ta, sa는 모음이나 무음의 h로 시작하는 단어 앞에서는 mon, ton, son으로 된다.[10]

mon oncle 나의 삼촌　　　*mon* horloge 나의 괘종시계

㈜ 1. huitaine(약 8개), huitième(여덟 번째), onzième(열한 번째), yole(보우트), ululation(올빼미 따위의 울음소리)과 같은 단어 앞에서는 ma, ta, sa를 그대로 사용한다.
ma huitaine d'œufs 약 8개의 내 달걀
ta huitième victoire 너의 여덟 번째 승리
Sa yole fut submergée. 그의 보우트는 침몰되었다.

㈜ 2. 소유자의 성을 명확히 하기 위해, 혹은 강조하기 위해 'a+강세형'을 쓴다.
Elle est joyeuse comme si c'était *son* anniversaire *à elle*.
그녀는 자기 생일인양 즐거워한다.
Ça, c'est *mon* affaire *à moi*. 이건 내 일이다.

(3) 소유형용사의 반복에 관해서는 관사의 반복에 관한 용법에 준해서 쓴다.

Revenu chez soi, il reprend *ses* mœurs, *sa* taille et *son* visage.

고향에 다시 돌아온 그는 그의 습관, 지위, 모습을 다시 찾는다.

La mémoire de *nos* père et mère disparus. 돌아가신 우리 부모님에 대한 추억.

(4) 소유형용사의 강조

소유형용사를 강조하기 위해서는 강조어 propre(자신의)나 강세형 même

10) 13세기말 전까지는 모음으로 시작하는 단어 앞에서는 ma, ta, sa의 어미-a를 생략하여 m', t', s'의 형태로 사용하였다. m'amie(=mon amie) 나의 친구, m'amour(=mon amour) 나의 사랑, 요즈음도 이런 표현의 잔재가 구어에 남아 있는 것을 볼 수 있다. ▶Il est allé se promener avec s'amie.(=son amie) 그는 여자 친구와 산책하러 나갔다.

(~자신)을 덧붙여 사용한다.

Cet architecte a bâti lui-*même* sa maison. 그 건축가는 자신이 자기 집을 지었다.

Il a bâti sa *propre* maison. 그는 자신의 집을 지었다.

Ils l'ont combattu avec leurs *prores* arguments.

그들은 그들의 고유한 논리를 가지고 그를 꺾었다.

2. 용 법

2.1. 일반적 의미

(1) 소속 관계를 나타낸다.

Mes cahiers et *mon* crayon sont sur *mon* bureau. (사물)

내 공책과 연필은 내 책상 위에 있다.

mon père, *vos* professeurs, *ses* employés(인적 관계)

나의 아버님, 너희 선생님들, 그의 고용인들

ta colère, *nos* pensées, *leurs* soucis(감정, 사상)

너의 분노, 우리들의 생각, 그들의 걱정

(2) 습관 및 관심사 등을 나타낸다.

Aujourd'hui elle a *sa* migraine. 오늘 그녀는 두통이 난다.

As-tu bu *ton* café? 커피를 마셨니?

Elle mange de *son* chocolat. 그녀는 초코렛을 먹는다.

Mon fils fait *son* droit. 나의 아들은 법학 공부를 한다.

2.2. 감정적 의미

주로 사람을 나타내는 명사 앞에서 호칭할 때 쓰이며, 대다수가 1인칭을 사용한다.

(1) 군대, 종교, 왕실 등에서 호칭할 때 쓰여서 존경과 경의를 나타낸다.

*Mon*sieur Président 대통령 각하

*Ma*demoiselle(*Ma*dame) Dupont 뒤퐁 양(부인)

Sa Majesté 폐하 *Son* Excellence 각하

Mon général 장군님 *Mon* père 신부님

Notre-Dame 성모 마리아님

(2) 애정 또는 호의를 나타낸다.

mon fils 내 아들아 *mon* enfant 얘야
mon chéri 여보(남편에게) *ma* chérie 여보(부인에게)
Notre Jean-Claude est tout heureux. 우리의 쟝 클로드는 몹시 행복하다.
Mon Pierre est reçu au baccalauréat. 나의 피에르는 대학입학 자격시험에 합격하였다.

(3) 무시, 멸시, 경멸 등을 나타낸다.
J'en ai assez de *ton* Paul. 너의 폴이라면 난 이젠 지긋지긋하다.
Cela sent *son* homme malhonnête.
이것을 보면 그 사람이 파렴치하다는 것을 느끼게 한다.

2.3. 소유주가 정해져 있지 않은 경우

(1) 예의적인 표현

일반 명사 앞에서 예의나 존경을 표현하기위해 소유형용사 형태를 소유주가 단수인 형태를 사용해도 되는데 복수 형태로 바꾸어 쓴다.

① 예의 표현 또는 사회적 거리감을 표현으로써 복수 votre, vos를 사용하며 votre, vos는 흔히 한사람의 소유주를 가리키므로 ton, ta, tes의 의미를 갖는다. 그러나 그 소유주는 늘 vous로 불리는 사람으로서 경의를 표해야 할 사람, 직업상 상사, 어린이가 어른에게 말할 때, 또는 자식이 부모에게, 부부간에 말할 때도 쓰인다. mon, ma, mes 대신 notre, nos를 쓰기도 한다.
Votre Majesté 폐하
Nous craignons que *notre* travail n'intéresse ces dames.
제 작품이 그 부인들의 관심을 끌지 못할까 걱정입니다.
Tel est *notre* bon plaisir. 그것이 저의 즐거움입니다.

② 군주, 국가수반, 고위직 공무원, 각 관공서의 장까지도 자기를 말할 때 존경과 예의로써 mon, ma, mes 대신 notre, nos를 사용한다.
Notre attention a été attirée sur un cas grave…
중대한 처지에 임하여 본관이 주목시켰던 것은 …

(2) 주어가 부정대명사일 때

특히 주어가 부정대명사일 때 피소유물의 소속 관계가 명확하지 않기 때문에 소유형용사를 구별해 사용해야한다.

① 주어가 부정대명사 on, nul, aucun, personne, pas un이나 부정법 또는 비인칭동사 문장에서는 피소유물이 같은 절에 포함되어 있으면 son, sa, ses를 취하고, 피소유물이 주어의 절과 다른 절에 들어있다면 votre, vos를 쓴다.

On ne sent vraiment bien que *sa* peine.
사람들이 진정으로 느끼는 것은 자신의 고통뿐이다.

Il est doux de revoir *sa* patrie. 자기 고국에 돌아온다는 건 즐거운 일이다.

Personne ne sait prévoir la fin de *sa* vie.
아무도 자기 생의 종말을 예고할 수 없다.

On perd *sa* peine à obliger certaines gens, *votre* aide les irrite.
어떤 사람들을 도와주어봤자 헛수고다, 그 도움은 그들을 성가시게 한다.

㈜ 1. on 이 nous, vous를 뜻할 경우에는 소유형용사로 notre, votre, nos, vos를 사용한다.
On ne tient plus sur *nos* jambes. 우리는 더 이상 두 다리로 지탱할 수 없다.
On ne refuse pas le bonheur quand il frappe à *votre* porte.
행복이 문을 두드릴 때 거절하지 마시오.

② 부정대명사가 chacun인 경우

▸ chacun이 주어나 보어로 쓰이면 son, sa, ses를 사용한다.

Chacun a *son* défaut. 누구나 자기 결점을 가지고 있다.

A chacun selon *ses* mérites. 각자의 장점에 따라 평가된다.

▸ chacun이 주어나 목적어와 동격으로 쓰이는 경우 주어(목적어)가 1,2인칭이면 소유형용사는 notre, votre를, 주어(목적어)가 3인칭이면 son 또는 leur 등을 사용한다.

Nous suivions chacun *notre* chemin. 우리는 각자 자기 길을 가고 있었다.

Vous rentrez chacun dans *votre* maison.
여러분들은 각자 자기 집으로 돌아갑니다.

Ils auront chacun *son* chauffeur. 그들은 제각기 운전수가 있다.

Ma mère et ma sœur déjeunaient chacune dans *leur* chambre.
나의 어머님과 누이는 각자 자기 방에서 점심 식사를 하곤 했다.

Ces peuples ont chacun *leurs* mœurs. 그 민족들은 제각기 풍습이 있다.

2.4. 동작과 관계되는 명사 앞의 소유형용사

소유의 관념이 아니라, 명사가 나타내는 동작의 주어 또는 목적어가 된다.

(1) 주 어

Ma faute est de ne pas lui avoir tout avoué.
내 잘못은 그에게 모든 걸 고백하지 않았다는 데에 있다.

Mon arrivée l'a surprise. 내 도착에 그녀는 놀랐다.

(2) 목적어

A *ma* vue, il se tint tranquille. 나를 보자 그는 조용히 있었다.

Il a été très vexé de *ta* condamnation. 그는 너의 비난에 매우 화가 났다.

2.5. 소유형용사 대신 정관사를 사용하는 경우

일반적으로 소유의 관계가 명확해 보일 때, 특히 피소유물이 신체의 일부분일 때 소유형용사 대신 정관사를 사용한다.

(1) 신체나 옷의 일부를 나타내는 명사, 정신 능력에 관한 것 등의 앞에서는 소유형용사 대신 정관사를 쓴다.

Il leva *le* tête, ouvrit *les* yeux. 그는 머리를 들고 눈을 떴다.

Il a mal à *la* tête. 그는 머리가 아프다.

Un agent de police saisit un voleur *au* collet.

경찰관이 도둑의 목덜미를 잡았다.

Il perd le jugement et *la* mémoire. 그는 판단력도 기억력도 없다.

Ma sœur avait *la* fièvre. 내 여동생은 열이 있었다.

Plusieurs de ces malheureux perdirent *la* vie.

그 불운한 사람들 가운데 몇 명은 생명을 잃었다.

(2) 정관사를 사용할 경우에 관계의 명확성을 기하기 위해 보어 인칭대명사를 써 주기도 한다. 이 때 소유물이 주어와 같은 경우에는 사실상 대명동사의 재귀적 용법이나 다름없게 된다.

Il *lui* saisit *la* ceinture. 그는 그의 허리를 잡았다.

Cela *m*'a occupé *la* respiration. 그것 때문에 나는 깜짝 놀랐다.

La tête *me* fait mal. 나는 머리가 아프다.

Il *s*'est coupé *le* doigt gauche. 그는 왼손을 다쳤다.

Elle *se* passa *la* main sur le front. 그녀는 손으로 이마를 짚었다.

㈜ 1. 명사 앞에 부가형용사가 오거나 명사에 보어가 딸릴 때는 소유형용사를 사용한다.
On lui a coupé *ses* beaux cheveux. 그녀는 아름다운 머리를 잘랐다.
Ils t'ont coupé les cheveux, *tes* beaux cheveux.
그들이 네 머리칼을, 너의 그 아름다운 머리칼을 잘라 버렸다.
Il se passa, plusieurs fois, *ses* longues mains sur le visage.
그는 그의 긴 손으로 몇 번이나 얼굴을 만졌다.

㈜ 2. 신체 일부라도 소유의 관념을 명확히 하기위해, 늘 앓는 질병에 대해서 이야기할 때, 습관적인 동작이 아닐 때는 소유형용사를 사용한다.
Elle lui donna *sa* main. 그녀는 그에게 허혼했다.

Elle a *sa* migraine. 그녀는 다른 사람이 안 가진 두통이 있다.

㊟ 3. faire le malin(허세 부리다, 잘난 체하다)과 유사한 표현의 구어에서는 일상적이고 특징적인 성질을 나타내기 위해서 정관사 대신 소유형용사를 사용한다.
Je faisais un peu *mon* malin. 내가 좀 허세를 부렸다.
Il fait bien *son* têtu quelquefois. (P. Loti) 그는 때때로 고집을 잘 부린다.
Et avec cela elle faisait *sa* sotte! (Hugo)
그래서 그것으로 그녀는 어리석은 짓을 하곤 했구나!

2.6. 소유형용사를 대신하는 en

소유자가 사물이고 소유물과 같은 절에 있지 않을 때는 소유형용사를 en으로 대신할 수 있다.

La maison était fermée, mais le gardien m'*en* avait donné le clef.
집은 닫혀 있었다. 그러나 수위가 내게 열쇠를 주었다.

Le grand château! J'*en* admire les pièces.
웅장한 성! 나는 그 곳의 방들을 몹시 좋아한다.

㊟ 그러나 소유자와 소유물이 동일한 문장 내에 쓰였을 때에는 반드시 소유형용사를 써야 한다.
Le château est beau dans toutes *ses* parties. 성은 방마다 모두 아름답다.
Remettez *son* couvercle à cette théière. 이 차 끓이는 주전자에 뚜껑을 다시 덮으시오.

✽ 사물이 의인화되었을 경우에도 en 대신 다시 소유형용사를 사용한다.
Je me suis fait l'apôtre de la liberté, et partout j'écris *son* nom.
나는 자유의 사도가 되었고, 어디에서이든 나는 그 이름을 쓴다.

Ⅴ. 지시형용사(Adjectif démonstratif)

지시형용사는 주로 명사 앞에 놓여 사람이나 사물을 가리킬 때 쓰이는 한정형용사를 말한다.

Cette pendule retarde. 이 괘종시계는 늦게 간다.

Ce couteau est très pratique. 이 칼은 매우 잘 만들어졌다.

1. 형 태

(1) 지시형용사는 단순형과 강세형이 있으며 관계하는 어휘의 성과 수에 일치한다.

cf. 지시형용사 ce와 동사의 주어 등으로 사용되는 중성지시대명사 ce를 혼동하지 말아야 한다.
ce soldat이 군인(지시형용사)

Ce n'est pas vrai. 그것은 사실이 아니다(중성지시대명사).

	단수		복수	뜻
	남성	여성	남여성	
단순형	ce(cet)	cette	ces	이, 그, 저
강세형	ce(cet) ··· ci ce(cet) ··· là	cette ··· ci cette ··· là	ces ··· ci ces ··· là	이, 그, 저

(2) cet는 모음이나 무음의 h로 시작하는 남성 어휘 앞에 쓰인다.

cet honneur 이 명예　　*cet* ami 그 친구

cet aimable garçon 그 사랑스런 소년

(3) 지시형용사 강세형 ··· ci, ··· là는, 전자는 가까운 것을, 후자는 먼 것을 지칭할 때 쓰이는데, 두 개 이상의 것을 서로 구별하기 위해 단순히 지시의 뜻을 갖기도 한다.

cette voiture-*ci* 이 자동차　　*cet* arbre-*là* 저 나무

Je prendrai *ce* bracelet-ci et *cette* montre-*là*. 나는 이 팔찌와 저 시계를 사겠다.

2. 용 법

(1) 앞에서 이미 지칭했거나, 또는 앞으로 말하려는 사람이나 사물 앞에 쓰인다. 말할 때 손짓이 따라오는 게 보통이다.

Ouvriez *cette* porte. 이 문을 여세요.

Je remarquai un mendiant misérable ; *ce* mendiant m'aborda.
나는 한 비참한 거지를 보았다. 그 거지는 나를 따라왔다.

Écoutez *ce* récit avant que je réponde.
제가 답해 드리기 전에 이 이야기를 들어 보십시오.

(2) 현재 살고 있는 장소나 시기, 또는 상태를 나타낼 때 쓰인다.

La cérémonie aura lieu *ce* matin. 예식은 오늘 아침에 거행될 것이다.

Cette année, l'hiver a été rude. 올해 겨울은 몹시 추웠다.

Arrêtons-nous, dit-il, car *cet* asile est sûr.
멈추자, 이 은신처는 안전할 테니까, 하고 그가 말했다.

(3) 관사 대신 쓰여 강조, 존경, 경멸의 뜻을 나타내며, 관심을 끌기 위해 쓰인다.

Qu'il est gentil, *ce* petit! 이 조그만 애는 얌전하기도 하지!

Que me veut *cet* individu? 그 작자가 내게 무얼 바라는 거지?

(4) 놀람, 분노를 나타내는 감탄 표현에서 quel의 뜻으로 쓰인다.

Partir sans même remercier ; *cette* impudence!
감사의 말조차 하지 않고 떠나다니, 그런 파렴치한이 있나!

Tu demandes pourquoi je viens? *Cette* demande!
자네는 내가 왜 오느냐고 물어? 그런 걸 다 묻다니!

Puis la mère cria tout en colère : "*Cette* gueuse!"
그리고 어머니는 몹시 화나서 소리쳤다. "이런 망나니!"

Ⅵ. 의문형용사(Adjectif interrogatif) 및 감탄형용사(Adjectif exclamatif)

의문형용사는 사람이나 사물의 성질이나 시간 날짜 등에 관해 질문을 유도하는데 쓰이며, 그것이 감탄을 나타낼 때는 감탄형용사로 쓰인다.

Quelles gens êtes-vous? 당신들은 어떤 사람들이죠?

Quelle maison! 굉장한 집인데!

1. 형 태

의문형용사와 감탄형용사의 형태는 똑같다. 관계하는 명사의 성과 수에 따라 변화한다.

수 \ 성	남 성	여 성
단 수	quel	quelle
복 수	quels	quelles

2. 용 법

2.1. 의문형용사

(1) 사물이나 사람의 이름, 또는 속성, 순서, 분량 등을 나타내며, 문장에서 속사, 부가형용사 등으로 쓰인다.

① 속사로 쓰이는 경우

Quelle est votre adresse? 당신 주소가 어떻게 됩니까?

Quels sont ces bruits sourds? 이 둔탁한 소리는 무엇입니까?

Quel est cet animal? 이 동물은 무엇입니까?

② 부가형용사로 쓰이는 경우

Celui que vous avez vu, *quel* homme est-ce? 당신이 본 그 사람은 누구지요?

Quel jour sommes-nous? 며칠이지요?

Quelle heure est-il? 몇 시입니까?

③ 종속 의문절에 쓰이는 경우

J'ignore *quelle* tragédie vous avez lue. 당신이 어떤 비극을 읽었는지 모르겠다.

Volià *quelle* je suis et *quelle* je veux être.

자 내가 누구이며 무엇이 되고자 하는지 보시오.

(2) 날짜, 시간, 크기, 등급 등을 나타내며, 역시 속사 부가형용사 등으로 쓰인다.

Quel jour sommes-nous? 오늘 며칠인가?

Quelle heure est-il? 몇 시이냐?

Quelle est la hauteur de ce mur? 이 벽의 높이는 얼마냐?

2.2. 감탄형용사

의문형용사와 동일하게 사용되며, 놀람, 분노, 감탄 등을 나타내며, 문장 뒤에 감탄부호(!)를 붙인다. 그리고 문장에서 부가형용사나 속사 등의 역할을 한다.

Quelle bonne nouvelle! 굉장히 좋은 소식인데!

Dans l'Orient désert *quel* devint mon ennui! 삭막한 동방에서 나의 고통이 얼마나 컸던고!

Tu savais *quelle* était mon erreur. 내 잘못이 얼마나 컸던 가를 너는 알고 있었다.

❖ Remarque : **의문형용사 및 감탄형용사의 구문**

(가) 의문형용사의 구문

ⓐ 의문형용사가 주어의 부가어일 때, 그 주어는 동사와 도치하면 안된다.

Quel chauffeur conduira l'autobus? 어느 운전사가 그 버스를 운전할까요?

ⓑ 의문형용사가 목적보어의 부가어일 때는 주어와 동사가 도치된다.

Quel chauffeur aurez-vous? 당신은 어떤 운전사를 고용할 겁니까?

ⓒ 의문형용사가 속사일 때는 주어는 동사와 도치한다. 또한 주어가 문장의 첫머리에 놓여 있으면 그 주어를 동사와 도치되는 대명사로 다시 받는다.

Quelle est votre place? 당신의 좌석은 어느 것입니까?

Votre place, quelle est-elle? 당신의 좌석은 어느 것입니까?

(나) 감탄형용사의 구문

ⓐ 감탄형용사를 가진 명사가 문장에서 주어 또는 목적어로 쓰일 때는 주어와 동사를 도치하지 않는다.

Quelle chance l'a favorisé! 얼마나 좋은 운수가 그를 도왔던지!

Quelle chance il a! 얼마나 운수가 좋은가!

ⓑ 감탄형용사가 속사로 쓰이거나, 또는 속사가 명사를 동반할 때 주어와 동사는 도치된다.

Quel fut son bonheur! 그의 행복은 얼마나 대단했던가!

Quelle belle femme est-elle! 얼마나 그녀가 아름다우냐!

(다) 의문문 또는 감탄문이 종속절에 있을 때(즉 간접의문문과 간접감탄문일 때)도 의문형용사 또는 감탄형용사는 위와 같은 위치에 그대로 있게 되며, 거의 주어와 동사의 도치는 없다.

ⓐ 간접의문문

J'ignore quel chauffeur conduira l'autobus.

나는 어떤 운전수가 그 버스를 운전할지 모른다.

Votre place? Je demande quelle elle est?

당신 좌석은? 나는 당신 좌석이 어느 것인지 묻는다?

㈜ 동사가 être 또는 devenir로써 주어가 명사일 때 주어 동사 도치된다.
Je demande quelle est votre place. 나는 당신 좌석이 어느 것인지 묻는다.

ⓑ 간접감탄문

Vous voyez quelle chance l'a favorisé.

당신은 얼마나 좋은 운수가 그를 도왔는지 알고 있다.

Vous voyez quelle chance il a. 당신은 그가 얼마나 운이 좋은지 알고 있다.

Son bonheur, vous voyez quel il est.

당신은 그의 행복이 얼마나 대단한지 알고 있다.

㈜ 동사 étre 또는 devenir로써 주어가 명사일 때 주어 동사 도치된다.
Vous voyez quel fut son bonheur. 당신은 그의 행복이 어떠했던지 알고 있다.

Ⅶ. 관계형용사(Adjectif relatif)

문장에서 이미 앞 절에서 나온 명사를 다시 쓸 때나, 드물지만 다음 절에 나올 명사를 미리 쓸 때, 그 명사를 이미 수식한 보어를 포함한 내용을 형용사로 대체해 다음절의 명사를 한정함으로써 두 절을 연결시키는 형용사다. 별로 많이 쓰이지 않고, 명확성을 기하기 위해 문학 작품이나 판결문 등에 주로 쓰인다.

Après avoir entendu les témoins, *lesquels* témoins ont déclaré …

증인들 말을 청취한 후였는데, 그 증인들은 …을 선언하였다.

On vous donnera le n° de son domicile de la rue de Seine, *lequel* n° j'ai oublié.

내가 지금은 그 번지를 잊어버렸지만, 셴 강 거리의 그의 주소 번지수를 당신에게 알려 주겠다.

1. 형 태

의문형용사 quel, quelle, quels, quelles 앞에 정관사의 다양한 형태를 덧붙인 것과 같은 형태이며, 문장의 의미를 명확하게 한다. 단순형과 복합형이 있다.

형태 \ 수	단 수		복 수	
성	남 성	여 성	남 성	여 성
단순형	lequel	laquelle	lesquels	lesquelles
복합형				
à +	auquel	à laquelle	auxquels	auxquelles
de +	duquel	de laquelle	desquels	desquelles

2. 용 법

(1) 사법이나 행정상의 용어 이외에는 별로 쓰이지 않는다. "전술한"이라는 뜻으로 쓰이며, "lequel + 명사"의 형태로 관계사절의 주어나 간접보어가 된다.

Restaient 1,666 livres de rente pour les deux cadets, sur *laquelle* somme l'aîné prélevait encore le préciput. (Chateaubriand)

두 동생에게는 1,666리브르의 연금이 남아 있었는데, 형은 여전히 그 액수에 대해 미리 빼내곤 하였다.

Ces biens ont été mis en vente, *lesquels* biens comprennent …

그 재산은 팔렸는데 그 재산에는 …이 포함되어 있다.

(2) 문학 작품에서, 특히 명확성을 필요로 할 때 쓰이며, 또 auquel cas(그런 경우에)와 같은 표현으로 쓰인다.

Pendant que les regards des Alliés étaient fixés sur Pétrograd, contre *laquelle* capitale on croyait que les Allemands commencaient leur marche …(M.Proust)

동맹국의 주목이 페트로그라드에 쏠려 있는 동안 그 수도에 대하여 독일군이 진격을 하였다고 사람들은 믿고 있었다…

Ne sortez pas avant ce soir, *auquel* cas je ne pourrais pas vous prévenir.

오늘 저녁 전에는 외출하지 마시오. 외출하면 내가 당신에게 기별할 수가 없을 테니까.

Ⅷ. 부정형용사(Adjectif indéfini)

부정형용사는 관계되는 사람이나 사물을 막연하게 나타내 주면서 수량, 성질, 종류, 유사, 상이, 동일 관념을 표시해 준다.

Il viendra *quelque* jour. 그는 어느 날인가 올 것이다.

En *certains* circonstances, il faut être prudent. 어떤 상황에서는 신중해야 한다.

1. 형 태

부정형용사는 보편적으로 관계하는 명사의 성과 수에 따라 변화하며 그 종류를 의미에 따라 크게 다음과 같이 나눈다.

(1) 불확정한 개체의 관념을 가진 것

certain / je ne sais quel / n'importe quel

quelque / quel(que) / quelconque

(2) 수량의 관념을 가진 것

aucun / chaque / différents

divers / maint / nul

pas un / plus d'un / plusieurs

quelque / tout

(3) 동일, 유사, 상이의 관념을 가진 것

même / tel / autre

◆ 부정형용사의 형태

<table>
<tr><th colspan="2">단 수</th><th colspan="2">복 수</th></tr>
<tr><th>남 성</th><th>여 성</th><th>남 성</th><th>여 성</th></tr>
<tr><td>aucun</td><td>aucune</td><td>aucuns</td><td>aucunes</td></tr>
<tr><td colspan="2">autre
chaque</td><td colspan="2">autres
—</td></tr>
<tr><td colspan="2">—
—</td><td>différents
divers</td><td>différentes
diverses</td></tr>
<tr><td>certain
je ne sais quel
maint</td><td>certaine
je ne sais quelle
mainte</td><td>certains
je ne sais quels
maints</td><td>certaines
je ne sais quelles
maintes</td></tr>
<tr><td colspan="2">même</td><td colspan="2">mêmes</td></tr>
<tr><td>n'importe quel
nul</td><td>n'importe quelle
nulle</td><td>n'importe quels
nuls</td><td>n'importe quelles
nulles</td></tr>
<tr><td>pas un
plus d'un</td><td>pas une
plus d'une</td><td colspan="2">—
—</td></tr>
<tr><td colspan="2">—</td><td colspan="2">plusieurs</td></tr>
<tr><td>quel(que)</td><td>quelle(que)</td><td>quels(que)</td><td>quelles(que)</td></tr>
<tr><td colspan="2">quelconque
quelque</td><td colspan="2">quelconques
quelques</td></tr>
<tr><td>tel
tout</td><td>telle
toute</td><td>tels
tous</td><td>telles
toutes</td></tr>
</table>

2. 용 법

(1) aucun, aucune, aucuns, aucunes

① 긍정적인 뜻

quelque '어떤'의 뜻으로 의문문, 의혹의 문장에서, 주절이 부정문일 때 종속절에서, 조건절이나, sans, sans que, 비교의 que 구문 다음에서 쓰인다.

Je doute qu'*aucun* homme soit pleinement heureux.

전적으로 행복한 사람이 있을까 의심스럽다.

Croyez-vous que le pouvoir ait *aucun* charme pour moi?

권력이 저에게 어떤 매력이 있으리라고 생각하십니까?

Il a été nommé sans faire *aucune* démarche.

어떤 교섭도 행하지 않았는데도 그는 임명되었다.

Il parle mieux qu'*aucun* orateur. 그는 그 어떤 웅변가보다도 더 잘 말한다.

② 부정적인 뜻

이때는 보통 부정부사 ne를 동반하며 pas는 생략한다. 뜻은 '아무것도 ~않다'이며 생략문에서는 ne없이 단독으로 쓰이기도 한다.

Vous n'avez *aucune* patience. 당신은 인내심이 조금도 없군요.

Aucun chemin de fleurs ne conduit à la gloire.

영광으로 가는 데에 꽃길은 없다.

De tes amis qui viendra? — *Aucun*. 자네 친구 중 누가 오지? —아무도 안 온다.

㈜ 1. aucun은 nul과 마찬가지로 일반적으로 단수로만 사용한다. 복수로 사용하는 경우는 단수형이 없는 명사나, 복수의 뜻이 단수 때와는 전혀 다른 경우에 한한다.

Il ne fait *aucuns* frais inutiles. 그는 쓸데없는 낭비는 안 한다.

Elles non plus ne toucheraient *aucuns* gages.

그녀들 또한 어떠한 급료도 받지 않을 것이다.

Il a promis de n'entamer *aucuns* pourparlers avec d'autres maisons.

그는 다른 집들과는 어떤 협상도 응하지 않을 것이라고 약속했다.

㈜ 2. aucun은 보통 명사 앞에 오나 sans이 그 앞에 올 경우에는 명사 뒤에 놓이기도 한다.

Il y a des hommes qui, dans la vie, marchent tout droit, et sans hésitations *aucunes*.

인생에서 곧장, 어떠한 주저함도 없이 걸어 나가는 사람들도 있다.

(2) autre, autres

① 앞에 관사나 한정사가, 뒤에는 명사가 오며 '다른, 또 하나의' 뜻이다.

Donnez-moi cet *autre* livre. 다른 이 책을 주십시오.

L'une et l'*autre* saison est favorable. 두 계절이 모두 좋다.

Pierre habite un *autre* immeuble. 피에르는 다른 건물에 살고 있다.

C'est une tout *autre* femme. 그것은 전혀 다른 여자다.

② 제 2의(=second)란 뜻으로도 쓰인다.

C'est un *autre* Napoléon. 그는 제2의 나폴레옹이다.

Il parle comme un *autre* Elie. 그는 제 2의 엘리아인양 말한다.

③ 시간을 나타내는 어휘 앞에 쓰인 autre는 전후 문장으로 보아, 가까운 과거나 미래를 뜻한다.

J'étais l'*autre* jour dans une société où je me divertis bien.

요전날 한 모임에서 나는 재미있게 지냈다.

L'*autre* soir, je l'ai surpris dans sa chambre.

요전날 저녁에 나는 그의 방을 찾아가 놀라게 했다.

㈜ 1. autre가 품질형용사로 쓰일 때는 주로 주어나 목적어의 속사로 쓰이며, 뜻은 '다른(=différent)'이다.

Le résultat fut tout *autre*. 결과는 전혀 달랐다.
Autres sont les temps de Moïse, *autres* ceux de Josué.
모세의 시대와 여호수아의 시대는 다르다.
Autre temps, autres moeurs. 시대가 바뀌면 풍속도 바뀐다.
Quand je le revis, je le trouvais tout *autre*.
내가 그를 다시 만났을 때 그가 몹시 달라졌다는 걸 알았다.

㈜ 2. 부정대명사로 쓰이는 autre는 관사나 한정사가 앞에 오면 '다른 것, 다른 사람'을 나타낸다.
Une *autre* vous remplacera. 다른 여자가 당신을 대신할 것이다.
Il se méfie toujours des *autres*. 그는 늘 다른 사람들을 믿지 않는다.

(3) certain, certaine, certains, certaines

① 명사 앞에 쓰여 '어떤(=un, une)'의 뜻으로 사용되는데 그 앞에 정관사는 올 수 없지만, 단수에서는 부정관사 un, une가 오며, 복수에서는 de가 온다. 복수의 경우는 '약간'의 뜻으로 쓰이기도 한다.

certain soir 어느 날 저녁
Les murs étaient déjà élevés à une *certaine* hauteur.
벽은 벌써 어느 높이까지 올라갔다.
Certaine affaire m'appelle en province. 어떤 일로 나는 시골에 간다.
Il y a de *certaines* choses que les bouffons eux-mêmes n'ont pas le droit de railler.
익살광대 자신들도 비웃을 권리가 없는 약간의 일들이 있다.

② 사람을 뜻하는 고유명사 앞에 쓰인 certain은 잘 알지 못하는 사람을 의미하는데 때로는 경멸을 나타내기도 한다.

Le personnage intéressant de la faire était un *certain* Tobler.
그것을 하는 데 관계되는 사람은 토블레라는 인물이었다.
Nous avons une autre 'Phèdre' d'un *certain* la Pinelière.
라 피느리에르라는 사람이 쓴 '페드르'라는 작품이 또 있다.

㈜ 1. 요즈음은 복수의 certains(certaines) 앞에 쓰인 de는 많이 생략한다.
Dans l'assemblée, *certaines* personnes semblaient parfaitement à leur aise ; d'autres s'étaient visiblement fourvoyées.
모임에서 어떤 사람들은 무척 기분이 좋아 보였고, 다른 사람들은 눈에 띄게 안절부절하고 있었다.

㈜ 2. 명사 뒤에서 부가형용사로 쓰이거나, 속사로 쓰인 certain은 품질형용사로서 '확실한'이란 뜻이다.
Donnez-moi un gage *certain*. 확실한 담보물을 내게 주시오.
Le fait est *certain*. 그 사실은 확실하다.

(4) chaque

명사 앞에서 항상 단수로만 사용되며 뜻은 '각각의'이다.

Chaque garçon reçut une récompense. 소년마다 보상을 받았다.

Je préfère la campagne où *chaque* famille peut occuper une maison.

나는 가정마다 집 한 채씩을 가질 수 있는 시골이 더 좋다.

㈜ chaque는 그 다음에 바로 명사가 오는 것이 원칙이나, 일상회화, 서한문, 구어나 상업어에서는 다음과 같이 단독으로 쓰이는 경우가 많다.
Ces cravates coûtent tant d'euros *chaque*. 이 넥타이들은 개당 여러 유로씩 나간다.

✾ 위 표현은 다음과 같이 하는 것이 더 좋다.
Ces cravates coûtent tant d'euros *chacune*.
Puis deux cafés au lait à un euro *chaque*.
그리고 나서 각자에게 1유로짜리 밀크 커피 2잔.

cf. "주기성"을 표현하는 데도 쓰인다.

chaque jour 매일 　 *chaque* trois jours 3일마다
chaque dix jours 열흘마다 　 *chaque* troisiéme jour 3째 날마다

❖ Remarque : chaque와 tous les의 차이

(가) chaque가 개별적인 데 비해 tous les는 개개의 전체를 나타낸다. 결국 시간 따위를 말할 때는 둘 다 개별적인 것이 되어 뜻이 같아진다.
Il vient tous les jours(= chaque jour) 그는 날마다 온다.

(나) "기수형용사 + 명사"앞에서는 tous les가 보통이다.
Il arrive tous les deux jours. 이틀마다 일어난다.

(5) différents, différentes, divers, diverses

항상 복수로 명사 앞에 놓이며 '여러 가지, 갖가지'라는 뜻이다.

Je l'ai vu en *diverses* circonstances. 나는 여러 상황에서 그것을 보았다.

Je l'ai entendu dire à *differents* témoins de l'accident.

나는 그가 사건의 여러 증인에게 이야기하는 것을 들었다.

㈜ différents, divers는 품질형용사로도 쓰이며 이때는 보통명사 뒤에 와서 부가형용사로 쓰이거나 속사로 사용되며, 뜻은 '다른, 서로 차이 있는'이다.
deux hommes très *différents*. 매우 다른 두 사람

(6) je ne sais quel(...quelle, ...quels, ...quelles)

je ne sais quel(내가 알지 못하는), on ne sait quel(알지 못하는), Dieu sait quel(신만이 알고 있는), il ne sait quel(알지 못하는), nous ne savons quel(우리가

알지 못하는) 등이 있으며, 뒤의 quel은 뒤에 따라오는 명사의 성 · 수에 따라 변한다.

이들 부정형용사는 '알지 못할, 알 수 없는'의 뜻으로 쓰이며, 반듯이 명사 앞에 놓인다.

Un *je ne sais quel* charme encore vers vous m'emporte.
당신에 대한 알 수 없는 어떤 매혹에 나는 빠져 있다.

Ce mariage, c'était un point de départ vers *elle ne savait quelle* vie.
이 결혼은 그녀가 알 수 없는 어떤 삶에의 출발점이었다.

Il allait fréquenter *Dieu sait quel* endroit.
그는 신만이 아는 그 어떤 곳을 드나들곤 했다.

(7) maint, mainte, maints, maintes

'많은(=beaucoup de)'이란 뜻의 형용사로 단수 · 복수가 있고, mainte(s) fois, à mainte(s) reprises 란 구어 표현 말고는 주로 문어에서만 쓰인다.

Je l'ai rencontré en *mainte* occasion. 나는 그를 여러 경우에 보았다.

Maintes et maintes fois j'en avais entendu parler.
나는 그것에 관해 이야기하는 것을 수없이 많이 들었다.

㈜ maint을 명사적으로 사용하는 경우가 있는데, 이는 몇몇 현대 작가들의 고어 말투 취향 때문이다.
Les difficultés temporelles augmentaient, pour *maint et maint*.
일시적인 어려움이 여러 번 가중되곤 하였다.
Un assez grand nombre de mythes dont *maints* n'ont aucune chance de se réaliser bientôt.
곧 현실화될 기회가 전혀 없는 상당히 많은 신화들.

(8) même, mêmes

항상 명사의 성 · 수에 일치한다. '같은, 조차, 자신' 등과 같은 여러 뜻이 있는데, 이는 même가 명사의 앞 또는 뒤에 오느냐에 따라 달라진다.

① 명사 앞에 올 때 : '같은, 같은 종류의(=totalement semblable, identique)'의 뜻이며, 그 앞에 관사를 쓴다. 그러나 일상어에서는 가끔 관사가 생략된다.

Ils prirent la *même* route. 그들은 같은 길을 갔다.

La cage et le panier avaient *mêmes* pénates. (La Fontaine)
새장과 바구니는 똑같은 수호신을 갖고 있었다.

㈜ que로 인도되는 보어를 동반하면 비교의 뜻을 갖는다.
Nous sommes faits de la *même* étoffe que les songes.
우리는 꿈과 똑같은 천으로 만들어져 있다.

J'ai la *même* idée que vous. 나는 당신과 같은 의견을 갖고 있다.

② 명사나 대명사 뒤에 올 때 : 강조를 나타내며 '조차, 자신, 바로 그(= personnellement, précisément, au plus haut point)'의 뜻이다.

Les ennemis *mêmes* de Napoléon ne pouvaient lui refuser le génie.

나폴레옹의 적들조차도 그의 천재성을 부인할 수 없었다.

Il est venu le matin *même*. 그는 바로 아침에 왔다.

Dieu est la sagesse *même*, la miséricorde *même*.

신은 예지 바로 그 자체이고, 자비 그 자체이다.

C'est cela *même*. 바로 그것이다.

㈜ 등위접속사 et로 연결될 경우에, 여러 명사 뒤에 온 même는 그 명사들 전부에 관계하면 전부에 따라 변화하기도 하고, 또는 그 중 마지막 말에 일치할 때도 있다.

Le premier-né ce fut la douceur et la patience *mêmes*.

신생아는 부드러움과 인내 그 자체였다.

Elle était la bizarrerie et la bonne humeur *même*.

그녀는 변덕스럽고 좋은 기질 그 자체이다.

③ 인칭대명사 뒤에 쓰일 때 그 대명사는 강세형을 쓰고, '~자신'의 뜻이다.

moi-même 나 자신	nous-mêmes 우리 자신
toi-même 너 자신	vous-même(s) 당신(들) 자신
lui-même 그(그것) 자신	eux-mêmes 그(그것)들 자신
ellle-même 그녀(그것) 자신	elles-mêmes 그녀(그것)들 자신
soi-même 자기 자신	

Nous-mêmes, nous avons ri. 우리 자신들도 웃었다.

④ 성구(成句)로 쓰인다.

de même 동일하게, 같이	de même que ..와 같이, ..하듯이
tout de même 그럼에도 불구하고	à même 그냥, 그대로
à même de ..하기에는	quand même 여하튼

㈜ 1. 부사로 쓰이는 même는 그 위치가 일정하지 않으며, 변화도 없으며, 뜻은 '또한, 더욱이, ~까지(aussi, de plus, jusqu'a)'이다.

Les femmes, les vieillards, *même* les enfants furent emprisonnés.

여자들, 노인들, 아이들까지도 투옥되었다.

Il lui dit des injures et *même* le frappa.

그는 그에게 모욕적인 말을 퍼부었고 때리기까지 하였다.

Même les meilleurs élèves ont été punis. 모범 학생들까지도 벌을 받았다.

Tous prirent la fuite, *même* ceux qu'on croyait braves.

모두가 도주를 하였다. 정직하다고 믿었던 사람들까지도.

Même ruinés, ils n'avaient pas perdu leur fierté.
파산까지 했는데도 그들은 자부심을 버리지 않았다.

㊟ 2. 대명사로 쓰이는 même는 '같은 것, 같은 사람'의 뜻이며, 관사가 그 앞에 온다.
Ce sont toujours les *mêmes* qui gagnent. 돈을 버는 건 늘 같은 사람들이다.
Ces gens-là sont tous les *mêmes*. 이 사람들은 모두 똑같다.

(9) n'importe quel, ...quelle, ...quels, ...quelles

비인칭 동사 importe에서 온 부정형용사다. '어떠한'의 의미다.

Viens à *n'importe quelle* heure. 아무 때나 와라.

(10) nul, nulle, nuls, nulles

aucun과 거의 비슷한 뜻으로 용법이 유사하지만 aucun처럼 긍정적인 의미는 없고, 항상 ne나 sans과 같은 부정어와 함께 쓰여 부정의 뜻을 나타낸다.

Nul homme n'est pas parfait. 완벽한 사람은 아무도 없다.

Il n'avait *nulle* cause de se plaindre. 그는 불평을 할 만한 이유가 전혀 없다.

Il agit toujours sans *nulle* crainte. 그는 늘 조금도 두려워하지 않고 행동한다.

㊟ 1. nul도 aucun과 마찬가지로 단수에만 사용된다. 복수로 쓰일 경우는 aucun처럼 특별한 경우 뿐이다.
Ils n'ont fouillé *nulles* entrailles. 그들은 핵심에까지 파고들지 않았다.
Nulles funérailles ne lui sont faites. 그의 장례는 치러지지 않았다.

㊟ 2. nul은 품질형용사로도 사용되는데, '무의미한, 가치 없는(=sans valeur, sans mérite)'의 뜻으로 속사나 부가형용사로 쓰인다. 부가형용사로 쓰일 경우는 명사 뒤에 온다.
Voilà un travail *nul*. 이건 무의미한 일이다.
Cette autorisation est *nulle*. 이 허가는 무의미하다.

(11) pas un, pas une

보통 ne와 더불어 부정으로 쓰이는데, aucun이나 nul보다 부정의 정도가 강하며 복수로는 사용하지 않으며, seul로 강조될 때도 있다.

Et rien de vivant nulle part : *pas une* bête, *pas un* oiseau, *pas un* insecte.
어느 곳에도 살아있는 것이라곤 없었다. 동물도, 새도, 한 마리의 벌레도.

Pas une femme n'attendra. 한 사람의 여자도 기다리지 않을 것이다.

Pas un seul petit morceau n'est resté. 조그만 조각 하나도 남아 있지 않았다.

㊟ sans과 더불어 사용할 수도 있으나 현대에서는 거의 쓰이지 않는다.
César avait tant de grandes qualités *sans pas un* défaut, quoiqu'il eût bien des vices.
시이저는 악습을 가졌으되 결점이라고는 전혀 없이 위대한 장점을 많이 지니고 있었다.

(12) plus d'un, plus d'une

일반적으로 maint 대신 사용하며 단수 명사가 따라오며 동사도 단수를 쓴다.

Elle a été témoins de *plus d'un* accident de cette sorte.
그녀는 이런 종류의 적지 않은 사고를 보았다.

㈜ plus d'un ~이 둘 이상일 경우, 동사는 복수가 된다.
Plus d'un père, *plus d'une* mére en seront inconsolable.
많은 부모들이 그 것으로 위로 받지 못할 것이다.

(13) plusieurs

남・여성 같고, 항상 복수로 명사 앞에 놓인다. 둘 이상의 적은 수를 나타내며 뜻은 '몇 개의'이다.

Nous avons reçu *plusieurs* cadeaux. 우리는 선물 몇 개를 받았다.

Plusieurs personnes vous le diront. 몇 명의 사람이 당신에게 그것을 말할 것입니다.

(14) quelconque, quelconques

일반적으로 명사 뒤에 오며, 수에 따라 변화하고, 뜻은 '아무런, 어떠한 (=n'importe quel, n'importe qu'il soit)'이다.

Ouvrez ce livre à une page *quelconque*. 이 책의 어떤 페이지든 펴시오.

Cherchez des prétextes *quelconques*. 어떠한 구실이라도 찾으시오.

㈜ quelconque는 구어에서 품질형용사로 사용되면 '평범한(=banal, médiocre, vulgaire)'의 뜻이다.
Le papier de la lettre est *quelconque*. 편지지는 평범하다.
Il a été attaqué par de *quelconques* voyous. 그는 흔한 불량배에게 습격을 당했다.

(15) quelque, quelques

① 단수 : 셀 수 없는 명사 앞에서 막연한 방식으로 명사를 지칭하거나, 소량, 소수를 나타낸다. 합성어 quelqu'un 말고는 모음 앞에서도 e가 탈락되지 않는다.

J'ai besoin *quelque* argent. 돈이 조금 필요하다.

J'ai eu *quelque* difficulté à résoudre ce problème.

이 문제를 푸는 데 조금 어려웠다.

Pendant *quelque* temps, vous devez repentir. 얼마 동안 당신은 후회하리라.

㈜ 셀 수 있는 명사 앞에서 단수형은 일정치 않은 성질로 '어떤'이라는 의미로 쓰인다.
Envoyez-lui *quelque* livre, 어떤 책이든 그에게 보내세요.
Quelque vaisseau perdu jetait son dernier cri. (Hugo)
어떤 길 잃은 선박이 마지막 외침을 내었다.

② 복수 : 일정치 않은 적은 수를 의미함. plusieurs 뜻임.

il y a *quelques* jours 며칠전

quelques cents livres 수백의 책

Quelques crimes toujours procédent les grandes crimes.

몇몇 죄악들이 늘 큰 죄악들 전에 벌어진다.

㈜ 1. 수를 뜻하는 명사 앞에 쓰인 quelque는 부사로서 '약, 대개(=environ)'를 의미하며 이때는 불변한다.

Il est mort il y a *quelque* soixante ans. 그는 약 60년 전에 죽었다.

Elle marcha *quelque* deux cents pas dans le sentier.

그녀는 오솔길에서 200보 가량 거닐었다.

㈜ 2. 서수형용사 앞에 쓰인 quelque가 배수를 의미하거나, cent, mille 앞에 쓰이면 복수형으로 변화한다.

Je fis *quelques* cents mètres. 나는 수백 미터를 나갔다.

(16) quel que, quelle que, quels que, quelles que

quel que는 그 뒤에 동사 être 또는 devoir, pouvoir가 곧 바로 오기도 하며, 대명사가 오기도 한다. 주어가 명사일 경우에는 주어와 동사를 도치한다. 동사는 접속법 시제로 처리하고, 뜻은 양보의 의미인 '설사 어떠하든'이다.

Quels que soient les humains, il faut vivre avec eux.

인류가 어떠하든 공존해서 살아야 한다.

Quelles que soient les lois, il faut toujours les suivre.

법이 어떠하든 늘 준수해야 한다.

㈜ 1. 몇 개의 주어가 등위접속사 et로 늘어 놓여 있으면 주어를 전체로 보아, quel을 복수로 한다.

Quels que soient le nombre et la valeur des ennemis, il ne s'effraye point.

적의 수와 능력이 어떠하든 간에 그는 두려워 않는다.

㈜ 2. 몇 개의 주어가 동의어일 경우에는 가장 가까이 있는 것과 일치한다.

Quelle que puisse être votre valeur, votre mérite, soyez modeste.

당신의 자질, 당신의 재능이 무엇이든 간에 겸손하시오.

(17) quelque ~que, quelques ~que

양보나 대립을 나타내며 명사 바로 앞에 쓰이는데, '그 어떠한'의 뜻이다.

Quelque raison que vous donniez, vous ne convaincrez personne.

당신이 그 어떠한 이유를 대든 아무도 설득시키지 못할 것이다.

Quelques aptitudes que vous ayez, il faut y joindre le travail.

당신이 그 어떤 소질을 가졌든 거기에다 노력을 추가해야 한다.

㈜ 1. 속사로 쓰인 형용사 앞, 명사를 수식하는 형용사 앞, 부사 앞에서는 quelque가 부사로 쓰여 '아무리'의 뜻이며, 변화하지 않는다.

Quelque généreux qu'ils soient, ils seront fâcheux sans doute.

그들이 아무리 관대하다 해도 반드시 화를 낼 것이다.

Quelques bons juges que vous les croyiez, ces gens peuvent se tromper.
당신이 그들을 아무리 훌륭한 재판관이라고 생각해도 그 사람들도 잘못 생각할 수 있다.
Quelque habilement que vous parliez, je peux connaître votre vraie intention.
당신이 아무리 교묘하게 말하더라도 나는 당신의 진의를 알 수 있습니다.

㈜ 2. 옛 문어에선 quelque ~ que, quelque ~ dont, quelque ~ où로도 사용했다.
Travaillez à loisir *quelque* ordre qui vous presse. (Boileau)
당신을 압박하는 명령이 무엇이든 간에 여유 있게 일하시오.
Quelque part où il soit, il mange. (Le Bruyère) 그는 어느 장소에 있든, 먹는다.

(18) tel, telle, tels, telles

불확실하게 표현할 수밖에 없거나, 그렇게 나타내고자 하는 어떤 사람이나 사물에 쓰이며 뜻은 '그러한, 이러한'이다. 관계하는 명사의 성·수에 일치하며 보통 관사를 붙이지 않는다.

Telle page était griffonnée à la hâte, *telle* autre tâchée d'encre.
어떤 쪽은 급히 휘갈겨지고, 다른 것은 잉크 자국이 나 있었다.
Il y a *tel* hôtel à Mons où les gens viennent exprès dîner.
몽스에 사람들이 일부러 저녁 식사하러 가는 어떤 호텔이 있다.

㈜ 1. 부정관사를 취하는 경우 감정적으로 강조된다.
Je n'ai jamais ressenti une *telle* douleur. 나는 그런 고통은 느낀 적이 없다.

㈜ 2. tel et tel, tel ou tel은 명사 앞 또는 뒤에 놓인다.
Si vous lui demandez *telle* ou telle chose, il refuse.
당신이 그에게 이러저러한 것을 청하면, 그는 거절하리라.
Madames *telles* et *telles*. 모부인과 모부인

❖ Remarque : **품질형용사와 부정대명사의** tel

(가) 품질형용사로서의 tel은 부가형용사, 속사, 동격어 등으로 쓰이는데, 동격어로 쓰일 때는 보통 접속사절(que~)을 유도한다. 관사를 취할 경우와 취하지 않는 경우에 두루 쓰이는데, 관사를 쓰면 문의 내용이 다소 감정적인 뜻이 된다.

ⓐ 유사성을 나타내는 '비슷한, 유사한(=pareil, semblable)'의 뜻이다. 동격어절 que~는 보통 비교절이다.
Tel père, *tel* fils. 부전자전
Je n'ai jamais vu une *telle* audace. 나는 그런 대담성은 본 적이 없다.
Le jardin de ce château est *tel* que je l'avais imaginé.
이 성의 정원은 내가 상상하였던 것과 같다.

ⓑ 강도를 뜻하는 '아주 큰, 아주 심한(=si grand, si fort)'의 의미로 동격어

절 que는 보통 결과를 표현하는 절이다.

Il ne faut pas manquer à de *telles* grâces. 그러한 은혜를 저버리면 안 된다.

Il est d'une paresse *telle* qu'il a été refusé à son examen pour la quatorzième fois.

그는 열네 번이나 시험에 실패했을 정도로 퍽 게으르다.

Ses paroles avaient une *telle* sincérité que tout furent émus.

그 연설은 모두가 감동을 받을 정도로 몹시 진지하였다.

(나) 부정대명사로서의 tel은 단수로만 사용되며 '어떤 사람, 어떤 것'의 뜻이다. 관계대명사의 선행사로 쓰이면 '~한 사람(=celui)'이란 뜻이다.

Tel est pris qui croyait prendre. 혹 때러 갔다가 혹 붙여 온다.

Tel dit oui, tel dit non. 어떤 사람은 예, 또 어떤 사람은 아니오라고 대답한다.

Tel qui rit vendredi, dimanche pleurera.

금요일에 웃는 사람은 일요일에 울 것이다.

(19) tout, toute, tous, toutes

성・수에 따라 tout, toute, tous, toutes 네 가지로 변하며 주로 명사 앞에 쓰이고, 수에 따라 뜻이 달라진다. 특히 tout와 그 변형된 형태들은 부정형용사 외에 품질형용사, 대명사, 명사, 부사 등으로 복잡하게 쓰이고 있으니 그 용법에 유의해야 한다.

1) 단수로 쓸 때

한정되지 않은 명사, 즉 관사, 지시형용사, 소유형용사 따위를 동반하지 않은 단수명사 앞에 놓아 그 종류의 총괄이나 또는 분배나 반복을 의미하며, '모든, 각각의, 누구든지, 무엇이든지(=chaque, n'importe quel, n'importe quelle espèce de), 어떠한'의 뜻이다.

① 보편 명제 진리 격언 따위에서

Toute personne est mortel. 모든 인간은 죽는다.

Toute peine mérite salaire. 어떠한 고생도 보상을 받을 가치가 있다.

② 전치사 뒤에서

En *tout* cas j'irai. 아무튼 나는 갈 것이다.

A *tout* hasard, je viendrai demain. 어찌됐든 나는 내일 오겠다.

De *toute* façon, je refuse. 어쨌든 나는 거절한다.

❖ tout autre

ⓐ tout autre에서 tout가 '어느(=n'importe quel)'의 뜻으로 쓰이면 형용사로서 변화하며 명사 앞에 놓인다.
Toute autre difficulté provoquerait mon refus.
어떤 다른 어려움이 있었더라면 내가 거절했을지도 모른다.
Toute autre histoire est mutilée, la nôtre seule est complète.
모든 다른 역사는 핵심이 잘려졌으나 우리가 쓰는 역사만은 완벽한 것이다.

ⓑ tout autre 에서 tout가 '전혀, 아주(=entièrement, tout à fait)' 뜻으로 쓰이면 부사로서 변화하지 않는다.
Il m'a parlé de *tout* autre chose. 그는 내게 전혀 다른 것을 말하였다.
Une *tout* autre idée vint traverser mon esprit.
아주 다른 생각이 내 머리를 스쳐 지나갔다.
Il y a *tout* autres aspects. 전혀 다른 면들이 있다.

2) 복수로 쓸 때

집합적인 의미로, 개별적인 것의 총합을 나타낸다. 이때는 한정된 정관사, 지시형용사, 소유형용사를 동반한 복수명사 또는 복수대명사 앞에 쓰며 복수형을 사용한다. 이때 뜻은 '모두, 전부'를 의미한다.

① tous / toutes + 관사 / 지시 · 소유형용사 + 명사

Tous les hommes ont droit à la vie. 모든 사람들이 삶에 대한 권리가 있다.

Tous ces deux sont morts depuis longtemps. 두 사람 모두 오래 전에 죽었다.

Tous les autres 그밖에 모든 사람들

Tous les trois jours 매 3일마다

㊟ 1. 시간 및 거리를 뜻하는 복수명사 앞에 쓴 tous, toutes는 주기성을 나타낸다.
Il vient *tous* les ans. 그는 매년 온다.
Ils se reposent *tous* les cent mètres. 그들은 백 미터마다 쉰다.
Mais *tous* les jours et *tous* les jours je vous ai attendue.
그러나 나는 날마다 당신을 기다렸습니다.

㊟ 2. 형용사 tout가 부정문에서는 부분부정이 된다.
Tous les invités ne sont pas venus. 모든 손님이 온 것은 아니다.

② tous/ toutes + 무관사 명사

Tous ceux qui travaillent bien seront récompensés.

열심히 일하는 자는 모두 보상을 받으리라.

toutes affaires cessantes 중단된 모든 일

de *tous*(les) côtes 사방에서, 사방으로

㊟ 1. tout와 함께 이루는 다음의 성구들은 그 tout가 분배의 뜻을 나타내면 단수로, 집합의

의미를 나타내면 복수로 한다.

tout compte fait 숙고 끝에
de *toute* manière 어떻게 해서든지
à *toutes* jambes 전속력으로
à *tout* point de vue 어떤 관점에서도
une fois pour *toutes* 이번만큼은, 결정적으로
en *tout* lieu 도처에서
en *toute* occasion 어떠한 경우에도
être à *toutes* mains 만사에 능하다
toutes voiles dehors 돛을 전부 올리고

㈜ 2. 병렬된 명사들 앞에서는 보통 tout를 반복하는데, 각 명사를 분리해서 강조하고자 하는 경우나 성이 각기 다른 경우에는 특히 반복한다.
Tout mal et *toute* injustice 온갖 악과 불의

㈜ 3. 앞에 열거된 사실이나 명사를 요약하여, 동격이나 속사로 쓰인 관사 없는 명사 앞에 tous, toues를 쓴다.
Je dois plaider l'agrément, la beauté, *tous* arguments qui me discréditent.
즐거움, 아름다움은 나의 신망을 떨어뜨리는 논거이지만 나는 그것들을 옹호하리라.

❖ Remarque : tout의 다른 품사로써의 용법

(가) 품질형용사로서의 tout

ⓐ tout가 '전부, 온전한, 유일한(=entier, plein, complet, unique)'의 뜻을 지닐 때는 총체, 전체를 나타낸다. 관사, 지시형용사, 소유형용사를 동반한 명사 앞에, 또는 무관사 명사 앞에 단수로 쓰인다. 혹은 대명사 ceci, cela, ce(관계대명사 수반), celui, celle 앞에, 인칭대명사 앞에도 쓰이고, 성·수에 따라 변한다.

Tout notre mal vient de ne pouvoir être seuls.
우리들의 온갖 죄악은 혼자 있을 수 없다는 데서 온다.
Toute la famille est réunie. 가족이 모두 모였다.
Vous avez scandalisé *toute* une ville. 당신은 도시 전체를 분개시키고 있다.
Tout ce qui brille n'est pas l'or. 반짝이는 것이라고 모두 금은 아니다.
Elle était vêtue *toute* en blanc. 그녀는 온통 하얗게 차려 입었다.
Pour *toute* excuse, il allégua son ignorance.
유일한 변명이라고는 자신의 무지를 내세운 것뿐이다.

㈜ 1. 추상명사 앞에 놓여 감정적으로 그 명사를 강조한다. '전적인, 바로 그것, 아주'등의 의미를 갖고 명사 성 · 수에 일치한다.
Je suis en *tout* liberté. 나는 전적으로 자유다.
Dieu est de *toute* éternité. 신은 아주 영원하다.
Il a toute bravoure. 그는 아주 용감하다.

㈜ 2. "pour tout + 명사"의 형태로 뜻이 '유일한(seul)'이 된다.

Pour *toute* réponse, elle fondit en larme.
유일한 대답이라고는 그저 우는 것 뿐이다.

ⓑ 고유명사 앞에서 tout는 불변이며, 지명 앞에서는 그 지명 사람 전체 또는 그 지역 전체를 뜻하며, 작가 명 앞에서는 작품전체를 의미한다.

Elle a *tout* Corneille. 그녀는 꼬르네이유 전집을 가지고 있다.

Tout Paris l'acclamait. 모든 파리사람들이 그에게 갈채를 보냈다.

J'ai lu *tout* Mme de Sévigné. 나는 드 세비녜 부인의 작품을 모두 읽었다.

Tout Rome remarquait qu'il semblait heureux.
전 로마 시민은 그가 행복해 보이는 점을 주목하였다.

Tout Athènes serait détruit. 아테네 시 전체가 파괴되었을지도 모른다.

㈜ 'tout-'를 도시 앞에 붙이면 그 도시의 특별한 주민층(주로 엘리트)을 나타내며 불변한다.
Le *tout*-Paris assistait à cette brillante soirée.
파리의 엘리트들이 재치가 넘치는 그 저녁 모임에 참석하였다.

ⓒ 사법 용어에서는 tout가 전치사 뒤에 와서 quoi를 동반하면서 앞에 표현된 요소들을 통합하여 나타낸다.

De *tout* quoi nous avons dressé le présent constat pour le requérant en faire tel usage que de droit.
모든 것을 통 털어서 우리는 법률과 같이 사용하도록 신청자들을 위한 현재의 확증조서를 작성하였습니다.

(나) 대명사로서의 tout

다른 품사에 직접 관계 되지 않고 사용될 때는 대명사로써, 남・여성단수는 중성대명사로 tout를 남성복수는 tous, 여성복수는 toutes를 쓴다.

ⓐ 이미 표현된 것들의 전부를 나타내고, 또 명사적으로 쓰여 '모든 사람, 모든 것(=tout le monde, toutes les choses)'을 나타낸다.

C'est *tout*. 전부입니다.

Voici dix kilos de pommes ; prenez *tout*, si vous voulez.
여기 사과 10kg가 있습니다. 만일 원하신다면 모두 가져가십시오.

Il fut fêté par ses concitoyens, *tous* vinrent au-devant de lui.
그는 고향 사람들에게서 환영을 받았다. 모두 그를 마중 나왔다.

Femmes, moines, vieillards, *tout* était descendu.
여자들, 수도자, 노인들 모두 내려왔었다.

Jésus-Christ est mort pour le salut de *tous*.
예수 그리스도는 모든 사람의 구원을 위해 죽었다.

Toutes voulaient lui plaire. 모든 여자들이 그의 마음에 들고 싶어했다.

ⓑ '어느 사람, 어떤 것(=n'importe qui, n'importe quel)'을 나타낸다.

Tout arrive à qui sait attendre. 기다릴 줄 아는 사람에게는 무엇이든지 찾아온다.

Tout l'ennuie. 그는 만사에 싫증을 낸다.

㈜ tous는 대명사로 쓰일 때에만 [tus]로 발음된다.

(다) 명사로서의 tout

ⓐ 반드시 관사나 한정어 등이 앞에 오며 뜻은 '전체, 총체, 중요한 것'이다. 단수는 tout, 복수는 touts로 쓴다.

Donnez-moi le *tout*. 내게 전부를 주시오.

Il s'agit de nous-mêmes et de nôtre *tout*.

우리 자신에 관한 것이고, 우리의 모든 것에 관계되는 일이다.

ⓑ 성구(成句)로 쓰인다.

pas du *tout* 전혀, 조금도 천만에 point du *tout* 전혀, 조금도 천만에

rien du *tout* 아무것도 du *tout* 전혀

(라) 부사로서의 tout

ⓐ tout가 부사로 쓰이면 형용사, 형용사구, 분사, 부사, 부사구, 전치사, 전치사구, 제롱디프, 형용사적으로 쓰인 명사 등의 앞에 오며, 변화하지 않으나 유음의 h나 자음으로 시작하는 여성형용사 앞에서는 성·수에 일치하여 toute, toutes로 변한다. 뜻은 '아주, 전혀(=entièrement, tout à fait)'이다.

Il marchat *tout* doucement. 그는 아주 가만히 걸었다.

Ce sont des livres *tout* neufs. 이것은 아주 새 책들이다.

Elles sont *tout* en larmes, *tout* étonnées, *tout* hébétées.

그녀들은 온통 눈물에 젖고, 몹시 놀라 아주 얼이 빠져 있다.

Tout en m'aidant ils m'ont gêné. 나를 도운다면서 그들은 나를 방해하였다.

Il est *tout* en haut de la maison. 그는 집 맨 꼭대기에 있다.

Elle était *toute* honteuse. 그녀는 몹시 수치스러웠다.

Elles ont des roses *toutes* blanches. 그녀들은 아주 하얀 장미꽃들을 갖고 있다.

㈜ 1. 모음이나 무음의 h로 시작하는 여성형용사 앞에서는 toute, toutes로 변화시켜도 되고 안 해도 된다. 성·수의 일치가 자유롭다.

Elle est *toute* étonnée, *toute* heureuse(= Elle est tout étonnée, tout heureuse). 그녀는 몹시 놀라고 또 몹시 행복하다.

㈜ 2. 양보 구문 tout ~ que(아무리 ~라 할지라도)에 쓰인 tout 역시 부사로서 그 다음에는 주어나 목적어의 속사가 오는데, 속사로는 형용사, 형용사적으로 쓰인 명사, 분사가 온다.

Tout malin qu'il est, il s'est trompé. 그는 퍽 영리하지만 잘못 알고 있었다.
Tout habiles et *tout* artificieux qu'ils sont…
그들이 아무리 능숙하고 솜씨가 좋더라도…

㈜ 3. 명사나 대명사와 관계된 다음과 같은 표현에서의 tout는 부사 또는 형용사 중 임의로 취급한다.

Leur raison est *tout* d'une pièce. 그들의 이유는 거짓이 없다.
Je suis *toute* d'une pièce auprès d'elles. (Marivaux)
나는 그녀들에 비하면 아주 순진한 여자다.
Une grosse femme *toute* d'une venue. 쭉 뻗은 뚱뚱한 여자

ⓑ 많은 성구(成句)를 이룬다.

tout à fait 완전히
tout à coup 별안간
tout de suite 곧
tout au moment 적어도
tout d'abord 우선 먼저
tout de même 여하튼
tout d'un coup 별안간
tout au plus 점점
tout le premier 맨 먼저

ⓒ 형용사적으로 사용되는 단수 무관사 명사 앞에 놓여 그 명사를 강조한다. 성 · 수 변화는 없다.

Il est tout sucre, *tout* miel. 그는 아주 설탕이나 꿀 같다.

㈜ 원래 불변이나 형용사 tout의 영향으로 toute로 되는 수가 있다.
Mon père était *toute* intelligence. 나의 아버지는 아주 총명하셨다.

연습문제

A. 기초 문제

1. 다음 형용사를 여성형으로 고치시오.

① gentil ② meilleur ③ inquiet ④ net ⑤ travailleur
⑥ actif ⑦ petit ⑧ ancien ⑨ voisin ⑩ jeune
⑪ bon ⑫ triste

2. 형용사의 성과 수를 일치시킨 후 다시 써보시오.

① la neige blanc ② un beau oiseau
③ la mer bleu ④ une question facile
⑤ une chambre net ⑥ une vieux femme
⑦ une long route ⑧ une faux amitié
⑨ les petit livres ⑩ la maison neuf
⑪ l'histoire réel

3. 복수형으로 고치시오

① le cheveu gris ② le grand arbre ③ le bon travail
④ l'oeil bleu ⑤ une voix douce

4. 다음 수를 문자로 써 보시오

① 8 ② 15 ③ 17 ④ 81 ⑤ 98
⑥ 100 ⑦ 400 ⑧ 1, 000 ⑨ 80 ⑩ 1050
⑪ 306 ⑫ 2, 000

5. 아래 빈칸에 적당한 소유 형용사를 넣으시오.

① Je viens chez toi ce soir. Je connais......adresse.
② Tu as un bon médecin. Quel est.......nom?
③ Je voudrais faire une traduction, mais je ne trouve pas......dictionnaire.

④ Jacques Brel est un bon chanteur. Vous connaissez......chansons?

⑤ Il prend......petit déjeuner à 8 heures.

6. 괄호에 적당한 지시형용사를 써 넣으시오.

① Elle parle à ( ) hommes.

② Elle la cherche pour ( ) femme.

③ ( ) arbre a des fruits.

④ ( ) tables sont jolies.

⑤ ( ) enfant a onze ans.

⑥ ( ) livre est vert.

⑦ ( ) horloge est grande.

7. 괄호 안에 적당한 의문형용사를 쓰시오.

① ( ) belle fille?

② ( ) est votre nom?

③ ( ) sont les quatre saisons?

④ De ( ) couleur est la table?

⑤ ( ) jour du mois est-ce aujour'hui?

8. 밑줄 친 곳에 tout / quelque / chaque를 알맞게 고쳐 써 넣으시오.

① J'ai encore.........lettres à écrire avant de partir.

② Au ministère, à 5 heures, ...le monde s'en va.

③ ....les amis que j'ai parlent anglais.

④ ....soir elle regarde sous son lit avant de se coucher.

⑤ Il est parti.........jours au bord de la mer.

B. 기본 문제

1. 다음 문장 중 형용사의 위치가 맞는 문장을 고르고, 틀린 것은 바로 잡아 써보시오

① Elle a un meilleur livre que moi.

② Il y a une table ronde.

③ J'ai de l'eau bonne à boire.

④ Il y a une jaune fleur.

⑤ L'été est la pluvieuse saison.

2. 다음 문장들을 복수로 바꾸어 쓰시오.

① C'est un fleuve principal. ② J'ai un mauvais livre.

③ Il y a un nouveau journal. ④ Il est un vieil homme.

⑤ C'est un bel et bon chauffeur.

3. 아래 보기에서 괄호에 적당한 것을 고르시오.

① Elle est ( ) ② Elle parle ( ) ③ Il est ( ).

〈보기〉

ⓐfrançaise	ⓑle français	ⓒFrançaise
ⓓune française	ⓔfrançais	ⓕFrançais

4. 형용사의 위치에 따라 의미가 다르다. 의미를 말해 보시오.

① un grand homme, un homme grand

② une pauvre femme, une femme pauvre

③ un brave homme, un homme brave

④ une grosse femme, une femme grosse

⑤ la dernière année, l'année dernière

5. ( )에 적당하게 형용사를 변화시켜 넣으시오

① Paul a 25 ans et Pierre a 23 ans. Paul est (âgé) que Pierre.

② Quelle est (bon) vin?

③ Ces robes sont (cher) dans ce magasin.

6. 아래 숫자와 우리말을 프랑스어로 옮겨 보시오.

① 2, 715	② 1, 000, 000	③ 100, 000
④ 102, 358, 652	⑤ 초하루	⑥ 1월25일
⑦ 50%	⑧ 제1과	⑨ 1975년
⑩ 나폴레옹1세	⑪ 제2장	⑫ 제3막
⑬ 1/5	⑭ 3/7	⑮ 3^2

7. 빈칸에 소유형용사를 넣으시오.

① Ces livres sont à eux? Oui, ce sont.....livres.

② Cette maison est à vous? Oui, c'est.....maison.

③ Cette ville est à eux? Oui, c'est.....ville.

④ Ce manteau est à Rosa? Oui, ce sont.....manteau.

⑤ Ces vêtements sont aux enfants? Oui, ce sont.....vêtements.

8. 밑줄 친 부분에 알맞은 관사나 지시형용사를 넣으시오.

① J'ai......maison sur la Côte d'Azur. ....maison est à louer.

② Nous attendons........amis. .....amis sont en retard.

③ Est-ce que.....maison est à vendre? Je cherche.....maison à acheter.

④ Rome est .....ville magnifique. Je voudrais passer mes vacances dans .....ville.

⑤ Ecoute.......disque! Ce sont.......chansons de Georges Brassens.

⑥ Regarde.....homme là-bas à côté de l'arbre! C'est......présentateur de la télévision.

9. 알맞은 의문 형용사를 ( )에 넣으시오.

① ( ) âge avez-vous?

② ( ) film préférez-vous?

③ ( ) heure est-il?

④ ( ) ville habitez-vous?

⑤ ( ) disques écoutez-vous?

⑥ ( ) actrices aimez-vous?

10. 아래 밑줄 부분에 적당한 부정형용사를 넣으시오.

① Un proverbe dit; ".......père, ...fils."

② .... garçon n'a parlé.

③ Lisez un chapitre ....

④ .... un homme ne l'aurait fait.

⑤ J'achèterai .... quel dictionnaire.

⑥ Je connais le titre de .... roman de cet écrivain.

11. Tout/ toute/ tous/ toutes를 알맞은 곳에 넣으시오.

① Elle essaie....... mes vêtements.

② ....la police recherche le meurtrier.

③ Il perd ....les jours quelque chose.

④ Elle fait ....le travail.

⑤ Je n'ai pas ....mes clés.

⑥ Il met des vêtements de.....les couleurs, un vrai clown.

12. (+)는 우등비교급, (-)는 열등비교급, (=)는 동등비교급으로 알맞은 형태로 넣으시오.

① (-)Un instituteur gagne.........argent......un dentiste?

② (=)La choucroute est............lourde......le cassoulet.

③ (=)Alain a............responsabilités..........son directeur.

④ (+)Les Américains ont des journées de travail........longues.....les Anglais.

⑤ (-)Le vin de pays est.........cher...........le bordeaux.

⑥ (-)Les Allemands ont.........enfants.........les Français.

⑦ (+)Il faut..........chaud en Italie..........en Suède.

⑧ (=)Le niveau de vie des italiens est.........élevé.........en France.

⑨ (-)Les Belges boivent..........eau minérale........les Français.

⑩ (+)Les croissants sont..........populaires......les brioches.

C. 응용 문제

1. 명사 앞의 관사와 그것을 수식하는 형용사나 명사보어의 기능에 대하여 설명해 보고 차이점을 논해 보시오.

1) Le verre du milieu contient du vin blanc.

2) Un verre contient du jus d'orange.

3) Chaque verre contient une boisson.

4) Le verre à pied contient du vin blanc.

2. 아래에서 문법이나 어법상 틀린 것은? 그리고 틀린 이유가 무엇인지 설명하시오.

1) un rayon solaire
2) Des cages thoraciques et fragiles.
3) Votre boîte est cranienne
4) Cette vertèbre est trop lombaire.
5) le bras très gauche
6) le bras gauche
7) un bâtiment municipal
8) un rayon du soleil
9) un bâtiment très municipal

3. 아래에서 형용사 앞에 부사(예를 들어 très)를 놓을 수 있는 것과 없는 것을 지적하고 그 이유에 대해 논해 보시오.

1) Un rayon solaire.
2) Un adjectif qualificatif.
3) Un pronom personnel.
4) Un bon professeur.
5) Un garde républicain
6) Une grande république
7) Un gentil cousin
8) Un port maritime
9) Un port immense
10) Un imbécile heureux

정답 A. 기초문제

1. ① gentille ② meilleure ③ inquiète ④ nette ⑤ travailleuse ⑥ active ⑦ petite ⑧ ancienne ⑨ voisine ⑩ jeune ⑪ bonne ⑫ triste 2. ① blanche ② bel ③ bleue ④ facile ⑤ nette ⑥ vieille ⑦ longue ⑧ fausse ⑨ petits ⑩ neuve ⑪ réelle 3. ① les cheveux gris ② les grands arbres ③ les bons travaux ④ les yeux bleus ⑤ des voix douces 4. ① huit ② quinze ③ dix-sept ④ quatre-vingt-un ⑤ quatre-vingt-dix-huit ⑥ cent ⑦ quatre cents ⑧ mille ⑨ quatre-vingts ⑩ mille cinquante ⑪ trois cent six ⑫ deux mille 5. ① ton ② son ③ mon ④ ses ⑤ son 6. ① ces ② cette ③ Cet ④ Ces ⑤ Cet ⑥ Ce ⑦ Cette 7. ① Quelle ② Quel ③ Quels ④ Quelle ⑤ Quel 8. ① quelques ② tout ③ Tous ④ Chaque ⑤ quelques

B. 기본문제

1. ① ② ③ ;fleur jaune, saison pluvieuse 2. ① Ce sont des fleuves principaux. ② Nous avons de mauvais livres. ③ Il y a de nouveaux journaux. ④ Ils sont de vieux hommes. ⑤ Ce sont de beaux et bons chauffeurs. 3. ① ⓒ ② ⓔ ③ ⓕ 4. ① 위인, 키 큰 사람② 불쌍한 사람, 가난한 사람③ 정직한 사람, 용감한 사람④ 뚱뚱한 여인, 임신부⑤ 마지막년도, 작년 5. ① plus âgé② le meilleur③ les plus chères. 6. ① deux mille sept cent quinze ② un million ③ cent mille ④ cent deux millions trois cent cinquante-huit mille six cent cinquante-deux ⑤ le premier (jour) ⑥ le vingt-cinq janvier ⑦ cinquante pour cent ⑧ leçon un(=la première leçon) ⑨ mil neuf cent soixante-quinze ⑩ Napoléon premier ⑪ chapitre deux ⑫ l'acte trois ⑬ un cinquième ⑭ trois septième ⑮ trois à la deuxième puissance(=le carré de trois =trois au carré) 7. ① leurs ② ma(notre) ③ leur ④ son ⑤ leurs 8. ① une, Cette ② des, Ces ③ cette, une ④ une, cette ⑤ ce, des ⑥ cet, un 9. ① Quel ② Quel ③ Quelle ④ Quelle ⑤ Quels ⑥ Quelles 10. ① tel, tel ② Aucun ③ quelconque ④ Pas ⑤ n'importe ⑥ chaque 11. ① tous ② Toute ③ tous ④ tout ⑤ toutes ⑥ toutes 12. ① moins d'argent qu' ② aussi lourde que ③ autant de responsabilités que ④ plus longues que ⑤ moins cher que ⑥ moins d'enfants que ⑦ plus chaud en Italie qu' ⑧ aussi élevé qu' ⑨ moins d'eau minérale que ⑩ plus populaires que

제4장

대명사 (Pronom)

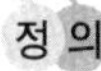

정 의

명사, 형용사, 절 등을 대신한다. 그러나 때로는 어떠한 것도 대신하지 않고 절대적으로 쓰이는 대명사도 있다. 대명사가 명사를 대신할 때는 남성·여성, 단수·복수까지 따로 있지만, 형용사나 무관사 명사, 부정법, 구, 절 등과 같은 단어나 구문을 대신할 때에는 중성대명사(le, en, y)를 쓰며 중성이라, 성·수에 따라 변화하지 않는다.

Prenez ce livre ; lisez-*le* haute voix.
이 책을 들고 큰 소리로 읽으시오. (명사 대용)
Il est brave? - Non, il ne *l'*est pas.
그는 용감하오? - 아니오, 그렇지 못합니다. (형용사 대용)
Le travail est un trésor ; retenez bien *cela*.
노동은 보물이다. 이 사실을 잘 명심하시오. (절 대용)
Sont-ils rentrés, vos élèves? - Je ne *le* sais pas.
학생들이 돌아왔습니까? - 모르겠는데요. (절 대용)

Ⅰ. 대명사의 종류(Espèce du pronom)

대명사는 다음과 같이 6가지가 있다.11)

◇ 인칭대명사(pronom personnel)

12) 다음 두 가지 방식으로 분류하기도 한다.
ⓐ le pronom absolu - 대명사가 특별히 어떤 다른 말을 대신하는 것이 아니라 그 자체가 대상물로 쓰인 것.
Présente-*moi* à elle. 그녀에게 나를 좀 소개시켜 주시오.
J'aime bien *ça*. 나는 그것을 매우 좋아한다.
ⓑ le pronom représentant - 대명사 본래의 의미대로 명사를 대신하여 쓰인 대명사
Ce monsieur a perdu sa canne ; prête-*lui celle-ci*.
이 분은 지팡이를 잃으셨다. 이걸 빌려 드려라.

◇ 소유대명사(pronom possessif)
◇ 지시대명사(pronom démonstratif)
◇ 관계대명사(pronom relatif)
◇ 의문대명사(pronom interrogatif)
◇ 부정대명사(pronom indéfini)

Ⅱ. 대명사의 용법과 기능 (Emploi et fonction du pronom)

대명사의 기능, 즉 문장에서 대명사의 역할은 다양하다. 그 다양한 기능은 각기 개별적 대명사의 용법과 직결된다. 따라서 대명사의 기능은 모든 대명사의 일괄적인 공통 용법인 만큼 확실히 숙지해 두어야 한다. 대명사는 명사의 대용인 만큼, 명사가 갖는 모든 용법과 기능을 갖는다.

1. 주어로 쓰인다.

Tout est noir ; *on* n'y voit rien. 온통 어둡다. 아무것도 안 보인다.

2. 속사로 쓰인다.

Qui est là? - C'est *moi*. 거기 누구입니까? - 접니다.

3. 직접목적보어로 쓰인다.

Je *le* veux. 그걸 원한다.

4. 간접목적보어로 쓰인다.

Ne nuisez à *personne*. 아무도 해치지 마시오.

5. 상황보어로 쓰인다.

N'avez-vous pas honte de partir sans *moi*? 나 없이 출발해도 부끄럽지 않겠소?

6. 동작주 보어로 쓰인다(수동태에서).

J'ai été reproché sévèrement par *lui*. 그에게서 심하게 꾸중을 들었다.

7. 동격어로 쓰인다.

Il écrivit une épigramme, *quelque chose* de virulent.
그는 신랄한 것, 즉 풍자시를 한 편 썼다.

8. 한정보어로 쓰인다.

L'égoïsme signifie l'amour de *soi-même*. 이기주의는 자기애를 뜻한다.

9. 형용사의 보어로 쓰인다.

Il est un homme apte à *tout*. 그는 모든 것에 소질이 있는 사람이다.

10. 호격, 즉 호칭어로 쓰인다.

O, *toi*, qui gouverne le monde. 오, 그대, 세계를 지배하는 이.

㈜ 1. 대명사로 대치하려면 명사가 반드시 관사나 한정형용사 등으로 한정되어야 한다.
Vous demandiez les journaux d'aujourd'hui. 당신이 오늘 신문을 청했지요.
→ je vous *les* apporte. (les는 les journaux d'aujourd'hui를 받음)
제가 여기 그것들을 가져왔습니다.
J'ai obtenu satisfaction. 나는 만족을 취했다
↛ Je *la* considère comme importante. 나는 만족을 중요하게 여긴다.
(명사 satisfaction이 한정되어 있지 않으므로 이를 la로 받는 이런 문장은 성립이 되지 않는다. 즉 satisfaction을 대명사 la로 다시 받아 쓸 수 없다.)

✽ 바꾸어 말하면 관사나, 소유형용사, 지시형용사, 의문형용사, 부정형용사 등으로 한정된 명사만을 대명사로 대치할 수 있다. 따라서 속사로 쓰인 명사로써 관사 따위로 한정되지 않은 것은 중성대명사 le로 대신한다.
Mademoiselle, vous êtes secrétaire? – Non, je ne *le* suis pas.
아가씨가 비서입니까? – 아니오, 그렇지 않습니다.

Ⅲ. 인칭대명사(Pronom personnel)

인칭대명사는 사람 및 사물을 대신하여 1인칭, 2인칭, 3인칭과 각 인칭의 단수, 복수로 나누어지는데 경우에 따라서는 3인칭이 성에 따라 변한다. 대명사의 위치는 기능, 엑센트 등에 따라 각기 다르다.

◇ 인칭대명사의 형태

수	인 칭	비 강 세 형	
		주 어	직접목적보어
단	1	je 나는	me 나를
	2	tu 너는	te 너를
수	3(남) (여)	il 그는(그것은) elle 그녀는(그것은)	le 그를(그것을) la 그녀를(그것을)

복 수	1	nous 우리는	nous 우리를
	2	당신은 vous 당신들은/ 너희는	당신을 vous 당신들을/ 너희를
	3(남) (여)	ils 그들은(그것들은) elles 그녀들은(그것들은)	les 그들을(그것들을) 그녀들을(그것들을)
단수/ 복수	3(재귀)	—	se 자신을/ 자신들을
단수	중 성	il 그것은	le 그것을

수	인 칭	비강세형 간접목적보어	강 세 형 주어,목적보어의 강조, 전치사의 보어, 속사
단 수	1	me 나에게	moi 나(를)
	2	te 너에게	toi 너(를)
	3(남) (여)	lui 그에게 그녀에게	lui 그(를) elle 그녀(를)
복 수	1	nous 우리에게	nous 우리(를)
	2	당신에게 vous 당신들에게/ 너희에게	당신(을) vous 당신들(을)/ 너희들(을)
	3(남) (여)	leur 그들에게 그녀들에게	eux 그들(을) elles 그녀들(을)
단수/ 복수	3(재귀)	se 자신에게/ 자신들에게	soi 자신/ 자신들(을)
단수	중 성	en 그것의 y 그것에	—

㈜ 1. je, me, te, se, le, la는 모음이나 무음의 h로 시작하는 단어 앞에서, 또 중성대명사 en, y 앞에서 élision 이 되어서 j', m', t', s', l'이 된다.

*J'*ouvre la porte. 나는 문을 연다.
Il *m'*appelle. 그가 나를 부른다.
Elle *s'*étire. 그녀는 기지개를 켠다.
Tu *t'*en vas? 가냐?

㈜ 2. 비강세형 인칭대명사도 동사와 관계하는 위치에 따라 강세형 인칭대명사로 바뀌는 경우도 있다.

Tu *me* donnes mon stylo. 너는 내게 만년필을 준다. (비강세형)
Donnez-*moi* mon stylo. 내게 만년필을 다오. (강세형)

❃ tu는 속어에서는 t'로 생략되는 경우가 많다.
T'as raison. 네 말이 옳다.

❃ il과 ils은 자음 앞에서 보통 [i]로 많이 발음된다. 반면 모음 앞에서는 [il]과 [iz]로 발음된다.
il(s) monte(nt) [imɔ̃t]
il arrive [ilaʀiv]
ils arrivent [izaʀiv]

1. 주어 대명사

프랑스어에서 주어 인칭대명사는 동일한 발음을 가지면서 인칭에 따라 어미형이 다른 동사 앞에 쓰여 말하는 주체를 누구인지를 정확히 알려준다.12)

(je) parle,(tu) parles,(il) parle,(ils) parlent

즉, 위의 네 가지 동사의 발음은 모두 같지만, 주어를 명기함으로써 어느 인칭인지 구분할 수 있게 해준다.

1.1. 주어인칭대명사

(1) tu와 vous

① tu는 단수로 부부, 형제, 친구, 동료들 사이에서, 그리고 연령의 차이에도 불구하고 친밀감을 표시하고자 할 때 사용한다. 따라서 윗사람이 아랫사람에게 쓰는 반말과는 성격이 다르다. 이처럼 서로 tu를 사용하는 것을 tutoyer(tu de familiarité) 라고 한다.

Tu es un nouveau, n'est-ce pas? 너 신입생이지, 그렇지?

Viens-*tu* avec moi? 나랑 함께 가겠니?

② vous는 존칭 단수 및 복수로('당신', '당신들'), 서로 예의를 갖추어야 하는 사이에서, 또는 상대방과의 거리감을 표시하는 데 사용되는데 이를 vousvoyer 또는 voussoyer(vous de politesse)라고 한다.

Vous êtes bien aimable, monsieur. 당신은 무척 친절하시군요.

Vous êtes bien aimable, messieurs. 당신들도 무척 친절하십니다.

㈜ 위의 ① ② 용법들은 서로 섞여 사용되기도 하는데 이럴 때는 상대방에 대한 감정(분노, 멸시, 질책)을 나타낸다.

Si je te voyais jouer avec une margot, je ne vous reconnaîtrais plus pour mon neveu.

네가 나쁜 여자와 놀아나는 걸 내가 본다면 나는 너를 더 이상 내 조카로 여기지 않으리라.

---

12) 중세에는 주어 인칭대명사를 생략하고 동사의 어미만으로 문법상의 인칭을 나타냈다. 그 뒤 차츰 주어 인칭대명사가 나타났지만 생략의 전통은 16세기까지 이어졌다.

Adam, où es? 아담, 너는 어디 있니?

Que ferai donc? 그래서 무엇을 할 것인가?

Ma chère amie, que avez? 친구여, 무슨 일이지?

* 이 습관이 현재까지 남아 주어 인칭대명사 없이 쓰인 고어투의 관용적 표현이 더러 있다.

Fais ce que dois. 할 일을 하라.

Homicide point ne seras. 살인하지 말라.

Tes père et mère honoreras. 너의 부모를 공경하라.

③ tu의 복수로도 vous를 사용한다.

Mes enfants, *vous* avez fini vos devoirs? 얘들아, 숙제는 끝냈니?

Vous avez le même âge, ta cousine et toi. 네 사촌과 너는 나이가 같구나.

④ tu는 혼자말에서 자기 자신에게 하는 말에도 쓰인다.

Songes-*tu*? me disais-je en moi-même, dans mon sommeil, songes-*tu*, ou est-ce réel?

내가 꿈꾸고 있는 건가? 내가 꿈을 꾸나, 이게 현실인가? 하고 나는 비몽사몽간에 혼자 중얼거리곤 했다.

Il se fait tard, pensai-je, et où vas-*tu* souper?

너무 늦었구나, 그런데 어디서 저녁을 먹지? 하고 난 생각하였다.

⑤ tu는 감정적 표현으로서 윗사람에 대한 숭배나 존경, 친애의 뜻을 나타내고자 할 때 쓰인다.

O, mon souverain Roi! Me voici donc tremblante et seule devant *toi*!

오, 전하! 당신 앞에서 두려워하며, 홀로, 제가 여기 있나이다.

Je *te* le dis en vérité quand *tu* voudrais donner un festin de roi, je me ferais fort de tout apprêter.

(하인이 주인에게) 주인님께서 호화스런 향연을 베풀고자 하실 때에 저는 모든 것을 준비할 수 있다고 진심으로 말씀드릴 수 있습니다.

(2) nous

① nous는 1인칭 복수로서 쓰인다. 그 이외에 국왕, 사제, 교황, 위정자들이 공식적인 명령에서 위엄을 나타내기 위해서 쓰고(nous de majesté), 또 저자나 편집자들이 서문 등에서 겸허함을 나타내기 위해 je 대신 쓴다. 이때 걸리는 형용사, 과거분사는 단수로 한다.

Nous, Christian XVI, par la grâce de Dieu ...

나, 크리스티앙 16세는 신의 은총으로 ...

En présentant ce livre au public, *nous* sommes convaincu de son utilité.

대중에게 이 책을 소개하면서 저는 그 유용성을 확신하고 있습니다.

② nous는 일상어에서 상대방의 행위에 강한 관심이 있음을 나타낼 때 tu, vous 대신 쓰인다. (호의적 nous)

Hourra! mes braves! encore quelques efforts et *nous* sommes sauvés!

만세! 용감한 친구들! 조금 더 힘을 내게, 구조되었으니까!

Avons-*nous* bien dormi, mon garçon? 얘야, 잘 잤느냐?

③ il, elle 대신 쓰이는 nous는 강조를 나타낸다. (강조적 nous)

Nous avons eu d'abord un sentiment de siccitè au pharynx. (Flaubert)
그녀(nous=Mme Bovary)는 먼저 목구멍이 바짝 마르는 느낌이었다.

④ nous는 또한 혼자말, 협박투에서 je, moi를 대신하는데 이 때 속사는 단수로 한다.

Il faut que *nous* soyons plus prudent. 나는 더욱 조심해야 한다.

(3) il, elle, ils, elles

① 이 3인칭 대명사들은 사람은 물론 사물, 동물, 관념 등을 대신한다.

Le voyageur ouvrit son portefeuille, *il* chercha son ticket.
그 여행자는 지갑을 열고 차표를 찾았다.

J'aime les dictionnaires ; *ils* ont leur grande utilité.
나는 사전을 좋아한다. 그것들은 굉장히 유용하다.

Cet amour de la patrie a-t-*il* enfanté des miracles. 이 조국애가 기적을 낳았다.

② ils이 부정대명사로서 선행하는 명사 없이 쓰일 때가 있는데, 이 경우는 관심의 대상이 된 많은 사람들을 막연하게 표현하는 것으로 경멸, 분노를 의미한다.

Ils m'ont battu ...parce que ...je ...je n'ai pas de papa.
그들이 나를 때렸어요 ...내게 ...내게 아빠가 없다구요.

Ils ont encore augmenté les cigarettes! 그 자들이 또 담배 값을 올렸구나!

* 17^{C}부터 대화에서 윗사람에게 경의를 표하는 어투로 2인칭 대신 3인칭을 사용하였으나, 요즈음은 어색한 표현으로 본다.
Votre Excellence me permet-*elle*? 각하 윤허해 주시겠습니까?
Madame prendra-t-*elle* son café? 부인께서는 커피를 드시겠습니까?

1.2. 비인칭대명사로서의 il

비인칭대명사 il은, 비인칭동사나 비인칭적으로 사용된 동사를 유도하거나, 또는 형식상의 주어 역할을 하여 진주어가 있음을 예고한다.

(1) 날 씨

Il pleut. 비가 온다. *Il* neige. 눈이 온다.
Il fait clair. 날이 맑다.

(2) 시 간

Il est une heure. 1시이다. *Il* est midi. 정오이다.
Il se fait tard. 시각이 늦었다.

(3) 그 밖의 비인칭동사

Il faut... 해야 한다, ~이 필요하다.	*Il* reste... 남아 있다.
Il s'agit de... ~이 문제다.	*Il* est question de... ~에 관한 일이다.
Il semble.. .~인 것 같다	*Il* se trouve que... ~하는 일이 있다.
Il vaut mieux.. .~이 더 낫다.	*Il* y a... ~이 있다.
Il arrive... ~일이 생기다.	

㈜ il이 생략되는 경우가 더러 있다.
si bon vous semble 당신 좋으실 대로
Mieux vaut se taire que de mal parler. 잘못 말하느니 침묵하는 게 더 낫다.
Peu importe qu'il vienne ou non. 그가 오든 말든 별로 중요하지 않다.

(4) 형식상의 주어

진주어가 동사 뒤에 다양한 형태로, 즉 명사, 부정법, 절 등으로 나온다.

Il vous arrivera malheur. 당신에게 불행이 생길 것이다.

Il est honteux de trahir ton ami. 네 친구를 속이는 거는 부끄러운 일이다.

Il est vrai qu'on m'a aidé. 내가 도움을 받은 것은 사실이다.

2. 목적보어대명사

2.1. 직접 및 간접목적보어 인칭대명사

(1) me, te, le, la, nous, vous, les, lui, leur

목적보어 인칭대명사 역시 사람은 물론, 특히 3인칭의 경우는 사물, 동물, 관념 등도 대신한다. 여기에는 직접목적보어를 대신하는 대명사(me, te, le, la, nous, vous, les)와, 간접목적보어를 대신하는 대명사(me, te, lui, nous, vous, leur) 두 가지 형태가 있는데 3인칭만 제외하고는 직접, 간접의 형태가 모두 동일하므로 유의해야 한다.

Y a-t-il une sonnette? Oui, je *la* distingue dans l'ombre.
초인종이 있습니까? 네, 컴컴한 곳에서 찾아냈는데요. (직접)

Je *t*'aime beaucoup. 나는 네가 몹시 좋다. (직접)

Il ne *te* donne pas ton stylo. 그는 네게 네 만년필을 주지 않는다. (간접)

Il *nous* présente à elle. 그는 우리를 그녀에게 소개한다. (직접)

Donnez-*nous* nos livres. 우리에게 우리 책을 주세요. (간접).

Je *le* crois sur parole. 나는 그의 약속을 믿는다. (직접)

Il *lui* en a beaucoup voulu. 그는 그녀를 몹시 원망한다. (간접)

* 다음과 같은 일상적인 성구 몇 가지에서는 le, la가 확실한 의미를 갖고 있지 않다.
  Il *le* prend de haut. 그는 거만하게 군다.
  Je me *le* tiendrai pour dit. 나는 명심해 둘 터이다.
  L'équipe A *l'*emporte sur celle de B. A팀이 B팀보다 강하다.
  Celui-là *la* connaît. 그 자는 약삭빠르다.
  Je *la* trouve mauvaise. 나는 불만스럽다.
  On ne me *la* fait pas. 나를 속이지 못한다.

(2) 목적보어 인칭대명사는 보통 동사 앞에 오며 이때는 비강세형을 취하나 다음의 경우는 동사 뒤에 오고 강세형을 취한다. (강세인칭대명사 참조)

① 긍정명령문에서는 me, te만이 강세형을 쓴다.
Donne-*moi* un verre d'eau. 물 한 잔만 주게.

② 목적보어 인칭대명사가 그 대명사와 동일한 기능을 갖는 어떤 명사나 대명사와 나란히 쓰일 때
Il contemplait la foule sans distinguer ni *moi* ni personne.
그는 나도 아무도 알아보지 못하고 군중을 쳐다보고 있었다.
Je rends ces lettres à *vous*. 나는 이 편지를 당신에게 돌려보낸다.

③ 주어와 동사가 생략된 절에서, 특히 대답할 때와 비교하는 문장에서 많이 쓴다.
Qui blâme-t-on? - *Toi*. 누구를 비난하는 거지? - 자네야.
Ceci me convient moins qu'à *lui*. 이것은 나보다 그에게 더 맞는다.

④ ne ~ que 구문 다음에서
On n'admire que *lui*. 사람들은 그 사람만 감탄하여 바라본다.
Je ne plais qu'à *eux*. 나는 그들 마음에만 든다.

⑤ C'est ~ que 구문과 더불어서
C'est *toi* que je bénis dans toute créature.
모든 창조물 중에서 내가 축복한 것은 그대이다.
Ce sont *eux* que j'ai rencontrés hier au cinéma.
내가 어제 영화관에서 만난 것은 그들이다.

2.2. 허사로서의 목적보어 인칭대명사

어떤 표현에서의 보어인칭대명사 me, te, vous와 명령법 뒤에 오는 moi는 상대방의 보다 적극적인 관심을 끌고, 동작을 보다 생동감 있게 표현하기 위하여 사용되는데, 이를 허사 보어(complément explétif) 또는 관심유도 보어

(complément d'intérêt atténué)라 한다.

Buvez-*moi* cela. 이걸 마시자.

On a jugé le malheureux et on *vous* l'a condamné à la prison perpétuelle.
그 불쌍한 사람은 재판을 받았는데 종신형에 처해 있다.

Je *te* l'ai pris par la peau du cou et je *te* l'ai mis dehors.
나는 그 녀석의 목덜미를 잡아 내쫓았다.

3. 중성대명사

3.1. 중성대명사 le

직접・간접목적보어 인칭대명사와는 달리 성・수에 따라 변화하지 않고, 부정법, 절, 속사로 쓰인 형용사나 무관사명사를 대신하면서 직접목적보어, 속사 등으로 쓰인다. le는 동사 앞에 온다.

(1) 목적보어로 쓰인 le는 하나의 완전한 문장이나 또는 동사의 부정법을 대신한다. 이 때 le는 앞에 나온 것은 물론 뒤에 나온 것들도 대신한다.

Il fait beau, je *le* vois. 보다시피 날씨가 좋다.

Est-ce que vous savez qu'il part demain pour la France? - Oui, je *le* sais.
그가 내일 프랑스로 떠난다는 걸 알고 계십니까? - 예, 알고 있습니다.

Elle ne pouvait pas rivaliser avec lui, elle ne *le* voulait pas.
그녀는 그와 대적할 수 없었다. 그러고 싶지 않았던 것이다.

Quand il *le* faudra, nous accepterons de mourir.
필요하다면 죽음도 마다 않겠다.

Il va venir. Apprends-*le*-leur. 그가 곧 온다. 그들에게 그것을 알려라

❋ 앞에 나온 중성대명사도 대신한다.
Cela, elle-même ne *le* comprenait pas. 그것은 그 여자 자신도 알지 못했다.

(2) 속사로 쓰인 le는 형용사나, 관사 없이 쓰인 명사를 대신한다.

Si les petites sont heureuses, je *le* suis aussi.
아이들이 행복하다면 나 역시 행복하다.

Ou vous étiez d'accord, ou vous ne *l'*étiez pas. 당신이 동의를 하였든 안 하였든.

㈜ 속사에 정관사(지시형용사, 소유형용사)와 더불어 쓰인 명사가 오면 직접목적보어(le, la, les)로 대신한다.
Êtes-vous la gouvernante de ces enfants? – Oui, je *la* suis.
당신이 이 아이들의 가정교사인가요? 예, 그렇습니다.

(3) plus ~ que, autre que, moins que, mieux que, comme, si, quand 뒤에서 흔히 쓰인다.

Tu vas mieux que je ne *le* pensais. 너는 내가 생각했던 것보다 더 잘 지내는구나.

Il est plus gai qu'il ne *l'*était hier. 그는 어제보다 더 쾌활하다.

J'ai fait mon possible comme vous *le* voyez. 당신이 보다시피 나는 능력껏 하였다.

(4) 현대 프랑스어에서는 장소의 보어 y를 써야 할 경우에도 le를 쓰는 경향이 있다.

Henri Michaux s'est tenu à l'écart de la vie littéraire, et entend *le* rester.
앙리 미쇼는 문단과는 동떨어져 있었고, 또 그렇게 있고 싶어 한다.

(5) 다음과 같은 관용구에서 선행하는 말없이도 그냥 쓰인다.

*l'*emporter sur ~을 이기다.
le disputer avec ~와 싸우다.
le céder à ~에 지다.
*l'*echapper belle 간신히 위기를 모면하다.
le donner en cent 되나 안 되나 해 보다.
le donner au plus habile 가장 익숙한 것 같다.
le prendre sur un ton 건방지게 말하다.

❖ 중성대명사 le의 생략

다음과 같을 경우에 중성대명사 le가 생략될 때가 많다.

① plus(moins, aussi) ~ que, comme 등 비교를 나타내는 말 뒤에나, si, quand 뒤에서 동사 dire, savoir, penser, croire, pouvoir, vouloir, faire와 함께 쓰일 때(특히 회화)

Il paraît plus riche qu'il ne(*l'*) est. 그는 실제보다 더 부유해 보인다.

Je sortirai si je(*le*) peux. 가능하면 나가겠소.

Vous viendrez quand vous(*le*) pourrez. 올 수 있으면 오세요.

㊟ 그러나 보어가 있을 때는 le를 생략할 수가 없다.
Il fut content comme on *l'*est d'une bonne action accomplie.
그는 좋은 일을 했을 때처럼 만족했다.

② 삽입절에 쓰인 le도 생략할 때가 많다.

Vous avez, je(*le*) vois, de bonnes raisons.

보니까, 너희는 그럴 듯한 이유들이 있구나.

③ 다음과 같은 부정형의 대답, je ne crois pas, je ne pense pas, je ne veux pas, je ne sais pas, je ne peux pas, je ne vois pas, je ne dis pas ...등에서도 생략한다.

A-t-il raison? - Je ne(*le*) sais pas. 그가 옳았나? 몰라.

3.2. **중성대명사** en

원래는 장소의 부사(=de là)였으나 사용이 점점 확장되어 "de+명사", "de+대명사(또는 de+부정법, 절)"를 대신하게 되었으며 부사적 대명사(pronom adverial), 또는 대명사적 부사(adverbe pronominal)라고 불리기도 한다. 일반적으로 비강세로 성·수 불변이고, 긍정명령문에서만 동사 뒤에 오고, 나머지 경우는 동사 앞에 온다.

(1) 보통 전치사 de를 앞세운 형태로 앞에 나온 명사, 중성대명사, 부정법, 절을 대신한다. en 자체에 항상 de가 내재되어 있음에 유의해야 한다.

① 부사적으로 쓰인다. en이 장소를 나타내면 '거기서, 그곳에서'의 뜻(부사)이다.

Sors-tu d'ici? - Oui, j'*en* sors. 여기서 나갈 거니? - 그래, 거기서 나갈 거야.

Vient-il de Paris? - Oui, il *en* vient. 그가 파리에서 오니? 네, 그가 거기서 옵니다.

② 형용사의 한정보어나 동사의 보어 역할을 한다.

Ses richesses, il *en* est fier. 그는 자신의 부를 자랑한다.

Je rencontrai une jeune fille et *en* devins amoureux.

나는 어느 한 처녀를 만났고, 그녀와 사랑에 빠졌다.

On a voulu lui donner une mission., il s'*en* est dispensé.

그에게 임무를 주고 싶었지만, 그는 받지 않았다.

Parlait-il de son voyage?- Oui, il *en* parlait toujours.

그는 여행에 대해 얘기했습니까? - 네, 늘 그 이야기를 했지요.

③ 명사의 한정보어 역할을 한다.

Cet événement, j'*en* prévois les conséquences.

이 사건의 결과를 나는 예견하고 있다.

Je n'avais jamais pensé à la mort parce que l'occasion ne s'*en* était pas présentée.

나는 죽음에 대해 생각해 본 적이 없었다. 그런 기회가 오지 않았으니까.

④ 목적보어로 쓰인 "부분관사+명사", "부정관사 des+명사", "부정문의 de+명사"를 대신한다.

Elle prend des cigarettes. Elle lui *en* offre.

그녀는 담배를 집는다. 그리고 그에게 그걸 준다.

De l'argent, je n'*en* ai pas. 돈이라면, 난 없다.

✾ 비인칭구문의 진주어나 속사로 쓰인 명사 앞에 부분관사, 부정관사 des, 부정의 de가 와도 en으로 대치한다.
Il te reste encore de l'argent? – Oui, il m'*en* reste.
아직도 돈이 남아 있니? – 그래, 남았어.

⑤ 수량을 나타내는 어휘(수사나 부사)들, 부정형용사 un, deux, quelques-uns, aucun, beaucoup, certains, plusieurs, peu, plus d'un, pas un, un autre, d'autres, une foule, un grand nombre...등의 보어를 대신한다.

Et s'il n'*en* reste qu'un, je serai celui-là.

만일 한 사람만 남는다면, 내가 바로 그 사람일 것이다.

On *en* attaque certains de ne pas souffrir assez.

몇몇 사람에게 참을성이 없다고 비난한다.

De ces quatre formes du drame, les Anciens *en* ont connu trois.

드라마의 네 가지 형태 중 고대인들은 그 중 세 가지를 알고 있다.

㈜ ④ ⑤의 경우, 명사에 따르는 한정어(형용사, 명사보어, 관계절)가 오면 명사만 en으로 대치한다.
Je n'ai plus de vin. Il faut *en* acheter de bon. 포도주가 떨어졌어. 좋은 것으로 사야겠어.
Nous avons des manteaux. Montrez-m'*en* de très bonne qualité.
외투가 많이 있는데요. 품질이 썩 좋은 것으로 보여 주세요.

⑥ "그래서"의 뜻인 pour cela, à cause de cela 대신 쓰인다.

Je vous *en* aimerai davantage. 나는 당신을 그 때문에 더욱 사랑할 것입니다.

Il *en* pleura de bonheur. 그는 그 때문에 행복하여 울었다.

(2) 사람을 나타내는 명사나 대명사를 받기도 하나 쓰임에 제한이 있다.

Avez-vous des amis? J'en ai qu'un seul. 친구들 있습니까? 단지 한 명 있습니다.

(3) 다음과 같은 관용구에서 대신하는 말없이 그냥 쓰인다. 이때는 막연히 de là, de cela, à cause de cela 등의 뜻을 나타낸다.

s'*en* aller 가버리다	s'*en* retourner 돌아가다
en imposer à qn ~을 속이다	s'*en* venir 오다
s'*en* voler 날아가 버리다	ç'*en* est trop 그건 너무하다
en vouloir à ~을 원망하다	s'*en* prendre à ~을 비난하다
s'*en* remettre à 맡기다	*en* dire beaucoup 말해주다
en dire long 의미심장하다	n'*en* pouvoir plus 기진맥진하다
s'*en* donner 마음껏 즐기다	*en* croire qn ~의 말을 믿다
en être pour ~을 잃다	c'*en* est fait 만사 다 틀리다
en arriver à 마침내 ~하다	s'*en* tenir à ~에 그치다
en tenir 혼이 나다, 얻어맞다	*en* passer par ~을 받아들이다
en avoir contre ~을 원망하다	*en* savoir long 자세히 알다
en avoir pour(시간이) 걸리다	c'*en* est assez 이젠 지긋지긋하다
en user bien(mal) avec ~에게 정중히(모질게) 하다	

3.3. **중성대명사** y

원래는 장소의 부사(=là)였으나 사용이 점차 확장되어"전치사 à(dans, sur, en, sous ..) +명사(대명사, 부정법, 절)"을 대신하면서 부사적 대명사 또는 대명사적 부사로 불리우고 있다. 비강세형이고, 성 · 수 불변이며, 긍정명령문에서만 제외하고는 동사 앞에 온다.

(1) y가 장소를 나타내어 '거기에, 그곳에'의 뜻을 지니면 부사로 쓰인 것이다.

Vas-tu là-bas? - Oui, j'*y* vais. 너 그 곳에 가니? - 그래, 거기 간다.

(2) "전치사 à(dans, en, sur...) +명사(대명사, 부정법, 절)"이 y로 대치된 것이면 부사적 대명사이다.

Est-ce qu'il habite en France? - Oui, il *y* habite.
그는 프랑스에 살고 있느냐? - 네, 그 곳에 살고 있습니다.
Je vais chez lui.- J'*y* vais. 나는 그의 집에 간다. 나는 거기 간다.

(3) 사물명사, 중성대명사, 부정법, 절을 대신하고, 동사의 간접보어나 상황보어, 부사나 형용사의 보어가 된다.

Pensez-vous à me mettre votre rapport? - Oui, j'*y* pense.
내게 보고서 낼 것을 생각하고 계십니까? - 네, 그렇습니다.
La foi de mes pères, j'*y* suis fidèle. 내 조상들의 신앙, 거기에 나는 충실하다.

Ne vous appuyez pas sur cette table → Ne vous *y* appuyez pas.
이 탁자에 기대지 마시오.

Bien qu'il connaisse son devoir, il *y* manque souvent.
그의 의무를 알면서도, 그는 종종 그것을 소홀히 한다.

Partez, j'*y* consens. (y= à ce que vous partez) 가시오, 나도 그것에 동의하오.

㈜ 1. y가 사람을 대신할 수도 있는데, 문장 내용으로 보아 간접보어 인칭대명사 lui, leur가 허용될 수 없는 구문에서 그러하다. 특히 동사 songer, penser, rêver, tenir, s'intéresser, se fier 다음의 "à+명사"는 y로 대치할 수 있다.
Pensez-vous à votre mère? - Oui, j'*y* pense.
당신 어머님을 생각하고 계십니까? 네, 그분을 생각하고 있습니다.
C'est un homme équivoque, ne vous *y* fiez pas.
그 사람은 이상하니까 그를 믿지 마시오.
Vous vous intéressez à lui? - Je ne m'*y* intéresse pas.
그에게 관심이 있습니까? - 저는 없는데요.
cf. Voici une lettre, vous *y* répondrez.
여기 편지가 한 통 있는데, 당신이 거기에 답장을 하시오.

✽ 그러나 요즈음에는 "à+강세형"으로 쓰는 것이 더 보편적이다.
Tu penses à Sylvie? - Oui, je pense à *elle*.
실비를 생각하니? - 응, 그녀를 생각해.

㈜ 2. y는 발음 편의상 irai, irais ...앞에서 생략된다.
S'il faut que tu ailles à Paris, tu *iras*. 파리에 가야 한다면, 가거라.

(4) 동물을 사람과 구별하기 위해 "à + 강세인칭대명사"를 요구하는 동사 penser, renoncer 등의 뒤에서 à lui, à elle 쓰는 것 대신 y를 쓴다.

Ne vous fiez pas à ce cheval. → Ne vous *y* fiez pas.
이 말을 믿지 마세요.

(3) 다음과 같은 관용구에서의 y는 대명사의 의미도 부사의 의미도 다 상실하여 확실한 의미를 갖지 아니한다.

il *y* a ~이 있다
il *y* va de l'honneur ~을 걸다
il *y* paraît 그것은 분명하다
y voir 보이다
y regarder à deux fois 곰곰히 생각하다
y être 알다

4. 보어인칭대명사의 위치

원칙적으로 동사 앞에 놓이나, 긍정명령문에서는 연결부호(-)로 연결되어 동사 뒤에 온다. 그러나 보어인칭대명사의 위치는 아래와 같이 경우가 다양하고 예외가 많으니 그 쓰임에 확실히 익숙해 두어야 한다.

4.1. 긍정명령문 이외의 문장에서의 위치

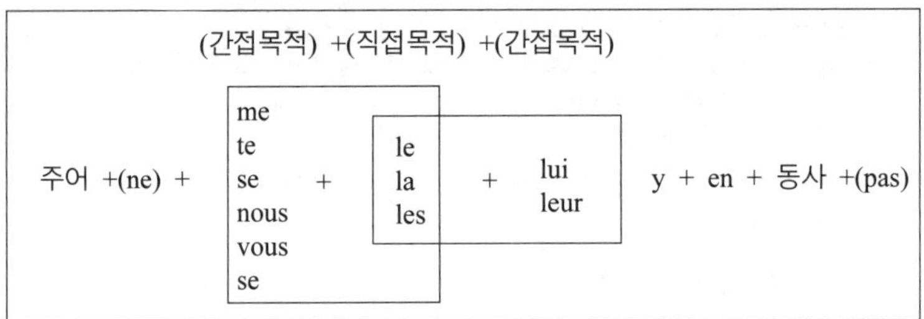

(1) 직접보어, 간접보어가 모두 3인칭이면 직접보어가 간접보어 앞에 온다.

Je *le lui* donne. 나는 그것을 그에게 준다.

(2) 간접보어가 1,2인칭이고 직접보어가 3인칭이면 간접보어가 직접보어 앞에 온다.

On *te le* présente. 너에게 그를 소개한다.

Je ne *vous le* dirai pas. 당신에게 그것을 말하지 않으리라.

(3) 직접목적보어가 1,2인칭이면 간접보어가 어느 것이든 간에 "전치사 à+강세형 인칭대명사" 형태가 되어 동사 뒤에 온다.

On *te* présente *à lui*. 너를 그에게 소개한다.

On *vous* recommande *à nous*. 사람들이 당신을 우리에게 추천하더군요.

Il ne *nous* présente pas *à eux*. 그는 우리를 그들에게 소개해 주지 않는다.

(4) 중성대명사 y, en은 모든 목적보어 인칭대명사 뒤에 온다.

Je *leur en* ai parlé avant-hier. 나는 엊그제 그들에게 그것에 대해 말해 주었다.

Pour moi, je n'*y en* attache aucune. (Napoléon)

나로서는 거기에 덧붙일 것이 하나도 없다.

Nous *nous y* appliquons. 우리는 거기에 골몰하고 있다.

Je *t'en* prie, mon enfant. 제발 그러지 말아라, 얘야.

(5) 보어대명사가 재귀대명사 se일 때 그 se가 직접목적어이면 간접보어는 "à+강세형"으로 동사 뒤로 놓으며, 그, se가 간접목적어이면 직접보어는 그냥 se 다음에 온다.

Il *se le* représente. 그는 그를 마음속에 그려본다. (se : 간접)

Il *se* présente *à moi*. 그는 자기 자신을 나에게 소개한다. (se : 직접)

(6) 부정명령문에서도 위 원칙들에 준한다.

Ne *leur* obéis pas. 그들에게 복종하지 마시오.

Ne *me le* répétez pas. 내게 그걸 되풀이해 말하지 마시오.

Ne *m'en* donne pas. 그것을 내게 주지 말아라.

㈜ 1. 복합시제에서는 조동사 앞에 보어인칭대명사가 온다.
Je *le lui* ai dit hier. 나는 어제 그것을 그에게 말하였다.
On *nous* a vus. 사람들이 우리를 보았다.

㈜ 2. 주동사의 목적보어가 부정법이면 그 부정법의 목적보어 인칭대명사는 부정법 앞에 온다.
Je veux *le* voir. 나는 그를 보고 싶다.
Il saura *me* comprendre. 그는 나를 이해할 수 있을 것이다.
J'ai voulu *m*'exiler de France. 나는 프랑스에서 멀리 떠나고 싶었다.

☞ 그러나 부정법 écouter, entendre, faire, laisser, mener, regarder, sentir, voir 다음에 오는 부정법의 목적보어 인칭대명사는 주동사 앞에 올 수도 있다.
Ce paquet, je *le* ferai prendre. 이 꾸러미를 갖도록 할 것이다.
Cette maison, je *l*'ai vu bâtir. 나는 이 집을 짓는 것을 보았다.
Ces brebis, je *les* mène égorger. 나는 그 양들을 도살하러 간다.

㈜ 3. 만일 주동사 및 부정법에 제각기 목적보어 인칭대명사가 있으면 각기 관계하는 동사 앞에 온다.
On *me* voit *me* lever. 사람들은 내가 일어나는 것을 본다.
Je *les* entends *te* parler.나는 그들이 너에게 이야기하는 것을 듣는다.
On *le* laisse *se* lever. 그가 일어나도록 내버려 둔다.

☞ 그러나 예외적으로 부정법의 목적보어인칭대명사가 le, la, les이면 주동사의 목적보어 인칭대명사와 함께 다음과 같은 순서로 나란히 주동사 앞에 올 수도 있다(faire는 제외함).
me le, me la, me les, te le, te la, te les, le lui, la lui, les lui, nous le, nous la, nous les, vous le, vous la, vous les, le leur, la leur, les leur(*cf.* 앞의 4.1. 도표참조)
Ce livre, on *nous* le laisse lire. 우리가 이 책을 읽게 내버려 둔다.
Ces paroles, je *les lui* entends prononcer. 나는 그가 그 말을 하는 것을 듣는다.
Cet ami, je *vous le* laisse reconduire.
나는 당신이 이 친구를 다시 인도하도록 내버려 둔다.

☞ 단 faire 동사일 경우는 예외 없이 모두 주동사 앞에 온다. 즉 faire와 다음에 오는 부정법은 절대 분리되지 않는다.
Le roi a fait bâtir ce palais à cet architecte.
→ Le roi *le lui* a fait bâtir. 왕은 그에게 그것을 짓게 하였다.

↛ Le roi *lui* a fait *le* batir. (×)

㈜ 4. 구어에서는 lui, leur 앞에 있는 le, la, les를 관용적으로 생략한다.
Je *lui*(=*le lui*) dirai. 나는 그에게 그걸 말하겠다.
Je *leur*(=*la leur*) ai donnée. 나는 그것을 그들에게 주었다.

4.2. 긍정명령문에서의 위치

동사 + 직접목적보어 + 간접목적보어 + y + en

긍정명령문은 명령문 특성상 주어를 없앤 후 동사가 원칙적으로 문장 첫머리에 와야 함으로 긍정문에서 동사 앞에 있던 대명사들은 동사 뒤로 이동시킨다.

(1) 모든 보어인칭대명사는 동사 뒤에 오며, 동사 및 각 보어 사이는 연결부호(-)로 연결된다. 이 때 me, te, se는 그 뒤에 en, y가 오지 않는 한 moi, toi, soi의 강세형으로 된다.

Regarde-*moi*. 나를 쳐다보아라.
Voyez-*les* partir. 그들이 떠나는 걸 보시오.
Envoyez-*les-lui*. 그것들을 그에게 보내라.
Donnez-*m'en*. 그것을 내게 주시오.
Mène-*m'y*. 나를 그 곳에 데리고 가 주게.

(2) 두 개의 긍정명령문이 et, ou, mais 또는 puis 등으로 연결되어 있을 때는 두 번째 명령법의 목적보어 인칭대명사도 바로 그 두 번째 동사 뒤에 온다.

Viens et suis-*moi*. 와서 나를 따르라.
Chante-*nous* une romance ou dis-*nous* des vers.
우리에게 연가를 불러 주든가 시를 읊어 주게나.
Raconte l'histoire, mais épargne-*moi* les détails.
이야기를 하되 자질구레한 부분을 빼지 말게.

㈜ 1. 2인칭 단수 명령 뒤에 en, y가 오면 생략되었던 명령법 동사의 –s가 되살아난다.
Va–*t'en!* 꺼져!
Va*s*–*y!* 거기에 가거라! 힘내라!
Donne–*moi* du pain. 내게 빵을 주게나.
Donne*s*–*en* à Pierre. 피에르에게 그것을 주시오.

㈜ 2. 때때로 속어에서는 간접목적보어 인칭대명사가 직접목적보어 인칭대명사 le, la, les 앞에 오기도 한다.
Donnons–*lui-le*. 그에게 그것을 주자.
Rends–*nous-les*. (Hugo) 우리에게 그것을 돌려주게.
Ah! la fille de la sonate? Montrez–*moi-la*. (M.Proust)
아! 소나타의 소녀라고? 내게 좀 보여 주시오.

5. 강세형 인칭대명사

(1) 주어에 쓰인다.

① 비강세형 인칭대명사 주어를 강조한다.

Moi, je suis Coréen. 나, 나는 한국인이다.

Va-t'en, *toi*! 꺼져 버려라!

Vous, vous avez tort. 당신이 틀렸습니다.

Lui, il travaille, et *elle*, elle flâne. 그는 일하고 그녀는 빈둥거린다.

㈜ 1. 1,2 인칭은 안 되나 3인칭의 경우는 주어인칭대명사 없이, 강세형 단독으로 주어가 되어 동사를 거느릴 수 있으며, 명령형에서도 강세형만으로 주어가 될 수 있다.

Moi, j'étais en arrière, mais *lui* a tout entendu.
나, 나는 뒤에 있었지만 그는 모두 다 들었다.

Le bûcheron, qui croyait ses enfants endormis, s'en alla à la messe de nuit. Mais *eux* s'étaient levés aussitôt après son départ.
나뭇꾼은 아이들이 잠이 든 것으로 알고 밤 미사를 드리러 나갔다. 그러나 그 애들은 그가 떠나자 즉시 일어났다.

㈜ 2. même, autre, aussi, non plus, seul 등이 강세형 뒤에 붙어 뜻을 강조한다. 이때도 3인칭은 강세형으로 단독 주어가 될 수 있다.

Moi-même(moi aussi) je le savais. 나도 그걸 알고 있었다.

Lui seul peut me sauver. 그만이 나를 구할 수 있다.

☞ 1, 2인칭이라도 moi(toi, nous, vous) seul(s)만은 단독으로 주어가 되는 수가 많이 있다.

Moi seul ai raison de me préférer. 나만이 나를 좋아하는 게 옳다.

② 형용사나 동격어 또는 관계대명사 절이 따르는 말 앞에 쓰여, 역시 주어를 강조한다.

Moi, malade et languissant, je ne pouvais accepter le duel!
나는 병들고 쇠약해져서 결투를 받아들일 수가 없었다.

Toi, qui parles là, qui es-tu? 거기서 말하고 있는 너, 너는 누구냐?

Vous qui le connaissez, allez le voir. 그를 알고 있는 당신이 그를 만나러 가시오.

③ 두 개의 주어 사이에 강한 대립이나 뚜렷한 구분을 두고자 할 때에, 특히 이 두 주어를 강세형 인칭대명사로 쓴다. 또한 앞에 이미 나온 하나의 주어가 총괄적인 의미을 가질때, 그것을 차후 나누어 놓고자 할 때에 강세형 인칭대명사를 쓴다.

Eux le sentaient vaguement, *moi* plus nettement.
그들은 그것을 막연히 느꼈지만, 나는 더욱 뚜렷하게 느꼈다.

Nous pourrons vaincre sa ténacité, *toi* par des flatteries gracieuses, *moi*

par des services bien fidèles.
우리는 그의 고집을 꺾을 수 있을 것이다. 너는 그 상냥한 말솜씨로, 나는 아주 충직한 시중을 들어서.

④ 동사가 생략된 문장에서, 특히 대답이나 비교하는 문장에서 쓰인다.

Qui est là? - *Moi.* 누가 그 곳에 있느냐? - 저입니다.

Faites comme *moi*, l'ami, et vous deviendrez riche comme *moi*.
친구여, 나처럼 하게. 그러면 나처럼 부자가 될 터이니까.

Il est plus riche que *toi*. 그는 너보다 더욱 부유하다.

⑤ 어떤 주어(하나 또는 몇 개)와 나란히 인칭대명사 주어를 덧붙이고자 할 때에는 강세형을 쓴다.

Ma mère et *moi*,(nous) réfléchissons. 나의 어머니와 나는 생각해 보고 있다.

Ton père et *toi*,(vous) l'avez fait. 너의 아버님과 너는 그것을 하였구나.

Son frère et *lui* sont venus. 그의 형과 그가 왔다.

J'espère que ni *moi* ni mes enfants ne verrons ces temps-là.
나도 내 자식들도 그 시대를 보지 않기를 바란다.

Lui et sa courageuse épouse seront profondément déçus.
그와 용감한 그의 아내는 무척이나 실망하였을 것입니다.

㈜ 위 예문에서 보듯 덧붙여진 두 개 이상의 주어는 nous, vous로 반복해서 다시 주어로 받아써도 좋으나 3인칭인 경우는 ils로 받지 않는다. (단 nous는 생략해도 됨)

⑥ 부정법으로 쓰인 감탄문, 의문문, 그리고 설화적 부정법의 주어로 쓰인다.

Moi, le faire empereur? 내가 그를 황제로 만든다고?

Toi, détaler! Mais, pourquoi si craintif?
너, 도망친다고! 그런데 왜 그렇게 무서워하지?

Eux de recommencer la dispute à l'envi. (La Fontaine)
그들은 앞을 다투어 논쟁을 다시 시작하였다.

⑦ 절대 분사절, 생략문에서 주어로 쓰인다.

Vous partis, j'ai perdu le soleil, la vie!
그대들이 떠나자 나는 태양을, 삶을 잃어 버렸다!

Lui captivé, tous les bandits se rendront ou se disperseront.
그가 잡히면 모든 산도둑들은 투항하거나 흩어질 것이다.

Ils habitent au premier étage, *moi* au rez-de-chaussée.
그들은 2층에 나는 1층에 산다.

⑧ 강조구문 c'est ~ qui에서 인칭대명사로 된 주어나 목적보어 등을 강조할 때

C'est *lui* qui rassembla ces colombes timides.
이 겁 많은 비둘기를 모았던 것은 바로 그다.
Ce sont *eux* qui ont découvert la bombe atomique.
원자탄을 발견했던 것은 바로 그들이다.

(2) 목적보어로 쓰인다.

① 비강세형 목적보어 인칭대명사를 강조한다.

Vous m'accusez, *moi*? 당신이 나를 고발한다고요?(직접목적)
Lui, je le connais. 나는 그를 알고 있었다. (직접목적)
Vous me dites cela, à *moi*? 제게 그것을 말한다고요?(간접목적)
Oh! à *eux*, je le leur dirai. 오! 난 그걸 그들에게 말하겠어. (간접목적)

② 전치사 뒤에서 쓰이며, 간접보어 역할을 수행한다.

Je pense à *toi*. 나는 당신을 생각한다.
Il parle à *moi*. 그가 나에게 말한다.

③ 명사나 대명사 보어와 더불어 나란히 쓰인 목적보어 인칭대명사는 강세형으로 한다.

Il contemplait la foule sans distinguer ni *moi* ni personne.
그는 나도 어떤 사람도 구별하지 못한 채 군중을 바라보았다.
Je rends ces lettres à *vous* ou à *lui*.
나는 이 편지들을 당신 아니면 그에게 보낸다.

④ 주어와 동사가 생략된 문장에서, 특히 대답이나 비교하는 문장에서 쓰인다.

Qui blâme-t-on? - *Toi*. 누구를 비난하는 거야? -너.
Ceci me convient moins qu'à *lui*. 이건 나보다 그에게 더 잘 맞는다.

⑤ ne ~ que, c'est ~ que에서

On n'admire que *lui*. 사람들은 그만을 찬탄한다.
Je ne plais qu'à *eux*. 나는 그들 마음에만 든다.
C'est *toi* que je bénis dans toute créature. (Lamartine)
모든 창조물에서 내가 축복한 것은 바로 그대이다.

⑥ 관계대명사, 동격어, 형용사 등이 따르는 보어인칭대명사를 강조한다.

C'est ainsi que tu me traites, *moi,* ton meilleur ami.
그렇게 해서 너는 나를 너의 가장 좋은 친구로 대접하고 있다.

㊟ 특히 형용사적으로 쓰인 과거분사 앞에 놓인 목적보어 인칭대명사는 늘 전치사 à를 앞세우고 강세형 인칭대명사로 된다.

S'il a déjà reçu la chose à *lui* donnée en échange...
그가 벌써 자신에게 교환되어 주어진 물건을 받았다면...
On a une quantité de lettres à *elle* adressées par son fils.
아들이 그녀에게 부친 많은 편지를 갖고 있다.

⑦ 소유를 나타낼 때는 전치사 de나 à와 함께 쓰이지만, 강세형 사용은 다음과 같은 특별한 경우만 제한해 쓴다.

▸ 소유대명사로는 뜻이 애매할 때
la maison de mon frère et *moi* 형과 나의 집
(et la mienne을 쓰면 집이 두 채가 됨)

▸ 소유 형용사의 강조
J'ai obtenu une maison à *moi* dans la ville.
시내에 내 집을 장만했다. (ma maison 보다 강조됨)

▸ 소유자를 정확히 하고 싶을 때
une amie d'enfance à *elle* 어릴 때 그녀의 여자친구

⑧ 긍정명령문에서 me, te 대신 moi, toi를 쓴다.
Montrez-*moi* ça. 그걸 내게 보여줘.

㊟ en, y가 오면 moi, toi 대신 다시 m' t'로 생략된다.
Parlez-*m'*en. 나에게 그것에 대해 말해줘.
Menez-*m'*y. 나를 그리 데리고 가줘요.

(3) 속사로 쓰인다.

C'est 다음에서 특히 많이 쓰이며 그 밖에도 ce sera, il reste, il y a, il n'y a que 표현 뒤에서도 쓰인다.

L'État, c'est *moi*. (Louis XIV) 짐이 곧 국가다.
C'est *toi*(*lui*, *elle*, *nous*, *vous*). 그것은 너(그, 그녀, 우리, 너희) 이다.
Ce sont *eux*(*elles*). 그들(그녀들) 이다.
Il n'y a qu'*eux*. 그들만 있다.

(4) 전치사의 보어로 쓰이며, 상황보어 역할을 한다.

Viens avec *moi*. 나와 함께 가자.
Partez sans *elles*. 그녀들 없이 떠나시오.
Ce gâteau est pour *elle*. 이 과자는 그녀를 위한 것이다.
Cette lettre est à *toi*. 이 편지는 네 것이다.

C'est à *lui*. 그건 그의 것이다.

(5) 호칭에 쓰인다.

Toi, mets-toi devant la fenêtre. 너, 창문 앞에 있거라.

Venez, *vous* autres. 오너라, 너희들.

(6) 강조형 강세인칭대명사

형용사 même와 함께 쓰여 강세형 인칭대명사의 의미를 더욱 강조한다.

moi-même 나 자신	nous-mêmes 우리 자신
toi-même 너 자신	vous-même(s) 당신 자신, 너희(당신)들 자신
lui-même 그 자신	eux-mêmes 그들 자신
elle-même 그녀 자신	elles-mêmes 그녀들 자신

Je dois travailler pour *moi-même*. 나는 나 자신을 위해서 일해야 한다.

Paul se rase *lui-même*. 폴은 스스로 면도를 한다.

㈜ 1. vous가 분명히 단수일 때는 s를 안 붙인다.
Voyez *vous-même*. 당신 스스로 보세요.

㈜ 2. nous, vous는 autres가 붙어 특히 강조되는 수도 있다.
nous autres Français 우리들 프랑스인

6. 재귀대명사

(1) me, te, se, nous, vous, se

재귀대명사는 주로 대명동사에 쓰여 주어의 동작을 받는 대상이 되는데, 주어와 동일한 인칭 및 수를 갖는다. 형태는 me, te, se, nous, vous, se로 3인칭은 단수, 복수, 남성, 여성이 모두 같다. ("대명동사"참조)

Je *me* lave.	Nous *nous* lavons.
Tu *te* laves.	Vous *vous* lavez.
Il *se* lave.	Ils *se* lavent.
Elle *se* lave.	Elles *se* lavent.

✽ 재귀대명사는 직접목적보어 또는 간접목적보어의 역할을 한다.
Elle *se* lave. (se : 직접목적보어)
Elle *se* lave les mains. (se : 간접목적보어)

㈜ 복합시제에서 se가 직접목적보어이면 과거분사는 그 se의 성 · 수에 일치한다.
Elle *s'*est regardée dans la glace. 그녀는 거울에 자신을 비쳐보았다.
Elle *s'*est donné de la peine. 그녀는 스스로 괴로움에 빠졌다.

(2) **강세형** soi

재귀대명사 soi는 se의 강세형으로 성 · 수 불변이고 même가 붙어 더욱 강조된다. 주로 불특정한 것을 나타내는 주어의 보어, 속사로 많이 쓰이며, 비교의 que 뒤에도 쓰인다.

① 불특정하거나, 막연한, 또는 일반적인 의미의 주어 on, plus d'un, nul, personne, tel, chaque, chacun, quiconque, tout le monde, celui qui 등과 더불어 쓰인다.

Chaque homme renferme en *soi* un monde à part.
사람들은 각자 마음속에 하나의 세계를 따로 간직해 두고 있다.
Heureux qui vit chez *soi!* (La Fontaine) 자기 집에서 사는 자는 행복하여라!
Chacun travaille pour *soi*. 각자는 자신을 위해 일한다.

㈜ 1. 그러나 quelqu'un, aucun homme 다음에서는 종종 lui를 쓰고, 또한 위에 언급한 주어들이 한정보어를 거느리면 lui, elle, eux, elles을 쓴다.
Si quelqu'un ne voit pas clair en *lui*, c'est toi.
정신이 명석하지 못한 사람이 있다면, 그 사람은 바로 너다.
Chacun de nous porte en *lui* ses propres menaces.
우리들 각자는 마음속에 자신의 위기를 갖고 있다.

㈜ 2. 원칙상 soi는 특정한 사람(주어)이 있는 문장이나 복수형태로는 쓰이지 못하나, 특정한 사람에게 재귀적으로 쓰이는 lui, elle를 대신하여 쓰인 soi나, 복수에 재귀적으로 쓰인 soi는 고어체로, 꾸민 어법의 문어체 속에서는 볼 수 있다.
Elle hochait la tête, regardant droit devant *soi*.
그녀는 자기 앞을 똑바로 바라보면서 고개를 저었다.
A quoi bon, si elle n'est pas détachée de *soi-même*?
그녀가 자기자신에게서 자유로와 지지 않았다면 무슨 소용이 있단 말인가?

cf. soi-disant은 정확히 "se disant, se prétendant 자칭의, 소위"를 의미한다.
un visiteur, *soi-disant* votre ami. 자칭 당신 친구라는 방문객
votre *soi-disant* succès. 소위 당신의 성공이라는 것

② 비교를 나타내는 que 다음에 와 형용사나 부사의 보어가 된다.

On a souvent besoin d'un plus petit que *soi*.
사람들은 흔히 자신보다 더 어린 사람을 필요로 한다.

③ 주어가 표시되지 않는 부정법과 함께 쓰인다.

Rester *soi*, c'est une grande force. (Michelet)
자아를 지킨다는 것은 위대한 힘이다.

Prendre *soi-même* une décision est parfois difficile.
스스로 결정을 내린다는 것이 때로는 어렵다.

④ 비인칭동사와 함께 쓰인다.

Il faut toujours pour *soi-même* une juste sévérité.
자기 자신에게는 늘 올바른 준엄함이 필요하다.

Il faut parfois penser à *soi*. 가끔 자신에 관해 생각해 보아야 한다.

⑤ 재귀적인 행위를 나타내는 명사와 함께 쓰인다.

l'amour de *soi* 자기애　le respect de *soi* 자존

⑥ cela를 뜻하는 재귀대명사로 쓰인다.

Cela est pénible en *soi*. 그것 자체가 힘든 일이다.

Cela va de *soi*. 그건 당연한 일이다.

Ⅵ. 소유대명사(Pronom possessif)

소유대명사는 명사에 소유 관념을 덧붙이며 그 명사를 대신하는 대명사다. 형태는 소유자의 인칭과 수, 피소유물의 성·수에 따라 변화하며, 반드시 정관사가 붙는다. 그리고 소유자의 성과는 관계없음에 주의해야 한다.

1. 형 태

소유자 \ 피소유물		남성단수	여성단수	남성복수	여성복수	뜻
단수	1인칭	le mien	la mienne	les miens	les miennes	나의 것
	2인칭	le tien	la tienne	les tiens	les tiennes	너의 것
	3인칭	le sien	la sienne	les siens	les siennes	그(그녀)의 것
복수	1인칭	le nôtre	la nôtre	les nôtres		우리 것
	2인칭	le vôtre	la vôtre	les vôtres		너희 것, 당신(들) 것
	3인칭	le leur	la leur	les leurs		그들(그녀들) 것

2. 용 법

(1) "소유형용사+명사"를 대신한다.

Cette maison est plus confortable que la *mienne*. 이 집은 내 집보다 더 아늑하다.

Chacun ici-bas a ses soucis ; vous avez *les vôtres*.

이승에서는 각자가 자기 고민이 있다. 당신은 당신 것들을 가지고 있고.

C'est mon chapeau.Vous avez *le vôtre*.

이건 내 모자이다. 당신 모자는 당신이 갖고 있군.

㊟ 1. 소유대명사는 'Propre'가 붙어서 강조될 때도 있다.
Le sien propre 그 사람 자신의 것
Un homme est plus fidèle au secret d'autrui qu'*au sien propre*.
사람이란 자신의 비밀보다는 다른 사람의 비밀에 더욱 충실하다.
Il a préoccupé du bien public plus que *du mien propre*.
그는 나 자신의 이익보다 더 공중의 이익에 전념하였다.

㊟ 2. 소유 요소와 정관사 사이에 수형용사(기수)나 동격형용사를 넣기도 한다.
Les deux nôtres(des hirondelles) vivaient perchés sur l'épaule.
제비들 중, 우리 제비 두 마리는 어깨위에 걸터앉아 살고 있었다.
J'ai pris ses mains dans *les deux miennes*. 나는 두 손으로 그의 손을 잡았다.

㊟ 3. le nôtre, la nôtre, les nôtres, le vôtre, la vôtre, les vôtres는 le mien, le tien 등을 대신하는 경우가 있는데 이 때 그것들은 예절, 겸양, 군주의 어투로서 쓰인 복수형들이다.
Monsieur le directeur, nous joindrons nos efforts *aux vôtres*.
국장님, 당신 노력에 부응하여 합심 노력하겠습니다.
L'intérêt des Français se confond avec *le nôtre*.
프랑스 국민의 이익은 짐의 이익과 마찬가지요.

㊟ 4. 속어에서는 의미의 모호함을 피하기 위해서 de로 유도되는 보어가 소유대명사 뒤에 오기도 한다.
Depuis que le chat de Paul a été écrasé, je ne laisse plus sortir *les miens*, de chats.
폴의 고양이가 차에 치인 후부터 나는 내 고양이들을 밖에 나가지 못하게 한다.

(2) 명사적 용법

소유 대명사는 대신하는 용어 없이 단독으로 명사적으로 사용된다.

① 남성복수는 친지, 부모, 동료를 나타낸다.

Paul est triste d'avoir quitté *les siens*. (=ses parents)

폴은 부모 곁을 떠나 슬프다.

Faites mes amitiés *aux vôtres*. 당신 가족들에게 안부 좀 전해 주시오.

Ne serez-vous pas *des nôtres*? 당신은 우리 편이 되지 않으시렵니까?

② 남성단수는 중성의 의미로 재산, 각자의 재능, 소유물 등을 나타낸다.

Je ne demande que *le mien*. 나는 내 재산만 요구한다.

J'y mets *du mien*. 나는 최선을 다한다.

Il faut parfois distinguer le tien *du mien*.

때로는 네 것과 내 것을 구분해야 한다.

③ 여성 복수형은 faire 동사와 함께 쓰여 faire des miennes(des tiennes, des siennes) '늘 하는 그 철없는 짓을 하다'의 의미로 쓰인다.

Il a encore fait *des siennes*. 그는 여전히 그 철없는 짓을 했다.

(3) 형용사적 용법

소유대명사에서 정관사가 생략된 형태인 mien, tien, sien 등으로 형용사처럼 사용될 때도 있다. 문어체에서 많이 쓰인다.13)

① 속사로 쓰인다.

Le bateau était *sien*. (구어 : Le bateau était à lui) 배는 그의 것이었다.

Cette opinion est *mienne*. 이건 내 견해이다.

Considérez cet argent comme *vôtre*. 이 돈을 당신 것으로 생각하시오.

② 부가 형용사로 쓰인다.

Un *mien* cousin, César. (구어 : Un cousin à moi.) 내 사촌 세자르.

Ⅴ. 지시대명사(Pronom démonstratif)

지시대명사는 사람, 사물을 한정 또는 지시하면서 동시에 그 한정 지시된 명사를 대신한다. 지시적인 기능을 떠나서 명사적으로 사용되기도 하며, 막연히 형식상의 주어로서 쓰이는 경우도 있다. 또한 원근· 전후의 구별을 나타내기도 한다.

1. 형 태

지시대명사는 성·수에 따라 변하는 것과 변하지 않는 것이 있으며 또한 각각 단순형과 복합형이 있다. 복합형은 단순형 어미에 원근· 전후를 가리키는 ci 또는 là를 가한 형태다.

그 형태는 다음과 같다.

13) mien, tien 등은 옛 프랑스어에서는 소유형용사 mon, ton의 강세형이었다. 그래서 근대 작품에서 소유형용사로 쓰임을 종종 볼 수 있다.
ce *mien* camarade 이 나의 친구

	변화하지 않는 것 (중성)	변 화 하 는 것				뜻
		남성단수	여성단수	남성복수	여성복수	
단순형	ce	celui	celle	ceux	celles	이것, 저것, 그것
복합형	ceci cela(ça)	celui-ci celui-là	celle-ci celle-là	ceux-ci ceux-là	celles-ci celles-là	이것, 후자 저것, 전자

2. 용 법

2.1. 변화하지 않는 지시대명사(중성) - 단순형 ce

변화하지 않으므로 중성지시대명사로 불리며, ce는 경우에 따라 cela(그것, 저것), cette chose(그것, 그 일), ces choses(그것들, 그 일들)의 뜻을 가지며, 때로는 사람을 나타낸다.

ce는 대명사 en과 être, avoir 동사 앞에서 c'로, a로 시작하는 avoir 동사 앞에서는 ç'로 모음축약이 된다.

*C'*est facile. 쉽다. *C'*en est fait. 이젠 됐다.

*Ç'*a été facile. 그건 쉬웠다. Est-*ce* facile? 이건 쉬우냐?

ce는 주어, 속사 혹은 보어로 사용되면서 être동사의 주어로, 또 관계대명사의 선행사 앞에 쓰이는데 그 용법은 다음과 같다.

(1) 동사 être, pouvoir être, devoir être의 주어가 된다.

① 선행하는 주어(명사, 대명사, 부정법, 절)를 받아 되풀이한다.

Le temps, *c'*est de l'argent. 시간은 돈이다.

Que vous soyez fatiguée, *c'*est bien naturel.
당신이 피곤하다는 건 아주 당연하다.

Mourir pour la liberté *c'*est une belle mort.
자유를 위해 죽는다는 건 훌륭한 죽음이다.

㈜ 부정법을 받을 때 부정문이 되면 주어로 쓰인 ce가 생략되는 게 보통이다.
Abuser n'est pas user. 남용하는 것은 사용하는 게 아니다.
Mais tuer n'est pas la solution. (Camus) 그런데 살인이 해결책은 아니다.

☞ 긍정문에서는 ce로 다시 받는다.
Espérer, *c'*est jouir. 바라는 것이 얻는 것이다.

② 형식상의 주어(가주어) 역할을 하며, 이 때 진주어는 명사, 대명사, de + 부정법, 종속절로서 문장 뒤에 온다.

*C'*est charmant, Paris. 파리는 멋있지.

*C*omme *c*'est laid d'être jaloux! 질투를 한다는 건 몹시 추하다!

C'est dommage qu'il ait échoué! 그가 실패했다니 안됐다!

㈜ 회화에서는 명사, 부정법 등이 진주어일 경우 que를 사용할 때가 많다.
C'est un beau pays que la France. 프랑스는 아름다운 나라이다.
C'est une belle mort que de mourir pour la liberté.
자유를 위해 죽는 것은 훌륭한 죽음이다.

③ être의 속사가 명사나 인칭대명사일 때 ce는 주어로 쓰이고, 속사가 복수일 때는 ce sont을 사용한다. 그러나 nous, vous가 속사일 때는 c'est nous, c'est vous라고 쓴다.

Qui est là? -*C*'est moi. (C'est nous. Ce sont eux.) 그 곳에 누가 있느냐?
-접니다. (우리입니다. 그들입니다.)

Quel est ce monsieur? - *C*'est mon oncle. 이 신사는 누구지요? -나의 아저씨입니다.

Ce doit être un soldat. 군인임에 틀림없다.

④ 날짜, 요일, 계절, 때로는 시각을 나타낼 때 주어로 쓰인다.

C'est aujourd'hui le premier juillet. 오늘은 7월 1일이다.

Quel jour est-ce aujourd'hui? - Aujourd'hui *c*'est mercredi.
오늘 무슨 요일이냐? -오늘은 수요일이다.

C'était le soir, vers sept heures. 그 때는 저녁 일곱 시경이었다.

⑤ 앞에 나온 문장의 사실을 받을 때 쓰이며, 또한 지시의 뜻이 약해져 막연히 형식상의 주어로도 쓰인다.

Vous êtes capricieux.- *C*'est vrai. 당신은 변덕스럽소.- 맞아요.

Madame est servie.- *C*'est bien. 부인의 식사 준비가 되었습니다.- 좋습니다.

C'est tout. 이게 전부이다.

⑥ C'est ~ que(qui)의 강조 용법에 쓰인다.

C'est la vertu que j'aime. 내가 좋아하는 것은 미덕이다.

Ce sont le gaspillage et l'orgueil qui l'ont ruiné.
그를 파멸시켰던 것은 낭비와 자만심이다.

(2) ce는 관계대명사의 선행사로 쓰인다. 모음 à 앞에서도 모음 생략이 되지 않는다.

① 주어, 목적보어, 속사로 쓰인다.

Ce qui est sorti du sol s'en retourne au sol. 흙에서 나온 것은 흙으로 돌아간다.

Ce à quoi je pense ne saurait vous concerner.
내가 생각하고 있는 것은 당신과 관계가 없을 것이다.

J'aime tout *ce* que tu aimes. 나는 그대가 좋아하는 것을 모두 좋아한다.

Réfléchissez deux fois à *ce* que vous voulez dire.
당신이 말하고자 하는 것을 두 번 생각해 보시오.

Votre proposition est *ce* dont moi aussi je pensais sérieusement.
당신의 제안은 나 역시 진지하게 생각하고 있던 것이다.

㈜ "Ce...de + 형용사"의 형태로 전체의 일부를 표현한다.
ce qu'il a trouvé de beau 그가 발견한 아름다운 것(일부를 가리킴)

cf. *ce* qu'il a trouvé beau 그가 아름답다고 본 것
ce qu'il a trouvé de plus beau 그가 발견한 가장 아름다운 것(최상급)
ce qui vous reste d'argent 당신에게 남은 돈("ce ...de + 명사"형태 임)

② "ce+관계대명사절"로 된 종속절에 쓰이는데, 이때는 ce가 cela의 뜻으로 앞 절을 받아 동격으로 쓰인 것이다.

Le lendemain, Mme Bartier se leva, bien avant le jour, *ce* qui ne lui était pas arrivé depuis des années. (Ch.Silvestre)
그 다음 날 바르티에 부인은 동 트기 전에 일어났는데 그런 일은 몇 년 전부터 없던 일이었다.

Il est déjà parti, *ce* que je ne savais pas. 그는 이미 떠났는데, 그걸 나는 몰랐다.

Il veut employer la force, *ce* à quoi je m'opposerai absolument.
그는 완력을 쓰고 싶어 하는데 나는 거기에 절대로 반대할 것이다.

③ ce가 본래의 지시대명사 뜻을 잃고 분리될 수 없는 접속사구를 이룬다.

Je m'inquiète *de ce qu'*il n'est pas arrivé.
(=Je m'inquiète qu'il ne soit pas arrivé) 그가 오지 않아 불안하다.

Je m'attends *à ce qu'*il pleuve. (=Je m'attends qu'il pleuve.)
비가 오기를 기대하고 있다.

La différence consiste *en ce que* l'un est jeune et l'autre, vieux.
하나는 젊고, 하나는 늙었다는 데 차이가 있다.

cf. parce que(~ 때문에)라는 접속사도 위에서 보는 접속사구들과 같은 식으로 이루어져 오늘날 하나의 접속사로 되어 버린 것이다.

(3) 아래와 같은 옛 표현의 잔재로서 그냥 cela의 뜻으로 쓰이는 경우가 있다.

ce dit-on(말하자면)	et ce(그런데)
ce disant(그렇게 말하면서)	ce faisant(그렇게 하면서)
pour ce faire(그렇게 하기 위하여)	sur ce(그리하여, 거기서)

Ce disant(=en disant cela) il prit congé de ses hôtes.
그렇게 말하면서 그는 주인에게 작별 인사를 하였다.

Ce faisant(=en faisant cela) vous aurez raison. 그렇게 말하면 당신이 옳은 겁니다.

Un épervier aimait une fauvette. Et *ce dit-on*(et dit-on), il en était aimé.
새매는 꾀꼬리를 좋아했다. 말하자면 사랑을 받았다.

Sur ce, il partit. 그리하여 그는 떠났다.

Il vous raille, *ce me semble.* 그가 당신을 비웃는 것 같다.

Il refuse de m'aider, *et ce* après m'avoir fait les plus belles promesses.
그는 나를 도와주지 못하겠다고 한다. 더구나 최고로 멋진 약속을 해 놓고서.

(4) 회화에서 감탄의 표현에 ce que ~!를 comme, combien의 뜻으로 사용하기도 한다.

Ce qu'elle est belle! 정말 그녀는 아름답군!

Ce qu'il mange! 그가 정말 먹는군!

Ce qu'il tremble. 그가 매우 떠는구나!

(5) 간접의문절로 쓰인다.

Dites-moi *ce qui* est arrivé. 무슨 일 일어났는지 말해라.

Dites-moi *ce que* vous faites. 네가 무엇 하는지 나에게 말해라.

✽ Qu'est-ce qui, qu'est-ce que는 간접의문절에서 ce qui, ce que가 된다.

❖ Remarque : il과 ce의 용법

(가) 명사를 대신하는 대명사로는 il, elle, ils, elles을 쓰는 것이 원칙이다. 그러나 명사라도 ce를 받는 경우는 일반적이나 막연한 뜻으로, 말하자면 중성의 의미로 쓴 것이다.

Les enfants, *ils* sont étonnants. 아이들이 놀랍다.

Votre histoire, dit le commissaire, *c*'est trop facile.
당신 이야기는 너무 쉽군요, 하고 경찰서장이 말한다.

Regardez ce coucher de soleil, *c*'est étonnant.
저 일몰을 바라보시오. 굉장합니다.

(나) 질문에 대한 답의 내용이 사람의 신분, 신원에 관한 것이면 ce를 사람, 사물의 양태, 직업에 관한 대답에는 경우에 따라 il 또는 ce를 쓴다.

On sonne ; qui est-ce? -*C*'est Pierre. 초인종 소리가 난다. 누구지? -피에르요.

Quelle est cette maison? *C*'est la mienne. 이 집이 누구 것이지? -제 것입니다.

Comment est-il? -*Il* est petit et mince. 그는 어떻지? -키가 작고 말랐습니다.

Ce garçon, qu'est-il devenu? -*Il* est médecin.

그 소년은 무엇이 되었지? -의사입니다.

(다) 부정법이나 절이 진주어로 쓰일 때 "c'est(il est)+형용사"에서 ce와 il의 용법.

ⓐ ce는 부정법이나 절이 앞에 나올 때 그 내용을 받고, il은 그 다음에 나오는 내용을 받는 것이 원칙이다.

Il est inutile de m'accompagner. 나를 좇아와 봤자 소용없다.

Il est évident qu'il a réussi dans cette entreprise.

그가 이 사업에 성공했다는 것은 명백하다.

M'accompagnerm c'est inutile. 나를 따라와 보았자 소용없다.

ⓑ 그러나 현행 프랑스어에서는 c'est ~ de(que)의 표현이 더 일반적으로 쓰이는데 형용사를 강조하는 더 구체적이고 감정적인 표현법이다.

Comme *c*'est bon d'être heureux!(G. Duhamel)

행복하다는 건 좋은 일이다!

C'est vrai que je suis vieux et fatigué.

내가 늙고 지쳤다는 건 사실이다.

cf. Il est bon d'être heureux.는 객관적 서술이다.

2.2. **변화하지 않는 지시대명사(중성)－복합형** ceci, cela, ça

비강세형 ce에 대한 강세형이며, ça는 일상어에서 흔히 cela 대신에 쓰인다. 역시 ce와 마찬가지로 변화하지 않으므로 중성지시대명사라 불린다.

(1) ceci는 시간 · 공간상 가까이 있는 것을, cela는 먼 것을 표시한다. 또한 전자는 말하고자 하는 것을, 후자는 이미 말한 것을 가리킨다.

Maintenant que vous avez lu *cela*, lisez *ceci*.

저것을 읽으셨으니 이젠 이것을 읽으십시오.

Ceci est beau, *cela* est laid. 이건 아름답고, 저것은 추하다.

Retenez bien *ceci* ; le travail est un trésor.

다음과 같은 점을 잘 명심하십시오. '노동은 보물이다.'

Être de retour pour dîner, *cela* me paraît impossible.

저녁 식사 때 귀가한다는 건 불가능할 것 같다.

Mangeons d'abord ; après *ça*, on discutera.

우선 식사를 합시다. 그리고 나서 토론을 합시다.

(2) 속사나 목적보어가 따른 être 동사는 ce를 주어로 취하나 그 이외의 동사의 주어로서는 ça, cela를 쓴다.

Cela ne vous a pas profité, d'aller dans le monde.

사교계에 드나드는 것은 당신에게 이익이 되지 않는다.

Ça fait du bien d'être bon. 친절하게 행동하는 것은 우리를 즐겁게 한다.

Ça ne nous gêne pas que tu viennes. 네가 와도 괜찮다.

Ça ne fait rien. 아무것도 아니다.

㊟ 그러나 문장 내의 부정법이나 절을 강조할 때는 être동사 앞이더라도 ce대신 cela를 사용한다.

Voir égorger les bêtes, *cela* m'est pénible.
동물을 죽이는 것을 본다는 것은 괴로운 일이다.
Cela est étrange que mes propres enfants me trahissent.
내 자식들이 나를 배반하다니 이상하다.

(3) ceci나 cela 다음에"(de+형용사)+que"형태의 명사절이 오는데 이 때 que 이하의 절은 ceci, cela와 동격절이다.

L'écriture a *ceci* de mystérieux qu'elle parle. (P.Claudel)

문체는 저자에 대해 말해 준다는 점에서 신비롭다.

Le mensonge a *cela* de dangereux *qu*'il ne se borne pas à cacher les fautes commises.

거짓말은 저지른 과오를 감추는 데 그치지 않기 때문에 위험하다.

(4) cela(ça)가 일상어에서 사람을 가리키는 경우가 있는데 이때는 애정이나 경멸 따위의 감정을 나타낸다.

Une fée, *cela* va sur les eaux. (A. France) 선녀, 그것은 물위로 걸어 다닌다.

Cela fait l'important. 저게 잘난 체한다.

Il y a trente ans que j'ai épousé *ça*! 내가 그녀와 결혼한 지 30년이나 되었네!

(5) 중성지시대명사 ceci, cela가 동사 être의 주어가 되고 그 속사가 명사나 절이 되는 경우, ce ...ici, ce ...là 로 분리되어 쓰인다. 이것은 ici, là의 회화체의 어법이다.

C'était *là* le secret de maître Corneille. 그것이 코르네이유 영감의 비밀이었다.

C'est *là* ce qui t'irrite. 너를 화나게 하는 것이 그것이다.

Ce n'est pas *ici* le moment de parler. 지금 말할 시기가 아니다.

(6) ça의 용법

① 일종의 강조어로서 의문부사 où, pourquoi, comment 등과 함께 질문에

쓰인다.

J'aime mieux rester ici. -Pourquoi *ça*?

나는 여기 남아 있는 게 더 좋겠다.- 왜 그래?

Je m'arrangerai de façon à ne pas être connu.-Comment *ça*?

알려지지 않도록 조치하겠다.-어떻게 그렇게 하지?

② ça는 성구를 이루어 회화에서 관용적 표현으로 널리 쓰이는데, 앞에 전치사 또는 그와 대등한 말과 함께 쓰인 성구에 사용된다.

Et avec *ça*, madame? - *Ça* sera tout pour aujourd'hui.

그런데 부인, 이것과 함께 무얼 드릴까요? - 오늘은 이것이면 되겠습니다.

Prenez l'outil comme *ça*. 연장을 이렇게 잡으시오.

Malgré *ça*, on ne s'est pas ennuyé : 그럼에도 불구하고, 싫증이 나지 않았다.

③ 그 밖에도 다음과 같은 성구에 쓰인다.

C'est *ça*. 그렇다

Comme ci, comme *ça*. 그럭저럭

Comment *ça* va? -*Ça* va bien. 어떻게 지내니? -잘 지낸다.

Ça se dit. 이 말은 지금도 쓰이고 있다.

Oh! *ça* m'est égal! 오! 상관없어요!

Ça y est, tu es reçu! 됐어, 너 합격했다.

2.3. **변화하는 지시대명사－단순형** celui, celle, ceux, celles

(1) “de+보어”를 동반하면서 사람, 사물을 나타내는 명사를 대신한다. 보어로는 명사, 대명사, 부사, 부정법 등이 쓰인다.

Son cœur est aussi pur que *celui* d'un enfant.

그의 마음은 어린애처럼 순수하다.

Voici les tragédies de Corneille et *celles* de Racine.

코르네이유와 라신의 비극 작품이 여기 있다.

Aucun souvenir n'est aussi vivace que *ceux* de l'enfance.

어린 시절의 추억만큼 생생한 추억은 없다.

(2) 관계대명사 앞에 쓰여 특정하지 않은 사람을 나타내거나, 명사를 대용해 쓴다.

Celui qui prendra l'épée périra par l'épée. 검을 쓰는 자는 검으로 망하리라.

Ceux qui vivent, ce sont *ceux* qui luttent. 살아있는 사람들은, 투쟁하는 사람들이다.

C'était peut-être de tous ses livres *celui* auquel il tenait le plus.
그것은 아마 그의 모든 저서 중에서 가장 애착을 가진 것이었다.

(3) 원칙적으로 지시대명사의 한정보어 역할을 하는 관계대명사나 de...는 그 지시대명사 바로 뒤에 와야 하나, 이따금 그 사이에 형용사 등과 같은 다른 어귀가 삽입되기도 한다.

Il a récompensé *ceux* de ses domestiques qui l'avaient bien servi.
하인들 중에서 그를 잘 섬긴 자들에게 상 주었다.
(관계대명사 qui의 선행사는 ceux이고 de ses domestiques은 삽입구임.)

Le visage tourmenté de Tolstoï frappe bien plus que *celui*, presque banal, *de* Tchékhov. (Maurois)
톨스토이의 고뇌에 찬 얼굴은 체홉의 평범하다 할 얼굴보다 한결 사람에게 감동을 준다.

㈜ 1. 엄격한 문법 규칙에 의하면 celui 등은, 형용사, 분사, de 이외의 다른 전치사, 등으로 이끌어지는 보어를 동반할 수가 없다.
Les personnes ignorantes, et surtout *celles étrangères* à la philosophie... (x)
다음과 같이 고쳐야 옳음
→ Les personnes ignorantes, et surtout celles *qui sont étrangères* à la philosophie(o). 무지한 사람들, 그리고 특히 철학에 어두운 사람들.

☞ 그러나 현대 문어에서는 위와 같이 잘못된 표현이 자주 등장하며, 또한 점차로 이를 인정하여 가는 추세이다.
Cette douleur est-ellle comparable à *celle occasionnée* par Matilde? (Stendhal)(과거분사) 이 고통이 마틸드로 인해 생긴 고통과 비교될 수 있을까?
Je voudrais chercher de jeunes filles *celles possédant* la jeunesse. (현재분사)
나는 젊음을 지니고 있는 그런 처녀들을 찾고 싶다.
les lettres livrées et *celles* à expédier. (다른 전치사)
배달된 편지들과 발송할 편지들
Les odeurs!...Il y avait aussi *celles chères* aux chiens. (형용사)
냄새라!...또한 개들에게 익숙한 냄새가 있었다.
tous *ceux porteurs* d'un uniforme. 제복을 입은 모든 사람들(동격명사)

(4) "de+보어"앞에 쓰인 celui, celle, ceux, celles는 생략되기도 하며, 특히 동사 être de, sembler de, 비교급의 que 뒤에 올 때 생략할 수 있다.

Tes destins sont(*ceux*) d'un homme. (Voltaire) 너의 숙명은 인간의 그것이다.
Mes sentiments n'étaient point(*ceux*) d'un esclave.
내 감정은 노예의 그것이 전혀 아니다.
L'armée se retira sans autre succès que(*celui*) d'avoir désolé le pays.
군대는 그 지방을 황폐하게 한 것 이외 다른 성과도 없이 후퇴하였다.

2.4. 변화하는 지시대명사-복합형 celui-ci, celui-là... 등등

단순형의 강세형으로 명사와 같은 기능을 갖는다.

(1) -ci가 붙은 형은 시간 · 공간에 있어서 가까운 것을, -là가 붙은 형은 먼 것을 나타낸다.

Voici deux tableaux, préférez-vous *celui-ci* ou *celui-là*?

그림 두 폭이 있는데, 당신은 이쪽을 좋아하십니까, 저쪽을 좋아하십니까?

Quelles belles fleurs! *Celle-ci* est blanche et *celle-là* rouge.

퍽 아름다운 꽃들이다! 이쪽 것은 흰색이고 저쪽 것은 붉은색이다.

Ceux-ci coûtent plus cher que *ceux-là* : 이쪽 것들이 저쪽 것들보다 더 값이 비싸다.

(2) -ci는 후자를, -là는 전자를 가리킨다.

Démocrite et Héraclite étaient de nature bien différente ; *celui-ci* pleurait toujours, *celui-là* riait sans cesse.

데모크리토스와 헤라클레토스는 전혀 다른 성질이었다. 후자는 늘 울고 있었으며, 전자는 계속 웃고 있었다.

Dieu jugera les bons et les méchants, *ceux-ci* pour les punir, *ceux-là* pour les récompenser.

신은 선한 자와 악한 자를 심판하실 것이다. 후자는 벌하기 위해, 전자는 보상하기 위하여.

(3) celui-là, celle-là는 이미 말한 것, celui-ci, celle-ci는 앞으로 말하려는 것을 가리킨다.

Je lui ai proposé *celle-ci* : Repos ailleurs.

나는 그에게 다음과 같은 것을 제안하였다. “휴식은 저 세상에 가서”

Il y a des imbéciles qui disent qu’un roi n’est qu’un homme ; *ceux-là* n’en ont pas vu.

국왕도 한 인간에 불과하다고 말하는 얼간이들도 있다. 그런 자들은 왕을 뵌 일이 없는 자들이다.

(4) 지시적인 의미보다는 부정대명사적인 의미(이 사람, 저 사람)를 갖기도 한다.

Je vois la Fortune entrer chez *celui-ci*, chez *celui-là*.

나는 행운이 이 사람 집, 저 사람 집으로 들어가는 것을 본다.

Ceux-ci partent, *ceux-là* demeurent.

이 사람들은 떠나고, 저 사람들은 남는다.

(5) 단순형 celui qui, ceux qui, 등의 형태로 쓰이는 것과는 달리 복합형은 원래 한정되어 있어서 그 뒤에 qui..., que.... 같은 관계대명사가 이끄는 형용사절이 못 따라오지만, 다음과 같은 문장에서는 가능하다.

① 속사와 관계사절을 강조하기 위한 경우다. 이 경우 지시대명사와 관계사절이 분리 되었을 때는 주동사가 복합형 지시대명사 다음에 바로 따라나오며, 또한 même, seul, seulement 등이 올 수도 있다. 그러나 관계사절이 바로 복합형 지시대명사를 따라올 경우는 관계사절을 virgule(,)로 분리해 삽입절 형태로 놓아야 한다.

Celui-là est riche, *qui* reçoit plus qu'il ne consonmme ; *celui-ci* est pauvre, *dont* la dépense excède la recette.

소비하는 것보다 더 많이 받는 사람은 부자이고, 지출이 수입을 초과하는 사람은 가난하다.

Celui-ci, *qui* n'a rien vu, prétend que cet enfant est un des criminels.

이 남자는, 아무 것도 보지 못했으면서, 이 아이를 범인 중 하나라고 주장하고 있다.

② c'est...qui, c'est...que로 복합형이 강조될 경우다. 이 경우 단순형은 쓰일 수 없다.

C'est *celui-là* qui m'a frappé au visage. 내 얼굴을 때린 자는 저 남자다.

C'est *celle-ci* qu'il faut arrêter. 잡아야할 사람은 이여자다.

(6) -là형의 지시대명사는 단독으로 사용되어 과장, 경멸, 불쾌감, 놀라움 등을 표현하기도 한다.

S'il n'en reste qu'un, je serai *celui-là*.

그 중에 오직 한 사람이 남는다면 내가 그 사람일거다.

Je ne m'attendais pas à *celle-là*. 그런 건 꿈에도 생각하지 않았다.

Ⅵ. 관계대명사(Pronom relatif)

관계대명사는 앞 절에 표현된 명사나 대명사, 즉 선행사를 대신하면서 동시에 그 절과 선행사의 행위를 설명해 주는 절(관계사절)를 연결시키는 역할을 한다. 따라서 대명사의 기능과 접속사의 기능을 아울러 가지고 있다.

J'ai reçu le photo *que* vous m'avez envoyé. 당신이 나에게 보낸 사진을 받았다.

1. 형 태

관계대명사는 그 기능에 따라 단순형과 복합형이 있는데, 단순형은 성과 수가 불변하고, 복합형은 성과 수에 따라 변화한다.

(1) 단순형

기 능 \ 선 행 사	사 람	사 물
주 어	qui	qui
직접보어 · 속사	que	que
간접보어 · 전치사를 동반하는 보어	à qui, 전치사+qui	à quoi, 전치사+quoi
관계부사 역할을 겸함	dont, où	

(2) 복합형

성 · 수 \ 기 능	남성단수	여성단수	남성복수	여성복수
주어 · 직접보어 · 속사	lequel	laquelle	lesquels	lesquelles
간접보어 de +… 그 이외의 전치사+…	auquel duquel 전치사+lequel	à laquelle de laquelle 전치사+laquelle	auxquels desquels 전치사+lesquels	auxquelles desquelles 전치사+lesquelles

2. 관계대명사의 선행사

2.1. 선행사가 되는 것

(1) 한정된 명사 또는 고유명사

C'est *un homme qui* ne croit en rien. 이 사람은 아무것도 믿지 않는 사람이다.

Notre petit Joseph, à qui étaient posées ces questions, ne pouvait répondre sur-le-champ.

이런 질문들을 받은 우리 어린 죠젭은 즉시 대답할 수 없었다.

㊟ 1. 선행사가 외관상으로는 한정되어 있지 않아도 머릿속에서 한정된 것으로 보고 관계대명사를 사용할 수 있는데, 특히 그 선행사가 복수 관념을 내포할 때에 흔히 볼 수 있다.
Ce sont *gens* habiles *qui* m'ont dit cela.
이런 사실을 내게 말하였던 분들은 유능한 사람들이다.
Il parla sans colère avec *passion à laquelle* il n'était d'ailleurs pas enclin.
그는 화도 안 내고 정열스럽게 말했는데, 그런 열정과는 거리가 먼 사람이다.

㊟ 2. 선행사가 사람이고, 한정되어 있지 않을 때는 생략되는 수가 많다. 이런 현상은 속담이나 격언에서 흔히 볼 수 있다.
Qui dort, dîne(=Celui qui dort, dîne). 자는 사람은 먹은 것이나 다름없다.

(2) 대명사(인칭, 소유, 지시, 의문, 부정)

Moi qui vous parle ainsi, je n'ai pas l'intention de vous blesser.

당신에게 이렇게 말하고 있는 나는 당신 마음을 상하게 할 생각이 없다.

Il *en* est *qui* le font. 그런 일을 하는 사람도 있다.

Racontez ce *que* vous avez vu. 당신이 본 것을 이야기해 주세요.

Qu'ai-je dit *qui* doive vous émouvoir?

말씀드린 중에서 당신을 감동시킨 것이 무엇입니까?

Tel qui rit vendredi, dimanche pleurera. 금요일에 웃는 자는 일요일에 울으리라.

(3) 명사적으로 사용된 수형용사나 분량을 나타내는 부사

Vous êtes *beaucoup* qui disputez ce poste.

당신처럼 이 자리를 얻으려고 덤비는 사람이 많소.

Nous sommes *quelques-uns qui* sacrifieraient.

우리는 희생을 하려는 몇 사람들입니다.

(4) être의 속사인 형용사나 형용사적 분사(주로 양보나 원인 등을 뜻한다.)

Je n'eus qu'une envie, *lâche que* j'étais et *que* je suis encore.

용기가 없었고, 또 지금도 용기가 없어서 나는 단지 한 가지 욕구만 가졌다.

Inquiètes que nous sommes, nous ne pouvons pas dormir.

불안해 있으면 우리는 잠들 수 없다.

Ingrat que je suis, je vous inquiète à chaque instant.

나는 배은망덕한 놈이 되어서 늘 당신에게 걱정을 끼치고 있다.

(5) 장소, 시간을 나타내는 부사, 부사구(특히 où의 선행사로서)

Ton livre est *là où* tu l'as mis. 네가 놓았던 곳에 네 책이 있다.

Un jour où je me promenais le long de la rivière ...

내가 강을 따라 산책하고 있던 어느 날 ...

(6) 절(이 때는 특히 중성대명사 ce, 혹은 명사 chose, fait 등을 선행사로 하며, 선행사는 동격인 동격절과 관계된다.)

Françoise but son vin, ce qu'elle ne faisait pas d'ordinaire.

프랑스와즈는 술을 마셨는데, 이는 평상시에 하지 않던 행동이었다.

Il se leva et, *chose qu*'il n'avait pas faite depuis longtemps, *il alla l'embrasser.* (A.de Chateaubriant)

그는 일어섰다. 그리고 오래 전부터 하지 않았던 일인데, 그녀를 포옹하러 갔다.

2.2. 선행사의 위치

(1) 원칙적으로 관계대명사 바로 앞에 온다.

Le pays que je traverse est beau. 내가 지나가는 국가는 아름답다.

(2) 다음과 같은 경우에는 떨어져 쓴다.

① 의문대명사 뒤에서

Qu'est-ce qu'il y a *qui* ne vas pas? 뭐가 잘 안되니?

② 대명사 en, le, la, les 뒤에서

La voilà *qui* vient. 그녀가 저기 온다.

On *la* voit *qui* s'enfuit. 도망치는 그녀가 보인다.

Il y *en* a *qui* ne le regardent pas. 그것을 쳐다보지 않는 자들이 있다.

③ 선행사가 주절의 주어로써, 주절이 짧고 관계사절이 길 경우

Un homme entra, *qui* apportait la lettre. 한 남자가 편지를 들고 들어왔다.

④ "et(mais) + 관계대명사"로 et나 mais가 관계대명사를 선행사에서 분리해 선행사를 강조하는 경우다.

Il y a là *une erreur* et *qui* ne saurait durer.

거기에는 오류가 있으며, 그것은 계속될지 모른다.

3. 관계대명사의 용법

3.1. qui

주어 또는 간접목적보어, 상황보어로 사용된다.

(1) 주격 관계대명사로서의 qui는 사람, 사물, 또는 남·여성 및 중성 모든 성과 수의 명사 또는 대명사를 대신한다.

Je connais un médecin *qui* est revenu des États-Unis.

나는 미국에서 귀국한 의사 한 분을 알고 있다.

Celui *qui* ne montre aucun défaut est un sot ou hypocrite.

약점을 조금도 비치지 않는 사람은 바보거나 위선자이다.

Il n'y a là rien *qui* me plaise. 내 마음에 드는 것은 거기에 아무것도 없다.

Ce *qui* n'est pas clair n'est pas français. 분명하지 않은 것은 프랑스어가 아니다.

(2) qui가 간접목적보어 또는 상황보어로 쓰일 때는 전치사를 그 앞에 동반하

는데 이 때 선행사는 사람이며 의인화된 사물도 가능하다. (사물 또는 동물일 때에는 복합관계대명사, 즉 “전치사+lequel” 형태들을 씀)

Voici la personne *à qui* je pensais. 이 사람은 내가 생각하고 있던 인물이다.

Mon père, *de qui* je voyais la crâne sous la lampe, se leva.
나는 불빛 아래서 아버님 머리를 보았는데, 아버님이 일어섰다.

㊟ 1. 문학 작품에서는 때때로 선행사가 사물일 때도 전치사가 따른 qui를 사용한다.
Une maladie mit fin aux tourments *par qui* m'arrivèrent les inspirations.
내게 시상을 떠오르게 해 주었던 갈등에 종지부를 찍게 한 것은 병이었다.
On sait qu'il y a des fleurs *de qui* l'épanouissement est nocturne.
밤에 피는 꽃들이 있다는 걸 알고 있다.

(3) 선행사 없이 쓰인 qui는 흔히 격언, 속담에 쓰여 남성 단수형의 주어를 대신하기도 하며, 또는 qui plus est(좋은 것은), qui mieux est(더욱 좋은 것은), qui pis est(더욱 나쁜 것은)와 같은 고어의 표현법이나 voici, voilà 뒤에 쓰여서 중성 주어를 대신한다. 이 때 qui는 celui qui, ce qui, quiconque의 뜻을 지니며, 일종의 부정대명사로 동사는 언제나 단수이다.

Qui veut mourir ou vaincre est vaincu rarement.
목숨을 걸고 싸우려는 사람은 패배하는 일이 거의 없다.

Qui aime bien, châtie bien. 사랑하는 사람이 벌도 잘 준다.

Heureux *qui* frissonne aux miracles de cette poésie.
이 시의 신비로움에 가슴이 뛰는 사람은 행복하도다.

Voilà *qui* va bien. 이것은 굉장하다.

㊟ 1. 또한 선행사 없이 쓰인 qui는 celui qui~, celui que~의 표현에 대등하는 뜻으로 쓰이기도 한다. 이 때 qui와 함께 전치사로는 à, de, pour, envers가 올 수 있다.
J'imite *qui* je veux. 나는 내가 되고자 하는 인물을 모방한다.
A qui perd tout, Dieu reste encore. (Musset)
모든 것을 잃은 사람에게도 신은 여전히 함께 계신다.
Pour qui sait réfléchir, cet événement est plein d'enseignements.
심사숙고할 줄 아는 사람에게는 이 사건에 교훈이 많이 들어 있다.

㊟ 2. qui~qui는 주로 문어에서 쓰이는데, 이 때 qui는 오늘날 관계대명사로서의 기능을 잃고 부정대명사처럼 쓰인다.
Ils se dispersèrent, *qui* a droite, *qui* a gauche(=les uns à droite, les uns à gauche).
그들은 몇 명은 오른쪽으로, 몇 명은 왼쪽으로 흩어졌다.
On les a avertis, *qui* par lettre, *qui* par téléphone.
어떤 사람들은 편지로, 어떤 사람들은 전화로 소식을 알렸다.

✽ à qui mieux(=plus fort les uns que les autres ; 앞을 다투어)도 주로 문어에서 쓰인다.
Ils criaient à *qui* mieux. 그들은 서로 경쟁하듯 소리쳤다.

cf. qui가 'si on'의 의미로 쓰이기도 한다.
Tout vient à point *qui* sait attendre. 참고 기다리면 수가 생긴다.

✽ 요즈음은 이 표현이 다음과 같은 식으로 많이 쓰인다.
Tout vient à point à *qui* sait attendre.

(4) 선행사가 동물일 때도 있다.

Ce chien, *à qui* vous faites tant de caresses, est dangereux.
당신이 쓰다듬어 주는 그 개는 위험합니다.

3.2. que

직접목적보어, 주어의 속사, 몇몇 상황보어를 대신하며, qui처럼 전치사와는 함께 절대 쓰지 않는다.

(1) 직접목적보어인 사람, 사물을 대신할 수 있다.

Elle soigna seule tous les blessés *qu'*on lui amena.
그녀는 자기에게 데려오는 부상자들을 모두 혼자서 간호하였다.
Ce sont mes revues et celles *que* je lui ai empruntées.
이것은 내 잡지와 내가 그에게 빌린 잡지들이다.
Chacun croit fort aisément ce *qu'*il craint.
사람은 누구나 자신이 두려워하는 것을 아주 쉽게 믿어 버린다.

(2) 관계사절의 속사가 되며 선행사는(대)명사, 형용사가 된다.

① 관계사절 주어의 속사가 된다.

Le bon garçon *que* c'est! 이 애는 아주 훌륭한 소년인데!
Il se passait de manteau, fier *qu'*il était de sa poitrine large.
그는 넓은 가슴을 지닌 것을 자랑하려고 외투없이 지내곤 했다.
C'est l'ombre de moi-même *que* j'étais il y a vingt-cinq ans.
이건 지난 25년 전의 내 자신의 그림자이다.
Bien fatiguée *qu'*elle était, elle dansa un tour de valse.
그녀는 몹시 피곤했지만, 왈츠를 한곡 추었다.

② 관계사절 직접목적보어의 속사가 된다.

Habile *qu'*il se jugeait. 그는 스스로가 익숙하다고 생각했다.

(3) 부사적 보어로서 장소, 시간, 양태 등을 나타내는데 이때는 où, dont, duquel, durant lequel, dans lequel ...와 동일한 뜻을 가진다. 이것은 전통 어법의 유산이다.

les 5 kilomètres *qu'*il a couru 그가 달린 5킬로미터
l'hiver *qu'*il fit si froid 몹시 추웠던 겨울

Je m'en retournai chez moi, par le même *que* j'étais venu.
나는 왔던 길로 다시 집에 돌아갔다.
Il me dit quelque chose de blessant, chaque fois *que* je le vois.
그는 나를 볼 때마다 마음 상하는 일을 내게 말한다.

(4) il이 비인칭 주어로 쓰인 구문에서, que는 il 다음에 오는 동사의 진주어를 받아 관계시키기도 하며, 문법학자에 따라서는 진목적보어로 보는 경향도 있다.

Il a perdu l'argent *qu*'il lui a fallu pour acheter la maison.
그는 집을 사는데 필요한 돈을 잃어 버렸다.
Je regrette le temps *qu*'il me faut pour assister à cette réunion.
나는 이 회합에 참석하기 위한 시간이 아깝다.

❖ Remarque : **비인칭 구문에서 qui와 qu'il의 구별**

(가) falloir 동사 : 늘 qu'il ~ 의 형태로 쓰이되 일상어에서는 흔히 [ki]로 발음된다.

J'ai l'homme *qu*'il vous faut, ce qu'il vous faut.
나는 당신이 필요로 하는 사람, 또 필요로 하는 것을 갖고 있다.

(나) rester 동사 : 선택에 따라 qu'il~, qui~를 사용한다.

tous les livres *qu*'il me reste à lire 아직 내가 읽어야 할 책 모두
le peu d'heures *qui* me restent à vivre 얼마 안 되는 나의 여생

(다) plaire 동사 : qui~, qu'il~ 다 쓰이되 차이는 명확하다.

Choisis ce *qu*'il te plaît. (=Choisis ce que tu voudras.)
네가 원하는 걸 골라라.
Choisis ce *qui* te plaît. (=Choisis ce qui te donne du plaisir.)
네 마음에 드는 걸 골라라.

(라) advenir, arriver동사 : qui~, qu'il~ 어느 것을써도 무방하고 뜻도 같다.

Voici ce *qu*'il advint. 사건의 경위는 이렇다.
tout ce *qui* adviendra 일어날 일 모두
Qu'est-ce *qu*'il t'arrive? 네게 무슨 일이 생겼느냐?
Arrivera ce *qui* arrivera. 터질 일은 터진다.

(마) convenir, importer, prendre, résulter, se passer 동사 : 일반적으로 qui~를 사용한다. 그러나 간혹 qu'il~ 로도 쓰인다.

Je ne saurais dire ce *qui* se passait en moi.
내 마음 속에서 일어났던 것을 말할 수가 없다.
Qu'est-ce *qui* vous prend? 무슨 일인가요?
ce *qui* résulte de ce raisonnement 이 추론에서 생긴 것
Qu'est-ce *qu*'il s'est passé? 무슨 일이 생겼나요?

(5) 문장 안에 부정법의 의미상 주어가 선행사와 연결되어 관계사절로 유도될 때 관계대명사 que는 부정법의 의미상 주어인 동시에 관계사절의 직접목적어를 대신한다.

Le train *que* j'entends siffler est loin.
내가 그 기적 소리를 듣고 있는 기차는 멀리에 있다.
le chien *que* J'ai vu courir vers sa maîtresse.
여주인에게 달려가는 것을 내가 본 개

(6) que는 몇몇 성구에서 주어, 속사 또 보어로서 사용되어 중성적 용법으로 쓰인다.

Il n'est point de destin plus cruel, *que* je sache.
내가 아는 한 그보다 더 잔혹한 운명은 없다.

✾ que je sache에서 que는 que 앞에 ce가 생략된 경우로 본다.

cf. 다음과 같은 성구에서 주어나 부사적보어 대신 사용한다.
advienne *que* pourra 어떠한 일이 일어나더라도(=advienne ce qui pourra advenir)
vaille *que* vaille 어떻든 간에, 하여튼 간에(=que cela vaille ce que cela vaille)
coûte *que* coûte 어떠한 일이 있더라도, 기어코(=que cela coûte ce que l'on voudra que cela coûte)
Faites ce *que* bon semblera. 당신 좋으실 대로 하시오.

3.3. quoi

que의 강세형으로 선행사는 늘 사물이고 또한 항상 전치사가 그 앞에 따른다.

(1) 선행사로는 보통 중성대명사 rien, quelque chose, ce(=cela), 또는 point, 의문사 que 혹은 절 전체가 오는데 주로 문어에 많이 쓰인다.

Il n'y a rien à quoi je pense plus souvent *qu*'à la mort.
나는 죽음보다 더 자주 생각해 본 것이라고는 아무것도 없다.
C'est ce *à quoi* je pensais. 그것은 내가 생각하던 바이다.
On ne veut pas renoncer à ce *à quoi* on a réfléchi.

사람들은 자기들이 생각했던 것은 포기하고 싶어 하지 않는다.

Qu'a-t-il dit *à quoi* je ne puisse répondre?

내가 대답 못할 무엇을 그가 말했니?

Il faut composer le ticket, *sans quoi* vous risquez une amende.

표를 개찰해야 한다. 개찰 없으면 벌금을 물게 될 위험이 있다.

㈜ "전치사 + quoi"는 여러 가지 부사구를 이루기도 한다.
sur quoi 그래서 après quoi 그리고 나서
en quoi 그전에 있어서 faute de quoi 그게 없어서

(2) 오늘날 문학 작품에서는 고어 표현법에 따라 quoi의 선행사로 중성대명사 외에 명사를 쓰기도 한다. 이 때 quoi는 lequel 등의 대용이다.

C'est une chose *à quoi* il ne s'attendait pas.

이건 그가 기대하지 않았던 바이다.

Le jardin paraissait rempli d'une vapeur *à travers quoi* jouait la lune.

정원은 안개로 가득한 것 같았는데, 그 안개 사이로 달이 놀고 있었다.

㈜ 위와 같은 용법으로 pourquoi(원래의 표현 pour quoi)가 있는데 이것도 pour lequel 등의 대용이다.
Chaque donne à son tour la raison *pourquoi* il est content de lui.
각자는 돌아가면서 왜 자기가 그에 대해 흡족해 하는지 그 이유를 댄다.
C'est le motif *pourquoi* je vous interroge.
이게 바로 왜 내가 당신에게 묻는가에 대한 이유이다.

(3) c'est, voici, voilà 다음에서 quoi는 선행사 ce가 생략된 채로 많이 쓰인다.

Voici *sur quoi* je veux le questionner. 이것이 내가 그에게 묻고 싶은 것이다.

C'est *à quoi* je n'avais pas songé. 그건 내가 생각지도 않았던 것이다.

(4) "de quoi+부정법"도 역시 선행사 없이 관용구로 쓰여 원인이나 '~에 필요한 것, ~할 것'과 같은 뜻을 나타낸다.

Il n'y a pas *de quoi* rire. 웃을 이유가 없소.

Ils ont *de quoi* occuper leur dimanche. 그들은 일요일을 보낼 일거리가 충분히 있다.

Apportez-moi *de quoi* manger. 먹을 것 좀 갖다 주시오.

Nous avions *de quoi* vivre sans travailler.

우리는 일하지 않고도 먹고 살만한 것이 있었다.

㈜ "de quoi+부정법"에서 부정법은 일상회화에서 흔히 생략된다.
Vous m'avez rendu service. Je vous remercie.
— Il n'y a pas *de quoi*(remercier). 저를 도와주셔서 감사합니다. — 천만에요.
Je t'enverrai *de quoi* tous les mois. 매달 생활비를 보내겠다(= de quoi vivre)

(5) "quoi que(qui) + 접속법"도 선행사 없이 쓰여서 양보를 나타내는 부정 관계대명사를 이룬다. 뜻은 '~일지라도'이고, 주어, 직접목적보어, 간접보어 등으로 쓰인다.

Quoi que vous ayez à me dire, je ne m'en offenserai pas.
당신이 무엇이라 이야기해야 하던 간에, 난 화를 내지 않겠소.

Quoi qui s'offre à vos yeux, n'en ayez point d'effroi.
당신 눈에 무엇이 비치든, 두려워 마시오.

3.4. dont

dont은 고어에서 장소의 관계부사로서 기원을 나타냈던 것으로, d'où의 뜻을 가진 부사이다. 관계사절의 주어, 동사, 형용사, 속사, 직접목적보어 등에 걸려 선행사와 연결시켜준다. 그리고 dont 자체가 전치사 de를 내포함으로써 명사의 보어, 동사의 보어, 형용사의 보어, 수량을 나타내는 표현의 보어 등을 대신한다. 그 중에는 소유, 원인, 수동, 방법, 재료, 소속, 유래, 분량 등의 관념이 포함된다.

(1) 명사의 보어

Il raconta l'accident *dont* il avait été le témoin. (속사에 걸림)
그는 자신이 목격한 사건을 이야기하였다.

Vous voyez les romans *dont* les auteurs sont étrangers. (주어에 걸림)
여러분들이 보시는 소설의 작가들은 외국인들입니다.

C'est un homme *dont* on dit bien des scandales. (목적보어에 걸림)
이 분은 사람들 입에 추문이 많이 오르내리는 남자이다.

㊟ 1. 대부분의 경우 dont은 de qui, de quoi, duquel, par lequel 등으로 대치할 수 있지만, 선행사가 ce, ceci, cela, rien일 경우에는 대치할 수 없다.
Voici la maison *dont* vous êtes propriétaire(=de laquelle).
당신이 소유주인 집이 여기 있다.
C'est ce *dont* il s'agit. 이게 문제되는 것이다.
Ne faites rien *dont* vous ayez à rougir.
당신의 얼굴이 붉어져야 할 일은 조금도 하지 마십시오.

㊟ 2. 관계대명사로 연결되는 명사 자체가 "전치사+명사", 즉 간접목적보어 상황보어 등의 보어로 쓰인 것일 때 선행사가 사람 또는 동물이라면 dont은 de qui, duquel 등으로 대치되어야 하며, 선행사가 사물이라면 dont은 duquel 등으로 대치되어야 한다. 이 때 그 "전치사+명사"는 선행사와 관계대명사 사이에 놓여야 한다.

cf. dont는 항상 선행사 직후에 놓여야 하는 성질 때문이다.
Le garçon *dont* je m'intéresse à l'avenir…(이런 표현은 쓰지 않음)
→ Le garçon à l'avenir *de qui* je m'intéresse…(옳은 표현)

Le garçon à l'avenir *duquel* je m'intéresse…(일상용어에서 씀)
내가 장래에 관심이 있는 그 소년...
Le livre à la rédaction *duquel* je travaille... 내가 편집 일을 보고 있는 책...
Le parc dans les allées *duquel* je me promène...
내가 산책하는 가로수 길이 있는 공원...

㈜ 3. que와 qui에 의한 문장의 연속을 피하면서 목적절로서의 종속절을 인도하는 수단으로 dont을 쓴다.
un garçon que je sais qui vous respecte(고어적)
→ un garçon *dont* je sais(=au sujet duquel je sais) qu'il vous respecte
당신을 존경한다는 것을 내가 알고 있는 어느 소년
un garçon que je sais que l'on estime(고어적)
→ un garçon *dont* je sais qu'on estime
칭찬을 받고 있다는 걸 내가 알고 있는 어느 소년

(2) 형용사의 보어

Celui qui n'est content de personne est précisément celui *dont* personne n'est content.
누구에 대해서도 만족하지 못하는 사람은 그 누구도 그에 대해 만족해 하지 않는 사람이다.
Je vous donne un travail *dont* vous me semblez capable.
당신이 할 수 있을 것 같은 작업을 주겠습니다.

(3) 동사의 보어

C'est une aventure *dont* il se souvenait fort bien.
이건 그가 아주 잘 기억하고 있던 모험담이다.
Quel est le mal *dont* vous vous plaignez?
당신이 개탄하고 계신 재난이 무엇이지요?

(4) 동작주 보어

Il aime tendrement sa fille *dont* il est aimé à son tour.
그는 딸을 몹시 사랑하고 자기도 딸에게서 사랑을 받고 있다.
Il se détourna vers celui *dont* il se croyait méprisé :
그는 자기를 멸시한다고 생각하는 그 사람을 향해서 돌아섰다.

(5) 수량의 보어

J'ai là des livres *dont* je peux vous prêter quelques-uns.
책이 여러 권 있는데 그 중 몇 권을 빌려 드릴 수가 있습니다.
Voici des livres *don't* trois sont remarquable.
여기 있는 책들 중 세 권은 걸작이다.

㈜ 수・양의 보어에 걸리는 dont은 그 뒤에 오는 être동사를 쓰지 않는 수가 많다.
Voilà dix livres, *dont* quatre reliés. 책이 열 권 있는데 네 권이 제본된 것이다.

❖ Remarque : dont과 d'où 차이점

(가) D'où는 옛날에는 dont과 같은 뜻으로 사용했으나, 장소에 관해서는 d'où가 보통이며 dont을 쓰면 고어풍이다. 그래서 오늘날에는 d'où는 본래 장소를 가리키는 뜻으로 사용하며, dont은 일반적으로 비유적인 뜻으로 사용한다.

la famille *dont* je descends 내가 태어난 집안(비유의 의미 dont)

la maladie *dont* il est mort 그가 죽은 병

le lieu *dont* tu viens 네가 떠나 온 곳(본래의 의미 dont)

→ le lieu d'où tu viens(선행사가 장소를 나타냄으로 dont 보다는 차라리 d'où가 낫다)

(나) sortir, descendre와 같은 동사가 어떤 장소에서의 출발, 또는 근거의 의미를 나타낼 때 dont 대신 d'où를 많이 쓴다.

Le principe d'autorité *d'où* sortent les deux forces sociales

두 가지 사회적 힘이 나온 권력의 원리...

la village *d'où* vous êtes parti 당신이 떠나온 마을

(다) 사람의 혈통, 가문에 대해서 말할 때는 dont을 사용한다.

Daignez considérer le sang *dont* vous sortez.

당신의 출신 혈통을 고려해 주십시오.

la famille distinguée *dont* il sortait. 뛰어난 그의 출신 가문

la famille *dont* il sortait 그가 태어난 집안

la race *dont* ils tirent leur origine 그들이 근원을 끌어온 종족

3.5. où(d'où, par où, jusqu'où)

선행사가 장소, 위치, 시간과 관련 있는 사물 명사만을 연결하는 관계사로 사용됨으로, 엄밀히 말하면 관계부사로써, 전치사 de, par, jusque(드물게 sur, pour, vers가 옴)만 그 앞에 올 수 있다.[14)]

(1) 장소나 시간을 나타내는 명사를 선행사로 받는다. 그래서 관계부사 où는 보통 복합관계대명사 auquel, dans lequel 등 같이 전치사 + lequel 형식으로 대치할 수 있다.

14) dont가 d'où 뜻으로 사용함으로 où는 오늘날 아주 관계부사로써 전락하였다.

La ville *où*(dans laquelle) il s'est retiré est loin de Paris.
그가 은거해 있던 도시는 파리에서 멀리 떨어져 있다.

Le sentier par *où*(par lequel) il a traversé le bois était jonché de violettes.
그가 지나왔던 숲의 오솔길은 오랑캐꽃으로 덮여 있었다.

Il faisait froid la semaine *où*(pendant laquelle) vous êtes partis.
너희들이 출발하였던 주일은 몹시 추웠었다.

㈜ 선행사가 시간을 가리킬 경우 명확한 시간이면 où, 그렇지 않으면 que로 사용되는 경우가 많으며, 일상회화에서는 où 대신 que를 즐겨 쓴다.
Le jour *où* je l'ai vu ... (문어, 구어) 내가 그를 보았던 날...
→ Le jour *que* je l'ai vu... (구어)
au moment *où* il arrivera 그가 도착할 때
une nuit *qu*'il passait 그가 지나간 밤

✽ "전치사 + où"는 de, par, jusque'만 쓴다.
la maison d'*où* il est parti 그가 떠난 집
l'endroit vers *où* il alla 그가 향해 간 곳(고어풍)
→ l'endroit vers lequel il alla

(2) 선행사로 부사를 받는다. 장소부사 là, ici, partout가 그러하다

Remettez-le là *où* vous l'avez trouvé. 발견한 곳에 갖다 놓으세요.

Partout *où* vous irez, j'irai 당신이 가는 어느 곳이나 나도 간다.

㈜ où는 선행사 없이 쓰여 là où의 뜻을 나타낸다.
C'est *où* je mets aussi ma gloire la plus haute.
내가 또한 가장 큰 명예를 걸은 곳은 거기이다.
Où il n'y a pas de maître, tout le monde est maître.
주인이 없는 곳에서는 모두가 주인이다.

(3) d'où는 de là의 의미로 앞서 이야기한 사실의 결말을 나타내기도 한다.

D'où(vient) le chômage mondial. 거기서부터 세계적인 실직이 생겨난다.

cf. 여기서 관용구를 만든다.
d'où je conclus que ...이상의 사실로부터 나는 다음과 같이 결론한다.
d'où il résulte que ...이상에서 다음 ...같은 결과가 일어난다.

(4) où가 où que(설사 어디로 ...든지)처럼 부정 관계부사로서의 뜻을 가진다.

Où que vous alliez, conformez-vous aux mœurs du pays.
당신이 어디를 가든지 그 지방의 풍습에 따르십시오.

D'où que découle cette rumeur, il faut s'en assurer l'origine.
이 풍문이 어디에서 왔건 그 근원을 확인해야 한다.

(5) 단순형 où를 강조하기 위한 형태로서 본래 où est-ce que의 축약형인 ousque가 일상회화에서 쓰이기도 한다.

Vous savez, votre petit papier *ousque* vous avez écrit votre promesse, il faut l'oublier. (A.Gide)
당신도 아시다시피, 당신의 약속을 적은 그 서류는 잊어 버려야 합니다.

3.6. lequel, laquelle, lesquels, lesquelles

qui, que의 강세형으로 "정관사 + quel"형태를 취하며, 다시 전치사 à, de가 붙은 auquel, duquel.... 등의 형태도 갖는다. 이와 같은 형태들을 갖는 복합관계대명사는 선행사의 성·수에 따라 변함으로 qui, que 보다는 선행사를 명확히 하는 장점도 있지만, 그 형태가 복잡해 사용이 한정되어 있다. 그래서 일상적인 말에서는 "전치사 + lequel" 형태만 쓰고 그 밖의 다른 형태들은 문어체에서 쓰고 있다.

(1) 관계사절의 주어, 간접목적보어, 상황보어를 받는 선행사와 연결하며, 그 선행사가 사물 또는 동물이고 관계대명사에 de 이외의 전치사가 붙을 때는 반드시 복합관계대명사를 사용한다(de의 경우는 dont을 주로 사용하고, 선행사가 사람일 경우는 "전치사+qui"를 사용한다).
C'est la chose *à laquelle* je pensais.
이것은 내가 생각했던 것이다. (à qui는 사용 못함)
La persévérance *avec laquelle* il travaillait mérite sa récompense.
그가 일에서 발휘한 끈기는 보상을 받을 만하다.

✽ 복합관계대명사도 문어에서 관계사절의 주어로 사람 사물을 대신하여 qui와 같은 기능을 갖으며, qui를 사용하면 문자의 뜻이 애매함으로 복합관계대명사를 사용하는 것임(아래 (2)(3)(4) 참조).

㈜ 1. "전치사 + lequel"은 사물 선행사를 사용하며, 사람에 적용되는 경우는 드물지만, 구어체에서 전치사가 딸린 간접목적보어로 쓰인 사람 선행사 다음에 쓰이기도 하는데 이때는 특히 사람 선행사를 명확히 하기 위해서 이다.
l'homme à qui(ou ***auquel***) j'ai parlé 내가 말을 건 사람
celui ***auquel*** il a été volé une chose. 어떤 물건을 도둑맞은 사람
L'homme ***sous lequel*** la marine s'était relevée. 해군을 거느리고 궐기한 그 사람
Voilà la mère de mon ami ***auquel*** j'ai parlé hier.
어제 내가 애기한 친구의 엄마가 저기 있다. (à qui를 쓰면 선행사 불분명함)

㈜ 2. parmi나 entre 뒤에서는 발음 관계상 선행사가 사람이든 사물이든 qui를 피하고 대신 lesquels을 사용한다.
Les deux dames ***entre lesquelles*** je me trouvais assis étaient aussi entre deux âges.
내가 그 사이에 앉아 있었던 그 두 부인들 역시 중년이었다.

㈜ 3. 직접목적보어로 쓰는 일은 드물다.
Ce n'est pas une définition du mot, que je sache, ***laquelle*** nous pourrions trouver là.
내가 찾는 것은 단어 뜻이 아니고, 거기서 찾을 수 있을 꺼다.

(2) que, qui를 쓸 경우 뜻의 애매함과 반복을 피해 그 뜻을 명확히 하기 위해 복합관계대명사를 대신 쓴다.

Je connaissais fort bien le fils de sa voisine, *lequel* avait les mêmes goûts que moi.

나는 그의 이웃 부인의 아들을 아주 잘 알고 있었다. 그는 나와 취미가 같았다. (qui를 쓸 경우에 fils, voisine 중 어느 것을 받는지 알 수가 없다.)

Elle était avec son mari et madame Dupont, *lequel* se tourmentait beaucoup sur le danger des médicaments.

그녀는 자기 남편과 뒤퐁부인과 함께 있었는데, 남편은 약의 위험에 대해 몹시 걱정하고 있었다.

(3) qui, que 쓸 곳에 관계대명사를 강조하기 위해 복합관계대명사를 사용하며, 이 경우 명사를 되풀이하는 효과가 있다.

Il manda les maîtres les plus fameux, *lesquels* ordonnèrent des drogues.

그는 가장 유명한 의사들을 불렀는데, 그들은 약제들을 처방했다.

(4) 판결문이나 행정상의 공문에서 장중함과 엄숙함을 나타내기 위해서 qui, que 대신 lequel을 사용할 때도 있다.

On a lu le mémoire de la réclamante, *laquelle* sollicite un dégrévement.

청원자의 진정서를 읽었는바, 그는 감세를 간청하고 있었다.

Ont comparu trois témoins, *lesquels* ont déclaré reconnaître l'accusé.

증인 세 명이 출두하여 피고인을 확인한다고 진술하였다.

(5) 관계대명사의 선행사가 간접목적어의 보어와 관계될 때 dont 대신 사용한다. (3.4. dont의(1) 주 2. 참조 바람)

Prenez soin de ces dossiers, de la perte *desquels* vous auriez à répondre.

이 서류를 잘 간직하시오. 그걸 잃으면 당신이 그 책임을 져야할 테니까요.

3.7. 부정 관계대명사

quiconque, qui que, quoi que, qui que ce soit qui, quoi que ce soit qui, quoi que ce soit que와 같은 부정 관계대명사는 선행사 없이 사용되며 '~하는 사람은 누구나' '~하는 것은 무엇이나'의 의미를 갖는다.

Quiconque n'a pas de tempérament n'a pas de talent.

기질이 없는 사람은 누구나 재능이 없다.

Qui que tu sois, ne t'enfle pas d'orgueil.

네가 누구든지 간에 자만으로 으쓱해 하지 말아라.

Sur quoi que ce soit qu'on l'interroge, il a réponse prête.
무엇에 관해 질문을 하건 그는 대답이 준비되어 있다.

4. 관계대명사의 위치

(1) 일반적으로 선행사 바로 다음에 온다.

Il y a dans la vie *des maux qu*'il faut supporter avec patience.
인생에는 끈기 있게 견뎌내야 하는 재난들이 있다.

Il revoyait *cette maison dont* il connaissait presque chaque pierre.
돌 하나하나를 거의 전부 알고 있던 그 집을 그는 다시 보았다.

(2) 관계대명사가 관계절의 간접목적의 명사와 연결될 때 관계대명사는 선행사와 떨어져서 뒤에 온다.

Elle porte *des bijoux*, sur la valeur *desquels* on peut hésiter.
그녀는 보석을 소지하고 있는데, 그 값어치는 모르겠다.

Il y a *une édition* de ce livre, *laquelle* se vend bon marché.
이 책의 한 가지 간행본이 있는데 싸게 팔린다.

(3) 주문의 동사 앞에 선행사가 있는 문장에서, 주문의 뜻이 애매모호해질 우려가 있어 뜻을 확실히 하고자 할 때나, 문장구문을 명확하게 할 경우에 선행사를 그 위치에 그대로 놓아 두어, 관계대명사와 떨어져 놓이게 된다. 이때 선행사는 주로 celui-là, ceux-là, tel, quelqu'un...혹은 비강세형 인칭대명사, 의문사 등이다.

Celui-là est riche, *qui* reçoit plus qu'il ne consume.
자기가 소비하는 액수보다 더 많이 받는 사람은 부유하다.

Quelqu'un passait dans le corridor *qui* s'éloigna.
어떤 사람이 복도를 지나 멀어져 갔다.

Il est là *qui* dort. 그는 저기서 자고 있다.

Je *le* vis *qui* ramassait un petit bout de ficelle.
나는 그가 조그만 끈 조각을 줍고 있는 것을 보았다.

(4) le voilà, la voilà, les voilà 뒤에서도 관계대명사는 선행사와 떨어진다.

La voilà *qui* sort. 자, 그녀가 외출한다.

(5) 선행사가 의문사일 때도 역시 떨어진다.

Que voyez-vous *qui* vous plaise? 당신 마음에 드는 게 뭐가 보입니까?

㈜ 때때로 문학 작품에서는 표현을 더욱 생생하게 하려고 또는 내용을 강조하기 위해서 관계대명

사 뒤에 선행사를 두는 경우가 있는데, 이 때 선행사라기보다는 오히려 후행사라고 해야 타당하다.

Elle me montra, *qui* jouait dans son jardin, *un âne charmants de Provence*.
그녀는 멋진 프로방스의 당나귀 한마리가 자기 정원에서 놀고 있는 것을 보여 주었다.

5. 관계대명사의 반복

(1) 몇 개의 상이한 관계대명사 절이 병렬될 때 또 그 관계사절이 매우 길 때는 관계대명사를 반복한다.

Je vous conseille de lire ce livre *que* j'ai acheté la semaine dernière et *dont* j'aime beaucoup le sujet.

내가 지난주에 산 것으로 주제가 몹시 마음에 드는 이 책을 읽어 보시기를 권합니다.

(2) 구어에서는 동일한 형태의 관계대명사는 반복하는 것이 보통이고, 문어에서는 반복을 하지 않는 경향이 있으며, 강조를 위해서는 반복한다.

Depuis cette chapelle, on embrasse d'un regard le vaste roc *que* charge Tolède et *qu'*enserre le Tage.

이 교회에서는, 톨레드가 실어와 타즈 강이 파묻어 놓은 그 넓다란 바위가 한 눈에 바라보인다.

Le paysan *qui* me servait de guide et ne me parlait guère me montra du doigt le village.

안내 역할을 하면서 말을 하지 않던 그 농부는 내게 마을을 손가락질해 보였다.

㈜ 동일한 형태의 관계대명사라도 그 기능이 다른 것은 구어, 문어 어디에서건 반복하는 것이 원칙이다.

l'homme *que* tu es devenu et *que* je connais bien(속사)(직접목적보어)
내가 잘 알고 있는 현재의 당신이란 인물

celui *dont* je vous ai parlé et *dont* je vous ai montré la photo
(간접목적보어)(명사의 보어)
내가 당신에게 이야기한 바 있고 또 그 사진도 보여 주었던 사람

(3) 접속사 ni와 함께 쓰인 문장에서는 관계대명사를 반복하지 않는다.

Voilà un *qui* n'étonna, ni ne scandalisa.

이 사실은 놀라움이나 분개도 일으키지 않았다.

Ⅶ. 의문대명사(Pronom interrogatif)

의문대명사는 그것이 나타내고자 하는 사람이나 사물에 관해서 의문의 뜻을 나타내며 직접 또는 간접의문문에 두루 쓰인다. 일반적으로 문장 앞에 놓인다.

A *qui* faut-il adresser cette réclamation? 이 청구를 누구에게 해야 하나요?

De ces deux chemins *lequel* devons-nous suivre?

이 두 가지 길 중에서 어느 길을 좇아가야 하는가?

Je ne sais pas par *quoi* il est ému. 그가 무엇으로 감동을 받았는지 모르겠다.

Je demande ce *qui* se passe. 무슨 일이 일어나고 있는가 묻고 있는 것이다.

1. 형 태

단순형과 복합형 두 가지가 있다. 단순형은 성·수에 따라 변하지 않으나 의문사가 사람 혹은 사물을 나타내느냐에 따라 형태가 다르고, 복합형은 성·수에 따라 변화한다. dont과 d'où를 제외한 모든 관계대명사가 의문대명사와 형태가 같음으로 용법에 주의해야 한다.

(1) 단순형 및 강세형

형태 \ 기능		주 어	속사 · 직접목적보어	전치사가 붙은 보어
사람	단순형 강세형	qui? qui est-ce qui?	qui? qui est-ce que?	à qui? 전치사 + qui? etc à qui est-ce que?
사물	단순형 강세형	— qu'est-ce qui?	que? qu'est-ce que?	à quoi? 전치사 + quoi? etc à quoi est-ce que?

cf. 그밖에 사물을 나타내며 전치사 없이 사용되는 단순형 quoi가 있다. (용법 참조)

(2) 복합형

기능 \ 성 · 수	남성단수	여성단수	남성복수	여성복수
주어 · 직접 보어 · 속사	lequel?	laquelle?	lesquels?	lesquelles?
전치사가 붙은 보어	auquel? duquel? 전치사 + lequel?	à laquelle? de laquelle? 전치사 + laquelle?	auxquels? desquels? 전치사 + lesquels?	auxquelles? desquelles? 전치사 + lesquelles?

㈜ 1. 강세형은 직접의문형으로 주로 회화체에서 많이 쓰인다.
Qui est-ce qui te l'a dit? 누가 네게 그걸 말했지?
Qu'est-ce que c'est? 이것이 무엇입니까?

☞ pouvoir 동사가 생략된 부정법 앞에 쓰여 속사 또는 직접보어 역할을 하는 que는 절대로 강세형으로 대치할 수 없다.
Que faire? 무엇을 해야 하나요?
Mais *quoi* vous raconter! 그런데 당신에게 무얼 이야기해야 할까요?

✽ 강세형은 간접의문문에서는 보통 잘 안 쓰나, 문학작품에서는 간접의문문에도 강세형이 쓰일 때가 있다.
Il faut voir de *quoi est-ce qu'*elle est malade.
그녀가 무엇 때문에 아픈가 알아보아야겠다.
Je ne sais pas *qu'est-ce qu'*on pourra appeler de ce nom.
이 이름으로 불러야 할 대상이 무엇인지 모르겠다.

㈜ 2. 의문대명사는 cela, ça, donc, diable, diantre, par hasard 등으로 강조될 때도 있다.
Qui donc es-tu? 도대체 너는 누구인가?
Et *qui diantre* vous pousse à vous faire imprimer?
그런데 도대체 누가 당신으로 하여금 책을 인쇄하도록 부추기나요?
Qui ça épouser? 도대체 누가 결혼하는 건가?

✽ donc, enfin 등은 강세형에서 접속사 앞에 놓인다.
Qu'est-ce enfin que tout ça? 도대체 이게 다 뭐냐?
Qu'est-ce donc que la vie? 도대체 인생이라는 것이 뭐냐?

✽ 구어에서는 qui est-ce que c'est qui?, qu'est-ce que c'est que?, à quoi est-ce que c'est que?, lequel est-ce que c'est qui? 등의 형태로 의문문에서 사용하기도 하는데, 때로는 문학작품에도 쓰인다.
Qu'est-ce que c'est que la vie? 인생이란 무엇인가?
Qu'est-ce que c'est que ceci? 이게 무엇이지?
*Qu'est-ce que c'est qu'*un bourgeois? 부르주아란 무엇인가?

2. 용 법

2.1. qui

보통 남성 단수형으로 사람을 뜻하며 직접 및 간접의문문에 두루 쓰이고, 주어, 속사, 목적보어, 상황보어 등으로 쓰인다.

(1) 주 어

Qui frappe à la porte? 누가 문을 두드리나?

Je demande *qui* a fait cela. 누가 이 일을 했나.

㈜ "qui+de+보어"의 형태로 lequel과 같은 뜻으로 쓰임.
Qui des deux avait raison? 둘 중 누가 옳았니?

(2) 속 사

Qui êtes-vous? 당신은 누구지요?

Dis-moi *qui* tu es. 그대가 누구인지 말해 달라.

㈜ être 동사와 함께 쓰인 문장에서 속사로 쓰였을 때는 qui가 복수로 쓰이기도 한다. 즉 속사가 복수면 동사 être도 복수를 써야 한다.
Ces méchants, *qui* sont-ils? 이 고약한 사람들은 누구지요?
Il ne sait pas *qui* sont les ennemis du roi. 그는 누가 왕의 적들인지 모른다.
Qui étaient nos ennemis, nos alliés? 우리의 적, 우리의 동맹군은 누구였느냐?
Qui sont nos amis? 우리 친구들은 누구인가?

(3) 직접보어

Qui verra-t-on à la fête? 축제에서 누구를 보게 될까?

J'ignore *qui* on élira député. 누구를 대표로 뽑을지 모르겠다.

(4) "전치사+qui "형태로 쓰일 때

① 간접보어

주로 전치사 à나 de를 앞에 동반한다.

A qui parlez-vous de cela? 당신은 이걸 누구에게 말하는 건가요?

Je ne peux répondre *à qui* nous obéirons.

우리가 누구에게 복종할 것인가 답변할 수가 없다.

② 한정보어

전치사를 앞에 동반한다.

De qui a-t-on pris l'avis? 누구의 의견을 취했나요?

Je ne sais pas *de qu*'il a volé la bourse.

나는 그가 누구 지갑을 훔쳤는지 모른다.

③ 상황보어

Sur qui compter? 누구를 믿어야 하나?

Je ne sais pas *pour qui* elle travaille. 나는 그녀가 누구를 위해서 일하는지 모르겠다.

④ 형용사의 보어

De qui est-il digne? 그는 누구에 어울리나?

Je ne sais *de qu*'il est amoureux. 그가 누구와 사랑에 빠졌는지 나는 모른다.

⑤ 수동태에서 동작주 보어

Par qui fut-il nommé? 그는 누구에 의해 임명되었나?

J'ignore *par qui* il fut battu. 그가 누구한테 매 맞았는지 모른다.

(5) qui가 단독으로 쓰이는 경우는 생략적인 용법이다.

Qui ça(donc)?(도대체)누구냐?

De la part *de qui*? 누구십니까?(전화에서 씀)

* qui, quoi는 한 문장에 둘이 쓰여서 하나는 주어로, 다른 하나는 속사나 보어로도 사용된다.
Qui blâme *qui*? 누가 누구를 비난해?
Qui tyrannisait *qui* ou se révoltait contre *qui*?
누가 누구를 학대하였으며, 누구에 대항하여 폭동을 일으켰나?
Qui est apte à *quoi*? 누가 무슨 소질이 있다고?

㈜ 1. qui는 항상 남성단수로 사용되는데 드물게 여성으로도 쓰인다.
Si cette créature-là devait être perdue, *qui* donc serait sauvée?
만일 그녀가 버림을 받아야 한다면 도대체 어느 여자가 구원을 받을 것인가?
Sais-tu *qui* est devenue ma cliente? 누가 내 단골이 되었는지를 아는가?

㈜ 2. 부분을 나타내는 보어 또는 d'autre로 한정될 때도 있다.
Qui de nous n'a trouvé de charme à suivre des yeux les nuages?
구름의 움직임을 쳐다보는 것을 즐거워하지 않는 사람이 우리 중 누가 있었을까?
Sur *qui* d'autre jetteriez-vous les yeux?
당신은 다른 누구에게 눈길을 던질 셈이었나요?

㈜ 3. 15~17세기에는 qui가 사물에도 사용되어 오늘날의 qu'est-ce qui~(직접의문), ce qui~(간접의문)와 같은 의미로 사용되었는데, 오늘날에도 이런 표현이 가끔 쓰인다.
Qui de la terre ou du soleil tourne autour de l'autre, cela est indifférent.
지구와 태양 중 어느 것이 다른 것 주위를 돌고 있느냐 라는 점에 대해서는 관심이 없다.
Qui donc, sinon cet amour, nous soutient?(Colette)
이런 사랑이 아니라면 도대체 무엇이 우리를 지탱해 주는가?

2.2. que

보통 중성 단수형으로 사물을 표시하며, 전치사가 앞에 오는 경우는 없으며, 주어, 직접보어, 속사, 상황보어 등으로 사용된다.

(1) 주 어

중성의 il를 주어로 하는 비인칭동사의 보어로써 논리적 주어만 된다.

Que s'est-il passé? 무슨 일이냐?

Dans un si grand revers, *que* vous reste-t-il?

그처럼 큰 실패를 하고, 당신에게 뭐가 남아 있나요?

㈜ que는 인칭동사의 주어로는 쓸 수 없으며, 인칭동사의 주어로는 강세형 Qu'est-ce qui?를 반드시 사용해야 한다.
Qu'est-ce *qui* t'arrive? 너 무슨 일이냐?

(2) 속 사

Qu'est une foi sans les œuvres? 신앙이 활동을 하지 않는다면 무슨 소용이 있지요?

Nous étions ruinés ; *que* devenir? 우리는 파산을 한 것이네. 어떻게 될까?

(3) 직접목적보어

Que murmuraient les chênes? (Hugo) 떡갈나무들이 무어라고 소곤거렸나?

Que faire? où aller? 무엇을 해야 하나? 어디로 가야 하나?

(4) 상황보어

부사적 용법으로 pour quoi?, en quoi?, à quoi?, combien? comme?의 의미로 사용되며, 문어에서는 특히 pourquoi 대신 사용되며 부정문에서 pas는 생략된다.

Si la Wehrmacht s'avance le long du Danube ou de l'Elbe, *que* n'irions-nous au Rhin?(Ch. de Gaulle)
베르마흐트 군대가 다뉴브 강과 엘베 강을 따라 진군한다면 우리라고 라인 강에 가지 못할 이유가 있나?

Que gagnez-vous par an? 일 년 수입이 얼마입니까?

Que coûte ce livre? 이 책이 얼마입니까?

(5) 간접의문문에서 avoir, savoir, pouvoir 의 부정형 다음에 쓰인 que는 뒤에 부정법이 올 때 속사나 직접목적보어 역할을 한다. 때로는 chercher, se demander… 동사 다음에서도 마찬가지로 쓰인다.

Je ne sais *que* devenir. 나는 무엇이 될런지 모른다.

Il ne pouvait *que* dire contre vos reproches.
당신의 질책에 대해 그는 아무런 대꾸도 할 수 없었다.

Je cherchais *que* lui répondre. 나는 그에게 대답할 말을 찾고 있었다.

(6) "de+형용사"가 que의 한정보어 역할을 하면서 같이 쓰인다.

*Qu'*avez-vous fait de mal? 무슨 나쁜 짓을 했습니까?

*Qu'*y a-t-il de nouveau? 별다른 일이 있니?

(7) 때때로 동사 뒤에 오는 autre chose, d'autre 등으로 한정되기도 한다.

Que dis-je autre chose?(Boileau) 내가 달리 무얼 말하지?

Que fais-je d'autre?(Colette) 내가 다른 무엇을 하지?

(8) 예외적으로 Que가 간접보어로 쓴 경우도 성구에서 찾아 볼 수 있다.

*Qu'*importe! 상관없다!(= En quoi importe-il)

Que sert de s'irriter?(= A quoi....) 화내서 뭐하냐?

㈜ 1. que는 원칙적으로 그 다음에 바로 동사가 오는데, 동사 앞에 오는 보어인칭대명사(y, en 포함)와 ne만이 그 사이에 올 수 있으며, 가끔 간투사 diable 등이 올 수도 있다.
Que sais-je? 나는 무얼 아나?
Que lui dites-nous? 우리는 그에게 뭘 말해야 하지?

*Qu'*y faire? 거기서 무엇을 해야 하지?
Que diable allait-il faire dans cette galère?(Molière)
도대체 그는 이 노예선에서 무엇을 하려고 했던가?

㊟ 2. 요즈음은 간접의문문에서 que 대신 ce que 형을 주로 사용한다.
J'ignore absolument *ce que* je deviendrai là-bas.
나는 저승에서 내가 어떻게 될지 조금도 모른다.
Au bruit qu'il fit, le Franc s'éveilla et demanda qui c'était et *ce qu'*on voulait.
그가 낸 소리에 프랑크 인은 잠이 깨었는데, 누구며, 무얼 원하느냐고 물었다.

2.3. quoi

que의 강세형으로 중성 단수형이다. que와 마찬가지로 사물을 가르킨다.

(1) 주 어

주동사를 사용하지 않는 생략문에서만 주어로 쓰인다.

Quoi de plus beau? 더 예쁜 게 무엇이지?

Quoi de plus heureux que ce qui vous arrive?

당신에게 생긴 일보다 더 행복한 게 뭐냐?

㊟ 생략문 이외의 경우에서 quoi가 주어로 쓰이는 때는 아주 드문 특별한 경우다. 보통은 Qu'est-ce qui?를 쓰며, 다른 의문대명사와 병용해 쓸 경우와, quoi와 다른 말을 곁들여 쓸 경우에만 주어로 쓴다.
Qui ou *quoi* vous a donné cette idée?
누가 아니면 무엇이 당신에게 이 아이디어를 주었느냐?
Quoi donc t'étonne? 도대체 무엇이 너를 놀라게 하는지?
Quoi de nouveau allait apparître dans leur vie?
그 어떤 새로운 것이 그들의 생애에 나타났던가?

(2) 속 사

논의적인 말투의 부정법 앞에서, 또는 동사 뒤에서 속사로 쓰인다.

Quoi devenir? 무엇이 되어야 하나?

Tu seras *quoi*? Un gratte-papier! 넌 무엇이 될 거라고? 엉터리 작가야!

(3) 직접목적보어

① 동사 다음에 직접목적어로 쓰인다.

Il t'a dit *quoi* donc, mon fils? 얘야, 그가 네게 도대체 무얼 말해 주었느냐?

Une meute? Pour chasser *quoi*? 사냥개떼라고? 무엇을 사냥하려고?

② faire, dire, répondre 등의 논의적 말투의 부정법 앞에서 직접목적어로 쓰인다.

Quoi faire? 뭐해야 하지?

Tu sais bien *quoi* dire en pareil cas. 이럴 경우 뭐라고 말해야 하는지 너는 알잖아.

③ en quoi faisant이란 표현에서

En *quoi* faisant? demanda le singe. (J. Supervielle)

무얼 하면서? 하고 원숭이가 물었다.

(4) "전치사+quoi"

quoi의 대표적 용법이며, 간접목적보어나 상황보어 역할을 한다.

① 간접보어 상황보어

De *quoi* parlez-vous? 무슨 말씀이십니까?

A *quoi* cela peut-il servir? 이건 무엇에 쓰이는 것이지?

A *quoi* vous divertissez-vous? 무엇하며 즐기느냐?

Par *quoi* l'homme est'il au-dessus de tous les êtres?

무엇에 의하여 인간은 모든 존재물의 위에 있는가?

② 부정법 앞에서

Pour *quoi* faire? 뭘 하려고.

Sur *quoi*(faut-il) compter à présent? 지금은 무엇을 믿어야 하나?

(5) 간접의문문에 쓰인 quoi 역시 위의 직접의문문에서 쓰인 용법들과 비슷한 용법을 갖는다.

Elle ne sait plus *quoi* inventer. (직접목적보어)

그녀는 무엇을 꾸며대야 하는지 전혀 모른다.

Il ne sait *quoi* devenir. (속사) 그는 무엇이 될지 모른다.

Savez-vous à *quoi* cela nuirait? (간접목적보어)

당신은 이게 무엇에 해로울 것인지 아시나요?

(6) quoi와 성구를 이루는 것

à *quoi* bon? 무슨 소용이람?	je ne sais *quoi* 뭔지 모르겠다.
on ne sait *quoi* 뭔지 모르겠다.	n'importe *quoi* 아무거나

㈜ 1. 의문대명사 quoi가 형용사, 분사, 형용사구 등으로 한정될 때는 전치사 de를 그 사이에 넣는다.

*Quoi d'*autre pourrait m'amener chez toi, à cette heure?

이런 시각에 다른 무엇이 나를 그대 집에 오게 할 수 있겠는가?

Quoi de moins discuté que l'art de la Fontaine?

라 퐁텐의 예술보다 논쟁거리가 되지 않았을 것이 무엇이냐?

㈜ 2. 의문대명사 quoi는 단순히 간투사처럼 쓰일 때가 많다. 이때는 보통 eh나 hé가 그 앞에 온다.

Quoi? que dites-vous? 뭐라고요? 무슨 말씀을 하시는 거죠?
Hé *quoi*! votre haine chancelle?
응, 뭐라고! 당신의 증오심이 동요하고 있다고?
Enfin, *quoi*! c'est la vie. 결국, 요컨대! 그게 인생이다.

✻ 속어에서는 잘 듣지 못한 것을 다시 말해 달라고 할 때 또 화자의 대화 내용을 보충하기 위해서 quoi를 사용한다.

Le croyez-vous, à présent, ce que vous ne vouliez pas croire l'autre jour?
– *Quoi*?
지난날에는 믿고 싶지 않았던 것을 지금은 믿으십니까? – 뭐라고요?
Son mari, surpris, demanda.Comment, un troisème *quoi*?
그녀의 남편은 놀라서 물었다. 세 번째 뭐라고요?

2.4. 강세형 : qui est-ce qui~? etc.

qui, que의 강세형으로, 주어와 동사의 도치가 불필요하다. 주로 구어의 직접 의문문에 쓰인다. 특히 사물이 주어인 문장은 반드시 이 강세형 의문사 qu'est-ce qui를 사용해야 한다.

(1) qui est-ce qui?는 주어로, qui est-ce que는 직접보어, 속사 및 전치사의 보어로 사용하는데 모두 사람을 나타낸다.

Qui est-ce qui t'a dit cela? 누가 네게 그걸 말해 주었지?

Qui est-ce que tu cherches? 넌 누구를 찾고 있느냐?

Qui est-ce qu'il est? 그가 누구이지?

A qui est-ce qu'il veut parler? 그는 누구에게 말하고 싶어하지?

㈜ qui est-ce qui는 속어에서 qui c'est qui?, qu'est-ce qui?, qui qui? 등의 형태가 된다.
Qui c'est qui couche là? 거기서 누가 자고 있지?
Qui qui t'a dit ça? 누가 그걸 말하였지?

(2) qu'est-ce qui? 는 주어로, qu'est-ce que? 는 직접목적보어, 속사로 사용하는데 모두 사물을 나타낸다.

Qu'est-ce qui est arrivé? 무슨 일이 일어났느냐?

Qu'est-ce que tu choisis? 너는 무엇을 선택하려느냐?

Qu'est-ce que nous allons devenir? 우린 무엇이 되려는 것일까?

(3) 사물을 나타내는 의문사에 전치사가 붙으면 à(de, sur ...) quoi est-ce que? 형태가 쓰인다.

A quoi est-ce que tu penses? 무슨 생각을 하느냐?

De quoi est-ce qu'elle joue? 그녀는 무슨 악기를 연주하고 있느냐?

㊟ 간접의문문에서 Qui est−ce qui, Qui est−ce que, à(de, sur) quoi est−ce que는 그대로 쓰이거나 또는 qui, à quoi...가 되며, qu'est−ce qui, qu'est−ce que는 ce qui, ce que가 된다.
Je veux savoir *qui est-ce qui* vous a dit cela.→ Je veux savoir *qui* vous a dit cela.
누가 당신에게 그런 말을 했는지 알고 싶다.
Allez lui demander *ce qui* est arrivé dans la nuit.
간밤에 무슨 일이 일어났는지 물어보세요.

2.5. **복합형 의문대명사** lequel? laquelle?, lesquels?, lesquelles? etc.

단순형 qui, que, quoi가 불특정한 개념을 갖는데 반해, 복합형 의문대명사는 성·수에 따라 변하며 이미 앞서 말한 혹은 앞으로 말할 명사를 대신하여 선택의 뜻으로 쓰인다. 사람, 사물에 두루 쓰이며 직접의문문과 간접의문문에서 모두 동일한 형태를 갖는다.

(1) 주어

Parmi ces peintures, voyez *laquelle* vous plaira le plus.
이 그림들 가운데 가장 당신 마음에 드는 것을 보십시오.
Lequel d'entre vous désire me parler? 당신들 가운데 누가 나에게 말하시려는 겁니까?
Qui sait, de la tension ou du repos *lequel* est le plus important pour l'homme?
긴장과 휴식 중 어느 것이 인간에게 가장 소중한지 누가 아는냐?

(2) 속사

Lequel es-tu, l'aînée ou la jeune? 맏딸 아니면 동생, 넌 어느 쪽이지?
Dis-moi *lequel* il est, ami ou ennemi.
그가 친구인지, 적인지, 어느 쪽인지 말해 달라.

(3) 직접목적보어

Laquelle de ces gravures préférez-vous? 이 판화 중 어느 것을 더 좋아하시나요?
Laquelle de ces étoffes choisis-tu? 너는 이 옷감 중 어느 것을 선택하려느냐?
Je ne sais *lequel* de ces deux livres je préfère.
나는 이 두 권의 책들 중에서 어느 것이 더 좋은지 모르겠다.

(4) "전치사 + lequel", etc

간접목적보어나 상황보어로 쓰인다.
Auquel de deux employés vous êtes-vous adressé?
두 명의 고용원 중 누구에게 말을 걸으셨나요?
Auquel de deux va ta préférence? 네 기호는 두 가지 중 어느 것에 맞느냐?

Je ne sais *sur lequel* des deux il faut compter.
나는 두 사람 중 누구를 믿어야 하는지 모르겠다.

(5) lequel est-ce qui(주어), lequel est-ce que(직접보어, 속사), auquel est-ce que(전치사의 보어) 등의 강세 형태로 쓰이기도 한다.

Lequel est-ce qui vous plaît? 무엇이 당신 마음에 듭니까?

Lequel est-ce que vous préférez? 당신은 무엇이 더 좋습니까?

Auquel est-ce que vous avez parlé? 당신은 누구에게 말을 걸었나요?

(6) lequel과 성구를 이루는 것들

je ne sais *lequel* 어느 쪽인지 모른다.

on ne sait *lequel* 어느 쪽인지 모른다.

n'importe *lequel* 어느 쪽이든

㈜ 1. 중성대명사로 쓰일 때도 있는데 이때는 항상 lequel형으로만 쓰인다.
Lequel pèse le plus de cent livres d'or ou de cent livres de plume?
금화 100파운드와 깃털 100파운드 중 어느 것이 가장 무거우냐?
Lequel préférez-vous, partir ou rester?
떠날 것이냐, 남아 있을 것이냐, 어느 쪽을 택하겠느냐?

㈜ 2. 옛날에는 의문형용사 quel이 의문대명사 lequel 역할을 대신하였는데 이런 용법이 지금도 가끔 쓰이는 것을 볼 수 있다.
Quels de vos diamants me faut-il lui porter?
당신의 다이아몬드 중 어느 것들을 그에게 가져가야 하나요?
On ne savait jamais *quel* des deux serait vainqueur.
두 사람 중 누가 승리자가 될 것인지는 결코 알지 못하였다.
Quelle, de ces causeries, préférer? 이 이야깃거리 중 어느 것이 더 좋은가?

Ⅶ. 부정대명사(Pronom indéfini)

부정대명사는 사람·사물을 막연하게 지시하는데, 사실상 이 대명사가 지시하는 명사가 없는 것이 많아 이미 표현된 명사를 대신하는 대명사라기보다는 명사적으로 많이 쓰인다.

부정대명사는 명사가 갖는 기능을 거의 모두 갖고 있다.

Nul ne l'avait vu. (주어) 아무도 그를 보지 못하였다.

Il recevait *n'importe* qui. (직접목적보어) 그는 아무나 맞아들였다.

Ne vous fiez pas à *certains*. (간접목적보어) 어떤 사람들은 믿지 마십시오.

C'est *tout* ou *rien*, il n'y a pas de milieu. (속사)
전부이든가 아니면 아무것도 아니다. 중간은 없다.
Je ne suis connu de *personne* ici. (동작주 보어) 이곳에서는 아무도 나를 모른다.
Ils continuèrent, *chacun* de son côté, sans s'être dit un mot. (동격어)
그들은 저마다 말 한마디도 하지 않고 계속해 나갔다.

1. 형 태

<table>
<tr><th colspan="2">단 수</th><th colspan="2">복 수</th><th rowspan="2">중 성</th></tr>
<tr><th>남 성</th><th>여 성</th><th>남 성</th><th>여 성</th></tr>
<tr><td>aucun</td><td>aucune</td><td>(d') aucuns</td><td></td><td></td></tr>
<tr><td colspan="2">autre</td><td colspan="2">autres</td><td>autre chose</td></tr>
<tr><td colspan="2">autrui</td><td></td><td></td><td></td></tr>
<tr><td>chacun</td><td>chacune</td><td></td><td></td><td>grand-chose</td></tr>
<tr><td></td><td></td><td>certains</td><td>(certaines)</td><td>peu de chose</td></tr>
<tr><td>je ne sais qui</td><td></td><td></td><td></td><td>je ne sais quoi</td></tr>
<tr><td>le même</td><td>la même</td><td colspan="2">les mêmes</td><td></td></tr>
<tr><td>n'importe qui</td><td></td><td></td><td></td><td>n'importe quoi</td></tr>
<tr><td>nul</td><td>nulle</td><td></td><td></td><td></td></tr>
<tr><td colspan="2">on</td><td></td><td></td><td></td></tr>
<tr><td>pas un</td><td>pas une</td><td></td><td></td><td></td></tr>
<tr><td colspan="2">personne</td><td></td><td></td><td></td></tr>
<tr><td>plus d'un</td><td>plus d'une</td><td></td><td></td><td></td></tr>
<tr><td></td><td></td><td colspan="2">plusieurs</td><td></td></tr>
<tr><td>quelqu'un</td><td>quelqu'une</td><td>quelques-uns</td><td>quelques-unes</td><td>quelque chose</td></tr>
<tr><td colspan="2">quiconque</td><td></td><td></td><td></td></tr>
<tr><td>qui que</td><td></td><td></td><td></td><td>quoi que</td></tr>
<tr><td>tel</td><td>telle</td><td>tels</td><td>telles</td><td>rien</td></tr>
<tr><td></td><td></td><td>tous</td><td>toutes</td><td>tout</td></tr>
<tr><td>l'un</td><td>l'une</td><td>les uns</td><td>les unes</td><td></td></tr>
</table>

cf. 부정형용사로도 쓰이는 부정대명사 : aucun, certains, le même, nul, pas un, plus d'un, plusieurs, tel, tout, autre

부정대명사를 의미에 따라 분류하면 다음과 같다.

(1) 인칭대명사 가치를 갖은 것 : on

(2) 긍정·부정의 뜻을 갖는 것

aucun　nul　pas un　personne
quelque chose　rien

(3) 분량 및 분배의 뜻을 갖는 것

quiconque	quelques-uns	peu de chose	grand-chose
certains	chacun		

(4) 전체 또는 복수의 뜻을 갖는 것

tout	tout le monde	plusieurs	plus d'un

(5) 동일, 상이, 유사의 뜻을 갖는 것

l'autre	les autres	un autre	d'autres
autrui	le même	je ne sais qui	n'importe qui
qui que	quoi que	quelqu'un	tel
l'un et l'autre		l'un ou l'autre	l'un ~l'autre
les uns ~les autres		ni l'un ni l'autre	je ne sais quoi

2. 용 법

(1) aucun

17세기까지는 quelque, quelqu'un의 의미로 원래 긍정문에 주로 쓰였는데, 지금은 부정부사나 ne와 더불어 부정문에 많이 쓰인다. 거의 단수로 쓰며, 부분적으로 한정시키는 보어와 en이 따르기도 한다.

① quelqu'un, certain의 의미로 긍정문에 쓰인다. 단수형이 원칙이나 복수형 aucuns(주로 d'aucuns으로)도 간혹 쓰인다. 주로 부정의 개념을 가진 문, 의문문, 비교 · 가정 등을 나타내는 문장에서 사용된다.

Penses-tu qu'*aucun* d'eux veuille subir mes lois?
그들 중 누가 내 법을 받아들이고 싶어 한다고 생각하십니까?

Il doute qu'*aucun* d'entre vous réussit.
여러분 중 성공할 사람이 있을까 하고 그는 의심하고 있다.

Il travaille mieux qu'*aucun* de ses frères.
그는 형제 중 그 누구보다 공부를 잘 한다.

Aucuns t'appelleront une caricature.
몇몇 사람들은 너를 우스꽝스런 인물이라 칭할 것이다.

㊟ aucun은 같은 절 안에서는 pas, point과는 함께 쓰지 않지만 plus나 jamais와는 함께 쓰인다.
Aucun ne m'a *plus* fait visite, je n'en ai *plus* vu *aucun*.
아무도 나를 방문하지 않았고, 나도 아무도 못 보았는데.
Aucun ne m'a *jamais* secouru. 아무도 나를 도우러 오지 않았다.

② 부정부사 ne... (plus, jamais)나 sans(sans que)과 함께 부정문에 쓰이는데 이 때 aucun은 nul과 같은 의미로 항상 단수로 쓰이며 pas, point 등은 생략한다. 또한 전치사 sans 과 쓰일 때는 ne 없이 혼자 쓰인다.

Il n'est *aucun* qui sache mieux son rôle.
자신의 역할을 더 잘 아는 사람은 아무도 없다.

De toutes vos raisons, *aucune* ne m'a convaincu.
당신이 대는 온갖 이유 중 날 설복할 수 있는 건 하나도 없었다.

Connaissez-vous les hommes photographiés là?- Je n'en connais *aucun*.
저기 사진 속에 있는 사람들을 아십니까? - 한 사람도 모르겠는데요.

Il est parti sans en informer *aucun* de nous.
그는 우리들 중의 아무에게도 알리지 않고 떠났다.

③ 부정으로 쓰인 aucun은 생략문에서 동사 없이 단독으로 쓰인다.

As-tu reçu de ses nouvelles? - *Aucune*. 그의 소식을 들었니? -전혀.

Quelle réponse a-t-il faite? -*Aucune*. 그가 어떤 대답을 하였니? -전혀.

㈜ aucun에 형용사나 형용사적 분사로 수식될 때는 전치사 de를 개입하는 것이 원칙이다. 그러나 de를 쓰지 않는 경우도 종종 있다.
Il a des amis, mais il n'en a *aucun* de fidèle. (aucun fidèle)
그는 친구는 많지만 진실된 친구는 하나도 없다.
Parmi tant de livres, je n'en ai *aucun de* relié, je n'en vois *aucun d'*intéressant(*aucun* intéressant).
많은 책 중에서, 내게는 제본된 것은 하나도 없으며, 흥미 있는 책도 못 찾아보겠다.

(2) autre

앞서 표현된 명사를 대신하지 않고, 혼자 단독으로 쓰이기도 하고, 또한 이미 표현된 명사, 대명사를 대신하기도 한다. 이 때 그 앞에 관사나 한정어를 붙여 차이나 구별을 나타낸다.

① 명사처럼 절대적으로 쓰이며, 이 경우는 사람을 나타낸다.

Si tu veux qu'on t'épargne, épargne aussi les *autres*.
용서 받고 싶으면 또한 남을 용서하라.

Un autre vous approuvera peut-être. 아마도 다른 사람은 당신을 인정해 줄거다.

㈜ 다른 사람들과의 구별을 더 확실히 구분지어 표현하고자 할 때는 대명사, nous, vous를 autre 앞에 놓는다.
Nous n'avons pas lieu, *nous autres*, de faire une révolution.
우리들은 혁명을 할 필요가 없다.
Il fait bien chaud chez *vous autres*. 당신 집은 퍽 덥군요.

② 대명사처럼 명사 등을 대신하며, 이 경우는 사람 사물을 가리킨다.

Une moitié du monde déteste *l'autre*.

전 세계의 절반은 그 나머지를 증오하고 있다.

Voici deux livres ; je prends celui-ci ; prenez *l'autre*.

책이 두 권 있다. 나는 이것을 갖겠으니 다른 것을 가지십시오.

Mon œil droit voit mal ; *l'autre* est bon.

내 오른쪽 눈은 잘 보이지 않지만 다른 쪽은 좋다.

③ autre의 중성형으로 autre chose(다른 것)가 있다.

Si tu n'aimes pas ça, prends *autre chose*.

이것을 좋아하지 않으면 다른 것을 가져라.

㈜ 1. autre 앞에 수명사가 오기도 한다.
les deux *autres* 다른 두 사람

㈜ 2. 다른 사람들 혹은 사물들 중에서 어느 한 사람이나 사물을 특별히 지칭하고자 할 때는 entre autres를 사용한다.
J'ai vu les plus beaux tableaux de Rome, *entre autres* ≪la Transfiguration≫ de Raphaël.
나는 로마에서 가장 아름다운 그림들을 보았는데 그 중에는 라파엘의 '예수 현성용화'도 있었다.
Il serait fou de juger le livre de M.Artaud sans se souvenir, *entre autres* de son ≪Marat≫. (J.Cocteau)
특히 아르또 씨 작품『마라』를 기억하지 않고 그의 책을 평가하는 것은 부질없는 일이다.

(3) autre chose, grand-chose, quelque chose, peu de chose

명사 chose가 다른 단어들과 만나 이루어진 부정대명사로서 명사로서의 기능과 chose의 원래 성인 여성도 없어져 중성화되었다. 그러나 일치는 남성으로 한다.

Peut-il faire *autre chose*? 그는 다른 것을 할 수 있을까?

Nous n'avons pas obtenu *grand-chose*. 우리는 대단한 것을 얻지 못하였다.

Quelque chose a gémi dans ton cœur. 무언가 그대 마음속에서 신음 소리를 냈다.

Peu de chose nous console, et *peu de chose* nous affige.

하찮은 것이 위안을 주고, 하찮은 것이 우리를 상하게 한다.

㈜ 1. 형용사나 분사가 수식할 경우는 de를 그 사이에 넣는다.
Comment avais-je pu imaginer *quelque chose d'*autre?
다른 것을 내가 어떻게 상상할 수 있었겠나?
Montrez-moi *autre chose d*e plus beau. 더 아름다운 다른 것을 보여 주시오.

㈜ 2. chose가 여성명사로서의 의미를 지니고 쓰이는 경우가 있다.
Quelle *autre chose* désirez-vous encore?
당신은 아직도 다른 어떤 것을 원하고 계십니까?

㈜ 3. grand-chose는 'ne'와 함께 많이 쓰인다.
Il *ne* possède pas *grand-chose*. 그는 대단한 것을 갖고 있지 않다.

cf. 일상어에서는 pas grand-chose라고도 쓰이는데, 형태는 불변하며, 뜻은 '하찮은 남자, 하찮은 여자, 하찮은 사람'이다.
De la voir acheter des choux au petit Martin, un sale coco, un *pas grand-chose*, il en avait reçu un coup dans l'estomac. (A.France)
더럽고 변변치 못한 녀석인 마르탱 아들네에서 양배추를 사는 그녀를 보자, 그는 배 속이 뜨끔하였다.
C'était bien une *pas grand-chose*. 그녀는 정말 하찮은 여자였다.

(4) autrui

'다른 사람들, 남들'이란 뜻으로 문어에서만 사용하고(구어에서는 un autre, les autres를 사용함) 또한 주로 전치사 à, de, pour, en, chez 등과 함께 쓰여 한정보어로 사용된다. 예전에는 autre의 목적보어형으로 쓰였던 것으로서 지금도 주어로는 거의 쓰이지 않는다.

Dans le bonheur d'*autrui* je cherche mon bonheur.
타인의 행복 속에서 나는 나의 행복을 찾는다.

㈜ 희박하지만 주어 또는 직접목적보어로도 쓰기도 한다.
Autrui nous est indifférent. 타인은 우리와 무관하다.
Il faut traiter *autrui* comme on voudrait être traité soi-même.
남에게 대접 받고 싶은 것처럼 남을 대접해야 한다.
Il vaut mieux se tromper soi-même que de tromper *autrui*.
남을 속이느니 자신을 속이는 것이 더 낫다.

(5) certains

항상 남성 복수형으로 주어로서 쓰인다. 뜻은 '소수의 사람들'

Certains se figurent que l'esprit humain est illimité.
몇몇 사람들은 인간 정신에 한계가 없다고 생각한다.

Parmi ses amis, *certains* le désapprouvent.
그의 친구들 가운데 몇몇은 그를 비난한다.

㈜ 1. 여성형 certaines는 원칙적으로 사용하지 않으나, 가끔 쓰이는 경우도 있다.
Elle avait cette élégance subtile qui s'attache à *certaines*.
그녀는 소수의 여성에게만 있는 그 묘한 우아함을 지니고 있다.

㈜ 2. certains은 원래 목적보어로 쓰이지 않으나 드물게 사용되는 경우도 있으며, 한정보어가 따라올 경우 de가 보통 따른다.
J'ai peut-être même aidé *certains* à s'accrocher à la vie.
나는 몇 명에게 삶에 애착을 갖도록 도와주기까지 하였다.
Certains de mes livres sont anciens. 내 책들 중 어떤 것들은 헌책이다.

(6) chacun, chacune

뜻은 '각자, 각각'이라는 뜻을 갖으며, 복수형은 없고, 남성과 여성 단수만 있다. 사람 및 사물의 개별성을 나타낼 때 쓰인다.

① 다수 가운데 하나(혹은 한 사람)를 표시할 때는 관계되는 명사의 성에 따른다.

chacune de ces maisons 이 집 각각

Mon père et mon oncle ont *chacun* leur(ou son) caractère.

나의 아버님과 삼촌은 각자 개성이 있으시다.

Chacune de ses discussions éveillait en lui de tristes souvenirs.

그의 토론 하나하나가 마음속 서글픈 추억을 일깨워 주었다.

㊟ chacun 대신 chaque를 사용하는 수가 있는데 잘못된 용법이다.
Ces livres coûtent trois euros *chaque*(×)
→ Ces livres coûtent trois euros *chacun*

② 관계하는 명사 없이 단독으로 명사처럼 쓰이면 남성 단수형으로 쓴다.

Chacun pense à soi, Dieu à tous. 저마다 자기만 생각하나, 신은 모두를 생각한다.

Chacun pour soi, voilà en principe égoïste.

저마다 자기 일만 한다는 것, 이것이 이기주의의 원리이다.

㊟ chacun chacune는 그 앞뒤에 오는 말과 동격을 이룰 때도 있는데, 아래와 같은 경우가 그 예이다.
Il accordait à ses visiteurs dix minutes *chacun*.
그는 방문객 각자에게 십 분씩 할애했다.

(7) je ne sais qui(quoi), on ne sait qui(quoi)

quelqu'un(quelque chose)와 같은 뜻으로, 부정대명사로 주어나 보어로 쓰이며 항상 단수이다.

① 대명사로 항상 단수로 쓰인다.

Je ne sais qui disait que les ancêtres des hommes étaient des singes.

어떤 사람은 인간의 조상이 원숭이였다고 말하였다.

Il a demandé secours à *je ne sais qui*. 그는 누군가에게 도움을 청하였다.

Notre chien est mort d'*on ne sait quoi*. 우리 개는 무엇이 원인인지 모르지만 죽었다.

② 명사적으로 쓰일 때는 관사가 붙으며 복수형이라도 불변한다.

Il passe son temps avec *des je ne sais qui*.

그는 알지 못할 사람들과 시간을 보낸다.

㊟ 형용사를 덧붙일 때는 전치사 de를 사용하나 드물지만 de 없이도 쓰는 경우가 있다.

Un je ne sais quoi de méprisant apparaissait sur son visage.
멸시하는 투의 그 무엇이 그의 얼굴에 떠올랐다.

(8) le même, la même

부정형용사 même에 정관사가 붙은 형태이다.

① 명사적으로 쓰인 경우는 일종의 중성적 의미가 있고, 항상 사물에 쓰이며 la même chose와 같은 뜻이다.

Le même doit arriver dans les autres cas. 같은 일이 다른 경우에도 일어날 수 있다.

Cela revient *au même*. 그건 결국 마찬가지가 된다.

② 형용사적으로 쓰인 le même은 그 다음의 명사가 생략되어 대명사처럼 쓰인다. 이때는 인칭 및 수에 따라 변하며 사물과 사람에 두루 쓰인다.

Elle n'est plus *la même*. 그녀는 이제 전과 같지가 않다.

Ce vin est bon, apportez-moi *du même*.
이 포도주는 맛이 좋은데, 내게 똑같은 것을 갖다 주시오.

Mes camarades sont restés *les mêmes* qu'autrefois.
내 친구들은 예전과 다름이 없었다.

(9) n'importe qui(quoi, lequel)

중성 단수로서 주어나 보어로 쓰이는 부정대명사로써, '누구든 좋은 어떤 사람', '무엇이든 좋은 어떤 물건'이란 뜻이다.

Adressez-vous à *n'importe qui*. 아무에게나 물어 보십시오.

N'importe qui pourrait vous le contredire.
누구라도 당신에게 그것을 반박할 수 있다.

Un homme pressé de faim mange *n'importe quoi*.
몹시 배고픈 사람은 아무것이든 먹는다.

Donnez-moi *n'importe lequel*. 어느 쪽 이든지 좋으니 주세요.

N'importe qui d'autre avait faire cela. 다른 누구든 그것을 할 수 있다.

(10) nul

aucun과 비슷한 것으로, 부정어 ne, sans que와 함께 쓰여 부정의 뜻을 나타내는데, 부정어로 주로 문어에 쓰이고 구어에서는 대신 personne를 사용한다. 항상 단수이고 주어로만 사용한다. pas, point은 사용하지 않는다.

① 사람을 가리키며 거의 항상 남성형 주어로 주로 쓰인다.

Nul n'est prophète en son pays. 자기 고장에서는 그 누구도 예언자가 못 된다.

Nul n'est exempt de mourir. 아무도 죽음을 피하지 못한다.

㈜ 1. 여성주어로 쓰는 것은 예외다.
Nulle n'était consolatrice comme elle. 그녀처럼 위안자가 된 사람은 없었다.

㈜ 2. 때로는 nul이 복수로 쓰이는데 17세기까지는 복수용법이 일반적이었다.
Nuls ne furent plus constants dans leur haine du nazisme.
나치즘을 더 이상 끈질기게 증오하는 사람은 없었다.

② 한정보어가 따르거나, 관계되는 명사가 명시되었을 경우는 nul이 사람 및 사물에 걸리며 남녀 양성으로 쓰인다.

nul de nous 우리들 중의 아무도

Plusieurs explorateurs sont allés dans ces régions ; *nul* n'en est revenu.
탐험가 몇 명이 그 지역으로 들어갔지만 아무도 다시 돌아오지 못하였다.

Nulle, parmi les femmes françaises n'a possédé à ce degré l'imagination et l'esprit. (Sainte-Beuve)
프랑스 여성 가운데 이 정도의 상상력과 예지를 지닌 여성은 하나도 없다.

(11) on

라틴어 homo(=homme사람)가 어원으로 '사람' 혹은 '사람들'을 뜻한다. 늘 주어로 쓰이고, 3인칭 남성 단수형이다. 옛날에는 정관사를 붙여 l'on으로 사용했으나, 현대에 와서는 모음중복 회피(hiatus)를 하기 위해 si, ou, où, que, et, qui, quoi 등의 뒤에서만 l'on으로 쓴다. 동사는 항상 3인칭 단수이며 막연한 사람을 뜻한다.

① 일반적인 사람을 가리킨다.

l'endroit où l'*on* va 사람들이 가는 장소

On ne fait pas toujours ce qu'*on* veut. 사람들은 하고 싶은 것을 늘 하지는 못한다.

On s'oublie quelque fois dans une passion.
사람들은 열정 가운데서 때로는 자신을 망각한다.

㈜ 관용적으로 on은 계절, 요일, 연월일을 표시하는데 쓰인다.
on est au commencement d'avril. 4월 초순경이다.

② 특정되지 않는 사람을 가리킨다.

Ici *on* parle anglais. 여기선 영어를 사용한다.

③ 특정된 사람을 나타낼 경우에는 주어 인칭대명사를 대신하는 것으로써, 인칭대명사 je, tu, nous, vous, il(s), elle(s)의 뜻으로 쓰인다. 이때는 겸손, 신중함, 아이러니, 경멸, 자만심, 질책 등의 의미가 문장 속에 포함되어 있으며, 속사는 성·수에 따라 변한다.

Vous ne méritez pas l'amour qu'*on*(=je) a pour vous.

당신은 제가 당신께 품은 사랑을 받을 자격이 없습니다.

A-t-*on*(=tu) été sage, mon enfant? 얘야, 넌 얌전히 있었니?

On(=nous) est parti joyeux en promenade. 우리는 기분 좋게 산보에 나섰다.

Si *l'on*(=vous) ne m'écoute pas, je ne chanterai plus.

제 노래를 듣지 않으시면, 더 이상 노래를 부르지 않겠습니다.

④ on의 재귀 대명동사는 se 또는 soi이고, 소유형용사는 son, sa, ses, 보어인 칭대명사는 nous 또는 vous를 사용한다.

On ne pense souvent qu'à *soi*. 사람들은 종종 자기 자신만 생각한다.

Quand *on* se plaint de tout, il ne *vous* arrive rien de bon.

매사에 불평을 하면, 좋은 일은 하나도 안 생길 겁니다.

Qu'*on* hait un ennemi quand il est près de *nous*!

우리들은 적이 가까이 있을 때에도 적을 미워하는군요!

On ne peut pas toujours agir à *sa* guise. 늘 자기 멋대로 행동할 수는 없다.

㈜ 1. on이 여성이라는 것이 확실하면 on의 속사는 여성으로 놓는다.

Et bien! petite, est-*on* toujours *fâchée*? 그래, 아가야, 아직도 화가 나 있니?

Quand *on* est vieillie, *on* n'est plus toujours belle.

여자가 나이가 들면 더 이상 아름답지 않다.

㈜ 2. 상황으로 보아 on이 복수임이 확실하면, 동사는 단수로 변하지 않지만, 그 보어나 동격어는 복수로 놓는다.

On était resté *bons camarades*. 그들은 사이좋은 친구로 남아 있었다.

Quand *on* est *amis*, il faut se dire la vérité.

친구 사이에는 진실을 말해야 합니다.

On était *perdus* dans une espèce de ville. 그들은 마을 같은 데서 길을 잃었다.

⑤ 보통 on은 반복하는데, 구어에서 특히 그러하다.

On marche, puis *on* s'arrête, *on* s'assied, *on* regarde autour de soi, *on* écoute un oiseau qui chante.

그는 걷다가는 멈추어서 앉고, 자기 둘레를 돌아보고, 새의 노래에 귀를 기울인다.

(12) pas un

① aucun, nul, personne와 같은 뜻이나 부정의 뜻이 더 강하다. ne나 sans과 함께 쓰여 부정의 뜻으로 쓰이고, pas, point은 생략한다. 구어에서는 aucun, aucune를 대신하여 많이 쓰인다.

Pas un ne recula. 한 사람도 물러서지 않았다.

Pas un, d'aventure, n'aperçut ni cors ni ramure.

우연히 아무도 사슴의 뿔이나 가지를 알아보지 못하였다.

Il est menteur comme *pas un*. 그는 어느 누구보다도 거짓말쟁이 이다.

② 부정 질문에 대한 답 또는 비교문에서는 ne없이 단독으로 쓰인다.

Il connaît Paris mieux que *pas un*. 그는 누구보다도 파리를 잘 안다.

Qui le croira? *Pas un*. 누가 그걸 믿을까? 아무도 안 믿는다.

㈜ 1. pas un은 직접목적보어로 쓰일 때 부분을 뜻하는 보어를 동반하는 것이 보통이다.
Que de personnes! Et je n'en connais *pas une*!
사람도 많구나! 그런데 난 하나도 못 알아보겠군!
En agissant ainsi vous ne garderez *pas un* de vos amis.
그렇게 행동하면 당신은 친구가 하나도 남아 있지 않으리라.

㈜ 2. 형용사나 과거분사로 수식될 때는 그 사이에 de를 넣는 것이 보통이다.
De tous ces fruits, il n'en reste *pas un* de mûr(pas un mûr)
이 모든 과일 가운데서 익은 것이라곤 하나도 남아 있지 않다.

✽ 고전주의 작가들에게는 오늘날 우리가 사용하는 aucun, personne, un seul 대신에 주로 pas un을 많이 사용하였는데 이런 용법의 잔재가 현대어에서도 가끔 보인다.
Si j'en connais *pas un*, je veux être étranglé.
내가 그 중 한 명이라도 안다면 목을 매달겠다.
Je vous les cite sans en omettre *pas un*.
하나도 안 빠뜨리고 그것들을 인용해 드리지요.

(13) personne

원래는 여성명사로만 쓰였던 것이 대명사로 바뀐 것으로, quelqu'un의 부정형 대명사로 '아무나'라는 부정의 뜻을 가지며, 주어 또는 보어로 쓰이고 있다. 또는 관사 없이 쓰여 남성을 지칭할 수도 있다.

① 긍정의 뜻으로 쓰일 경우, '누구, 누군가'라는 긍정적 의미를 가지며, 의문문이나 비교 · 가정 · 의혹을 나타내는 문장, 부정이나 조건을 뜻하는 sans, sans que, avant que, trop pour que, assez pour que, suffisamment pour que 로 유도되는 절, 또는 avant de, trop pour, assez pour, suffisamment pour 로 유도되는 구에서 쓰인다. ne는 생략된다.

Y a-t-il *personne* d'assez hardi? 좀 대담한 사람이 누구 있나요?

Je doute que *personne* y réussisse. 누군가 그것에 성공하리라고 생각지 않는다.

Il va partir sans voir personne. 그는 아무도 만나지 않고 떠날 거다.

Il a parlé sans que *personne* le contredît.

그는 누구도 그의 말에 반박하지 못하게 이야기하였다.

Il est trop bon pour soupçonner *personne*.

그는 너무 마음이 착해서 누구도 의심하지 못한다.

cf. "comme personne"은 '누구보다...'의 뜻이다.
Elle est jolie comme *personne*. 그녀는 누구보다도 예쁘다.

㈜ plus que, avant que에 유도되는 절에서는 ne가 쓰이기도 한다.
Je tiens à toi plus que je *n*'ai tenu à *personne*. 다른 누구보다도 네가 마음이 끌린다.

② 부정의 뜻으로 사용되는 경우는, 보통은 ne을 동반하여 '아무도 ~않다'의 뜻으로 부정문에서 쓰인다. nul, aucun 뜻이나 이들보다 자주 사용된다.

Personne n'est venu? - Personne. Absolument personne.

아무도 오지 않았느냐? - 아무도요. 한 사람도 안 왔어요.

Je n'ai rencontré *personne* d'assez aimable.

나는 상냥한 사람을 만나지 못하였다.

㈜ personne를 형용사나 분사로 수식할 때는 전치사 de를 그 사이에 놓는다.
Il n'y a personne de vraiment heureux ici-bas.
이승에서는 정말로 행복한 사람은 없다.
Il n'y a personne de blessé. 부상당한 이는 아무도 없다.

③ 완전 부정의 뜻으로 사용되는 경우는, 부정 물음에 대한 대답이나 생략된 표현에서 단독으로 사용된다. 또한 명사의 한정보어 역할도 한다.

Qui est venu? *Personne*, 누가 왔니? 아무도.

A qui l'as-tu parlé? A *personne*. 너 누구에게 말했니? 아무에게도.

C'est la faute de *personne*. 그것은 누구의 실수도 아니다.

㈜ 1. 문장 내용상 personne가 aucune femme를 뜻해 여성을 지칭하는 것이 확실하면 그 속사를 여성형으로 놓는다.
Personne n'était plus *belle* que Cléopâtre.
클레오파트라보다 더 아름다운 여자는 없었다.
Personne de ces demoiselles n'est *sortie*.
이 아가씨들 가운데에는 아무도 외출한 사람이 없었다.

㈜ 2. personne에 전체 혹은 부분을 뜻하는 보어가 뒤에 올 수 있다.
Personne de vous ne m'a vu. 당신들 중 아무도 나를 보지 못하였다.
Il ne croit *personne* des siens. 그는 자기 가족 중 그 누구도 안 믿는다.

(14) plusieurs

항상 남성복수로 '몇몇' 뜻하는 소수의 사람 · 사물을 나타낸다. 그러나 보어를 동반하지 않는 경우에는 상당히 많은 수를 나타내기도 한다.

De toutes ces choses, il y en a *plusieurs* à rejeter.

이 모든 것 가운데에는 버려야 할 것이 몇 개 있다.

J'ai demandé à *plusieurs* des passants. 나는 행인 중 몇 명에게 물어 보았다.

Ceci nous fut redit par *plusieurs*. 많은 사람들이 우리들에게 그걸 되풀이 말해 주었다.

(15) quelqu'un, quelqu'une quelques-uns, quelques-unes

단수 형태는 사람에게만 쓰이고, 복수형은 사람 사물에 쓰인다. 복수형은 virgule(')대신 연결부호(-)로 쓴다. 단수형은 중성적으로 사용하며 여성형 단수형은 거의 안 쓰고, 복수형은 성·수 구별해 쓴다. 주어, 목적보어, 속사로 쓰인다.

① 단독으로 쓰일 때는 특정치 않은 사람을 막연히 지칭하여 '어떤 사람, 누군가'의 뜻으로 사물을 가리키는 quelque'chose에 대응되는 부정대명사다. 복수로 쓰일 때는 한정되지 않은 수, '몇 명'의 뜻한다.

Quelque'un est venu? *Quelque'un* de Paris.
(여성이 왔어도 남성형 씀) 누군가 왔나? 파리 사람이요.

Quelqu'un aurait-il fait obstacle à ton projet?
누군가 네 계획을 방해한 것이 아닐까?

Je connais *quelques-uns* qui pourront vous conseiller.
당신에게 조언을 해 줄 수 있는 사람을 몇 명 알고 있다.

Il y a eu *quelque'un* de blessé. 부상한 누군가가 있었다.

㈜ 형용사나 분사로 수식될 때는 전치사 de를 사이에 넣는다.
Entre les nouvelles qu'il a débitées, il y en a *quelques-unes de* vraies.
그가 퍼뜨린 소문 가운데에는 사실도 몇 가지 있다.

② 중성대명사 en이나 "de+(대)명사" 또는 복수 혹은 집합적인 의미의 단어와 함께 쓰여, 단수형은 막연한 사람, 복수형은 약간의 사람 또는 사물을 지칭한다.

J'en connais *quelques-uns* à qui ceci conviendrait bien.
나는 이것이 잘 어울릴 사람을 몇 명 알고 있다.

Quelqu'une de ses amies lui aura raconté cette histoire.
그녀의 친구 가운데 누군가 그녀에게 이 이야기를 했을 것이다.

Voulez-vous un livre? - Il m'en faut *quelques-uns*.
책이 한 권 필요하십니까? -몇 권 필요합니다.

㈜ 1. 전치사 de와 함께 한정보어가 따라 오면 de 이하의 것과 성·수를 일치시킨다.
J'ai lu *quelques-unes* des lettres. 나는 몇 통의 편지를 읽었다.

㈜ 2. 속사로 쓰인 quelqu'un은 때때로 '대단한 인물'이란 의미로 쓰이며 이때는 성과 수가 불변한다.
Il se croit *quelqu'un*. 그는 잘 난체 한다. (자기 자신을 대단한 인물로 생각한다)
Mais quand même, Madame, c'était *quelqu'un*!
그런데 어쨌든, 부인, 그는 대단한 인물이었지요!

(16) quiconque

부정대명사와 관계대명사(주격)를 겸한 역할을 하는 것으로 '~하는 자는 누구나(toute personne qui)'의 뜻이다. 남성 3인칭 단수형 취급을 한다.

① 부정 관계대명사로 쓰인 경우

Quiconque ne sait pas souffrir n'a point un grand cœur.

괴로워 할 줄 모르는 사람은 누구건 고결하지는 못하다.

Et l'on crevait les yeux à *quiconque* passait.

그리고 지나가는 사람은 누구건 그 눈을 파내었다.

Tirez sur *quiconque* franchira le mur. 벽을 뛰어 넘는 자 누구에게나 발포하라.

② 명사적으로 단독으로 쓰이면 '누구건, 아무도(=n'importe qui, qui que soit)'의 뜻한다. 모두 남성 3인칭 단수형 취급을 한다.

Pas un mot de cela à *quiconque*.

누구에게든 이것에 대해서는 한 마디도 하지 말아라.

Dumas fils aurait bien du talent, plus que *quiconque*.

아들 뒤마는 그 누구보다 많은 재능을 지녔음에 틀림없었을 거다.

㈜ quiconque가 분명히 여성을 가리키는 것이 드러나면 그에 관계되는 단어는 여성형으로 놓는다. 보통 속사에서 여성형이 쓰인다.

Quiconque sera *paresseuse* ou *babillarde* sera punie.

늦장부리거나 수다스런 사람(여자)은 누구나 벌을 받을 것이다.

(17) rien

16세기까지는 여성명사로 사용되었으며 그 뒤에는 '어떤 것'이란 뜻의 명사적 대명사로 쓰여 졌는데, 지금도 그 용법의 잔재가 남아 있으나 대부분 부정부사 ne와 함께 쓰여 부정의 뜻을 나타낸다. 늘 단수로 사물을 가리키며 사람을 가리키는 personne에 대응되는 부정대명사이다. 주어, 목적보어 모두에 쓰인다.

① 긍정적인 뜻으로 쓰이는데, 의문문이나 의혹・부정・비교・가정・추측을 나타내는 문에서, 또는 sans, sans que, avant que, trop pour 다음에서 rien은 긍정적인 뜻 '어떤 것(=quelque chose)'으로 쓰인다.

Y a-t-il *rien* de si ridicule? 그렇게 우스꽝스러운 것이 있나요?

Je ne pense pas qu'il ait *rien* à me *reprocher*.

그가 나를 책망할 것이 아무것도 없다고는 생각지 않는다.

Un homme de mon âge ne doit pas vivre sans *rien* faire.

내 나이 정도 사람이라면 아무 일도 안 하고는 살 수 없을 거다.

② 부정적인 뜻으로 쓰이는데, 일반적으로 부사 'ne'와 함께 부정문에 쓰여 '아무것도 ~않다(=nulle chose)'의 뜻이 된다.

Qui *ne* risque *rien n'a rien*. 전혀 모험을 하지 않는 사람은 아무것도 얻지 못한다.

Il *n'*a *rien* vu qui retînt son attention. 그는 주목할 만한 것은 아무것도 보지 못하였다.

Rien ne *me* verra plus, je *ne* verrai plus *rien*.
아무것도 나를 못 볼 거고, 나도 더 이상 아무것도 보지 않을 거다.

㈜ 1. 형용사, 분사 등으로 수식할 때는 전치사 de를 그 사이에 넣는다.
Rien de fâcheux n'est arrivé. 성가신 일은 하나도 안 생겼다.

㈜ 2. 관사가 선행하면 rien은 남성명사로서 '사소한 것, 아무것도 아닌 것'이란 뜻을 갖는다.
Un rien l'amuse. 아무것도 아닌 것이 그를 즐겁게 한다.
J'admire quelquefois *les riens* que ma plume veut dire.
나는 가끔 내 펜이 말하고자 하는 그 사소한 것들을 감탄한다.

③ 부정부사 없이 단독으로 쓰이면 '무, 무가치한 것'의 뜻이다.

Dieu a créé le monde de *rien*. 신은 무에서 세계를 창조하셨다.

Je veux *rien* ou tout. 나는 아무것도 원하지 않던가 아니면 모두를 원한다.

Comptez-vous pour *rien* Dieu qui combat pour nous?
당신은 우리를 위해 투쟁한 신을 하찮은 것으로 생각하십니까?

cf. 생략하여 단독으로 쓰여 역시 부정의 뜻을 나타낸다.
Qu'a-t-il répondu? – *Rien*. 그가 뭐라고 대답했지? – 아무 말도 안 했어.

④ 성구로 사용된다.

rien de plus 단지 그것뿐

rien que 오직, 단지

C'est moins que *rien* 그는 전혀 가치가 없다.

Il n'est *rien* moins que brave. 그는 조금도 용감하지 않다.

Il n'est *rien* de moins qu'un héros. 그는 참다운 영웅이다.

rien du tout 전혀, 아무것도(rien의 강조)

un *rien* du tout 쓸모없는 것(놈)

Ce n'est pas *rien*. 무시할 일이 아니다. 상당한 일이다.

un propre *rien* 쓰레기 같은 놈, 깡패

(18) tel, telle

특정하지 않은 사람을 나타내며, 관사 없이 쓰이는 것과 부정관사를 붙여 사용하는 경우가 있다. 거의 단수로만 쓰인다.

① 관사 없이 단독으로 쓰이는 경우 : '~한 사람(=celui)'의 뜻이며, 그 뒤에 관계대명사 qui가 오거나 한정보어가 오며 늘 단수이다.

Tel qui rit vendredi, dimanche pleura.
금요일에 웃는 자는 일요일에 울리라.

Tel est pris qui a voulu prendre. 혹 떼러 갔다가 혹 붙인다.

Tel brille au second rang qui s'éclipse au premier.

일류 속에서는 빛을 못 보던 사람이 이류 속에서 돋보인다.

② 부정관사를 붙인 경우 : 고유명사 대신 이름을 대고 싶지 않은 사람을 지칭할 때 쓰인다.

Un tel, de tel village, a bâti cette maison pour y vivre avec *une telle*, son épouse.

어느 마을에 한 남자가, 자기의 부인인 여자와 살려고 이 집을 지었다.

N'est-ce pas vous, monsieur, qui vous nommez *un tel*? - Oui, je me nomme *un tel*.

당신 모씨가 아니십니까? - 네, 제가 모씨입니다.

Nous dînons chez les *un tel*. 우리는 모씨 집에서 저녁하고 있다.

㈜ 1. tel et tel, tel ou tel은 '이러이러한 사람'의 뜻이다.
Je me suis adressé à *tel et tel*. 나는 이러이러한 사람에게 말을 걸었다.
Un cercle se forme autour de moi, tandis que je picore *tel ou telle*.
내가 이런저런 과일들을 훔쳐 먹고 있는 동안에 사람들이 나를 에워쌌다.

㈜ 2. tel의 복수형을 사용하는 수도 있다.
tels d'entre eux 그들 중의 어떤 사람들
Monsieur un *tel* 모씨(단수) → Messieurs *tels* 모모 씨들(복수)
Madame *une telle* 모부인(단수) → Mesdames *telles et telles* 모모 부인들(복수)
M. *un tel et un tel* 모씨와 모씨

✽ 오늘날에는 보통 Monsieur X(X씨), Madame Z(Z부인)라고 많이 표현하고 농담조로 Monsieur trois étoiles(M***)이라고도 표현한다.

(19) tout, tous, toutes

사람 · 사물을 모두 지칭하여 '모든 사람, 모든 것'이란 뜻이며, 주어와 목적보어로 쓰인다. 단수형일 때는 중성으로써 복수형일 때의 용법과 다르다.

㈜ toute는 대명사가 아님, 형용사 아니면 부사로 사용된다.

① 단수형 tout는 중성으로 선행하는 또는 뒤에 오는 명사 전체를 나타내기도 하며, 또 단독으로 명사처럼 쓰이기도 한다. 주로 사물에 사용되나 드물게 사람에게도 사용한다.

Honneur, fortune, il avait *tout* perdu. 영예, 재산, 그는 모두를 잃었다.

Tout a changé depuis l'antiquité. 모두가 고대 문명 이래로 변하였다.

Voici dix kilos de pommes, prenez *tout*, si vous voulez.

여기 사과가 10kg이 있습니다. 원하신다면 모두 가지세요.

Tout l'ennuie. 그는 모든 것에 싫증이 난다.

cf. 성구를 이룬다.
avant tout 무엇보다도/ après tout 요컨대/ comme tout 매우, 아주

② 복수형 tous[tus], toutes

▸ 선행하는 명사를 대신하며 사람, 사물에 두루 쓰인다.

Je lis plusieurs revues, *toutes* présentent les faits différemment.
나는 몇 가지 잡지를 읽는데, 모두 사건을 달리 나타내고 있다.

Il fut fêté par ses concitoyens ; *tous* vinrent au devant de lui.
그는 동향인에게서 축하를 받았다. 모두가 그를 맞으러 왔다.

✾ tout를 강조하여 toutes choses로 사용하는 수도 있다.
Toutes choses deviennent possibles pour celui qui les considère comme telles.
모든 것을 가능하다고 여기는 사람에게는 모든 것이 가능하다.

▸ 선행하는 명사 없이 단독으로 쓰일 때는 '모든 사람들(tous les gens)'이란 뜻이다.

Jésus-Christ est mort pour le salut de *tous*.
예수 그리스도는 모든 사람들의 구원을 위해서 죽었다.

Elles sont *toutes* chez elle. 그녀들은 모두 그녀 집에 있다.

Toutes voulaient lui plaire. 모든 여자들이 그의 맘에 들고 싶어 하였다.

cf. 남성 복수형 tous도 앞에 열거된 사람을 총칭하는 명사처럼 쓰인다.
Vieillards, hommes, femmes, enfants, *tous* voulaient me voir.
노인, 남자, 여자, 어린이, 모두가 나를 만나고 싶어했다.

(20) un, une, l'un, l'une

17세기까지는 관사 없이 쓰여 '어떤 사람(=quelqu'un)'을 가리켰는데, 그 후는 "de+(대)명사"앞이나, 그 내용인 en, 또는 관계사절 qui를 동반해 쓰며, 사람, 사물 모두를 가리킨다. 때로는 정관사를 동반하며, 단독으로는 거의 안 쓴다.

Elle soupirait comme *une* qui a du chagrin.
그녀는 괴로움이 있는 사람처럼 한숨짓곤 하였다.

C'est *une* de mes amies d'enfant. 이 사람은 내 어릴 적 친구 가운데 한 사람이다.

une boîte en fer et *une* en bois 쇠 상자와 나무 상자

Henri IV fut *l'un* des plus grands rois de France.
앙리 4세는 프랑스에서 가장 위대한 국왕 가운데 한 사람이었다.

㈜ un이 가끔 생략되기도 한다.
Il est de mes amis. 그는 내 친구 중 하나다.

(21) l'un(e) ~ l'autre, l'une ~ une autre, les un(e)s ~les autres, les un(e)s~ d'autres etc. 뜻은 '한 쪽은… 다른 한 쪽은…'으로, 사람 혹 사물의 대립 등을 나타내며, 주어, 목적보어, 주어의 동격어, 목적어의 동격어로 사용된다.

① l'un ~ l'autre가 서로 대응하여 주어로 쓰인다.

L'un n'a-t-il pas sa barque et *l'autre* sa charrue?
한 사람은 배를, 다른 사람은 쟁기를 갖고 있지 않습니까?

Les uns veulent des maladies, *d'autres* la moralité, *d'autres* la guerre, *d'autres* la femme.
어떤 사람들은 질병을 원하고, 다른 사람들은 도덕성을, 또 다른 이들은 전쟁을, 또 다른 이들은 여자를 원한다.

Je connais deux bonnes veuves ; *l'une* est plus riche que *l'autre*, mais *l'autre* est plus jolie que *l'une*.
나는 마음씨 좋은 과부 둘을 알고 있다. 한 사람은 다른 한 사람 보다 더 부자지만, 그 다른 사람은 먼저 사람보다 더 아름답다.

② l'un l'autre가 접속사 et, ou, ni로 연결되어 나란히 놓여서 주어나 목적보어로 쓰인다.

L'un et l'autre sont venus me voir. 양쪽 다 나를 보러 왔다.

Ni l'un ni l'autre ne voulaient se baigner.
두 사람 모두 해수욕을 하고 싶어하지 않았다.

Je me suis adressé en vain *aux unes et aux autres*.
이 여자, 저 여자들에게 물어 보았지만 허사였다.

Voici deux livres, choisissez *l'un ou l'autre*.
여기 책이 두 권 있는데, 둘 중 어느 하나를 택하시오.

㈜ 주어로 사용된 l'un(e) et l'autre 는 복수로 l'un(e) ou l'autre는 단수로 받으며, ni l'un(e) ni l'autre는 단수나 복수 양쪽으로 쓰인다.
L'un ou l'autre me rendrait heureuse. 어느 한쪽이 나를 행복하게 해줄 거지요
☞ l'un et l'autre 경우 서로 각자가 따로 행동할 경우는 단수 받는다.
L'un et l'autre se mit à crier.그들은 서로 떠들어 대기 시작했다.

cf. l'un ou l'autre는 고전적 의미인 '둘 중의 어느 하나'로 쓰이거나 혹은 상호적 의미로 쓰이는데, 지금은 '그 어느 것, 어느 사람(=tel ou tel)'이란 뜻으로 더 많이 쓰인다.
Florence se divisa en deux camps pour *l'un ou l'autre* rival. (R.Rolland)
피렌체는 서로 적대시하는 두 개의 진영으로 나뉘었다.

③ 나란히 놓일 경우에는 '서로'란 상호적 의미로, 주어나 목적보어 등의 동격어로 쓰인다.

▸ 주어의 동격어 일 때 필요에 따라 l'un l'autre 사이에 동사가 요구하는 전치사가 들어간다.

La morale et le savoir ne sont pas nécessairement liés *l'un à l'autre*.
도덕과 지식은 필연적으로 서로 연결되어 있는 것은 아니다.
Ils se sont aimés et se sont aidés *l'un l'autre*.
그들은 서로 사랑하고 도와주었다.
Nos mains unies frémirent *l'une dans l'autre*.
서로 붙잡은 우리의 손은 서로 상대방의 손 안에서 떨었다.

▸ 목적보어의 동격어로 쓰일 때, 동사가 요구하는 전치사는 l'un l'autre 사이에 반드시 들어가야 한다.

Nous devons parler des ouvrages *les uns des autres*.
우리는 서로의 작품에 대해서 이야기를 나누어야 한다.
L'enfant rangeait les poupées *l'un de l'autre*.
아이들이 인형을 나란히 놓았다.
Il se mit à les injurer *les uns après les autres*.
그가 그들을 차례로 꾸짖기 시작했다.

(22) qui que, quoi qui, quoi que

양보를 나타내며 동사는 접속법을 쓴다.

Quoi qui survienne, restez calme. 무슨 일이 생기든 가만히들 있거라.
Quoi que nous fassions, *quoi que* nous croyions, *quoi que* devienne ce projet, vos droits sont garantis.
우리가 무엇을 하든, 무엇을 믿든, 이 계획이 어찌되든, 당신들의 권리는 보장된다.
Soyez poli à *qui que* vous parliez. 누구에게 얘기하든지 예의있게 하세요.

(23) qui que ce soit, quoi que ce soit

'어떤 사람이든, 어떤 것이든'을 뜻하는 부정대명사로, 보어로 사용한다. 부정문에서는 '아무도(=personne), 아무것도(=rien)' 뜻이며 pas는 생략한다.

Vous amènerez *qui que ce soit*. 누구든 좋으니 데려오세요.
Je n'y ai trouvé *qui que ce soit*. 거기에 아무도 없었다.
Elle chante mieux que *qui que ce soit*. 그녀는 누구보다도 노래를 잘한다.
Je prendrai *quoi que ce soit*. 어느 것이든 좋으니 갖겠다.
A *qui que ce soit* que nous parlions, nous devons être polis.
우리가 누구에게 말을 하던 예의가 있어야 한다.

연습문제

A. 기초 문제

1. 밑줄 친 부분을 대명사로 바꾸어 쓰시오.

① Il aime mes parents.

② Elle écrit à son cousin.

③ Nous donnons ce livre à nos amis.

④ Montrez cette table à mes amis.

⑤ Ne donnez pas ces livres à mon frère.

⑥ Donnez-moi ce journal.

⑦ Nous allons chez Pierre.

⑧ J'achète du beurre chez l'épicier.

⑨ Elles nous amènent au cinéma.

2. 다음 ( )에 적당한 소유대명사를 쓰시오.

① Vous avez encore vos parents. Mais je n'ai plus ( ).

② Il aime sa patrie comme vous aimez ( ).

③ Les pauvres ont leurs amis; mais les riches aussi ont ( ).

④ Chacun a son idée; tu as ( ), j'ai aussi ( ).

3. ( )에 적당한 지시대명사를 넣으시오.

① Le climat de la Corée est plus humide que ( ) de la France.

② Voilà mes cravates et ( ) de Jean.

③ Les vins de France sont plus estimé que ( ) de Corée.

④ Cette robe est ( ) de ma mère.

4. 아래 ( )에 적당한 관계대명사를 쓰시오.

① J'écris une lettre à un ami ( ) est en France.

② C'est une longue lettre ( ) tu écris!

③ Voilà la maison ( ) je suis né.
④ Voilà une fille ( ) on parle souvent.
⑤ C'est le travail ( ) enrichit les hommes.

5. 두 문장을 관계대명사를 이용해 한 문장으로 만드시오.

① J'ai un ami. Il partira pour Paris demain.
② Je vais chercher la clef. Elle est dans le tiroir.
③ Elle a un frère. Hélène aime son frère.

6. 아래 괄호에 알맞은 의문대명사를 쓰시오

① A ( ) sert le stylo? Il sert à écrire.
② De ( ) parlez-vous? Je parle de mon pays.
③ ( ) est-ce? C'est mon ami Pierre.
④ ( ) faites-vous? Je fait mon devoir.
⑤ De ( ) parlez-vous? Je parle de ma mère.
⑥ De ces deux messieurs ( ) est votre père.

7. Quelqu'un/ personne/quelque chose/ rien을 아래 빈칸에 넣으시오.

① J'entends un bruit bizarre. Moi, je n'entends......
② Tu connais......dans cette ville? Non, je ne connais......
③ Vous voulez manger.......? Non, merci, je ne veux......manger.
④ Tu vois cet avion? Non, je ne vois.......
⑤ Tu cherches........ Non, je ne cherche rien.
⑥ Vous voulez parler à........ Oui, je voudrais parler au directeur.

B. 기본 문제

1. ( )에 적당한 대명사를 넣으시오.

① Parlez-vous de votre voyage? Oui, j'( ) parle.
② Buvez-vous du café? Oui, j'( ) bois.
③ Elle viendra bientôt; Je ( ) sais.
④ Je vais au village, et vous?; Moi, j'( ) vais aussi.

⑤ Combien de frères avez-vous? J'( ) ai deux.
⑥ Je viens du village, et toi? Moi j'( ) viens aussi.
⑦ Avez-vous des livres français? Oui, j'( ) ai beaucoup.

2. 아래 대화에서 밑줄 부분을 대명사로 채우시오.

① Alors, vos enfants vont partir? / Oui, ce matin. Et.........? / ....sont partis hier, et mon mari part demain en province. / Vous avez de la chance, ...ne part jamais en voyage.
② Qu'est-ce que tu préféres, on prend ma voiture ou ....? / Prenons.......elle est plus grande. / Mais hier, on a déjà pris ta voiture, prenons plutôt.......aujourd'hui. / D'accord, prenons........!
③ Vos enfants sont très gentils, plus gentils que les enfants du voisin. / ....sont plus petits. / Peut-être, mais ils ne disent jamais bonjour!

3. 의미에 맞게 ce qui 또는 ce que를 넣으시오.

① Moi, ...me plaît pendant les vacances, c'est de ne rien faire.
② ....je n'ai pas compris, c'est comment tu as fait pour trouver mon adresse!
③ Moi, ...me plaît c'est de faire tout ....je n'ai jamais fait.

4. 아래 ( )에 적당한 관계대명사를 넣으시오.

① Connaissez-vous cette fille à ( ) Paul parle.
② Où est la dame avec ( ) vous êtes allé au cinéma.
③ Ce ( ) n'est pas clair n'est pas français.
④ Je vais au parc ( ) il y a de beaux arbres.
⑤ C'est l'ombre de moi-même ( ) j'étais il y a dix ans.
⑥ Pauvre malheureux ( ) je suis.
⑦ C'est ce ( ) il s'agit.

5. 아래 두 문장을 관계대명사를 사용해 한 문장으로 쓰시오.

① Il a oublié le livre. Il avait besoin de ce livre.
② Je vais voir Paul. J'aime sa soeur.
③ J'achèterai le dictionnaire. Ma soeur a parlé de ce dictionnaire.

6. Personne/ rien을 사용해 대답하시오.

① Est-ce que quelqu'un vient ce matin? Non, ...
② Est-ce tout va bien chez vous? Non, ...
③ Quelqu'un aime ce film? Non, ...
④ Quelqu'un peut jouer au tennis comme Yves Vincent? Non, ...
⑤ Est-ce qu'il manque quelque chose? Non, ...

7. Tout/ tous를 맞는 곳에 넣으시오.

① Tu ne sais pas......! Brigitte va se marier.
② Qu'est-ce que tu veux? - Je veux....!
③ Il a fini de faire ses exercices? - Oui, il les a ....faits.
④ Vous pouvez me donner les chèques? - Oui, je vous les donne......
⑤ Tu finis le gâteau? - Non, je ne mangerai pas........
⑥ Elle connaît presque ....sur ce sujet.
⑦ Tu invites tes élèves? - Oui, je les invite..........
⑧ Il connaît bien les musiciens de Goldman? - Non, il les connaît ....
⑨ Je ne t'ai pas....dit!
⑩ Tes amis sont arrivés, ils sont........là.

C. 응용 문제

1. ( )에 적당한 대명사를 넣으시오.

① Voilà une lettre; Vous devez ( ) répondre tout de suite.
② Madame, êtes-vous encore souffrante? Oui, je ( ) suis encore.
③ La campagne me plaît, j'( ) goûte les charmes.
④ Travaillez bien et vous ( ) serez récompensés.
⑤ Il fait froid; je ( ) sens.
⑥ Ce problème est difficile; donnez-( ) tous vos soins.
⑦ Elle reconnaît sa faute et ( ) rougit.
⑧ Vous devez travailler plus sérieusement; songez-( ).

2. 알맞은 대명사를 쓰면서 대답하시오.

① Est-ce qu'il a regardé la télévision? Oui, ...

② Est-ce qu'elle a acheté une nouvelle robe? Oui, ...

③ Est-ce qu'il a mis un morceau de sucre dans son thé? Non, ...

④ Est-ce que vous avez écrit vos lettres? Non, ...

⑤ Est-ce que vous avez récolté beaucoup de fruits? Oui, ...

3. 알맞은 복합 지시 대명사를 밑줄 친 곳에 넣으시오.

① On m'a envoyé un livre, mais ce n'est pas........je voulais.

② Cette maison, c'est........je suis né.

③ Messieurs, ...arriveront en retard ne pourront pas entrer.

④ Ma soeur, ...est journaliste, va partir en Chine.

⑤ Toutes les femmes qu'il connaît, ce sont.......je lui ai présentées.

4. 아래 ( )에 적당한 관계대명사를 넣으시오.

① Connaissez-vous ce fille ( ) le père est docteur.

② Où est la table sur ( ) vous avez mis mes livres.

③ J'ai oublié le nom de la rue par ( ) nous sommes passés.

④ La patience avec ( ) ce garçon travaille est admirable.

⑤ Voici les questions ( ) j'ai répondu.

⑥ Le village vers ( ) nous allons est encore loin.

⑦ Ce sur ( ) je compte n'arrive jamais.

⑧ Le magasin ( ) vous irez est nouveau bâtiment.

⑨ J'ai acheté une montre ( ) je suis très content.

⑩ C'est cela ( ) tu as parlé.

⑪ Un jour ( ) il pleuvait, un petit enfant a été blessé par une auto.

⑫ Le jour ( ) il venait, il faisait froid.

⑬ La Camarque est une région ( ) des chevaux vivent en liberté.

⑭ La Bourgogne est une région ( ) produit du vin.

⑮ Le restaurant ( ) je vais vous indiquer est bon marché.

5. Persoone/ rien을 사용해 답하시오.

① Tu as tout compris? Non, je.............

② Tu as dit quelque chose? Non, je.........

③ Tu as parlé à tout le monde? Non, je.......

6. Personne/ rien/ aucun/ pas un(e)을 사용해 다음 대화를 채우시오.

- Quelqu'un a téléphoné pour me voir pendant mon vancances?
- Non, ...
- Tu as reçu des lettres?
- Non, ...
- Pas même une carte postale?
- Non, ...
- Des amis sont passés me voir?
- Non, ...mais tes parents sont venus.
- Ils ont laissé quelque chose pour moi?
- Non, ...
- Je vois qu'on m'oublie vite!

정답 **A. 기초문제**

① Il les aime ② Elle lui écrit. ③ Nous le leur donnons ④ Montrez-la-leur ⑤ Ne les lui donnez pas. ⑥ Donnez-le-moi. ⑦ Nous allons chez lui. ⑧ J'y en achète. ⑨ Elles nous y amènent. 2. ① les miens ② la vôtre ③ les leurs ④ la tienne, la mienne 3. ① celui ② celles ③ ceux ④ celle 4. ① qui ② que ③ où ④ dont ⑤ qui 5. ① J'ai un ami qui partira pour Paris demain. ② Je vais chercher la clef qui est dans le tiroir. ③ Elle a un frère que Hélène aime. 6. ① quoi ② quoi ③ Qui ④ Que ⑤ qui ⑥ lequel 7. ① rien ② quelqu'un, personne ③ quelque chose, rien ④ rien ⑤ quelque chose ⑥ quequ'un

B. 기본문제

1. ① en ② en ③ le ④ y ⑤ en ⑥ en ⑦ en 2. ① les vôtres, les miens, le mien ② la tienne, la mienne, la mienne, la tienne ③ Les siens 3. ① ce qui ② ce que ③ ce qui, ce que 4. ① qui ② qui ③ qui ④ où ⑤ que ⑥ que ⑦ dont 5. ① Il a oublié le livre dont il avait besoin. ② Je vais voir Paul dont j'aime la soeur. ③ J'achèterai le dictionnaire dont ma soeur a parlé. 6. ① personne ne vient. ② rien ne va. ③ personne ne l'aime. ④ personne ne peut jouer avec lui. ⑤ rien ne manque. 7. ① tout ② tout ③ tous ④ tous ⑤ tout ⑥ tout ⑦ tous ⑧ tous ⑨ tout ⑩ tous

제5장

동 사(Verbe)

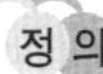

정 의

동사는 문 중에서 술어 부분에 속하여 주어가 행하거나 받는 행위 또는 상태를 나타내고, 주어와 목적보어 및 속사를 연결시켜 주기도 한다. 동사는 주어의 수, 인칭, 그리고 나타내고자 하는 법, 시제, 태에 따라 변화한다.
동사는 대체로 하나의 동사만으로 이루어지는 것이 보통이지만, 이와는 달리 동사와 명사, 형용사 혹은 다른 동사 등이 합성된 하나의 어군이 동사와 같은 기능을 나타내는 경우도 있다. 이를 동사구(locution verbale)라 한다.

Il *marche* seul. (동사)
그는 혼자 걸어간다.
Il *a envie* d'aller en Feance. (동사+명사)
그는 몹시 프랑스에 가고 싶어한다.
Vous *avez beau* dire. (동사+형용사)
당신이 말해 보았자 소용이 없소.
Faites-moi *savoir* cette nouvelle. (동사+동사)
내게 그 소식을 통지해 주십시오.
Ma sœur *allait mieux*. (동사+부사)
내 여동생은 건강이 좋아졌다.

Ⅰ. 동사의 종류(Espèce du verbe)

동사를 분류하는 방법은 무엇을 기준으로 하느냐에 따라 여러 가지 방법이 있을 수 있다.

◇ 동사의 성질에 따라 :
자동사 : 완전자동사/ 불완전자동사
타동사 : 직접타동사/ 간접타동사
◇ 주어의 성질에 따라 :
인칭동사/ 비인칭동사[15)]
◇ 동사 변화에 따라 :
규칙동사/ 불규칙동사/ 결여동사[16)]
◇ 동사의 태에 따라 :
능동 동사/ 수동 동사/ 대명 동사[17)]

1. **자동사**(Verbe intransitif)

목적보어를 갖지 않는 동사를 말하며, 완전자동사와 불완전자동사가 있다.

1.1. **완전자동사**(verbe intransitif complet)

보어나 속사 등이 없어도 주어의 행위나 상태를 충분히 나타내는 자동사를 완전자동사라 한다.

Nous *marchons* en avant. 우리는 앞에서 걷는다.

La neige *tombe*. 눈이 내린다.

㈜ Il a parlé une bonne heure. (완전자동사) 그는 꼬박 한 시간 말했다.
Il a parlé de tout. (간접타동사) 그가 모든 것을 말했다.

1.2. **불완전 자동사**(verbe intransitif incomplet)

속사나 상황보어 등이 반드시 필요한 자동사를 불완전자동사라 한다. 대부분의 연결동사(verbe copule)가 여기에 속한다.

Les hommes *sont* mortels. 인간의 목숨은 유한하다.

Je *deviendrai* chanteur. 나는 성악가가 되련다.

Elle *semble* heureuse. 그녀는 행복해 보인다.

15) 비인칭동사는 모두 자동사에 속한다.
16) 변화형의 일부가 없는 것을 결여동사(verbe défectif)라 한다.
17) 대명동사는 타동사에서 온 것이 대부분이다.

❖ 연결동사(Copule, Verbe copule)

주어와 속사, 또는 직접목적보어와 속사를 직접・간접으로 연결해 주는 동사를 말한다. 대표적인 연결동사로는 être가 있다.[18]

Le ciel *est* bleu. (주어와 속사를 연결) 하늘은 푸르다.

On l'*a élu* président. (목적보어와 속사를 연결) 사람들은 그를 대통령으로 선출하였다.

ⓐ 주어와 속사를 연결하는 동사로는 다음과 같은 불완전자동사들이 있다. 일반적으로 동사에 전치사는 동반하지 않지만 전치사를 동반하는 동사도 있다.

être ~이다	demander ~대로 있다
devenir ~이 되다	mourir 죽다
naître 출생하다	paraître ~처럼 보이다
passer 승진하다	sembler ~처럼 보이다
rester ~대로 있다	tomber ~이 되다
se faire ~가 되다	s'avérer ~이 확인되다
s'affirmer ~이 입증되다	se montrer ~임이 판명되다
se rendre ~하게 되다	se battre en ~로 싸우다
mourir en ~로 죽다	passer pour ~라고 생각되다
avoir l'air ~처럼 보이다	

Il *est passé* sergent. 그는 하사로 승진하였다.

Il *mourut en* soldat. 그는 군인으로 죽었다.

Mon père *a l'air* malade. 나의 아버님은 편찮으신 것 같다.

Nous *nous faisons* vieux. 우리는 늙었다네.

Il *reste* jeune. 그는 젊다.

㊟ avoir l'air(~처럼 보이다), se faire(~이 되다) 등과 같은 약간의 동사구나 대명동사, 또는 비인칭동사도 여기에 포함시킬 수 있다.

ⓑ 직접목적보어와 직접목적보어의 속사를 연결시키는 동사는 타동사들이다. 이들 중 약간의 동사는 직접목적보어의 속사 앞에 전치사를 취하는 동사도 있다. (아래 2.1.의(4) 참조)

On l'*a élu* président. 그를 대통령으로 선출했다.

---

18) 문법학자에 따라서 주어와 속사를 연결해 주는 동사만을 연결동사라 부르기도 한다.

❖ Remarque : **자동사와 타동사**

ⓐ 자동사와 타동사 사이에 절대적 한계가 있는 것은 아니다. 상태를 나타내는 동사를 제외하고는, 목적어 여부에 의하여 동일한 동사가 타동사로도 자동사로도 쓰인다. 요컨대 그 구별은 그 동사의 문장 내에서의 기능이나 구조에 의한 것이다.

Il *descend* en bas. 그는 아래로 내려온다. (자동사)

Le garçon *descend* une malle. 보이가 짐을 내린다. (타동사)

Les gens *courent* dans la rue. 사람들이 길에서 달려가고 있다. (자동사)

Le monde *court* un grave danger pour la paix.

세상 사람들은 평화를 위해 큰 위험을 겪고 있다. (타동사)

Je *pense* donc je suis. (Descartes) 나는 생각한다. 고로 나는 존재한다. (자동사)

Je *pense* à mon frère. 나는 내 동생을 생각한다. (타동사)

Il *rougit* de plaisir. 그는 기뻐서 얼굴이 빨개진다. (자동사)

Le vin *rougit* l'eau. 포도주가 물을 붉게 물들인다. (타동사)

ⓑ 어떤 자동사들은 그 동사와 어근이 같거나 유사한 명사를 직접목적보어로 삼는데 이런 목적어를 동족목적어(objet interne)라 하고 반드시 부가어나 한정어가 그 앞에 온다. 이런 어법은 주로 일상어에서 흔한데 이 때 동사는 물론 타동사로 본다.

vivre *sa vie* 생활을 즐기다.

dormir *son dernier sommeil* 그의 마지막 잠을 자다, 죽다

pleurer *de vraies larmes* 진실로 눈물을 흘리다

Faut-il mourir *une mort qui n'est plus utile à personne*?

이제는 그 누구에게도 쓸모가 없는 죽음을 죽어야 한단 말인가?

ⓒ 어떤 자동사는 압축되어서 양태나 시간을 나타내는 보어를 직접목적어로 삼아 타동사가 되기도 한다.

Il a causé une valse. 그는 왈츠는 안 추고 지껄이기만 했다.

Elle a dormi une conférence. 그녀는 강연 내내 잠잤다.

Il a bâillé *sa vie*. 그는 평생을 하품으로 지냈다.

2. 타동사(Verbe transitif)

동사가 표현하는 동작의 대상이 되는 목적보어(complément d'objet)를 취하는 동사로, 직접타동사와 간접타동사가 있다. 일부 직접타동사는 목적보어와 함께 목적보어의 속사를 취하기도 한다. 전치사 없이 직접목적보어를 갖는 타동사를 직접타동사(verbe transitif direct)라 한다. 전치사를 사이에 넣어 간접적으로 목적보어를 취하는 타동사를 간접타동사(verbe transitif indirect)라 한다. 주로 전치사 à와 de를 취하지만, en, après, sur, pour 등 다른 전치사를 취하는 경우도 있다.

Nous *remercions* Dieu. (직접타동사) 우리는 하느님에게 감사드린다.

Ma mère *m'attend*. (직접타동사) 나의 어머님이 나를 기다린다.

Cet homme *obéit* à son supérieur. (간접타동사) 이 사람은 상관에게 복종한다.

On me *nuit*. (간접타동사) 사람들이 내게 해를 끼친다.

㊟ 일부 타동사는 직접타동사와 간접타동사 양쪽으로 모두 쓰인다. 그 구별은 의미적인 것이라기보다, 목적보어를 유도하는 전치사의 유・무에 의해 이루어진다. 따라서 직접타동사와 간접타동사의 차이는 구성상의 차이이다. vaincre(..을 이기다)와 triompher de(..을 이기다)는 같은 뜻이지만 구성이 다름으로 하나는 직접타동사 다른 하나는 간접타동사이다.[19] 그리고 이런 직접타동사와 간접타동사의 구분은 문장 구성에 있어서 직접타동사만이 수동태를 형성시킬 수 있음으로 양쪽의 구별은 중요하다.

✽ 뜻이 같은 경우 :
Dieu vous *aide*! 신의 가호가 당신에게 있기를! (직접)
Ce livre *aide* à la compréhension 이 책이 이해를 돕는다. (간접)

✽ 뜻이 틀린 경우 :
manquer le but 목적을 달성하지 못하다. (직접)
manquer à sa parole 약속을 지키지 않다. (간접)
manquer de talent 재능이 부족하다. (간접)

✽ 목적보어가 사람인지 사물인지로 구별해 써야할 경우 :
insulter quelqu'un 누구를 모욕하다. (직접)
insulter à la misère de quelqu'un 가난을 비웃다. (간접)

2.1. 직접타동사와 직접목적보어

직접타동사의 목적보어로는 사람이나 사물로 명사, 대명사, 부정법, 절 등이 될 수 있다.

---

19) 옛날에는 직접타동사인 것이 오늘날은 간접타동사로 변한 것들도 있다.
obéir quelqu'un ➛ obéir à quelqu'un ..에게 복종하다.
ressembler quelqu'un ➛ressembler à quelqu'un ..와 닮다.

(1) 명사, 대명사, 절을 직접목적보어로 취할 경우에는 그 앞에 전치사가 오지 않는다.

Il *aimait* tendrement sa mère 그는 자기 엄마를 몹시 사랑했다.

Je vous *remercie* infiniment. 대단히 고맙습니다.

Il *prétendit* que l'homme est né malheureux.

그는 인간이 불행하게 태어났다고 주장하였다.

Je ne *comprends* rien. 나는 아무 것도 이해하지 못한다.

(2) 부정법을 직접목적보어로 취할 때는 그 앞에 전치사가 올 때도 있고 오지 않을 때도 있다. ("부정법" 참조)

① 전치사 없이 부정법을 취하는 동사(=동사+부정법)

aimer 좋아하다	affirmer 인정하다
avouer 시인하다	assurer 보증하다
compter ~할 작정이다	croire ~라고 믿다
déclarer ~라고 선언하다	désirer 소원하다
détester 싫어하다	devoir ~해야 한다
dire 말하다	écouter 듣다
entendre 듣다	espérer 희망하다
estimer 생각하다	laisser 내버려 두다
oser 감히 ~하다	pouvoir ~할 수 있다
préférer 더 좋아하다	présumer 생각하다
prétendre 주장하다	se rappeler 기억하다
reconnaître 인식하다	regarder 보다
savoir ~할 줄 알다	sentir 느끼다
supposer 추측하다	vouloir 원하다
valoir mieux 더 낫다	

Il *sait* bien nager. 그는 수영을 잘 할 줄 안다.

Je *crois* l'avoir aperçu dans le métro. 지하철에서 그를 보았다고 생각되는데.

② 전치사 de를 취하는 동사(=동사+de+부정법)

accepter 승낙하다	achever 끝내다	cesser 끝내다
craindre 두려워하다	essayer 노력하다	finir 끝내다
imaginer 생각하다	négliger 소홀히 하다	oublier 잊다
permette 허가하다	refuser 거절하다	tenter 애쓰다
tâcher 하려고 애쓰다		

Il *a cessé de* pleuvoir. 비가 그쳤다.

Je *tâcherai de* le calmer. 내가 그를 진정시켜 볼 것이다.

③ 전치사 à를 취하는 동사(=동사+ à +부정법)

aimer 좋아하다	apprendre 배우다
demander 필요하다	enseigner 가르치다
chercher 애쓰다	préparer 준비하다
commencer 시작하다	tenir 꼭 ~하고 싶어 하다.

Je ne *demande* qu'*à* travailler. 나는 일할 것이 필요하다.

Il *cherche à* réussir dans le monde. 그는 사교계에서 성공하려고 애쓴다.

(3) 타동사 가운데 아래와 같은 일부 많은 동사는 관습상 목적보어를 암시적 생략(sous-entendu)하고 동사 하나만으로 타동사의 역할을 한다. 이런 동사를 목적어가 문장에 없다고 자동사와 혼동해서는 안 된다.

voir(보다)	écouter(듣다)	recevoir(받다)
manger(먹다)	boire(마시다)	chanter(노래하다)
prononcer(언도하다)	obéir(복종하다)	

Le tribunal *prononce*. 법정이 언도를 내린다.

Cet homme *boit* bien. 이 사람은 잘 마신다.

Le professeur *reçoit* sur rendez-vous. 선생님은 약속에 의해서만 면회에 응하신다.

Cet enfant n'*obéit* pas. 저 아이는 순종하지 않는다.

㈜ 1. demander + à + boire(manger *etc.*) 마실 것(먹을 것 등)을 요구하다.
donner + à + boire(manger, etc.) 마실 것(먹을 것 등)을 주다.
recevoir + à + boire(manger, etc.) 마실 것(먹을 것 등)을 받다.

위와 같은 표현에서는 à 앞에 목적보어인 사물명사가 암시적 생략되어 있는 것으로써 "à +부정법"은 그 사물명사를 수식하는 형용사구로 보며, 직접목적보어가 아니다.

㈜ 2. 아래의 동사들은 우리말 의미로는 간접목적어를 취하는 동사이나, 프랑스어에서는 직접목적보어를 취하는 직접타동사들의 예이다.

consulter 진찰받다, 상의하다	gagner ~에 도달하다
remercier 감사하다	saluer 인사하다
prier 간청하다	atteindre 도달하다
supplier 간청하다.	interroger 질문하다

Vous devez ***remercier*** ceux qui vous ont élevés.
여러분은 여러분을 키워 주신 분들께 감사해야 합니다.
Il ***a salué*** son maître. 그는 주인에게 인사하였다.
Il ***a gagné*** la maison. 그는 집에 도착하였다.

(4) 목적보어와 그 목적보어의 속사를 연결하는 동사(= 동사+직접목적보어+속사)

cf. 속사 앞에 전치사를 취하는 동사도 있다.

appeler ~라고 부르다	affirmer ~라고 단정하다
consacrer ~로 서품하다	créer ~으로 임명하다
croire ~라고 여기다	déclarer ~라고 단정하다
élire ~로 선출하다	estimer ~이라 생각하다
faire ~으로 만들다	juger ~라 생각하다
laisser ~하게 내버려 두다	nommer ~라 이름 짓다
rendre ~으로 만들다	trouver ~라고 생각하다
tenir(pour) ~이라고 간주하다	choisir pour(comme) ~로 선택하다
considérer comme ~로 여기다	prendre pour ~로 보다
traiter de ~으로 다루다	

Cette nouvelle *a rendu* ma mère bien malheureuse.

이 소식은 나의 어머님을 몹시 불행하게 하였다.

Je l'*ai trouvé* amusant. 나는 그것이 재미있다고 생각하였다.

Ils *choisirent* cet homme *pour* chef. 그들은 이 사람을 장으로 뽑았다.

On le *considère comme* coupable. 그를 죄인이라고 여기고 있다.

2.2. 간접타동사와 간접목적보어

간접타동사는 간접보어로 명사, 대명사, 부정법, 절을 취하며 그 어느 것이건 늘 전치사를 동반한다. 주로 전치사 à나 de를 취한다.

(1) 전치사 à를 취하는 동사

aspirer 열망하다	accéder 이르다
consentir 동의하다	échapper 피하다
nuire 해치다	obéir 복종하다
parvenir 이르다	penser 생각하다
plaire ~의 마음에 들다	prétendre 주장하다
renoncer 단념하다	résister 저항하다
ressembler 닮다	songer 생각하다
succéder 계승하다	s'attaquer 공격하다
se mettre 시작하다	servir 도움이 되다

Nous *avons renoncé à* un droit. 우리는 권리를 포기하였다.

Je *pense à* toi. 나는 너를 생각하고 있다.

(2) 전치사 de를 취하는 동사

douter 의심하다	hériter 상속받다
jouir 향락하다	s'emparer 독점하다
s'apercevoir 눈치 채다	se servir 사용하다
s'occuper 종사하다	se soucier 걱정하다
se souvenir 기억하다	manquer 부족하다
se méfier 조심하다	

Peu de gens *se souviennent d'*avoir été jeunes.
젊었을 때를 기억하는 사람은 별로 없다.

Elle *manque de* l'argent. 그녀는 돈이 부족하다.

(3) 그 밖의 전치사 pour, en, après, sur 등을 취하는 동사

croire en(à) 믿다	soupirer après(pour) 열망하다
veiller sur(à) 마음을 쓰다	compter sur 기대하다

On *soupire après* les honneurs. 사람들은 명예를 갈망한다.

Veillez sur ce bébé. 이 아기를 돌보시오.

Je *crois en* mes amis. 나는 내 친구들을 믿는다.

2.3. 직접 · 간접목적보어를 동시에 취하는 타동사

직접 · 간접목적보어를 동시에 취하는 타동사는 다양하다. 경우의 수만 전치사를 à를 취하느냐 de를 취하느냐에 따라서 보더라도 문장구문이 다양해진다. 그 중에 대표적인 경우가 사물이 직접목적보어 사람이 간접목적보어인 경우이다.

(1) 사물이 직접목적보어, 사람이 간접목적보어인 경우

① ~qc. à qn. (~에게 ~을 ~하다) 형식으로 수여동사 등 다양하다.

accorder 허락하다	adresser(말을) 걸다
apporter 가져오다	acheter 사다
cacher 감추다	confier 맡기다
défendre 금지하다	demander 요구하다
dire 말하다	donner 주다
écrire(편지를) 쓰다	envoyer 보내다

jeter 던지다	jurer 맹세하다
montrer 보이다	offrir 제공하다
ordonner 명령하다	pardonner 용서하다
permettre 허락하다	présenter 내놓다
prêter 빌려 주다	promettre 약속하다
proposer 제의하다	refuser 거절하다
remettre 돌려놓다	rendre 돌려주다
vendre 팔다	vouer 바치다

Il *dit* bonjour *à* ses amis. 그는 친구들에게 인사를 한다.

Elle *enseigne* le français *aux* élèves. 그녀는 학생들에게 프랑스어를 가르친다.

Il m'*a prêté* 'Une vie'. 그는 내게 "여자의 일생"을 빌려 주었다.

Je vous *présente* mes excuses. 당신에게 사과드립니다.

Envoyez-lui ce colis. 그에게 이 소포를 보내시오..

② 주로 탈취의 뜻이 있는 동사 ~qc. à qn. (~에게서 ~을 ~하다) 형식으로 많이 쓰인다.

arracher 빼앗다	couper 자르다
dérober 빼앗다	emprunter 빌리다
ôter 빼앗다	extorquer 강탈하다
prendre 취하다	ravir 빼앗다
voler 훔치다	

La fatigue m'*a ôté* tout le courage. 피곤이 내게서 모든 용기를 앗아가 버렸다.

Un voleur lui *a dérobé* son porte-monnaie. 도둑이 그의 지갑을 훔쳐 갔다.

Qui m'*a pris* mon stylo? 누가 내 만년필을 가져갔느냐?

㈜ 위의 ①, ②의 경우, 직접목적보어가 부정법이 될 때는 전치사 de를 취하여 "~à qn.de+inf." 로 된다.
Le médecin lui *a défendu* de fumer. 의사는 그에게 금연하라고 했다.
On *demande à* Nicole de partir tout de suite.
사람들은 니콜에게 즉시 떠나라고 요구한다.

(2) 사람이 직접목적보어, 사물이 간접목적보어인 경우

① ~qn. de qc. (~에게 ~에 대해 ~하다)

cf. 간접목적보어가 부정법인 경우는 "de+*inf.*"

accabler 짓누르다	accuser 꾸짖다
approcher 접근하게 하다	avertir 알리다
blâmer 비난하다	charger 임무를 지우다
débarrasser 없애다	dépouiller 빼앗다
dispenser 피하게 하다	embarrasser 가로막다
empêcher 방해하다	entretenir 이야기하다
excuser 용서하다	féliciter 축하하다
hâter 재촉하다	informer 알리다
menacer 위협하다	plaindre 측은히 여기다
pourvoir 주다	prévenir 예고하다
prier 요청하다	priver 빼앗다
remercier 감사하다	supplier 애원하다
tromper 속이다	

Je l'*ai averti de* mon prochain départ.
나는 그에게 다가온 나의 출발을 알려 주었다.
Elle me *prie de* lui prêter mon dictionnaire.
그녀는 내게 사전을 빌려 달라고 간청한다.
Félicitez Paul *de* son succès. 폴에게 그의 성공을 축하해 주시오.
Excusez-moi *de* vous avoir dérangé. 실례했습니다.

② ~qn. à qc. (~을 ~에 ~하게 하다)

cf. 간접목적보어가 부정법인 경우는 "à+*inf.*"

accoutumer 익숙케 하다	autoriser 허락하다
appliquer 적용하다	décider 결심시키다
déterminer 결심시키다	encourager 격려하다
exciter 격려하다	exhorter 장려하다
forcer 강요하다	habituer 익숙케 하다
inviter 권유하다	obliger 강제하다

Son métier le force *à* de fréquents voyages.
그는 그의 직업 때문에 자주 여행한다.
→ Son métier le force *à* voyager fréquemment.
J'*ai obligé* ma fille à travailler toute la soirée.
나는 딸에게 저녁 내내 공부하게 하였다.
On m'*a excité à* la révolte. 사람들은 반항하도록 나를 부추기었다.

Qu'est-ce qui vous *a déterminé à* partir. 무엇 때문에 떠날 결심을 하셨나요?

Il *a habitué* son cheval *au* bruit. 그는 자기 말이 소음에 익숙하도록 하였다.

㈜ 1. obliger 동사는 수동형에서 부정법일 경우는 à대신 de를 취한다.
J'*ai été obligé d'*entrer au pensionnat. 나는 기숙사에 들기로 결심하였다.

㈜ 2. décider, déterminer 등은 직접목적보어만 취하기도 한다.
L'assemblée *décida* la guerre. 국회는 전쟁을 하기로 결의하였다.
Cette blessure *a déterminé* sa mort. 이 상처로 그의 죽음이 결정적이 되었다.

(3) 그 밖에도 직접목적보어나 간접목적보어가 사람・사물을 취하면서 아래 예문들 같이 다양하게 문장을 형성시킨다.

On *a attribué* mon échec *à* ma paresse. 사람들은 나의 실패를 태만 탓으로 돌렸다.

Ma femme *préfère* la ville *à* la campagne.

나의 아내는 시골보다 도시를 더 좋아한다.

La gourmandise *fait* du tort *à* la santé. 대식은 건강에 해롭다.

Je ne sais pas grand-chose *de* lui. 나는 그에 대해 잘 모른다.

J'ai défendu Pierre *de* ses ennemis. 내가 적으로부터 피에르를 옹호했다.

Elle présente Paul *à* Marie. 그녀는 폴을 마리에게 소개한다.

Il a chargé un camion *de* sable. 그는 트럭에 모래를 실었다.

3. 대명동사(Verbe pronominal)

대명동사는 주어와 동일한 존재나 사물을 나타내는 재귀대명사라고 불리는 보어인칭대명사 se를 동반하는 동사를 말한다. 이 보어인칭대명사는 주어의 성, 수에 따라 me, te, se, nous, vous, se로 변화하며, 직접목적보어, 또는 간접목적보어로 쓰이며, 허사적으로도 쓰인다. 대명동사 se promener를 예를 들면 다음과 같다.

✽ se promener 산책하다

je me promène	nous nous promenons
tu te promènes	vous vous promenez
il se promène	ils se promènent

Il *se lève* tôt le matin. (se가 직접목적보어) 그는 아침에 일찍 일어난다.

Elle *se lave* les mains. (se가 간접목적보어) 그녀는 손을 씻는다.

Vous *vous* en *allez*. (vous는 허사적) 당신은 가버리시는군요.

㈜ 대명동사는 복합시제를 만들 때 être를 조동사로 취하는데 보어인칭대명사 se가 직접목적보어로 쓰인 경우와 허사적으로 쓰인 경우에만 과거분사가 그 보어의 성・수에 일치한다. (과거분사의 일치 참조)
Elle *s'est lavé les* mains. (간접) 그녀는 손을 씻었다.
Elle *s'est lavée* avec du savon. (직접) 그녀는 비누로 세수를 하였다.
Ils *se sont repentis* de leurs erreurs. (허사적) 그들은 자신들의 잘못을 후회하였다.

3.1. 대명동사의 분류

(1) 대명동사 중에는 타동사나 자동사에서 전환된 것과, 본래부터 대명동사로만 쓰이는 것이 있다.[20]

Elle *aime* sa mère. (타동사) 그녀는 자기 어머니를 사랑한다.

Elles *s'aiment* l'un l'autre. (타동사에서 전환된 대명동사) 그녀들은 서로 사랑한다.

Toute inquiétude *a disparu*. (자동사) 모든 불안이 사라졌다.

Le soleil *s'est disparu*. (자동사에서 전환된 대명동사) 해가 사라졌다.

Tu *t'en vas*? (본래적 대명동사) 너 가니?

(2) 대명동사는 의미와 행위의 양상에 따라 다음과 같이 나누는 것이 보통이다.

- 재귀적 대명동사
- 상호적 대명동사
- 수동적 대명동사
- 본래적 대명동사

3.2. 대명동사의 용법

(1) 재귀적 대명동사(verbe pronominal réfléchi)

주어의 행위가 주어 자신(즉 보어인칭대명사)에게 되돌아오는 대명동사로 이 때 대명사 se는 재귀대명사로 직접목적보어 또는 간접목적보어 역할을 한다. 재귀적 대명동사는 보통 타동사에서 만들어진다.

Ma mère m'*habille* bien. (타동사) 나의 어머니는 나에게 옷을 입혀 준다.

Je *m'habille* bien. (대명동사) 나는 옷을 잘 입는다.

20) 즉, 크게 본질적 대명동사(verbe essentiellement pronominal)와 우연적 대명동사(verbe accidentellement pronominal)로 나누기도 한다. 전자는 본래부터 se를 동반하여 se없이는 쓰이지 않는 대명동사를 말하고, 후자는 보통의 자동사나 타동사에 se가 붙어 대명동사로 쓰는 것을 말한다.

① 보어인칭대명사 se가 직접목적보어인 경우

se 자체가 직접목적보어이므로 따로 직접보어를 취하지는 않으나 간접목적보어는 취할 수 있다.

Jean *se regarde* dans le miroir. 장은 거울에 자신을 비쳐본다.

Paul et Marie *se couchent* à dix heures. 폴과 마리는 10시에 잠자리에 든다.

Il ne savait où *se mettre*. 그는 몸 둘 바를 몰랐다.

Je *me charge* bien volontiers de votre fils. (fils가 간접보어)

나는 당신 아들에 대해 기꺼이 책임을 지겠습니다.

Ils *se sont donnés* à leurs études. (études가 간접보어)

그들은 학업에 몰두하였다.

② 보어인칭대명사 se가 간접목적보어인 경우

▸ se가 '자신에게'처럼 간접적인 의미를 나타내므로, 이 때 대명동사는 직접타동사로서 반드시 직접목적보어가 온다. 직접목적보어로는 명사, 대명사, 부정법, 절 등이 올 수 있다.

Ils *se sont donné* beaucoup de peine.

(직접보어 : beaucoup 이하) 그들은 많은 고생을 사서 하였다.

Il *se promit* de tirer parti de cette visite extrême.

(직접보어 : de 이하의 부정법) 그는 그 마지막 방문을 이용하기로 작정하였다.

Nous *nous pardonnons* tout.

(직접보어 : 대명사 tout) 우리는 자신의 모든 것을 용서한다.

Elle *se disait* qu'elle était heureuse.

(직접보어 : que 이하의 절) 그녀는 행복하다고 생각하곤 했다.

▸ se가 소유의 의미로 신체의 일부를 표현하는 간접목적어로 쓰였을 때

Vous *vous rasez* le visage avec un rasoir éléctrique.

(직접보어 : le visage) 당신은 전기면도기로 면도를 하시는군요.

Marie *s'est coupé* le doigt. (직접보어 : le doigt) 마리는 손가락을 베었다.

㈜ 1. 이때 대명동사는 votre visage, son doigt에서처럼 소유형용사 쓰는 것을 피하기 위해서이며, 강조할 경우 소유형용사를 쓰기도 한다. (소유형용사 참조)
J'ai lavé mes mains. (Sartre) 손을 씻었다.

㈜ 2. 소유의 의미로 쓰인 se는 항상 간접목적보어 역할을 하는 것은 아니다. se가 직접목적보어로 쓰이면 다른 것은 상황보어로 해야 한다.
Elle *s'est blessé* le pied. (간접보어 : se, 직접보어 : le pied) 그녀는 발을 다쳤다.
→ Elle *s'est blessée* au pied. (직접보어 : se, 상황보어 : au pied)
그녀는 발을 다쳤다.

㈜ 3. se가 '자신에게'처럼 간접적인 의미를 나타내지만, 따로 직접목적어를 동반하지 않아 se가 직접보어처럼 보이는데, 이 때 대명동사는 간접타동사에서 쓰인 것임으로 주의바람.
Ce garçon *s'est nui* par son mensonge. 그 소년은 자신의 거짓말 때문에 해를 입었다.
Sur cent écrivains il n'y en a que deux ou trois qui *se survivent*.
백 명의 작가 중에서 후세에 남는 사람은 두서너 명뿐이다.

(2) 상호적 대명동사(Verbe pronominal réciproque)

상호적 대명동사는 둘 이상을 표현하는 주어의 행위가 서로 상대방에게 미치는 동사이다. 따라서 주어는 항상 복수이거나 복수의 의미를 지닌 말이 온다. 상호적 의미를 강조하기 위해 l'un l'autre, l'un à l'autre, les uns les autres, mutuellement, réciproquement, entre eux 등을 수반하거나 동사에 접두사 entre(entr')를 붙이기도 한다. 보어인칭대명사 se는 직접 또는 간접보어 취급을 한다.

① 보어인칭대명사 se가 직접목적보어인 경우
Elles *se louent et se flattent* l'une l'autre.
그녀들은 서로 칭찬하고 아첨을 한다.
Nous devons *nous aimer* mutuellement. 우리는 서로 사랑해야 한다.
Vous *vous entr'aidez*! 너희들은 서로 돕는구나!
Ils ne *se sont jamais querellés*. 그들은 결코 싸운 적이 없었다.

② 보어인칭대명사 se가 간접목적보어인 경우
대명동사는 직접타동사가 되어 직접목적보어를 취해야 한다.
Les soldats *se demandaient* un peu de pain ou de l'eau.
(직접보어 : un peu이하) 군인들은 서로 약간의 빵이나 물을 요구하였다.
Elles *se sont écrit* des lettres l'une à l'autre.
(직접보어 : des lettres) 그녀들은 서로 편지 왕래를 하였다.
Ils *se faisaient* souvent des visites.
(직접보어 : des visites) 그들은 서로 자주 집을 찾아가곤 하였다.

㈜ 대명동사가 간접타동사에서 왔을 경우에는 직접목적보어를 취하지 않는다.
Les étudiants *se sont parlé*. 학생들이 이야기를 나누고 있었다.
Ils *se ressemblent* comme deux gouttes d'eaux. 그들은 서로 똑같이 닮았다.

✽ on, tout는 내용상 복수의 뜻이더라도 동사는 단수로 한다.
On *s'est échangé* de petits cadeaux. 사람들은 조그마한 선물을 서로 교환하였다.

(3) 수동적 대명동사(Verbe pronominal passif)

수동적 대명동사는 주어가 행위를 함과 동시에 받기 때문에 수동적 의미를 나타낸다. 주어는 대개 사람이 아니고 사물이며, 또 원칙적으로 3인칭으로만 사용되며 동작주 보어는 보통 쓰지 않는다. 그리고 보어인칭대명사 se는 늘 직접목적보어 취급을 한다.

Rome ne *s'est* pas *bâti* en un jour. 로마는 하루아침에 이루어지지 않았다.

Ce journal *se vend* partout. 이 신문은 어디에서나 팔린다.

La pièce *s'est jouée* devant un public enthousiaste.

이 연극은 열광하는 관중들 앞에서 공연되었다.

Le café et le lait *se sont servis* bien chaud.

커피와 우유가 아주 따끈하게 대접되었다.

㈜ 1. 주어가 사람인 경우도 있다.
Elle s'appelle Isabelle et *je* m'appelle Jean-Claude.
그녀의 이름은 이자벨이고 나는 쟝 클로드라 한다.
Le brave ne se connaît qu'à la guerre. 용감한 사람은 전쟁에서만 알아볼 수 있다.

✾ 동작주가 표현된 경우는 주로 옛 표현 형식이고, 요즈음은 동사를 수동태로 만들어서 동작주를 나타낸다.
Tout se fit *par les prêtres*. (=Tout fut fait par les prêtres.)
모든 것은 사제들에 의해 이루어졌다.

㈜ 2. 수동적 대명동사는 비인칭으로서 사용될 때도 있다.
Il *se brûlait* mille livres de cire par an dans la cathédrale.
성당에서는 매년 밀랍 입힌 책 수천 권이 불태워지곤 하였다.
Il *se peut* qu'il vienne. 그가 올 수도 있을 것이다.

❖ Remarque : **수동대명동사와 수동태**

수동대명동사는 사물의 성질을 수동태는 행위의 완료를 나타낸다.

Ce livre se vend bien. 이 책은 잘 나간다.

Ce livre est bien vendu. 이 책은 잘 팔린다.

Le verre se coupe par le diamant. 유리는 다이아몬드로 잘린다.

Le verre est coupé en deux. 컵이 두동강 났다.

(4) 본래적 대명동사(Verbe pronominal propre)

한개의 동사처럼 원래부터 동사에 se가 붙어 있는 형태로 형성된 동사로써, se가 동사의 접두어처럼 동사와 긴밀히 연결되어 있어 실제로 목적보어의 역할을 하지는 못하고, 단지 주어의 행위를 강조하거나, 허사처럼 쓰이는 대명동사를 말한다. 그러나 이 대명동사의 se는 성격이 뚜렷치 않지만, 문법상 직접목적보어로 취급하고 있다.

① "se+자동사"로 이때 se는 주어를 강조할 뿐이다.[21)]

▸ 대명동사로만 쓰이는 것

s'accouder 팔꿈치를 괴다	s'accroupir 웅크리다
se blottir 몸을 웅크리다	se démener 날뛰다
se désister 입후보를 철회하다	s'écrier 소리치다
s'écrouler 무너지다	s'évader 도망치다
s'évanouir 정신을 잃다	s'extasier 경탄하다
se lamenter 탄식하다	se méprendre 착각하다
se réfugier 피신하다	se repentir 후회하다
se taire 침묵하다	

▸ 원래의 자동사와는 다소 다른 뜻으로 쓰이는 것

se mourir 죽어가다(mourir 죽다) se jouer de 놀리다(jouer놀다)

Les enfants *se jouaient d'*un mendiant.
아이들이 어느 거지를 놀리고 있었다.

▸ 동작을 나타내는 자동사 중 이탈을 뜻하는 부사 en이 덧붙여 된 대명동사

s'en aller 가 버리다	s'enfuir 도망치다
s'en voler 날아가다	s'en retourner 되돌아오다
s'en revenir 돌아오다	s'en sortir 궁지에서 헤어나다
s'en venir 오다	

Il *s'est enfui* de son pays. 그는 조국에서 도망쳐 나갔다.

Ce vieillard *s'est réfugié* chez sa benjamine.
그 노인은 막내 딸네로 몸을 피하였다.

▸ 몇몇은 자동사나 대명동사나 같은 뜻을 갖는다.

(se) rire de 누구를 비웃다.
(se) pâmer de 기절 몽롱해지다

② "se+타동사"

▸ "se+타동사"로 se가 붙어 자동사로 의미가 바뀐다.

21) 옛날에는 많은 자동사가 se를 붙여 대명동사로도 쓰였으나 오늘날은 많이 사라졌다.

s'agrandir 자라다	se détruire 파괴되다
s'effrayer 겁내다	s'ennuyer 싫증내다
s'essoufler 숨차다	s'étonner 놀라다
s'éveiller 깨다	se fâcher 화내다
s'obscurir 어두워지다	se répandre 퍼지다
se révéler 나타나다	se tromper 틀리다

Il *se fâche*. 그가 화낸다.

Vous *vous trompez*! 당신이 틀렸소!

▸ 원래의 타동사와는 달리 새로운 뜻을 갖는 것으로, 대개 전치사를 동반하여 보어를 취하는 것이 많다.

s'apercevoir de 깨닫다(apercevoir 알아보다)
s'attaquer à 도전하다(attaquer 공격하다)
s'attendre à 기대하다(attendre 기다리다)
s'aviser de 생각해 내다(aviser 알리다)
se battre avec ~와 싸우다(battre 때리다)
se douter de 알아채다(douter(고어) 의심하다)
se louer de 만족히 여기다(louer 칭찬하다)
se moquer de 비웃다(moquer 조롱하다)
se plaire à 좋아하다(plaire 마음에 들다)
se servir de 사용하다(servir 시중을 들다)
se tromper de 착각하다(tromper 속이다)
se plaindre de 한탄하다(plaindre 동정하다)

Elle *s'aperçoit de* son erreur. 그녀는 자기 과오를 깨닫는다.

Ne *vous plaignez* pas *de* ma conduite. 내 행동에 대해 불평하지 마시오.

❖ Remarque : **대명동사의 다양한 기능**

어떤 대명동사는 다음과 같이 대명동사의 여러 가지 기능을 동시에 갖고 있다.

◆ se servir

Je *me servirai* tout seul le café. (재귀적) 나는 혼자서 커피를 타 마실 것이다.

Nous *nous servirons* l'un à l'autre le café. (상호적)
우리는 서로에게 커피를 대접할 것이다.

Je *me servirai d'*un stylo. (본래적) 나는 만년필을 사용할 것이다.

Le café *se sert* bien chaud. (수동적) 커피는 아주 따끈히 대접된다.

◆ s'apercevoir

Jeanne *s'est aperçue* dans le miroir de la vitrine.

(재귀적) 쟌느는 진열창의 거울에서 제 모습을 보았다.

Jeanne et son amie *se sont aperçues* dans la rue et se sont saluées.

(상호적) 쟌느와 친구는 길에서 서로를 알아보고 인사를 하였다.

La tour Eiffel *s'est aperçue* de Montmartre.

(수동적) 에펠 탑은 몽마르트르에서도 보인다.

Elle *s'est aperçue* de son erreur. (본래적) 그녀는 자기 실수를 깨달았다.

3.3. 재귀대명사 se의 생략

(1) 부정법으로 쓰인 대명동사가 준조동사적으로 쓰인 faire, envoyer, emmener, laisser, mener 등의 뒤에 올 경우에는 문장의 뜻에 별 지장이 없는 한 se를 생략할 수 있다.

Faites *taire* ces enfants. 이 아이들이 말을 하지 못하게 하라.

On a laissé *échapper* ce prisonnier. 그 죄수가 도망가게 내버려 두었다.

Papa nous emmène tous *promener*. 아빠는 우리 모두를 산보에 데리고 나가신다.

㊟ 문장의 뜻이 애매해질 경우는 생략하지 않는다.

Je l'ai fait *se* sécher devant le feu. 나는 불앞에서 그에게 몸을 말리게 했다. (se가 없으며 '내가 그를 말렸다'는 뜻이 됨)

(2) 특히 faire asseoir(앉게 하다), faire repentir(후회하게 하다), faire souvenir (기억나게 하다), faire taire(침묵케 하다)는 관용적 표현으로 항상 se를 생략한 채 쓰이나, 오늘날에는 대명동사형을 쓰는 경향이 있다.

Nous essayons de le faire *s'asseoir*. 우리는 그를 앉히려고 한다.

Je l'en ai fait *se souvenir*. 나는 그에게 그걸 생각나게 하였다.

Laisse-le donc plutôt *se coucher*. 그러면 차라리 그가 눕게 내버려 두시오.

(3) 형용사처럼 쓰인 대명동사의 현재분사, 과거분사 앞에서는 재귀대명사 se를 생략한다.

des gens *agenouillés*(=qui s'agenouillent) 꿇어앉은 사람들

le soleil *levant*(=qui se lève) 떠오르는 해

des prisonniers *évadés* 도망친 죄수들

4. 비인칭동사(Verbe impersonnel)

1, 2, 3인칭 및 단·복수로 변화하는 일반 동사와는 달리, 표면상의 주어(혹은 가주어)인 중성의 il, ce와 함께 3인칭 단수로만 사용되는 동사를 비인칭동사라 한다.

비인칭동사 중 순수하게 비인칭동사로 쓰이는 것은 자연 현상을 나타내는 동사들과 falloir 동사뿐이고, 나머지는 모두 인칭동사에서 전환된 것들이다.

비인칭동사에는 명령형이 없고, 복합시제가 되는 경우 과거분사의 성과 수는 변화하지 않는다.

4.1. 본래적 비인칭동사(Verbe exclusivement impersonnel)

(1) 자연 현상을 나타내는 것

il pleut 비가 오다	il neige 눈이 오다
il grêle 우박이 오다	il gèle 얼음이 얼다
il dégèle 얼음이 녹다	il vente 바람이 분다
il tonne 천둥이 치다	il éclaire 번개가 치다
il brume 안개가 끼다	il bruine 이슬비가 내리다
il verglace 빙판이 지다	

㈜ 위의 동사들은 본래의 비인칭동사임에도 불구하고 그 뒤에 진주어가 오기도 하고, 간혹 비유적 표현에서는 인칭 주어가 그 앞에 옴으로써 인칭동사로 사용되기도 한다.

Il pleut *des balles et des obus*. 총알과 포탄이 비 오듯 한다. (진주어)

Les bombes pleuvaient sur la ville. 폭탄이 도시에 비 오듯 쏟아졌다. (인칭주어)

Les pétales neigent sur le tapis. 꽃잎이 양탄자 위에 눈 오듯 떨어진다. (인칭주어)

Quand tonneras-*tu*, foudre? 번개여, 그대는 언제 울리련가?(인칭주어)

Sa voix tonne dans le silence. 그의 목소리가 고요한 가운데 울리고 있다. (인칭주어)

(2) falloir

필요, 의무, 부족을 나타내는 비인칭동사로써 il faut 다음에는 명사, 부정법, 절이 온다.

Il faut deux ouvriers pour ce travail. 이 일을 하려면 일꾼 두 명이 필요하다.

Il faut bien dormir pour garder la bonne santé.
좋은 건강을 유지하려면 잠을 잘 자야 한다.

Il faut que vous partiez malgré vous. 본의는 아니지만 당신은 떠나야 한다.

㈜ 위 구문에 관계되는 사람 즉, 의미상 주어를 표시하고 싶으면 falloir동사 앞에 간접보어 인칭대명사를 놓는다.
Il *me* faut de l'argent. 나에게는 돈이 필요하다.
Il *lui* faut partir. 그는 출발해야 한다.
Il *nous* faut agir vite, si nous voulons le sauver.
그를 구하려면 우리는 빨리 행동해야 한다.

cf. il s'en faut de beaucoup que(tant s'en faut que)는(~하기는 커녕)의 뜻이고, il s'en faut de peu que(peu s'en faut que)는(하마터면 ~할 뻔 하다)의 특수한 표현이며, 여기서 는 s'en faut de는 '~만큼 부족하다'의 뜻이다.
Il s'en faut de beaucoup qu'elle soit heureuse. 그녀가 행복하기는커녕 불행하다.
Il s'en est fallu de peu qu'elle tombe. 그녀는 하마터면 넘어질 뻔하였다.
Le pays n'est pas en paix, tant *s'en faut.* 나라가 평화롭기는커녕, 평화롭지 않다.

4.2. 인칭동사에서 전환된 비인칭동사

많은 인칭동사들이 비인칭동사로 쓰이는데 이런 동사를 '우연적 비인칭동사'(verbe occasionnellment impersonnel)라 하며 그 뒤에 명사, 대명사, 부정법, 절 등이 온다.

(1) faire 동사

날씨나 어떤 분위기의 상태를 나타내기 위해서 형용사나 명사 상당어구와 함께 쓰인다.

▸ *Il fait* chaud(froid, bon, beau, frais, sec, doux, clair, sombre, étouffant, glissant).
날씨가 덥다(춥다, 좋다, 화창하다, 선선하다, 건조하다, 따뜻하다, 맑다, 어둡다, 무덥다, 미끄럽다).

▸ Il *fait* jour(nuit). 날이 밝았다(어두워졌다).

▸ Il *fait* du soleil(du verglas, du vent, de la pluie, du brouillard, de l'orage).
햇볕이 났다(빙판이 졌다, 바람이 분다, 비가 온다, 안개가 낀다, 비바람이 인다).

▸ Il *fait* un temps superbe(une chaleur excessive, un froid de loup).
아주 화창한 날씨이다(대단히 덥다, 몹시 춥다).

▸ Il *se fait* tard. 시간이 늦어진다.

▸ *Ça fait* une heure que je t'attends. 너를 기다린 지 한 시간이나 됐어.

(2) 시간을 나타내는 il est

▸ Quelle heure *est-il*? *Il est* midi. 몇 시이죠? 정오입니다.

▸ *Il est* tard. 늦었다.

㈜ 특정한 시각이나 요일, 계절 등을 나타낼 때는 c'est를 사용한다.
C'est l'heure de partir(d'aller dormir) 출발할(잠 잘) 시각이다.
Ce sera dimanche demain. 내일은 일요일일 것이다.
C'était le 15 août 1945. 1945년 8월 15일이었다.

(3) il y a와 il est

둘 다 존재나 경과한 시간을 나타낼 때 쓰이는데 특히 고어체, 문어체나 시에서는 il est가 많이 쓰인다.

Il y a de la craie sur le pupitre. 책상 위에는 분필이 있다.

Il est aux bois des fleurs sauvages. 숲에는 야생 꽃들이 있다.

Il est des parfums frais comme des chairs d'enfants.
어린아이 살처럼 신선한 향기가 있다.

✽ "il y a+시간"인 경우는 '…전'이라는 시간의 상황보어를 이룬다.
Il y a quelques années, un homme suivait l'avenue de Bains.
몇 년 전에 여행객 한 명이 벵 가를 따라가고 있었다.

(4) il est + 형용사(형용사 상당어) + que(de+부정법)

il은 가주어이고 que나 de이하는 진주어 역할을 한다.

Il est vrai qu'on m'a aidé.
사람들이 나를 도와주었다는 것은 사실이다.

Il est bon de parler et *meilleur* de se taire.
말하는 것도 좋지만, 침묵은 더욱 좋다.

㈜ 부정법을 취할 경우 그 부정법의 주어는 être동사 앞에 간접목적보어 형태로 나타난다.
Il m'*est impossible* d'y aller. 내가 그 곳에 가는 것은 불가능하다.

(5) 자동사나 타동사에서 전환하여, il을 가주어로 보고, 뒤에 오는 명사, 부정법, 절을 진주어로 하는 비인칭동사들 :

이러한 경우 진주어는 후치(extraposé)되었다고 한다.

il arrive 일어나다	il convient 적당하다
il importe 중요하다	il paraît ~인 것 같다
il reste 남다	il semble ~인 듯하다
il vaut mieux 더 낫다	il vient 떠오르다, 오다
il se fait 생기다	il se passe 일어나다
il se peut ~일 수 있다	il suffit 충분하다
il manque ~가 부족하다	il se dit ~말들이 있다.

Il est arrivé un accident tout imprévu. 아주 뜻밖의 사건이 생겼다.

Il importe que l'historien soit impartial. 역사가는 공정함이 중요하다.

Il vaut mieux rester ici que de partir par cette neige.
이런 눈발에는 떠나는 것보다 여기 남아 있는 것이 더 낫다.

Il n'est pas venu beaucoup de touristes cette année.
올해에는 여행자가 많이 오지 않았다.

Il me *reste* seulement cinq euros. 내겐 단지 5유로 밖에 없다.

㈜ 1. 전환된 비인칭동사 뒤에 복수의 진주어가 나타나도 동사변화는 단수로 취급한다.
Des camions *passent* souvent dans cette rue.
→ *Il passe* souvent des camions dans cette rue. 이 길에는 트럭이 자주 지나다닌다.

cf. venir 동사도 이 부류에 속할 수 있다.
Il est venu plusieurs personne. 몇 사람이 왔다.
Il ne viendra donc pas de médecin? 의사는 안 오겠지?

㈜ 2. 위와 같은 성구에서는 중성 주어 il이 흔히 생략되기도 한다.
N'importe. 괜찮다.
Reste à examiner le projet. 아직도 그 계획을 검토해야 한다.
Mieux vaut se taire que de mal parler. 잘못 말하느니 침묵하는 것이 더 낫다.

(6) il이 막연하게 전후의 상황을 나타낼 경우

il y va de ~이 걸려 있다	il s'agit de ~이 문제이다
il en est ainsi(de même) 이러한 식이다	il est question de ~이 문제이다

Il y va de notre réputation. 우리의 평판이 걸려 있다.

Il s'agit de votre vie, de votre avenir. 당신의 생애, 당신의 미래가 문제이다.

Il ne fut jamais question de cela. 그것에 대한 문제가 결코 아니었다.

㈜ il y a, il s'agit 등은 구어에서 il이 흔히 생략된다.
Y a du monde. 사람이 많다.
*S'agit d'*aller vite. 빨리 가는 것이 문제이다.

(7) 비인칭적으로 자유로이 쓰는 동사들

일부 동사는 인칭적으로도 비인칭적으로도 자유롭게 쓰인다.

① 자동사

Il est venu plusieurs personnes. 몇 사람이 왔었다.

② 대명동사

Il se fit un grand calme. 아주 조용했었다.

③ 수동태 타동사

Il est défendu(*interdit*) de fumer. 담배 피는 것 금지다.

㈜ 진주어가 나타내는 행위를 강조하기 위하여 비인칭동사를 수동형으로 만들어 사용하거나 또는 수동적 대명동사를 사용한다.

Il *a été perdu* une montre. 손목시계 한 개가 분실되었다.

Il me *fut raconté* des choses bien curieuses. 나는 아주 흥미로운 것을 많이 들었다.

Il *est dit* que tout ira mal, cette année.
올해는 모든 것이 잘 되어 가지 못할 것이라고들 한다.

Il *se vend* à Paris beaucoup d'articles anglais. 파리에서는 많은 영국 상품들이 팔린다.

5. 조동사(Verbe auxiliaire)

조동사란 그 동사 고유의 의미를 잃고 다른 동사의 과거분사나 부정법과 함께 쓰여 시제와 법, 태 등을 형성하는 동사를 말한다.

순수한 조동사로는 avoir와 être뿐으로, 둘 다 복합시제를 만들 때 쓰이지만, être는 수동태에서도 쓰인다. 그 밖에 조동사적으로 쓰이는 동사 및 동사구가 있다.

5.1. 복합시제에서의 조동사 : avoir와 être

(1) avoir를 조동사로 취하는 동사

① 동사 avoir와 être

J'ai eu la bourse. 나는 장학금을 탔다.

Nous *avons été* à Paris. 우리는 파리에 갔다 왔다.

② 모든 타동사

Il *a rencontré* une jolie fille et l'*a épousée*.
그는 예쁜 소녀를 만나 결혼하였다.

Ils *ont obéi* à la force. 그들은 무력에 복종하였다.

③ être를 조동사로 취하는 자동사를 제외한 모든 자동사

Elle *avait éclaté* en larmes. 그녀는 울음을 터뜨렸었다.

Tous les élèves *ont parlé* franchement.
학생들 모두가 솔직히 말하였다.

④ 본래적 비인칭동사

자연현상을 나타내는 것과 falloir가 있다.

Il *a plu et venté* toute la nuit. 밤새도록 비가 오고 바람이 불었다.

Il m'*a fallu* rester là deux bonnes heures.
나는 두 시간 꼬박 그 곳에 남아 있어야 했다.

㈜ 전환된 비인칭동사는 그 동사 본래의 조동사를 취한다.
Il *est arrivé* un accident. 사고가 났다.

(2) être를 조동사로 취하는 동사

① 모든 대명동사

과거분사 앞에 온 재귀대명사 se가 직접목적보어일 때는 그 보어에 과거분사의 성·수 일치시킨다.

Ce mot ne *s'est* plus *employé*. 그 말은 더 이상 사용되지 않았다.

Nous *nous sommes lavé* les mains avant le dîner.
저녁 식사 전에 우리는 손을 씻었다.

Ah! mais c'est vrai, je *me suis trompé*. 아! 그게 맞아, 내가 잘못 생각했다.

Ces garçons *se sont battus* à coup de poing.
이 소년들은 서로 주먹다짐을 하였다.

② 왕래, 발착 등 장소나 상태의 변화를 나타내는 소수의 자동사들

aller 가다	arriver 도착하다
entrer 들어오다	naître 출생하다
venir 오다	partir 출발하다
sortir 나가다	mourir 죽다
rester 머물러 있다	repartir 다시 출발하다
rentrer 돌아오다	décéder 죽다
tomber 떨어지다	retomber 다시 떨어지다
retourner 돌아오다	échoir 만기가 되다
éclore 꽃이 피다	devenir 되다
parvenir 도달하다	

Il *est tombé* devant le magasin. 그는 상점 앞에서 넘어졌다.

Nous *serons arrivés* avant le déjeuner. 우리는 점심 식사 전에 도착할 것이다.

Cette personne *est décédée* la semaine dernière. 그 사람은 지난주에 죽었다.

On l'attendait à Paris, mais il *est resté* à Lyon.
파리에서 그를 기다리고 있는데, 그는 리용에 머물러 있었다.

Elle *est devenue* riche. 그녀는 부자가 되었다.

㈜ 1. venir에 접두어가 붙어 된 합성어들도 être를 조동사로 취한다.
Notre héros *est parvenu* à ses fins. 우리의 주인공은 목표에 도달하였다.
☞ contrevenir(위반하다) subvenir(돕다) circonvenir(속이다) prévenir(앞서다) 등의 동사는 타동사로 쓰일 경우에 한하여 avoir를 조동사로 취한다.
Il *a contrevenu* à vos ordres. 그는 당신의 명령을 위반하였다.

㈜ 2. entrer(들이다), rentrer(다시 들이다), retourner(뒤집어 놓다), sortir(꺼내다), tomber(넘

어뜨리다) 등의 동사도 타동사로 쓰이면 avoir를 조동사로 취한다.
Il *est entré* dans le salon. (자동사) 그가 거실로 들어왔다.
Il lui *a entré* le bras dans une cavité. (타동사) 그는 구멍 안에 팔을 집어넣었다.
Elle *est tombée* devant un monsieur. (자동사) 그녀는 한 신사 앞에서 넘어졌다.
Il *a tombé* son adversaire. (타동사) 그는 적수를 넘어뜨렸다.
On *est sorti* en promenade. (자동사) 산보하러 나갔다.
On *a sorti* une règle dans le tiroir. (타동사) 서랍에서 자를 한 개 꺼냈다.
Nous *sommes rentrés* tard chez nous. (자동사) 우리는 늦게 귀가하였다.
Nous *avons rentré* les chaises dans la cave. (타동사)
우리는 의자들을 지하실에 들여 놓았다.
Je *suis retourné* à mon pays. (자동사) 나는 고향으로 돌아갔다.
Le vent *a retourné* mon parapluie. (타동사) 바람이 내 우산을 뒤집어 놓았다.

③ 수동태의 조동사로 쓴다.

Aucun élève ne *sera puni* à la fin de l'examen.
시험이 끝나고 난 후에는 어떠한 학생도 처벌받지 않을 것이다.
Les champs *ont été vendus* un bon prix. 밭이 좋은 값에 팔렸다.

cf. Elle *est arrivée*. (자동사 arriver의 복합과거 시제) 그녀가 도착했다
Elle *est aimée*. (동사 aimer의 수동태)

(3) 때로는 avoir, 때로는 être를 조동사로 취하는 동사

① 과거 동작을 나타낼 때는 avoir, 완료된 행위의 결과인 상태를 나타낼 때는 être를 취하는 자동사들이 있다. 그러나 위와 같은 구분에도 불구하고 조동사의 선택이 애매한 경우가 있다.

aborder 도착하다	accourir 뛰어오다
apparaître 나타나다	augmenter 증가하다
baisser 낮추다	camper 야영하다
cesser 멈추다	changer 변화하다
chavirer 뒤집히다	crever 죽다
croître 자라다	croupir 괴어 썩다
déborder 넘치다	décamper 걷히다
déchoir 쇠퇴하다	décroître 감소하다
dégénérer 퇴화하다	déménager 이사하다
descendre 내려놓다	diminuer 감소하다
disparaître 사라지다	divorcer 이혼하다
échapper 도망하다	échouer 실패하다
embellir 아름다워지다	empirer 악화하다
expirer 숨지다	faillir 실패하다

geler 얼다	grandir 커지다
grimper 기어오르다	grossir 굵어지다
maigrir 여위다	monter 올라가다
paraître 출간되다	passer 지나가다
pourrir 썩다	rajeunir 젊어지다
résulter ~의 결과이다	tomber 떨어지다
sonner 울리다	vieillir 늙다

Il *a descendu* bien promptement vers la Seine.
그는 센 강 쪽으로 아주 급히 내려갔다.
Je *suis decendu* à sept heures ce matin 나는 오늘 아침 7시에 내려왔다.
Le facteur *a passé* à 9 heures. 우체부가 9시에 지나갔다.
Cette mode *est passée*. 이 유행은 이제 사라졌다.
Il *a gelé* fort cette nuit. 오늘 밤에는 얼음이 단단히 얼었다.
L'eau *était gelée* dans ma cuvette. 내 대야의 물이 얼어 있었다.
Les prix *ont* beaucoup *monté* cette année. 올해에는 물가가 많이 올랐다.
Je ne *suis* jamais *monté* en avion. 난 비행기 타 본 적이 없다.
Il *a* beaucoup *vieilli* en deux ans. 그는 2년 사이에 퍽 늙었다.
Comme il *est vieilli*! 그는 굉장히 늙었는데!

② 뜻에 따라 avoir 또는 être를 취하는 동사들도 있다.

▸ échapper : '알아차리지 못하다, 기억에 떠오르지 않다, 놓치다'일 때는 avoir, '잘못을 저지르다, 누설되다'일 때는 être.

Le véritable sens *a échappé* à tous les traducteurs.
모든 번역가들이 그 진짜 의미를 놓쳤다.
Son nom m'*avait* d'abord *échappé*. 우선 나는 그의 이름이 생각나지 않았다.
Son secret lui *est échappé*. 그의 비밀이 그도 모르게 누설 됐다.
Quelques fautes vous *ont échappées* par-ci par-là.
당신은 여기저기에다 몇 가지 실수를 알아채지 못했다.

▸ convenir : '마음에 들다'일 때는 avoir, '동의하다, 인정하다'일 때는 être.그러나 혼동해서 쓰는 경우도 많다.

Cette maison m'*a convenu*. 이 집은 내 마음에 들었다.
N'oubliez pas ce dont nous *sommes convenus*.
우리들이 합의한 것을 잊지 마시오.
Ils *sont convenus* de passer un an à l'étranger.
그들은 일 년을 외국에 나가 지내기로 합의하였다.

▸ demeurer : '거주하다'는 avoir, '그대로 있다'는 être.

Il *a demeuré* longtemps parmi nous. 그는 오랫동안 우리들 사이에서 살았다.

Cet enfant *est demeuré* muet. 그 아이는 잠자코 있었다.

5.2. 준조동사(Verbe semi-auxiliaire)

조동사 avoir, être 이외에도, 부정법이나 현재분사와 함께 쓰여 법이나 시제에 다양한 의미를 나타내는 동사나 동사구를 준조동사라 부른다.

(1) aller와 s'en aller

① "aller + inf." : 직설법 현재, 반과거에 쓰여 근접 미래(futur proche)를 나타낸다.

La paix *va* refleurir, les beaux jours *vont* renaître.

평화가 다시 꽃피고 호시절이 다시 오려 한다.

Restons ici ; l'orage *va* éclater, je crois.

여기 남아 있자 비바람이 올 모양인 것 같다.

㈜ "aller+inf."가 aller 원래의 의미로도 쓰이며, 이때는 근접미래가 아님으로 주의해야 함.
Je *vais chercher* mon ami à la gare. 나는 역으로 내 친구를 찾으러 가고 있다.
Je *vais faire* les courses. 나는 시장 보러 가고 있다.

✽ "aller+aller"의 형태는 조동사 aller와 본동사 사이에 다른 말이 끼이지 않는 한 듣기에 거북하므로 이를 피한다.
Nous *allons* maintenant aller. 우리는 지금 가려 한다.
Où *vais*-je aller à présent? 나는 지금 어디로 가려는가?

② "aller + inf." : 강한 명령을, 특히 부정 명령에서, 나타낸다.

Tu *va* obéir. 내말대로 해

N'*allez* pas croire cela! 그런 건 믿지도 마시오!

N'*allez* pas vous fâcher. 화내면 안 됩니다.

③ "aller +(en) + 현재분사", "s'en aller + 현재분사" : 행위의 연속이나 점진적인 진행을 나타낸다.

Cet homme *s'en va* mourant. 그 사람은 죽어가고 있다.

Les canaux *allaient* en se perdant. 운하는 점차 사라져 갔다.

④ "aller pour + inf." : 직설법 현재와 반과거에(단순과거에 가끔 쓰임) 쓰여서 하려는 행위나 행위의 시작을 나타내는데, 주로 연극 장면에서 흔히 볼 수 있다.

Sélim *alla pour* parler, mais se tut. 셀림은 말하러 갔다가 침묵을 지켰다.

Il *va pour* saisir le poignet d'Isabelle. 그는 이자벨의 손목을 잡으려 한다.

㈜ 근접미래의 aller 대신, 접속법이나 조건법에서는 être près de, être sur le point de, avoir l'intention de, 등이나 devoir 또는 시간 부사와 더불어 많이 쓰이지 aller는 별로 안 쓴다.

Je ne crois pas qu'il *soit près de* venir(qu'il doive venir).
내 생각으로는 그가 올 것 같지 않다.
Quand même l'orage *serait sur le point d*'éclater, moi, je pars!
비록 비바람이 쏟아져도 나는 떠나겠다.

(2) venir à + inf., venir de + inf.

① "venir à + inf." : 뜻은 '우연히 ~하게 되다.' 주로 직설법 현재, 단순과거로 많이 쓰인다.

Je *vins* tout à coup *à* me le rappeler. 나는 갑자기 그 사실이 떠올랐다.
Les vivres *vinrent à* manquer. 양식이 부족하게 되었다.
Le fils du roi *vint à* passer. 왕자가 우연히 지나가게 되었다.

② "venir de+inf." : 주로 직설법 현재, 반과거, 미래에 쓰여서 그보다 약간 앞서 일어난 사실을 나타낸다. 보통 근접과거(passé récent)라 한다.

Il *vient de* pleuvoir. 방금 전에 비가 내렸다.
Elle *venait de* prendre son chocolat. 그녀는 막 쵸코렛을 들었었다.
Quand sept heures *viendront de* sonner, je vous appellerai.
7시가 막 울리면 당신을 부르겠소.

(3) devoir

의무, 필연성, 가능, 추측, 미래, 예정 등을 나타낸다.

Un bon fils *doit* respecter son père. (의무)
훌륭한 아들은 자기 아버지를 공경해야 한다.
Tous les hommes *doivent* mourir. (필연) 인간은 누구나 죽는다.
Vous *avez dû* faire erreur. (가능, 추측) 당신은 아마 실수를 했을 것입니다.
Je *dois* aller à la campagne. (미래) 나는 시골에 갈 것이다.

(4) pouvoir

가능성, 단순한 추측, 대립이나 양보를 나타내며, 접속법 형태로 주어와 도치되어 문두에 오면 기원을 나타낸다.

Vous *pouvez* faire cela. (가능) 당신은 이 일을 할 수 있다.
Est-ce que je *peux* entrer dans votre chambre?
(허용, 가능) 방에 들어가도 됩니까?
Le vent *peut* s'élever d'ici ce soir.
(추측) 지금부터 오늘 저녁까지는 바람이 일 것이다.

Attention! un accident *peut* arriver. (추측) 조심하라! 사고가 생길지 모르니.
Il *peut* bien promettre tout ce qu'il veut, mais je ne le crois pas. (양보) 그가 자기가 원하는 것 모두를 약속한다 해도, 나는 그를 믿지 않는다.
Puissiez-vous réussir!(기원) 당신이 성공하시기를!

(5) vouloir

의지, 주장, 예정, 명령 등을 나타낸다.

Je *veux* savoir. 나는 알고 싶다.
Voulez-vous faire une promenade? 산보하시렵니까?
La blessure semblait *vouloir* se fermer. 상처가 아물려는 것 같았다.
Veux-tu te taire? 입 좀 닥치지 못하겠니?

(6) daigner

겸손한 어투나 기원을 나타낸다.

Daignez vous asseoir. 앉아 주십시오.
Mon Dieu, *daignez* m'excuser. 하느님, 저를 용서해 주십시오.
Daignez accepter ces quelques fleurs. 이 몇 송이의 꽃을 받아 주십시오.

(7) 이밖에 voir, savoir, se mettre à 등도 조동사처럼 사용될 수 있다.

Il *sait* jouer du violon 그는 바이올린 컬 줄 안다.
Il *se mit à* manger. 그는 먹기 시작했다.

5.3. 조동사처럼 쓰이는 동사구

(1) être sur le point de, être près de, être en passe de(~하려 한다), être pour(막 ~하려는 참이다)

Il *est en passe de* devenir officier. 그는 장교가 될 참이다.
Il *est sur le point de* partir. 그는 떠나려 한다.
Son père *est pour* mourir. 그의 아버지가 막 임종하려 한다.

(2) être en train de, être à, être après à, être en voie de (~하고 있는 중이다)

On *était en train d'*écouter la jeune fille. 젊은 처녀의 말을 듣고 있는 중이었다.
Elle *est à* s'habiller. 그녀는 옷을 입고 있는 중이다.
Il *est après à* bâtir sa maison. 그는 자기 집을 짓고 있는 중이다.

㊟ "être en voie de + *inf.*"는 행위의 계속 뿐만 아니라 가까운 미래도 나타낸다.
Il *est en voie de* réussir. 그는 곧 성공할 것이다.

(3) ne faire que de(방금 ~하다)

Le soleil *ne faisait que de* paraître à l'horizon.
태양이 막 지평선에 모습을 나타내었었다.

Le feu *ne faisait que de* s'éteindre. 불이 막 꺼져가고 있었다.

㈜ "ne faire que + inf."(..밖에는 안한다)와 혼동하지 말 것.
Il ne fit que le toucher. 그가 살짝 건드리기만 했다.
Il ne fais que lire le livre. 책만 읽고 있다.

(4) être loin de(~하기는 커녕)

Je *suis loin*, bien *loin de* m'enorgueillir d'un si faible succès.
내가 그런 별 볼일 없는 성공을 뽐내다니, 천만의 말씀이다.

(5) avoir à(~해야 한다)

J'*ai à* travailler. 나는 공부해야 한다.

(6) 그 밖에 faire+*inf.* (~하게 하다), laisser+*inf.* (~하도록 내버려 두다), faillir+*inf.*, manquer de+*inf.* (자칫 ~할 뻔하다) 등도 준조동사 취급을 한다.

Personne au monde ne le *fera* changer d'avis.
이 세상 그 누구도 그의 견해를 바꾸지 못할 것이다.

Je *laisse* partir cet homme. 나는 그가 떠나도록 그냥 둔다.

Il *faillit* être écrasé par la voiture. 그는 하마터면 차에 치일 뻔하였다.

Il *a manqué de* tomber dans la rivière. 그는 강에 떨어질 뻔하였다.

6. 수동태(Voix passive)

태(態)란 동사가 받는 동작의 특성을 의미하며, 주어와 동사 사이의 관계, 목적어와 동사의 관계 등을 보여 준다. 보통 능동태(voix active)와 수동태(voix passive)로 나눈다.

능동태 : 주어가 행위를 한다.

Il *écrit* des lettres. 그는 편지를 쓴다.

수동태 : 주어가 행위를 받는다.

Des lettres *sont écrites* par lui. 편지는 그에 의해 쓰여진다.

6.1. 능동태(Voix active)

주어가 동작의 주체가 되는 동사 형태를 말하며, 타동사, 자동사 및 대명동사, 비인칭 동사 등이 능동태의 동사로 쓰인다.

Pierre *conduira* la voiture. 피에르가 차를 운전할 것이다.
Elle *a manqué* son train. 그녀는 기차를 놓쳤다.
Il *se moque* de vous. 그는 당신을 조롱하고 있다.
Il *faut* aller le voir. 그를 보러 가야 한다.

6.2. 수동태(Voix passive)

주어가 동작의 대상이 되어 동사의 행동을 받는 형태를 가리킨다. 원칙적으로 직접타동사만이 수동태의 동사가 될 수 있다. 대명동사나 비인칭동사가 수동태의 의미를 갖는 경우도 있는데 그래도 이때 그 동사들은 자동사가 아닌 직접타동사이다. 수동태에서는 능동태에서의 직접목적보어가 주어로 되며, 능동태의 주어는 수동태의 동작주 보어(complément d'agent)가 되어 de 또는 par에 의해 유도된다.

(1) 동사는 "être + 과거분사" 형태로 되며, 과거분사는 항상 주어의 성・수에 일치한다.

Le juge *interroge* l'accusée. (능동) 판사가 피고를 심문한다.
L'accusée *est interrogée* par le juge. (수동) 피고는 판사로부터 심문을 받는다.
Tout le monde *aimait* Louise. (능동) 모든 사람들이 루이즈를 사랑하였다.
Louise *était aimée* de tout le monde. (수동)
루이즈는 모든 사람들로부터 사랑을 받았다.

㈜ 수동태의 시제는 être동사가 나타내고 있다. 따라서 자동사와 결합하여 복합과거를 구성하는 être와 수동태를 구성하는 être를 구분하여야 한다.
Elle est arrivée hier. (능동태 복합과거) 그녀는 어제 도착했다.
Elle est aimée de tous. (수동태 현재) 그녀는 모든 사람들로부터 사랑을 받고 있다.
Colomb *a trouvé* l'Amérique. (능동태 복합과거) 콜롬부스는 아메리카 대륙을 발견하였다.
L'Amérique *a été trouvée* par Colomb. (수동태 복합과거)
아메리카 대륙은 콜롬부스에 의해 발견되었다.

(2) 능동태의 주어가 on일 때나, 일반적인 사람일 때, 그리고 관심이 동작을 받는 사람에게 돌려지게 되면 수동태의 동작주 보어는 생략된다.

On *a démoli* ce mur. 사람들은 이 벽을 허물었다.
Ce mur *a été démoli*. 이 벽은 허물어졌다.
Le blé *a* déjà *été semé*. 밀은 이미 뿌려졌다.
L'autorisation en *a été accordée*. 그 허가가 내렸다.

㈜ 1. 동작주 보어가 없는, "être +과거분사"는 수동태로 간주되는 경우도 있고, 또 과거분사가 형용사로 쓰여 상태를 나타내는 속사로 간주될 때도 있다. 전자에서는 동작이 중요시되어 동작주 보어나 상황보어가 와야 하지만, 후자에서는 결과와 상태가 중요시되고 과거분사가 속사 역할만 하므로 동작주 보어가 올 수 없다.

Maintenant la porte ***est fermée***. (능동태) 지금 문이 닫혀 있다.

La porte ***est fermée*** par le concierge. (수동태) 문은 수위에 의해 닫혀 진다.

La maison ***sera construite***. (능동태) 집이 건축되어 있을 것이다.

La maison ***sera construite*** par deux ouvriers.
집은 두 사람의 일꾼에 의해 건축될 것이다.

✽ 이런 혼란을 피하기 위해, on을 주어로 하거나, 혹은 대명동사를 사용해 쓰며, 수동태 표현이 무거워 보이거나 어색해 보일 때도 역시 능동태로 바꾸어 쓴다.
On ferme la porte. 문을 닫는다.
La porte *se ferme*. 문이 닫힌다.
Jean *conduit* la voiture. 장이 차를 운전한다. (←La voiture est conduitte par Jean.)
On aime la tendresse. 사람들은 애정을 좋아한다. (←La tendresse est aimée)

㈜ 2. 수동적 대명동사도 수동태의 의미를 나타낸다.18세기까지는 이 수동적 대명사도 par로 유도되는 동작주 보어를 수반하는 경우가 있었다.
Tu *t'appelleras* Jean-Jacques. 너는 장 쟈크라 불릴 것이다.
Toutes les grandes choses se *font par* le peuple.
모든 위대한 일들은 민중들에 의해 이루어진다.

(3) 원칙적으로 능동태의 간접목적보어를 주어로 하는 수동태는 만들 수 없다. 그러나 montrer, apprendre 동사가 '~에게 가르치다'라는 뜻으로 쓰이면 비록 간접목적보어이지만 수동태에서 주어를 사람으로 하여 문장을 만들 수 있다.

Cet enfant *a été* bien *appris* le français. 이 아이는 프랑스어를 잘 배웠다.

cf. 영어와는 달리 프랑스어에서는 간접목적보어를 수동태 주어로 만들 수 없다.
Pierre donne un livre à Marie. (능동)
↛ Marie est donnée le livre par Pierre. (×)(이와 같은 문장은 틀린 것임)
➛ Le livre est donné à Marie par Pierre. (○)
이 책은 피에르에 의해 마리에게 주어진다.

(4) 수동태를 취할 수 없는 동사

① 원칙적으로 직접타동사는 전부 다 수동태의 동사가 될 수 있으나, pouvoir, avoir 등은 수동태가 될 수 없다.

Nous *avons* un verger. 우리는 과수원이 하나 있다.

Il *peut* tout sur les peuples. 그는 민중들에 대해 절대적인 힘이 있다.

㈜ 직접타동사라도 다음과 같은 문들은 수동태가 불가능하다.
Il a perdu sa femme. 그는 그의 아내를 잃었다.
J'ai vu ses enfants. 나는 그의 아이들을 보았다.
Je veux votre succés. 나는 그의 성공을 원한다.
Ils baissent les yeux. 그들은 시선을 낮춘다.

② 간접타동사는 수동태로 바꿀 수가 없다.

Il *insulte à* notre misère. 그는 우리의 불행을 비웃는다.

Il *use de* violence. 그는 폭력을 쓴다.

㈜ 간접타동사 중에서도 obéir(복종하다), désobéir(거역하다), pardonner(용서하다), convenir(동의하다) 등은 역사적으로, 때로는 직접타동사 때로는 간접타동사로 바뀌다가 결국 간접타동사가 된 동사들로서 관습상 수동태로 할 수 있다. 이런 경우에 동작주보어는 흔히 생략한다.

Quand vous commanderez, vous *serez obéi*. 당신이 명령하면, 복종을 할 것이다.

Ces ordres n'*ont* pas *été désobéis* par aucun soldat.
이런 명령에는 그 어떤 군인도 거역하지 못하였다.

Il *fut pardonné* par Dieu, mais non par les hommes.
그는 신에게 용서를 받았지만 인간으로부터는 용서받지 못하였다.

③ 자동사는 수동태로 쓰일 수 없다. 그러나 자동사 중에서도 타동사처럼 사용되는 경우나 비인칭동사로 전화된 것은 수동태로 바뀔 수 있다.

Une existence bien dure a *été vécue* par lui. 그는 매우 괴로운 생활을 하였다.

Il va *être statué* sur votre cas. 귀하의 사건은 곧 해결되리라.

④ 대명동사도 수동태로 쓰일 수가 없다. 그러나 se moquer만은 예외로 수동태로 할 수 있으며, 이 경우에 보어대명사 se는 생략된다.

Il craignit d'*être moqué* par les jeunes gens et les gars.
그는 젊은 남녀들에게서 조롱을 당할까 두려웠다.

Les superstitions *furent moquées*. 미신은 조롱을 받았다.

(5) 동작주 보어를 이끄는 par와 de

18세기까지는 de가 보다 많이 쓰였으나 오늘날에는 par가 훨씬 많이 쓰인다. 이 두 전치사 용법의 구별은 확정적인 것은 아니나 대략 다음과 같다.[22)]

① par는 동작주보어와 행위를 강조할 때 쓰고 de는 동사가 상태의 계속을 나타낼 때 사용한다.

Il allait s'embarquer, lorsqu'il fut saisi *par* des douaniers.
그는 배를 타러 가다가 세관원에게 체포되었다.

L'homme est composé *d*'une âme et *d*'un corps.
인간은 정신과 육체로 되어 있다.

② par는 특수하고 일시적 행위에 대해서, de는 지속적이고 습관적인 행위에 대해서 쓰인다. 이런 차이는 감정의 동사들(aimer, estimer, regretter, haïr, détester 등)의 수동태에서 잘 쓰인다.

22) 고대프랑스어에서는 par, de가 같이 쓰였다. 그 후 de가 일반적이었다가 17세기에 de가 많아졌지만, 19세기 이후 다시 오늘날에는 par가 일반적이 되었다.

La décadence militaire fut précédée *par* la décadence politique.
군부의 부패는 정치적 부패에 이어서 왔다.
Le prince s'avançait, précédé *de* ses gardes.
왕자는 근위대가 앞서 간 뒤에 앞으로 나아갔다.
Suzanne est aimée *par* Paul. 쉬잔은 폴에게 사랑을 받고 있다.
Les enfants sont aimés *de* leurs parents.
아이들은 자기 부모들로부터 사랑을 받는다.

③ par는 구체적인 행위를, de는 추상적인 행위를 나타낼 때 쓰인다.
Le peuple était accablé *par* ces impôts vraiment irraisonnables. 국민들은 정말 그 부당한 세금으로 시달렸다.
Le peuple était accablé *d'*impôts. 국민들은 세금으로 시달렸다.

④ par는 정관사 등으로 한정된 동작주보어를, de는 한정되지 않은 동작주보어를 이끈다.
La place était encombrée *de* curieux. 광장은 호기심 있는 사람들로 혼잡을 이루었다.
La place était encombrée *par* les curieux du voisinage.
광장은 근처의 호기심 있는 사람들로 붐비었다.

⑤ 수동태 다음에 de, par로 유도되는 보어가 동시에 있는 경우는, par로 유도되는 것은 동작주보어로 보고, de로 유도되는 것은 상황보어로 본다.
Cet homme est accablé de soucis *par* sa charge.
이 사람은 자신의 직무로 인해 걱정에 사로잡혀 있다.

Ⅱ. **동사의 형태**(Forme du verbe)

동사는 태, 법, 시제, 수, 인칭 따라 변화해 그 형태가 매우 다양하다. 우선 동사는 주어의 행위가 주체냐 대상이냐에 따라서 형태를 두 가지의 태(능동태, 수동태)로 크게 나뉘며, 각각의 태는 다시 여러 개의 법(직설법, 조건법, 접속법... 등)으로 구성된다. 그리고 법 또한 여러 개의 시제(현재, 과거, 미래... 등)으로 구성되고, 각 시제는 수(단수, 복수)와 인칭(1·2·3인칭)에 따라 변화해, 결국 동사는 다양한 형태들을 구성하게 된다.[23]

23) 능동태와 수동태는 "수동태" 참조 바람.

1. 수(Nomber)와 인칭(Personne)

동사는 주어의 수에 따라 단수형, 복수형, 그리고 주어의 인칭에 따라 1인칭, 2인칭, 3인칭의 각각 다양한 형태를 취한다. 아래 도표는 동사 'travailler'(일하다)의 능동태, 직설법, 현재 시제의 수와 인칭의 변화 형태이다.

수 인칭	단 수	복 수
1인칭 2인칭 3인칭	je travaille tu travailles il(elle) travaille	nous travaillons vous travaillez ils(elles) travaillent

2. 법(Mode)의 분류

법은 말하는 내용에 대한 말하는 사람의 심적 태도를 나타내는 방법을 동사의 형태로 나타낸 것이다. 그 형태가 동사의 어미를 각 인칭에 따라 변화케 하면 인칭법(mode personnel)이고, 인칭에 따라 어미변화가 없으면 비인칭법(mode impersonnel)이 된다. 그리고 프랑스어에서는 인칭법을 다시 4가지 법(직설법, 접속법, 조건법, 명령법)으로 나누고, 비인칭법을 2가지 법(부정법, 분사법)으로 나눈다.[24] 그리고 비인칭법은 수・인칭에 따른 변화가 없음으로 '부정사'나 '분사'라고 불리기도 한다.

2.1. 인칭법(Mode personnel)

(1) 직설법(Indicatif)

현실적으로 실현 가능한 행위나 동작을 있는 그대로 객관적으로 서술하는 법이다.

Cela *se dit* souvent. 흔히 그렇게들 말한다.

Cet ouvrier *travaille*. 이 노동자는 일을 하고 있다.

Il *jouait* du piano pendant que je *chantais*.
내가 노래 부르는 동안 그는 피아노를 치고 있었다.

(2) 조건법(Conditionnel)

불확실한 사실이나 근본적으로 실현될 수 없는 사실을 어떤 조건이 충족

24) 유럽어 계통에서 법의 구성은 대동소이하나 프랑스어에서는 인칭법 4가지 비인칭법 2가지로 나뉜다.

될 수 있다면 이루어질 수 있다고 가정하는 법이다.

Si je gagnais le gros lot, je le *partagerais* avec vous.
만일 내가 거액의 복권을 탄다면 당신과 나누어 가질 텐데.
Il *travaillerait* nuit et jour. 그는 밤낮으로 공부할 꺼다.

(3) 명령법(Impératif)

행위를 명령, 권고, 기원의 형태로 표현하는 법이다.

Sortez. 나가시오!
Veuillez venir me voir. 저를 만나러 와 주십시오.

(4) 접속법(Subjonctif)

직설법에 반하여, 머릿속에서 생각한 주관적인 행위를 표현하는 법이다.

Je suis heureux qu'il *revienne*. 그가 돌아오는 것이 나는 행복하다.
Je doute que vous *ayez chanté* hier.
당신이 어제 노래했다는 것을 나는 의심하고 있다.

㈜ 위의 법들은 형태상으로는 상이하나 용법상으로는 서로 보완된다. ("법과 시제의 용법" 참조)
Qu'on *entre*!(법 : 접속법, 용법 : 명령) 그를 들여보내!
Vienne le printemps, tout ira bien. (법 : 접속법, 용법 : 조건)
봄이 오면 모든 것이 잘 될 것이다.

2.2. 비인칭법(Mode impersonnel)

(1) 부정법(Infinitif)

동사의 명사적 형태로 동작이나 상태를 관념적으로 표시한다. 수 · 인칭 변화는 하지 않는다.

Crier n'est pas *argumenter*. 소리치는 것은 토론하는 것이 아니다.
Il courut à *perdre* haleine. 그는 숨이 끊어져라 달렸다.

(2) 분사법(Participe)

동사와 형용사적 기능을 동시에 나타내며 현재분사와 과거분사가 있다.

Nous voyons des enfants *jouant* avec un petit chien.
강아지와 함께 놀고 있는 어린이들을 본다.
Brisée par la fatigue, elle s'endormait. 피곤으로 녹초가 되어 그녀는 잠이 들었다.

3. 시제(Temps)의 분류

시제는 시간적인 관계에 있어서의 동사 행태의 모습이며, 동사가 나타내는 동작 또는 상태가 어떤 시간대에 이루어지느냐에 따라 크게 현재(présent), 과거(passé), 미래(futur)로 나누며 프랑스어에서는 다시 8개의 시제로 세분된다.

법과 시제의 일람표(*ex.* aimer)

시제 \ 법		직설법 indicatif	조건법 conditionnel	접속법 subjonctif
현 재 présent		j'aime	j'aimerais	que j'aime
과거	복합과거 passé composé	j'ai aimé	j'aurais aimé(과거)	que j'aie aimé(과거)
	단순과거 passé simple	j'aimai	—	—
	반과거 imparfait	j'aimais	—	que j'aimasse
	전과거 passé antérieur	j'eus aimé	—	—
	대과거 plus-que-parfait	j'avais aimé	—	que j'eusse aimé
미래	단순미래 futur simple	j'aimerai	—	—
	전미래 futur antérieur	j'aurai aimé	—	—

시제 \ 법		명령법 impératif	부정법 infinitif	분사법 participe
현 재 présent		aime	aimer	aimant(현재분사)
과거	복합과거 passé composé	aie aimé(과거)	avoir aimé(과거)	aimé(과거분사) ayant aimé(복합형)
	단순과거 passé simple	—	—	—
	반과거 imparfait	—	—	—
	전과거 passé antérieur	—	—	—
	대과거 plus-que-parfait	—	—	—
미래	단순미래 futur simple	—	—	—
	전미래 futur antérieur	—	—	—

✽ 직설법에서만 복합과거라 불리고 그 외 법에서는 "과거"라고 불리며, 특히 분사법에서는 "과거분사" 이외에 복합시제형태를 띤 "복합형"이 있음에 유의바람.

(1) 단순시제(Temps simple)와 복합시제(Temps composé)

시제를 이루는 동사의 구성에 따라 단순시제와 복합시제로 나누는데, 전자는 어미 변화하는 동사 하나만으로 된 시제를 말하고, 후자는 "조동사+과거분사"의 형태로 된 시제를 말한다.

	단 순 시 제	복 합 시 제
직설법	현재, 반과거, 단순과거, 단순미래	복합과거, 대과거, 전과거, 전미래
조건법	현재	과거
명령법	현재	과거
접속법	현재, 반과거	과거, 대과거
부정법	현재	과거
분사법	현재분사, 과거분사	과거(복합형)

이 밖에도 중복합시제(temps surcomposé)가 있으며, 형태는"조동사의 복합시제+과거분사"이다.[25]

(2) 기본시제(Temps primitif)와 파생시제(Temps dérivé)

때로는 라틴어 문법을 모방하여, 동사를 기본시제와 파생시제로 나눈다. 기본시제란 부정법현재, 직설법현재, 현재분사, 과거분사, 단순과거의 5가지 시제를 말하며, 파생시제는 이 기본시제를 토대로 하여 만들어지는 나머지 시제들을 일컬으며, 다음과 같이 만들어진다.

① 직설법 현재(1인칭) : 직설법 현재 단수 1인칭 어간에서 다음 두 개의 시제를 만든다.

▸ 직설법 현재 단수

▸ 명령법 현재 단수

ex. chante → je chante, tu chantes, il chante ; chante
viens → je viens, tu viens, il vient ; viens

② 현재분사 : 현재분사의 어간에서 아래 각 시제의 어미를 가하여 아래 4개의 시제를 만든다.

▸ 직설법 현재 복수

▸ 명령법 현재 복수

▸ 직설법 반과거

▸ 접속법 현재

25) 주로 프랑스의 남동 지방 및 중앙 지대에서 잘 쓰이고 있다.

ex. chantant → nous chantons ; chantez ; je chantais ; que je chante
finissant → nous finissons ; finissez ; je finissais ; que je finisse

③ 직설법 단순과거 : 단순과거형에 se를 가하여 접속법 반과거를 만든다.

▸ 접속법 반과거

ex. tu chantas → que je chantasse
tu vins → que je vinsse

④ 부정법 현재 : 부정법 현재형에 아래 각 시제어미를 가하여 아래 2개 시제를 만든다.

▸ 단순미래

▸ 조건법 현재

ex. finir → je finirai ; je finirais

⑤ 과거분사 : 조동사 avoir나 être의 변화형에 과거분사를 가하여 모든 복합시제를 만든다.

ex. chanté → j'ai chanté ; nous aurons chanté ; ayant chanté

4. 동사 변화(Conjugaison du verbe)

동사는 태, 법, 시제, 수, 인칭에 따라 그 어미가 변화하는 바, 이를 동사 변화 또는 동사 활용이라 한다. 여기서는 동사가 다양하게 변화하는 모습을 알아보자.

4.1. 동사 변화의 분류

동사는 그 어미변화에 따라 1군, 2군, 3군 3가지로 분류하는데, 1,2군 동사는 규칙변화하고 3군동사는 불규칙 변화한다.[26] 그 분류 방법은 다음과 같다.

◇ 제1군동사–원형어미가 -er로 끝난 것(aller, envoyer 제외)(규칙변화)

◇ 제2군동사–원형어미가 -ir로 끝난 것의 대부분(규칙변화)

◇ 제3군동사–원형어미가 -oir, -re로 끝난 것 전부와 -ir로 끝난 것의 일부, 그리고 aller, envoyer 동사(불규칙변화)

26) 프랑스어 동사는 약 8,000개로 추산하는데, 그 중 1군 동사가 대부분이고, 2군 동사는 330여 개, 3군 동사 중 -ir로 끝나는 것이 91개, -oir로 끝난 것이 36개, -re로 끝난 것이 244개로 되어 있다.

❖ Remarque : 결여동사(Verbe défectif)

결여동사는 일부 시제나 인칭 또는 법이 존재하지 않는 동사를 말한다. 이 동사들은 현재 사라져가고 있거나 성구(成句)에 의하여만 겨우 그 명맥을 유지하고 있을 뿐이다. 중요한 결여동사는 다음과 같다.

accroire 믿게 하다
advenir 일어나다
béer 입을 벌리고 바라보다
bienvenir 환영하다
choir 떨어지다
déchoir 나쁜 상태에 떨어지다
déclore 꽃봉오리를 벌리다
éclore 꽃이 피다
faillir 자칫 ~할 뻔하다
férir 상처 내다
foutre 여자를 손아귀에 넣다
frire 기름에 튀기다
gésir 누워 있다
importer 중요하다
inclure 동봉하다
intrure 억지로 밀어 넣다
malfaire 나쁜 짓을 하다
ouïr 듣다
paître 방목하다
promouvoir 승진시키다
quérir 찾다
résulter ~의 결과이다
saillir 돌출하다
seoir 앉아 있다
sourdre 솟아나다 etc.

<예문>

❃ advenir : 부정법과 3인칭 단수형에만 쓴다.
quoi qu'il puisse *advenir*, quoi qu'il *advienne*. 무슨 일이 일어난다 해도

❃ ouïr : 부정법과 과거분사 및 합성어에만 쓴다.
ouïr les témoins 증인을 심문하다
J'ai *ouï* dire. 나는 말하는 것을 들었다.
ouï-dire 소문, 풍문

4.2. 단순시제의 동사 어미변화

제 1·2·3군 동사의 어미는 법, 시제, 수·인칭에 따라 다음 도표와 같이 변화한다.[27]

---

27) 특히 1군동사와 2군동사는 새로운 프랑스어 동사가 이에 따라 만들어지므로 활변화(conjugaison vivante)라 하고, 3군동사는 예전부터 있던 프랑스어 동사로서 새로운 동사는 이에 따라 만들어지지 않으므로 사변화(conjugaison morte)라고도 부른다.
〈활변화의 예〉
1군 : filmer 영화로 찍다/ téléviser 텔레비젼으로 방영하다
2군 : vrombir 붕붕거리다/ amerrir 바다에 내리다/ alunir 달에 착륙하다

<table>
<tr><th colspan="2" rowspan="2">구 분</th><th colspan="2">규 칙 동 사</th><th>불 규 칙 동 사</th></tr>
<tr><th>1군동사</th><th>2군동사</th><th>3군동사</th></tr>
<tr><td colspan="2">부정법</td><td>-er</td><td>-ir</td><td>-er, -ir, -re, -oir</td></tr>
<tr><td rowspan="2">분사법</td><td>현재</td><td>-ant</td><td>-issant</td><td>-ant</td></tr>
<tr><td>과거</td><td>-é</td><td>-i</td><td>-é, -i, -u, -s, -t</td></tr>
<tr><td rowspan="2">직설법</td><td>현재</td><td>-e
-es
-e
-ons
-ez
-ent</td><td>-is
-is
-it
-issons
-issez
-issent</td><td>-e -s -x
-es -s -x
-e -t(d) -t
-ons
-ez(es)
-ent</td></tr>
<tr><td>반과거</td><td>-ais
-ais
-ait
-ions
-iez
-aient</td><td>-issais
-issais
-issait
-issions
-issiez
-issaient</td><td>-ais
-ais
-ait
-ions
-iez
-aient</td></tr>
<tr><td rowspan="2">직설법</td><td>단순과거</td><td>-ai
-as
-a
-âmes
-âtes
-èrent</td><td>-is
-is
-it
-îmes
-îtes
-irent</td><td>-is -us -ins
-is -us -ins
-it -ut -int
-îmes -ûmes -înmes
-îtes -ûtes -îtes
-irent -urent -inrent</td></tr>
<tr><td>단순미래</td><td>-erai
-eras
-era
-erons
-erez
-eront</td><td>-irai
-iras
-ira
-irons
-irez
-iront</td><td>-rai
-ras
-ra
-rons
-rez
-ront</td></tr>
<tr><td>명령법</td><td>현재</td><td>-e
-ons
-ez</td><td>-is
-issons
-issez</td><td>-e -s -x
-ons -ons -ons
-ez -ez(-es) -ez</td></tr>
<tr><td>조건법</td><td>현재</td><td>-erais
-erais
-erait
-erions
-eriez
-eraient</td><td>-irais
-irais
-irait
-irions
-iriez
-iraient</td><td>-rais
-rais
-rait
-rions
-riez
-raient</td></tr>
</table>

<table>
<tr><td rowspan="2">접
속
법</td><td>현
재</td><td>-e
-es
-e
-ions
-iez
-ent</td><td>-isse
-isses
-isse
-issions
-issiez
-issent</td><td>-e
-es
-e
-ions
-iez
-ent</td></tr>
<tr><td>반
과
거</td><td>-asse
-asses
-ât
-assions
-assiez
-assent</td><td>-isse
-isses
-ît
-issions
-issiez
-issent</td><td>-isse -usse -iusse
-isses -usses -iusses
-ît -ût -înt
-issions(ussions)
-issiez(ussiez)
-issent(ussent)</td></tr>
</table>

cf. 별도로 être, avoir, aller, faire 등의 3군동사는 독특한 어미변화를 함으로 유의 바람.

4.3. 제1군 동사의 변칙적 변화

제1군동사 중 어미가 다음과 같이 끝나는 것은 어간이 약간 변칙적인 형태로 변화하는데 원래 발음을 내기 위해서거나 또는 프랑스어 발음의 멜로디를 맞추기 위해서다.

(1) -cer

[s]음을 유지하기 위해 -a, -o앞에 -c가 오면 cédille를 붙여 -ça, -ço로 한다.

avancer(앞으로 나가다)	bercer(흔들다)
commencer(시작하다)	placer(놓다)

ex. avancer — avanç*ant* ; nous avanç*ons* ; j'avanç*ais*, tu avanç*ais*, il avanç*ait*, ils avanç*aient* ; que j'avanç*asse*

(2) -ger

[ʒ]음을 유지하기 위해 -a, -o앞에 g가 오면 e를 삽입하여 -gea, -geo로 한다.

bouger(움직이다)	éponger(닦다)
manger(먹다)	nager(수영하다)
songer(생각하다)	venger(복수하다)

ex. manger — mange*ant* ; nous mange*ons* ; je mange*ais*, tu mange*ais*, il mange*ait*, ils mange*aient* ; que je mange*asse*

(3) -eler, -eter : 다음 두 가지 종류가 있다.

① -l, -t가 무음 e 사이에 오면 중복되어 -ll, -tt가 된다.

appeler(부르다)	atteler(마구를 달다)
épeler(철자를 말하다)	épousseter(먼지를 털다)
étinceler(번쩍거리다)	feuilleter(얇게 가르다)
fureter(꼬치꼬치 캐다)	jeter(던지다)
renouveler(개선하다)	

ex. appeler — j'appel*le*, tu appel*les*, il appel*le*, ils appel*lent* ; j'appel*lerai*, nous appel*lerons*

jeter — je jet*te*, tu jet*tes*, il jet*te*, ils jet*tent* ; je jet*terai*, nous jet*terons*

② 모음 e를 è로 한다.

celer(숨기다)	ciseler(끌로 새기다)
congeler(얼리다)	déceler(밝혀내다)
démanteler(방비를 부수다)	écarteler(능지처참하다)
geler(얼다)	marteler(망치로 치다)
modeler(모양을 만들다)	peler(털을 뽑다)
acheter(사다)	corseter(콜셋을 채우다)
crocheter(결쇠질하여 열다)	haleter(헐떡거리다)
racheter(다시 사다)	

ex. acheter — j'ach*ète*, tu ach*ètes*, ils ach*ètent*

(4) -ecer, -emer, -ener, -eper, -eser, -ever, -evrer, -éder, -écher, -ébrer, -égner 등 : 이 동사들의 어미 er가 변화한 후 그 음절이 무음 [ə]로 발음될 경우만, 그 앞에 있던 모음 e, é가 è로 변화된다. 따라서 직설법 단순미래와 조건법에서는 -è로 변하지 않고 그대로 둔다.

assiéger(포위하다)	céder(양보하다)
espérer(희망하다)	régner(통치하다)
pénétrer(침입하다)	préférer(더 좋아하다)
protéger(보호하다)	semer(씨 뿌리다)
révéler(폭로하다)	lever(일으키다)
peser(무게를 달다)	

ex. semer — je s*è*me, tu s*è*mes, il s*è*me, ils s*è*ment ; je s*è*merai, nous s*è*merons ; je s*è*merais espérer — j'esp*è*re, tu esp*è*res, il esp*è*re, ils esp*è*rent ; j'esp*é*rerai, nous esp*é*rerons ; j'esp*é*rerais

cf. −écrer, −égler, −égrer, −éguer, −étrer, −équer, −érer, −éyer 등과 같은 동사도 이 부류에 속하며, −é(.)er, −e(.)er(−eler, −eter만 제외) 형태를 가진 동사는 전부 여기에 속한다.

(5) -ayer, -oyer, -uyer : y 다음에 무음의 e가 오면 -i로 바뀐다. 단 -ayer로 끝난 동사는 y를 그냥 써도 좋다.

employer(고용하다)	essayer(노력하다)	essuyer(닦다)
payer(지불하다)	ployer(구부러뜨리다)	

ex. employer — j'emplo*i*e, tu emplo*i*es, il emplo*i*e, ils emplo*i*ent ;
j'emplo*i*erai, nous emplo*i*erons ; j'emplo*i*erais
payer — je pa*i*e(paye), tu pa*i*es(payes), il pa*i*e(paye)

4.4. 제2군 동사의 변칙적 변화

제2군 동사 중 일부가 다음과 같이 어간이 약간 변칙적으로 변한다.

▸ haïr(증오하다)

모든 형태에 tréma(¨)가 붙으나 직설법 현재 단수와 명령법 2인칭 단수에서는 붙지 않는다.

je hais, tu hais, il hait ; Hais

▸ fleurir(번영하다, 꽃피다)

'번영하다'라는 뜻으로 쓰이면 반과거와 현재분사에서 어간이 flor-로 된다.

je florissais, tu florissais, il florissait, nous florissions... ; florissant

▸ bénir(축복하다)

과거분사는 보통 béni로 쓰이나 가끔 bénit로 쓰일 때가 있다.

4.5. 복합시제의 변화

복합시제는 반드시 "조동사(avoir 혹은 être)+과거분사" 형태로 되어 있다. 일부 자동사와 대명동사는 반드시 être를 조동사로 취한다. 각 복합시제에 맞는 조동사의 시제와 그 예는 다음과 같다(*ex.* chanter, aller, se lever).

(1) 직설법

① 복합과거(조동사의 직설법 현재+과거분사)

j'*ai* chanté, je *suis* allé(e), je *me suis* levé(e)

② 대과거(조동사의 직설법 반과거+과거분사)
j'*avais* chanté, j'*étais* allé(e), je *m'étais* levé(e)

③ 전과거(조동사의 직설법 단순과거+과거분사)
j'*eus* chanté, je *fus* allé(e), je *me fus* levé(e)

④ 전미래(조동사의 직설법 단순미래+과거분사)
j'*aurai* chanté, je *serai* allé(e), je *me serai* levé(e)

(2) 조건법 과거(조동사의 조건법 현재+과거분사)
j'*aurais* chanté, je *serais* allé(e), je *me serais* levé(e)

(3) 접속법

① 과거(조동사의 접속법 현재+과거분사)
que j'*aie* chanté, que je *sois* allé(e), que je *me sois* levé(e)

② 대과거(조동사의 접속법 반과거+과거분사)
que j'*eusse* chanté, que je *fusse* allé(e), que je *me fusse* levé(e)

(4) 명령법 과거(조동사의 명령법 현재+과거분사)
Aie chanté. *Sois* allé(e).

주 대명동사는 명령법 과거를 취하지 않는다.

(5) 부정법 과거(조동사의 부정법 현재+과거분사)
avoir chanté, *être* allé(e, s, es), *s'être* levé(e, s, es)

(6) 분사법(복합형)과거(조동사의 현재분사+과거분사)
ayant chanté, *étant* allé(e, s, es), *s'étant* levé(e, s, es)

❖ Remarque : **중복합시제**(temps surcomposé)

중복합시제가"조동사의 복합시제+과거분사"의 형태를 취함은 이미 말했거니와 주요 종류 및 그 예를 들면 다음과 같다(*ex.* chanter).

◆ 직설법 중복합과거 j'*ai eu* chanté
중복합대과거 j'*avais eu* chanté
중복합전미래 j'*aurai eu* chanté

◆ 조건법 중복합과거 j'*aurais eu* chanté

◆ 접속법 중복합과거 que j'*aie eu* chanté

◆ 부정법 중복합과거 *avoir eu* chanté
◆ 분사법 중복합과거 *ayant eu* chanté

4.6. 수동태의 변화

수동태는 "être+과거분사"의 형태를 갖는데, 이 때 시제는 être조동사에 나타나며, 과거분사는 주어의 성・수에 일치한다(*ex.* aimer).

법	시 제	예	법	시 제	예
직설법	현 재 복합과거 반 과 거 대 과 거 단순과거 전 과 거 단순미래 전 미 래	je suis aimé(e) j'ai été aimé(e) j'étais aimé(e) j'avais été aimé(e) je fus aimé(e) j'eus été aimé(e) je serai aimé(e) j'aurai été aimé(e)	접속법	현 재 과 거 반 과 거 대 과 거	que je sois aimé(e) que j'aie été aimé(e) que je fusse aimé(e) que j'eusse été aimé(e)
			명령법	현 재	sois aimé(e)
			부정법	현 재 과 거	être aimé(e) avoir été aimé(e)
조건법	현 재 과 거	je serais aimé(e) j'aurais été aimé(e)	분사법	현 재 과 거 복 합 형	étant aimé(e) aimé(e) ayant été aimé(e)

4.7. 대명동사의 변화

대명동사의 복합시제는 "être+과거분사"의 형태를 취하며, 과거분사는 보어인칭 대명사(재귀대명사)가 직접목적보어일 때만 성・수를 일치시킨다(*ex.* se laver).

직설법	현 재 je me lave 반 과 거 je me lavais 단순과거 je me lavai 단순미래 je me laverai	복합과거 je me suis lavé(e) 대 과 거 je m'étais lavé(e) 전 과 거 je me fus lavé(e) 전 미 래 je me serai lavé(e)
조건법	현 재 je me laverais	과 거 je me serais lavé(e)
접속법	현 재 que je me lave 반 과 거 que je me lavasse	과 거 que je me sois lavé(e) 대 과 거 que je me fusse lavé(e)
명령법	현 재 Lave-toi	-
부정법	현 재 se laver	과 거 s'être lavé(e)
분사법	현 재 se lavant (복합형)과거 s'étant lavé(e)	과 거 lavé(e)

4.8. 부정형과 의문형 변화

(1) 부정형

부정형은 부정부사 ne......pas(point, jamias, plus)를 동사 앞・뒤에 놓아 만들고, 복합시제에 있어서는 조동사 앞・뒤에 놓는다.

<동사 parler의 예>

단순시제 : (직설법 현재 단수 1인칭) je *ne* parle *pas*. *Ne* parle *pas*.

복합시제 : (직설법 복합과거 단수 1인칭) je *n'*ai *pas* parlé, *N'*aie *pas* parlé

(2) 의문형

① 긍정의문형은 3가지 형태로 쓸 수 있다.

<동사 chanter와 대명동사 se laver의 예>

▸ 주어와 동사를 도치시킴

단순시제 : (직설법 현재 단수 1인칭) Chanté-je? Me lave-je?
(직설법 현재 단수 2인칭) Chantes-tu? Te lave-tu?

복합시제 : (직설법 복합과거 단수 1인칭) Ai-je chanté? Me suis-je chanté?
(직설법 복합과거 단수 2인칭) As-tu chanté? T'es-tu lavé?

▸ est-ce que를 긍정형 앞에 붙인다.
Est-ce que je chante?
Est-ce qu'il se lave?
Est-ce que j'ai chanté?
Est-ce qu'il s'est lavé?

▸ 긍정형에 의문부호를 붙여 그냥 의문문으로 쓰며, 주로 구어체에서 끝을 올려 발음하며 사용된다.
Il chante?
Il se lave?
Il a chanté?
Il s'est lavé?

② 부정의문형

부정의 부사, ne....pas(point, jamias, plus)를 단순시제에서는 도치된 주어와 동사 앞・뒤에, 복합시제에서는 도치된 주어와 조동사 앞・뒤에 놓는다.

Ne chante-t-il pas?
Ne se lave-t-il pas?
N'a-t-il pas chanté?
Ne s'est-il pas lavé?

Ⅲ. 법과 시제의 용법

1. 직설법(Mode indicatif)

주어의 행위나 동작을 확정적으로 단정하여, 객관적으로 서술하는 법이다. 시간을 과거에서 현재를 거쳐 미래로 향하는 계속적인 흐름으로 볼 때에 직설법에서는 현재·과거·미래의 세 가지 절대시제(temps absolu)로 나누어지고, 그 중 과거를 표시하고자 하는 뉘앙스에 따라 다시 세 가지로 나타난다.

현재—현재

과거—반과거, 단순과거, 복합과거

미래—단순미래

이 절대시제와 관련을 맺고 있는 것이 상대시제(temps relatif)로서, 상대시제는 독립적으로 쓰이지 않고 절대시제와의 관계에 의하여 그 이전에 있던 사실이나 행위들을 기술한다.

과거—전과거, 대과거

미래—전미래

따라서 전과거나 대과거는 단순과거, 반과거 혹은 복합과거와의 관계에서 그 이전에 있었던 일을 나타내는 데 쓰이고, 전미래는 미래가 정해지고 난 후 그와의 관계에서 선행되는 사실을 나타낼 때 쓰이는 시제이다.

1.1. 현재(Présent)

(1) 말하고 있는 순간에 실제로 일어나고 있는 행위나 상태를 나타낸다. (순간적 현재 : présent momentané)

J'écris en ce moment. 나는 지금 편지를 쓰고 있다.
Voici mon frère qui *vient*. 저기 내 동생이 온다.

Il *commence* à pleuvoir. 비가 오기 시작한다.

㊟ 프랑스어에서는 영어처럼 "현재진행형"이 따로 없고, 현재형이 그 의미를 대신한다. 구태여 진행의 뜻을 명백히 하고 싶으면 "être en train de+inf.", "être à+inf." 등의 동사구를 사용한다.
Il *chante*. 그는 노래한다.
Il *est en train de* chanter. 그는 노래하고 있다.

(2) 현재에도 계속되는 습관, 반복된 사실을 나타낸다. (습관적 현재 : présent d'habitude)

Je *me lève* à six heures chaque matin. 나는 매일 아침 6시에 기상한다.

Il *fait* beau depuis trois jours. 사흘 전부터 날씨가 좋다.

㊟ 순간적 현재와 습관적 현재는 구별될 수 있다.
Fumez-vous? — Oui, je *fume*. (습관적) 담배를 피우십니까? –예, 핍니다.
Qui est-ce qui *fume* dans la salle? Pierre *fume*. (순간적)
교실에서 누가 담배 피나? 피에르가 피고 있다.

(3) 때를 초월하는 보편적 사실들, 진리, 격언, 법률을 나타낸다. (절대적 현재 : présent absolu)

Cinq et quatre *font* neuf. 5+4=9.

Pierre qui roule n'*amasse* pas mousse. 구르는 돌에는 이끼가 끼지 않는다.

Les murs *ont* des oreilles. 벽에도 귀가 있다.

㊟ 진리를 말할 때는 주문의 시제에 상관없이 항상 현재형을 사용한다.
On a découvert que la terre *est* ronde. (진리) 지구가 둥글다는 것을 발견했다.
On est cru que la terre *était* plate. (진리가 아님) 지구가 평평하다고 믿었다.

(4) 과거에도 그랬고 앞으로 미래도 계속될 현재의 상태를 묘사하는데 사용된다. (묘사적 현재 : Présent descriptif)

Ce mois d'août *est* bien pluvieux. 이 8월에는 비가 퍽 많이 온다.

Des toiles, des choses sèches *pendent* aux poutres.

홑이불, 마른 빨래들이 들보에 걸려 있다.

(5) 비록 현재시제라도 미래와 과거 대신 쓰이기도 한다.

① 특히 2인칭으로, 어조, 억양 등에 의해, 희망, 기원, 가벼운 명령, 충고 등으로 미래 대신 쓴다.

Vous *venez* ce soir chez moi. 오늘 저녁 우리 집에 오세요.

Vous *venez*? 올 것이냐?

Vous *prenez* la première rue à droite, vous tournez à gauche...

오른편 길을 택하고는, 왼쪽으로 돌으시오 …

② 수동태에서 현재나 미래의 사실이 확실한 것으로 여겨질 때, 미래의 결과를 나타낸다.

Je *suis ruinée* si je perds ce procès. 이 재판에 지면 나는 파산할 것이다.

Il ne fait qu'un bon vent, et Carthage *est conquise*.

순풍만 불면, 카르타고는 함락되리라.

③ 조건절의 si 다음에 쓰여 실현 가능성 있는 미래 사실을 대신한다.

Si *vous* partez demain, je vous accompagnerai.

내일 출발하신다면 저도 함께 가겠습니다.

Si je réussis, je vous écrirai. 성공하면 편지를 드리겠습니다.

㈜ 대과거 대신 쓰기도 한다. (주절이 과거임)
Si je joue coeur, j'ai gagné. (=Si j'avais joué coeur, j'aurais gagné.)
하트를 내었으며, 내가 이겼을 텐데.

④ 일상 회화에서 근접미래나 근접과거의 뜻으로 쓰인다. 현재를 쓰는 이유는, 말하는 사람이 심리적으로 그 미래 혹은 과거의 사실이 현재나 마찬가지로 확실한 것이라고 확신하고 있기 때문이다. 이에 쓰이는 동사는 arriver(도착하다), rentrer(돌아오다), revenir(돌아오다), sortir(나가다) 등이 있다.

Monsieur Henri? — Il *sort* à l'instant. 앙리 씨는요? - 그는 방금 외출했습니다.

Dans une heure, elle *expire*. 한 시간 후 그녀는 죽을 것이다.

La cérémonie *commence* demain à deux heures.

예식은 내일 2시에 시작할 것이다.

Vous nous *téléphonez* dès que vous savez quelque chose.

무엇인가 알게 되면 우리에게 전화를 해 주십시오.

⑤ 과거의 사실을 지금 이루어지고 있는 듯이 생생하게 표현할 때 쓰인다. (역사적 현재 혹은 설화적 현재 : présent historique ou présent narratif)

L'orage menaçait ; soudain le tonnerre *gronde* et la foudre tonne.

소나기가 올 것 같았다. 갑자기 천둥이 치고 번개가 번쩍였다.

㈜ 주절이 과거일 때 종속된 관계사절에서 현재는 과거를 의미한다. (회화적 현재 : présent pittoresque)
Je voulais retenir l'âme qui *s'évapore*. (Lamartine) 사그러진 영혼을 붙잡고 싶었다.

1.2. **반과거**(Imparfait)

반과거는 과거에 계속되던 행위나 상태를 나타내며, 또한 완전히 완료되지 않는 사항을 나타내는 시제이다. 시제상의 반과거는 그 동사형태만으로는 그

의미를 명확히 할 수 없고 보통 다른 시제와 더불어 문장의 전후 맥락을 통해서만 그 뉘앙스를 파악하기가 쉽다. 그러나 과거 시제 중 가장표현력이 풍부해 많이 쓰인다.

(1) 과거의 어느 시점에서 완전히 완료되지 않은 계속적인 행위나 상태를 나타낸다. 시작과 끝이 분명하지 않아 미완료라는 imparfait가 붙었다. (계속의 반과거)

Il *dormait*, soudain le téléphone a sonné.
그는 자고 있었는데 갑자기 전화벨이 울렸다.
Il *lisait* quand je suis entré dans sa chambre.
내가 그의 방 안에 들어갔을 때 그는 책을 읽고 있었다.

❖ Remarque : **반과거와 복합과거의 차이**

Pendant le déjeuner, il pleuvait. (반과거) 점심 먹는 동안, 비가 오고 있었다.
(점심 전부터 비가 오기 시작해 식사 내내 계속 옴 : 미완료) :
Pendant le déjeuner, il a plu. (복합과거)
점심 먹는 동안, 비가 왔었다. (점심 전부터 비가 오기 시작해 식사 도중에 끝임 : 완료)

(2) 과거에 있어서의 행위나 사실의 반복, 습관을 표현한다. (습관 혹은 반복의 반과거)

Un malheureux *appelait* tous les jours la mort à son secours.
한 불행한 남자가 매일처럼 죽음의 신에게 도와달라고 호소했다.
Chaque matin, je *me demandais* où je *me coucherais* le soir.
매일 아침 나는 저녁에는 어디에서 잠들 것인가 자문해 보곤 하였다.
S'il *voyait* un ivrogne, il le *relevait* et le *réprimandait.*
그는 주정뱅이를 볼 때면 일으켜 세워서는 야단을 치곤하였다.

(3) 과거에 있어서의 행위나 사실의 진행을 나타내는데 이때는"aller+현재분사"의 형태를 많이 쓴다. (진행의 반과거)

L'impôt *allait* pesant sur une terre toujours plus pauvre.
세금은 언제나 한층 궁핍한 지역에 가중되어 갔다.
L'espoir de mon père *grandissait* à mesure que le temps marchait. 시간이 지남에 따라 나의 아버지의 희망은 커져 갔다.

(4) 과거에 일어난 어떤 지속적인 행위와 이 행위가 전개되는 어느 순간에 일어난 다른 행위와의 동시성을 나타낸다. (동시성의 반과거)

Comme le soir *tombait*, l'homme sombre arriva.
저녁이 되자, 침울한 남자가 도착하였다.

Elle *préparait* le dîner quand son mari est rentré à la maison.
남편이 집에 돌아왔을 때 그녀는 저녁을 준비하고 있었다.

Le cambriolage eut lieu vers minuit, pendant que le gardien *dormait*.
자정쯤 강도 사건이 일어났는데 그 때에 문지기는 자고 있었다.

(5) 과거의 어떤 사실의 배경이나 상황, 어떤 존재의 외적 혹은 내적인 상태를 묘사하는 데 쓰인다. (묘사의 반과거)

Il était une fois une fée. 옛날에 한 선녀가 있었다.

La bonté de cet homme *avait* quelque chose de divin.
이 사람의 착한 성품에는 무언가 신성한 것이 있었다.

(6) 문맥에 따라서는 설명, 원인 등의 관계를 제시하기도 한다.

Enfin ils aperçurent une petite lueur, c'*était* la terre.
마침내 그들은 작은 불빛을 찾았는데 그건 지구였다.

Mes craintes se calmèrent, dans deux heures du renfort *arrivait*.
내 걱정은 진정되었다.두 시간 후에 증원군이 도착했으니까.

Elle rentra mouillée et le lendemain elle *toussait*.
그녀는 물에 흠뻑 젖어 돌아왔고, 다음 날 기침을 했다.

(7) 과거를 기점으로 할 때의 현재를 나타낸다. 주로 간접화법에서 주절의 동사가 과거일 때, 종속절에 반과거를 쓰는 것으로 "과거에 있어서의 현재"라 한다.

Je lui ai dit que nous *étions* en état de siège.(간접화법)
→ Je lui ai dit ; "Nous sommes en état de siège."(직접화법)
나는 그에게 우리가 계엄령 하에 있다고 말하였다.

(8) 위의 반과거 용법들이 모두 계속을 나타내는 선의 과정(procès- ligne)을 나타내는 데 비하여, 과거의 어느 한 순간에 일어난 점의 행위(action-point)를 나타내는 반과거도 있다.[28] 이것은 완전히 단순과거의 용법이지만 현대 프랑스어에서 널리 쓰이고 있다. 이는 과거의 순간적 행위를 생생하게 표현하는 데 쓰이는 것으로 "역사적 반과거(imparfait historique)"또는 "설화적 반과거(imparfait narratif)", "회화의 반과거(imparfait pittoresque)" 등으로 불리운다.

28) 시제에서 시간 경과를 선으로 나타낼 경우 계속적 행위(선의 행위)와 순간적 행위(점의 행위)로 나눈 것을 말함 .예를 들어 Il avait 5 ans quand il a perdu son père. (그가 아버지를 잃을 때가 5살이었다)에서 'avait'는 선의 행위가 되고 'a perdu'는 점의 행위가 됨

Louis XIV *se remariait* deux ans après. 루이 14세는 2년 후에 재혼하였다.

Une demi-heure plus tard, il *se déshabillait* pour se mettre au lit. 30분 후에 그는 잠자리에 들려고 옷을 벗었다.

L'oiseau fut mis en cage, huit jours après il mourait.

새는 새장에 넣어졌고, 8일 후 그 새는 죽었다.

(9) 현재 사실을 표현할 때 현재시제 대신 반과거를 사용함으로써 어조를 부드럽게 할 수 있다. 이때는 흔히 부정법을 유도하거나 준조동사 역할을 하는 동사와 더불어 사용된다.

Messieurs, en commençant ce court, je *voulais* vous demander deux choses.

제군들, 이 강의를 시작하면서 나는 여러분들에게 두 가지를 요청하고 싶습니다.

Je *me proposais* de mettre à contribution votre générosité.

아량을 베풀어 주십사 청하는 바입니다.

(10) 문맥 속에서 과거에 있어서의 과거 또는 미래를 나타낸다. 또한 조건법 대신 미래의 의미로 쓰인 반과거는 조건법보다 확실성을 나타내기 위해 쓰인 것이다.

Il *sortait* quand vous êtes entré.

당신이 들어왔을 때 그는 외출한 뒤였다. (과거 속의 과거)

Je *partais* le lendemain pour l'Améique.

나는 그 다음 날 미국으로 떠났다. (과거 속의 미래)

Si vous n'étiez pas venu, je *faisais* appeler.

당신이 오지 않았다면 내가 부르도록 했을 것이다.

(11) 조건절에서 si 다음에 와서 다음과 같은 것을 나타낸다. (조건법 참조)

① 현실에 대한 반대되는 비현실적 가정을 나타낸다.

Si vous *partiez* demain, j'en serais triste. 당신이 내일 떠난다면 나는 슬플 것이다.

② 과거에 있어서의 습관적 사실을 나타낸다.

S'il *bruinait,* je *m'abritais* dans un café.

가랑비가 오면 나는 커피점에서 비를 피하곤 했다.

③ si 없이 쓰인 조건절에서 실현되지 않았으나 뻔한 사실을 나타낼 때 쓰인다.

Un pas de plus, et tu *étais* mort. 한 발자국만 더 내디뎠다면 넌 죽었을 것이다.

④ 독립절에서는 기원, 후회, 두려움, 권유 등의 뉘앙스가 들어 있다.

S'il *pouvait* revenir sain et sauf! 그가 무사히 돌아올 수 있다면!

Oh! Si on me *voyait*! 오! 누가 나를 본다면!

1.3. **단순과거**(Passé simple)

과거의 어느 시기에 완전히 끝나 버린 행위나 사실을 나타내는데 그 자체로나 그 결과로 보아 현재와는 관련지어 생각할 수 없는 완전한 점의 행위(action-point)이다. 단순과거는 오늘날 회화에서는 거의 쓰이지 않고 복합과거가 이를 대신하나, 문어와 산문, 라디오, 또 역사적인 사실을 표현하는 데에는 여전히 많이 쓰인다. 전에는 정과거(passé défini)라 불렀다.

(1) 과거의 어느 시기에 발생된 순간적인 사실이나 행위를 나타낸다.

La révolution *éclata* le 16 mai. 5월 16일 혁명이 터졌다.

Je sais que, un jour, pour sortir le matin tu *changeas* de coiffure.

어느 날 당신이 외출하려고 머리 모양을 바꿨다는 것을 나는 알고 있소.

Deux coqs vivaient en paix ; une poule *survint*. (La Fontaine)

수탉 두 마리가 평화스럽게 살고 있었다. 그런데 암탉 한 마리가 나타났다.

(2) 과거에 있어서의 반복된 사실을 표현하는데 이때는 bien des fois, souvent, chaque fois 같은 시간상의 한정어를 동반하는 경우가 많다. 또한 단순과거는 잇따라 일어난 과거의 단순한 사실을 표현하는 데도 사용한다. 이처럼 단순과거가 사건의 추이를 나타내는 데 반해, 반과거는 사건의 배경을 묘사할 때 쓰인다.

Dans mes rêveries, je vous *vis* prendre le voile, je vous *entendis* me dire adieu, et je ne *pleurai* point.

몽상하면서 그대가 수녀가 되는 것을 보았고 또 내게 작별 인사를 하는 것을 들었소. 그러나 나는 조금도 울지 않았소.

Je le *vis*, je *rougis*, je *pâlis* à sa vue.

나는 그를 보고 얼굴이 빨개졌고, 그의 앞에서 창백해졌다.

cf. Les marins *reprenaient* courage, quand la grande voile s'est déchirée. (사건의 배경을 묘사 : 반과거)
커다란 돛이 찢어지고 나서 선원들은 다시 용기를 내었다.

(3) 단순과거도 반과거처럼 일정한 기간에 계속된 사실이나 행위를 나타내는 데 쓰이기도 한다. 이때는 대개 시간을 나타내는 보어를 동반해야 하며 그 보어는 반드시 한정된 것이어야 한다. 왜냐하면 단순과거의 목적은 반과거처럼 과거의 시간적인 계속을 표현하는 것이 아니고, 단순히 과거의 행위 그 자체를 나타내는 데 있기 때문이다.

Il *marcha* trente jours, il *marcha* trente nuits. 그는 30일간을 밤낮으로 걸었다.

Louis XIV *régna* soixante ans. 루이 14세는 60년간 통치하였다.
Cet hiver-là, il *neigea* pendant plus de quatre mois.
그 해 겨울은 넉 달 이상이나 눈이 내렸다.

(4) 보편적인 진리, 경험에 의한 사실, 격언 등을 표현하기 위해 현재시제를 써도 될 곳에 대신 사용하는데, 이럴 경우 시간을 뜻하는 toujours, jamais, souvent과 같은 상황보어와 함께 쓰인다.

Jamais mauvais ouvrier ne *trouva* bon outil. 서투른 일꾼은 연장을 탓한다.
Souvenez-vous bien qu'un dîner réchauffé ne *valut* jamais rien.
찬 것을 다시 데운 저녁 식사는 아무런 가치가 없다는 걸 잘 기억해 두십시오.

(5) 단순과거는 회화에선 쓰이지 않고 대신 복합과거가 쓰이지만 노르망디와 남부 프랑스 방언에서 많이 쓰이고 있고, 신문과 라디오에서도 자주 쓰인다.

Un violent incendie se *déclara*, hier dans un magasin de lingerie, au premier étage d'un immeuble situé rue du Renard.Le feu, qui avait éclaté à 13 h 20, *prit* rapidement.
어제, 르나르 거리에 위치한 어느 건물 이 층에 있는 속옷 가게에서 큰 화재가 발생하였다. 불은 13시 20분에 일어나 급히 번져 나갔다.

(6) '보기 드문'이라는 뜻의 s'il en fut, s'il le fut, si jamais il le fut 같은 성구로도 쓰인다.

J'ai connu votre père, un digne homme *s'il en fut*.
나는 그대 아버님을 알고 있었는데 보기 드문 기품 있는 분이다.
La maîtresse, courageuse femme *s'il en fut*, vint à mourir.
보기 드물게 용감한 그녀에게 죽음이 닥쳐왔다.

1.4. **복합과거**(Passé composé)

과거의 어느 시기에 완료된 행위나 사실을 나타내는데 단순과거와는 달리 그 결과가 현재에 남아 있는 등 현재와 관련이 있는 시제이다. 복합과거는 모든 과거 시제 중 제일 뿌리가 깊고 또 한편 막연하기도 한 시제이다. 문장체에서도 많이 쓰이지만 특히 회화체에서는 단순과거 대신 복합과거를 쓴다. 옛날에는 부정과거(passé indéfini)라 불렀다.

(1) 행위나 사실이 말하는 시점에서 이미 완료되었으나 그 결과가 현재와 관련이 있을 때 사용한다. 즉 현재와 연관성이 있는 이미 완료된 사실을 나타낸다.[29]

Mon dieu! j'*ai combattu* soixante ans pour ta gloire.
맙소사! 나는 60년간 당신의 영광을 위해서 싸워 왔다.

Il *est sorti* ; tu ne verras pas. 그는 외출했으니, 너는 만나지 못할 것이다.

George Sand *a donné* des œuvres de premier ordre dans le roman sentimental. 죠르쥬 상드는 애정 소설에서는 첫째가는 작품들을 내놓았다.

J'*ai reçu* ce matin une lettre de mon père.
나는 오늘 아침에 나의 아버님의 편지를 한 통 받았다.

(2) 복합과거도 단순과거처럼 보편적 진리나, 경험에서 얻은 확실한 사실 등을 표현하기 위해 현재시제를 써도 될 곳에 대신 쓰이는데, 이때는 흔히 시간의 상황보어 toujours, jamais, souvent 등을 동반한다.

Quand on *a* tout *perdu*, que saurait-on plus craindre?
모든 것을 잃었을 때는 무엇을 더 두려워할 것이 있는가?

Les petits *ont* toujours *pâti* des sottises des grands.
언제나 어린아이들은 어른들의 어리석은 행동으로 고생을 했다.

(3) 현재와 관련하여 동작이 급속하게 이루어진 사실을 나타내는데, 보통 aussitôt que, à peine 등으로 유도되는 절에 흔히 온다.

On apporte une assiette de lait et les chats *ont* vite *fait* de tout laper.
우유 한 그릇을 가져오자, 고양이들이 급히 모두 핥아먹었다.

Aussitôt que les arbres *ont développé* leurs feuilles, mille ouvriers commencent leurs travaux.
나무가 나뭇잎을 펼치자마자, 수천 명의 일꾼들이 각자 일을 시작한다.

(4) 한정된 기간 내에 계속되는 반복적 행위를 나타내기도 한다.

Pendant cinq ans, ils m'a, chaque jour, soir, et matin, regardé travailler.
5년 동안 그는 매일 아침저녁으로 내가 일하는 것을 보아왔다.

(5) 미래에 일어날 것이 확실한 사실이나 그것의 신속성을 강조하기 위하여 근접미래나 전미래 대신 쓰인다.

Un peu de patience ; j'*ai fini*(j'aurai fini) dans un instant.
조금만 참아라. 곧 끝낼 테니까.

Si tu avances, tu *es mort*(tu seras mort) 앞으로 나가면 넌 죽을 것이다.

---

29) 다시 말해 복합과거는 동작은 완료됐어도 그 결과가 현재 남아있거나, 또는 그 동작이 행해진 시기가 말하는 현재 시기에 포함될 수도 있다. 특히 후자의 경우는 보통 현재의 뜻을 가진 때(시간)의 상황보어를 문장 내에 쓰이는 경우가 많다.
Il a fait beau aujour'hui. 오늘 날씨가 좋았다.
J'ai fait un voyage cette anneé. 올해에는 여행을 한번 했다.

(6) 가정을 나타내는 si 다음에서 전미래 대신 복합과거를 쓴다.

Si demain vous n'*avez* pas *répondu* à ma lettre, je reprendrai ma liberté.
만일 내일 당신이 내 편지에 답장을 안 하신다면, 나는 자유를 되찾을 겁니다.
Si vous *avez fini* avant deux heures, vous m'en avertirez.
두 시 전에 끝나면 나에게 그걸 알리시오.

(7) 회화에서는 단순과거 쓸 곳에 대신 복합과거가 쓰인다.

Oh!...ma pauvre Mathilde, comme tu es changée! —Oui, j'*ai eu* des jours biens durs, depuis que je ne t'*ai vue*. (Maupassant)
오! …불쌍한 마틸드, 많이 변했구나! -그렇단다, 널 만나지 못한 뒤부터 몹시 고생스런 날들을 보냈지.
Le professeur dit ; César *a vaincu* Vercingétorix à Alésia.
'시이저는 알레지아에서 베르셍제토릭스를 물리쳤다'고 선생님이 말씀하신다.

❖ Remarque : **반과거, 단순과거, 복합과거의 비교**

반과거, 단순과거, 복합과거 세 시제의 용법을 함께 생각해 보면, 반과거는 과거의 상태, 계속, 묘사를 나타내고, 단순과거와 복합과거는 과거 사실의 단순한 서술을 나타내는 데 중점을 둔다. 또한 복합과거가 현재와 연관이 있는 시제라면, 단순과거는 순전히 과거에 끝나 현재와는 아무런 관련이 없는 과거 사실만을 나타낸다.

On *criait*, on *s'injuriait*, on *se battait*. (과거 사실의 묘사 : 반과거)
사람들은 소리 지르고, 서로 욕설을 퍼부으면서 싸우고 있었다.
On *cria*, on *s'injuria*, on *se batta*. (과거 사실의 단순한 서술 : 단순과거)
사람들은 소리치고, 욕을 하고, 서로 싸웠다.
Les forêts *couvraient* l'Europe. (과거 상태의 묘사 : 반과거)
숲이 유럽을 덮었다.
Les forêts *ont couvert* l'Europe. (과거 사실의 단순한 표현 : 복합과거)
유럽이 숲으로 덮혀 있다.
Depuis mille ans, cet édifice *a bravé* les intempéries.
(현재와 관련된 과거 사실의 서술 : 복합과거) 수천 년부터(지금까지) 이 건물은 악천후를 견뎌 내왔다.

1.5. **대과거**(Plus-que-parfait)

(1) 과거의 어느 시점을 기준으로 하여 그보다 앞서 이미 완료된 과거 사실을 나타낸다.

A ce moment déjà, le client *avait quitté* la boutique.
그 때는 벌써 손님이 상점을 떠난 뒤였다.

En trois minutes, il *avait fini*. 삼 분 이내에 그는 끝마쳤다.

Les braves gens *avaient prédit* cent fois à ce paresseux qu'il finirait par se ruiner.
그 정직한 사람들은 그 게으름뱅이에게 결국은 파산하고 말 것이라고 누누이 예고했었다.

(2) 과거의 어떤 사실이나 행위보다 앞서 일어난 사실이나 행위를 나타낼 때 쓰인다. 주로 반복이나 습관을 나타내는데 이때는 주로 반과거나 또 다른 과거와 함께 많이 쓰이며, 일시적 동작이나 완료 등을 나타낼 때는 복합과거, 단순과거, 전과거 등과 병용해서 잘 쓰인다.

Quand il *avait mangé*, il allait se promener.
식사를 하고 나면 그는 산보하러 가곤 하였다.

Depuis qu'il *avait reçu* cette lettre, il restait songeur.
그는 이 편지를 받은 뒤로는 생각에 잠겨 있었다.

Les mauvais garçons payèrent très cher les méfait qu'ils *avaient commis*.
못된 소년들은 자신들이 저질렀던 나쁜 짓에 댓가를 호되게 치루었다.

Quand nous sommes arrivés, le festin avait été déjà *fini*.
우리가 도착하였을 때 잔치는 벌써 끝나 있었다.

Quand Paul eut fini son travail, son frère *était* déjà *parti*.
폴이 일을 끝냈을 때 동생은 벌써 떠나간 뒤였다.

J'*avais dîné* quand il entra. 그는 들어왔을 때 나는 저녁을 다 먹었었다.

✽ 회화체에서는 대과거 대신 중복합대과거(plus-que-parfait surcomposé)를 사용하기도 한다.
En cinq minutes, les chats ***avaient eu*** tout *lapé*.
5분 내에 고양이들이 모두 핥아먹어 버렸구나.

(3) 대과거는 단순히 과거시제 대신 쓰일 때가 있다. 이 때 대과거는 현재와 관련하여 완료된 과거의 상황이나 사물을 묘사하는데, 이것은 현재의 사실을 이미 과거에 일어난 것으로 여겨지게 하는 용법이다. 주로 회화체에서 많이 쓰인다.

J'*étais venu* pour vous voir. 당신을 만나러 왔었다. (하지만 당신은 없었다)

Je te l'*avais* bien *dit*! 내가 너에게 말했잖아! (내가 말한 대로 됐잖니!)
Je l'*avais deviné*. 난 그것을 알고 있었다.

(4) 간접화법에서 "과거 속의 과거(passé dans le passé)"를 나타낸다.

Il a dit qu'il *avait vu* ce film(-là). 그는 그 영화를 보았다고 말했다.
→ Il a dit : "j'ai vu ce film."

(5) 반과거처럼 보다 정중하고 완곡한 표현을 쓰고자 할 때 현재 대신 쓸 수 있다.

J'*étais venu* vous demander le reste de mon salaire.
제 월급의 잔여분을 주십사 하고 왔는데요.
J'*avais pensé* que vous auriez la bonté de me prêter secours.
당신이 저를 친절히 도와줄 것이라고 생각됩니다.

(6) 조건절에서 si 다음에 쓰인다. (조건법참조)

① 과거에 이루어지지 않은 일을 가정할 때 쓰인다.
Si elle n'*avait* pas *soigné* son chien avec enérgie, il serait mort de cet accident.
그녀가 자기 개를 열심히 간호하지 않았다면 그 개는 그 사고로 죽었을 것이다.
A ce moment-là, si j'*avait été* plus jeune, je vous aurais accompagné.
그 당시 내가 좀 더 젊었더라면, 당신과 함께 갔었을 텐데.

② 혹은 조건을 나타내는 구문을 동반해서, 정말로 일어났을지도 모를 가상적 완료를 강조할 때도 있다.
Un pas de plus, il *avait dépassé* la limite.
한 발자국만 더 나아갔더라면 그는 경계선을 넘어섰을 겁니다.

③ si로 시작하는 독립절에 쓰이면 기원, 후회, 두려움, 권유 등을 나타낸다.
Si j'*avais* mieux *travaillé*! 내가 공부를 더 잘 했었더라면!
Hélas! si j'*avais pu* le savoir plus tôt! 안됐다! 내가 그 사실을 좀 더 일찍 알았더라면!

1.6. **전과거**(Passé antérieur)

대과거처럼 과거 이전의 과거 사실을 나타낼 때 쓰인다. 전과거는 회화에서는 전혀 안 쓰이고, 문장체에서만 쓰인다.

(1) 전과거가 종속절에 쓰였을 경우는, 대과거가 기준되는 과거 이전에 행해진 습관·반복적인 사실이나 행위를 주로 나타내는 반면, 전과거는 기준되는 과거 이전에 이미 완료된 사실이나 행위를 나타낸다. 따라서 보통

종속접속사 quand, lorsque, dès que, aussitôt que, à peine ~ que, après que… 등의 다음에 쓰이며, 주절에는 보통 단순과거를 쓴다.

Dès que j'*eus protesté*, il se tut. 내가 항의를 하자 그는 침묵을 지켰다.
Après que Jacques *fut reparti*, je me suis agenouillé près d'Amélie.
쟈크가 다시 떠나버린 후, 나는 아멜리 곁에 무릎을 꿇었다.
A peine *eut*-il *décidé* ce voyage, que son humeur changea.
그는 그 여행을 결정하자마자 기분이 전환되었다.
Longtemps après qu'il *eut refermé* la porte, Thérèse était demeurée étendue. 그가 다시 문을 닫은 뒤에도 오랫동안 테레즈는 누워 있었다.

✾ 드물지만 회화에서는 전과거 대신 중복합과거(passé surcomposé)를 사용한다.
Quand j'ai eu fini de lire, je suis sorti. 독서를 끝내고, 외출했다.

(2) 독립절에서 과거의 어느 시점에서 급속히 이루어진 사실의 결과를 나타내기 위해 단순과거대신 전과거를 쓰기도 한다. 흔히 시간의 상황보어 bientôt, vite, à peine, peu après, en un instant, enfin 등이 같이 오기도 하는데, 이때의 전과거는 다른 동작에 앞선다는 의미는 전혀 없고, 다른 동작에 계속된다는 뜻을 가지고 있다.

En quatre mois, il *eut dépensé* ainsi près d'un dixième de sa fortune.
넉 달 동안에 그는 재산의 십 분지 일 가량을 낭비하였다.
Victor Hugo *eut* vite *décidé* de voter pour Balzac.
빅토르 위고는 발작에게 표를 던지기로 즉시 작정하였다.
Le corbeau laissa tomber son fromage ; le renard l'eut bientôt happé.
까마귀가 치즈를 떨어뜨렸다, 그러자 곧 여우가 그것을 물었다.

❖ Remarque : **대과거와 전과거 차이**

ⓐ 대과거는 반과거와 마찬가지로 반복 습관 등을 나타낼 수 있으나 전과거는 단순과거처럼 그렇게 할 수 없다.
ⓑ 현재를 기준으로 삼아 현재와 반과거, 현재와 복합과거(또는 단순과거)와의 관계를 과거를 기준 삼아 보면 과거와 대과거, 과거와 전과거의 관계와 같다.
ⓒ 조건절에서 si 다음에 대과거를 쓸 수 있으나, 전과거는 쓸 수 없다. (조건법 참조)
ⓓ 회화에서 단순과거를 피하고 대신 복합과거를 쓰는 것과 같이 전과거 대신 대과거를 흔히 쓴다.

1.7. **단순미래**(Futur simple)

(1) 단순히 미래에 일어난 사실을 나타낸다. 단순미래를 간단히"미래(futur)" 라고 부르기도 한다.

Je vous *paierai* aujourd'hui. 오늘 갚아 드리겠습니다.

Le monde *périra* un jour. 세계는 언젠가 멸망할 것이다.

Vous *vous marierez*, et vous *aurez* beaucoup d'enfants.

당신은 결혼을 할 것이고, 그러면 자식이 많이 생길 것이오.

cf. 다음과 같이 미래를 표시하기도 한다.

✽ 가까운 미래를 나타내고자 할 때는 "aller+inf." 형태를 사용한다.
Quelqu'un de grand *va* naître! 큰 인물이 탄생하려 한다!
Je *m'en vais* faire une œuvre agréable à tout l'univers.
나는 전세계의 마음에 드는 작품을 만들려고 한다.

✽ 미래를 나타내는 데는 준조동사 devoir를 사용하기도 한다. 이것은 시간이 한정적일 때 쓴다.
Son procès *doit* passer prochainement. 그의 소송은 곧 있을 것이다.
Je *dois* partir bientôt. 나는 곧 떠나리라.

(2) 명령이나 충고 등을 할 때 쓰는데, 말하는 사람의 단호한 의사를 나타내며 그 명령이 실현될 것을 강조한다. 그러나 어조의 뉘앙스로써 명령 내용이 강화되기도 하고 완화되기도 한다.

Vous *accepterez*, n'est-ce pas? 승낙하시는 거죠?

Vous *attaquerez* l'ennemi ; vous ne *reculerez* pas.

적을 공격하고 후퇴하지 말아라.

Vous *prendrez* garde aux marches usées de l'escalier.

낡은 계단 층계에 유의하세요.

(3) 어조를 부드럽게, 공손함을 나타낼 때 현재 대신 쓰인다. (의례적 미래)

Je vous *prierai* de me prêter votre stylo. 당신 만년필 좀 빌려 주시기 바랍니다.

Pourrai-je vous demander un service. 도움을 청해도 되겠습니까?

(4) 현재나 과거에 있을 가능성 또는 추측을 단순미래로 나타낸다. 이 때 동사는 주로 être, avoir가 많이 쓰인다. (추측의 미래)

Qui marche en haut cette nuit? —Ce *sera* le bonhomme de frère pris de somnabulisme.

이런 밤중에 누가 꼭대기에서 걸어 다니는 거지요? - 몽유병에 걸린 동생 녀석일 겁니다.

Notre ami est absent, il *aura* encore sa migraine.

그 친구가 결석을 하였다. 또 편두통을 앓고 있는 모양이야.

(5) 역사적 사실을 설명할 때도 쓰인다. 설명하는 사람이 과거의 한 시점을 중심으로 장차 전개될 것을 단순미래로 나타낸다. (역사적 미래)

La bastille fut prise d'assaut et le premier acte de la Révolution *sera* de démolir cet édifice.

바스티유 감옥은 공격을 받았고 혁명의 첫 번째 행동은 그 감옥을 파괴하는 것이었다.

(6) 감탄문이나 의문문에서 현재의 사실에 대한 분노 혹은 반감 등을 나타내기도 한다. 이 때 표현되는 현재의 사실은 미래까지 지속되는 것으로 간주된다.

Quoi! les gens *se moqueront* de moi! 아니! 사람들이 나를 조롱하다니!

Eux seuls *seront* exempts de la commune loi?

그들만 공동 규칙에서 제외된다고?

(7) si 다음에 단순미래가 오는 경우는 가정의 의미가 아니고 단순한 미래의 사실이나 간접의문문을 나타낸다.

S'il *épousera* Mlle de Galais, ce sera pour l'abandonner.

그가 드갈래양과 결혼하려는 것은 그녀를 버리려고 그러는 것이다.

Je vous demande si votre père *sera* présent.

당신 아버님이 출석하실 것인지의 여부를 묻는 것이오.

㊟ 실현 가능성이 큰 사실을 가정할 때는 si다음에 현재형을 쓴다.
S'il *pleut* demain, nous ne ferons pas au pique-nique.
내일 비가 온다면, 우리는 피크닉을 가지 못할 것이다.

1.8. 전미래(Futur antérieur)

(1) 미래에 어떤 행위나 사실이 일어나기 전에 이미 완료되어 있을 미래 행위를 표시한다. 이를 "미래의 과거(passé du futur)"라 한다. 이 때 전미래는 시간을 나타내는 접속사를 쓴 종속절에 많이 쓰이며 주절에는 단순미래를 주로 쓴다.

Vous récolterez ce que vous *aurez semé*. 심은 대로 거두리라.

Je sortirai quand vous *serez rentré*. 네가 돌아오고 나서 외출하겠다.

Vous serez traité comme vous *aurez traité* autrui.

남에게 대접한 만큼 받을 것이오.

Aussitôt que les ouvriers *auront terminé* la maison, nous l'habiterons.

일꾼들이 집을 완성하면 우리는 즉시 입주할 것이다.

* 중복합전미래(futur antérieur surcomposé)가 회화에서 전미래 대신 쓰이기도 한다.
En moins d'un instant, il *aura eu fait* cela. 눈 깜짝할 사이에 그는 그것을 할 것이다.

(2) 독립절에서 미래 어느 시기에 이미 완료될 동작의 결과를 나타낸다.

Dans cinq minutes, le locataire *sera descendu.*

5분 있으면 하숙인이 내려올 것이다.

En 2030, tout *aura changé.* 2030년이 되면 모든 것이 변해 있을 것이다.

(3) 복합과거를 대신하여, 불확실한 것, 추측을 뜻하는 과거 사실을 전미래로 나타내는데, 친숙한 대화에서 많이 쓰인다. (추측의 미래)

J'*aurai laissé* mes lunettes en haut. Courez vite me le chercher. 내 안경을 윗 층에 놓아둔 것 같네. 빨리 그걸 찾으러 뛰어가게.

Comment n'avez-vous pas vu cela? —J'*aurai mal regardé.*

당신은 그걸 어떻게 못 보셨죠? - 잘 쳐다보지 못한 것 같은데요.

Je n'ai jamais dit cela ; vous *aurez* mal *entendu.*

난 그런 걸 말한 적이 없습니다. 잘못 들으신 모양이군요.

(4) 독립절에서 과거 사실을 부드럽게 표현하기 위해서, 또는 놀람, 실망, 유감 등을 강조하기 위해서 사용된다.

Vous *vous serez trompé*, vous *aurez confondu* les noms.

당신이 착각하였고, 이름들을 혼동하였던 것 같습니다.

Tu *te seras donné* bien de la peine pour rien!

아무것도 아닌 것으로 그렇게 고생을 많이 했다니!

La bastille fut détruite : elle *aura symbolisé* si longtemps le despotisme!

바스티유 감옥은 파괴되었다. 그처럼 오랫동안 폭정의 상징이었으니!

(5) 독립절에서 미래의 행위가 신속히 이루어지는 것을 표현하기위해 단순미래 대신 쓰인다.

Ma tâche est longue, mais je l'*aurai* vite *terminé.*

숙제는 많지만 난 빨리 끝낼 것이다.

J'*aurai* bientôt *recopié* votre article. 나는 당신의 기사를 곧 다시 베끼겠소.

(6) 미래의 어느 시기에 이미 완료해야 할 것을 명령할 때 쓴다.

Tu *auras fini* ce travail à midi. 너는 정오까지는 이 일을 끝내야 한다.

Vous *aurez fini* de me regarder. 나를 그만 쳐다보십시오.

1.9. **직설법 중복합시제**(Temps surcomposé de l'indicatif)

(1) 중복합과거(Passé surcomposé)

① 복합과거보다 선행되어 일어나는 사실을 나타내기 위하여 주로 quand,

après que, dès que, aussitôt que 등의 다음에 쓰인다. 독립절에서는 bientôt, vite 등과 더불어 행위의 완성을 나타낸다.

Quand vous m'*avez eu chassé*, j'ai erré.

당신이 나를 쫓아내고 난 후, 나는 헤매었다.

On a donné au chien une assiette de soupe et il l'*a eu* vite *nettoyée*.

개에게 수프 접시를 주자 즉시 그걸 깨끗이 먹어 치웠다.

Dès qu'il *a eu été* guéri, il s'est remis au travail.

그는 치유되자 즉시 다시 일에 착수하였다.

② 회화에서는 드문 경우지만 전과거 대신 중복합과거(passé surcomposé)를 사용한다.

Il *a eu* vite *pris* sa décision. 그는 재빨리 결정을 하였다.

Quand il *a eu fini* de travailler, il est sorti. 일 끝내고, 그는 외출했다.

(2) 중복합대과거(Plus-que-parfait surcomposé)

① 과거시제와 관련하여 급속히 완료된 과거 사실을 나타내는데, 대체로 시간의 상황보어가 함께 올 때가 많다. 다른 대과거와 함께 쓰이면 선행된 사실을 나타낸다.

En une minute, il *avait eu* tout *fini*. 일 분 내에 그는 모든 것을 끝내었다.

Quand il *avait eu déjeuné*, il avait rédigé son courrier.

그는 점심을 먹고 나서는, 서신을 작성하였다.

② 회화체에서는 대과거 대신 중복합대과거(plus-que-parfait surcom- posé)를 사용하기도 하는데, 특히 동작의 선행성 및 완료성을 나타낼 때 쓰인다.

En cinq minutes, les chats *avaient eu* tout *lapé*.

5분 내에 고양이들이 모두 핥아먹어 버렸구나.

Ah! ils *avaient eu* vite *tourné* le câble autour des bittes.

아! 그들은 기둥에 밧줄을 빨리도 감았구나.

(3) 중복합전미래(Futur antérieur surcomposé)

① 단순미래와 관련하여 급속히 완료될 미래 사실을 나타낸다. 또한 다른 미래보다 선행된 상태를 나타낸다.

N'ayez crainte ; il *aura eu* vite *fait* de dire oui!

걱정마시오. 그가 곧 그러겠다고 말할 테니!

② 중복합전미래가 전미래 대신 쓰이기도 하는데 주로 회화체에서 찾아볼 수 있는 경우다. 이것은 행위의 신속한 완료나 미래 어느 시점에서의

행위의 완료를 단순히 강조하기 위해서 쓰이는데 시간의 한정어를 동반할 때가 많다.

Dès qu'il *aura eu dit* oui, faites-lui signer un papier.

그가 그러겠다고 말하기만 하면 즉시 그에게 서류에 서명을 하도록 하시오.

Ils *auront eu rentré* la récolte avant l'orage.

비바람이 오기 전에, 그들은 수확물을 들여 놓을 것이다.

2. 조건법(Mode conditionnel)

조건법에는 동사의 표현 방식을 나타내는 법(mode)으로서의 용법과 동작이 행해지는 시기를 나타내는 시제(temps)로서의 용법 두 가지가 있다. 조건법 원래의 용법, 즉 법으로서의 용법은 현재나 미래 또는 과거에 있어서 이루어지기 불가능한 사실을 가정하고 그 결과로 일어날 수 있는 혹은 일어날지도 모를 사실을 나타내기 위해 쓰인다. 즉 비현실적이고 확실치 않은 것을 가정해 그 결과를 나타내는 표현법이다.

시제로서의 용법은 조건법이 직설법을 의미하는 것으로 "과거에 있어서의 미래"와 "과거에 있어서의 전미래"를 나타낸다. 이때 조건법 동사는 주로 종속절에 쓰인다.

조건법에는 현재와 과거, 두 형태가 있다.

2.1. 조건법 현재(Présent du conditionnel)

(1) 법으로서의 용법

① 현재 또는 미래에 실현 불가능한 사실을 가정할 때, 그것에 대한 결과를 나타낼 때 쓴다. 다시 말해 현재 사실의 반대를 표현하는데 이용한다. 조건절에는 대개 si를 동반해 직설법 반과거를 쓰고, 주절에는 조건법 현재를 쓴다. 즉

"si+주어+반과거…, 주어+조건법 현재…" 형식을 사용한다.

Si vous m'appeliez demain, j'*irais* n'importe où.

내일 저를 불러 주시면 저는 어디든지 갈 것입니다.

Je le *ferais* encore, si j'avais à le faire. 내가 그걸 해야 한다면 다시 하겠다.

Si ce client revenait, je le *mettrais* à la porte.

만일 그 손님이 돌아오면, 나는 그를 내쫓을 게다.

Si j'avais le temps, je la *visiterais*. 시간이 있으면 그녀를 방문할 텐데.

㈜ 1. 실현 가능성이 큰 현재나 미래의 사실을 가정할 때는, 종속절에 항상 직설법 현재를, 주절에는 직설법 현재나 단순미래를 쓴다. 이 경우는 엄격히 말하면 조건법이 아니라 직설법으로 써, 종속절이 접속사 si를 동반해 조건을 표현하는 부사절로 본다.

S'il fait beau demain, nous *allons* pêcher à la rivière.
내일 날씨가 좋으면 우리는 강에 낚시질하러 갈 것이다.
Je ne vous *téléphonerai* que s'il y a nécessité.
나는 필요할 때만 당신에게 전화를 할 것이다.

㈜ 2. 조건은 보통 접속사 si를 동반한 절로 유도되나, 때로는 다양한 다른 표현으로 나타낼 때도 많다.

Bien coupée, cette robe ne *ferait* pas plis.
재단을 잘 했으면 이 옷에 이런 주름이 생기지 않을 텐데.
Moins cher, cet appareil me *conviendrait* parfaitement.
덜 비싸면 이 사진기는 내 마음에 꼭 들 텐데.

② 과거에 실현되지 않은 사실이나 비현실적인 조건을 가정할 때, 그것에 대한 현재의 결과를 나타낸다. 이때는 조건절에 직설법 대과거를, 주절에는 역시 조건법 현재를 쓴다.

Si j'avais obtenu son accord hier, je *saurais* comment agir.
내가 어제 그의 허락을 얻었더라면, (지금) 나는 어떻게 행동해야 할지를 알 텐데.
Si j'avais continué à pratiquer les langues étrangères, je les *parlerais* couramment.
만일 내가 외국어를 계속 활용했더라면, (지금은) 유창하게 말할 텐데.

③ 때로는 조건절이 전부 생략되는 경우도 있다.

Ne forçons point talent ; nous ne *ferions* rien avec grâce.
억지로 재주를 부리지 말자. (그렇게 하면) 아무 일도 우아하게 할 수 없을 테니까.
Je *partirais* volontiers. 기꺼이 떠날텐데. (그렇게 할 수만 있다면)

(2) 시제로서 용법

주절의 동사가 과거일 때, 종속절에서 직설법 미래 대신에 조건법 현재를 쓴다. 이것을 "과거에 있어서의 미래(futur du passé)"라 한다. 흔히 간접화법문에서 가장 많이 볼 수 있으며 그 밖에 자유간접화법의 독립절 등에서도 쓰인다. 요컨대 과거 어느 때를 기준으로 말 할 경우 그 과거를 기준으로 해 그 이후의 미래 동작과 행위를 가리키며, 시제일치상 중요하게 쓰인다. "주어 +(직설법 과거형)동사 + que + 주어 + 조건법 현재 동사 …"형식으로 잘 쓰인다.

① 종속절의 행위나 사실이 불확실성을 내포하거나 또는 조건이 생략되었을 경우

Il a dit qu'il *reviendrait* le lendamain.
→ Il a dit : "Je reviendrai demain."

그는 다음 날 돌아오겠노라고 말했다. (돌아올지는 불확실)

On nous a dit que le malade *serait rétabli* avant peu.

우리는 그 환자가 곧 회복할 거라고 들었다. (회복될지는 불확실)

On m'a assuré que vous *partirez*. (si vous n'étiez pas malade)

(당신이 아프지 않으면) 떠날거라고 사람들이 나에게 단언했다.

Je sautai dans un taxi. Il n'*arriverait* jamais. (자유간접화법임)

나는 택시를 집어탔다. 그는 절대로 도착하지 못할 거야(하고 나는 생각하였다).

㊟ 종속절의 행위나 사실이 확정적일 때는 조건법 현재 대신 직설법 미래를 쓴다.
Il a su que vous irez en France. 당신이 프랑스에 간다는 것을 그는 알고 있다.

② 종속절의 행위나 동작이 미정이거나 이미 과거가 되어버렸을 경우

Je savais qu'il *viendrait*. 나는 그가 올 것을 알았다. (현재는 와 있음)

Il prévoyait que la guerre *finirait* au mois d'octobre suivant.

그는 전쟁이 돌아오는 10월에 끝나리라고 예견하였다.

㊟ 종속절의 행위나 사실이 확정적이든 아니든, 현재를 기준으로 종속절의 행위나 사실이 현재보다 그 이후에 일어날 일이면 단순미래로 쓴다.
J'ai dit hier qu'il pleuvra demain. 내일 비가 올 거라고 내가 말했지.
Elle nous a dit qu'elle viendra la semaine prochaine.
그녀는 다음 주에 오겠다고 우리들에게 말했다.

2.2. 조건법 과거(Passé du conditionnel)

조건법 과거는 제1형과 제2형 두 개가 존재한다. 제2형은 그 형태가 접속법 대과거 형태와 동일하다. 그러나 조건법 과거 제2형은 접속법 대과거와 형태는 같으나 뜻은 조건법 과거 제1형과 같다. 모든 문장에서 제1형을 많이 쓰고 있다.

(1) 법으로서 용법

① 과거에 있어서 어떤 조건이 실현되었더라면, 일어났을지도 모를 결과를 나타낸다. 즉 과거 사실의 반대를 표현하는데 이용한다.

▸ 조건법 과거 제1형

조건절에는 보통 si 다음에 직설법 대과거를 사용하고 주절에는 조건법 과거를 쓴다. 즉

"si + 주어 + 직설법 대과거…, 주어 + 조건법 과거1형…" 형식이 된다.

Si vous aviez travaillé, vous *auriez reçu* la récompense.

당신이 공부를 했다면, 보상을 받았을 텐데.

Si tu avais beaucoup voyagé, tu *aurais* beaucoup *appris*.

만일 네가 여행을 많이 했다면, 많은 것을 배웠을 텐데.

▶ 조건법 과거 제2형

위의 조건법 과거 제1형의 문장형식에서 조건절과 주절 양쪽에, 혹은 조건절이나 주절 어느 한 쪽에, 조건법 과거 제2형(접속법 대과거)의 형태를 사용하는 것이다. 문어체에서 많이 쓰인다. 즉

- "si+주어+직설법대과거… ,주어+조건법과거제2형(=접속법 대과거)…"
- "si+주어+조건법과거제2형(=접속법대과거)…, 주어+조건법과거제2형(=접속법 대과거)…"
- "si+주어+조건법과거제2형(=접속법대과거)…, 주어+조건법과거제1형"

등의 형식으로 쓴다.

Si j'avais été vaincu, j'eusse été criminel.
만약 내가 졌으면, 나는 범죄자가 됐었을 텐데.

S'il *eût attendu*, il *eût rencontré* son ami. 그가 기다렸다면 친구를 만났을 텐데.

Si j'*eusse été* jeune et aimable, j'aurais blâmé sa conduite.
만일 내가 젊고 상냥했다면 그녀의 행동을 나무랐을 것이다.

✽ 조건절이 접속법이면, 주절에 조건법과거 제2형을 많이 쓰고 제1형은 거의 안 쓴다.

② 현재나 미래에 실현되지 못한 사실을 가정할 때, 그것에 대한 그 후의 결과를 조건법과거로 나타낸다. 이때는 조건절에 직설법 반과거를, 주절에는 조건법과거를 쓴다.

Si j'avais vingt ans de moins, je vous *aurais accompagné* demain. 내가 (지금) 20년만 젊어도, 내일 당신을 따라 나설 텐데.

Si l'on me confiait un jour cette affaire, je l'*aurais* vite *réglée*.
언젠가 그 일을 내게 맡기면, 난 그걸 신속히 해낼 텐데.

③ 조건절이 생략되거나 혹은 다른 표현으로 나타낼 때도 있다.

Général, il *aurait gagné* des batailles.
장군이 있었다면 그는 그 전투에서 승리했을 텐데.

En prêtant l'oreille, j'*aurais entendu* les bruits du village.
내가 귀를 기울였다면 마을에서 나는 소리를 들었을 것이다.

Sans cet écriteau, jamais je n'*aurais osé* entrer.
이 팻말이 없었다면 절대로 나는 감히 들어가지 않았을 것이다.

✽ 조건법 과거 대신 쓰이는 조건법 중복합과거(passé surcomposé du conditionnel)는 과거의 어느 순간에 급속히 완료된 행위를 강조하는 데 쓰이며, 주로 구어에서 사용한다.

Il m'a dit qu'il me recevrait dès qu'il *aurait eu fini* son courrier.
그는 서한 작성을 끝내자마자 나를 접대하겠노라고 말했다.

Nous *aurions eu rentré* la récolte avant la nuit, mais un orage a éclaté.
밤이 오기 전에 수확물을 거두어 들였을 텐데, 갑자기 비바람이 쏟아졌다.

(2) 시제로서 용법

주절의 동사가 과거일 때, 종속절에서 직설법 전미래 대신에 조건법 과거 제1형을 쓴다. 이것을 "과거에 있어서의 전미래(futur antérieur du passé)"라 하며 간접화법이나 자유간접화법에서 쓰인다. 즉 주절의 동사가 과거일 때, 실현되지 않은 미정 사실을 나타낸다.

Hier à l'aube, je savais qu'à dix heures, le vaisseau *aurait sombré.*
어제 새벽에 나는, 배가 10시에는 침몰할 거라는 걸 알았다.

Paul disait que Jean *serait revenu* avant midi.
→ Paul disait : "Jean sera revenu avant midi. "
폴은 장이 정오 전에 돌아와 있을 거라고 말했다.

㈜ 주절이 긍정일 때 종속절에서 조건법 제2형을 쓰지 않는다.
Je croyais que vous fussiez arrivé avant la pluie. (×)
→ Je croyais que vous seriez arrivé avant la pluie. (○)
비오기전에 도착했으리라고 생각했었다.

2.3. 독립절에 쓰인 조건법의 특수 용법

(1) vouloir, savoir, pouvoir, être, oser, aimer bien 등의 동사에서 말씨를 부드럽고 공손하게 나타나게 하기 위해서 직설법 대신 조건법을 쓴다.

Oserais-je vous demander de venir? 감히 오시라고 청해도 됩니까?
Voudriez-vous m'indiquer le bureau de poste?
우체국 좀 가르쳐 주시겠습니까?
J'*aimerais bien* que vous fussiez ici. 당신이 여기 계셨으면 좋겠습니다.

✽ savoir 동사가 부정법보어를 동반하여 조건법으로 쓰이면 pouvoir(~할 수 있다)의 의미로 사용될 때가 많다. 이때는 특히 부정의 ne(pas나 point은 생략)와 함께 쓰여 부정적으로 많이 쓰인다.
Tout ce que je *saurais* vous dire, c'est que sa femme est fort riche.
내가 당신에게 말할 수 있는 것 전부는 그의 부인이 몹시 부자라는 사실이다.
Il ne *saurait* savoir comment faire. 그는 어떻게 해야 할지 알 수가 없다.

(2) 현재 사실에 대한 다소 가능성이 높은 추측이나 생각을 나타낸다.

Ne faites pas de bruit ; l'enfant *s'éveillerait.*
소리를 내지 마시오, 아이가 깰지도 모르니까.
Venez dès 8 heures. A 9 heures, ce *serait* trop tard.
8시부터 오십시오. 9시에는 너무 늦을 런지도 모릅니다.
Mon ami est tombé malade il y a deux mois ; d'après sa dernière nouvelle,

il *serait* en train de guérir.

내 친구는 두 달 전에 병이 났다. 그의 최근 소식에 따르면 치유되고 있는 중인 것 같다.

㊟ 과거 사실에 대한 추측은 조건법 과거로 쓴다.
Il y a eu hier soir un incendie ; le feu *aurait été mis* par un malfaiteur.
어제 밤에 불이 있었는데, 아마 나쁜 놈이 불을 질렀던 것 같다.

(3) 추측이나 의심을 완곡하게 나타낼 때 사용되는데, 신문의 보도, 실제의 사건 등을 이야기하면서 흔히 쓰인다.

Un train déraille près Lyon ; il y *aurait* de nombreuses victimes.

기차가 리용 부근에서 탈선하였는데, 희생자가 많은 듯하다.

L'arrestation de l'assassin *serait* proche. 살인자의 체포는 임박한 것 같다.

㊟ 과거에 대한 것을 완곡히 나타낼 때는 조건법 과거를 쓴다.
Aux dernières nouvelles, le blessé *serait* hors de danger ; il *aurait été ramené* chez lui.
최근의 소식에 따르면 부상자는 위험한 지경은 벗어난 것 같다. 그는 자택으로 되돌려 보내졌던 것 같다.
Le tremblement de terre de Péru. La catastrophe *aurait fait* trente mille morts.
페루에서 지진. 이 참사로 3천 명의 사망자가 발생했던 것 같다.

(4) 분개나 놀라움을 표시할 때, 혹은 의문문 형식으로 표현한다.

Moi, je *pourrais* trahir le Dieu que j'aime!

내가, 내가 사랑하는 하느님을 저버릴 수 있을 거라니!

Quoi! Vous me *céderiez* votre tour?

뭐라고요! 당신 차례를 내게 양보한다고요?

㊟ 과거의 분개나 놀라움은 조건법 과거로 쓴다.
Moi, j'aurais massacré! Dieu! serait-il possible?
내가요, 내가 학살을 했을 거라니! 하느님! 있을 법이나 한가요?

(5) 은근한 소원, 약한 명령, 상상적인 기쁨 또는 한탄의 기분을 완곡하게 표현한다.

Je *voudrais* bien que vous me puissiez dire d'où cela vient.

그것이 어디에서 연유한 것인지 제게 말씀해 주셨으면 좋겠는데요.

Auriez-vous l'obligeance de venir? 와 주시겠습니까?

Quoi! J'*aimerais* le voir. 뭐요! 나는 그가 보고 싶다구요.

Dans la maison de mon rêve, il y *aurait* des fleurs partout.

내 꿈속의 집에는 꽃들이 사방에 피어 있는데.

㊟ 과거에 대한 완곡한 표현은 조건법 과거로 표현한다.
J'*aurais* bien *voulu* le revoir. 나는 정말 그를 다시 보고 싶었는데.

2.4. 종속절에서 쓰인 조건법의 특수용법

조건법은 종속절에서도 특수하게 쓰일 경우가 있다.

(1) 관계대명사절, 조건의 접속사로 유도되는 접속사절, 원인, 비교, 결과, 시간을 나타내는 상황보어절 등에 조건법이 사용된다.

La fuite était impossible à cause des mares profondes, et où nous *tomberions* au retour.

우리는 깊은 늪 때문에 도망은 불가능하였다. 돌아가다가 빠질런지도 모를 늪이였고.

Au cas où tu *irais* dans la forêt de Fontainebleu, tu ne regretterais pas cette promenade.

네가 퐁탠블루 숲으로 간다면, 그 속에서의 산책을 후회하지 않으리라.

La règle est qu'il faut résister, quand même on *devrait* succomber à la fin.

마지막에 죽어야 된다 할지라도 참고 견뎌야 하는 것이 규칙이다.

(2) 실제 또는 가상적인 양보 구문, 대립의 구문에서 쓰인다.

Quand vous me *haïriez*, je ne *me plaindrais* pas.

당신이 나를 싫어하더라도 난 한탄하지 않을 것입니다.

Cela dépasse notre pouvoir, ne *s'agirait-il* que de nous-mêmes.

우리 자신의 문제에 관해서만도 그것은 우리의 능력을 넘어서는 것이다.

3. 명령법(Mode impératif)

주로 명령을 나타내는데 그 외에 권고, 기원 등도 나타낸다. 명령법은 현재와 과거 두 시제가 있다. 보통 직설법 현재가 명령법으로 쓰이나 접속법 현재형에서 만드는 동사들(avoir, être, vouloir)도 있다. 특히 3인칭 명령은 늘 접속법에서 취한다. 명령을 나타내는 인칭으로는 1인칭 복수, 2인칭 단수·복수 그리고 3인칭 단수·복수가 있다.

㊟ 1군동사 및 일부 불규칙동사의 2인칭단수 어미 s가 탈락된다.
Entre s'il te plaît. 들어와요
Ouvre la fenêtre! 창문열어라!
Aie du courage! 용기내라!

☞ 동사 뒤에 y, en이 바로 따라오면 탈락 안되고 s가 본래대로 쓰인다.
Vas-y. 거기가라.

3.1. 명령법 현재(Présent de l'impératif)

(1) 명령 · 금지 등을 나타낸다.

Ne *fais* pas tant de bruit. 소리를 크게 내지 말라.

Honorons la mémoire des morts. 죽은 사람들을 추모합시다.

Ne *nous flattons* donc point. 그럼 이 이상 아첨은 맙시다.

Qu'ils *entrent*! 그들을 들어오라고 해라!

Qu'il *cesse* de m'aimer. 그에게 나를 사랑하는 것을 포기하게 하라

N'*approche* pas, ô Mort! 오 죽음의 신이여, 다가오지 말아라!

✻ 가끔 접속법 3인칭 단수의 명령은 주어 on을 사용하여 전달한다.
Holà! gardes, qu'on le saisisse! 여봐라! 경비병들, 그 자를 체포해라!

(2) 공손하고 어조를 부드럽게 하기 위해서, veuillez, ayez la bonté de, ayez l'obligeance de, soyez assez bon pour 등을 사용하여 완곡한 명령법을 나타낸다.

Ayez la bonté de m'avertir. 제게 알려 주시기 바랍니다.

Veuillez vous asseoir. 앉으십시오.

Faites-moi le plaisir de m'accompagner. 저와 함께 가 주십시오.

(3) 조건이나 양보를 나타낸다. 문어와 구어에서 모두 잘 쓰이는 표현이다.

Cherchez, et vous trouverez. 구하라 그러면 주어질 것이다.

Ôtez nos funestes progrès, *ôtez* nos vices, et tout est bien.
우리의 그 불행한 진보를 없애 버리시오. 우리의 죄악도 없애시오, 그러면 모든 것이 잘 되어 가리다.

Chassez le naturel, il revient au galop. 버릇은 쫓아도 곧 다시 나타난다.

㈜ et와 ou는 반대의 뜻이다.
명령법, + et…(… 그러면…)
명령법, + ou…(…그렇지 않으면…)

(4) 충고, 격려, 기원의 뜻을 나타낸다.

Passez plutôt par Calais. 차라리 칼레를 통해서 가십시오.

Ne *vous obstinez* pas à cette besogne inutile.
이런 하찮은 일로 고집피우지 마시오.

Sois heureux. 행복하거라.

(5) 간투어로도 쓰인다.

Tiens, la tache a disparu. 자, 얼룩이 없어졌다.

3.2. 명령법 과거(Passé de l'impératif)

조동사 avoir나 être의 명령법 현재형 뒤에 과거분사가 옴으로써 이루어진다. 이것은 미래의 어떤 순간에 완료되어 있어야 할 행위를 명령하고 요구하는 데 쓴다. 그래서 명령법 전미래(futur antérieur de l'impératif)라고도 하며, 거의 잘 쓰이지 않는다.

Aie terminé ce travail demain à midi. 내일 정오까지는 이 일을 끝내라.
Soyez partis demain. 내일까지 떠나시오.
Ayez fini votre lecture dans dix minutes. 10분 후에 독서를 끝내시오.

❖ Remarque : **기타 형태의 명령**

명령형 동사만 써서 명령을 나타내는 것은 아니다. 다른 형태로도 명령의 의미를 나타내기도 한다.

ⓐ 때로는 의문문(이 때 의문의 뜻은 거의 없다고 할 수 있다)의 형태를 한 직설법이 명령을 나타낸다.

Veux-tu finir? 이제 그만해 두지?
Vas-tu rester tranquille? 좀 조용히 있지 못해?
Tu ne t'*arrêteras* pas? 멈추지 못하겠어?

ⓑ 부정법도 명령의 뜻을 나타낸다.

Ne pas *se pencher* au dehors. 밖으로 몸을 내밀지 마시오.
Ralentir. 천천히 가시오.

ⓒ 직설법 현재나 미래도 역시 명령을 나타낸다.

Tu *pars* à l'instant et tu me rejoins dans une heure.
지금 곧 출발하라. 그러면 한 시간 후에는 나와 합류할 것이다.
Vous *porterez* cette lettre à la poste. 이 편지 좀 우체국에 가서 부쳐 주십시오.

4. 접속법(Mode subjonctif)

접속법은 말하는 사람이 마음속에서 느끼거나 생각하는 바를 주관적으로 표현하는 데 쓰이는 법이다. 직설법이 객관적이고 확정적인 사실을 표현하는 데 반해, 접속법은 갈망하거나 이루어져야 마땅하다고 생각하는 동작 또는 상태를 나타내므로 말하는 사람의 미묘한 심리를 잘 보여 주며, 또한 풍부한 뉘앙스를 지니고 있다.[30] 주로 종속절에 쓰이지만 주절이나 독립절에서도 쓰인다.

❖ Remarque : **접속법과 직설법 비교**

직설법과 접속법 중 어느 것을 사용해야 할지는 말하는 사람의 심리적 상태와 긴밀한 관련이 있으므로 애매한 경우가 많이 있다. 두 개의 법을 단순히 비교하면 아래의 예와 같다.

Voici deux triangles ; ce *sont* des triangles égaux. (직설법)

여기 삼각형 두 개가 있다. 두 삼각형은 똑같다.

Soit deux triangles égaux. (접속법) 똑같은 삼각형 두 개가 있다고 하자.

첫째 문장은 이론의 여지나 다른 생각의 개입이 불필요하게 사실을 객관적으로 서술하고 있으므로 직설법이다. 둘째 문장은 추론을 주관적으로 내세우며, 그러나 무조건 전제를 강요하므로 접속법이다.

Je suis content qu'il *vienne*. (접속법) 그가 오는 것에 난 불만없다.

Je sais qu'il *viendra*. (직설법) 그가 오리란 것을 난 알고 있다.

첫째 문장은 '그가 온다'는 사실보다는, 그럴 경우의 말하는 이의 감정을 중점적으로 나타내므로 접속법을 쓴다. 그러나 둘째 문장은, '그가 올 것이라'는 단순하고 확실한 미래의 사실을 나타낸다고 봄으로서 직설법을 쓴다.

4.1. 접속법 시제

접속법에는 현재(présent), 과거(passé), 반과거(imparfait), 대과거(plus- que-parfait)의 네 가지 시제가 있다. 현재형은 미래의 뜻까지 대신한다.

접속법은 4개 시제가 종속절이 사용될 경우, 그에 상응하는 직설법(조건법, 명령법)시제는 다음 도표와 같다. (제3부 구문론에서 시제일치 참조)

접 속 법	직 설 법	조 건 법	명 령 법
현 재	현 재	-	현 재
	미 래	-	-
반 과 거	반 과 거	현 재	-
	단순과거	-	-
과 거	복합과거	-	과 거
	전 미 래	-	(과거)
대 과 거	대 과 거	과 거	-
	전 과 거	-	-

30) 접속법에 대한 설명은 문법학자에 따라 약간씩 다르다. 우리말의 '접속법'이란 단지 que 다음에 나온다는 것을 의미하고 있을 뿐이라, 용어상 모순점도 없지 않다.
접속법은 현대에 있어서 옛보다 아주 많이 덜 쓰고 있으며, 접속법 반과거 대과거는 별로 사용하지 않는다.

예를 들어 접속법 현재가 종속절에 사용될 경우, 시제 측면에서 직설법의 현재나 미래에 해당함을 알 수 있으며, 조건법과는 상응하는 시제가 없으며, 명령법과 상응시킬 경우에는 명령법 현재에 해당함을 알 수 있다. 특히 명령법과거는 용법에 있어서는 직설법 전미래에 상응하지만 시제나 형태로는 직설법 복합과거에 상응하고 있으며, 접속법 대과거는 조건법 과거에 해당함을 알 수 있으며, 접속법 대과거와 조건법 과거 제2형과 형태가 동일한 것도 이런 맥락에서 나온 것이다.

(1) 접속법 현재

주절의 시제가 현재 또는 미래일 때, 현재 또는 미래에 일어날 일을 나타낸다.

Il faut que vous *alliez* le voir. 당신은 그를 보러 가야 한다.

Croyez-vous qu'il *parte* demain? 그가 내일 떠난다고 생각하십니까?

Qu'il *sorte*. 그를 나가게 하라.

(2) 접속법 과거

주절의 시제가 현재나 미래일 때, 그보다 과거, 즉 그전에 행해지거나 또는 그때(즉, 주절의시제)까지 완료되거나 완료될 일을 나타낸다.

Attendez qu'il *ait fini* de parler. 그가 말을 끝낼 때까지 기다리시오.

Elle souhaite que son enfant *ait dormi*. 그녀는 아이가 잠잤기를 원한다.

㊟ 주절이 현재일지라도, 종속절이 과거에 있어서의 습관적 혹은 지속적 행위를 나타내면 접속법 반과거를 쓴다.

Il ne faut pas croire que sa raison *fût* en désordre.
그가 정신착란에 있었다고 생각해서는 안 된다.
J'aime que Spencer *travaillât* avec le portrait de la reine Victoria.
스펜서가 빅토리아 여왕의 초상화를 걸어 놓고 일하곤 했다는 사실이 나는 마음에 든다.

(3) 접속법 반과거

주절이 과거일 때, 그와 동시인 과거나 과거에 있어서의 미래, 즉 과거에 있어서 현재 또는 미래를 나타낸다.

J'avais peur qu'il *fût* en retard. 그가 늦을까 걱정을 하였다.

Il a craint que son élève *fît* une erreur.

그는 자기 반 학생이 잘못을 저지를까 걱정하였다.

㊟ 1. 주절의 동사가 과거일지라도 종속절의 동사가 항구 불변의 사실이나 진리를 나타낼 때는 접속법 현재를 쓴다.

La nature a voulu que l'homme *ait* l'usage de la parole.
인간이 언어를 사용하는 것은 대자연의 뜻이었다.
Dieu a voulu que l'homme *se repose* le septième jour de la semaine.
하느님은 인간이 일주일의 일곱 번째 날은 쉬기를 원하셨다.

㊟ 2. 주절의 동사가 과거일지라도, 종속절의 동사의 동작이 절대적으로 미래일 때는 접속법

현재를 쓴다.

Je voulais qu'il vienne demain. 그가 내일 오기를 나는 바랐다.

✽ 접속법 반과거는 이루어질 수 없는 희망을 나타낼 때도 있다.
Plût au ciel qu'il *fût* encore vivant. 그가 여전히 살아 있었더라면 좋았을 걸.

cf. 물론 실현될 수 있는 희망이면 접속법 현재를 쓴다.
Elle voudrait qu'il *vienne* de bonne heure. 그가 일찍 오기를 그녀는 바란다.

(4) 접속법 대과거

주절이 과거일 때 종속절에서 그 보다 과거. 즉 과거완료의 사실을 나타낸다.

Ô toi que j'*eusse aimée*, ô toi qui le savais!
오 내가 사랑했었던 그대, 오, 그 사실을 알고 있던 그대!

On souhaitait qu'il *fût venu*. 그가 왔기를 바랐다.

❖ **접속법의 유의사항**

① 일상 회화나 일상문에서는 접속법 반과거와 대과거 대신 접속법 현재와 과거를 많이 쓰며, 때로는 조건법을 대신 쓰기도 한다. 주절의 동사가 조건법 현재일 경우에 특히 더욱 대신 많이 쓰인다. 그러나 문어에서 avoir나 être의 접속법 반과거 3인칭 단수 eût, fût는 많이 눈에 띈다.

Je voudrais qu'il *pleuve*. (접속법 반과거 대신 현재 씀) 비가 오면 좋겠다.

Je regrettais qu'ils *soient* si débonnaires. (접속법 반과거 대신 현재 씀)
나는 그들이 너무 순하다는 것이 안타까웠다.

Je voudrais bien qu'il *ait réussi*. (접속법 대과거 대신 과거 씀)
정말 그가 성공했기를 바란다.

② 문장 안에 조건(절)이 있으며, 접속법 현재 및 과거 대신 접속법 반과거나 대과거를 쓰는 수가 있다. 따라서 아래 예문은 현재나 미래사실을 접속법반과거, 과거사실을 접속법대과거로 쓴 경우로써 조건법으로 다시 고쳐 써본 예다.

Je ne crois pas qu'il entreprît cette affare, s'il n'était sûr de réussir.
그가 성공하는 것이 확실치 않다면, 그 일을 도모할 리가 없다고 믿는다.

→ Je ne crios pas qu'il entreprendrait cette affaire, s'il n'était sûr de réussir. (조건법 현재로)

Je ne crois pas qu'il eût entrepris cette affaire, s'il n'avait été de réussir.
그가 성공하는 것이 확실치 않았다면, 그 일을 도모했을 리가 없다고 믿는다.

→ Je ne crois pas qu'il aurait entrepris cette affaire, s'il n'avait été sûr de réussir. (조건법 과거로)

❖ Remarque : **접속법의 시제일치**

접속법이 종속절에 쓰일 경우, 주절의 동사와 시제관계는 다음과 같다.

주절의 동사	종속절의 동사	주절의 동사에 대하여 종속절 동사가 나타내는 뜻
직설법 현 재 미 래	접속법 현재(I)	주절시제와 동시(현재)나 미래
	접속법 과거(II)	주절보다 과거
직설법 과거시제 전부 조건법 현재 과거	접속법 반과거(III)	주절시제와 동시나 미래
	접속법 대과서(IV)	주절보다 과거

Je doute
Je douterai
\+
qu'il *fasse* beau aujourd'hui. (I)
qu'il *fasse* beau demain. (I)
qu'il *ait fait* beau hier. (II)

Je doutais
Je doutais
J'ai douté
J'avais douté
Je douterais
J'aurais douté
\+
qu'il *fît* beau alors(III)(문장체)
qu'il *fît* beau le lendemain. (III)(문장체)
qu'il *eût fait* beau la veille. (IV)(문장체)
qu'il *fasse* beau alors. (III)(구어체)
qu'il *fasse* beau le lendemain. (III)(구어체)
qu'il *ait fait* beau la veille. (IV)(구어체)

■ (I)(오늘·내일) 날씨가 좋을지 의심스럽다(의심스러운걸).
■ (II) 어제 날씨가 좋았는지 의심스럽다.
■ (III) 그날(그 다음 날) 날씨가 좋았는지 의심스러웠다(의심스러웠는데).
■ (IV) 그 전날 날씨가 좋았었는지 의심스러웠다(의심스러웠었는데).

4.2. 접속법의 용법

접속법은 일반적으로 종속절에 쓰이는 경우가 대부분이지만 독립절에서 쓰이기도 한다.

(1) 독립절이나 주절에서의 접속법 용법

① 명령, 권고, 금지를 나타낸다. 반드시 que와 더불어 써야 하며 특히 3인칭에 잘 쓰인다. (명령법적 용법)

Que la lumière *soit*. (Bible) 빛이여 있어라.

Qu'on *sache* si ma mère est encore en ces lieux!
나의 모친이 아직 그 장소에 계신지 알아보라!

Que ceux qui auront la plus modeste part n'en *murmurent* point.
가장 미미한 몫을 가질 자들이 불평하지 못하게 해라.

② 희망, 기원, 애석함, 저주를 나타내며, 특히 3인칭에 잘 쓰인다. (희구법적 용법 ; optatif)[31)]

Que Dieu vous *entende*! 하느님이 당신 말을 들으시기를
Ah! qu'elle ne *fût* jamais *née*! 아! 그녀는 절대로 태어나지 말았어야 하는데!
Que le diable t'*emporte*! 악마가 데려가길!

㈜ 1. 3인칭에서 기원의 뜻이 있을 때는 접속사 que를 생략할 수가 있다. 이런 경우 주어 동사는 도치되기도 한다.

Dieu vous *garde*! 하느님이 당신을 지켜 주시기를!
Vive la Corée! 대한민국 만세!
Ainsi *soit*-il! 아멘!
Ah! *vienne* vite le printemps. 아! 봄이 빨리 왔으면.

㈜ 2. pouvoir 동사가 문두에 오고 주어가 도치되어 있을 때도 que는 생략한다. pouvoir 동사는 모든 인칭으로 희구법을 사용한다.

Puissé-je réussir! 제발 성공했으면!
Puissiez-vous revenir sain et sauf! 당신이 무사히 돌아오시기를!
Puisses-tu goûter un jour le doux rafraîchissement de Paradis.
언젠가는 천국의 그 온화하고 상쾌함을 맛볼 수 있기를.

* plaire(. . . 의 마음에 들다) 동사의 plaise à ~는 실현 가능성 있는 기원을 나타내고(접속법 현재), plût à ~는 실현 불가능하거나 있을 법하지 않은 소원 또는 유감(접속법 반과거)을 나타낸다.

Plaise à Dieu qu'il en soit ainsi! 그렇게 되었으면 좋겠는데!
S'il meurt, ce qu'à Dieu ne *plaise*, je quitterai cette maison.
그가 죽으면, 그럴리야 없겠지만, 나는 이 집을 떠날 것이다.
Plût au ciel que cela ne fût pas arrivé. 그런 일이 안 일어났으면 좋았을 걸.
Plût aux dieux que ce fût le dernier de ses crimes!
이것이 그의 마지막 범죄였다면 좋았을 걸!

③ 양보・허가・대립을 나타낸다. 보통 que를 동반하나, 고정된 성구나 고어투를 사용한 문학 작품에서는 생략한다.

Le méchant, *fût*-il un prince, est un gueux.
악질은 비록 그가 왕자였어도 악질이다.

Passe pour cette fois. 이번만은 괜찮다.

④ 가정, 추측을 나타낸다. 이때도 역시 que는 성구나, 고어투의 문어에서는 생략될 수 있다.

31) 희구법(optatif)는 원래 그리스 문법에서 온 것으로 희망을 나타내는 법이다.

Que le vent *vienne* à cesser, la pluie tombera.

바람이 그치게 되면, 비가 내릴 것이다.

Soit le triangle ABC. L'angle B est droit.

삼각형 ABC가 있다고 하자. 각 B는 직각이다.

Vienne la nuit, *sonne* l'heure. Les jours s'en vont, je demeure.

밤은 오고, 시간에 종이 울리네. 세월은 가고, 나는 남아 있네.

❃ savoir 동사가, 성구로 되어, 1인칭 단수(혹은 주어 on)의 접속법으로 부정문에 쓰인 표현들, je ne sache pas(point), je ne sache rien, je ne sache personne 등은 완곡한 뜻을 나타낸다.
Je ne *sache* pas qu'on m'ait appelé. 누가 나를 불렀던 것 같은데.
On ne *sache* pas qu'elle ait jamais protesté. 그녀가 항의한 일이 없는 걸로 아는데.
Je ne *sache* personne qui puisse lui être comparé.
그 사람과 비교될 만한 사람은 없는데.

❃ 위와 유사구문으로 que je sache, que tu saches, qu'on sache, que nous sachions, que vous sachiez가 있는데, 주로 부정문이나 의문문의 문미에 보통 쓰이며 '내가 알기로는'의 뜻을 나타낸다.
Il n'est venu personne, que nous *sachions*. 우리가 아는 한 아무도 오지 않았다.
Jules Romains, qu'on *sache*, n'a jamais tenu un journal.
사람들이 아는 한, 쥘 로맹은 절대로 일기를 쓰지 않았다.

㈜ que가 생략된 venir동사의 접속법 현재 3인칭 단·복수형은 조건과 시간을 나타낸다. 이것은 형태상 주절이라 하나 사실상으로는 종속절이다. 반드시 도치된다.
Elle aura quinze ans *vienne* l'été prochain. 돌아오는 여름이 오면, 그녀는 15살이 된다.

⑤ 감탄문이나 의문문에서 분노나 놀라움을 동반하면서 어떤 가정 또는 사실을 나타낼 때 쓰인다.

Moi, Seigneur, moi que j'*eusse* une âme si traîtresse!

주인님, 내가, 그런 배반자의 정신을 가졌다고요!

Que je lui *fasse* des excuses, moi, jamais!

나보고 그에게 사과하라고, 절대로 안 해!

(2) 종속절에서의 접속법 용법

접속법은 주로 종속절에 쓰이며 그 용법도 다양하다. 종속절이 명사절인 경우, 형용사절(관계사절)인 경우, 부사절인 경우의 세 가지로 분류해서 그 용법을 살펴보기로 한다.

1) 명사절에 쓰이는 접속법

명사절에는 그 기능에 따라 주어절, 속사절, 목적보어절, 동격절, 형용사 및 부사의 보어절 등이 있고, 이런 절에서 접속법이 쓰이고 있다. 그중에 특히 목적보어절에서 많이 쓰이며, 목적보어로 명사절이 종속절에 쓰였을 경우에 그 절의 동사를 어떤 법으로 쓸까 결정해야 하는데, 그 결정은 그 종속절을 이끄는 주절의 동사가 어떤 뜻을 가졌느냐에 따라 법이(즉 접속법, 직설법, 조건법 등의 중 어느 것을 써야 되는지) 결정된다.

그리고 이러한 명사절이 주절과 연결될 때는, 접속사 que(또는 de ce que, à ce que, en ce que, etc.)가 있는 경우와 que 없이 연결되는 경우(*cf.* 간접의문문) 두 가지와, 선행사 없이 관계대명사로 유도되는 경우(*cf.* Qui vivra verra) 등 세 가지 경우 뿐이다. 결국 세 번째 경우는 성질상 형용사절에 포함시킬 수 있으니, 종속절로서 명사절에 쓰이는 접속법의 용법은 que가 있는 경우와 없는 경우만 남게 된다. 그리고 이 중에서도 명사절에서 접속법 용법은 거의 대부분 que가 있는 경우며, que가 없는 경우의 용법은 거의 없다.

그럼 주절의 동사 뜻을 분류해 가며 목적보어절에 쓰인 명사절에서 접속법을 쓰는 경우를 알아보고, 주어절, 속사절, 동격절 등으로 쓰인 명사절에서 접속법 쓰임을 알아보자.

① 주절에 의지, 명령, 금지, 희망, 기원의 뜻을 가진 다음과 같은 동사가 올 때 종속절에 접속법을 쓴다.

accorder 허용하다	aimer mieux 더 좋다
approuver 찬성하다	commander 명령하다
concéder 허용하다	consentir 동의하다
crier 요구하다	défendre 금지하다
demander 요구하다	désapprouver 반대하다
désirer 원하다	dire 명하다
empêcher 방해하다	entendre 원하다
essayer 애쓰다	implorer 간청하다
ordonner 명령하다	permettre 허락하다
préférer 더 좋다	prétendre 원하다
prier 청하다	rêver 꿈꾸다
signifier 명하다	s'opposer 반대하다
souffrir 허용하다	souhaiter 원하다
supplier 애원하다	tâcher 애쓰다
tolérer 허용하다	trouver bon 좋다
trouver mauvais 나쁘다	veiller 보살피다
vouloir 원하다	éviter 피하다

Souhaitons que cette guerre *soit* la dernière.

이번 전쟁이 마지막이기를 기원합시다.

La pluie empêche qu'on n'*aille* se promener 비가 와서 산책하러 못 가겠다.

Nous entrons dans une ère nouvelle ; essayons qu'elle *soit* heureuse. (A. Maurois)

우리에게 새로운 시대가 열립니다. 행복한 시대가 되도록 힘씁시다.

Je veux qu'on m'*obéisse*. 내 말에 복종을 하도록.

㊟ 1. consentir, dire, écrire, entendre, être d'avis, faire savoir, prendre garde, prétendre, signifier와 같은 동사들은 그 뜻이 의견을 나타내는가 소원을 나타내는가에 따라서, 전자일 경우는 종속절에 직설법을, 후자일 경우는 접속법을 써야 한다.

Je dis qu'il *vient*. (직설법) 나는 그가 온다고 말한다.

Je dis qu'il *vienne*. (접속법) 나는 그가 왔으면 한다.

J'entends que l'on *vient* pour la prière!(직설법) 누군가 기도하러 오는 소리가 들린다!

J'entends que vous ne me *suiviez* pas. (접속법) 나를 따라오지 않았으면 합니다.

㊟ 2. arrêter, commander, convenir, décider, décréter, établir, exiger, ordonner, prescrire, régler, résoudre의 동사들 다음에 que로 유도되는 종속절이 올 때 그 동사들이 주어의 강한 의지와 의욕을 나타내면 종속절에 접속법을 쓰고, 단순히 결정된 사실을 기정 사실로 간주하고 그 사실을 실행에 옮긴다는 뜻일 때는 직설법(보통 미래 시제 중 어느 것이나) 또는 조건법(과거에 있어서의 미래)을 쓴다.

Le conseil ordonne que la façade de la Maison Commune *sera* illuminée. (직설법)

심의회는 공동회관 전면에 조명 장치를 할 것을 결정한다.

La Cour a ordonné que ce témoin *fût entendu*. (접속법)

법정은 그 증인의 진술을 듣도록 명령하였다.

㊟ 3. le ciel permit que, le malheur veut que, le hasard voulut que, je veux bien que 등과 같은 표현이 주어의 의지, 욕망을 나타낼 때는 종속절에 접속법을 쓰고, 단순히 어떤 사실의 인정 내지 확인하는 의미로 쓰이면 직설법을, 그 사실이 우연적이거나 가정적일 때는 조건법을 쓴다.

Le malheur voulut qu'un matin je *l'aie rencontrée*. (접속법)

불행히도 어느 날 아침 나는 그녀를 만나게 되었다.

Le malheur a voulu que tout dernièrement on *a brûlé* une foule de papiers parmi lesquels le discours a péri. (직설법)

아주 최근에 종이 한 무더기를 불태웠는데 불행히도 그 가운데에 든 연설문도 없어졌다.

㊟ 4. il n'empêche que, n'empêche que는 접속사구가 되어 et cependant(그렇긴 해도, 그러나)의 뜻이 되므로 종속절에는 항상 직설법을 사용한다. il 대신 ce qui, cela, ça, ceci로 시작할 때도 마찬가지이다. 그러나 empêcher가 동사로서 본래의 뜻 '방해하다'로 쓰이면 종속절에 접속법을 쓴다.

Je n'empêche pas qu'il ne *sorte*. (접속법)

나는 그가 외출하는 걸 막지 않는다.

Ça n'empêche pas qu'il y *aille*. (접속법)

그것 때문에 그가 거기까지 못 갈 것은 없다.

N'empêche que cette aventure me *laissa* un certain sentiment de malaise. (직설법)

그러나 그 사건은 내게 어떤 불안감을 남겼다.

Cela n'empêche que l'Angleterre est *entrée* dans le Marché Commun. (직설법)
그렇긴 해도 영국은 구라파 공동 시장에 가입하였다.

② 주절에 기쁨, 고통, 놀람, 두려움, 유감 등과 같이 감정을 나타내는 동사나 동사구 또는 형용사가 올 때 종속절에 접속법을 쓴다.

admirer 감탄하다	adorer 무척 좋아하다
affectionner 좋아하다	s'affliger 괴로와하다
aimer 좋아하다	appréhender 두려워하다
attendre 기대하다	craindre 두려워하다
dédaigner 무시하다	déplorer 한탄하다
détester 싫어하다	enrager 원통해 하다
s'étonner 놀라다	se fâcher 화내다
se féliciter 기뻐하다	s'impatienter 안달하다
s'indigner 화내다	s'irriter 화내다
lamenter 탄식하다	mépriser 깔보다
se plaindre 한탄하다	redouter 몹시 두려워하다
refuser 싫어하다	regretter 애석해하다
se réjouir 기뻐하다	rêver 열망하다
trembler 두려워하다	avoir crainte 걱정하다
avoir hâte 속히 ~하고 싶다	avoir honte 수치스러워하다
avoir horreur 무서워하다	avoir indignation 화내다
avoir peur 두려워하다	avoir regret 애석해하다
être content 기쁘다	être mécontent 불평을 품다
être aisé 기쁘다	être affligé 괴로와하다
être désolé 슬퍼하다	être étonné 놀라다
être faché 화내다	être heureux 행복해 하다
être honteux 수치스러워하다	être indigné 분노하다
être irrité 화내다	être ravi 몹시 기쁘다
être surpris 놀라다	être triste 슬퍼하다

Je crains qu'il ne *soit* malade. 그가 아픈 게 걱정이다.

Elle a regret qu'il ne *vienne* pas à cette fête.
그녀는 그가 그 축제에 오지 않은 걸 애석히 여긴다.

Je suis heureux que mon fils *ait réussi* à cet examen d'entrée
나는 아들이 입학시험에 합격하여 행복하다.

Elle vivait dans une peur constante qu'il ne *tombât*, qu'il n'*eût* froid. (Maupassant)

그녀는 그가 넘어지지나 않을까, 감기 들지나 않을까 늘 걱정하며 살았다.

㈜ 위의 감정을 표시하는 동사나 형용사가 명사나 부정법을 보어로 취할 때는 de가 필요하며, 절을 보어로 취할 때는 일반적으로 de ce que를 취할 수도 있다. 그러나 절이 와도 que를 취할 수밖에 없는 경우가 있는데, 이 경우에는 항상 접속법을 써야한다.

cf. J'ai peur de le voir. 그를 보는게 겁난다.
J'ai peur qu'il me voie. 그가 나를 보는게 겁난다.

☞ 그러나 de ce que로 유도되는 절이 오면 일반적으로 직설법이나 조건법을 쓰며, 접속법은 드물게 쓴다.

Il s'étonne de ce que le patron ne le *reconnaît* pas. (직설법)
그는 지배인이 그를 알아보지 못 한다는 사실에 놀라워한다.
Je suis indigné de ce que, si on vous demandait votre avis, vous *approuveriez* cet odieux projet. (조건법)
사람들이 의견을 물으면, 당신은 그 형편없는 계획을 칭찬할 테니 나는 화가 납니다.
Ils étaient las de la course, et de ce qu'elle *eût été* vaine. (접속법)
그들은 심부름 때문에 피곤하였고 또 그 심부름이 전혀 소용이 없었다는 것에 맥이 빠졌다.

③ 의혹, 불확실, 부정의 뜻을 나타내는 동사나 동사구 뒤의 종속절에는 접속법을 쓴다.

contester 인정하지 않다	désespérer 절망하다
démentir 부인하다	disconvenir 부정하다
dissimuler 속이다	ignorer 모르다
douter 의심하다	nier 부정하다

Je doute qu'il *ait fait* fortune avec son billet de loterie.

그가 복권으로 한 밑천 잡았다고 믿어지지 않는다.

J'ignorais que la pneumonie *fût* contagieuse.

폐결핵이 전염된다는 걸 나는 몰랐다.

Osez nier que vous *ayez été* le confident de ma fille!

당신이 내 딸과 친한 친구사이였다는 것을 부인하려면 해보시오!

Nul ne contestera que tout problème n'*ait* des analogues dans le passé.

모든 문제가 과거에도 유사한 것들이 있다는 것에 그 누구도 인정하지 않을 수는 없으리라.

㈜ 1. 의혹, 불확실, 부정의 뜻이 희박할 때는 긍정문에서 보통 직설법을 쓴다.
Je me doute qu'il viendra me voir. (직설법)
그가 나를 찾아 올 것이라고 생각하고 있었다.
Je doute(nie) que cela soit vrai. (접속법)
그게 정말인지 의심스럽다(부정한다)

㈜ 2. 위 동사들은 부정문이나 의문문으로 쓰이면 결국 긍정의 뜻이 되므로 직설법이나 조건법을

사용해도 좋다.
Elle ne douta pas qu'elle *avait*(*eût*) *reçu* la visite d'une personne vivante.
그녀는 자신이 살아 있는 어떤 사람의 방문을 받았다는 걸 의심하지 않았다.
Nies-tu encore que c'*est*(*soit*) toi le meurtrier?
살인자가 바로 너라는 걸 아직도 부인하느냐?

④ 주절에 의견 또는 인지를 나타내는 동사들(verbe d'opinion et de perception)이 부정문, 의문문 또는 조건문의 형태로 사용되면 종속절에는 보통 접속법을 사용한다. (긍정문에서는 직설법 씀)

admettre 시인하다	affirmer 단정하다
annoncer 알리다	apercevoir 알아보다
s'apercevoir 깨닫다	apprendre 알다
assurer 단언하다	avertir 알리다
avouer 인정하다	certifier 증명하다
comprendre 이해하다	compter 생각하다
concevoir 생각하다	convaincre 입증하다
convenir 인정하다	crier 알리다
croire 생각하다	déclarer 선언하다
dire 말하다, 생각하다	se douter 짐작하다
écrire 편지로 알리다	entendre 듣다, 깨닫다
espérer 원하다, 생각하다	estimer 생각하다
être d'accord 인정하다	être d'avis 생각하다
feindre 생각해 내다	se flatter 자만하다
s'imaginer 믿다	juger 생각하다
jurer 단언하다	parier 단언하다
penser 생각하다	présumer 생각하다
prétendre 주장하다	prévenir 알리다
proclamer 선언하다	promettre 예고하다
reconnaître 인정하다	réfléchir 깊이 생각하다
remarquer 유의하다	se rendre compte 납득하다
savoir 알다	sentir 느끼다
songer 생각하다	soupçonner 추측하다
soutenir 주장하다	se souvenir 생각나다
supposer 가정하다	téléphoner 전화로 알리다
voir 보다, 알다	

Crois-tu donc que je *sois* comme le vent d'automne?
그래 너는 내가 가을바람 같다고 생각하니?

Pensez-vous qu'il *soit arrive*? 그가 도착했다고 생각하십니까?

Je n'espère pas que la chance vous *défavorise*.

그 기회가 당신에게 불리하게 되는 것을 바라지 않습니다.

Il ne se doutait pas qu'on *eût* des preuves contre lui.

그는 사람들이 자기에 대한 불리한 증거를 가지고 있으리라곤 짐작도 못 하였다.

Je ne me flatte pas que ces pages *puissent* avoir beaucoup de lecteurs. (É. Henriot)

나는 이 글이 많은 독자를 확보를 할 수 있으리라고 자만하지 않는다.

㊟ 1. 의문문이나 부정문이 아닌 긍정문에서 위의 동사들은 거의 대부분 어떤 사실을 있는 그대로 객관적으로 표현함으로 종속절에 직설법이나 조건법(가정적인 사실을 표현하고자 할 때)을 쓴다.

Je crois(affirme, pense, déclare, sais, vois) que l'entreprise *réussira*.
나는 그 사업이 성공할 거라고 믿는다.
Vous soupçonnez que je *veux* vous tromper.
제가 당신을 속이려 한다고 생각하시는 군요.
J'espère que le cheval du baron *aura gagné* cet après-midi.
남작의 말이 오늘 오후에 우승하리라고 생각됩니다.
Goethe lui-même était d'avis que les allemands ne *cesseraient* pas d'être barbares. (조건법)
괴테 자신은 독일인들이 여전히 야만적일거라고 생각하였다.

㊟ 2. 종속절의 내용이 객관적인 사실임이 분명할 때, 또는 그것이 사실임을 강조하고자 할 때는 주절이 의문 또는 부정의 형태이더라도, 혹은 가정을 나타내더라도 직설법을 사용해야 한다. 이런 용법은 주절이 부정 의문형일 때 자주 쓰인다.

Il ne croit pas que la santé *vaut* mieux qu'un trésor.
건강이 보물보다 더 값이 있다는 걸 그는 믿지 않는다.
Pensez-vous que la vértiable amitié *est* rare?
진실한 우정은 흔하지 않다고 생각하시죠?
Pourquoi ne m'as-tu pas dit que tu *étais* malade?
병이 났다는 걸 왜 내게 말하지 않았니?

㊟ 3. admettre, mettre, comprendre, concevoir, supposer 동사는 가정적인 뜻으로 쓰이면 주절이 긍정문이라도 종속절에는 접속법을 써야 한다.

Supposons que ce *soit* vrai. 그게 사실이라고 해 두자.
Je conçois qu'il n'*ait* pas *été* satisfait de votre conduite.
그가 당신 행동에 대해 흡족해 하지 않았으리라고 생각되는데.
Mettons que vous *ayez* raison. 당신이 옳다고 가정합시다.

* promettre que 뒤에는 항상 직설법 미래 또는 전미래를 쓰나, 드물게 접속법도 쓴다.

Je vous promets que je *ferai* tout mon possible.
제 가능한 최선을 다할 것을 약속합니다.
Je ne promets pas que vous *aurez* cette place.
당신에게 이 자리를 주는 것을 약속 못한다.
Je ne promets pas que la balance *soit* exacte.
이 저울이 정확하다고 확신 못한다.

Promets-vous qu'on *s'en occupera*? 그 일을 책임질 거라고 약속합니까?

※ on dirait que, vous dirienz que(~인 것 같다) 뒤에서는 직설법을 쓰는 것이 보통이다. 그러나 문어체에서는 접속법을 쓸 때도 있다.
On dirait que le ciel *est* soumis à sa loi. 하늘이 그의 법에 복종한 듯하다.
Vous diriez qu'il *suit* l'ordre des temps.
그가 시대의 질서를 따르는 것 같다고 말하는거요.
On eut dit qu'ils *avaient attendu* dehors. 그들은 밖에서 기다렸던 것 같았다.
On dirait qu'il n'*ait* plus qu'un souci. 그에게는 단 한 가지 근심밖에는 없는 듯하다.

⑤ 가능이나 불가능, 의혹, 부정, 필연, 감정의 움직임을 나타내는 비인칭 동사나 동사구 다음에서는 종속절에 접속법을 쓴다.

il est possible 가능하다 / il est impossible 불가능한 일이다
il se peut ~일 수 있다 / il convient 적합하다
il est douteux 의심스럽다 / il n'est pas douteux 분명하다
il n'y a pas de doute 분명하다 / il ne fait pas de doute 분명하다
il s'agit 문제이다 / il faut 해야 한다
il est nécessaire 필요하다 / il est exclu ~란 있을 수 없다
il est de règle 규정으로 되어 있다 / il s'en faut 부족하다
il suffit 충분하다 / il me tarde ~을 학수고대하다
il est temps 시간이다 / il vaut mieux 더 낫다
il importe(peu importe) 중요하다(중요하지 않다)
il n'est pas contestable 이론의 여지가 없다
il est bon(juste, utile, naturel, heureux, fâcheux, convenable, faux, rare, urgent, honteux, suprenant, triste, etc.)
좋다(옳다, 소용이 된다, 당연하다, 행복하다, 성가시다, 알맞다, 거짓이다, 드물다, 급하다, 수치스럽다, 놀라웁다, 슬프다 등)
c'est dommage 유감이다
c'est bien le moins 최소한 ~이다
c'est assez(beaucoup, peu) 충분하다(많다, 충분치 않다)
nul doute que 분명하다

Il faut qu'on *obéisse* à la raison. 이성에 따라야 한다.
Il s'agit que vous le *retrouviez*, et rapidement. 그를 찾아야 한다, 그것도 빨리.
C'est heureux que je n'*aie* pas besoin de beaucoup de sommeil.
내가 잠을 많이 잘 필요가 없다는 건 다행이다.
C'est dommage qu'il *soit parti*. 그가 떠났다니 유감이다.

㈜ 1. il n'est pas douteux(contestable, discutable ect.), il n'y a pas de doute, il ne fait pas de doute, nul doute, point de doute(…분명하다) c'est dommage(…유감이

다), est-il possible(…있을 수 없다), il est de fait(…사실이다)의 다음에 que로 유도되는 종속절에서, 그것이 확실한 사실을 나타낼 때는 직설법을, 가상적 · 우연적 사실을 나타낼 때는 조건법을 쓴다.

Est-il possible que vous *serez* toujours aussi béte? (직설법)
당신이 늘 그처럼 어리석을 수가 있을까요?

Il n'est pas douteux qu'en travaillant avec méthode il *réussirait*. (조건법)
체계적으로 공부하면 그가 성공하리란 것은 자명한 일이다.

✽ il est sans doute que, sans doute que, il est hors de doute que 뒤에서도 접속법 안 쓰고, 직설법이나 조건법(뜻이 가정일 경우)을 쓴다.

Il est hors de doute qu'il *réussira*. 확실히 그는 성공할 것이다.

주 2. il arrive, il advient, il se peut, il se fait, il se trouve, il survient 도 종속절이 확실한 사실을 나타내면 직설법을, 가상적이거나 우연한 사실을 나타내면 조건법을, 말하는 이의 생각을 나타내면(특히 주절이 부정문 혹은 의문문, 조건문으로 되어 있을 때는 항상) 접속법을 쓴다.

Il arrive que l'on *comprend* mal. (직설법) 잘못 이해하는 일도 생긴다.
Il se peut qu'elle *refuserait*. (조건법) 그녀가 거절할지도 모른다.
Arrive-t-il qu'on le *punisse*?(접속법) 그를 벌주게 될까?
Il ne se trouve pas qu'il *rentre* tard chez lui le soir. (접속법)
그가 저녁에 늦게 들어오는 일이란 없다.

⑥ 다음과 같이 확실성, 그럴 법한 일, 결과를 나타내는 비인칭구문의 종속절에서도 그 내용이 주관적 판단을 나타낼 때는 접속법을 쓴다. 따라서 거의 부정문이나 의문문, 조건문에서는 접속법을 쓴다.

il est certain(sûr, évident, clair, manifeste, incontestable, indéniable, indiscutable, indubitable, constant, vrai, vraisemblable, probable…) 확실하다, 분명하다

il paraît ~인 것 같다	il y a apparence ~인 모양이다
il s'ensuit 결과가 ~이 되다	il suit 결과가 ~이 되다
il résulte 결과가 ~이 된다	il y a des chances ~이 일어날 가능성이 있다.

Il n'est pas certain que la paix *soit* durable.
평화가 계속되리라는 것은 확실치 않다.

Il paraît bien qu'à la fin de sa vie, il *ait joué* un double jeu.
생애 마지막에 그는 이중 역할을 했던 것 같다.

Est-il vrai qu'il *soit* mort? 그가 죽었다는 게 사실입니까?

S'il est sûr que tu *sois touché* de mes maux, fais-le mieux paraître.
네가 내 불행에 충격을 받았다는 게 사실이면, 그 표시를 좀 잘 나타내 봐라.

Il est peu probable qu'elle *vienne*. 그녀는 올 것 같지 않다.

주 1. 그러나 종속절이 현실적으로 확실한 사실을 나타내면 직설법을, 가정적 사실이면 조건법을

쓴다. 이 경우 대개 주절은 긍정문이다.
Il est sûr qu'il *viendra*. (직설법) 그가 올 것이라는 건 확실하다.
Il me paraît qu'on *devrait* seulement admirer l'inconstance et la légèreté des hommes. (조건법) 사람들의 변덕과 경박함을 감탄하며 바라보기만 해야 할 것 같다.

㊟ 2. 긍정문에서 il(me, te, lui, nous…) semble que는 간접목적어가 있으면 직설법, 없으면 접속법을 보통 사용하지만, 꼭 그런 것은 아니다. 따라서 내용이 사실 그대로를 나타내면 직설법을, 가정적 사실이면 조건법을 사용하지만, 그렇지 않을 경우는 접속법을 쓰면 무난하다. 부정문, 의문문에서는 접속법을 쓴다.
Il semble que ce *soit* un soldat canadien. (접속법)
그는 캐나다 출신 군인인 것 같다.
Il semble que le temps *s'est gâté*. (직설법) 날씨가 나빠진 것이 틀림없다.
Il ne semble pas qu'il *soit gentil*. (접속법) 그는 친절한 것 같지 않다.
Il me semble que mes souvenirs *sont* les lambeaux d'un rêve. (직설법)
내 추억은 어떤 꿈의 조각들인 것 같다.
Il me semble que vous ne *devriez* jamais interrompre des chants. (조건법)
당신들은 절대로 기쁨의 노래를 멈추게 하면 안 될 것 같소.

✽ il m'est avis que, m'est avis que(~인 것 같다) 다음의 종속절에는 직설법이나 조건법을 쓴다.
M'est avis aussi que l'eau *vient* plus vite. (직설법)
내가 보기에도 물이 더 빨리 오는 것 같은데.
M'est avis que ce *serait* une sage précaution de les avertir. (조건법)
그들에게 알리는 것이 현명한 예방책인 것 같은데.

⑦ que로 시작하는 명사절이 문장 첫머리에 오면서, 주어 또는 보어 역할을 할 때, 그 명사절 속의 동사는 접속법으로 쓰는 것이 보통이다.

Que la paix *soit* durable, ce n'est pas certain.
평화가 계속되리란 것은 확실하지가 않다.
Que Jacques *fût* vivant ne le surprenait guère.
쟈크가 살아 있다는 사실에 그는 놀라워하지 않았다.
Que le bombardement *eût cessé* avait fait naître de l'espoir.
폭격이 멈추어서 희망을 갖게 되었다.

㊟ 1. 위에서 보듯 문두에 쓰인 que절은 중성대명사 ce, cela, en, y, le 또는 명사 la chose, le fait로 다시 받을 수도 있다.
Qu'une fillette de dix ans à peine priât de la sorte, *la chose* était, certes, assez extraordinaire.
겨우 열 살 먹은 어린 소녀가 그와 같은 기도를 드렸다는 것은 확실히 특이한 일이다.

㊟ 2. que 절이 확실한 사실을 나타내거나 사실의 현실성을 강조할 때에는 직설법을, 우연적・가정적인 사실을 나타낼 때는 조건법을 쓴다.
Qu'elle l'*aimait*, il le savait depuis longtemps. (직설법)
그녀가 그를 사랑하고 있었다는 걸 그는 오래 전부터 알고 있었다.
Que tu *ferais* bien ce travail, je le sais. (조건법)
네가 그 일을 잘 처리하리란 것을 난 알고 있다.

⑧ que로 유도되는 명사절이 속사나 동격 역할을 하며, 그 내용이 의욕, 소원, 감정 등을 나타낼 때 그 절에 접속법을 쓴다. 속사절인 경우는 주로 주절의 주어로 쓰인 명사의 뜻에 따라, 동격절인 경우는 그 절과 동격으로 쓰인 명사나 대명사의 뜻에 따라 접속법 사용이 결정된다. 즉 앞의 ①, ②의 동사(구) 및 형용사 등에서 파생되어 나온, 감정, 명령, 금지 희망, 기원 등의 명사가 주어나 동격어로 올 때 속사절이나 동격절에 접속법이 쓰인다.

Mon désir est que tu *fasses* ton devoir. 내 소원은 네가 의무를 다하는 것이다.

Ma seule crainte était que l'on *s'imaginât* que j'avais peur.

내 유일한 걱정은, 사람들이 내가 무서워한다고 생각한다는 점이었다.

L'essentiel, c'est que le ménage *soit* proprement *tenu*.

중요한 것은 살림이 깨끗하게 간수되어 있다는 것이다.

On s'élève contre votre supposition que tous les hommes *soient* égaux en intelligence.

모든 인간이 지적으로 평등하다는 당신의 가정에 대해 모두 반대를 한다.

L'idée qu'il *puisse* risquer sa vie pour moi m'est intolérable.

그가 나를 위해 생사의 위험을 무릅쓴다는 것은 견디기 어려운 생각이다.

㈜ 그러나 속사절, 동격절의 사실이 현실에 기반을 둔 것이면 직설법을 쓰고, 우연적 · 가상적 사실이면 조건법을 쓴다.

L'essentiel est qu'on *vient* à votre secours. (직설법)
중요한 건 누군가 여러분을 도우러 온다는 점입니다.
D'où vient cela que chaque homme *changerait* volontiers de condition?
(조건법) 모든 사람이 자기의 현 지위를 바꾸려 하는 것은 웬일일까?

⑨ 접속법으로 된 종속절에 다시 종속되는 종속절에는 접속법을 쓴다.

Il est essentiel que les domestique ici ne *sachent* pas que je vous *connaisse*.

중요한 것은 이곳 하인들이 내가 당신을 아는 사람이라는 것을 알지 못한다는 것이다.

❖ que없는 명사절에 접속법 쓰는 경우

que로 유도되지 않는 명사절이란 간접의문문 절이 대부분이다. 이 간접의문문 절이 어떤 비인칭구문 뒤에서 객관적 사실이 아닌 의심적은 사실을 나타낼 때 접속법을 쓴다.

Qu'importe à qui je *sois*? 내가 누구에게 속하는지 무슨 상관이죠?

Il m'est fort indifférent quel jugement vous en *portiez*.

당신이 그것을 어떻게 생각하든 내 알 바 아니오.

㈜ 1. 그러나 간접의문문 절이 객관적 사실을 나타내면 직설법을, 우연적 사실이면 조건법을 쓴다.
Peu importe comment on *accueillera* ce projet et quand on le *réalisera*. (직설법)
사람들이 이 계획을 어떻게 받아들이고 어떻게 실현시킬지는 중요하지 않다.
Peu importe pourquoi vous *iriez*. (조건법)
당신이 왜 가려는 지는 중요하지 않다.

㈜ 2. si 또는 의문사로 유도되는 간접의문문 절이 주절의 동사의 목적어가 될 때, qui, quoi 등 관계대명사가 선행사 없이 쓰이는 명사절, 또는 관계대명사 quiconque로 유도되는 명사절 등에서는 접속법 대신 직설법, 조건법을 쓴다.
Dites-moi où vous *habitez*, qui vous *êtes*. (직설법)
너희들은 어디 사는 누구인지 말 좀 해라.
Qui *veut* la fin veut les moyens. (직설법)
목적을 위해서는 필요한 희생을 치러야 한다.
Je me demande si j'*entreprendrai* ce voyage. (직설법)
나는 그 여행을 시작할까 생각한다.
Quiconque *s'astreindrait* à ce travail pourrait se promettre le succès. (조건법) 이 일을 끝까지 하는 자는 누구나 성공을 다짐할 수 있으리라.

2) 형용사절(혹은 관계대명사절)에 쓰이는 접속법

① 관계대명사 절이 목적, 의도, 희망 등을 내포할 때 접속법을 쓴다.
Nous cherchons un remède qui lui *rende* la santé.
우리는 그의 건강을 되찾아 줄 약을 찾고 있다.
Je rêve d'un voyage qui ne *finisse* pas. 나는 끝이 없는 여행을 꿈꾼다.

② 선행사에 최상급이 있거나 seul, premier, dernier, unique, suprême 와 같은 최상급 부류에 속하는 형용사를 동반하거나, 또는 최상급의 의미가 있는 표현(un des…, tout, il y a que… 등)이 있을 때, 관계대명사절에 접속법을 쓴다.
C'est le plus grand homme que je *connaisse*.
이 분은 내가 알고 있는 가장 위대한 사람이다.
Le meilleur auxiliaire que *puisse* trouver la discipline, c'est le danger.
규율이 찾아낼 수 있는 가장 훌륭한 보조자는 바로 위험이다.
C'est l'unique poste que vous *puissiez* remplir.
이곳이 당신이 근무할 수 있는 유일한 직장이다.
Aimes-tu ce livre? C'est un des beaux qu'on *ait faits*.
이 책을 좋아하니? 이건 사람이 만든 가장 훌륭한 책들 가운데 하나란다.

③ 주절이 의문문이거나 부정문, 또는 의혹이나 조건을 나타내는 표현을

담고 있을 때, 관계대명사절에 접속법을 쓴다.

Est-il un trésor qui *vaille* le sommeil? 잠만큼 가치 있는 보배가 있을까?

Il n'est rien dans la famille qui ne te *plaise*.

집안에 네가 좋아 할 것은 아무것도 없다.

Si tu as des enfants qui *crient* et qui *soient* méchants, ma mine les fera taire.

네게 마구 소리 지르고 못된 짓을 하는 아이들이 있다면, 그 애들은 내 모습에 입을 다물고 말 것이다.

④ 이미 접속법이 쓰인 종속절 속에 다시 종속된 관계대명사 절에도 접속법이 쓰인다.

Quelle que soit la réponse que nous *fassions*, vous serez mécontent.

우리가 무슨 대답을 하던 당신은 불만스러우리라.

Je ne crois pas que ce soit cet homme que je *prenne* jamais pour conseiller.

그 사람을 내가 고문으로 여긴 사람이라고는 생각되지 않는다.

㈜ 위의 네 가지 ①②③④ 경우에도 관계대명사 절이 확실히 객관적 사실을 나타낼 때는 직설법을, 우연적 사실을 나타낼 때는 조건법을 쓴다.

L'homme est le seul de tous les animaux qui *est* droit sur ses pieds.

인간은 모든 동물 중에서 두 발로 직립하는 유일한 동물이다.

Nous cherchons quelqu'un qui *pourrait* diriger le camp des réfugiés.

우린 피난민 수용소를 이끌어 줄 수 있을 사람을 찾고 있다.

⑤ 명령문에서 선행사의 관사가 정관사가 아니고 부정관사인 경우에 관계대명사절의 동사는 접속법이 될 수도 있다.

Mangez des pommes qui *soient* mûres. 익은 과일만 잡수세요.

3) 부사절에 쓰이는 접속법

부사절에서 접속사 용법은 접속사 que나 que를 포함한 접속사구로 유도되는 절일 때만 적용된다. 거의 부사절 대부분에서 접속법이 많이 쓰이고 있다.

① 목적을 나타내는 부사절에 쓰인다. 이 절은 다음과 같은 접속사구로 유도된다.

afin que	à cette fin que	à seule fin que
pour que	de crainte que	crainte que
dans la crainte que	par peur que	de peur que
(~하기 위해서, ~이 두려워서) 등		

Ce livre est toujours sur le bureau, afin qu'on *puisse* le consulter.

이 책은 사람들이 참고할 수 있도록 늘 책상 위에 놓여 있다.

La vendeuse parle lentement, pour que la clienté étrangère la *comprenne* bien.
여점원은 외국인 고객이 잘 알아듣도록 천천히 이야기한다.

Hâtez-vous, de crainte qu'il ne *soit* trop tard. 너무 늦지 않도록 서두르시오.

㈜ 때로는 que만으로도 목적절을 유도한다. 목적절에는 물론 접속법을 써야 한다.
Donne-moi ta main, que je la *serre*. (Hugo) 악수하게 손을 주게나.
Donne un bonbon au petit, qu'il *se taise*. 어린아이가 조용히 있도록 사탕을 주어라.

✱ que만 쓰는 경우는, 접속사가 이미 앞에 나와 반복을 피하기 위해 쓸 때와 주절이 명령문일 때, 두 가지 경우다.

② 이유를 나타내는 부사절에 쓰이며, 이를 유도하는 접속사구는 다음과 같다.

non que	non pas que
non point que	ce n'est pas que
faute que(~이 아니라) 등	

La Bastille fut détruite, non qu'elle *fût* encore bien redoutable, mais elle était le symbole du despotisme.
바스티유 감옥은 파괴되었다. 그 감옥이 아주 공포의 대상이어서가 아니라, 폭정의 상징이었기 때문이다.

Ce n'est pas que je *veuille* l'humilier, mais la vérité a ses droits.
내가 그를 모욕하고 싶어서가 아니라, 진실은 그럴 권리가 있기 때문이다.

③ 양보나 대립을 나타내는 다음과 같은 부사절에서도 대체로 접속법을 쓴다.

au lieu que ~하기는커녕	bien que ~함에도 불구하고
bien loin que ~하기는커녕	encore que ~이지만
loin que ~하기는커녕	malgré que ~임에도 불구하고
nonobstant que ~이기는 하지만	quoique ~하지만
sans que ~하지 않더라도	si ~ que 아무리 ~라 해도
quelque ~que 아무리 ~라 하더라도	pour que 비록 ~이지만
tout ~que 아무리 ~라 해도	quel que ~이 어떠하건
où que 어디에 ~해도	quelque chose que ~이 무엇이든지
qui que ~이 누구일지라도	quoi que ~이 ~하더라도
qui que ce soit qui ~이 누구든지(주어)	
quoi que ce soit qui ~이 무엇이든지(주어)	
qui(quoi) que ce soit que ~이 누구(무엇)이든지(목적어)	

Bien qu'il *ait gagné* le gros lot, il continue à vivre modestement.
그는 복권에서 특등에 당첨됐는데도 여전히 검소하게 살고 있다.

Quoi que je *fasse*, ma femme n'est jamais satisfaite.
내가 무얼 하던 아내는 만족할 줄을 모른다.

Où que vous *alliez*, gardez cela en souvenir de nos amités.
당신이 어디 가든 우리의 우정을 기념하여 이것을 간직하시오.

Quelque prudemment qu'ils *agissent*, cela n'est pas moins dangereux.
그들이 아무리 조심스럽게 행동하여도, 그래도 역시 위험하다.

㈜ 1. que만으로도 양보절을 만든다. 앞에 한번 나온 접속사를 반복하는 것을 피하려는 경우와, 그냥 단독으로 que로만 양보의 뜻을 나타내기도 한다.
Qu'il *pleuve*, je pars. 비가 와도 나는 출발한다.
Bien qu'il *soit venu* et *qu*'il *ait vu* cet état, il n'a rien fait.
그는 와서 이런 상황을 목격했는데도 불구하고, 아무런 조처도 안 했다.

㈜ 2. si ~ que의 부사절은 흔히 접속사를 생략하고 주어와 동사를 도치한다.
Si mince *soit*-il, un cheveu fait de l'ombre.
머리카락이 아무리 가늘다 해도 그늘을 만든다.
S'il *fût* sévère, il fut juste. 그는 엄했지만 공정하였다.

㈜ 3. bien que, encore que, quoique, malgré que, pour… que, si… que 등은 직설법, 조건법 쓰는 예도 있으며, au lieu que(…하지는 않고), tout… que(아무리…이라도)는 접속법과 직설법 병행해서 쓰고 있다.

㈜ 4. 양보를 나타내는 quand, quand même, alors même que, lors même que 는 조건법, même si, si même, si 등은 직설법을 쓴다.

④ si이외에 가정이나 조건을 나타내는 접속사구 뒤에서 접속법을 쓴다.

à condition que ~라 가정하고	à moins que ~하지 않는 한
sous(la) condition que ~라 가정하면	supposé que ~라 가정하고
à supposer que ~라 가정하고	en cas que 만약 ~이면
au cas que 만약 ~이면	pourvu que ~하는 조건으로
dans le cas où 만약 ~이면	si tant est que ~라 가정하면
en supposant que ~라 가정하고	en admettant que ~라 가정하면
pour le cas où ~의 경우에 대비하여	soit que ~ soit que ~이든지 ~이든지
soit que ~ ou que ~이든지 ~이든지	
pour peu que 조금이라도 ~하기만 하면	
dans(pour) l'hypothèse que(où) ~라 가정하고	

Il viendra à condition que le temps le *permette*.
날씨만 허락하면 그는 올 것이다.

Au cas que nous ne le *fassons* pas, un autre le fera.
우리가 그것을 하지 않는다면 다른 사람이 할 것이다.

Pourvu qu'il *vienne*, nous serons tous contents.

그가 오는 조건이면 우리 모두 만족해하리라.

㊟ 1. 가정 조건의 뜻을 가진 si, quand, au cas où, dans le cas où 등과 que로 끝나지 않은 접속사구는 직설법과 조건법을 쓰며, 특히 au cas où, au cas que, en cas que, dans le cas où, pour le cas où, dans l'hypothèse où 등의 다음에서는 우연한 사실을 나타내면 조건법을 사용한다.

Au cas où je *serais* en retard, commencez sans moi.

내가 늦을 경우에는 나를 빼놓고 시작들 해라.

Dans l'hypothèse où vous *changeriez* d'avis, informez-moi sans retard.

당신 생각이 달라지면 지체 없이 내게 연락하시오.

㊟ 2. 앞에 한번 나온 것은 반복을 피하기 위해 que만 쓴다.

à condition qu'il *fasse* réparer et *qu*'il *paye*, 수선과 지불을 맡는다는 조건하에…

㊟ 3. à condition que, sous(la) condition que 등은 접속법과 직설법 미래도 쓰며, selon que… ou(que), suivant que… ou(que)(…냐…냐에 따라서) 등은 직설법을 쓴다.

C'est à condition que je ne *serai* pas connu.

내 이름이 알려지지 않는다는 조건이다.

Selon qu'on l'*aime* ou qu'on le *hait* …

사람들이 그를 사랑하느냐 증오하느냐에 따라서…

⑤ 때를 나타내는 접속사구 중 특히 선행성을 나타내는 다음의 접속사 뒤에 접속법을 쓴다.

avant que ~하기 전에	d'ici à ce que ~할 때까지
d'ici que ~할 때까지	en attendant que ~하기까지
jusqu'à ce que ~할 때까지	

Ne partez pas jusqu'à ce que je *sois* revenu. 내가 돌아올 때까지는 떠나지 마시오.

Rentrons tout de suite avant qu'il *pleuve*. 비 오기 전에 즉시 돌아오자.

En attendant que j'*aille* le rejoindre dans un monde meilleur, je visiterai souvent son tombeau.

더 좋은 세상에서 그와 다시 만날 때까지 나는 자주 그의 무덤을 찾아갈 것이다.

㊟ 1. avant que, en attendant que와 같은 의미인 avant le moment où, en attendant le moment où 로 유도되는 관계사 절에는 직설법을 쓰면 행위의 일어난 결과를 조건법을 쓰면 우연성을 나타낸다.

Je lirais en attendant le moment où vous *rentriez*. (접속법)

당신이 돌아올 때까지 독서를 할께요.

Restez ici, on vous reconnaîtrait même avant le moment où vous *parleriez*.

꼼짝 말고 있으시오. 당신이 이야기하기 전에 누군가 당신을 알아볼지도 모르니까.

㊟ 2. 반복 쓰는 것을 회피하기 위해 앞에 한번 나온 접속사를 que만 쓰기도 한다.

Avant qu'il vienne et *qu*'il voie cela …

그가 오기전에 그리고 이것을 보기 전에…

⑥ 다음과 같이 결과나 정도를 나타내는 부사절에서 접속법을 쓴다. 다른 부사절에 비해 접속법 쓰는 경우가 복잡하다.

▸ 항상 접속법을 쓰는 경우

assez ~ pour que …할 만큼 충분히 ~하다
trop ~ pour que 너무 ~해서 …할 수 없다
trop peu ~ pour que(= trop ~ pour que)
suffisamment ~ pour que 충분히 ~하여 …하다
de manière à ce que ~하도록
de façon à ce que ~하도록

Son trouble était trop grand pour qu'elle *pût* dormir.
그녀는 고통이 너무 심하여 잠들 수가 없었다.
Faut-il assez chaud pour qu'on *puisse* aller se baigner?
해수욕 갈 만큼 날씨가 덥냐?

▸ 정도를 나타내는 아래 접속사 구는 주절이 부정문, 의문문일 때 접속법을 쓴다.

si ~ que	tant ~ que,
tel ~ que	tellement ~ que(몹시 ~하여 …하다)
au point que	à ce point que
à tel point que	à un tel point que(…할 정도로 ~하다)

Il n'est pas tellement sévère qu'on *puisse* toucher son cœur.
그는 사람들이 그의 마음을 감동시킬 수 없을 정도로 준엄하지는 않다.
A-t-il tant de besogne qu'il n'*ait* aucun loisir?
그는 여가가 조금도 없을 만큼 일이 많은가?

▸ 직설법 쓰는 접속사지만, 단순한 결과가 아니라 결과가 그 목적일 정도로 너무 과도한 의욕적인 결과를 나타낼 경우에는 접속법을 쓴다.

au point que	de façon que,
de manière que	en sorte que,
de sorte que	de telle façon que,
de telle manière que	de telle sorte que,
si bien que	tant et si bien que(~하도록)
si(tant, tel, tellement) ~ que 등	

J'ai agi de sorte que vous *ayez* satisfaction. 나는 당신이 만족하도록 행동하였다.
Il fallait modérer sa gloire de façon qu'elle ne *réveillât* pas l'attention.

그녀는 필요 이상의 주목을 끌지 않도록 뽐내는 것을 절제하지 않으면 안 되었다.

Faites les choses de manière que chacun *soit* content.

각자가 기뻐할 정도로 일하시오.

㈜ 그러나 접속사절의 내용이 목적의 개념 없이 순전히 결과를 나타낼 때는 물론 직설법을 써야 한다.

Le train avait du tard, de sorte que j'*ai manqué* mon rendez-vous.
기차가 연착해서 나는 약속을 못 지켰다.
Il agit de telle manière que chacun *est* content. 그는 각자가 만족하게 행동한다.
Sa mère larmoya à ce point qu'il la *fallut* enfermer dans sa chambre.
그의 어머니는 눈물을 많이 흘려 방에 들어가 있어야 했다.

5. 부정법(Mode infinitif)

부정법은 동사의 명사적 형태로 인칭이나 수의 표시 없이 단순히 동사가 나타내는 의미만을 지닌다. 인칭이나 수의 변화가 없으므로 비인칭법이라 하고 부정사라 칭하기도 한다. 동사와 명사의 기능을 아울러 갖고 있다.

la joie de *vivre* 삶의 기쁨(명사적)

Que lui *dire*? 그에게 뭐라 얘기해야 하나?(동사적)

이와 같이 동사와 명사적 기능을 갖기 때문에 부정법은 용법에 있어서도 명사적 용법과 동사적 용법을 동시에 갖게 된다.

cf. 부정사 중 일부는 아주 명사로 고정되어 버린 것들도 있으며 모두 남성명사 취급한다.
vivre 식량, avoir 재산, être 존재, rire 웃음, devoir 의무, souvenir 추억

5.1. 부정법의 시제

부정법 현재와 부정법 과거가 있다. 과거형은 조동사원형+과거분사로 만들어진다.

현 재	과 거
chanter	avoir chanté
avoir	avoir eu
aller	être allé
se laver	s'être lavé

(1) 부정법 현재(Présent de l'infinitif)

주동사의 동작이나 상태와 동시성을 나타내는데, 주동사의 시제에 따라 현재 뿐 아니라 미래, 드물게는 과거까지 표현한다.

Il croit *réussir*. (=Il croit qu'il réussit)(직설법 현재)

Il croira *réussir*. (=Il croira qu'il réussira)(직설법 미래)

Il croyait *réussir*. (=Il croyait qu'il réussissait)(직설법 반과거)
Il espérait *venir*. (=Il espérait qu'il viendrait) (조건법 현재 : 과거에서 미래)
Il vous faut *travailler*. (=Il faut que vous travailliez)(접속법 현재)
Il vous fallait *travailler*. (=Il fallait que vous travaillassiez) (접속법 반과거)

(2) 부정법 과거(Passé de l'infinitif)

주동사가 나타내는 시제상의 동작보다 먼저 끝난 동작을 나타낸다.

Il croit *avoir réussir*. (=Il croit qu'il a réussi)(직설법 복합과거)
Il a cru *t'avoir vu*. (=Il a cru qu'il t'avait vu)(직설법 대과거)
Il partira après *avoir déjeuné*. (=Il partira après qu'il aura déjeuné) (직설법 전미래)
Il espérait *être arrivé* avant la pluie. (=Il espérait qu'il serait arrivé avant la pluie)(조건법과거 : 과거에서 전미래)
Il lui a fallu *avoir fini* son devoir avant le dîner. (=Il a fallu qu'il ait fini son devoir avant le dîner)(접속법 과거)
Il lui aurait fallu *avoir fini* son devoir avant le dîner. (=Il aurait fallu qu'il eût fini son devoir avant le dîner)(접속법 대과거)

5.2. 부정법의 용법

부정법의 용법은 다양해서, 그 구분을 명확하게 갈라 구분하기는 어렵다. 부정법의 용법은 크게 둘로 나누는데, 동사적 용법과 명사적 용법이 그것이다. 전자는 부정법이 주절의 주어가 아닌(의미상의)주어를 갖고 있어 절을 유도해 동사로써 역할을 하는 경우이며, 후자는 기능상 문장에서 주어, 속사, 보어, 또는 수식어 등 명사로서 역할을 하는 경우이다. 그리고 독립절이나 주절 하나만으로 독립적으로 쓰이는 경우가 있는데, 이 경우는 보통 동사적 용법으로 보는 경향이 일반적이다.[32] 그리고 그밖에 부정법만 갖고 있는 특수용법(아래 참조)이 있다.

㊟ 부정법은 문법상 쉽게 틀릴 경우가 많다.

✽ 이 과자는 먹기 위해 차려져 있다.
Ces gâteau sont servi pour manger. (×)
→ Ces gâteau sont servis pour être mangé. (○)
→ Ces gâteau sont servis pour que nous les mangions. (○)

✽ 내가 아들에게 좋은 교육을 시키는 것은 아들이 행복해지기 위해서이다.
C'est pour être heureux que je donne à mon fils une bonne éducation. (×)
→ C'est pour qu'il soit heureux que je fais donne à mon fils une bonne éducation. (○)

32) 부정사의 용법은 그 구분이 명확하지 않다. 왜냐면 부정법이 명사처럼 주어나 속사, 보어 또는 수식어의 역할을 해도 부정법 그 자체가 동사이기 때문에, 명사적 용법 또는 동사적 용법으로 구분하는 게 명확한 구별이 아닌 것이다.

❖ 부정법의 특수용법

부정법은 동사적 용법(독립절에서 용법포함)과 명사적 용법외에 다음과 같은 부정법만의 특수용법을 가지고 있다.

ⓐ 주저 · 궁리 등을 나타낸다. 이때는 의문사 quoi? que? comment? où?가 부정법 앞에 올 경우가 많다.

Je ne sais que *faire*, où *aller*. 나는 무얼 할지, 어디로 갈지 모른다.

Comment *sortir* d'ici? 어떻게 여기서 나갈까?

Où *ne pas courir*? 어딘들 달려가지 못할 것인가?

ⓑ 가정이나 이유를 나타낸다.

A *vaincre* sans péril, on triomphe sans gloire.
위험 없이 승리한다면 그것은 영광 없는 승리이다.

A le *voir*, je suis très content. 그를 보면 나는 매우 기쁘다.

ⓒ 관계대명사와 더불어 쓰여 목적 · 결과를 나타낸다.

Je n'ai pas endroit où *me retirer*. 나는 은퇴해 있을 곳이 없다.

Je cherche quelqu'un avec qui *voyager*. 나는 함께 여행할 누군가를 찾고 있다.

ⓓ 과거를 서술할 때 사건의 급작스런 진행과 예기치 않은 사실의 돌연한 출현을 나타내기 위해서 직설법 과거시제 대신으로 쓰인다. 이때는 반드시 전치사(혹은 주어도 동반하여)가 부정법 앞에 오는데 이를 서술체 부정법(infinitif de narration) 혹은 역사적 부정법(infinitif historique)이라 한다.

Il acheva son histoire, et tous de *rire*. 그가 이야기를 끝내자, 모두들 웃었다.

Il approche, et les oiseaux de *s'envoler*. 그가 다가가자 새들이 날아갔다.

Et pains d'épices de *voler* à droite et à gauche et filles et garçons de *courir*, de *s'entasser* et *s'estropier*.
향료든 빵이 좌우로 날아들자, 소년 소녀들은 달려가서 한 곳에 몰려 깔리고 덮치더니 다치게 되었다.

ⓔ si가 붙은 문장대신 조건이나 가정을 나타내는 성구로도 쓰인다.

à vrai dire 사실은 — à vous entendre 당신 말을 들으면

à le voir 그를 보면 — à en juger par …에 의해 판단하건데

à tout prendre, à tout considérer 모든 점을 생각해보면

à franchement parler, à parler franchement 솔직히 말하자면

❖ Remarque : **부정법의 의미상의 주어**

ⓐ 보통 주동사의 주어가 부정법의 주어가 된다.

Je vous promets de vous écrire. 내가 당신에게 편지 쓰는 것을 약속합니다.

ⓑ 주동사의 목적보어가 부정법의(의미상의)주어가 되기도 한다.

Je *lui* ai demandé de m'écrire. 나는 그에게 편지를 나에게 쓰라고 요구했다.

ⓒ 부정법의 주어가 불명확해, 일반적인 사람을 가리킬 경우도 있다.

Il est facile de dire. 말하기는 쉽다.

㈜ ⓒ의 경우와 같이 비인칭주어를 사용해 형용사가 속사가 되는 문장에서, 특정한 사람을 부정법의 의미상의 주어로 할 경우에, 그 의미상의 주어는 부정법 앞에 전치사 pour나 à를 동반해 명사를 쓰거나, 또는 보어인칭대명사를 쓰면 된다. 그러나 부정법 앞에서 그 문장의 속사 역할하는 형용사에 따라 경우가 다양하니 유의하여야 함.

— 보어 인칭 대명사 쓰는 경우 :

agreable 기분 좋은	difficile 어려운	doux 부드러운
facile 쉬운	impossible 불가능한	utile 유용한
dur 힘든	naturel 자연스러운	nécessaire 필요한
possible 가능한		

— 전치사 à를 쓰는 경우 :

gentil 친절한	impossible	utile
naturel	possible	difficile

— 전치사 pour를 쓰는 경우 : 위의 보어인칭대명사 쓰는 경우의 형용사 전부와 아래 형용사들

dur 힘든	amusant 즐거운	dangereux 위험한
important 중요한	intéressant 흥미로운	mauvais 나쁜
meilleur 더 좋은	simple 단순한	nouveau 새로운
malheureux 불행한	triste 슬픈	sûr 확실한
bon 좋은		

Il *m'*est difficile de répondre. 나는 대답하기 어렵다.

Il est important *pour* Paul de réussir. 폴이 성공하는 것은 중요하다.

C'est difficile *à* Jean de faire ça. 쟝이 그것 하는 것은 어렵다.

(1) 부정법의 동사적 용법

문장에서 부정법이 의미상의 주어를 가짐으로써 일종의 주동사에 종속된 절, 즉 부정법절(proposition infinitive)을 이루는데, 동사적 용법은 이 부정법절이 주된 용법이며, 대개의 경우 지각동사와 사역동사(faire, laisser, envoyer, mener, empêcher 등)가 문제가 된다.[33] 그리고 독립절에서 독립적으로 쓰이는 경우도 동사적 용법으로, 이 역시 많이 사용되고 있다.

1) 독립절에서의 부정법

① 명령 · 금지를 나타낸다. 이때는 특정인이 아니고, 모든 일반인을 상대로 하는 것이다. 특히 속담, 게시문, 포고문, 요리법, 사용법 등에 많이 쓰인다.

Agiter le flacon avant de s'en servir. 사용 전에 병을 흔들 것.
Ne pas exposer à l'humidité. 습기 찬 곳에 두지 말 것.
Ralentir. 천천히 갈 것.
S'essuyer les pieds en entrant dans le musée.
박물관에 들어갈 시에 신발을 닦을 것.

② 의문문이나 감탄문의 형식으로 분노, 놀람, 유감, 기원 등 감정의 발로를 나타낼 때 쓰인다. 인칭법 대신 쓰인다.

Que *faire*?(=Que dois-je faire? Que vais-je faire?) 뭐하지?
Moi, lui *avoir dérobé* son style! 내가 그의 만년필을 훔쳤다고!
Lui, *devenir* ministre! 그 자가 장관이 되다니!
Ah! *dormir* seulement deux heures! 아! 두 시간만 잤으면!

2) 부정법절에서의 부정법

부정법절에서 용법은 의미상의 주어위치나, 보어인칭대명사의 위치 등에 특히 유의하여야 한다.

① 사역동사 faire의 경우(faire + 부정법)

▸ 부정법이 자동사인 경우

faire의 뜻은 '~하게 하다'라는 사역의 뜻을 가지며 부정법의 고유주어(=의미상의 주어)는 반드시 부정법 뒤에 온다. 그러나 고유주어가 대명사로 쓰일 때 원칙적으로 직접목적보어 인칭대명사형으로 반드시 faire 앞에

33) 사역동사는 순수사역동사(factitif : faire, laisser)와 동작의 사역동사(causatif : envoyer, mener, amener, conduire, emmener)로 구분할 수 있다. laisser를 방임동사라고도 부른다.

온다.

J'ai fait *venir un médecin*. 나는 의사 한 분을 오시도록 하였다.

→ Je *l'*ai faire venir.

Faites *entrer ces messieurs*. 이 사람들을 들어오게 하시오.

Le professeur *les a fait travailler*. 선생은 그들을 공부하도록 하게 하였다.

㊟ 긍정명령문일 경우는 직접보어대명사가 faire 뒤에 옴.
Fais-*le chanter* fort. 그에게 큰 소리로 노래하라고 해라.

▶ 부정법이 타동사로서 직접목적보어를 취할 경우
부정법의 고유주어는 전치사 à(혹은 par)와 더불어 부정법의 목적보어 뒤에 놓는다. 그리고 목적보어가 따라오는 부정법의 고유주어를 대명사로 바꿀 때는 원칙적으로 간접목적보어로 하나, 가끔 직접목적보어로 하는 경우도 있다.

J'ai fait lire le français *à*(혹은 *par*) *mes élèves*.

→ Je *leur* ai fait lire le fraçais. 나는 학생들이 프랑스어를 읽도록 했다.

Je ferai bâtir ma maison *à*(혹은 *par*) *ce architecte*.

→ Je *lui* ferai bâtir ma maison. 내 집을 그 건축가가 짓도록 하겠다.

Il *leur* a fait voir ce film. 그는 그들에게 그 영화를 보게 하였다.

Des nouvelles moins bonnes *les* firent précipiter leur départ.
좀 좋지 않은 소식 때문에 그들은 출발을 서둘렀다.

㊟ 특히 부정법에 딸려온 직접목적보어가 부정법과 긴밀히 결합되어 일종의 동사구처럼 쓰이면 고유 주어를 대명사로 바꾸어 쓸 때, 반드시 직접목적보어 인칭대명사로 한다.
Je fais parler français *par mes étudiants*. → Je *les* fais parler français.
나는 학생들이 프랑스어를 말하게 한다.

▶ 부정법의 고유주어와 목적보어 둘 다 대명사일 경우
고유주어를 간접목적보어로 놓는다.

Faites savoir *à nos amis que j'arriverai demain*.

→ Faites-*le*-*leur* savoir.

→ Oui, je *le leur* ferai savoir. 내가 내일 도착할 것이라고 친구에게 알려 주시오.

▶ 사역동사 faire의 수동태는 "se faire+*inf.* "의 형식으로 쓴다.
이때 부정법의 주어는 de나 par 다음에 오는 것이 보통이다.

Elle *s'est fait aimer* de tout le monde. 그녀는 모든 사람들에게서 사랑을 받았다.

Il *se fit tuer* en héros. 그는 영웅으로서 죽었다.

② 방임동사 laisser의 경우

▶ 부정법이 자동사일 경우

laisser는 '~하게 내버려 두다'라는 방임을 뜻하며, 부정법의 고유주어는 부정법 앞 · 뒤 어디에나 올 수 있다. 고유주어가 대명사일 때는 직접목적보어 인칭대명사로 동사 앞에 온다. 긍정명령문일 경우는 lasser 뒤에 온다.

Il a laissé *sa famille souffrir*. 그는 자기 가족이 고통을 겪도록 내버려 두었다.

Elle a laissé *tomber ses gants* de genoux.

그녀는 장갑이 무릎에서 떨어지도록 내버려 두었다.

Il *l'*a laissé *tomber*. 그는 그것이 떨어지게 내버려 두었다.

Laisse-*les jouer* dans la cour. 그들이 마당에서 놀게 내버려 두어라.

▸ 부정법이 타동사로써 직접목적보어를 취할 경우

고유주어를 부정법 앞에 놓거나, 혹은 전치사 à나 par로 유도하여 부정법 뒤에 놓는다. 이 때 부정법의 고유주어가 대명사일 때는 직접목적보어 인칭대명사로 동사 laisser 앞에 놓는다. 간혹 간접보어로 하는 수가 있으나 낡은 표현이다.

J'ai laissé *ces jardiniers* tailler des arbres.

나는 그 정원사들이 나무를 자르도록 내버려 두었다.

Le chat a laissé faire quelques pas *à la souris* en liberté.

고양이는 쥐가 자유롭게 몇 발자국 옮기게 내버려 두었다.

Si encore on *le* laissait emmener sa femme.

만일 그가 다시 아내를 데리고 가게 내버려 둔다면.

Je *les* ai laissé(s) faire tout ce qu'ils ont voulu.

나는 그들이 원했던 것을 모두 하도록 내버려 두었다.

▸ 부정법의 고유주어가 명사이고 목적보어가 대명사일 경우

목적보어인 대명사는 항상 부정법 바로 앞에 놓는다. 또는 대명사를 laisser 앞에 놓을 수 있는데 이 때 고유주어는 par(혹은 à)와 더불어 부정법 뒤에 놓아야한다.

J'ai laissé ta sœur chanter *la Marseillaise*.

→ J'ai laissé ta sœur *la* chanter.

→ Je *l'*ai laissé chanter par(à) ta sœur.

나는 네 여동생이 라 마르세예즈를 부르게 내버려 두었다.

▸ 부정법의 고유주어와 직접목적보어 모두 대명사일 경우

고유주어는 간접목적보어 인칭대명사로, 목적보어는 직접목적보어 인칭대명사로 laisser 앞에 놓는다. 또는 고유주어는 직접목적보어 인칭대명사로 laisser 앞에, 목적보어는 직접목적보어 인칭대명사로 부정법

앞에 놓아도 된다.

Je *le leur* ai laissé faire. 나는 그들에게 그걸 하게 두었다.

→ Je *les* ai laissé *le* faire.

Je *lui en* ai laissé manger. 나는 그가 그것을 먹게 내버려 두었다.

Laissez-*le-leur* apprendre. 그들이 그것을 배우도록 두시오.

Ne *le leur* laissez pas apprendre.

→ Ne *les* laissez pas *l'*apprendre. 그들이 그걸 배우게 그냥 두지 마시오.

③ 지각동사의 경우

❃ entendre 듣다, écouter 듣다, regarder보다, voir보다, sentir느끼다, ouïr듣다, apercevoir 보다, 감지하다 등이 지각동사이다.

▸ 부정법이 자동사일 경우

부정법의 고유주어는 부정법 앞·뒤 어디에나 올 수 있다. 고유주어가 대명사일 때는 직접목적보어로 지각동사 앞에 온다.

En montant l'escalier, je vois *grandir l'horizon*.

계단을 올라가면서 나는 지평선이 커져가는 것을 본다.

Elle sentait *ses cheveux hérisser*. 그녀는 머리카락이 곤두서는 것을 느꼈다.

→ Elle *les* sentait hérisser.

▸ 부정법이 고유주어 이외에도 직접목적보어를 취할 경우

고유주어는 부정법 앞에 오거나, 혹은 à, par로 유도되어 부정법 뒤에 온다.

J'ai vu *ces enfants* dessiner un bateau.

나는 이 아이들이 배를 한 척 그리는 것을 보았다.

Il a écouté chanter une chanson russe *à sa femme*.

그는 부인이 러시아 노래를 부르는 것을 들었다.

→ Il a écouté *sa femme* chanter une chanson russe.

㈜ 부정법의 고유주어가 대명사일 때는, 직접목적보어 인칭대명사로든 간접목적보어 인칭대명사로든 어느 것이나 가능하고, 주동사 앞에 놓는다.

Je *l'*ai entendu dire qu'il viendrait le lendmain.

→ Je *lui* ai entendu dire qu'il viendrait le lendmain.

나는 그가 다음 날 오겠다고 이야기하는 것을 들었다. (두 문장 뜻이 같음)

▸ 부정법의 고유주어가 명사이고, 직접목적보어가 대명사일 때나, 부정법의 고유주어와 직접목적보어가 모두 대명사일 때는 laisser의 경우와 동일하다.

J'ai entendu mon ami *la* chanter.

→ Je *l'*ai entendu chanter par mon ami. 나는 내 친구가 그걸 노래하는 것을 들었다.
→ Je *la lui* ai entendu chanter
→ Je *l'*ai entendu *la* chanter 나는 그가 그것을 노래하는 것을 들었다.

(2) 부정법의 명사적 용법

❖ 명사로 전환한 부정법

명사적으로 사용되는 부정법 가운데는 아주 명사로 고정되어 남성관사까지 붙여 쓰는 것들이 있다. 또 어느 것은 명사로만 사용되고 동사로는 전혀 쓰이지 않는 것들도 있는데 이는 고어의 부정법에서 유래한 것이다.

aller 가기	avoir 재산	baiser 키스
boire 음료	coucher 취침	déjeuner 점심
devenir 변천	devoir 의무	dîner 저녁식사
dire 말	être 존재	faire 행위
goûter 간식	lâcher 놓아주기	laisser-faire 자유방임
laisser-aller 무관심	lever 기상	manger 음식
marcher 걷기	parler 말투	pouvoir 힘
repentir 후회	rire 웃음	savoir 지식
savoir-faire 수완	sortir 나옴	savoir-vivre 처세술
souper 밤참	sourire 미소	souvenir 추억
vivre 식량	vouloir 의사	등등

ex. tandis que nous étions occupé du *vivre* et du mourir.
우리가 생사에 전념해 있던 동안

㈜ 명사로 아주 전환해 명사로만 사용되는 부정법
avenir 미래, loisir 여가, manoir 저택, plaisir 기쁨

1) 명사적 기능

명사적으로 사용된 부정법은 명사가 갖는 기능을 거의 전부 갖고 있으며, 전치사가 그 앞에 오기도 하고 안 오기도 한다.

① 주어로 쓰인다

Étudier est toujours profitable. 공부한다는 것은 늘 유익하다.
Vouloir, c'est pouvoir. 원한다는 것은 할 수 있다는 것이다.
Promettre est facile, *tenir ses promesses* est souvent impossible.
약속을 하는 것은 쉽지만 그걸 지키는 것은 흔히 불가능하다.

Il est bon de *parler* et meilleur de *se taire*.
말하는 것은 훌륭하고 침묵하는 것은 더욱 훌륭하다.

㊟ 1. 마지막 예문은 비인칭 표현으로, de 이하가 진주어(sujet réel)로, 진주어는 부정법 앞에 전치사 de를 동반하며, 가주어 il를 대신한다.
Il vaut mieux encore de penser que de lire. 읽기보다는 생각하는 것이 낫다.

☞ 거의 없지만 de 없이 진주어로 쓰는 경우도 있다.
Mieux vaut plier que rompre. 부러지기보다는 굽히는 것이 낫다.

✾ 주어로 쓰인 부정법 앞에 de가 오는 경우는 특별한 사실을 나타낸다.
De travailler lui fit oublier son chagrin. 일함으로서 그는 슬픔을 잊었다.
Et *de penser* à toi me soutiendra. 너를 생각함으로써 나는 기운이 되살아날 것이다.

㊟ 2. 주어 속사가 모두 부정법일 때는 ce로 다시 되받아 쓴다.
Vivre est mourir(×)
Vivre, c'est mourir(○)

☞ 그러나 être 동사가 부정이면 ce로 다시 안 쓴다.
Abuser n'est pas user. 남용은 사용이 아니다.

② 속사로서의 부정법

Vivre, c'est *agir*. 산다는 것은 행동한다는 것이다.

Mourir n'est pas *mourir*, mes amis, c'est *changer*.
죽는다는 것은 죽는 게 아니라, 친구여, 변화하는 것이다.

㊟ 주어가 명사, 동사가 être일 때는 속사로 쓰인 부정법 앞에 보통 de 를 쓴다.
Votre devoir est *de travailler*. 당신의 의무는 공부하는 것이오.
Sa force est de *céder* à propos. 그의 강점은 적당한 때에 양보한다는 것이다.

③ 목적보어로 사용된 부정법

부정법 앞에 전치사는 그 문장의 주동사가 무엇이냐에 따라 à, de, pour 등이 온다.(아래 "❖ Remarque : 동사의 목적보어로 쓰인 부정법과 전치사" 참조)

Il m'a dit *de venir*. 그는 나보고 오라고 말했다.

Je lui apprends *à nager*. 나는 그에게 수영하는 법을 가르친다.

A-t-il pensé *à terminer* son travail? 그는 일을 끝낼 생각이었나?

Il m'accuse *d'avoir volé* son argent. 그는 내가 그의 돈을 훔쳤다고 고발한다.

2) 형용사적 기능

명사의 한정보어로서의 부정법, 즉 전치사와 더불어 부정법이 명사를 수식하는 형용사적 용법이다. 전치사는 à, de, pour 등이 올 수 있다.

Je fus retenu par la crainte *de* le *blesser*.
나는 그에게 상처를 줄까 겁이 나 조심하였다.

Les enfants sont tout à la joie *de partir*.
아이들은 모두 떠난다는 기쁨에 젖어 있다.

Le moment *d'agir* est arrivé. 행동을 개시할 시기가 왔다.

J'ai une maison *à vendre*. 팔 집이 있다.

C'est un jeu *pour* te *faire* plaisir. 당신을 즐겁게 하기 위한 놀이이다.

㊟ 1. 부정법이 명사의 보어로써 명사의 성질을 나타낼 때는 de를 쓴다.
le devoir *de* dire la vérité. 진실을 말할 의무
Il est l'heure *de* dîner. 저녁식사 시간이다.

㊟ 2. 명사가 동사의 목적을 나타낼 때는 à를 쓴다. 속사의 경우와 같이 반드시 해야 될 것을 의미한다.
une maison *à* vendre 팔 집
une faute *à* éviter 피해야 할 오류

㊟ 3. 그밖에 목적, 결과, 용도, 경향 등을 의미할 때도 à를 쓴다.
une bonne *à* tout faire. 식모
une salle *à* manger. 식당
une chambre *à* coucher. 침실
une histoire *à* dormir debout(선채로 잠잘 정도)재미없는 이야기.

3) 부사적 기능

① 형용사의 한정보어로서의 부정법, 즉 부정법이 전치사와 더불어 형용사를 수식한다. 전치사는 형용사에 따라서 à, de, pour 등이 온다. (제3장에서 품질형용사의 보어 참조)

C'est un ouvrage fort délicat *à faire*. 이건 만들기에는 매우 섬세한 작품이다.

J'étais désireux *de dormir*. 나는 잠자고 싶었다.

Il est prêt *à partir*. 그는 떠날 차비가 되어 있다.

② 상황보어로 사용된 부정법. 즉 전치사와 더불어 문장에서 각종 상황보어 역할을 한다. à, de, pour 외 여러 전치사가 온다.

Il est allé *chercher* du secours. 그는 도움 받으러 갔다. (목적)

Il passa devant moi *sans* me *saluer*. (양태) 그는 인사도 없이 내 앞을 지나갔다.

Pour avoir trop *mangé* de fruits, il eut une indigestion. (원인)
너무 과일을 많이 먹어서 그는 소화불량이 되었다.

A force de réclamer, il obtint satisfaction. (방법)
항의를 한 덕택으로 그는 만족한 내용을 얻었다.

Avant d'avoir pu me mettre à l'abri, je fus trempé. (시간)
대피소로 몸을 피할 수 있기도 전에 나는 젖어 버렸다.

Il est trop timide *pour oser* y aller. (결과)
그는 너무 수줍어서 감히 그 곳에 가지 못한다.

A courir après lui, je serais vite essouflé. (조건)
그를 쫓아 갔으면 나는 곧 숨이 찼을 꺼다.

Pour être sévère, je n'en suis pas moins compréhensif. (양보)
엄격하긴 해도, 나는 역시 이해심이 있다.

㊟ 1. 상황보어에 상당하는 부정법은 문맥을 명확히 하기 위해서 반드시 주문의 주어를 부정법의 주어로 삼아야 한다.
Il m'a parlé avant de *partir*(=avant qu'il *parte*).
그는 출발 전에 내게 이야기하였다.

☞ 그러나 문맥이 확실한 경우는 부정법의 주어와 주문의 주어가 다를 수도 있다.
이 경우는 대개 부정법의 주어가 on과 같은 부정대명사일 때가 많다.
L'Allemagne est faite pour y *voyager*, l'Italie pour y *séjourner*··· et la France pour y *vivre*.
독일은(사람들이) 여행하기에 좋고, 이탈리아는 머무르기에··· 그리고 프랑스는 살기에 좋다.

❖ Remarque : 동사의 목적보어로 쓰인 부정법과 전치사

동사의 목적보어로 부정법이 올 때 문장의 주동사가 무엇이냐에 따라 전치사가 필요한 경우와 필요 없는 경우가 있다. 상황보어로 쓰인 부정법에는 내용에 맞는 전치사가 그때그때 오지만, 그 외에는(대개 직접 혹은 간접 목적보어를 부정법으로 취할 때) 일정하게 정해진 전치사를 갖고 있다.

즉 다시 말해 On travaille pour gagner le pain(빵을 얻기 위해 일한다) 같은 문장에서 pour는 전치사 그것의 특별한 의미인 "··· 을 위해서"라는 뜻으로 다음에 오는 부정법 이하와 더불어 그냥 주동사 travaille를 수식하는 상황보어 역할 하는 기능을 나타내기 위해 쓴 것이지만, 이런 경우 이외에는, 주동사 다음에 부정법이 직접보어로 올 때 주동사의 동사가 어떤 것이냐에 따라 à, de 등 같은 전치사가 부정법 앞에 습관적으로 그냥 따라 붙는다. 이점 유의해야 한다.

(가) 전치사 없이 부정법을 취하는 동사

조동사적으로 쓰이는 동사를 비롯해 의견, 소원, 감정, 지각, 운동 등을 나타내는 동사가 여기에 속한다.[34)]

accourir 뛰어가다	affirmer 단언하다
aimer autant 차라리 ~하고 싶다	aller 가다
aimer mieux 더 좋다	apercevoir 깨닫다
avoir beau 아무리~해도 소용없다	assurer 단언하다
avouer 인정하다	compter ~할 작정이다
conduire 인도하다	confesser 인정하다

courir 달려가다
croire ~라고 믿다
daigner ~하여 주시다
déclarer 선언하다
descendre 내려가다
désirer 원하다
détester 싫어하다
devoir ~해야 한다
dire 말하다
écouter 듣다
entendre 듣다
envoyer 보내다
espérer 희망하다
estimer 생각하다
être censé ~라고 여겨진다
faillir 자칫 ~할 뻔하다
faire ~하게 하다
falloir ~해야 한다
se figurer 상상하다
s'imaginer 상상하다
laisser 내버려 두다
mener 데리고 ~하러 가다
monter 올라가다
oser 감히 ~하다
partir 출발하다
penser ~할 생각이다
pouvoir ~할 수 있다
préférer 더 좋아하다
présumer 생각하다
prétendre 주장하다
se rappeler 기억하다
reconnaître 알아보다
regarder 쳐다보다
rentrer 돌아오다
renvoyer 다시 보내다
repartir 다시 떠나다
retourner 돌아오다
revenir 돌아오다
savoir ~할 줄 알다
sentir 느끼다
supposer 추측하다
venir 오다
voir 보다
vouloir 원하다

Vous *pouvez* venir? 당신 올 수 있습니까?
Un prêtre *avait désiré* me connaître. 한 신부가 나를 알고 싶어 했었다.
Je *compte* visiter Paris l'année prochaine. 다음 해 나는 파리를 방문할 작정이다.
Il *a beau* faire, il est toujours en retard. 그는 아무리 애써도 늘 늦는다.
On *entendait* aller et venir dans l'enfer. 지옥에서 오락가락하는 소리가 들렸다.

㈜ écrire와 dire는 명령의 뜻이 있으며 de를 취한다.
Voulez-vous lui dire *de* venir dans ma chambre.
그에게 내방으로 오라고 말해 주겠습니까?
Ecrivez-lui *de* venir me voir. 날 보러 오라고 그에게 편지 쓰세요.

✽ venir, ~하러 오다 ; venir de, 방금…하다 ; venir à, 우연히…하게 되다
Elle est venu me voir. 그녀가 날 보러 왔다.
Elle vient de sortir. 방금 그녀는 외출했다.
On vint à parler de cela. 우연히 그것에 대해 말하게 됐다.

(나) 전치사 à를 취하는 동사

일반적으로 노력, 희망, 목적, 방향을 시사하는 동사들이 여기에 속한다.

s'abaisser 비굴하게도 ~하다
aboutir ~에 귀착하다
s'abuser 오해하다
s'accorder 의견이 일치하다
s'accoutumer 익숙해지다
s'acharner 열중하다
s'aguérrir 익숙해지다
aider 도와주다
aimer 좋아하다
s'amuser ~하며 즐기다
s'animer ~하도록 독려하다
s'appliquer 전념하다
apprendre 배우다
s'apprêter 준비하다
arriver ~하게 되다
aspirer 열망하다
assigner 명하다
(s')assujettir 강요하다
s'attacher 전념하다
s'attendre 기대하다
s'avilir ~할 만큼 타락하다
autoriser 허가하다
avoir ~해야 한다
balancer 망설이게 하다
se borner ~으로 만족하다
chercher 애쓰다
se complaindre 만족을 느끼다
concourir 협력하다
(se) condamner 무리하여 ~하다
consentir 동의하다
contribuer 이바지하다
se décider 결정하다
destiner 예정되어 있다
se déterminer 마음먹다
se dévouer 헌신하다
(se) disposer 준비시키다
donner ~하게 하다
dresser 길들이다
(s')employer 사용하다
(s')encourager 격려하다
(s')engager 결심하다
s'entendre 정통하다
s'essayer 시도하다
être ~하고 있다
s'étudier 애쓰다
s'évertuer 전력을 다하다
exceller 뛰어나다
exciter 부추기다
exhorter 부추기다
s'exposer 직면하다
se fatiguer 지치다
(s')habituer 익숙해지다
se hasarder 감히 ~하다
hésiter 망설이다
inviter 권유하다
manquer 게을리 하다
réussir 성공하다
servir 쓰이다
songer ~할 작정이다
tarder 늦어지다
tendre 향하다
tenir 꼭 ~하고 싶어 하다

travailler 애쓰다	trouver ~할 기회가 있다
viser 하려고 노리다	

Je l'*engage à* persévérer. 나는 그에게 끈기 있게 하라고 권유한다.
Il *se met à* travailler. 그는 일하기 시작한다.
Je me *résigne à* rester pauvre. 나는 가난한 것을 감수하고 있다.
Il m'*invite* de la main *à* m'asseoir près de lui.
그는 손으로 나를 그의 곁에 앉도록 권했다.

㈜ 1. aimer는 전치사 à를 쓰기도 하고, à 없이 쓰기도 한다. 의미는 같다. 그러나 à 다음에 모음이 오면 모음 충돌이 생기므로 피해야 한다.
J'*aime à* me distraire. 나는 즐기는 것이 좋다. =J'*aime* me distraire.

㈜ 2. "être à+*inf.* ", "avoir à+*inf.* "는 '~하고 있다' '~해야 한다'란 숙어를 만들 때 쓴다.
Ce devoir *est à* refaire. 이 숙제는 다시 해야 한다.
Il *est à* croire. 믿어야 한다.
La maison *est à* louer. 저 집은 세놓을 집이다.
Laissez-moi tranquille, j'*ai à* écrire.
조용히 내버려 두시오. 난 편지를 써야 하니까.

cf. C'est à vous *à* parler. 당신이 말할 차례입니다.
C'est à vous *de* parler. 당신이 말해야 합니다.

(다) 전치사 de를 취하는 동사

많은 타동사와 대명동사, 비인칭 동사들이 그러하다.

s'abstenir 삼가다	accepter 승낙하다
accorder 허가하다	(s')accuser 비난(참회)하다
achever 끝내다	affecter ~하는 체하다
s'affliger 슬퍼하다	ambitionner 갈망하다
s'applaudir 기뻐하다	appréhender 두려워하다
s'arrêter 멈추다	attendre 기다리다
avertir 알리다	s'aviser 할 것에 생각이 미치다
avoir besoin 필요하다	avoir honte 부끄러워하다
n'avoir garde ~할 생각은 조금도 없다	
blâmer 비난하다	brûler 열망하다
cesser 그치다	se charger 책임지다
choisir 택하다	commander 명하다
conjurer 간청하다	conseiller 충고하다

se contenter 만족하다	convenir 시인하다
convoiter 갈망하다	craindre 겁내다
décider 결정하다	déconseiller 제지하다
dédaigner 얕보아 ~하지 않다	défendre 금하다
défier 도전하다	dégoûter ~하지 않게 하다
délibérer 결정하다	se dépêcher 서둘러 ~하다
désapprendre à 잊다	désespérer ~할 수 없다고 단념하다
déshabituer 습관을 버리게 하다	détourner 단념시키다
se devoir ~할 의무가 있다	différer 연기하다
dire 명하다	discontinuer 중단하다
disconvenir 부인하다	se discupler 자기를 변명하다
dispenser 면하다	se dispenser 면하다
dissuader 그만두게 말리다	se donner garde 경계하다
douter 의심하다	écarter 피하다
s'embarrasser 귀찮게 여기다	empêcher 못하게 하다
enjoindre 강력히 명령하다	enrager 분하게 여기다
entreprendre 시도하다	envisager 작정하다
épargner 면하게 하다	essayer 애쓰다
s'étonner 놀라다	éviter 피하다
excuser 용서하다	s'excuser 변명하다
exempter 면제해 주다	feindre 하는 체하다
féliciter 축하하다	finir 끝내다
se flatter 우쭐해 하다	se forcer ~을 강요하다
frémir 떨리다	gager 보증하다
garder 지키다	se garder 삼가다
gémir 슬퍼하다	se glorifier 영광으로 여기다
haïr 싫어하다	hasarder 위험을 무릅쓰고 하다
se hâter 서둘러 ~하다	imaginer 생각하다
imposer 강제하다	imputer 전가하다
inaugurer 시작되다	incriminer 비난하다
s'indigner 분개하다	s'ingérer 참견하다
inspirer 마음이 생기게 하다	interdire 금하다
s'interrompre 중단하다	inventer 꾸며내다
jurer 맹세하다	se jurer 맹세하다
ne pas laisser 여전히 ~하다	méditer 생각하다

se mêler ~할 생각이 들다
méritar ~하여 마땅하다
nier 부정하다
offrir 제의하다
ordonner 명하다
pardonner 용서하다
parler ~할 작정이라 하다
se permettre 감히 ~하다
se persuader 믿다
préméditer 계획하다
presser 재촉하다
prétexter 핑계삼다
prier 간청하다
promettre 약속하다
se proposer 마음먹다
réclamer 요구하다
récompenser 보답하다
refuser 거절하다
se réjouir 기뻐하다
remettre 미루다
reprocher 나무라다
se réserver 보류하다
retenir 저지하다
rêver 열망하다
risquer 위험이 있다
rougir 붉히다
signifier 통고하다
solliciter 간청하다
souhaiter 기원하다
se soucier 걱정하다
suggérer 암시하다
supporter 참다
tenter ~하려고 해 보다
trembler ~하지나 않을까 걱정이다
se vanter 자랑하다
il suffit ~충분하다
menacer 위협하다
négliger 소홀히 하다
obtenir 허가를 받다
omettre 게을리하다
oublier 잊다
parier ~할 것을 단언하다
permettre 허락하다
persuader 결심시키다
plaindre 동정하다
prescrire 명령하다
se presser 서두르다
prévoir 예측하다
projeter ~할 예정이다
proposer 제안하다
protester 주장하다
recommander 권고하다
redouter 두려워하다
regretter 뉘우치다
remercier 감사하다
se repentir 후회하다
se reprocher 자책하다
résoudre 결정하다
se retenir 참다
rire 비웃다
ruminer 심사숙고하다
savoir gré 만족의 뜻을 표하다
simuler ~한 체하다
sommer 독촉하다
soupçonner 의심하다
se souvenir 회상하다
supplier 애원하다
tâcher 애쓰다
tenir de ~와 관련이 있다, 닮다
valoir ~할 가치가 있다
il s'agit ~가 문제다

Je vous *conseille de* faire ce devoir sans dictionnaire.
사전 없이 이 숙제를 할 것을 충고합니다.
Ne *craignez* pas *de* vous déranger. 움직이는 것을 두려워하지 마십시오.
Je vous *prie de* rester encore quelques jours. 며칠 더 머무르십시오.
Peu de gens *se souviennent d'*avoir été jeunes.
젊었을 때를 기억하는 사람은 별로 없다.
Avertissez-le *de* venir sans tarder. 지체 없이 오라고 그에게 알리시오.

㈜ 1. 앞에서 열거한 비인칭동사외에 il est bon(~하는 게 좋다) il est difficile(~하는 게 어렵다), il est impossible(~하는 게 불가능하다) 등 같은, 많은 비인칭 구문도 형용사 다음에 부정법이 올 때 de가 따라온다.
("❖Remarque : 품질형용사와 전치사" 참조)

㈜ 2. il faut(~할 필요가 있다) il fait bon(~하는 것이 즐겁다),
il fait beau(~하는 것이 좋다) il vaut mieux(~하는 게 낫다),
il vaut autant(~하는 편이 낫다)
il(me, te, lui, nous, vous, leur) semble(~에게 ~인 것 같다) 등은 de를 안 쓴다. 그냥 부정법이 따라 온다.
Il me semble entendre du bruit. 소리가 들리는 것 같다.

㈜ 3. 비교를 나타낼 때 두 번째 부정법 앞에서는 de를 쓴다.
Il vaut mieux mourir que *de* vivre ici. 여기서 사는 것보다 죽는 게 낫다.

(라) "à+inf. "나"de+inf." 어느 것을 써도 의미상의 차이가 없는 동사
이 경우 à인지 de인지의 결정은 발음상의 조화가 용이한 것에 따른다.

commencer 시작하다	continuer 계속하다
s'efforcer 애쓰다	s'ennuyer 싫증나다
faire attention 주의하다	forcer 강요하다
obliger 억지로 ~하다	solliciter 부추기다
contraindre 할 수 없이 ~하도록 하다	

Il *commence à* goûter le bonheur. 그는 행복을 느끼기 시작한다.
Elle lui tendit les feuillets. Il *commença de* les déchirer.
그녀가 그에게 종이를 내밀자 그는 그것을 찢기 시작하였다.
Qu'importe que César *continue à* vous croire?
시이저가 당신을 계속 믿는다는 것이 무슨 소용입니까?
Elle *continua de* bouder. 그녀는 계속 토라져 있었다.
Quelque chose me *contraignit à* avoir peur.
무엇인가가 내가 겁을 갖도록 강요하였다.

On la *contraignit d'*épouser un butor.
사람들은 그녀에게 버릇없는 작자와 결혼하도록 강요하였다.
Elle *s'efforçait* en vain *à* sourire. 그녀는 미소 지으려 했으나 허사였다.
Je vais *m'efforcer d'*y introduire un peu d'ordre.
나는 거기에 약간의 질서를 도입하려 애쓸 것이다.
La pluie l'*obligeait à* rester à la maison.
비 때문에 그는 계속 집에 있어야 했다.
La faim l'*obligea de* sortir. 배가 고파서 그는 나가지 않을 수 없었다.

(마) 전치사 à 또는 de, 혹은 전혀 전치사를 취하지 않느냐에 따라서 뜻이 달라지는 동사

décider	défier	demander
s'empresser	se lasser	manquer
s'occuper	prendre garde	se refuser

Il n'y a que cette raison-là qui puisse me *décider à* te quitter.
그대 곁을 떠나도록 나를 결심시킨 것은 바로 그 이유뿐이라오.
Vous *avez décidé de* déjeuner dehors.
당신은 밖에서 점심 식사를 하기로 결정 하였소.
Il *demanda à* parler. 그는 이야기하고 싶어 했다.
Un maître d'hôtel *demanda* à son ami *d'*entrer dans son bureau.
호텔 지배인은 친구에게 그의 사무실로 들어오라고 하였다.
Il *a manqué à* arrêter le voleur. 그는 도둑 잡는 일을 게을리 하였다.
Il *a manqué d'*être écrasé par l'auto. 그는 하마터면 차에 치일 뻔하였다.
Je ne *manquerai* pas *de* faire ce que vous voudrez.
당신이 원하시는 것을 꼭 해 드릴 것입니다.
Prenez garde à ne pas trop vous engager.
당신이 너무 깊이 관여하지 않도록 경계하시오.
Je *prenais* bien *garde de* ne pas le montrer.
나는 그것을 보이지 않도록 몹시 조심하였다.

34) 프랑스어에서는 엄격히 말하면 avoir와 être만 조동사이다. 영어에서 일반적으로 조동사로 취급하는 pouvoir(can), devoir(must)등과 같은 동사들은 프랑스어에서는 조동사적으로 쓰이는 준조동사로 취급하는 것이 편하다.

6. 분사법(Mode participe)

분사는 동사의 형용사적인 형태로, 동사의 성질과 형용사의 성질을 함께 갖는다. 분사법에는 현재분사(participe présent)와 과거분사(participe passé)가 있다. 프랑스어에서 현재분사는 명사를 수식하거나 속사 역할을 하는 형용사적 성질은 이미 상실했으며, "동사적 형용사"가 그 기능을 수행하고 있다. 반면(단순형) 과거분사는 형용사적 성질을 그대로 띠고 있다. 따라서 기능에 있어서 거의 동사적 역할만 남아있는 현재분사는 원칙적으로 변화하지 않고 동사로써 목적보어나 상황보어를 가질 수 있다. 그리고 형용사처럼 쓰인 현재분사를 동사적 형용사로 부르는데, 다른 형용사처럼 성·수가 변화된다.

un sac *contenant* mille euros. (현재분사) 1,000유로가 든 가방
un oiseau *charmant*. (동사적 형용사) 예쁜 새
les chats *endormis*. (과거분사) 잠든 고양이들

6.1. 현재분사와 동사적 형용사(Adjectif verbal)

현재분사의 어미는 -ant이며 동사에서 파생된 형용사도 어미가 -ant로 사용되어 대부분 현재분사와 동일한 형태를 갖는데 이를 동사적 형용사라 한다. 따라서 이 양자를 분간하기가 힘들 때가 많다. 일반적으로 현재분사가 일시적인 이미 끝난 행위를 주로 표시하는데 반해, 동사적 형용사는 지속적인 성질이나 상태를 나타낸다. 또 현재분사는 항상 불변이나, 동사적 형용사는 부가어나 속사 등으로 쓰이면서 관계하는 명사나 대명사의 성·수에 일치한다. 이 두 가지를 더 자세히 구분하는 방법은 아래와 같다.

J'ai vu des chiens *courant* après le chat. (현재분사)
나는 고양이 뒤를 쫓아가는 개들을 보았다.
Ses yeux *brillants* disent la convoitise. (동사적 형용사)
번뜩이는 그의 눈빛이 탐욕스러움을 말해 주고 있다.

(1) 현재분사인 경우

① 직접 또는 간접목적보어가 있을 때

On aime les enfants *obéissant* à leurs parents.
사람들은 부모에게 순종하는 아이들을 좋아한다.

✽ On aime les enfants *obéissants*. (동사적 형용사) 사람들은 온순한 아이들을 좋아한다.

Nous contemplions les grands peuplier *agitant* leur feuillage.
우리는 잎새를 흔들고 있는 커다란 포플라를 바라보고 있었다.

② 부정어 ne 또는 ne pas 등과 함께 쓰일 때

Ne *pouvant* sortir de ces bois, nous y avons campé.

그 숲에서 나올 수 없었으므로 우리는 캠프를 쳤다.

Nous allions, ne *songeant* à rien. 우리는 아무 생각도 않고 가고 있었다.

③ 수식하는 부사나 부사구가 뒤에 올 때

Ce marchand, *économisant* beaucoup, pourra devenir riche.

이 상인은 매우 절약하니 부자가 될 수 있다.

J'ai vu des peintres *recommençant* patiemment la même œuvre.

나는 화가들이 같은 작품을 열심히 되풀이하는 것을 보았다.

④ qui로 시작하는 인칭동사로 바꿀 수 있을 때

J'ai vu des ouvriers *travaillant* avec ardeur. (=*qui travaillent* avec ardeur)

나는 열심히 일하는 일꾼들을 보았다.

Nous nous aperçumes une loutre *nageant* dans le ruisseau. (=*qui nageait* dans le ruisseau) 우리들은 개울에서 헤엄치고 있는 수달을 보았다.

⑤ 그 형태가 대명동사일 때

Je la vis *se débattant* sans colère. 나는 그녀가 화도 안 내고 발버둥치는 것을 보았다.

les chiens *se poursuivant* 서로 쫓는 개들

⑥ 고유의 주어를 갖고 분사절을 이룰 때(절대분사절 참조)

La fatigue *aidant*, je ne pus dormir. 피곤이 겹쳐서 나는 잠을 이룰 수가 없었다.

⑦ 전치사 en이 앞에 있을 때(제롱디프 참조)

Le bonheur s'obtient en n'y *pensant* pas.

행복은 그 자체를 생각하지 않음으로써 얻어진다.

Il est mort en *combattant*. 그는 싸우다가 죽었다.

㈜ 현재분사는 불변이나 다음과 같은 법률 용어에서는 변화하는 것이 있다.
les *ayants* cause 권리 계승인
les *ayants* droit 권리 소유자
une maison à lui *appartenante* 그의 소유의 집
fille majeur *usante* et *jouissante* de ses droits 권리 행사를 할 수 있는 성년의 처녀
deux requêtes *tendantes* à même fin 같은 목적이 있는 두 가지 청원

(2) 동사적 형용사인 경우

① 단순한 부가형용사나 속사로 쓰일 때, 즉 être로 쓸 수 있을 때

Ces traveaux sont fatiguants. 이 일은 힘들다.

Je les plains de leur mort *approchante*. (=leur mort est approchante)

나는 다가올 죽음 그들이 딱하게 여겨진다.

② ne 이외의 부사가 그 앞에 올 때

Ce sont deux couleurs fort *approchantes* l'une de l'autre.
이건 서로 아주 비슷한 두 가지 색들이다.

Dans sa bibliothèque, il y a beaucoup de livres très *intéressants*.
그의 서재에는 아주 재미있는 책들이 많다.

③ 다른 품질형용사로 바꿀 수 있을 때

Cette musique *charmante* me plaît beaucoup. (charmante → agréable)
이 매혹적인 음악은 내 마음에 몹시 든다.

Voici des tableaux *ravissants* dans le salon. (ravissants → admirables)
거실에는 훌륭한 그림들이 있다.

3) 그 밖의 경우

아래와 같이 서로 약간씩 철자가 틀리다.

① 현재분사와 동사적 형용사가 다른 어근의 철자를 갖는 것

〈현재분사〉	〈동사적 형용사〉
convainquant 납득시키는	convaincant 납득시키는
extravaguant 부조리한 말을 하는	extravagant 부조리한
fatiguant 지치게 하는	fatigant 피곤한
intriguant 음모를 꾸미는	intrigant 음모의
provoquant 자극하는	provocant 도전적인
suffoquant 숨막히게 하는	suffocant 숨막히는
sachant 알고 있는	savant 박식한
vaquant 비는	vacant 비어 있는

② 현재분사는 -ant, 동사적 형용사는 -ent의 어미로 되는 것[35)]

〈현재분사〉	〈동사적 형용사〉
adhérant 달라붙는	adhérent 달라붙은
affluant 흐르는	affluent 흘러드는
compétant 권한 내에 있는	compétent 자격이 있는
convergeant 집중하는	convergent 집중하는
différant 달리하는	différent 다른
divergeant 발산하는	divergent 발산하는
excellant 뛰어나는	excellent 뛰어난

équivalant 같게 하는	équivalent 같은
expédiant 보내는	expédient 편리한
négligeant 게을리 하는	négligent 게으른
précédant 앞서는	précédent 앞선
présidant 주관하는	président 의장(명사화됨)
résidant 사는	résident 주재민(명사화됨)
violant 범하는	violent 맹렬한

6.2. 현재분사

(1) 현재분사의 시제

현재분사의 어미는 -ant이며, 늘 능동적 의미로 쓰이고, 보통 주절의 동사와 동시에 일어난 동작을 나타낸다. 현재분사는 항상 변하지 않으며, 주절의 동사의 시제에 따라 과거, 현재, 미래의 뜻을 나타낸다.

▸ Je le vois *lisant*(=qui lit) la nouvelle. (현재) 나는 그 소식을 읽고 있는 그를 본다.
Ayant(=Comme j'ai) beaucoup à faire, je ne peux rester là. (현재)
나는 할 일이 많아서 거기에 머물러 있을 수가 없다.

▸ Je l'ai vu *lisant*(=qui lisait) la nouvelle. (과거) 나는 그 소식을 읽는 그를 보았다.
Ayant(=Comme j'avais) beaucoup à faire, je n'ai pu rester là. (과거)
나는 할 일이 많아서 거기에 머물러 있을 수가 없었다.

▸ Je le verrai *lisant*(=qui lira) la nouvelle. (미래) 나는 그 소식을 읽는 그를 볼 것이다.
Ayant(=Comme j'aurai) beaucoup à faire, je ne pourrai partir. (미래)
할 일이 많아서 나는 떠날 수가 없으리라.

(2) 현재분사의 용법

현재분사는 상황보어 종속절로서 시간, 원인, 대립, 양보, 조건 등의 뜻을 나타내거나, 또는 관계대명사가 생략된 형용사절 형태로 행위의 시간적 동시성을 나타낸다.

① 시간 (동시성)

Je l'ai vu *lisant* cette lettre. 나는 그 편지를 읽고 있던 그를 보았다.
Lui *prenant* la main, il le regarda affecteusement.
손을 붙잡고 그는 정답게 그를 보았다.

35) -ant는 프랑스어 동사에서 나온 것이고, -ent는 라틴어에서 나온 것임

② 원인

Un laboureur, *sentant* sa mort prochaine, fit venir ses enfants.

한 농부는 자신의 죽음이 다가온 것을 느끼자, 자식들을 오게 하였다.

Il a refusé *craignant* d'être trompé. 그는 속을까 두려워서 거절하였다.

③ 양보 · 대립

Mangeant peu, elle était tout de même en bonne santé.

거의 식사를 안 하면서도 그녀는 어쨌든 건강 상태가 좋았다.

Il est parti en mer *sachant* la tempête imminente.

그는 폭풍우가 곧 닥쳐올 것을 알면서도 출항하였다.

④ 조건 · 가정

Elle réussirait mieux, *s'y prenant* autrement.

그녀는 다른 방법으로 한다면 더 훌륭히 성공할 텐데.

Je pense que, *travaillant* énergiquement, vous aurez le prix.

당신이 열심히 공부하면 상을 탈 것이라고 나는 생각한다.

6.3. **절대분사절**(Proposition participiale absolue)

현재 분사 용법과 같으나, 단지 다른 점은 현재분사의 의미상 주어가 주절의 주어가 아닌, 고유의 의미상의 주어를 갖는다는 것이다. 상황보어 종속절로써 역시 시간, 원인, 대립, 양보 조건 등의 뜻을 갖는데 이런 분사절을 특히 절대분사절이라 부른다.

① 시간(동시성)

Ce monument fut bâti en 1840, *Louis Philippe* Ier *étant* roi des Français.

이 기념물은 루이 필립1세가 프랑스 국왕이던 1840년에 건립되었다.

Sa nièce arrivant, c'était le feu dans la maison.

그의 질녀가 도착하자 그녀는 집안의 등불이었다.

② 원 인

Le train ralentissant, les malfaiteurs purent sauter sur le ballast.

기차가 느리게 갔기 때문에 악당들은 레일의 자갈밭으로 뛰어 내릴 수 있었다.

Vitellius tardant à venir, il se rongeait d'inquiétude.

비텔리우스의 도착이 늦자 그는 초조로 몸이 달았다.

③ 양보 · 대립

La tempête menaçant, il est néanmoins parti.

폭풍우가 위협하는데도 불구하고 그는 출발했다.

④ 가정 · 조건

Ses affaires prenant un autre cours, on aurait pu l'aider.

그의 사건이 다른 방향으로 갔더라면 그를 도울 수 있었을 텐데.

Le beau temps revenant, on pourrait faire une excursion.

날씨가 다시 좋아지면 소풍 갈 수 있을 텐데.

6.4. 제롱디프(Gérondif)

전치사 en 다음에 현재분사 형태인 "-ant"가 오는 형태를 특히 "제롱디프(gérondif)"라 한다. 이 때 제롱디프는 주절의 동사의 부사적 역할, 즉 상황보어 종속절의 역할을 하면서 시간, 원인, 수단, 양보 등을 나타낸다.36)

① 시간(동시성)

Ne lis pas *en mangeant*. 먹으면서 책을 보지 마라.

Il se tourne vers moi *en dansant*. 그는 춤을 추면서 나를 향해 돌아선다.

Tout *en mangeant*, elle parcourait les journaux.

식사를 하면서 그녀는 신문을 훑어보았다.

② 원 인

En entendant son père l'appeler, il courut à la maison.

아버지가 부르는 소리를 들었으므로 그는 집으로 달려갔다.

C'est *en jouant* qu'il perdit sa fortune. 그가 재산을 잃은 것은 바로 노름 때문이다.

③ 조건 · 가정

En procédant avec plus de méthode, vous auriez réussi.

더 체계 있게 일을 했으면 성공했을 텐데요.

En passant par là, vous aurez mauvais chemin.

그 쪽으로 가면, 당신은 나쁜 길로 들어설 텐데요.

④ 수단 · 방법

On ne fait son bonheur qu'*en s'occupant* de celui des autres.

사람들은 남의 행복에 몰두함으로써만이 자신의 행복을 이룬다.

On n'apprend bien une chose qu'*en* la *pratiquant*.

어떤 것은 그것을 실제로 사용해 보아야만 잘 안다.

---

36) en 다음에 나오는 -ant 형태는 엄밀히 말하면 현재분사가 아니고 동명사이다. 왜냐면 전치사 en 다음에 현재분사가 올 수 없기 때문이다. 이것은 그 용법이 다양했던 라틴어의 동명사 용법이 프랑스어로 넘어오면서 유일하게 살아남은 용법이다. 이것을 오늘날 "en+ -ant "형태로 그냥 우리말로 '제롱디프'라고 부르고 있으며, en 다음에 오는 "-ant"를 현재분사라 부르고 있으나, 그냥 "동명사"의 용법이라고 불러야 옳은 말이다. 엄밀히 말하면 프랑스어에서 유일하게 살아남아 있는 동명사 용법이다.(저자 註)

⑤ 양보 · 대립

Même *en passant* par là, vous n'arriverez pas avant quatre heures.
그 쪽으로 지나가더라도 4시 전에는 도착하지 못하리라.

Tout *en trouvant* l'émission sans intérêt, il continue à la regarder.
방송이 재미없다고 생각하면서도 그는 계속 시청한다.

㊟ 1. en 앞에 tout가 오면 주절의 동사와 제롱디프의 동사간의 대립 관계를 나타내며 강조할 때 쓴다.
Tout en prétendant m'aider, il a organisé mon échec.
나를 돕는다고 주장했지만 그는 나의 실패를 꾀했다.

✽ rien qu'en ~은 제롱디프로 표현된 방법만으로 결과의 의미를 나타내는 표현법이다.
Rien qu'en l'écoutant, vous serez fixé.
그의 말을 듣기만 해도 당신의 마음은 결정될 것이다.

㊟ 2. 제롱디프의 en은 여러 구절이 중복되더라도 생략하지 않는 것이 원칙이다.
En y arrivant et en réintégrant le toit paternel, son coeur était pénétré d'une profonde tristesse. 거기에 도착하여 아버지 댁에 다시 돌아오자 그의 마음에 깊은 슬픔이 스며들었다.

☞ 몇몇 성구에서는 첫 부분에만 en을 쓰고 뒤에서는 생략한다.
en allant et venant 오가면서
en montant et descendant 오르락내리락하면서

㊟ 3. 몇몇 성구에서는 옛 어법대로 en이 생략된다.
chemin *faisant* 가는 도중에 | argent *comptant* 현금
donnant, donnant 교환 조건으로 | tambour *battant* 부산하게
ce que *voyant* 이것을 보면 | ce *disant* 그렇게 말하면서
généralement *parlant* 일반적으로 말하면

✽ 또한 aller, s'en aller 다음에서도 en은 생략된다.
La malade va *s'affaiblissant*. 환자는 점점 쇠약해 간다.

㊟ 4. 원칙적으로 제롱디프는 주절의 주어를 자신의 주어로 삼는데, 문맥상 뜻이 애매하지 않을 때는 주절의 주어가 아닌 다른 말에 관계될 때도 있다.
En rouvrant les yeux, la mémoire m'est revenue aussitôt.
눈을 다시 뜨자 곧 기억이 났다. (여기서 원래 제롱디프의 주어는 je로 주절의 주어와는 다르나 문맥상 내용의 모호성이 없으므로 그냥 쓰이고 있다.)

6.5. 과거분사(Participle passé)

과거분사에는 단순형과 복합형 두 가지가 있는데, 복합형은 "조동사 être나 avoir의 현재분사+과거분사"형태이다. 과거분사는 현재분사와는 달리 항상 관계되는 명사나 대명사의 성 · 수에 일치한다.

단순형 과거분사는 형용사와 동사적인 성질을 가진다. 또한 수동의 뜻을 갖으며, 복합시제를 만들고, 때때로 현재분사처럼 분사절을 형성시키기도 한다. 그러나 복합형은 형용사적 성질은 없으며 동사적인 성질만 가지며, 수동적 뜻은

거의 없으며 대부분 능동의 뜻을 갖으며, 역시 분사절을 이룬다.[37]

단순형	복합형
chanté	ayant chanté
allé	étant allé
se rendu	s'étant rendu

(1) 과거분사의 시제

단순형 과거분사는 수동의 뜻을 갖으며, 주절 동사의 시제가 나타내는 행위에 대해 수동적으로 이미 행해졌거나 또는 동시적 사실을 나타낸다. 그리고 복합형 과거분사는 주절의 시제보다 항상 먼저 이미 완료된 사실을 나타낸다.

① 주절보다 먼저 완료된 사실을 나타낼 경우

Je me rappelle la promesse *faite(*=qui a été faite).
나는 약속이 이루어진 것을 기억한다.
Ayant pris un somnifère, il s'endormit.
수면제를 복용한 다음 그는 잠들었다.
Je me rappelai la promesse *faite*(=qui avait été faite).
나는 약속이 이루어진 것을 기억하였다.
S'étant réveillée dès l'aube, elle pourra partir à sept heures.
새벽에 깨어났다면 그녀는 7시에 출발할 수 있으리라.
Je me rappellerai la promesse *faite*(=qui aura été faite)
나는 약속이 이루어진 것을 기억하리라.

② 주절과 동시의 사실을 나타낼 경우

Assise dans un fauteuil, elle lit un journal. (현재)
안락의자에 앉아 그녀는 신문을 읽고 있다.
Assise dans un fauteuil, elle lira un journal. (미래)
안락의자에 앉아, 그녀는 신문을 읽을 것이다.
Assise dans un fauteuil, elle lisait un journal. (과거)
안락의자에 앉아 그녀는 신문을 읽고 있었다.

(2) 과거분사의 용법

과거분사는 동사적으로 쓰이는 경우와 순수한 형용사로 쓰이는 경우 두 가지

37) 복합형 과거분사가 확실하게 수동의 뜻을 갖기 위해서라면 수동태형을 취하면 된다. 즉 예를 들어 ayant été chanté 같은 형태로 쓰면 된다.

가 있다. 이미 앞에서 언급했듯이 단순형 과거분사는 이 두 가지 용법을 전부 갖지만, 복합형 과거분사는 동사적 용법만 있다.

그리고 단순형 과거분사는 형용사와 동사의 성질을 띠며 수동의 뜻을 갖으며, 조동사와 더불어 복합시제를 만들고 분사절을 형성하기도 한다. 그러나 복합형은 단순형과는 달리 동사의 성질만 있고, 수동의 의미는 거의 없고, 능동적 동사들과 함께 능동의 의미로 쓰이며 역시 또한 분사절도 형성한다. 따라서 단순형과 복합형의 용법의 차이점에 유의해야 한다.

les portes *fermées* 닫혀진 문
une maison *brûlée* 타버린 집
Rentré, j'ai trouvé ta lettre. 돌아와 보니, 당신의 편지가 와 있었다.
Une fois *arrivé* à Paris, vous oublierez de m'écrire.
일단 파리에 도착하면, 나에게 편지 쓰는 것을 잊을 꺼다.
La paix *conclue*, le peuple reprend sa vie habituelle.
평화가 체결되고, 국민은 일상생활로 돌아갔다.
Ayant recouvert sa liberté, il allait regagner sa patrie.
자유를 다시 찾았으므로, 그는 조국으로 돌아갈려고 했다.
Le viellard *ayant parlé* ainsi, l'assemblée se sépara.
노인이 그렇게 말하자, 군중은 해산되었다.
La décision *ayant été prise*, les discussions cessèrent.
결정되었으므로 토론은 끝났다.

1) 동사로 쓰인 과거분사

① 조동사(avoir, être)의 변화형과 함께 모든 복합시제 및 수동태를 이룬다.
J'*ai suivi* vos conseils. mais je n'*ai* pas *réussi*.
나는 당신 조언을 따랐지만 성공하지 못하였다.
Le coupable *sera gracié*. 죄인은 사면 받을 것이다.
L'Amérique *a été découverte* par Christophe Colomb.
미 대륙은 크리스토퍼 콜롬부스에 의해 발견되었다.

② 분사절을 이룬다.
상황보어를 나타내는 부사절(분사절)로 쓰여서 시간, 이유, 조건 등을 나타낸다. 이때는 복합형과 단순형이 모두 잘 쓰이는데, 과거분사가 수동의 뜻이 있으면 조동사 없이 과거분사만으로 쓰는 경우가 많다. 복합형 과거분사의 경우 주로 능동적 의미로 쓰이지만 수동적으로 쓰이기도 하고 또한 조동사 être가 오는 자동사(aller 제외)의 복합형 과거분사는 앞에 조동사의 현재분사가 흔히 생략되기도 한다. 특히 대명동사의

복합형의 경우는 거의 늘 과거분사만으로 표현한다.

▸ 시 간

Arrivé sur le point, notre chevalier se trouva arrêté par un groupe de curieux. (Étant arrivé라고는 거의 하지 않음.)

그 지점에 도착하자 우리의 기사는 한 떼의 호기심 있는 사람들 때문에 멈추게 되었다.

Ayant fini son travail, il partit en promenade. 일을 끝내자 그는 산책하러 나갔다.

▸ 원 인

La foule, *poussée* par la curiosité, vint s'attrouper autour du chevalier.

호기심에 이끌려서 군중들은 기사 주위에 시끄럽게 몰려들었다.

▸ 조건 · 가정

L'action, *commencée* deux heures plus tôt, eût été finie à quatre heures.

행동이 두 시간 더 일찍 시작됐다면 4시엔 끝났을 텐데.

▸ 부대적 상황

Suivie de six hommes d'arme, elle traversa une partie de la France à cheval.

무장한 사람 6명을 거느리고 그녀는 말을 탄 채 프랑스의 어느 지방을 통과하였다.

▸ 대립 · 양보

Aperçus de l'ennemi, ils réussirent pourtant à s'enfuir.

적에게 발각되었지만 그들은 도망치는 데 성공하였다.

③ 절대분사절을 이룬다.

현재분사 용법에서와 같이, 주절의 주어와 과거분사절의 주어가 다를 경우 과거분사는 고유의 주어를 가지면서 절대분사절을 이룬다. 다양한 의미를 나타내나 주로 시간을 나타내는 부사절에서 많이 볼 수 있다.

▸ 시 간

Vous partis, j'ai perdu le soleil, la gaîté.

당신들이 떠나자, 나는 태양도, 즐거움도 잃었소.

La journée finie, il partait en avant pour arriver plus vite à la maison.

하루 일이 끝나면, 그는 집에 좀 더 빨리 도착하려고 앞서서 출발하곤 하였다.

▸ 원 인

Sa clef perdue, il ne pouvait rentrer chez lui.

열쇠를 잃어서 그는 집에 들어갈 수 없었다.

La guerre ayant éclaté, on évacua sa maison.

전쟁이 일어났으므로 사람들은 집을 비웠다.

▸ 대립 · 양보

L'homme et l'enfant partis, pourquoi pas elle?
남자와 아이가 떠났는데도 그녀는 왜 안 떠났죠?

④ 전보, 비망록, 회의장에서, 행정보고서 끝에 쓰인 능동태의 과거분사는 그 하나만으로도 내용을 표현한다.

Reçu argent, lettre *suit*. 돈 받았음, 편지 쓰겠음. (전보)
Vu le médecin. 의사 만났음. (비망록)
Bien *dit*! 적절한 말이다!(회의장)

2) 형용사로 쓰인 과거분사

과거분사가 명사나 대명사에 관계하여 부가형용사나 속사 등 형용사의 성질을 띠는데, 단순형만이 용법을 갖는다.

① 부가형용사로 쓰인 과거분사

C'est un chef bien *respecté*. 이 분은 아주 존경받는 지휘자이다.
des manières *distinguées*. 뛰어난 방식
Je pleure mes amis *morts*. 나는 죽은 내 친구들을 애도한다.
les enfants *endormis* 잠든 아이들

② 속사로 쓰인 과거분사

Il faut cependant que la porte soit *ouverte ou fermée*.
그런데 문은 열어 두거나 닫힌 채로 두어야 한다.
Ces enfants sont mal *élevés*. 이 아이들은 교육이 잘못되어 있다.
Elles semblent *décidées*. 그녀들은 결심한 듯하다.

(3) 과거분사의 일치

(단순형)과거분사는 형용사 역할을 함으로 항상 관계되는 말과 성·수를 일치시켜야 한다. 단독으로 쓰이는 경우와 조동사와 더불어 복합시제를 이루는 경우가 있어 크게 3가지 경우로 구분해 볼 수 있다.

◆ 조동사 없이 단독으로 쓰인 경우(수식하는 명사, 대명사에 성·수 일치시킴)
◆ 조동사가 être인 경우(주어에 성·수 일치시키며, 대명동사일 경우 재귀대명사 se가 직접목적보어일 때만 일치시킴)
◆ 조동사가 avoir인 경우(직접목적보어가 과거분사 앞에 있을 때, 그것에 성·수 일치시킴).

㊟ 중복합시제에서는 마지막 과거분사에만 성·수 일치시킨다.
Il avait envoyé ses courriers qu'il avait eu *rédigés*.
그는 자신이 작성한 기사를 송고하였다.

㊟ 오래 전부터 써 오던 몇몇 관용어에서는 과거분사가 변화하지 않는다.

Je l'ai *échappé* belle. 나는 위기를 벗어났다.
La balle a traversé son chapeau, il l'a *manqué* belle.
탄환이 그의 모자를 꿰뚫었으나, 그는 겨우 위기를 벗어났다.

1) 조동사가 없을 때

① 부가형용사로 쓰인 과거분사는 수식하는 단어의 성과 수에 일치시킨다.

les enfants *abandonnés* 버림받은 아이들

Il voyait une forêt particulière, bien vivante et *peuplée*.

그는 아주 싱싱하고 빽빽이 나무가 들어선 특이한 숲을 보았다.

la porte *fermée* 닫힌 문

㈜ 아래와 같은 과거분사형 단어가 명사나 대명사 앞에 있을 때는 전치사나 부사로 쓰인 것이므로 변화하지 않는다. 그러나 명사나 대명사 뒤에 오면 형용사로 쓰인 것이므로 성·수에 일치한다.

accepté 허락된	approuvé 허가 받은	attendu ~에 관하여
ci-annexé 첨가된	ci-inclus 동봉하여	ci-joint 첨부하여
compris 포함된	non compris 포함하지 않고 y	compris ~을 포함하여
entendu 합의된	étant donné ~에 의하여	excepté 제외하고
lu 알려진	ôté 제외하고	ouï 들으며
passé 통과된	supposé 라고 가정하여	reçu 공인된
vu ~에 의하여		

Vous devinez pour qui est la lettre *ci-incluse*. (형용사)
동봉한 편지가 누구에게 가는 것인지 알아 맞추어 보시오.
Trouvez *ci-inclus* les 2,000 francs que nous vous devons. (부사)
우리가 당신에게 갚을 2,000프랑을 동봉하니 받으시오.
Tout, nous *exceptés*, avait été balayé par-dessus bord. (형용사)
우리를 제외하고 모두 배 밖으로 쓸려 떨어졌다.
Toutes filles sont mariées, *excepté* la plus jeune. (전치사)
가장 어린 딸을 제외하고는 딸들이 모두 결혼했다.

② 주어의 속사 또는 직접목적보어의 속사로 쓰인 과거분사는 각각 그 주어나 직접목적보어의 성·수에 일치시킨다.

Madame, vous semblez *fatiguée*. 부인, 피곤해 보이는군요.

Ces fleurs, vous les trouverez *flétries*.

당신은 이 꽃들이 시들었다고 생각하시겠지요.

une besogne qu'on croit *terminée*. 끝난 것으로 믿었던 일

㈜ 1. 연결동사(verbe copule)가 생략된 감탄문의 첫머리에 온 속사는 보통 주어에 일치한다.
Finie, la comédie. 연극은 끝났다.
Finie la vie glorieuse, mais *finis* aussi la rage et les saubresauts.
영광스런 삶도 끝나고 열광과 감동도 또한 끝났다.

㈜ 2. 주어 nous, vous가 겸손이나 위엄, 존경 등을 나타내기 위해 단수형 je, tu 대신 쓰였을

때에는 속사로 쓰인 과거분사는 복수로 변하지 않는다.
Nous sommes *persuadé* que nos lecteurs nous approuveront.
저는 독자들이 저를 지지할 것으로 믿습니다.
Vous êtes, monsieur le président, *estimé* de tous.
대통령각하, 각하께서는 모든 사람들에게서 존경을 받고 계십니다.

㈜ 3. 주어가 on이고 동사가 être일 때, on이 분명히 여성을 가리키거나, 혹은 여러 사람을 나타낼 때는 과거분사가 여성 또는 복수로 변한다. 그 외는 남성단수이다.
Eh bien! petite, est-on toujours *fâchée*? 자! 꼬마 아가씨, 아직도 화가 나 있어?
Hélas! on est toujours *séparés* pendant les vacances.
아! 우리는 방학 동안에 계속 헤어져 있겠구나.
On est *enfermé* dans cette maison. 사람이 이 집에 갇혀 있다.

2) 조동사가 être일 때

être가 조동사로 쓰이는 경우는 복합시제와 수동태 형성할 때와 그리고 대명동사를 복합시제로 만들 때다.

① 조동사 être와 함께 쓰인 복합시제에서 과거분사는 주어의 성・수에 일치한다.

Quand êtes-vous *partie*, Madame? 부인께서는 언제 출발하셨죠?
Ils ne seront jamais *revenus* avant midi.
그들은 정오 이전에는 절대로 돌아오지 않을 것이다.

✽ 수동태에서도 역시 주어에 일치함
L'affaire a été portée devant les tribunaux. 그 사건은 법정으로 옮겨졌다.
Nous sommes battus. 우리가 졌다.

② 대명동사의 복합시제에서의 일치

대명동사는 복합시제에서 조동사 être를 취하나 과거분사가 항상 주어의 성・수에 일치하는 것이 아니다. 대명동사의 보어인칭대명사(재귀대명사) se, 즉 me, te, se, nous, vous, se가 직접목적보어로 간주될 때에만 일치하고, 간접목적보어로 간주될 때에는 일치하지 않는다. 대명동사의 용법에 따라 다음과 같이 성・수를 일치시킨다.

▸ 재귀적 대명동사

보어인칭대명사 se가 직접 또는 간접목적보어일 경우가 있으나, 직접목적보어일 때만 그것의 성・수에 일치한다.

• se가 직접보어 : 과거분사 일치함.

Nous nous sommes *peignés*. 우리는 빗질을 하였다.
Ils se sont *baignés*. 그들은 해수욕을 하였다.
Elle s'est *étirée* sur son lit. 그녀는 침대에서 기지개를 켰다.

● se가 간접목적보어 : 과거분사 일치 안함.

Elle s'est *acheté* une bague. 그녀는 반지를 샀다.

Nous nous sommes *lavé* les mains. 우리는 손을 씻었다.

㈜ se가 간접목적보어라도 직접목적보어가 동사 앞에 오면 과거분사는 그 직접목적보어의 성과 수에 일치한다.
Voici *une canne* qu'il s'est *fabriquée*. 여기 그가 손수 만든 지팡이가 있다.
les choses qu'ils se sont *imaginées*. 그들이 상상한 일들
Nous nous *les* sommes *lavées*. 우리는 그것(손)을 씻었다.

▸ 상호적 대명동사

보어인칭대명사가 직접 또는 간접보어일 경우가 있으나, 직접목적보어일 때만 성·수에 일치시킨다.

● se가 직접목적보어 : 과거분사 일치함.

Nous nous sommes *battus* dans la rue. 우리는 길에서 서로 싸웠다.

Ils se sont *entraidés*. 그들은 서로 도왔다.

● se가 간접목적보어 : 과거분사 일치 안함.

Ils se sont *adressé* des injures. 그들은 서로에게 욕을 퍼부었다.

Elles se sont *parlé* à voix basse. 그녀들은 작은 소리로 이야기하였다.

Ces deux sœurs se sont *ressemblé*. 이 두 자매는 서로 닮았다.

Ils se sont *plu* l'un à l'autre. 그들은 서로의 마음에 들었다.

㈜ 재귀적 대명동사에서와 마찬가지로 se가 간접이라도 다른 직접목적보어가 동사 앞에 오면 과거분사는 그 직접목적보어의 성·수에 일치한다.
des injures qu'ils se sont *adressées*. 그들이 서로 퍼부은 욕설
Voici *des lettres* qu'elles se sont *écrites*.
여기 그녀들이 서로 주고받은 편지가 있다.

▸ 수동적 대명동사

보어인칭대명사 se는 항상 직접목적보어로 취급하므로 과거분사는 항상 주어의 성·수에 일치한다.

Ces mots ne se sont plus *employés*. 이 말들은 더 이상 사용되지 않았다.

Cette pièce s'est *jouée* tout l'hiver. 그 작품은 겨울 내내 공연되었다.

Les légumes se sont bien *vendus* aujourd'hui. 오늘은 야채가 잘 팔렸다.

La bataille s'est *livrée* ici. 전투가 이곳에서 벌어졌다.

▸ 본래적 대명동사

보어인칭대명사 se는 허사이므로 직접보어도 간접보어도 아니다. 그러나 se를 직접목적보어처럼 취급하여 과거분사는 항상 주어의 성·수에 일치한다.

Elle s'est *moquée* de son ami.

그녀는 자기 친구를 놀렸다.

Ces prisonniers se sont *enfuis* dans le forêt.

그 죄수들은 숲으로 도망쳤다.

Nous nous sommes *aperçus* de notre erreur.

우리는 우리의 실수를 깨달았다.

㊟ 1. 본래적 대명동사 s'arroger(부당하게 빼앗다)는 예외로 직접목적보어가 앞에 오면 그것에 일치시키고 뒤에 오면 일치시키지 않는다.
Ils se sont *arrogé* des prérogatives. 그들은 왕권을 빼앗았다.
les *droits* qu'ils se sont *arrogés*. 그들이 빼앗은 권리

㊟ 2. se rire(비웃다), se plaire(좋아하다), se complaire(만족하다), se déplaire(싫어하다)는 항상 과거분사일치 안한다.
Elle s'est *ri* de vos menaces. 그녀는 당신의 위협을 비웃었다.
Elle s'est *plu* à le tourmenter. 그녀는 그를 괴롭히는 것을 좋아했다.
Elles se sont *complu* à ce spectacle vulgaire.
그녀들은 저속한 그 흥행물을 좋아하였다.

✻ 대명동사 다음에 부정법이 올 경우에는, 대명사 se가 주문의 직접목적보어인 동시에 부정법의 주어이면 과거분사는 se에 일치시키고 그렇지 않으면 일치시키지 않는다.
Elle s'était *laissée* mourir. 그녀가 죽어가게 내버려두었다.
Elle ne s'est pas *sentie* mourir. 그녀는 죽는다는 느낌이 들지 않았다.
Elle s'est *laissé* séduire. 그녀는 유혹을 받도록 내버려 두었다.
Elle s'est *senti* piquer par un moustique. 그녀는 모기에 물린 것처럼 느꼈다.

3) 조동사가 avoir 일 때

조동사 avoir와 함께 쓰인 복합시제에서는, 과거분사는 절대로 주어와 일치하지 않고 동사의 직접목적보어가 그 동사 앞에 올 경우만 그 직접목적보어의 성·수에 일치한다.

Quelle histoire vous a-t-il *racontée*?

그는 당신에게 어떤 이야기를 하였소?

Lesquels de ces livres avez-vous *lus*?

당신은 이 책들 가운데 어느 것들을 읽었소?

Ces pièces, je les ai déjà *vues*.

그 작품들을 나는 벌써 보았다.

Voici les lettres que tu m'a *écrites*.

그대가 내게 보낸 편지가 여기 있소.

✻ 따라서 다음과 같이 직접목적보어가 동사 뒤에 오거나 혹은 아주 없거나 하는 보통의 많은 문장에서는 과거분사를 일치시키지 않는다.
Ils ont *passé* une belle journée. 그들은 즐거운 하루를 보냈다.
Nous avons *attendu* avec impatience. 우리는 초조하게 기다렸다.
Attendez qu'il ait *fini* de parler. 그가 말하는 것을 끝낼 때까지 기다리시오.

❖ Remarque : **조동사 avoir와 과거분사 일치(심화학습)**

(가) 과거분사 dû, dit, cru, su, voulu, pu, permis, osé etc.

과거분사 앞에 목적보어가 있는 것같이 보이지만, 그것이 실제적으로 직접목적보어가 아니면 과거분사는 변하지 않는다. 이때는 문맥상 과거분사 뒤에 부정법이나 절이 생략되어 있는 경우가 많다.

Je lui ai rendu tous les services que j'ai *pu* et que j'ai *dû*(lui rendre)
나는 그에게 할 수 있고 또 해야 할 온갖 도움을 주었다.
(tous les services는 rendre의 직접목적보어이지 pu나 dû의 목적보어가 아님)

Il m'a donné tous les renseignments que j'ai *voulu*(qu'il me donnât)
그는 내가 받기를 원했던 모든 정보를 나에게 주었다.

✾ 그러나 pu를 제외한 나머지 과거분사들은 직접목적보어가 앞에 오면 과거분사를 일치시킨다.

J'ai payé les *sommes* que j'ai *dûes*. 나는 빚진 금액을 갚았다.
Il a cité *toutes les paroles* que j'avais *dites*. 그는 내가 한 모든 말을 인용했다.
Il débita des *histoires* que nous n'avons pas *crues*.
그는 우리가 믿지 않는 이야기들을 지껄였다.

㈜ 과거분사 앞에 que가 오고 뒤에 부정법절이 따라오는 다음과 같은 경우는 que 절에 있는 과거분사를 일치시키지 않는다.

J'ai pris la route qu'on m'a *assuré* être la plus courte.
나에게 가장 가까운 길이라고 다짐받은 길을 나는 택했다.
les histoires qu'on avait *cru* être fausses. 사람들이 거짓이라고 믿었던 이야기들

(나) 타동사지만 자동사로 쓰이는 것들이 매우 많다. 이런 동사들이 자동사나 간접타동사로 쓰일 경우는 과거분사 일치 안하며, 타동사일 경우 직접목적보어가 앞에 오면 과거분사를 일치시킨다. 각각의 경우 그 뜻에 유의해야 한다.

ⓐ coûter(값 나가다), valoir(값어치 있다), peser(무게가 나가다), mesurer(길이가 ~이다), marcher(걷다), courir(뛰다), vivre(살다), régner(통치하다), durer(계속되다), reposer(쉬다)와 같이 가격, 무게, 길이, 시간, 거리, 기간 등의 상황보어를 요구하는 동사 경우, 자동사로 쓰여 목적보어가 아닌 상황보어가 앞에 오면 과거분사는 불변이고, 타동사로 쓰여 직접목적보어가 동사 앞에 오면 과거분사는 목적보어의 성·수에 일치한다. 타동사일 경우 대부분 비유의 뜻으로 변한다.

les dix euros que ce livre m'a *coûté* 내가 이 책을 사느라고 치른 10유로
les efforts que ce travail m'a *coûtés* 그 일이 내게 치르게 한 노력
les soixante-quinze ans qu'il a *vécu* 그가 살아왔던 75년
les belles annéss que nous avons *vécues* 우리가 살았던 호시절
les 50 kilos que j'ai *pesé* 내 몸무게였던 50kg
les caisses que cet homme a *pesées* 이 사람이 저울에 단 상자들
votre proposition que j'ai *pesée* 내가 깊이 생각하였던 당신의 제안
les dix euros que cet objet a *valu* 이 물건 값으로 치룬 10유로
la gloire que cette action lui a *value*. 이 행동이 그에게 준 명예

ⓑ servir(소용있다), coucher(자다), pleurer(슬퍼하다), parler(말하다), faire(걷다) 등의 동사들도 자동사와 타동사로 잘 구분해 과거분사 일치시킨다.

Tout le monde sait combien d'années nous avons *pleuré*.
우리가 얼마나 많은 세월 슬퍼하며 지냈는지 세상이 안다.
les péchées qu'il a *pleurés*. 그가 후회한 죄
les deux heures qu'il a *parlé*. 그가 말한 두 시간
la langue française qu'il a *parlée* 그가 말한 프랑스어
les dix kilomètres que nous avons *fait*. 우리가 걸은 10킬로미터
les habits qu'il a *faits*. 그가 만든 옷
Cet habit nous a beaucoup *servi*. 이 옷은 우리에게 매우 쓸모 있다.
Cette dame nous a fidèlement *servis*. 이 부인은 우리를 충실히 봉사했다.

✽ reprocher(비난하다), fuir(달아나다) 는 직접보어 간접보어를 잘 판단해 과거분사 일치시킨다.

On nous a *reproché* cette femme. (nous : 간접)
사람들이 우리가 이 여자 편든다고 비난했다
On nous a *reprochés*. (nous : 직접) 사람들이 우리를 기피했다.

(다) 중성대명사 le가 과거분사 앞에 오면 과거분사는 불변이다.

Elle n'était pas aussi malade qu'on l'aurait *cru*.
그녀는 생각했던 것만큼 그리 아프지 않았다.
Cette étude est moins difficile que je ne l'avais *présumé*.
그 연구는 내가 생각했던 것보다는 덜 어렵다.

(라) 중성대명사 en

ⓐ en이 "en+조동사+과거분사"로 직접목적보어 역할을 해도 과거분사는

변하지 않는다. 이때의 en은 일반적으로 de cela, de lui와 같은 중성의 뜻이다.

La guerre a tué bien des hommes, la langue en a *tué* davantage. 전쟁은 많은 사람들을 죽였고, 혀는 더 많은 사람들을 죽였다.

J'ai cueille des fraises et j'en ai *mangé*. 나는 딸기를 따서 먹었다.

ⓑ 그러나 en 이외에 또 다른 직접목적보어가 동사 앞에 있고 en이 과거분사에 영향을 미치지 못하면 과거분사는 그 직접목적보어에 일치한다. 이 경우 en은 생략해도 의미상 아무이상이 없기 때문이다.

J'ai écrit à Paris, voici *les nouvelles* que nous en avons *reçues*. 나는 파리로 편지를 띄웠는데, 이것이 우리가 거기서 받은 소식들이다.

C'est un véritable ami, je ne pourrai jamais oublier *les services* que j'en ai *reçus*.

그는 참다운 친구이다, 나는 그에게서 받은 도움을 결코 잊을 수 없으리라.

ⓒ en 앞에 수량의 부사 combien, beaucoup, moins, autant, plus, tant, trop 등이 오면 과거분사의 일치는 해도 좋고 안 해도 좋다.

Des livres de ce genre, combien en avez-vous *lus*?

이런 종류의 책을 당신은 몇 권이나 읽었지요?

J'en ai tant *vu*, des rois!(Hugo) 나는 왕들을 많이 보았다!

(마) 부정법이 주동사의 목적보어로 올 경우

ⓐ 부정법절이 주동사 뒤에 따라 올 경우

주동사의 직접목적보어인 동시에 부정법의 의미상 주어가 과거분사 앞에 오면, 과거분사는 직접목적보어의 성 · 수에 일치한다. (faire 경우는 제외) 주동사로는 주로 사역동사와 지각동사들이 많다. (부정법 참조)

Est-ce *votre fille* que j'ai *entendue* chanter?

내가 들은 노래를 부른 것이 당신의 딸인가요?

Ces misérables, pourquoi *les* avez-vous *laissés* entrer?

당신은 이 비천한 사람들을 왜 들어가도록 놔두었느냐?

Voici *les fruits* que j'ai *vus* mûrir.

이것이 익어 가는 것을 내가 보았던 과일들이다.

✽ laisser는 일치하지 않는 경우도 종종 있다.

Je *les* aurais *laissé* se quereller. 나는 그들이 싸우게 내버려 뒀어야 하는데.

㈜ 부정법의 직접목적보어가 과거분사 앞에 오면, 과거분사는 그 목적보어에 일치하지 않는다.

Voilà la mélodie que j'ai *entendu* jouer. 내가 연주되는 것을 들었던 멜로디가 저것이다. (la mélodie는 jouer의 직접목적보어임)
Ce sont les comédies qu'on a *empêché* de jouer. 이건 상영이 금지된 연극들이다.

Votre ami n'est pas là? Je l'ai *envoyé* chercher.
Où est votre soeur? Je l'ai *envoyée* chercher mon ami.

㊟ faire가 사역동사로 쓰인 경우, 과거분사 fait는 직접목적보어가 동사 앞에 오는 것에 상관없이 언제나 불변이다.
Nous les avons *fait* sortir tout de suite. 우리는 그들을 즉시 나가게 했다.
Je n'ai pas encore vu la maison qu'il a *fait* bâtir.
나는 그가 짓게 한 집을 아직 보지 못하였다.
Cette femme s'est *fait* peindre. 그 부인은 자신의 초상화를 그리게 했다.

ⓑ 주동사 뒤에 목적보어로써 전치사(à, de 등)를 동반한 부정법이 따라올 경우, 과거분사 앞에 온 직접목적보어가 부정법의 직접목적보어이면 일치하지 않고, 과거분사의 직접목적보어이면 일치한다.

Il se rappela *les lettres* qu'elle lui avait *données* à mettre à la poste.
그는 그녀가 우체통에 넣으라고 주었던 편지 생각이 났다.
les contrées qu'ils ont *eu* à explorer. 그들이 탐험했어야 할 지방들
les personnes que j'ai *invitées* à dîner. 내가 식사에 초대한 사람들
la montre que j'ai *oublié* de remonter. 내가 잊어먹고 감아주지 않은 시계

(바) 집합명사나 수량부사와 함께 쓰인 과거분사의 일치

ⓐ "집합명사+de+명사"형태로, 과거분사 앞에 올 경우는, 말하는 이의 의도에 따라 집합명사 혹은 de 다음의 명사의 성 · 수에 일치시킨다.

la multitude de *maux* que la guerre a *causés* 전쟁이 빚어낸 수많은 죄악들
la foule d'hommes que j'ai *vue* 내가 본 사람의 무리
La moitié du village est *brûlée*. 도시의 반이 불타 버렸다.

㊟ "le peu+de+명사"가 과거분사 앞에 올 경우, '부족, 아주 적은'의 부정적 뜻으로 쓰이면 과거분사는 le peu에 일치하므로 불변이고, '약간, 소량의'의 긍정적 뜻으로 쓰이면 과거분사는 le peu의 보어, 즉 de 다음의 명사에 일치해야 한다.
Le peu d'exigences que cette servante a *formulé* me l'a fait choisir.
이 하녀가 제시한 요구 조건이 아주 적은 것이라서 나는 그녀를 택했다.
Le peu de *troupes* qu'il a *rassemblées* ont permis de tenir la place.
그가 모은 얼마 안 되는 병력으로 요새를 지킬 수 있었다.

ⓑ 주로"수량부사+de+명사"형태로, 수량부사가 보어와 함께 과거분사 앞에 쓰일 때는 과거분사가 보어, 즉 de 다음의 명사의 성 · 수에 일치하고, 보어가 과거분사 뒤에 오면 불변이다.

Un peu de *neige* était encore *tombée*. 약간의 눈이 다시 내렸다.

Combien d'*heures* ai-je *perdues*?(=Combien ai-je *perdu* d'*heures*?)

얼마나 많은 시간을 나는 허비했을까?

ⓒ 주로"un(e)+de+명사"형태로 과거분사 앞에 쓰인 경우, de 다음의 보어에 과거분사가 일치하는 게 보통이다.

C'est une des plus belles *pièces* que j'aie *vues*.

이것은 내가 본 것 중 가장 아름다운 작품 가운데 하나이다.

Je vous rapporte un des *livres* que vous m'avez *prêtés*.

당신이 내게 빌려 준 책들 중 한 권을 돌려 드립니다.

㈜ 그러나 말하는 이의 의도가 여러 가지 중 하나를 지칭하고자 할 때는 un이나 une에 일치한다.

J'ai reçu *une* de vos amies, que vous m'aviez *recommandée*.

나는 당신이 내게 추천하였던 당신 친구들 중 한 명을 맞아 채용하였소.

Un des habitants que la faveur populaire avait *désigné* fut choisi pour chef d'entreprise.

대중의 인기로 지명된 주민 가운데 한 명이 회사의 사장으로 선출되었다.

(사) 등위 접속사로 연결된 선행사가 과거분사 앞에 있을 경우

ⓐ "~ ni(ou)~"형태인 선행사가 과거분사 앞에 쓰인 경우, 접속사가 부가의 뜻으로 쓰였으면 과거분사는 복수로 일치한다.

La peur ou la misère que les hommes ont toujours diffcilement *supportées* ont fait commettre bien des fautes.

인간이 늘 견디기에 힘들었던 공포나 빈곤은 많은 과오를 범하게 하였다.

Ce n'est *ni mon père ni ma mère* que j'ai *aimés*.

내가 사랑했던 사람은 나의 아버지도 어머니도 아니다.

㈜ 선행사들이 서로 대립 관계에 있을 때는 어느 쪽에 강점을 두느냐에 따라서 그것에 과거분사를 일치시킨다.

Est-ce une louange ou un blâme qu'il a *mérité*?

그가 받은 것은 칭찬인가? 비난인가?

C'est ce jeune homme ou sa sœur qu'on aura *chargé* de vous prévenir.

당신에게 미리 알려 줄 책임을 질 사람은 이 젊은이거나 그의 누이이다.

Ce n'est ni mon frère ni ma sœur qu'on a *choisie* pour porter le drapeau.

이 깃발을 들도록 선발된 사람은 내 동생도 누이도 아니다.

ⓑ ainsi que, autant que, aussi bien que, comme, de même que, non moins que, non plus que, pas plus que 등으로 연결된 선행사가 과거분사 앞에 쓰인 경우,

▸ 비교의 뜻으로 쓰이면 과거분사는 첫째 선행사에 일치한다.

Son caractère, ainisi que sa conduite qu'on a *estimé* …

사람들이 존경했던 그의 행동뿐만 아니라 그의 성격 …

C'est *son orgueil*, non moins que sa cruauté, qu'on lui a *reproché*.

그를 비난한 것은 그의 잔인성뿐만 아니라 그의 오만함 때문이다.

▸ 부가의 뜻으로 쓰이면 두 선행사에 함께 일치시킨다.

sa patience ainsi que sa modestie qu'on a *connues*.

사람들이 알고 있던 그의 인내와 겸허함.

C'est *votre patience non moins que votre courage* qu'on a *loués*.

사람들이 칭찬한 것은 당신의 인내와 용기이다.

ⓒ moins que, plus que, non, et non, et non pas, plus que, plutôt que 등으로 연결된 선행사가 과거분사 앞에 오면 첫째 선행사에 일치한다.

plutôt *la mort* que la souillure qu'il a *voulue*.

그가 원했던 것은 불명예보다 오히려 죽음

c'est *un conseil* et non pas un order qu'il nous a *donné*.

그가 우리에게 준 것은 명령이 아니라 충고이다.

연습문제

A. 기초 문제

1. 아래 괄호안의 동사를 직설법 현재로 변화시키시오.

① J'(avoir) un cahier. ② Vous (être) en classe.
③ Tu (finir) tes travaux. ④ Ils (aller) au parc.
⑤ Il (pleuvoir) depuis ce matin.

2. 지시대로 문장을 바꾸시오.

① Elle se repose.(의문형으로)
② Sauvez-vous. (부정명령형으로)
③ Vous vous amusez.(긍정명령형으로)
④ Pierre se lave le visage et se couche.(복합과거로)

3. 아래 동사의 과거분사를 쓰시오.

① aimer ② finir ③ partir ④ avoir ⑤ être
⑥ aller ⑦ boire ⑧ venir ⑨ faire ⑩ pouvoir

4. 아래 문장을 근접미래로 고쳐 쓰시오.

① Il fait son travail
② Elle commence la lecture

5. 아래 문장을 근접과거로 고쳐 쓰시오.

① Il part pour la France
② Elles entrent dans le jardin.

6. 예문과 같이 아래 문장을 고쳐 쓰시오.

Il va au théâtre? → Va-t-il au théâtre?
① Vous aimez les pièces de Molière?
② Elle déjeune avec vous?

③ Tu vas en Italie?
④ Sylvie est médecin?
⑤ Nicolas part en tournée sur la Côte d'Azur.

7. 동사의 단수 형태를 복수 형태로 고쳐 다시 문장을 써 보시오.

① Elle va à la séance de 8 heures.
② Je reste au lit le dimanche matin.
③ Tu est bientôt en vacances.
④ Il déteste les sculptures de Calder.
⑤ Je n'ai pas de billet pour le concert.
⑥ Elle regarde le programme des expositions.
⑦ Je fais du ski à La Plagne.
⑧ Elle part pour le Colorado.
⑨ Tu visites l'exposition Gauguin.
⑩ Je préfère marcher au bord de la Seine.

8. 괄호 안에 동사를 알맞은 형태로 넣으시오.

① Le matin je (se lever) tôt.
② Nous (se coucher) tard le samedi soir.
③ Tu (se réveiller) à quelle heure, le matin?
④ Le dimanche nous aimons (se reposer) à la campagne.

9. 다음 문장을 수동태로 고치시오.

① Jean pousse Marie
② Le soleil éclaire la terre.
③ Pierre donne un livre à Marie
④ Le boulanger fait le pain.

10. (   )속에 조건법으로 적당한 시제로 고쳐 쓰시오.

① Je (pouvoir) lui écrire si j'avais le temps.
② Elle (venir) si elle recevait la lettre.
③ S'il avait reçu la lettre, elle me l'(dire) hier.
④ Je l'aurais regretté si vous (partir) lundi dernier.
⑤ Si elles (commencer) sans moi, je serais mécontent.

11. 아래 문장을 명령형(명령법 현재)으로 써보시오.

① Nous marchons lentement.

② Tu ne cours pas.

③ Tu me la donnes.

④ Tu as du courage.

⑤ Vous vous habillez vite.

⑥ Tu es gentil.

⑦ Vous m'apprenez le français.

⑧ Vous m'en achetez beaucoup

⑨ Nous ne les lui montrons pas.

12. 아래 문의 (　)속에 동사를 접속법 현재로 바꾸시오.

① Il faut que nous (aimer) les hommes.

② Je regrette que vous ne (travailler) pas.

③ Croyez-vous que cette leçon (être) trop difficile.

④ Il est naturel que on (poursuivre) le bonheur.

⑤ Je suis heureux que vous (être) satisfait.

13. 밑줄 친 곳을 부정법으로 바꾸어 다시 써보시오.

① J'entends <u>qu'on parle.</u>

② Il faut <u>que l'on parler.</u>

③ Il m'a dit <u>qu'il viendrait.</u>

④ Il croit <u>qu'il a réussi.</u>

14. 과거분사의 성수를 일치시키시오.

① Elles sont entré___ dans une classe.

② Ils ont acheté___ des livres et ils sont rentré__ le soir.

③ Ma mère est allé__ à Paris.

15. 아래 문장에서 필요한 곳에 성과 수를 일치시키시오.

① Ils sont des hommes peu pensant__.

② L'ombre grandissant__ envahissent toute la maison.

③ Ce sont des filles obéissant__ à leur parents.

④ Ces enfants, grandissant__ chaque jour, seront aussi grands que leur mère.

B. 기본 문제

1. ( )에 필요한 곳만 적당한 전치사를 넣으시오.

① Ma mère a oublié ( ) fermer la porte.
② Cela dépend ( ) vous.
③ Elles jouissent ( ) leur vie.
④ On m'a invité ( ) dîner chez soi.
⑤ Elle me permet ( ) lire chez lui.
⑥ Jean a donné ce livre ( ) mon frère.
⑦ J'entends ( ) chanter le chanson française.
⑧ Ma mère apprend ( ) conduire.
⑨ Il compte ( ) revenir bientôt.
⑩ Mon père a renoncé ( ) son offre.
⑪ Nous commençons ( ) écrire.
⑫ Elle doute ( ) mon succès.

2. 다음 문장을 능동태는 수동태로 수동태는 능동태로 고치시오.

① On a invité Pierre et Paul au bal.
② Une haie entourait le jardin.
③ Tout le monde voit le soleil.
④ On achète la viande chez le boucher.
⑤ L'accusé est interrogé.
⑥ Il a été nommé président.
⑦ Il a écrit une lettre.
⑧ La rue était couverte de la neige.
⑨ Le maître a été suivi d'un chien.

3. 예문처럼 명사를 대명사로 바꾸어 부정으로 대답하시오.

Vous avez lu ces livres? → Non, je ne les ai pas lus.

① Elle a vu le dernier film de Jean-Paul Belmondo?
② Tu as écrit à tes parents?
③ Vous avez acheté cette maison?
④ Il a écouté les disques de Nicoles Legrand?
⑤ Elle a parlé à Pierre?

4. 괄호 안의 동사 중 알맞은 것을 골라 현재형으로 써 넣으시오

① (parler/dire) On..........beaucoup du sida dans les journaux.
② (écouter/entendre) Vous..........du bruit dans l'escalier.
③ (regarder/voir) Est-ce qu'ils..........beaucoup la télévision.
④ (louer/acheter) Cécile............un superbe studio 1, 000 euros par mois.
⑤ (habiter/rester) Il .... à Paris, 16 rue Spontini.
⑥ (chercher/trouver) Il y a cinq minutes que je ....son numéro de téléphone dans mon agenda.
⑦ (avoir/être) On ....soif; donnez-nous à boire, s'il vous plaît!
⑧ (savoir/connaître) Vous ....l'adresse de Claude Mispouillé.
⑨ (demander/répondre) Tu ....à ta mère 6 euros pour le cinéma.
⑩ (savoir/pouvoir) Est-ce que Pierre ....parler suédois?

5. ( )속의 동사를 단순미래 또는 전미래로 변화시키시오.

① Elle (sortir) quand vous (arriver).
② Je vous (passer) ce livre quand je l'(lire)
③ Lorsque vous (nettoyer), nous (pouvoir) sortir avec vous.
④ Quand je (se promener), je (faire) mon travail.
⑤ Dès que la pluie (cesser), le vent (se mettre) à souffler.

6. ( )속의 동사를 단순과거, 전과거, 또는 대과거로 의미에 맞게 변화시키시오.

① Ce jour-là, le roi de France (quitter) Paris.
② Dès que j'(recevoir) la lettre, je partis.
③ Lorsqu'il (terminer) son devoir, il est parti.
④ Quand nous (finir) de travailler, nous allions nous promener.
⑤ Avant notre arrivée, les femmes (partir) pour la campagne.
⑥ Quand la police (arriver), il avait déjà disparu.

⑦ J'ai rencontré mon professeur que j'(voir) à Tokyo il y a deux ans.
⑧ Aussitôt que votre père (arriver), nous allâmes au cinéma.
⑨ Quand la neige eut cessé, le vent (se mettre) à souffler.
⑩ C'était bien ce que vous (penser).
⑪ Après qu'ils (dispenser) leur argent, ils écrivirent à leur mère.

7. ( ) 속의 동사를 복합과거, 반과거, 또는 대과거로 의미에 맞게 쓰시오.
① Aussitôt qu'il avait fini sa leçon, il (s'empresser) de monter au bureau.
② La nuit venait : nous (se quitter) pour dormir.
③ Quand nous avions déjeuné, nous (faire) la sieste.
④ Deux coqs (vivre), une poule est survenue.
⑤ Où (être)-vous quand je vous ai appelé.
⑥ Quand j'(être) à Paris, j'(aller) tous les jours à l'Opéra.
⑦ Pendant sept ans, il (apprendre) le coréen, mais il ne sais pas le parler bien.
⑧ Hier, ma soeur (aller) au magasin et elle (acheter) une jolie robe.
⑨ Elle m'a écrit qu'elle (travailler) ce jour-là.

8. 아래 문장의 ( )속을 의미에 맞는 적당한 동사의 시제로 바꾸어 쓰시오.
① Si vous partez maintenant, vous (être) en avance.
② Si j'(avoir) assez d'argent, j'achèterai cette table.
③ Nous (aller) à la campagne s'il faisait beau.
④ J'achèterais cette maison si j'(avoir) assez d'argent.
⑤ S'il fait beau demain, j'(aller) à la campagne.
⑥ J'ai cru qu'il (venir) le lendemain.
⑦ Il nous a soutenu que la crise économique (finir).
⑧ Tu ne (sortir) pas, s'il pleut.
⑨ On m'a annoncé qu'il (revenir) hier soir, mais il ne revient pas encore.

9. ( )속의 동사를 의미에 맞게 명령법 현재 또는 과거형으로 쓰시오.
① (Se coucher) tôt quand vous êtes fatigué.
② (Revener) chez elle jusqu'à sept heures.
③ (Finir) vos travaux avant de partir.
④ (Ouvrir) les fenêtres de votre chambre.

10. ( )속의 동사를 문장 의미에 맞게 변화시키시오.

① Je n'aime pas que vous (sortir) si souvent.
② Il est impossible que tu ne (voir) pas ces hommes.
③ Je souhaite que vous (pouvoir) réussir à cet examen.
④ Je veux que tu (faire) tes travaux.
⑤ Partez sans qu'il vous (voir).
⑥ Restez à la maison jusqu'à ce que je (revenir).
⑦ Elle sort bien qu'elle (avoir) mauvaise mine.

11. ( )속의 동사를 접속법 과거로 쓰시오.

① Il est content que vous (faire) vos devoirs.
② Il ne doute pas que tu (écrire) hier.
③ C'est le plus grand artiste qui (exister)
④ Bien qu'elle (étudier) le français, elle ne s'exprime pas bien.

12. 밑줄 친 곳을 문장 의미가 같게 부정법을 써서 바꾸어 보시오.

① Je suis content que j'aie réussi à l'examen.
② Avant le départ, vous viendrez me voir.
③ J'ai peur que je sois en retard en classe.
④ Je me presse pour que je prenne le train.
⑤ Tu lui as dit : "Va-t'en."
⑥ Il est bien aise qu'il soit arrivé à temps.
⑦ Quand elle a fini ses travaux, elle sort jouer avec ses copines.

13. 밑줄 친 부분을 분사절로 고쳐 쓰시오.

① Quand elle voyait le danger, elle n'osait pas avancer.
② Comme il est malade, il ne pourra pas assister à la soirée.
③ Dès qu'il eut fini de parler, il se leva.
④ Quand elle aura pris son dîner, elle ira au concert.
⑤ Ce sont des élèves qui obéissent bien.
⑥ Comme il avait trop mangé, il avait mal à l'estomac.
⑦ J'ai vu Jacque qui dansait avec une femme.
⑧ Comme elle a économisé, elle est riche maintenant.

14. 밑줄 부분을 제롱디프를 사용해 고쳐 쓰시오.

① Si vous travaillez bien, vous réussirez.

② Quand elle marche, elle chante.

③ L'enfant est tombé alors qu'il courait.

④ J'ai rencontré Pierre pendant que je venais ici.

⑤ On verra le Mont Blanc lorsque l'on arrive à Genève.

15. 밑줄 친 곳에 필요하면 과거분사 일치를 시키시오.

① Les livres que vous nous avez prété__ nous ont beaucoup servi__.

② La porte est ouvert__ ; Est-ce vous qui l'avez ouvert__?

③ Quelle joie nous avons eu__ quand les vacances sont arrivé__!

④ Elle a promis__ de me montrer des photos qu'elle a pris__ à Paris.

⑤ Les lettres qu'il avait écrit__ hier ont été mis__ à la poste ce soir.

⑥ Elles s'étaient déjà levé__ quand nous les avons appelé__.

⑦ Les fleurs qu'il a cueilli__, l'enfant les a rassemblé__.

⑧ Ils se sont donné__ beaucoup de peine.

16. 밑줄 친 부분에(현재분사형) 필요한 곳에 성과 수를 일치 시키시오.

① Ce sont des étudiants très obéissant__ et étudiant__ bien.

② Nous voyons des oiseaux volant__ dans le ciel.

③ Nous sommes venus croyant__ vous trouver inoccupés.

④ Les hirondelles sont des oiseaux charmant__, étonnant__ tout le monde.

⑤ Après une journée fatigant__, on aime à rester au coin du feu.

⑥ Les devoirs du soir fatiguant__ le vue, j'étudie le matin.

⑦ Les eaux courant__ sont plus saines que les eaux dormant__.

C. 응용 문제

1. (　)속에 과거 분사를 알맞게 쓰시오.

① Annie s'est (lever) à 8 h.

② Jacques s'est (réveiller) à 10 h.

③ Annie et Valérie se sont (promener) dans le jardin.

④ Pendant les vacances, Nicole et André se sont (reposer) dans les Alpes.

⑤ Patrick et son frère se sont (coucher) tard hier soir.

⑥ Claire et Juliette se sont (rencontrer) à l'université.

2. 아래 질문을 보기처럼 부정문으로 대답해 보시오.

Vous connaissez la femme de Daniel? — Non, je ne la connais pas.

① Quelqu'un t'a vu sortir?

② Tu as encore faim?

③ Vous avez dit quelque chose?

④ Est-ce que tu veux encore du café?

⑤ Tout le monde parle de lui?

⑥ Vous avez toujours de l'argent sur vous?

3. 밑줄 친 곳에 savoir/ connaître 동사를 적당한 형태로 고쳐 써 넣으시오.

① ....-tu où se trouve le Bon Marché? - Non, je ne..........pas l'adresse exacte; je ....que c'est dans le 6ème arrondissement.

② Pierre............conduire. Il vient d'avoir son permis de conduire. Tu.........le nom de son auto-école? - Oui, elle est rue des Acacias.

③ Mes amis.............une piscine très agréable en banlieue; si tu veux, on peut y aller mais est-ce tes enfants..............nager? - Non, pas encore.

④ Est-ce que tu.........qu'Anne est à Tahiti? - Il a beaucoup de chance; je...........cette île et c'est magnifique.

⑤ Nous ne.........pas les bons restaurants du quartier.

4. 문장의 의미가 통하도록 ( )속의 동사를 단순미래 또는 전미래를 바꾸시오.

① Le docteur affirme que ma fièvre (disparaître) à mon réveil.

② Il (partir) avant notre arrivée.

③ Dans deux ans, on (achever) ce travail.

④ Je suis certain que cet ouvrier (finir) son devoir avant six heures.

⑤ Avant un mois la maison (être construit)

5. ( ) 속에 동사를 의미에 맞게 적당한 직설법 과거 형태로 변화시키시오.

① Nous (chercher) le prisonnier qui s'était écharpé pendant que nous (dormir).

② Il (neiger) toute la nuit; à perte de vue la terre était blanche.

③ Dès que l'hiver (finir) nous dûmes songer à voyager.

④ Pendant que vous (perdre) votre temps, je (lire) des journaux.

⑤ Je (naître) en 1995, ma mère (être) en voyage ce moment.

⑥ Tous les matins, je (se lever) à cinq heures et j'(écrire) quelques pages.

⑦ Pendant les vacances dernières, je (prendre) tous les jours le bain de mer et (faire) une promenade sur la plage. Mais ce matin-là, je (aller) assister à la messe. Quand je (arriver) à l'église, on (chanter) déjà le premier cantique. Il y (avoir) là beaucoup de gens. Je (trouver) un place avec difficulté.

⑧ Autrefois, on (aimer) écrire et recevoir des lettres et on (répondre), mais maintenant on téléphone.

6. 아래 글을 과거로 다시 써보시오.

Depuis 3 ans j'habite au Cap d'Ail, près de Nice. J'écris. Je me promène. J'ai beaucoup d'ami dans le village. Nous bavardons, nous dînons quelquefois ensemble. Un jour, chez un ami peintre, je rencontre une jeune femme d'une très grande beauté. C'est une journaliste italienne. Elle s'appelle Angela. Je me présente. Elle connaît mon nom. Nous parlons de l'Italie. Le lendemain, j'invite Angela pour une promenade en voiture dans l'arrière-pays. Nous découvrons de charmants petits villages. Angela prend des photos et interroge les habitants. Le soir, nous rentrons par le bord de mer...

7. 아래 두 개의 글을 비교 음미하면서 과거로 다시 써보시오.

① Quand je suis en vacances, je lis du matin au soir. De temps en temps, un ami vient me voir et nous allons faire une promenade dans la montagne. Quand le temps est mauvais, nous restons à la maison à parler de notre vie.

② Quand je suis en vacances, je lis du matin au soir. Un jour, un ami vient me voir. Il s'assoit, on commence à parler de lui et du livre qu'il écrit. Il sait que je suis éditeur et il veut absolument me faire lire son manuscrit. Il parle pendant 3 heures. A la fin, bien sûr, il gagne : je lui demande de m'apporter son manuscrit.

8. ( )속의 동사를 문장의 의미에 알맞은 동사 형태로 고쳐 쓰시오.

① Il est possible qu'ils (revenir) à Paris hier soir.
② Si elle avait un enfant, sa vie (être) plus gaie?
③ La terre (tourner) autour du soleil.
④ Bien qu'elle (être) malade, elle ne reste pas au lit.
⑤ Elle a fermé la fenêtre, parce qu'il (pleuvoir).
⑥ Hier, mes frères (aller) voir mon oncle.
⑦ Si elle avait eu de l'argent, elle (partir) pour la Corée.
⑧ Si ma mère (venir) tôt, nous serions allés au bord de la mer.

9. 아래 글을 과거로 고치시오.

Je sais qu'il partira en juin et qu'il ira passer trois semaines au Club. Je sais qu'il aura un temps superbe et qu'il pourra faire du sport toute la journée. Je sais qu'il y aura des dizaines de jolies femmes et qu'il dansera toute la nuit! Et tu crois que je vais le laisser partir tout seul?

10. 아래 문장을 명사는 대명사로 바꾸어 쓰고 명령문으로 쓰시오.

① Tu manges de la viande.
② Tu m'achètes des légumes.
③ Nous ne venons pas de chez elle.
④ Tu vas au parc.
⑤ Tu m'attends à la gare.
⑥ Vous ne leur donnez pas de livres.
⑦ Vous ne buvez pas de vin.
⑧ Nous mettons les cahiers dans nos sacs.
⑨ Tu chantes la chanson française.

11. ( )속의 동사를 직설법, 조건법, 접속법 등 알맞은 형태로 고쳐 쓰시오.

① Elle (revenir) avant qu'il (revenir).
② Hier nous (aller) au bord de la mer.
③ Quand ma mère (être) de retour, nous sortirons.
④ Croyez-vous qu'il (être) occupé hier?
⑤ Je (faire) mon travail bien qu'ils ne (faire) pas le leur.
⑥ Elle m'a dit qu'elle (être) malade la veille.
⑦ J'(aller) le soigner moi-même pour qu'il n'(aller) pas chez le médecin.
⑧ Mes parents (être) à la maison demain.
⑨ Elle tâchera de trouver un cadeau qui (plaire) à son mari.
⑩ Tu serais plus heureux si tu (employer) mieux ton temps.
⑪ J'y (être) demain à moins que je ne (être) malade.
⑫ S'il avait eu des amis, il (être) heureux.
⑬ Quand j'(être) à New York, j'(aller) tous les jours au parc.

12. 아래 편지를 읽고 괄호 속의 동사를 의미에 맞게 변화시키시오.

Cher Monsieur,

J'aimerais que vous (répondre) à notre proposition de travail le plus tôt possible. En effet, il est très important que j'(avoir) votre réponse très vite car à la fin de la semaine, il faut que je (prendre) ma décision. Il serait souhaitable que vous (être) présent le jour où se réunira l'assemblée générale. Je veux, à ce moment-là, que tous les membres de notre société (savoir) dans quelle direction travailler. Il faut aussi que vous nous (faire) parvenir votre curriculum vitae.

Veuillez agréer, Monsieur, l'expression de mes sentiments distingués.

13. 필요한 곳에 과거분사를 일치시키시오.

Comment se sont passé vos vacances? / Assez mal; il a plu tout le temps, nous n'avons pas pu nous baigner, et il fallu rentrer en avion. / En avion? / Oui, nous avons eu un accident. / Un accident grave? / Non, la voiture a dérapé dans un virage et elle est tombé dans un fossé. Heureusement nous n'avons rien eu! / Et la voiture? / Nous l'avons laissé là-bas.

14. 아래 문장에서 어법이 틀린 것을 찾아내고 그 이유를 말해 보시오.

Je suis en train de trouver un bracelet sur le sol.

Je suis en train de trouver la solution du probleme.

L'éditeur est en train de sortir

L'éditeur est en train de sortir un nouveau livre.

Je commence à trouver un bracelet.

Trouve la solution du probleme.

J'ai franchi la frontiere pendant une heure.

15. 다음 문장에서 굵은체로 가리킨 동사에 대하여 동사 시제의 의미와 실제의 의미와 차이가 있는지 논의 해 보시오.

a. Je **regarde** la place qui s'étend pieds.

b. Il m'a promis qu'il **viendrait** aujourd'hui.

c. Je regrette que tu sois souffrant.

d. Je **désirais** vous parler.

e. On sonne à la porte. ce **sera** le plombier.

f. Nous **donnerons** un bal.

g. Tu **vas t'enrhumer.**

h. Il faut que nous **donnions** un concert.

i. Il **aura eu** quelque indispositions.

16. 아래 두 문장의 차이점을 설명해 보고 시제에 대해 논해 보시오.

Paul partit quand Pierre est arrivé.

Paul partait quand Pierre est arrivé.

17. 아래 문장에서 어법이나 문법이 잘못된 문장은 어느 것이며 그 이유가 무엇인지 서로 비교해 보며 설명해 보시오.

a. A minuit, il dormit. / A 15 ans, elle fuma.

b. Il dormit douze heures. / Elle fuma pendant 10 jours.

c. Il dormit jusqu'à midi. / Elle fuma jusqu'à 25 ans.

d. A minuit il a dormi. / A 15 ans, elle a fumé.

e. Il a dormi douze heures. / Elle a fumé pendant 10 jours.

f. Il a dormi jusqu'à midi. / Elle a fumé jusqu'à 25 ans

g. A minuit il dormait. / A 15 ans, elle fumait.

h. Il dormait douze heures. / Elle fumait pendant 10 jours.

I. Il dormait jusqu'à midi. / Elle fumait jusqu'à 25 ans.

18. 다음 문장 중 어법상 틀린 문장을 고르고 시제에 대해 논해 보시오.

a. Je sortais quand il est arrivé.

b. Je sortais quand il a mangé.

c. Je suis sorti quand il mangeait.

d. Il arrivait quand tu as téléphoné.

19. 다음 두 글을 읽은 후 느낌의 차이점은 있는지?.....있다면 어떤 느낌인지 설명해 보시오.

① C'était midi. Les voyageurs montaient dans l'autobus. On était serré. Un jeune monsieur portait sur sa tête un chapeau. Il avait un long cou. Dès qu'il aperçut une place libre, il se précipita vers elle et s'y assit. ....

② Ce fut midi. Les voyageurs montèrent dans l'autobus. On fut serré. Un jeune monsieur porta sur sa tête un chapeau. Il eut un long cou. Des qu'il apercevait une place libre, il se précipitait vers elle et s'y asseyait ....

20. 다음 아래 글에서 괄호 안에 동사를 변화시켜보고, 복합과거와 반과거의 차이점을 논해 보시오.

① Emile Zola (naître) dans cette maison le 2 avril 1840.

② Emile Zola (habiter) dans cette maison.

③ Vincent Van Gogh (vivre) dans cette maison de 1886 à 1888.

④ Max (habiter) cette maison de 1907 à 1911.

21. 다음 글을 과거로 고쳐보아라.

① "Il n'est que 6 heures, mais il fait déjà nuit. Je ne vois plus rien. j'allume. tout saute."

② "La pluie s'arrête, j'en ai assez de travailler, je vais à la piscine."

③ "Il pleut, mais j'en ai assez d'être enfermée. Je prends ton parapluie et je vais faire un tour."

④ "Il fait beau, mais je suis fatiqué. je reste à la maison et je lis des magazines."

22. 다음 글의 동사들을 복합과거나 반과거로 바꾸어 보시오.

① Quand Vincent rentre dans la cabine, M. Berthier y est.
② Quand il sort de l'ascenseur, M.Berthier sort du deuxième.
③ Quand les parents de Vincent arrivent, le dîner n'est pas prêt.
④ Quand les enfants se couchent, Françoise regarde la T.V.
⑤ Quand Isabelle et Françoise partent en voiture, elles ont le portefeuille de Vincent.

23. 다음 글 중 동사 형태가 의미상 이상하다면 맞는 형태로 고쳐 보아라.

Après avoir secouru, des vacanciers victimes d'un naufrage s'en vont sans même donner leur nom. Rejoignant le port du Val-André dans les Côte-du-Nord à bord de leur bateau, monsieur Thomas, ingénieur à Rennes, et sa femme percevaient brusquement des appels au secours. Ils découvraient alors, en pleine mer, un garçon de 12 ans complètement épuisé, accroché à une bouée, qui signalait que deux autres personnes étaient tombées à l'eau en même temps que lui. Au bout d'une demi-heure de recherche, monsieur Thomas découvrait un homme d'une trentaine d'années ainsi qu'une jeune fille sur le point de se noyer. Ramenés sur la plage, les trois personne disparaissaient sans même donner leur nom.

24. 아래 각 문장을 보고 두 문장의 차이점을 다양하게 논해 보아라.

Je me place de sorte qu'il me voit.
Je me place de sorte qu'il me voie.

Je cherche un homme qui a une barbe rouge.
Je cherche un homme qui ait une barbe rouge.

Je dis qu'il part.
Je dis qu'il parte.

정답 **A. 기초문제**

1. ① ai ② êtes ③ finis ④ vont ⑤ pleut 2. ① Se repose-t-elle? ② Ne vous sauvez pas. ③ Amusez-vous. ④ Pierre s'est lavé le visage et s'est couché. 3. ① aimé ② fini ③ parti ④ eu ⑤ été ⑥ allé ⑦ bu ⑧ venu ⑨ fait ⑩ pu 4. ① Il va faire son travail. ② Elle va commencer la lecture 5. ① Il vient de partir pour

la France. ② Elles viennent d'entrer dans le jardin. 6. ① Aimez-vous les pièces de Molières? ② Déjeune-t-elle avec nous? ③ Vas-tu en Italie? ④ Sylvie est-elle médecin. ⑤ Nicolas part-il en tournée sur la côte d'Azur? 7. ① Elles vont ② Nous restons ③ Vous êtes ④ Ils détestent ⑤ Nous n'avons ⑥ Elles regardent ⑦ Nous faisons ⑧ Elles partent ⑨ Vous visitez ⑩ Nous préférons 8. ① me lève ② nous couchons ③ te réveilles ④ nous reposer 9. ① Marie est poussée par Jean. ② La terre est éclairée par le soleil. ③ Un livre est donné à Marie par Pierre. ④ Le pain est fait par le boulanger. 10. ① pourrais ② viendrait ③ aurait dit ④ étiez parti ⑤ commençaient 11. ① Marchons lentement. ② Ne cours pas. ③ Donne-la-moi. ④ Aie du courage. ⑤ Habillez-vous vite. ⑥ Sois gentil. ⑦ Apprenez-moi le français. ⑧ Achetez-m'en beaucoup. ⑨ Ne les lui montrons pas. 12. ① aimions ② travailliez ③ soit ④ poursuive ⑤ soyez 13. ① parler ② parler ③ de venir ④ avoir réussi 14. ① entrées ② acheté, rentrés ③ allée 15. ① pensants ② grandissante ③ obéissant ④ grandissant

B. 기본문제

1. ① de ② de ③ de ④ à ⑤ de ⑥ à ⑦ 없음 ⑧ à ⑨ sur ⑩ à ⑪ à ⑫ de 2. ① Pierre et Paul ont été invités au bal. ② Le jardin était entouré d'une haie. ③ Le soleil est vu de tout le monde. ④ La viande est achetée chez le boucher. ⑤ On interroge l'accusé. ⑥ On l'a nommé président. ⑦ Une lettre a été écrite par lui. ⑧ La neige couvrait la rue. ⑨ Un chien a suivi le maître. 3. ① Non, elle ne l'a pas vu. ② Non, je ne leur ai pas écrit. ③ Non, je ne l'ai pas achetée. ④ Non, il ne les a pas écoutés. ⑤ Non, elle ne lui a pas parlé. 4. ① parle ② entendez ③ regardent ④ loue ⑤ habite ⑥ cherche ⑦ a ⑧ connaissez ⑨ demandes ⑩ sait 5. ① sortira, serez arrivé ② passerai, aurai lu ③ aurez nettoyé, pourrons ④ me serai promené, ferai ⑤ aura cessé, se mettra 6. ① quitta ② eus reçu ③ avait terminé ④ avions fini ⑤ furent parties ⑥ arriva ⑦ avais vu ⑧ fut arrivé ⑨ se mit ⑩ aviez pensé ⑪ eurent dispensé 7. ① s'est empressé ② nous sommes quittés ③ faisions ④ vivaient ⑤ étiez ⑥ était, allais ⑦ a appris ⑧ est allée, a acheté ⑨ travaillait 8. ① serez ② ai ③ irions ④ avais ⑤ irai ⑥ viendrait ⑦ finirait ⑧ sortiras(sors) ⑨ reviendrait 9. ① Couchez-vous ② Sois revenu(Soyez revenu) ③ Ayez fini ④ Ouvrez 10. ① sortiez ② voies ③ puissiez ④ fasses ⑤ voie ⑥ revienne ⑦ ait 11. ① ayez fait ② aies écrit ③ ait existé ④ ait étudié 12. ① d'avoir réussi à l'examen. ② Avant de partir ③ d'être en retard en classe ④ pour prendre le train ⑤ de s'en aller ⑥ d'être arrivé à temps ⑦ Après avoir fini ses travaux 13. ① Voyant le danger ② Étant malade ③ Ayant fini de parler ④ Ayant pris son dîner ⑤ obéissant bien ⑥ Ayant trop mangé ⑦ dansant avec une femme ⑧ Ayant économisé 14. ① En travaillant bien ② En marchant ③ en courant ④ en venant ici ⑤ en arrivant à Genève 15. ① prétés, servi ② ouverte, ouverte ③ eue, arrivées ④ promis, prises ⑤ écrites, mises ⑥ levées, appelées ⑦ cueillies, rassemblées ⑧ donné 16. ① obéissants, étudiant ② volant ③ croyant ④ charmants, étonnant ⑤ fatigante ⑥ fatiguant ⑦ courantes, dormantes

제6장

부 사(Adverbe)

정 의

부사는 동사, 형용사 및 다른 부사의 뜻을 수식하며 어형 변화를 하지 않는다.

Il est *remarquablement* intelligent. 그는 굉장히 머리가 좋다.

Tu parles *trop*. 너는 말이 많다.

Il répondit *très* poliment. 그는 몹시 공손히 대답하였다.

몇 개의 어휘가 모여 부사에 해당하는 기능을 가지면 이를 부사구(locution adverbiale) 라 한다.

Elle s'est levée *tout de suite*. 그녀는 즉시 일어났다.

Ⅰ. 부사의 종류(Espèce de l'adverbe)

부사는 의미에 따라 대략 다음과 같이 크게 분류한다.[38)]

1. 양태의 부사(adverbe de manière)

ainsi 그렇게	bien 잘	comme 처럼
comment 어떻게	debout 서서	ensemble 함께
exprès 일부로	franco 무임으로	gratis 무료로
impromptu 즉석에	incognito 익명으로	mal 나쁘게
de même 마찬가지로	mieux 더 잘	pis 더 나쁘게
plutôt 오히려	quasi 거의	recta 정확하게

38) 분류는 절대적이 아니라 다소 유동성이 있다. 긍정, 의혹 및 부정의 부사를 합쳐 견해의 부사(adverbes d'opinion)로 총칭하기도 하며, 비교의 부사(adverbes de comparaison)를 따로 설정하기도 한다. 여기서는 분량의 부사 내에 이를 포함한다.

vite 빨리	volontiers 기꺼이	à dessin 고의로
à tort 잘못하여	à loisir 한가할 때	à propos 적당히

이 밖에 형용사에 -ment을 붙여 만들어진 부사의 대부분이 여기에 속한다.

2. 수량의 부사(adverbe de quantité)

assez 꽤	aussi 만큼	autant 많이
autrement 훨씬 더	beaucoup 많이	combien 얼마나
que 얼마나	davantage 더 많이	environ 약
fort 굉장히	moins 덜	peu 적게
plus 더 많이	presque 거의	quelque 얼마나
si 만큼, 매우	tant 많이	tellement 그렇게
tout 아주	très 매우	trop 너무

3. 장소의 부사(adverbe de lieu)

ailleurs 다른 곳에	alentour 주위에	après 뒤에
arrière 뒤로	attenant 이웃에	autour 둘레에
avant 앞에	çà 여기에	ci 여기에
contre 반대하여	dedans 안에	dehors 밖에
derrière 뒤에	dessous 밑에	dessus 위에
devant 앞에	en 거기로부터	ici 여기에
là 저기에	loin 멀리	où 어디
outre 더 멀리	partout 도처에	près 가까이에
proche 가까이	y 거기에	au-dedans 내부에
au-dehors 밖에	ci-contre 반대쪽 페이지에	
de-ci de-là 여기저기	en arrière 뒤로	
en avant 앞으로	quelque part 어딘 가에	
là-bas 거기에	là-dedans 그 속에	
par-ci par-là 여기저기		

cf. auparavant, alentour, dedans, dehors, dessus, dessous 등은 17세기까지에는 전치사로도 쓰였다.

4. 시간의 부사(adverbe de temps)

alors 그 때에
après 후에
après-demain 모레
aujourd'hui 오늘
auparavant 전에
aussitôt 곧
autrefois 옛날에
avant 전에
avant-hier 엊그제
bientôt 곧
déjà 벌써
demain 내일
depuis 이래로
désormais 이제부터
dorénavant 이제부터
encore 아직
enfin 마침내
hier 어제
jadis 옛날에
jamais 언젠가
longtemps 오랫동안
lors 그 때
maintenant 지금
naguère 최근에
parfois 때때로
puis 그리고 나서
quand 언제
quelquefois 때때로
sitôt 곧
soudain 갑자기
souvent 자주
tantôt 혹은
tard 늦게
tôt 일찍
toujours 늘
avant peu 머지않아
dans un moment 곧
de suite 연이어
à l'instant 곧
dans la suite 그 후에
en retard 늦게
à présent 지금
de temps en temps 이따금
tout à l'heure 곧
tout d'un coup 단번에
de temps à l'autre 때때로
tout de suite 곧
à jamais 영원히
d'abord 우선
peu après 조금 후에
pour le moment 당장은
sur-le-champ 곧
tout à coup 갑자기

5. 긍정 및 의혹의 부사(adverbe d'affirmation et de doute)

(1) 긍 정

assurément 확실히
à coup sûr 확실히
aussi 역시
bien 틀림없이, 참으로
certainement 확실히, 꼭
certes 확실히, 물론
en effet 사실상
en vérité 진실로
naturellement 정말로
mais si 아니 확실히
mais oui 그렇고 말고
oui 그렇지요
parfaitement 아무렴
pardon 천만에, 실례
pour sûr 확실히
précisément 명확히
que si 아니 확실히
sans contredit 이의 없이
sans doute 확실히
soit 좋아요
si 아니
si fait 아니 확실히
si vraiment 아니 확실히
volontiers 기꺼이
vraiment 참말로

(2) 의 혹

apparemment 언뜻 보아	sans doute 아마
probablement 아마, 대개	peut-être 아마
vraisemblablement 아마	

6. 부정의 부사(adverbe de négation)

non 아니오	ne(다른 부정부사와 함께)
aucunement 조금도	guère 거의 ~아니다
pas(ne와 함께)	jamais 결코 ~않다
point 조금도, 전혀	

7. 의문 및 감탄의 부사(adverbe d'interrogation et d'exclamation)

(1) 의 문

comment 어떻게	combien 얼마나 많은	pourquoi 왜
quand 언제	où 어디	que 무엇

(2) 감 탄

combien 얼마나	que 얼마나	comme 어쩜

❖ 부사구(locution adverbiale)

많은 부사구가 있으나 중요한 것은 다음과 같다.

au dedans 그 안에	au dehors 밖에
au dessous 그 아래에	au devant 그 앞에
au delà 저쪽에	à contresens 거꾸로
à contre-coeur 내키지 않으면서	à contretemps 공교롭게도
à côté 곁에	à demi 중도에
à dessein 고위로	à l'envi 앞을 다투어
à l'insu 모르는 사이에	à la hâte 급히
à peu près 거의	à présent 지금
à propos 적당히	à regret 억지로
à tel point 그만큼	à tort 잘못하여
de nouveau 다시	de travers 옆으로

de suite 잇달아
depuis peu 조금 전부터
en haut 위에
en bas 아래에
en avant 앞에
en face 면전에서
en deçà 이 쪽에
ici-bas 이 낮은 곳에
nulle part 아무곳도
quelque part 어딘가
par hasard 우연히
pêle-mêle 혼란하여
petit à petit 조금씩
peu à peu 점점
peut-être 아마
point du tout 전혀
pour ainsi dire 말하자면
sans doute 틀림없이
sans cesse 끊임없이
sur-le-champ 당장
tour à tour 차례로
tout de suite 곧
tout à coup 갑자기
tout à fait 아주
tout à l'heure 금방, 방금전에
tout au plus 많아야
tout d'un coup 단번에
vis-à-vis 마주보고
sens dessus dessous 위아래가 뒤바뀌어

Ⅱ. 부사의 형태(Forme de l'adverbe)

라틴어에서 나온 부사도 있지만, 라틴어에서 나온 부사는 많은 것들이 이미 로망스어 시기에 사라져, 그 후 부사는 여러 가지 방법으로 새로 형성되어 사용되었다. 그래서 오늘날의 부사는 프랑스어의 다른 품사끼리 결합해 새로 만들어진 것과 주로 라틴어에서 유래한 것으로 구성되지만, 많은 수의 부사는 형용사에서 '-ment' 접미사를 덧붙어 만들어져 사용되고 있다.

1. 라틴어에서 유래한 부사 및 부사구

ailleurs 다른 곳에
après 그 후에
assez 꽤
avant 그 전에
bien 잘
demain 내일
en 그 곳에서부터
ensemble 함께
hier 어제
là 거기에

loin 멀리	mal 나쁘게
mieux 더 잘	moins 보다 적게, 덜
où 어디	pis 더 나쁘게
plus 더 많이	quand 언제
quasi 거의, 이를테면	tant 그처럼, 그토록
tard 늦게	très 매우
volontiers 기꺼이	ab intestat 유언 없이
a posteriori 귀납적으로	a priori 선험적으로
gratis 무료로	vice versa 거꾸로, 반대로

2. 프랑스어가 합성되거나 전환되어 내려온 부사 및 부사구

(1) 2개 이상의 말이 합성하여 만들어진 것

① 부사+부사	jamais 결코 ~않다	ci-dessus 상기에
	là-dessus 그 위에	bientôt 곧
	aussitôt 즉시	
② 전치사+부사	dedans 그 안에	dessus 위에
	depuis 이래로	avant-hier 엊그제
	dorénavant 이제부터	en avant 앞으로
③ 전치사+명사	à côté 곁에	à part 따로
	à la fois 동시에	autour 그 둘레에
	debout 서서	davantage 그 이상
	de suite 연속하여	sur-le-champ 곧
	en effet 사실상	
④ 전치사+형용사	à couvert 안전하게	tout à fait 전혀
	à présent 지금	à l'ordinaire 보통
	en général 일반적으로	partout 도처에
⑤ 형용사+명사	autrefois 예전에	autre part 다른 곳에
	nulle part 아무 데도	longtemps 오랫동안
	beaucoup 많이	toujours 늘
⑥ 기타	côte à côte 나란히	mot à mot 한 마디 한 마디

à tue-tête 목청을 다하여 à vau-l'eau 물결 따라
d'arrache-pied 끈질기게 peu s'en faut 자칫하면
vaille que vaille 어떻든 간에
coûte que coûte 기어코, 무슨 일이 있어도
tout à la fois 동시에, 한꺼번에

㈜ 추상명사나 관사 없는 보통명사 등의 앞에 전치사를 붙이면 방법・양태를 나타내는 부사구가 된다.

à cheval 말을 타고	avec plaisir 기꺼이
à pied 걸어서	avec soin 주의해서
à regret 싫은 것을 억지로	avec attention 주의해서
de nuit 밤에	avec ardeur 열심히
de préférence 특히	avec excès 지나치게
en haut 위에	par an 일년에
en bas 아래에	par instinct 본능적으로
en particulier 특히	sans doute 틀림없이
en secret 몰래	sans peine 쉽게
en personne 스스로	sans accident 무사히
en silence 조용히	avec peine 간신히

Elle a marché à pied. 그녀는 걸어서 갔다.
Il a réussi à la examen avec peine. 그는 간신히 시험에 합격했다.

(2) 다른 품사에서 전환된 부사

① 동사 다음에 쓰인 cher, bon, clair, bas, haut, net, vite, droit 등 몇몇 형용사는 남성 단수형이 그대로 부사로 사용된다. (3장 품질형용사 참조)

voir *clair* 명확히 보다
chanter *juste*(*faux*) 옳게(그르게) 노래 부르다
coûter *cher* 값이 비싸다
refuser *net* 단호히 거절하다
Cette fleur sent *bon*(*mauvais*) 이 꽃은 냄새가 좋다(나쁘다)
Il a marché *droit*. 그는 똑바로 걸어갔다.
Il parle *haut*(*bas*) 그는 큰(낮은)소리로 말한다.

㈜ 부사적으로 쓰인 형용사와 그 형용사에 -ment을 덧붙여 만든 부사 사이에는, 전자는 구체적인 의미로, 후자는 비유적인 의미로 쓰인다는 차이점이 있다.

parler *bas* 낮게 이야기하다	parler *bassement* 비열하게 말하다
parler *net* 분명히 말하다	parler *nettement* 또렷이 말하다
parler *fort* 크게 말하다	parler *fortement* 심하게 말하다

② 전치사는 그 다음에 올 보어가 생략되면 부사처럼 쓰인다.

Voici le magasin, arrêtez-vous *devant*. (부사)

여기 상점이 있는데 그 앞에서 멈추시오.

Voici Paul, arrêtez-vous *devant* lui. (전치사)

여기 폴이 있군요. 그 앞에서 멈추시오.

❖ Remarque : **명사 전환부사**

부사가 그 성질을 잃고 명사로 변하는 경우가 있다.
아래의 예들은 부사가 명사로 전환한 경우다.
일반적으로 전치사, 관사, 형용사 등을 동반하면서 전환된다.

pour(d', dès, jusqu') *hier* 어제의, 어제부터, 어제까지

pour(d', dès, jusqu') *aujour'hui* 오늘의, 오늘부터, 오늘까지

pour(d', dès, jusque) *demain* 내일의, 내일부터, 내일까지

à(pour) *jamais* 영구히

d'(jusqu') *alors* 당시의, 그때까지

de(jusque, depuis) *quand* 언제에, 언제까지, 어제부터

d'*autrefois* 예전의

le(de, en) *dedans* 내부, 내부로부터, 내부에

le(de, en) *dehors* 외부, 외부로부터, 외부에

le(de, par, en, ci-, là-) *dessus* 위, 위로부터, 위를 지나, 위에, 이 위에, 그 위에

le(de, par, en, ci-, là-) *dessous* 아래, 아래부터, 아래를 지나, 아래에, 이 아래에, 그 아래에

par(d', jusqu') *ici* 여기를 지나, 여기부터, 여기까지

par(de, jusque) *là* 저기를 지나, 저기부터, 저기까지

de *loin* 멀리

de *près* 가까이

par(d', jusqu') *où* 어디를 지나, 어디부터, 어디까지

d'*autant* 그만큼

le *mieux* 최선

sous *peu* 가까운 때에

tout au *plus* 기껏해야

3. 형용사에서 부사 만드는 방법

부사는 형용사 여성형에 접미사 -ment을 덧붙임으로써 만들 수 있다. 그 원칙들은 다음과 같다.

(1) 원칙적으로 형용사 여성형에 -ment을 덧붙인다.

parfait → parfaitement 완전히
lent → lentement 천천히
heureux → heureusement 행복하게
fou → follement 미친 듯이
léger → légèrement 가볍게
frais → fraîchement 신선하게

(2) 남성 형용사 어미가 e, -ai, -é, -i, -u로 끝난 것은 그 뒤에 그냥 -ment을 붙여 만든다.

facile → facilement 쉽게
utile → utilement 유용하게
vrai → vraiment 진실로
aisé → aisément 마음 편히
éperdu → éperdument 제 정신을 잃고
hardi → hardiment 대담하게
gai → gaîment(ou gaiement) 즐겁게

[예외] 다음의 경우는 -e를 -é로 하고 -ment을 덧붙인다.

aveugle → aveuglément 맹목적으로
conforme → conformément 따라서
insense → insensément 몰상식하게

㈜ -u로 끝난 형용사는 -ûment을 붙여 부사를 만들기도 한다.
assidu → assidûment 열심히
congru → congrûment 적절히
du → dûment 정식으로
goulu → goulûment 게걸스럽게
nu → nûment 꾸밈없이
indu → indûment 부당하게

(3) 남성형용사에 -ément을 덧붙여 만든다.

précis → précisément 명확히
commode → commodément 편리하게
confus → confusément 막연히
profond → profondément 깊게
obscur → obscurément 어렴풋이

(4) 형용사 어미가 -ant, -ent로 끝난 것은 -amment, -emment로 하여 부사를 만든다.

constant → constamment 계속해서
prudent → prudemment 신중히
évident → évidemment 명백히
puissant → puissamment 강력하게
savant → savamment 학자답게

[예외] lent → lentement
véhément → véhémentement 격렬하게
présent → présentement 지금

(5) 형용사 어미가 약간 변하고 -ment을 덧붙이는 경우

gentil → gentiment 친절하게 impuni → impunément 탈 없이

(6) 지금은 쓰이지 않는 형용사, 또는 옛 프랑스어에만 쓰이던 형용사의 여성형에서 만들어진 부사

(briève) → brièvement 짧게 (griève) → grièvement 심하게
(journelle) → journellement 매일 (prodigale) → prodigalement 낭비하여

(7) 형용사적으로 쓰인 명사, 부정형용사, 또는 부사에서 만들어진 부사

bêtement 바보같이 vachement 매우
diablement 지독히(=diantrement) sacrilègement 불경스럽게
fichtrement 굉장히

Ⅲ. 부사의 기능(Fonction de l'adverbe)

부사의 기능, 즉 문장에서 부사의 역할은 다양하다. 그 다양한 기능은 각기 개별적 부사의 용법과 직결된다. 따라서 부사의 기능은 모든 부사의 일괄적인 공통 용법인 만큼 그 쓰임에 확실히 숙지해 두어야 한다. 전체적인 부사의 용법은 다음과 같다.

1. 동사, 형용사, 다른 부사를 수식하며, 다양한 보어 역할을 한다.

(1) 형용사, 다른 부사, 동사를 수식한다.

Elle est *affreusement* pâle. (형용사 수식) 그녀는 몹시 창백하다.
Pierre viendra *demain*. (동사 수식) 피에르는 내일 올 것이다.
Il écrit *fort* vite. (다른 부사 수식) 그는 아주 빨리 편지를 쓴다.

㈜ 동일한 부사는 여러 개의 형용사나 부사 앞에서는 반복해서 써야 한다.
une idée *aussi* pure, *aussi* simple … 이와 같이 맑고 솔직한 생각
Il lit *assez* couramment et *assez* exactement.
그는 상당히 유창하게 상당히 정확하게 읽는다.

* 대부분의 부사는 동사를 수식해 상황보어로 쓰이는데, 이것이 부사의 고유 기능이다.
* 하나의 동사는 여러 개의 부사를 가질 수 있다.
La France lutta *énergiquement* et *glorieusement* contre l'Allemagne.
프랑스는 독일과 완강하게 그리고 영광스럽게 싸웠다.
* 하나의 부사가 여러 개의 동사를 수식할 수 있다.

Parlez et agissez *sagement*. 신중하게 말하고 행동하세요.

(2) 일부 부사는 속사나 부가형용사처럼 쓰인다. (부사의 형용사 전환)

On fit donc une fosse et Caïn dit ; C'est *bien*.
그래서 사람들이 구멍을 팠고 카인은 말하였다. "됐다."
Un homme *bien* n'agit pas ainsi. 양심적인 사람은 그렇게 행동하지 않는다.
C'est assez. 이것으로 충분해

(3) 수량부사 peu, beaucoup, assez, trop 등은 대명사나 명사처럼 사용된다. (부사의 명사전환)

Beaucoup l'admirerent, *peu* le comprirent.
많은 사람들이 그를 찬탄하였으나, 이해한 사람은 별로 없었다.

(4) 명사화한 부사는 보통 전치사를 동반해 명사의 보어가 되기도 한다.

Les nouvelles d'*hier* étaient meilleurs. 어제의 소식은 더 좋았다.
Il est entré par la porte de *derrière*. 그는 뒷문으로 들어왔다.

(5) 문장 전체를 수식해 주기도 한다.

Heureusement, la chambre était close. 다행히 방은 닫혀 있었다.

(6) 생략문에서 서술의 역할을 한다.

Comment voyagez-vous? - *Rapidement*.
당신은 어떻게 여행을 하시죠? - 빨리빨리 하죠.

2. 일부 부사는 보어를 갖는다(부사의 보어)

부사는 다른 부사(구)에 의해서만 수식을 당할 뿐, 다른 보어를 갖지 않는다. 그러나 일부 부사는 다음과 같이 보어를 갖는다.

(1) 분량을 나타내는 부사는 전치사 de와 함께 보어를 가질 경우가 있다. 즉 수량부사 다음에 de가 따라 나와 de 이하가 수량부사의 보어가 된다.

assez 충분히	autant 많이
beaucoup 많이	bien 많이
combien 얼마나	moins 더 적게
peu 거의 없을 만큼	plus 더 많이
que 얼마만큼	tant 많이
trop 너무 많이, 지나치게	

Elle a beaucoup *d'argent*. 그녀는 돈이 많다.

Il y a encore assez *de jours* jusqu'à son départ.

그가 출발까지는 아직 많은 날이 남았다.

(2) 방법을 나타내는 부사 중의 일부도 보어를 갖는다.

conformément ~에 따라	contrairement ~에 반하여
différemment de ~와는 달리	indépendamment de ~에 관계없이
préférablement à ~보다는 오히려	relativement à ~에 관하여

Contrairement *aux bruits* qui ont couru, l'état du président n'inspire pas d'inquiétude.

흘러 다니는 말과는 달리, 대통령의 상태는 걱정할 만하지 않다.

㊟ 부사 다음에 어떤 전치사가 오느냐의 문제는, 형용사에서 부사로 전환할 때의 그 형용사의 경우에 준한다. 주로 à와 de가 따라 온다.
(contraire à → contrairement à)

Ⅳ. 부사의 등급(Degré de la signification de l'adverbe)

부사도 품질형용사처럼 그 뜻의 정도에 따라 세 가지 급으로 나눌 수 있다.

◇ 원 급(positif)

◇ 비교급(comparatif)

◇ 최상급(superlatif)

1. 원 급

비교의 뜻은 없고 성질만 나타낸다.

Je suis *très* heureux. 나는 매우 행복하다.

Pierre marche *vite*. 피에르는 빨리 걷는다.

Il me regardait *doucement*. 그는 나를 가만히 바라보곤 하였다.

2. 비교급

(1) 다음 세 가지가 있다.

① 동등비교급(comparatif d'égalité)	aussi ~que
② 우등비교급(comparatif de supériorité)	plus ~ que
③ 열등비교급(comparatif d'infériorté)	moins ~ que

Il travaille *plus* assidûment *que* moi. 그는 나보다 더 열심히 공부한다.

Hélène est arrivée *aussi* tôt *que* son professeur.

엘렌은 선생님만큼 일찍 도착하였다.

Aujourd'hui le vent souffle *moins* fort *qu*'hier.

오늘은 바람이 어제보다 덜 세게 분다.

(2) 다음 4개의 부사의 우등 비교급은 'plus+부사' 대신 특수한 형태, 즉 불규칙한 형태를 갖는다.

bien → mieux 더 잘
beaucoup → plus 더 많이
mal → pis(ou plus mal) 더욱 나쁘게
peu → moins 더 적게

Il aimait *mieux* le café *que* le thé. 그는 홍차보다 커피를 더 좋아했다.

Elle mange *plus que* son frère. 그녀는 오빠보다 더 많이 먹는다.

㈜ 다음 4개 부사의 최상급도 비교급 앞에 정관사 le만 붙이면 된다.
le mieux, le plus, le pis(le plus mal), le moins

* pis와 plus mal의 차이에 관해서는 품질형용사의 pire와 plus mauvais와 비슷함(3장 형용사 등급 참조)

* pis는 de mal en pis(더욱 더 나쁘게), au pis aller(최악의 경우에는), tant pis(딱한 일이다)와 같은 성구에 주로 쓰인다.

(3) 비교급의 강조

beaucoup를 비교급 앞에 두어 강조한다.

Il travaille *beaucoup* plus assidûment que moi.

그는 나보다 훨씬 더 열심히 공부한다.

La malade va *beaucoup* mieux qu'hier.

그 여자 환자는 어제보다 훨씬 더 나아간다.

㈜ autrement도 plus 혹은 beaucoup 와 같은 뜻으로 사용되어, 비교급을 더욱 강조하기도

하고, 또한 plus 앞에도 쓰인다.
Pierre ira *autrement* loin que son frère. 피에르는 형보다 훨씬 더 멀리 갈 것이다.
Je suis bien sûr que ton mari s'y entendait *autrement* mieux que moi.
확신하건대, 너의 남편은 나보다 훨씬 더 그것에 정통하였다.

3. 최상급

상대최상급 및 절대최상급이 있다.

(1) 절대최상급

très(매우), fort(몹시), bien(아주), bien fort(굉장히), extrêmement(과도하게), trop(너무), effroyablement(몹시) 등의 부사를 부사 앞에 놓아 수식함으로써 절대적으로 그 성질을 나타낸다.

Il parle *très* lentement. 그는 아주 천천히 말한다.
Ces enfants se couchent *trop* tard. 이 어린아이들은 너무 늦게 잠자리에 든다.

(2) 상대최상급

보통 부사 앞에 le plus, le moins 등을 놓아 그 부사를 최상급으로 바꾸어, 최상의 성질을 나타낸다.

① 우등최상급(supelatif de supériorité) le plus ~
② 열등최상급(superlatif d'infériorité) le moins ~

La voiture bleue roule *le plus* vite. 푸른색 자동차가 제일 빨리 달려간다.
Cet enfant chante *le mieux*. 이 아이가 가장 노래를 잘 한다.
Il court *le moins* vite. 그는 가장 늦게 달린다.

㈜ 1. 부사 앞에 des plus(가장)를 넣어 절대최상급을 나타내기도 한다. 그러나 부사 beaucoup, bien, peu 앞에 올 수는 없다. 단 bien를 수식하려면 수식하는 대신 bien을 des mieux, au mieux 등으로 대치하여 절대최상급을 나타낸다.
Il a vécu *des plus* longtemps. 그는 가장 오래 살았다.
Si je pensais à ce que vous dictez, j'écrirais *des plus* mal.
당신이 불러 주는 것을 생각해 보건대, 내가 가장 서투르게 쓸 텐데.
Il cause *des mieux*. 그가 가장 잘 수다 떤다.
Voilà qui va *des mieux*. 이게 최고이다.
Faire quelque chose *au mieux*. 가장 좋은 무엇인가를 해라

㈜ 2. 절대최상급을 des plus로 표현하는 것과 마찬가지로 des moins을 부사 앞에 넣어 열등최상급을 나타내기도 한다. 그러나 beaucoup, peu 앞에도 올 수 없고, bien 앞에는 올 수 있다. 즉 bien을 수식할 수 있다.
Il chante *des moins* juste. 그가 가장 정확하지 못하게 노래한다.
Il parle *des moins* bien, *des moins* correctement.
그는 말을 제일 못하고 또 정확하지 않게 말한다.

V. 부사의 위치(Place de l'adverbe)

부사의 위치를 명확한 법칙으로 제시하기는 어렵다. 문장에서 부사만이 갖는 다양한 수식 기능과 문체상 강조, 조화, 리듬 등의 이유로 그 위치가 변하는 것이 부사이기 때문이다. 그러나 대개는 그 부사가 관계하는 단어에 따라 그 위치가 달라지므로 그것에 입각해 규칙을 살펴보기로 한다.

1. 일반적 규칙(부사의 일반적인 위치)

(1) 동사를 수식할 경우

① 단순시제일 경우, 의문부사와 부정부사 ne, ni 등을 제외하고는, 동사를 수식하는 부사는 일반적으로 동사 바로 뒤에 놓는다.

Il entra *aussitôt* dans la maison. 그는 곧 집으로 들어갔다.

Il va *quelquefois* à pied, *quelquefois* en auto.

그는 때로는 걸어서 때로는 자동차로 간다.

L'oiseau qui a perdu ses petits chante *encore*.

어린 것을 잃어버린 새가 여전히 울고 있다.

✽ 문학 작품에서는 동사 앞에 수식하는 부사가 오기도 한다.
Les grands pays muets *longuement* s'étendent.
적막에 덮힌 광활한 지방들이 길게 뻗어 있다.
quand *solennellement* gazouile un violoncelle. 첼로가 장엄하게 소리를 낼 때.

㊟ 1. 부정법과 더불어 쓰인 부사의 위치는 그 부정법의 앞 · 뒤 어느 곳이나 자유로운데 보통 부정법 앞에 많이 쓴다.
Toujours penser de l'étranger qui parle mal le français.
프랑스어를 잘 못하는 외국인을 언제나 생각하기.
Je crois entendre marcher *précipitamment* derrière moi.
내 뒤에서 급히 걷는 소리를 들었다고 생각된다.

㊟ 2. 강조하기 위해서 어떤 부사를, 특히 시간과 장소의 부사를 문두에 오게 한다.
Jamais je ne m'ennuie. 나는 절대로 싫증이 나지 않는다.
Souvent ils venaient se chercher à leur comptoir.
자주 그들은 계산대로 서로를 찾으러 오곤 했다.

② 복합시제일 경우, 의문 부사를 제외하고는 동사를 수식하는 부사는 조동사와 과거분사 사이에 오는 경우가 많다.

Il a *éloquemment* parlé. 그는 유창하게 말하였다.

Vous avez *longtemps* suivi la Loire paisible.
당신은 조용한 르와르 강을 오랫동안 따라갔다.

J'ai *presque* atteint le but. 나는 거의 목표에 도달하였다.

㈜ 부사의 위치에 따라 문장의 내용이 달라지는 수가 있다.
Il a *juste* visé et puis il est parti. 그는 겨냥만 하였다. 그리고 나서는 떠났다.
Il a visé *juste*. 그는 정확하게 겨냥하였다.

(2) 형용사나 부사 또는 분사를 수식할 경우

① 부사는 일반적으로 수식하는 형용사나 부사 앞에 놓인다. si, aussi, très, bien, plus, moins 등 정도를 나타내는 부사가 그러하다.

Elle a *parlé* si haut. 그녀는 아주 크게 말했다.

Elle est *affreusement* pâle. 그녀는 몹시 창백하다.

Il répondit *étonnamment* bien. 그는 놀랄 정도로 훌륭하게 대답하였다.

② 분사를 수식하는 부사는 분사 앞에 오기도 하고, 뒤에 오기도 하는데, 이것은 보통 문장의 조화나 리듬에 따라 결정된다.

Le chien *spécialement* créé pour sauver la vie de son maître a couru.
주인의 생명을 구하기 위해 특별히 훈련된 개가 달렸다.

Le garçon plongé *tout à coup* dans un abîme parla assez haut.
갑자기 심연에 빠진 소년이 매우 크게 외쳤다.

㈜ 1. 부사는 명사와 직접적으로 수식하지 못하나 예외도 있다. 이것은 대개 연결어가 생략된 경우이기도 하며 부사의 형용사 전환이기도 하다.
des gens *bien* 양심적인 사람들
les banquettes *arrière* 뒷편의 의자들

㈜ 2. 부사구 non seulement ~ mais(mais encore, mais aussi, mais même) ~은 보통 관계하는 어휘 앞에 서로 대칭을 이루며 놓인다.
Non seulement on l'estime, *mais encore* on l'aime.
사람들은 그를 존경할 뿐만 아니라, 사랑한다.

㈜ 3. 부사 presque

✽ presque가 전치사로 유도되는 보어를 수식할 경우에는 보통 그 전치사 앞에 온다.
Il se tint *presque* contre la muraille. 그는 거의 성벽에 기대듯 서 있었다.
Elles se sont arrivées *presque* en même temps. 그녀들은 거의 동시에 도착하였다.

✽ tout, tous, chaque, chacun, aucun, pas un, nul과 같은 수량의 어휘를 포함한 전치사 구에서는 전치사와 그 수량 어휘의 사이에 presque가 오는 것이 보통이다.
Il ne se serait engagé dans *presque* aucune de ses entreprises.
그는 자기 사업의 그 어느 것에도 뛰어들지 않았을 것이다.
A *presque* toutes les autos, il manquait une roue.
거의 모든 자동차에 바퀴가 하나씩 빠져 있었다.

2. 예외적인 위치(부사의 불규칙한 위치)

부사는 그 종류에 따라 위치가 특별히 변한다.

(1) 양태의 부사

품질형용사나 다른 부사를 수식하는 부사는 보통 그 앞에 온다. 그러나 부사 bien과 mal은 흔히 부정법 현재 앞에도 오고, 원칙적으로 과거분사(복합시제 포함) 앞에 놓인다.

pour *bien* faire 잘 하기 위하여
un paquet *mal* ficelé 잘 매어 있지 않은 보따리
Elle a *bien* vendu sa voiture. 그녀는 자동차를 잘(비싼 값으로) 팔았다.

(2) 수량의 부사

품질형용사와 과거분사 수식할 때는 보통 앞에, 현재분사를 수식할 때에는 그 뒤에 온다.

peu aidé 도움을 별로 받지 못한 *trop* beau 너무 멋있는
mangeant *peu* 조금 먹으며

(3) 장소의 부사

en과 y는 반드시 동사 앞에 오고, 긍정명령문에서만 동사 뒤에 온다. ici, là, partout, ailleurs는 때때로 과거분사 앞에 오고, ci는 항상 분사 앞에 온다.

J'*en* viens. 나는 그 곳에서 온다. Sors-*en*. 그 곳에서 나가라.
Vas-*y*. 그 곳으로 가라. les mots *ici* ajoutés 여기에 덧붙인 말들
cette réflexion *partout* entendue 어디에서나 들리는 이 반향
la note *ci*-jointe 동봉한 계산서

(4) 시간의 부사

특히 날짜를 가리키는 부사들은 문장 앞에 올 때도 있지만 뒤에 올 때가 더 많다.

Aujourd'hui je pars pour Paris. 오늘 나는 파리로 떠난다.
Nous reviendrons *demain*. 우리는 내일 다시 오겠습니다.
Suzanne a rencontré son oncle *hier*. 쉬잔은 어제 아저씨를 만났다.

(5) 긍정, 의혹의 부사

sans doute, peut-être와 간혹 probablement, apparemment은 동사 앞에 올 수 있는데 이 때 주어는 흔히 동사와 도치된다.

Sans doute acceptera-t-il. 아마 그는 응낙할 것이다.
Peut-être a-t-il oublié le rendez-vous. 그는 아마 약속을 잊은 듯하다.
Apparemment était-il fatigué. (*Apparemment* qu'il était fatigué.)
그는 확실히 피곤했었다.

cf. apparemment que…(확실히…)는 독립절(또는 명사절)을 이룬다.

(6) 부정부사

ne ~ pas, ne ~ point, ne ~ plus,
ne ~ jamais, ne ~ rien, ne ~ personne 등의 위치

① 단순시제일 때는 동사 앞 · 뒤에 온다.

Il *ne* marche *pas*. 그는 걷지 않는다.
Ne chantes-tu *pas*? 너는 노래를 안 하느냐?
Ne me le dis *pas*. 내게 그걸 이야기하지 말거라.
Il *ne* fait *rien*. 그는 아무것도 안 한다.
Je *ne* vois *personne*. 아무도 안 보인다.

② 복합시제일 때는 조동사 앞 · 뒤에 온다. (단 ne ~ personne는 제외)

Je *n'*ai *pas* chanté. 나는 노래하지 않았다.
Tu *ne* me l'as *point* dit. 너는 내게 그것을 전혀 말해 주지 않았다.
Elle *n'*a *rien* trouvé. 그녀는 아무것도 발견하지 못하였다.
Nous *n'*avons rencontré *personne*. 우리는 아무도 만나지 못하였다.
Ne me l'as-tu *jamais* dit? 네가 내게 그것을 절대로 말하지 않았다고?

③ 부정법이 올 때는 부정구문을 모두 그 부정법 앞에 둔다.

Permettez-moi de *ne pas* être de votre avis. 당신과 의견이 같지 않습니다.
Je dis cela pour *ne point* vous inquiéter.
당신을 조금도 불안하지 않게 하려고 이걸 말씀드리는 겁니다.

(7) 의문부사

comment, quand, pourquoi, où는 보통 동사 앞에 놓이지만, 회화에서는 동사 뒤에 올 수도 있다.

Comment allez-vous? 안녕하십니까?
Pourquoi voulez-vous partir? 왜 당신은 떠나려 하십니까?
Tu es arrivé *quand*? 언제 도착하였나?
Elle ira *où*? 그녀는 어디를 갈 것이지?

Ⅵ. 부사의 용법(Emploi de l'adverbe)

이미 부사의 종류에서 언급했듯이 부사는 의미에 따라 대략 다음과 같이 크게 분류한다. 즉 부정, 긍정 및 의혹, 의문 및 감탄, 양태, 수량, 장소, 시간의 부사다. 여기서는 이와 같이 분류된 부사 중 그 중요한 것들의 용법을 알아보기로 하자.

1. 부정의 부사

non 아니오	ne(다른 부정부사와 함께)
aucunement 조금도	guère 거의 ~아니다
pas(ne와 함께) 아니다	jamais 결코 ~않다
point 조금도, 전혀	

✽ 원래 부정의 부사는 non과 ne이며, pas, jamais, point 등과 같은 것은 부사적으로 강조와 비교를 나타내는 말이다.

(1) non

① 물음에 대한 부정의 대답으로 문장을 대신한다.

Viendrez-vous? -*Non*, monsieur. 오실 겁니까? -아니, 안 옵니다.

Ma parure ne te plaît pas? -*Non*, ma chèrie.

내 목걸이가 당신 마음에 안 들어요? -안 드는데요, 여보.

② non은 한 문장 내에서 긍정적인 내용과 함께 쓰여 그 내용의 부정의 표시 또는 부정적인 사상을 나타낸다.

Venez-vous ou *non*? 오시겠습니까, 안 오시겠습니까?

À la Chine, les voleurs cruels sont coupés en morceaux ; les autres, *non*.

중국에서는 잔악한 도둑들은 토막을 내어 죽이지만, 다른 도둑들은 그렇지 않다.

Il a trahi ; prétendrez-vous que *non*?

그는 배반을 했습니다. 당신은 그렇지 않다고 생각하나요?

③ 부정을 강조하기 위해서 부정 문장 앞 또는 뒤에 non을 그냥 덧붙이거나, 혹은 non을 반복하며, 또한 non 앞, 뒤에 다른 어휘들이 와서 certes, vraiment non, non jamais, oh! non, non assurément, mais non 등을 쓴다.

Je ne le recevrai pas, *non*. 나는 그를 접대하지 않을 것이다.

Il n'était pas un sot *non, non*. 그 친구 절대로 바보가 아닌데, 아니고말고.

Est-ce vraiment une querelle? -Eh bien! non, *vraiment non*.

그게 정말로 말다툼이냐? -저런! 아니야, 정말로 아니야.

㈜ non 다음에 형용사나 부사가 오거나, non 다음에 제한을 나타내는 말이 있으면 반드시 pas를 붙어야 한다.

Ecrivez *non pas* fortement mais doucement. 힘주지 말고 부드럽게 쓰세요.

✽ que non, que non pas와 같은 속어도 non이 강조된 것이다.

Il va venir? *Que non*! 그가 올 것이니? 안 와!

Je ne prétextai pas de voyage, ah! *que non*.

나는 여행을 핑계 삼지 않았다, 아! 절대로.

cf. 종속절에서 non que(~이 아니고)는 접속법을 쓴다.

Je l'ai renvoyé, *non que* j'en *fusse* mécontent.

나는 그것을 돌려보냈는데, 불만스러워서 그런 게 아니었다.

④ non은 품질형용사, 분사, 부사, 몇몇 전치사 앞에서 쓰여 부정의 뜻을 나타낸다.

Je voudrais des oranges *non* traitées. 나는 가공되지 않은 오렌지가 좋다.

Non loin de la ville se trouve un château.

도시에서 멀지 않은 곳에 성이 한 채 있다.

Il est fâché, *non* sans raison. 이유가 없는 것은 아니지만, 그는 화가 났다.

⑤ 현대 철학 용어에서, 또한 문학 용어에서, 연결표로 결합되어 명사 앞에 오며 부정적인 뜻을 나타낸다.

non-réalité 비현실 | *non*-lieu 면소판결

non-intervention 불간섭, 방임 | *non*-valeur 쓸모없는 것

⑥ non과 pas : 서로 반대되는 어휘에 관계하여 쓰일 때는, 구어에서 non 대신 pas를 많이 쓴다.

Une femme qui connaissait la vie, mais *pas* la mort.

삶은 알고 있었으나, 죽음을 몰랐던 여인.

Tu l'aimes, moi *pas*(=pas moi, moi, non)

너는 그를 사랑하지만, 나를 사랑하지는 않는다.

⑦ 다음과 같은 어귀가 있다.

▸ non plus(~이상은 아니다/~ 또한 그렇지 않다)

Il n'est pas heureux, *non plus* que moi.

그는 행복하지 않다, 나보다 더 행복하지 않다.

Vous ne l'aimez pas, moi *non plus*.

당신은 그(녀)를 사랑하지 않는데, 나 역시 그러하다.

▸ non seulement~ mais aussi(~뿐만 아니라, 역시 또한~)

▸ non moins(마찬가지로)

La guerre se repaît d'or *non moins* que de sang.
전쟁은 피와 마찬가지로 금도 요구한다.

(2) ne

1) ne~pas(point)

① 부정은 ne ~pas가 기본이며, ne ~point은 강조형이다. 그러나 pas나 point 이외에 aucunement, goutte, guère, jamais, plus, nulle part, nullement이나, 또는 형용사 aucun, nul, 또는 대명사 personne, rien과 함께 쓰여 부정을 나타낸다.

Le dimanche je *n*'aime *pas* travailler. 일요일에 나는 일하기를 좋아하지 않는다.
Tu *ne* m'as *point* répondu. 너는 내게 전혀 대답을 하지 않았구나.
La chimie, je *n*'y entends *goutte*. 나는 화학을 전혀 이해하지 못한다.
Je *ne* l'ai *guère* rencontré ces jours-ci. 나는 요즈음 거의 그를 만나지 못하였다.
Il *ne* rit *jamais*. (=*Jamais* il *ne* rit) 그는 절대로 웃지 않는다.
Il *ne* sort *plus* de chez lui. 그는 집에서 더 이상 외출하지 않는다.
Je *n*'ai *aucune* ambition de faire fortune.
나는 큰 재산을 모으겠다는 야망은 조금도 없다.
Personne *n*'est venu? -Non, personne. 아무도 안 왔느냐? -아무도 안 왔습니다.
Je *n*'ai *rien* dit. 나는 아무 말도 안 했다.

㈜ 1. 복합시제에서는 조동사가 두 부정어 사이에 온다. 단, ne ~personne, aucun. nul의 경우는 제외된다.
Il *n*'a *rien* vu. 그는 아무것도 못 보았다.
Il *n*'a vu *personne*. 그는 아무도 못 보았다.

㈜ 2. ne는 pas를 제외하고는 다른 부정어와 둘을 동시에 쓸 수 있다.
Je *n*'ai *jamais* vu ça *nulle part*.
나는 이런 것을 어느 곳에서도 결코 본 적이 없다.
Personne ne veut *rien*? 아무도 아무것을 원하지 않느냐?

㈜ 3. 구어에서는 ne 없이 뒤의 부정어만으로도 부정을 나타낸다.
C'est *pas* vrai. (=Ce n'est pas vrai.) 사실이 아니다.
J'ai vu *personne*. 나는 아무도 못 보았다.
Y a *pas* un chat. 고양이는 한 마리도 없다.

㈜ 4. ne ~ goutte는 n'entendre goutte, n'y entendre goutte(조금도 이해할 수 없다), n'y voir goutte(조금도 안 보인다)의 표현에만 쓰인다.
L'affaire est trop compliquée, je *n*'y entends *goutte*.
사건이 매우 복잡해서, 나는 전혀 이해할 수가 없다.

㈜ 5. ne ~ que는 '오직, 단지(=seulement)'의 뜻으로 부정 구문이나 긍정 구문에 두루 쓰인다.
On *ne* loue d'ordinaire *que* pour être loué.
사람들은 보통 칭찬받기 위해서만 칭찬한다.
Il *n*'y a pas *qu*'une seule forme de l'intelligence.
단 한 가지 형태의 지성만 있는 것은 아니다.
Je *ne* suis *que* triste. 나는 서글플 뿐이다.

✽ 구어에서는 que만으로도 같은 뜻을 나타낸다.
J'ai *que* 20 euros. (=Je n'ai que 20 euros.) 나는 20유로밖에 없다.

② 접속사 ni ~ ni ~와 함께 쓰여 연속적인 부정을 나타낸다. ni~, ni~처럼 부정의 ni가 연속으로 나오면 pas, point이 생략된다.

Je *n*'ai *ni* femme, *ni* enfants. 나는 아내도 아이들도 없다.
Ce *n*'est ni vrai, *ni* vraisemblable. 이것은 사실도, 사실과 비슷한 것도 아니다.
Je *n*'y consentirai *ni* pour or, *ni* pour argent.
나는 금으로도, 은으로도 그것에 동의하지 않으리라.
Il *n*'y a là *rien* d'étonnant, *ni* de rare.
그 곳에는 놀랄 만한 것도 없고 희귀한 것도 하나도 없다.

❖ Remarque : ne~pas와 ne~point 비교

ⓐ ne~pas와 ne~point의 차이는 별로 없다. 일반적으로 point은 pas보다 어세가 강할 때 쓰나, 그나마 요즈음은 point 대신 certainement pas, pas du tout, nullement 등처럼 pas를 이용한 강조 구문을 더 많이 사용한다. 실제로 point은 문학 작품에서 쓰이고 있으며, 구어에서는 농부들간의 대화에서만 제외하고 거의 찾아 볼 수 없으며 대신 pas가 널리 쓰인다.

Il ne travaille pas. 그는 공부를 하지 않는다.
Il ne travaille point. 그는 조금도 공부를 하지 않는다.
N'est-il *point* là? 그는 거기에 없나?
N'est-ce *pas* la santé qui est le plus grand des trésors?
가장 중요한 보물은 건강이 아닐까요?

▸ plus, mieux, moins, si, fort, aussi, autant, toujours, beaucoup, peu, assez 등 같은 비교 정도 시간을 나타내는 부사 앞에서는 point 대신 pas를 쓰는 것이 좋다.

Il n'y a pas beaucoup de chambres. 방이 많이 있지 않다.

ⓑ ne ~ que와 더불어 ne ~ pas que, ne ~ point que로써 부정문이 될 수 있다.

Il *n*'y avait *pas que* des hommes dans cette cohue.
이런 혼잡 가운데는 사람들만 있는 것이 아니다.
Ne pensez *pas qu*'à vous. 자기 자신만 생각하지 마시오.
Il *n*'y a *point que* le vice à peindre. 묘사해야 할 것으로 악만 있는 것은 아니다.

2) ne 없이 pas와 point만 단독으로 쓰이는 경우

point은 단독으로도 쓰이고 강조어 du tout 등과 덧붙여 쓰이기도 하나, pas는 절대로 혼자단독으로는 못 쓰고 pas un, pas trop, pas beaucoup, pas tant 등의 구문과 더불어 쓰인다.

Etes-vous fâché? *Point*. 당신 화났습니까? 전혀요.
Avez-vous de l'argent? -*Pas trop*. 돈이 있나요? -그리 많지는 않습니다.
*Pas d'*argent, *pas de* suisse. 돈이 없으며 문지기도 없다.

3) 단독으로 ne만 쓰이는 경우(=pas, point이 생략된 경우)

pas, point 등이 생략되고 단독으로 쓰이는 경우는 다음과 같다. 그러나 생략을 꼭 해야 만하는 경우 외에는 생략 안 해도 상관없다.

① 부정어를 동반하면 생략한다.

▸ 즉 aucun, aucunement, guère, nul, nullement, jamais, plus, rien, personne 등을 비롯해, mot, goutte, mie, grain, brin 같은 말도 부정을 뜻함으로 pas, point을 생략한다.

Je *ne* dirai *rien* à personne. 나는 아무에게도 아무 말 안겠다.
Qui *ne* dit *mot* consent. 침묵은 묵인이다.
Je *ne* voie *goutte*. 조금도 보이지 않는다.
Je *n*'en veux *mie*. 그것을 조금도 바라지 않는다.
Il *ne* sait *grain* de philosophie. 그는 철학이라고는 조금도 모른다.

▸ personne, jamais, rien과 같은 의미인 quelconque qui(que ce soit), quoi que ce soit, homme vivant, âme vivante, âme qui vive 등의 어귀가 있으면 pas, point 생략한다.

Je *n*'ai trouvé *qui que ce soit*. 나는 아무도 못 보았다.
Je *n*'ai trouvé *âme qui vive*(*âme vivante*). 나는 아무도 못 보았다.
Je *ne* doute de *quoi que ce soit*. 나는 아무것도 의심하지 않는다.

▸ ni~ ni~ ni~ 같은 연속의 부정어가 오면 생략한다.

Ni l'or *ni* la grandeur *ne* nous rendent heureux.
부귀와 권세가 우리를 행복하게 하지는 않는다.

② cesser(끝내다), daigner(~하여 주시다), oser(감히 ~하다), pouvoir (~할 수 있다) 동사나 avoir garde(~할 생각이다), 비인칭동사 il importe(중요하다) 등은 ne만으로 부정을 나타내는데, 특히 그 다음에 다른 동사의 부정법이 올 경우에 그러하다. ('avoir garde'만 제외하고 나머지는 pas, point 생략 안 해도 되며, 이 경우는 어의가 강조됨)

La neige *ne* cesse de tomber. 눈이 그치지 않았다.
Il *n'*osait bouger. 그는 감히 움직이지 못했다.
Il *ne* put se résoudre à dire. 그는 말하는 것을 결심할 수 없었다.
Il *n'*a garde de tromper. 그는 속이려는 생각은 없다.
Je *ne* daigne vous dire que je vous aime.
당신을 사랑한다고 나는 감히 말하지 못한다.

㊟ 1. 부정을 강조하고자 할 때는 pas, point을 첨가한다. ("avoir garde"는 제외)
Marie *ne* cessa *pas* de tousser. 마리는 끊임없이 기침을 하였다.
Je *ne* peux *pas* voir son visage. 나는 그의 얼굴을 볼 수 없었다.
Je *n'*osais *pas* lui parler. 나는 감히 그에게 말하지 않았다.

㊟ 2. bouger 역시 문학작품에서 ne만으로도 부정이 되는 경우가 꽤 있다.
C'est une bête égarée, dit-il, car elle *ne* bouge. (G. Sand)
이 동물은 정신이 나갔나봐, 하고 그가 말했다. 왜냐하면 꼼짝 않고 있으니까.
Maillard *ne* bougeait, disant : Non, cela ne suffit pas. (Michelet)
"아냐, 그것으로는 충분하지 않아" 라고 말하면서 마이야르는 움직이지 않았다.

㊟ 3. savoir는 pouvoir(~할 수 있다)의 뜻으로 쓰이거나, 또는 불확실한 것을 의미할 때는 pas나 point을 생략하는 게 보통이다. 그러나 savoir가 의문의 뜻이 없는 '~를 인지하다, ~할 줄 알다'의 뜻으로 쓰이면 ne~pas, 구문을 많이 택한다.
On *ne* saurait mieux dire. 더 잘 말할 수는 없을 것이다.
Il *ne* sait que faire. 그는 무엇을 할지를 모른다.
Au téléphone, je *ne* sais pourquoi, elle me vouvoie.
전화에서 그녀가 나에게 존대어를 쓰는데 그 이유를 모르겠다.
Il *ne* sait *pas* lire. 그는 읽을 줄 모른다.
Je *ne* sais *pas* le français. 나는 프랑스어를 모른다.

③ pourquoi의 의미로 쓰인 que 다음이나, 또는 의문대명사 qui나 que 다음에 pas, point을 생략한다.

Si le choix est si beau, que *ne* le prenez-vous?
선택한 것이 그처럼 훌륭하다면, 당신은 왜 그걸 갖지 않느냐?
Qui *ne* court après la Fortune? 누가 행운의 여신 뒤를 좇아가지 않겠는가?

④ 주절이 부정이나 의문을 나타낼 때, 종속하는 관계대명사절이 접속법으로 되어 있을 때 pas, point 생략해도 좋고, ne만 써서 부정을 나타낸다. (생략 안 해도 됨)

Il n'est pas d'homme qui *ne* désire être heureux.
행복해지기를 원하지 않는 사람은 없다.

Y a-t-il quelqu'un dont il *ne* médise? 그가 욕을 안 하는 사람이 누가 있는가?

Il n'est pas de jour qu'il *ne* se lamente sur son sort.
그가 자신의 신세 한탄을 하지 않는 날은 없다.

▸ 주절이 ce n'est pas que, ce n'est point que, non que, non pas que 같은 부정이나, 또는 의문을 나타내고, 따라오는 관계사절이 접속법이면 이 역시 pas, point을 생략해도 좋다.

Ce n'est pas qu'il *ne* faille quelquefois pardonner.
이따금 용서하지 말아야 한다는 건 아니다.

Avez-vous un ami qui *ne* sache cela? 그것 모르는 친구 있냐?

⑤ de 다음에 시간을 나타내는 부사가 오면 pas, point 생략해도 좋다.

Je *ne* sortirai de trois jours. 나는 3일간 외출하지 않겠다.

Je *ne* le verrai de longtemps. 나는 오랫동안 그를 보지 않겠다.

⑥ 조건을 나타내는 접속사 si 다음에서도 자주 ne만으로도 부정을 나타내지만, pas, point을 써도 좋다.

Si je *ne* me trompe, je l'entends arriver.
내가 착각만 안해도 그가 도착하는 소리를 듣는다.

Il ne pouvait pas s'endormir si je *ne* l'avais embrassé.
내가 안아 주지 않았다면, 그는 잠들 수 없었다.

⑦ d'autre~ que(··· 이외에)를 쓸 때 ne만으로 부정을 나타낼 때가 많다. (pas, point 써도 됨)

Je *n'*ai d'autre désire que d'être encore avec vous.
나는 당신과 함께 있고 싶다는 것 이외에 다른 소망은 없다.

⑧ depuis que, il y a ~ temps que, voici, voilà ~ temps que 등 같은 시간의 어귀에 딸린 종속절이 복합시제일 때 역시 ne만으로도 부정을 나타낸다.

Il y avait bien trois semaines que je *ne* l'avais vu.
내가 그를 못 본 지도 벌써 3주일이 되었다.

Il s'est passé bien des choses depuis que je *ne* vous ai vu.
당신을 만나지 못한 뒤로 많은 일들이 일어났었죠.

㊟ 시제가 복합시제가 아니면 꼭 부정 구문을 써야 한다(pas, point 생략 못함).
Il y avait un an que je *ne* lui parlais *point*.
내가 그와 전혀 말을 안 한 지도 일 년이 되었다.

⑨ 소원을 나타내는 que를 포함하는 문장과 몇몇 성구나 동사구에서 ne만

쓰인다.

A Dieu *ne* plaise que. . . ! 그럴 수가!
si ce *n'*est ~이 아니라면
ne vous déplaise 실례지만
Qu'à cela *ne* tienne. 그건 상관없다.
*n'*empêche que. . . 역시 ~이다
*n'*avoir que faire de ~이 필요 없다

Je chantais *ne* vous déplais. 죄송하지만 제가 노래 부르고 있었다.

⑩ 격언이나 판결문과 같은 장중한 문장에서 ne만 쓰기도 한다.

Il *n'*est pire eau que l'eau qui dort. 흐르지 않는 물보다 나쁜 물은 없다.
Il *n'*est si bon cheval qui ne bronche. 실수를 하지 않는 말(사람)이란 없다.

❖ Remarque : **종속절에 쓰인 허사** ne(Ne explétif)

몇몇의 종속절에는 논리상 긍정문인데도 부정의 부사 ne를 취하는데 이를 "허사의 ne"라 하며, 부정의 뜻은 없다. 따라서 pas, point을 생략해 ne 단독으로 쓰여 뜻이 부정이 되는 앞에서 알아 본 용법과는 확실히 구별해야 한다. 허사 ne에 대한 것은 아직 명확히 규정 없지만, 문어에서는 자주 쓰이고 있는 반면, 구어에서는 불필요한 ne가 점점 쓰이지 않고 있다.

① 불안, 두려움을 나타내는 동사, 동사구 등이 긍정적으로 쓰일 때 그 종속절에서 허사의 ne를 쓴다.

craindre 두려워하다	trembler 걱정하다
avoir peur 무서워하다	avoir crainte 무서워하다
appréhender 두려워하다	de peur que ~이 무서워서
de crainte que ~이 두려워서	il est dangereux que 위태롭다

Je crains qu'il *ne* vienne. 나는 그가 올까 염려된다.
Vous avez peur que je *ne* change d'avis.
내가 마음을 바꿀까봐 당신은 겁내고 있다.
Fermez la porte, de crainte qu'on *ne* vous entende.
당신 말을 엿들을지 모르니 문을 닫으시오.

㈜ 1. 주절의 동사가 부정일 때는 허사의 ne를 쓰지 않는다.
On ne craint point qu'il venge un jour son père.
그가 언젠가 자기 아버지 복수를 하리라는 것에 사람들은 두려워하지 않는다.

Je ne crains pas qu'il fasse cette faute. 그는 이런 실수하는 것을 걱정 안한다.

㈜ 2. 주절의 동사가 의문형일 경우, 긍정이면 ne를 쓰고, 긍정이라도 뜻이 부정이면 안 쓴다. 그리고 부정의문문은 써도 좋고 안 써도 좋다.
Craignez-vous qu'il *ne* vienne? 그가 올까 두렵나요?
Peut-on craindre que la terre manque aux hommes?
인간이 땅이 부족하다고 두려워할까?
Ne craignez-vous pas que la foudre(ne) tombe sur vous?
벼락이 너에게 떨어질까 겁나지 않습니까?

☞ 종속절에 부정을 나타내고자 할 때는 물론 ne ~pas를 다 써야 한다.
Je crains que vous *ne* soyez *pas* juste envers ces messieurs.
나는 당신이 이분들에게 불공정하게 대하지 않았을까 걱정이다.
Nul ne craint que ce projet *n*'aboutisse *pas*.
이 계획이 실패하지 않을까 걱정하는 사람은 아무도 없습니다.

② 금지, 방어를 뜻하는 다음의 동사나 동사구가 주절에 쓰일 때 그 종속절에 허사의 ne를 쓴다.

empêcher 방해하다	éviter 피하다
prendre garde ~하지 않도록 주의하다	

Je n'empêche pas qu'il *ne* fasse ce qu'il voudra.
나는 그가 원하는 일을 하는 걸 막지 않는다.
Tâchez d'éviter que la nouvelle *ne* se répande avant son départ.
소식이 그의 출발 전에 퍼지는 걸 막도록 해 보시오.
Prenez garde qu'on *ne* vous trompe. 속지 않도록 조심하시오.

㈜ prendre garde가 단순히 '유의하다'의 뜻이면 허사의 ne는 쓰지 않는다.
Prenez garde que l'auteur dit justement ce que vous m'avez demandé.
당신이 내게 물어 보았던 것을 그 작가가 옳게 이야기하고 있는지 유의하시오.

☞ défendre(방어하다) 동사 다음에는 허사의 ne를 쓰지 않는다.
J'ai défendu que vous fissiez telle chose.
나는 당신이 그런 것을 하는 걸 금했습니다.

③ 부정이나 의문을 나타내는 다음의 동사들이 부정문이나 의문문으로 쓰이면, 종속절에서 허사의 ne를 쓴다.

douter 의심하다	mettre en doute 의심하다
nier 부정하다	disconvenir 부정하다
désespérer ~할 수 없다고 단념하다	contester 인정하지 않다
méconnaître 인정하지 않다	dissimuler 숨기다

On ne nie pas que je *ne* sois dans mes droits.
내게 권리가 있다는 것을 사람들은 부정하지 않는다.

On ne peut disconvenir qu'une telle opération *ne* soit possible.
그러한 실험이 가능하리란 것을 부정할 수가 없다.
Doutez-vous que je *ne* sois malade? 제가 아프다는 것을 의심하시나요?

✽ 주절이 긍정문이면 허사의 ne를 쓰지 않는 게 보통이다.
Aucun doute qu'il la rencontrât un jour.
그가 언젠가는 그녀를 만나리란 것은 의심할 여지가 없다.

④ 비교를 나타내는 종속절에서
plus, moins, mieux, meilleur, moindre, pire, plutôt, autre, autrement 등이 주절에 오면 다음과 같이 구별해 쓴다.

▸ 주절이 긍정문일 때, 허사 ne를 일반적으로 쓴다.
Paris était alors plus aimable qu'il *n*'est aujourd'hui.
파리는 그 당시에 지금보다 더 사랑스러웠다.
Il agit autrement qu'il *ne* parle. 그는 말과 행동이 다르다.
Il est autre que je *ne* le croyais. 그는 내가 생각하고 있던 사람과는 다른 사람이다.

✽ 물론 허사의 ne를 생략하는 수도 있다.
Il est autre que je croyais. 그는 내가 생각했던 것과는 다르다.
Le jour est moins avancé que je croyais. 날은 생각보다 덜 밝았다.

▸ 주절이 부정문일 때, ne를 보통 쓰지 않는다.
Il n'est pas plus riche qu'il était. 그는 과거보다 더 부유하지는 않다.
Ils n'agiraient pas autrement que je les vois agir.
그들은 내가 볼 때와는 달리 행동하지 않으리라.

✽ 동등비교급이면 ne를 써도 되고 안 써도 된다.
Vous n'écrivez pas aussi bien que vous *ne* parlez.
당신은 말하는 만큼 잘 쓰지는 못한다.
La vie n'est jamais romanesque autant qu'on imagine.
인생은 절대로 상상하는 것만큼 소설적이지 않다.
Votre mère n'est peut-être pas aussi malade que vous croyez.
당신 어머님은 아마 생각만큼 편찮지 않으실 거다.

▸ 주절이 의문문일 때, ne를 써도 좋고 안 써도 좋다.
Puis-je mieux servir un maître que j'ai servi mon maître?
내 주인을 모실 때보다 다른 주인을 더 잘 섬길 수 있을까?
Est-il aussi puissant que vous le croyez? 그는 당신 생각만큼 힘이 셉니까?

⑤ 다음의 접속사구 뒤에서

avant que ~ 전에	à moins que ~ 없이는
peu s'en faut que 자칫하면	

▶ avant que 다음에는 허사의 ne를 쓰지 않는 것이 고전 작가들의 경향이었으나, 현대문에서는 ne의 사용이 임의적이다. 보통은 음의 조화상 ne를 즐겨 쓰고 있다.

Le roi voulut voir ce chef-d'œuvre avant même qu'il fût achevé.
왕은 그 걸작이 완성되기도 전에 보고 싶어 하였다.

Prévins-le avant qu'il *ne* soit trop tard. 너무 늦기 전에 그에게 미리 알려라.

▶ à moins que 다음에는 보통 허사의 ne를 많이 쓴다.

Il se peut que l'on pleure, à moins que l'on *ne* rie.
웃지 않는 한, 울지도 모른다.

Il n'en saura rien à moins que vous *ne* lui parliez.
당신이 그에게 말하지 않는 한, 그는 아무것도 모르리라.

㈜ 단독으로 쓰인 que가 avant que, sans que, à moins que, de peur que의 의미로 쓰인 것이면 늘 허사의 ne를 써야 한다.

Tu ne bougeras pas d'ici que(=avant que) tu *n'*aies demandé pardon.
그대가 용서를 빌기 전에는 여기서 꼼짝도 못하리라.

Fuyez, qu'(=de peur que) il *ne* vous sacrifie à ses colères.
그가 자신의 분노를 위해서 당신을 희생할지도 모르니 도망쳐라.

✽ sans que 뒤에는 ne를 쓰지 않는 것이 원칙이나 주절이 부정이면 가끔 ne를 쓴다.

Il ne faut rien faire sans que M. Paoli(*ne*) le sache.
파올리 씨에게 모르게 하고서는 그는 아무 일도 할 수 없다.

⑥ il s'en faut que(~가 부족하다), tant s'en faut que(~이기는 어림없다), peu s'en faut que(~할 뻔하다) 등과, il tient à~ que, il dépend de ~ que(~하는 것은 ~에 달려 있다) 등이 주절에 있을 경우

▶ 주절이 긍정이면 허사 ne를 쓰지 않는 것이 일반적이다.

Il s'en faut de dix euros que la somme entière y soit.
전액이 되려면 10유로가 부족하다.

Il ne tient qu'à vous que cela se fasse.
이 일이 되는 것은 오직 당신에게 달려 있다.

▶ 주절이 부정이나 의문이며, 써도 좋고 안 써도 좋다.

Peu s'en fallut qu'il abandonnât tout. 그는 자칫하면 모든 것을 포기할 뻔하였다.

Peu s'en fallut que la voiture *ne* versât. 자칫하면 자동차가 전복될 뻔하였다.

A quoi tient-il que vous *ne* répondiez? 당신이 대답을 한 것은 무엇 때문인가요?

2. 긍정 및 의혹의 부사

[긍정]

assurément 확실히
aussi 역시
certainement 확실히, 꼭
naturellement 정말로
si 아니
pardon 천만에, 그렇지 않습니다
soit 좋아요
vraiment 참말로
à coup sûr 확실히
bien 틀림없이, 참으로
certes 확실히, 물론
oui 그렇지요
parfaitement 아무렴
précisément 명확히, 바로 그래
volontiers 기꺼이

[의혹]

apparemment 언뜻 보아
probablement 아마, 대개
vraisemblablement 아마
sans doute 아마
peut-être 아마

(1) oui

① 긍정으로 된 의문문에 긍정으로 대답할 때 쓰인다.

Tu viens? -*Oui*. 너 올 거니? -그래.

Avez-vous déjà fini votre travail? - *Oui*, parfaitement fini.

벌써 일을 끝내셨습니까? -네, 완전히 끝냈습니다.

② 생략된 의문문에서도 역시 답변할 때 쓰인다.

Je ne dis ni *oui* ni non. 나는 네라고도, 아니라고도 말하지 않는다.

③ oui는 또한 질문에 대한 답변이 아니라 자신의 말의 긍정성을 더욱 강조하기 위하여 삽입할 때도 있다. 속어나 구어에서는 문장 끝에 많이 온다.

Oui madame, ces gens-là, ça ne fait que manger des pommes de terre et du cochon.

그렇습니다, 부인, 그 사람들은 감자 요리와 돼지고기 요리만 먹으면 되지요.

Notre sœur est folle, *oui*. 우리 여동생은 그래요, 미쳤지요.

Oui, oui, vous me suivrez. 그렇지, 맞아, 당신은 나를 따라오시오.

④ 강조하기 위해서는 mais oui, oui bien, oui vraiment, vraiment oui, oui certes, dame oui, 속어에서는 oui-da를 쓴다. 또는 oui 대신 certainement, parfaitement, en effet, naturellement, bien sûr 등이 쓰인다.

Vous le savez? -*Mais oui*! 당신은 그것을 알고 있나요? -물론이죠!

Vous pensez qu'il en aura le courage? -*Oui certes*.

그가 그럴 만한 용기가 있다고 생각하십니까? -물론입니다.

Vous voulez épouser cette fille? -*Bien sûr*.

이 처녀와 결혼하고 싶으십니까? -물론입니다.

(2) si

① 부정 의미의 질문에 긍정적인 답변을 하고자 할 때 사용한다.

Ne l'avez-vous pas vu? -*Si*. 그 사람을 못 보았나요? -아니, 보았습니다.

Vous n'étiez pas à la fête hier? -*Si*, Mademoiselle.

어제 축제에 가지 않았나요? -아니, 갔었습니다. 아가씨.

② 강조할 때는 oui처럼 mais si, si vraiment, si certes, si fait, mon dieu si, bien sûr que si, que si(구어에서) 등을 사용한다.

N'êtes-vous pas de mon avis? -Oh! *mais si*.

당신은 제 의견과 같지 않은가요? -오! 천만에, 같습니다.

Il ne faut faire aucun appel à la maison? -*Si bien*!

집에다 도움을 청해서는 안 되나요? -아니, 해도 됩니다!

Vous ne ferez donc pas cela? -*Oh! que si*.

당신은 도대체 이것을 하지 않을 건가요? -오! 천만에, 할 것입니다.

㈜ 의문이 부정형이라도 사실은 긍정적인 물음을 강조한 경우에는 si 대신 oui를 사용한다.
Ne sonne-t-on pas à la porte? -*Oui*. 초인종을 누르지 말까? -눌러.
Vous n'êtes donc pas seul ici? -*Mais oui*, monsieur.
그런데 당신은 여기에 혼자 있지 않았단 말인가요? -혼자 있었지요.

(3) pardon

si 대신 공손한 뜻을 나타낸다.

N'avez-vous pas fait vos devoirs? -*Pardon*, je les ai faits.

당신은 숙제를 하지 않았습니까? -천만에요, 다 했습니다.

N'avez-vous rien à faire? -*Pardon*, Monsieur.

당신은 할 일이 하나도 없나요? -천만에요, 있습니다.

(4) soit [swat]

동사 être의 접속법 형태인데 oui의 약화된 뜻으로, 양보를 나타낸다.

Vous le voulez? *Soit*, j'ira avec vous.

원하신다고요? 좋습니다, 제가 당신과 함께 가겠습니다.

Vous aimez mieux cela, *soit*. 이것을 더 좋아하신다니, 좋습니다.

❖ 의혹의 부사 특별용법

ⓐ 의혹을 나타내는 부사는 que로 유도되는 명사절이 뒤에 와서 주절처럼 사용될 수 있다.

apparement que 확실히	heureusement que 다행히
assurément que 분명히	oui que 물론
avec ça que··· 않다는 거예요(반어법)	peut-être que 아마
bien entendu que 물론	pour sûr que 확실히
bien sûr que 틀림없이	probablement que 아마
certainement que 확실히	sans doute que 확실히
sûrement que 확실히	vraisemblement que 필시
voici que . . 하는군	voilà que ··· 더군

Avec ça que tu ne le comprend pas! 그래 너 이해 못하는 거 아니지!

Peut-être que nos pauvres personnes n'ont aucune importance. 아마 우리들 불쌍한 사람들은 전혀 중요하지 않으리라.

Apparemment qu'il viendra. 십중팔구 그가 올 것이다.

ⓑ peut-être, sans doute는 문두에 올 경우에 그 다음에 대명사로 된 주어와 동사가 도치된다.

Peut-être y a-t-il encore de l'espoir. 아마 아직도 희망은 있다.

Sans doute a-t-il filé à l'anglaise. 아마 그는 슬그머니 도망쳤을 거다.

✱ sans doute가 '확실히(=assurément, certainement)'를 뜻하면 긍정의 부사이다.
Et vous l'avez connu pour gentilhomme? −*Sans doute.*
그런데 당신은 그를 신사로 알았나요? −확실히 그렇습니다.
Sans doute il eut raison. 확실히 그가 옳았다.

3. 의문 및 감탄의 부사

[의문]

comment 어떻게	combien 얼마나 많은	pourquoi 왜
quand 언제	où 어디	que 무엇

[감탄]

combien 얼마나	que 얼마나	comme 어쩜

(1) où

① 장소나 시간을 나타내는 부사로 그 앞에 전치사가 올 수 있다. 간접의문문에도 쓰인다.

Où va-t-on après la mort? 사후에 사람은 어디로 가나?

Par où faut-il passer pour aller chez toi?

너의 집을 가려면 어디를 거쳐서 가야 하느냐?

Je ne sais *où* il est, *d'où* il est venu, *par où* il a passé.

나는 그가 어디에 있으며, 어디에서 왔고, 어디로 통해 지나갔는지 모른다.

② où는 또한 이유, 상황, 정도(à quoi, de quoi, par quoi) 등을 나타낸다.

Ah! pauvre malheureuse, hélas *où* penses-tu?

아! 가련하고 불행한 이여, 안됐소! 그대는 어찌 생각하오?

D'ou lui vient, cher ami, cette imprudente audace?

친구여, 이 방약무인함은 어떻게 된 것이지?

✽ où ~ que(=où ~ si ce n'est) '~을 제외하고 어디에', où que '어디에 ~하더라도'
Où peut-on se reposer tranquillement *que* dans son foyer domestique?
가정을 빼 논다면 사람이 조용히 쉴 곳은 어디일까?
Où que tu ailles, tu ne pourras être heureux. 너는 어디를 가든지 행복할 수 없을 것이다.

(2) quand

때를 묻는 부사로, 전치사 à, de, depuis, jusqu'à, à partir de 등과 결합해 쓰일 때도 있다. 간접의문문에도 쓰인다.

Quand reviendrez-vous? 당신은 언제 다시 돌아옵니까?

Depuis quand êtes-vous de retour de France?

프랑스에서 언제 돌아오셨습니까?

Je ne sais *quand* l'Amérique a été découverte.

나는 아메리카 대륙이 언제 발견되었는지 모른다.

(3) pourquoi

① 이유를 나타내는 의문부사로 직접의문문일 때만 부사이고, 그 밖의 경우는 접속사이다.

Pourquoi ne m'en a-t-il rien dit? 그는 왜 내게 아무런 말도 하지 않았나?

Tu fais ça *pourquoi*? 너는 왜 그 짓을 하나?

② 생략문에도 쓰인다.

Pourquoi rire? 왜 웃는 거지?

Pourquoi pas? 왜 안 돼?

Pourquoi donc? 도대체 왜 그러지?

③ 문어체에서는 que로 대용되는데, 뜻은 애석함, 후회 등을 나타내고, pas는 생략된다.

Que n'es-tu pas rentré à ce moment-là? 너는 왜 그 당시 돌아가지 않았을까?

(4) combien은 수량의 감탄부사, comme와 que는 강도를 나타내는 감탄부사이다.

Comme il fait noir dans la vallée! 계곡은 얼마나 어두운가!
Combien est étroit le chemin qui mène à la vie!
생명으로 가는 길은 얼마나 좁은가!
Combien je souffre! 나는 얼마나 괴로운고!
Que nous nous pardonnons aisément nos fautes!
우리는 자신들의 실수를 얼마나 쉽게 용서하는지!

4. 양태의 부사

ainsi 그렇게	bien 잘	comme 처럼
comment 어떻게	debout 서서	ensemble 함께
exprès 일부로	franco 무임으로	gratis 무료로
impromptu 즉석에	incognito 익명으로	mal 나쁘게
mieux 더 잘	pis 더 나쁘게	plutôt 오히려
vite 빨리	volontiers 기꺼이	

(1) comme

① '~처럼, ~와 마찬가지로', 비교, 유사성을 나타낸다.

Tes mains sont pâles *comme* la neige. 네 손은 눈처럼 창백하다.
Les choses n'arrivent pas *comme* on se les imagines.
일들은 생각하는 것처럼 일어나지 않는다.
J'étais *comme* appelé par un mystère tout proche.
나는 아주 가까이서 어떤 신비스런 것의 부름을 받은 듯하였다.

② '~으로서', 자격 등을 나타낸다.

Je vous dis cela *comme* votre parent et votre ami.
나는 당신의 친척으로서 또 친구로서 이것을 말해 주는 바이다.
Comme ouvrage de circonstance, cette pièce a du mérite.
이 연극은 상황극으로서 가치가 있다.

③ '얼마나', 뜻으로 감탄부사로서도 쓰인다. (감탄부사 참조)

Comme il fait noir dans la vallée! 골짜기는 얼마나 어두운가!

cf. comme는 접속사로도 사용된다.

(2) exprès

뜻은 '고의로, 일부러'이고 특별히 강조하기 위해서 tout exprès, expressément을 사용하기도 한다.

Il était venu chez nous *exprès* pour m'apprendre cette nouvelle.

그는 내게 이 소식을 알려 주려고 일부러 우리 집에 왔었다.

Était-elle donc venue *tout exprès*? 그렇다면 그녀는 일부러 왔었느냐?

(3) mieux

① bien의 우등비교급 형태로 정관사가 앞에 오면 최상급형으로도 사용되는데, 동사나 분사를 수식한다.

Je connais *mieux* mon sang, il sait *mieux* son devoir.

나는 내 혈통을 더 잘 알고, 그는 자신의 의무를 더 잘 안다.

La femme *le mieux* habillée de Paris … 파리에서 가장 옷 잘 입는 여자 …

㊟ 1. mieux가 건강상태, 정신 및 육체적 증상, 운명의 징후, 인간관계, 사물의 어떤 상태 등을 나타내면서 속사나 부정대명사 중성대명사의 보어로 쓰이는데 이 때 mieux는 형용사로 쓰인 것이다.

quelque chose de *mieux* . . . 더 나은 것 …

La fièvre l'a quitté, il est *mieux*. 열이 내려서 그는 더 나아졌다.

Il n'y a rien de *mieux*, rien n'est *mieux* que ce que vous dites.

더 나은 것은 하나도 없다. 당신이 이야기하는 것보다도 나은 것은 하나도 없다.

㊟ 2. mieux가 앞에 관사나 한정사 없이 쓰여 '더 좋은 것(=chose meilleure)'을 뜻하면 명사적으로 쓰인 것이고, 만일 관사나 한정사가 앞에 오면 그 mieux는 명사로 쓰인 것이다.

Il s'attendait à *mieux*. 그는 더 좋은 것을 기대하고 있었다.

On a fait *mieux* que cela. 사람들은 이것보다 더 좋은 것을 했었다.

Il faut toujours faire de son *mieux*. 늘 최선을 다해야 한다.

exécuter l'ordre au *mieux*. 명령을 최선의 상태로 시행하다.

Le *mieux* se maintient. 제일 좋은 것은 여전하다.

② 숙어로써 쓰인다.

être mieux(건강)더 좋아지다	aller mieux(건강)점점 좋아지다
tant mieux 그것 잘됐다.	le mieux du monde 아주 잘
tout au mieux 아주 잘	au mieux 아주 잘
à qui mieux mieux 앞을 다투어	faire de son mieux 최선을 다하다
aller de mieux en mieux 차츰 차츰 잘되고 있다	

(4) mal

① '나쁜'의 의미로 bien의 반대말이다.

Il va *mal*. 그는 건강이 좋지 않다.

Il a *mal* réussi. 그는 성공 못했다.

② pas mal은 assez와 같은 긍정적인 뜻으로 de를 붙여 명사보어를 취할 수 있다.

Nous sommes *pas mal* avancé dans la vie. 우리도 인생을 많이 살았다.

J'ai fait dèjà *pas mal* de lieues. 나는 이미 많이 걸었다.

(5) pis

① mal의 옛 비교급으로 être, il y a, faire, aller 등과 함께 성구로만 쓰이고 그 이외에는 거의 사용되지 않는다. 대신 mal의 비교급은 plus mal로 많이 쓰인다.

aller de mal en *pis*(=aller de pis en pis) 점점 나쁘게 되다.
au *pis* aller 최악의 경우에는
pis-aller 부득이한 수단, 임시 변통

Vous prenez les choses au *pis* aller. 당신은 모든 것을 최악의 경우로 생각한다.

▸ pire는 mauvais의 비교급이며 둘 다 형용사이다.

Il a fait *pis* que cela. 그는 이것보다 더 나쁘게 했다.

Il n'est *pire* eau que l'eau qui dort. 흐르지 않는 물보다 더 나쁜 물은 없다

㈜ 1. pis가 건강상태, 정신 및 육체적 상태, 운명의 징후, 인간 관계, 사물의 어떤 상태 등을 나타내면서, 속사나 부정대명사 중성대명사의 보어로 쓰이는데, 이 때 pis는 형용사이다.
Ce jeune homme-ci est bien, mais celui-là est *pis* que personne.
이 젊은이는 훌륭하나, 저 젊은이는 누구보다도 못되었다.
Il n'y a rien de *pis* que cela. 이것보다 더 나쁜 것은 없다.
quelque chose de *pis* 더 나쁜 것

㈜ 2. pis가 그 앞에 관사 없이 쓰여 '더욱 나쁜 것' 등을 나타내면 명사적으로 쓰인 것이고, 관사가 앞에 오면 명사로 쓰인 것이다.
Mais j'ai fait *pis* que l'aimer. 그런데 나는 그를 사랑하는 것보다 더욱 나쁜 일을 하였다.
Le *pis* était que nul n'eût pu répondre de la victoire.
최악은 아무도 승리를 보증할 수 없었다는 것이었다.

✽ tant pis는 tant mieux와 대응한 부사구에서 불안, 후회 등을 뜻한다.
Tant mieux qu'il a raison, *tant pis* qu'il a tort.
그가 옳다면 천만다행이고, 그가 틀렸다면 안됐다.

(6) plutôt와 plus tôt

plutôt는 '오히려, 차라리, 꽤'의 뜻이고 plus tôt는 '더욱 일찍'의 뜻이다.

Plutôt la mort que l'esclavage. 노예 생활보다는 차라리 죽음을.

C'était un enfant d'aspect *plutôt* frêle. 그건 차라리 연약한 모습의 어린아이였다.

Mais pourquoi ne me l'avoir pas dit *plus* tôt?

그런데 왜 내게 그걸 좀 더 일찍 말해 주지 않았지?

5. 수량의 부사

assez 꽤	aussi 만큼	autant 많이
autrement 훨씬 더	beaucoup 많이	combien 얼마나
que 얼마나	davantage 더 많이	environ 약
fort 굉장히	moins 덜	peu 적게
plus 더 많이	presque 거의	quelque 얼마나
si 만큼, 매우	tant 많이	tellement 그렇게
tout 아주	très 매우	trop 너무

(1) assez

① 형용사, 동사, 과거분사, 부사, 부정법을 수식하며 그 앞에 온다.

J'ai *assez* souffert. 나는 퍽 괴로워하였다.

Je connais une femme qui marche *assez* bien.

꽤 잘 걷는 한 여인을 나는 알고 있다.

✻ "assez··· pour que + 접속법", 또는 "assez··· pour + 부정법"

Il est *assez* fort pour vous tenir tête.

그는 당신에게 대항할 정도로 꽤 힘이 세다.

Il n'était pas *assez* grand pour qu'on le laissât seul.

그는 혼자 두어도 될 만큼 크지 못하였다.

✻ assez는 형용사(속사) 다음에 오기도하나, 이때는 pour +부정법 또는 명사가 온다.

Quand on est riche *assez* pour se croiser les bras.

아무 일도 안 해도 될 정도로 부자일 때는···

Trou, ni fente, ni crevasse, ne fut large *assez* pour eux.

구멍도 균열도 틈바귀도 그들에게는 그리 넓은 게 아니었다.

② assez 다음에 "de+보어명사"가 오면, 수량의 한정어 역할을 하며 '꽤 있는, 충분한'의 뜻이 된다.

Assez de malheureux ici-bas vous implorent.

이 세상에서는 꽤 많은 불행한 사람들이 당신께 탄원하고 있다.

J'aurai *assez de* livres. 책은 충분할거야.

J'ai vu *assez de* cruauté pour ne pas croire la bonté naturelle des hommes.
나는 인간들의 착한 본성을 믿을 수 없을 정도로 무자비한 일들을 퍽 많이 보았다.

✽ 'de+보어명사'가 생략되면, 이때는 명사적으로 쓰인 것으로 사물만을 나타낸다.
Je ne crois pas avoir *assez* obtenu. 나는 상당한 것을 얻었다고는 생각하지 않는다.
C'est *assez* dire. 이야기는 충분히 했다.

(2) aussi

① 동등비교를 나타내며 형용사와 부사를 수식한다.

Cet étudiant est *aussi* savant que son professeur.
이 학생은 그 선생만큼이나 박식하다.

Il parle *aussi* bien que son père. 그는 자기 아버지만큼이나 말을 잘한다.

② 부정문일 때는 aussi 대신 si를 쓸 수 있다.

Il n'est pas *si* habile que vous. 그는 당신만큼 능란하지 못합니다.

Rien n'est *si* dangereuex qu'un ignorant ami.
무지한 친구만큼 위험한 것은 없다.

③ 긍정문에서 '~도 역시(=pareillement)'의 뜻으로 쓰며, 부정문이 되면 aussi 대신 non plus를 쓴다. ne ~ que가 들어 있는 문장에서는 aussi, non plus 어느 것이나 무관하다.

Vous le voulez, et moi *aussi*. 당신이 그걸 원하다니, 나도 그렇다.

Moi *aussi*, je suis fatigué. 나 역시 피곤하다.

On ne peut pas vivre sans pain ; on ne peut pas *non plus* vivre sans la patrie.
사람은 빵 없이 살 수 없다. 또한 조국 없이도 역시 살 수 없다.

Il lit incessamment, je ne fais *non plus* que lire.
(→ je ne fais *aussi* que lire) 그는 끊임없이 독서를 한다. 나 역시 독서만 한다.

㊟ 부정문의 경우라도, 단순히 부정한다는 그 사실을 비교하는 것이 아니라, 부정적인 내용이 같다고 강조하고자 할 때는 non plus 대신 aussi를 쓰기도 한다.
Moi *aussi*, je ne suis pas de son opinion! 나 역시 그와 견해가 같지 않다.
Elle *aussi* n'avait pas plus faim. 그녀 역시 더 이상 배가 고프지 않았다.

(3) si

① 품질형용사, 부사 등의 앞에서 정도를 나타낸다.

Ce n'est pas *si* important. 이건 그리 중요하지 않다.

Je trouve cela *si* beau, que je me sens vraiment très émue.
나는 이것이 몹시 아름답다고 생각하며, 정말로 아주 감동을 느꼈다.

② 양보절의 "si ~ que + 접속법"은 '아무리 ~해도'의 뜻이다.

Si instruit *que* vous soyez, soyez toujours modeste.

그대가 아무리 유식하더라도, 늘 겸손하시오.

(4) autant

① 주로 명사 혹은 동사를 수식하면서 정도나 분량의 비교를 나타낸다. autant que, autant de(+명사) que, en ~ autant que와 같은 형태로 많이 쓰인다.

Travaillez *autant que* vous pourrez. 할 수 있는 한 많이 일하시오.

Ce diament vaut *autant que* ce rubis. 이 다이아몬드는 그 루비만큼 값이 나간다.

Il boit *autant* d'eau *que* de vin. 그는 물을 포도주만큼 마신다.

Il avait mille femmes, tous les monarques chinois n'en avaient pas *autant*.

그는 여자가 많았는데, 중국의 모든 군주들도 그만큼의 여자를 갖고 있지 않았다.

Je ne le savais pas *autant* respecté. 나는 그처럼 존경받는 그를 모르고 있었다.

J'aime le travail, *autant* je hais la paresse.

게으름을 싫어하는 만큼 나는 일을 좋아한다.

② autant ~, autant ~(~하는 만큼 ~하다)은 정도의 동등한 비교를 나타낸다.

Autant il a de vivacité, *autant* vous avez de nonchalance.

그가 활기찬 것만큼 당신은 무기력하다.

autant de têtes, *autant* d'avis 각인각색

③ 동사의 부정법과 함께 쓰일 때가 있다.

Chercher des monuments. *Autant* chercher des trésors comme les indigènes!

기념물을 찾을 것. 원주민들처럼 그만큼 보물을 찾을 것!

Autant mourir. 죽는 거나 다름없다(죽는 게 낫다)

④ autant vaut~ 는 il vaut autant ~(~나 다름없다)의 생략형이다.

Autant vaut se taire que de dire ces banalités.

이런 진부한 것을 이야기하는 것보다는 침묵하는 것이 낫다.

C'est un homme mort ou *autant vaut*. 이 사람은 죽었거나, 혹은 죽은 거나 다름없다.

⑤ plus나 moins과 함께 숙어를 만든다.

d'autant plus~(그만큼 더욱더 많이)
d'autant moins ~(그만큼 더 적게)

Il est riche, *d'autant plus* il doit être charitable.

그는 부자이다. 그만큼 한층 더 많이 자비로워야 한다.

Il n'a pas de courage, je l'en aime *d'autant moins*.
그는 용기가 없는데, 그 때문에 그만큼 그를 덜 사랑한다.
On l'apprécie *d'autant moins* que sa timidité l'empêche de se faire valoir.
그의 수줍음으로 그의 가치를 내세우지 못하게 하는 만큼, 사람들은 그 진가를 덜 인정한다.

(5) tant

① 주로 동사를 수식하면서 정도나 분량의 비교를 나타내는데 tant, tant que, tant de(+명사)와 같은 형태로 많이 쓰인다.
Il a *tant* mangé. 그는 많이 먹었다.
Il a *tant* de bonté. 그는 아주 친절하다.

✽ tant que는 "…… 하는 한"의 뜻도 있다.
Nul ne se connaît *tant qu*'il n'a pas souffert.
고통을 느끼지 않는 한, 아무도 자기 자신을 모른다.

✽ tant de(혹은 beaucoup de) 대신 tellement de(+명사)도 많이 사용한다.
J'avais *tellement de* choses à lui demander. 나는 그에게 물어 볼 것이 퍽 많았다.

② tant ~ que는 "~할 만큼 ~하다"의 뜻으로, 똑같이 수식되는 형용사나 상황보어를 대립시킬 때 쓰인다.
Je le sers *tant* pour lui *que* pour me faire plaisir.
나 자신을 기쁘게 할 만큼 그를 위해 나는 그를 돕고 있다.
les auteurs *tant* anciens *que* modernes
현대 작가와 마찬가지로 고대 작가들도

③ tant은 부정문이나 의문문에서 autant 대신 쓰일 때도 있다.
Ils ne versèrent plus le sang avec *tant de* férocité.
그들은 더 이상 그토록 격렬하게 피를 흘리지 않았다.
Des trésors me pourraient-ils donner *tant de* joie que votre amitié?
보물들이 당신의 우정만한 기쁨을 내게 줄 수 있을런가?

④ 다음과 같은 숙어가 있다

tant mieux 그것 잘됐다.	tant pis 그것 안됐다.
tant bien que mal 그럭저럭	tant plus que moins 대개, 대략
en tant que . . 하는 이상	tant s'en faut que . . 이기는 커녕

en tant que ce n'est pas contraire à la loi …
법에 위배되지 않는 이상 …

(6) beaucoup

① 형용사나 부사의 비교급이나 동사를 수식하며, '많이, 몹시, 아주' 등의

의미를 나타낸다.

Je m'intéresse *beaucoup* à mon étude. 나는 내 공부에 관심이 많다.

Ce vin est *beaucoup* meilleur. 이 포도주는 맛이 훨씬 더 좋다.

㈜ 1. 원급의 형용사나 부사와 더불어 쓰일 때는 beaucoup를 안 쓰고 반드시 bien을 써야 한다.

Il est *bien* savant. 그는 아주 박식하다.
Il est *bien* loin. 그는 아주 멀리 있다.

㈜ 2. beaucoup가 형용사의 비교급 다음에 쓸 때는 그 앞에 전치사 de를 쓰고, 만일 형용사 앞에서 수식할 때는 de를 써도 좋고 안 써도 좋다.

Vous êtes plus savant *de beaucoup*. 당신이 훨씬 더 박식하다.
Il est *de beaucoup* le plus riche des séminaristes.
그는 신학생들 중에서 월등하게 제일로 부유하다.
Il est(*de*) *beaucoup* plus intelligent que son frère.
그는 자기 형보다 훨씬 더 영리하다.

② "de+명사"형식으로 보어 명사가 따라오면 다음에 관사 없이 복수명사 (추상명사는 단수)를 쓴다. '많은… '를 의미한다.

Il y a *beaucoup de* savants qui furent trompés par ce phénomène.
이런 현상에 속은 학자들이 많다.

J'ai éprouvé *beaucoup de* peine pour accomplir cette œuvre.
이 작품을 완성하느라 나는 고초가 많았다.

③ beaucoup는 뒤에 보어가 생략되어 명사적으로 쓰일 수도 있다. 생략된 보어는 사람이나 막연한 사물을 지칭한다.

Quiconque a *beaucoup* vu peut avoir beaucoup retenu.
많은 것을 본 사람은 누구나 많은 것을 기억할 수 있다.

Beaucoup en ont parlé. 많은 사람들이 그것에 대해 이야기하였다.

C'est un homme qui sait *beaucoup*. 이 분은 많은 것을 알고 계시다.

④ 다음과 같은 숙어가 있다.

Il s'en faut(*de*) *beaucoup* …하기는커녕, 많은 것이 필요하다

à *beaucoup* près 아직도, 훨씬

(7) bien

수량의 부사로써 용법은 다음과 같다.

cf. bien은 양태의 부사와 수량의 부사가 있으므로, 그 용법의 차이점에 유의바람.

① 형용사나 부사의 원급 앞에 놓는다.

Il est *bien* gentil. 그는 매우 친절하다

Il est *bien* loin. 그는 아주 멀리 있다.

㈜ beaucoup는 형용사 부사 원급 앞에서 쓸 수 없다. 그러나 형용사를 중성대명사 le로 받아 그것을 수식할 경우는 bien 대신 beaucoup를 써야 한다.
Aimable, elle l'est *beaucoup*. 상냥하지요, 그녀는 아주 상냥하지요

✽ Il boit *bien*. (그는 잘 마신다)에서 bien은 양태의 부사다

② 형용사나 부사의 비교급 앞에 놓는다.

Il est *bien* plus fort que son frère. 그는 자기 형보다 훨씬 더 강하다.

Il agit *bien* moins habilement que son ennemi.

그는 적보다 훨씬 능란하지 못하게 행동한다.

③ 전치사 de와 함께 보어명사를 붙여 분량을 의미한다.

Bien des gens y sont pris. 많은 사람들이 거기에 잡혀 있다.

Il s'est donné *bien de* la peine pour arriver à son poste actuel.

그는 현재의 자기 직책에 앉기까지 많은 고생을 하였다.

㈜ bien 다음에는 관사가 생략 안 되고 반드시 보어명사 앞에 와야 한다. beaucoup는 관사 생략된다. 따라서 bien de의 경우는 관사가 붙은 명사가 옴으로 bien du(de la, des, de l') 등으로 쓰이며 뜻은 모두 '많은 ~'이다.

☞ bien d'autre, "bien d'autres + 명사"에서는 관사 생략한다.
▸ Il en est venu *bien d'autres*. 많은 딴 사람들이 왔다.

④ 동사의 뜻을 강조한다.

Je vous l'avait *bien* dit. 내가 분명히 당신에게 그렇게 말했잖아요.

(8) combien과 que

① 주로 감탄문이나 의문문에서 쓰여, 형용사, 동사, 부사를 수식한다. 뜻은 '얼마나, 퍽'이다.

Combien est étroit le chemin qui mène à la vie éternelle!

영생으로 가는 길은 얼마나 좁은가!

Combien gagne-t-il? 그는 얼마나 벌지요?

Que nous pardonnons aisément nos fautes!

우리는 자신의 실수를 얼마나 쉽게 용서하는가!

Que vous êtes bon! 정말 당신은 친절하군요!

② combien, que다음에 "de+명사"가 올 때도 있으며, combien de ~는 의문문에 더 많이 쓰인다.

Savez-vous *combien de* poissons j'ai pris aujourd'hui?

오늘 내가 고기를 몇 마리나 잡았는지 아시오?

Combien de nobles ont été tués dans la Révolution!

프랑스 대혁명 때 얼마나 많은 귀족이 살해당했던고!

Que d'eau! 물도 많네!

Que de monde dans la rue! 길에 사람이 퍽 많다!

㈜ 1. 원칙적으로"de+명사"는 combien 다음에 즉시 따라오나, de의 보어가 직접목적보어이거나 비인칭동사와 관련될 때는 "de+명사"가 동사 뒤에 올 수도 있다.
Combien avez-vous *de frères*? 형제가 몇이지요?
Combien y a-t-il *d'élèves* dans cette classe? 이 반에는 학생들이 몇 명이나 있나?

㈜ 2. que는 의문문이나 감탄문에서 쓰일 때 '왜(=pourquoi)'를 의미하기도 한다.
Que ne le disiez-vous plus tôt?
당신은 왜 그것을 좀 더 일찍 말하지 않았나요?
Si tu souffrais, *que* n'ouvrais-tu ton âme?
괴로움을 당할 때, 왜 마음을 열지 않았나요?

㈜ 3. que는 직접의문문에서 combien처럼 '얼마나'의 뜻으로 쓰일 때가 있다.
Eh bien, *que* gagnez-vous, dites-moi, par journée?
헌데, 당신은 일당 얼마를 법니까?
Que coûte ce bijou? 이 보석은 값이 얼만가요?

④ ce que는 보통 감탄문에서 que, combien, comme의 의미로 수량의 부사 역할을 한다.

On n'imagine pas ce *que* c'est difficile de le voir!
그를 보는 게 얼마나 어려운 일인가를 사람들은 상상하지 못한다.

Ce que tu es jeune! 너는 퍽 젊구나!

⑤ 일상회화에서 달, 요일 등에 대해 말할 때 combien을 이용한 다음의 표현을 많이 사용한다.

Le *combien* sommes-nous? 며칠이냐?

On est le *combien*? 며칠이냐?

cf. 이 표현은 다음과 같이 사용하는 것이 더 정확하다.
Quel jour du mois est-ce aujourd'hui?
Quel jour sommes-nous?

(9) davantage

que와 함께 쓰이지도 않고, 주로 동사만 수식하고, 부사는 전혀 수식하지 않으며, 형용사는 드물게 수식하는 경우가 있다. 더욱 '(=plus), 더욱 오래(=plus longtemps)'의 뜻이다.

La beauté est précieuse, mais la vertu l'est *davantage*.
아름다움은 값지지만, 덕성은 훨씬 더 값지다.

Vous promettez beaucoup et donnez *davantage*.
당신은 많은 것을 약속하고 그 이상을 준다.

Il dut faire un effort pour n'être pas *davantage* odieux.
그는 더 이상 추해지지 않으려고 노력을 해야 했다.

✽ 고전주의 시대에는 davantage 뒤에 que 혹은 de가 왔으나 18세기말 경부터 이것들은 없어졌는데, 문학 작품에서는 요즈음도 쓰이는 경우가 있다.
La plupart d'entre nous ont bien *davantage* besoin de paix intérieure *que* de vérité. (R, Martin du Gard)
우리 가운데 대부분은 진리보다는 내적인 평화를 훨씬 더 원하고 있다.
Rien n'attire *davantage que* le mystère.
신비 이상으로 주목을 끄는 것은 아무것도 없다.

(10) peu

peu(거의 ~않다)는 긍정, un peu, un petit peu, un tout petit peu(약간)는 부정의 의미다.

① 동사, 형용사, 다른 부사를 수식한다.
L'affaire est *peu* importante. 그 일은 별로 중요하지 않다.
Il est *un peu* timide. 그는 조금 수줍어한다.

cf. peu의 반대어는 beaucoup다.

② peu de, un peu de는 다음에 명사가 오면, 집합적인 불확실한 수의 한정어 역할을 한다.
Tout cela serait bien sévère sans *un petit peu de* terre.
이 모든 것은 약간의 땅이 없다면 몹시 삭막했으리라.
Il partira dans *peu de* jours. 며칠 안으로 그는 출발할 것이다.

③ 보어 없이 단독으로 쓰면, 사람이나 사물을 지칭하는 명사적 용법을 갖는다.
Peu comprirent notre situation.
우리의 상황을 이해했던 사람은 별로 없었다.
Ils avaient, en effet, très *peu* à faire.
실상은 그들이 할 일이 아주 적었다.

④ peu 앞에 정관사, 소유형용사, 지시형용사 등이 오면 명사로 쓰인 것이다.
Il faut profiter *du peu* de temps qui vous reste.
당신에게 남아 있는 적은 시간을 이용해야 한다.
Excusez *mon peu* de mémoire. 기억력이 없어서 죄송합니다.

✽ 구어에서 un peu
Dites-moi un peu. 이야기 좀 해 주시오.
Venez un peu. 좀 오십시오.

✽ 반어법상 '너무 많이(=beaucoup trop)'의 뜻으로도 많이 쓰인다.
C'est un peu court, jeune homme! 젊은이, 이건 퍽이나 짧군!

(11) plus와 moins

① plus는 beaucoup의 비교급, moins은 peu의 비교급으로 품질형용사나 부사, 동사를 수식한다. 단독으로 쓰일 때도 있고, que와 함께 쓰여 우열 등 비교를 나타낼 때도 있다.

Venez *moins* tard. 보다 일찍 오시오.

Va *plus* loin. 더 멀리 가라.

L'envie est *plus* irréconciliable que la haine.

욕망은 증오보다 타협하기가 더 힘들다.

Il travaille *moins que* vous. 그는 당신보다 일을 적게 한다.

Alexandre était l'homme *le plus* heureux du monde.

알렉산더는 세계에서 가장 행복한 사람이었다.

② plus와 moins은 de와 함께 명사보어를 동반하면서 수량의 한정어 역할을 한다. 뜻은 '더 많은 ~', '더 적은 ~'이다.

Je veux *moins de* valeur et plus d'obéissance.

나는 자질은 덜하면서 더 철저한 복종을 원한다.

Il avait *plus de* patience que de courage.

그는 용기보다는 인내심이 더 많다.

③ 단독으로 쓰일 때는 사물을 지칭하며 명사적으로 쓰인 것이다.

Je fis *plus*. 나는 보다 많은 것을 하였다.

Il y a *plus*. 더 많은 것이 있다.

▸ 관사없이 쓰인 명사로 된 속사 앞이나, 명사와 함께 이루어진 동사구 앞에도 plus, moins 등이 쓰인다.

Vous avez *plus* faim. 당신은 배가 몹시 고프시군요.

J'ai *moins* chaud. 나는 덜 덥다.

▸ 정관사가 앞에 온 plus나 moins은 명사가 된다. 그러나 수식할 말이 따라오면 부사로써 최상급으로 쓰인 경우다.

Qui peut le *plus* peut le moins.

최상(최고량)을 할 수 있는 사람은 최하(최저량)도 할 수 있다.

Cela dépend du *plus* ou du moins de travail.

그것은 일의 많고 적음에 달려 있다.

Elle est une des *plus* belles filles de cette ville.

그녀는 이 도시에서 가장 예쁜 여자 중의 한사람이다.

④ 다음과 같은 숙어와 구문이 있다.

d'autant plus …이면 더욱	de plus en plus 더욱 더
plus ou moins 다소, 약간	au plus 기껏해야
tout au plus 기껏해야	

plus ~ plus ~(moins ~ moins ~, plus ~ moins ~, moins ~ plus ~)
'~ 하면 더욱 ~'의 구문이며, 증가나 감소를 나타낸다.

Plus on le connaît, *plus* on l'estime. 그를 알면 알수록 더욱 그를 존경한다.
Moins il avait d'argent, *plus* il buvait d'eau-de-vie.
그는 돈이 적으면 적을수록, 브랜디를 더 많이 마셨다.

(12) tout

형용사, 형용사구, 부사, 부사구 등을 수식하며, 부사구 등을 만들 때도 있다. '전적으로(=tout à fait), 대단히(=très)'의 뜻이며, 부사임으로 원칙적으로 불변한다.

tout triste 아주 슬픈	*tout* en larme 눈물 투성이인
tout à fait 전혀	*tout* récemment 아주 최근에

tout en marchant 걸어가면서
Elle est *toute* jolie. 그녀는 몹시 예쁘다.
Ils sont *tout* émus. 그들은 굉장히 감동하였다.
Ces filles sont *toutes* glorieuses. 그 소녀들은 매우 으시댄다.

㈜ tout는 부사로 쓰일 경우 원칙적으로 변화하지 않으나, 자음이나 h aspiré로 시작하는 여성형용사 앞에서는 toute, toutes로 변화한다.

(13) très

① 형용사, 부사 및 이에 상당하는 어구 앞에 쓰이며, 최상급 의미인 '매우'를 나타낸다.

Ils vivaient *très* heureux, en dépit de leur pauvreté.
그들은 가난한데도 불구하고 아주 행복하게 살았다.
Il va chez elle *très* souvent. 그는 아주 자주 그녀 집에 간다.

② très는 속사로 쓰인 형용사적인 명사 앞에 가끔 쓰인다.

Il était très gai, *très* enfant. 그는 몹시 즐거워하고, 몹시 어린아이 같았다.

③ 관사 없이 쓰인 명사로 된 속사 앞이나, 명사와 함께 이루어진 동사구 앞에서도 très가 쓰이는데 주로 속어나 구어에 많이 쓰인다.

J'ai tort aussi, *très* tort. 나도 역시 틀렸는데, 굉장히 틀렸다.
Elle eut *très* mal à la tête. 그녀는 머리가 몹시 아팠다.

㈜ 의문문이나 부정문에서는 très나 beaucoup 대신에 tellement을 자주 사용한다.
Cela n'est pas *tellement* important. 이건 대단히 중요한 것이 아니다.
Resterez-vous *tellement* longtemps? 아주 오래 머무르실 것입니까?

(14) trop

① '너무'의 뜻이고, 형용사, 동사, 부사를 수식한다.

Il court *trop* vite. 그는 너무 빨리 달린다.

㈜ trop가 과다를 뜻하면서 명사, 대명사, 수량 표현과 함께 쓰이면 전치사 de(때로는 en)가 그 앞에 온다.
Vous m'avez donné cent euros *de trop*. 당신이 제게 백 유로를 더 주었지요.
Je n'ai rien *de trop*. 나는 남아 돌만한 것은 아무것도 없다.
J'en ai deux ou plusieurs *de trop*. 나는 여분으로 서너 개가 있다.
Vous dites quelque mots *en trop*. 당신은 몇 마디를 덧붙여 말씀하시는군요.

② 전치사 de가 따라와 "trop de+명사"의 형태로 명사보어가 따라오기도 한다.

Trop de bruit nous assourdit, *trop* de lumière éblouit.
너무 심한 소음은 우리 귀를 멍하게 하고, 심한 빛은 눈을 부시게 한다.

③ 단독으로 쓰여 사물을 나타내면 명사적으로 쓰인 것이다.

C'est *trop* dire, *trop* demander.
말이 너무 지나치고, 너무 많은 것을 요구한다.

* trop 앞에 관사나 소유형용사, 지시형용사 등이 오면 명사로 쓰인 것이다.
Ce trop de confiance causera votre perte.
지나친 신임이 당신의 손해의 원인이 될 것이다.
Ils me heurtent quelquefois par *leur trop de* franchise.
그들은 그 지나친 솔직성 때문에 가끔 나와 충돌한다.

④ 관사 없이 쓰인 명사로 된 속사 앞이나, 명사와 함께 이루어진 동사구 앞에서도 쓰이며, 구어나 속어에서 그러하다.

J'ai *trop* faim, *trop* froid, *trop* peur.
나는 너무 배가 고프고, 너무 춥고, 너무 무섭다.

▸ "trop~pour+부정법", "trop~pour que+접속법"(너무 ~해서 ~할 수 없다)와 같은 구문으로도 쓰인다.

Il est *trop* bon *pour* ne pas t'aider.
그는 마음이 너무 착해서 너를 돕지 않을 수 없을 것이다.

J'étais *trop* navré *pour que* ses paroles me donnassent quelque consolation.
나는 너무 상심해 있었으므로 그의 말은 조금의 위안도 줄 수 없었다.

6. 장소의 부사

ailleurs 다른 곳에	alentour 주위에	après 뒤에
arrière 뒤로	attenant 이웃에	autour 둘레에
avant 앞에	çà 여기에	ci 여기에
contre 반대하여	dedans 안에	dehors 밖에
derrière 뒤에	dessous 밑에	dessus 위에
devant 앞에	en 거기로부터	ici 여기에
là 저기에	loin 멀리	où 어디
outre 더 멀리	partout 도처에	près 가까이에
proche 가까이	y 거기에	

(1) alentour

① '주위에(=aux environs)'란 뜻인데, 이것 대신 à l'entour란 표현이 더 많이 쓰인다.

La tristesse et l'âpreté de la terre bretonne s'étendaient *alentour*.
브르타뉴 지방의 땅의 황량함과 거칠음이 주위에 펼쳐 있었다.
Toute la nuit, il rôdait *à l'entour*. 밤새도록 그는 주위를 배회하곤 하였다.
Ils promenaient *à l'entour* leurs gros yeux ivres.
그들은 취한 커다란 눈으로 주위를 두리번거렸다.

② "de + alentour"로 앞의 명사를 수식하기도 한다.

Les bois *d'alentour* étaient tout jaunes. 주위의 숲은 아주 노랗다

㊟ alentour는 부사로써, 전치사구인 autour de와는 다르다.
autour de cette maison(○)
alentour de cette maison(×)

☞ alentour가 복수형이면 명사로서 사용된 것이고, 전치사 de를 다음에 가질 수 있다.
Ils cherchaient minutieusement *les alentours* du château.
그들은 성 둘레를 자세히 살펴보았다.

✽ '~의 주위에'란 뜻으로는 à l'entour de란 오래된 표현이 있는데 요즈음은 autour de가 많이 쓰인다.
Tout se tait *à l'entour* d'Amélie sombre et morose.
침울하고 우울한 아멜리 주위에서 모든 것이 침묵을 지키고 있었다.

(2) çà

① 요즈음은 çà et là(여기저기)란 성구로서만 쓰이는데, 전에는 '이리로

(=ici)'란 뜻으로도 쓰였다.

Venez *çà*! 여기로 오십시오!

Il rôdait *çà et là* comme un chien. 그는 개처럼 여기저기를 배회하였다.

② çà는 deçà, delà같은 부사 속 안에 쓰이기도 한다. 그리고 이때 이런 부사들은 명사로써 전치사 en, de, par가 앞에 와 쓰인다.

Il demeure *en deçà* du pont. 그는 다리 저편에 남아 있다.

(3) ici와 là

① là는 ici보다 먼 곳을 지칭할 때 쓰며, là보다 좀 더 먼 곳을 지칭할 때는 là-bas를 사용한다.

Je viens de *là-bas*, il sort *d'ici*. 나는 저기에서 오는데, 그는 여기서 나가는군.

Là se trouve la maison habitée par nos deux héroïnes.

우리의 두 여장부가 살았던 집이 저 곳에 있다.

Reste *ici*. 여기에 있어라.

② 막연하게 대조적인 의미로도 쓰인다.

Ici on parle, *là* on agit. 여기서는 사람들이 말을 하고, 저기서는 행동을 한다.

Ici il pardonne, *là* il punit.

그는 여기에서는 용서를 해 주고, 저기에서는 벌을 준다.

✽ ici와 là는 장소 이외에 시간을 나타낼 때도 있다. bas, haut와 결합되어 ici-bas(이승에), là-haut(저승에)로도 쓰인다.

Cela ne s'était pas vu jusqu'*ici*. 그것은 지금까지는 보이지 않았다.

Les choses d'*ici-bas* ne me regardent plus.

이승의 물건들은 더 이상 나와 관계가 없다.

③ ci와 là는 지시대명사 혹은 지시형용사 다음에 오는 명사와 만나 연결부호(-)로 이어서 쓰인다.

J'aime mieux cette fleur-*ci* que celle-*là*.

나는 저 꽃보다 이 꽃을 더 좋아한다.

celui-*ci* 이것 celle-*là* 저것

④ ci와 là는 다른 부사나 전치사 앞에 쓰여, 성구를 이룬다.

ci-après 장래에	là-dedans 그 속에
ci-contre 맞서서	là-contre 그 옆에
ci-dessous 이 아래에	là-dessous 그 아래에
ci-dessus 이 위에	là-dessus 그 위에
là-dehors 그 바깥에	là-bas 저기에

là-haut 저 높은 곳에

▸ 일부 형용사 앞이나, 동사 gésir 앞에서

ci-inclus 동봉하여 ci-joint 첨부하여

ci-gît 여기에 잠들다(묘비명)

▸ 전치사 de, par 다음에

de là 거기로부터 par là, 거기를 지나

par-ci par-là 여기저기

* ci가 단독으로 쓰여 '도합, 통틀어'의 뜻도 있다.
Trois mètres de drap à 20 euros le métre, ci, 60 euros.
1미터에 20유로 시트 3미터, 도합 60유로

(4) en과 y

① 부사로써 en은 근원, 즉 거기로부터(de là)을 뜻한다.

J'*en* viens. 나는 거기서 온다.

Il adore l'Italie ; il *y* séjourne en ce moment, mais il *en* reviendra bientôt.
그는 이탈리아를 열렬히 사랑한다. 그는 지금 거기에서 지내고 있지만 곧 거기로부터 돌아올 것이다.

* 대명동사 s'en aller 등에서의 en도 부사다.
Le temps *s'en* va très rapidement. 세월이 매우 빨리 간다.

② y는 장소를 나타낸다. '거리에'라는 의미다.

Il est à Paris, j'*y* vais. 그는 파리에 있다. 나는 거기에 간다.

* il y a에서 y도 장소 부사로서 특별한 의미 없이 쓰인 것이다.
Il y a un livre sur la table. 책상 위에 책이 있다.

7. 시간의 부사

alors 그 때에	après 후에	après-demain 모레
aujourd'hui 오늘	auparavant 전에	aussitôt 곧
autrefois 옛날에	avant 전에	avant-hier 엊그제
bientôt 곧	déjà 벌써	demain 내일
depuis 이래로	désormais 이제부터	dorénavant 이제부터
encore 아직	enfin 마침내	hier 어제
jadis 옛날에	jamais 언젠가	longtemps 오랫동안
lors 그 때	maintenant 지금	naguère 최근에

parfois 때때로	puis 그리고 나서	quand 언제
quelquefois 때때로	sitôt 곧	soudain 갑자기
souvent 자주	tantôt 혹은	tard 늦게
tôt 일찍	toujours 늘	

(1) auparavant과 avant

부사로서 둘 다 '전에'의 뜻인데, avant은 auparavant보다 훨씬 이전을 가리킨다.

Il est avocat maintenant, il était professeur *auparavant*.
그는 지금 변호사인데 전에는 선생이었다.

Vous pourrez partir, mais *auparavant*, parlez.
당신은 떠날 수 있을 것이다. 그런데 그 전에 말을 하시오.

Je l'ai vu quelques jours *avant*. 나는 며칠 전에 그를 보았다.

Ne vous décidez pas toute suite ; réfléchissez *avant*.
즉시 결정을 내리지 마시오. 그 전에 심사숙고를 하십시오.

② 전치사 de와 더불어, 앞에 나온 명사를 수식한다.

Je l'ai vu la minute *d'avant*. 나는 방금 전에 그를 만났다.

J'y ai été patiner l'hiver *d'auparavant*.
나는 그 전 겨울에 거기에 스케이트 타러 갔다.

㈜ avant은 시간 이외에 장소부사로도 쓰이는데 역시 훨씬 안쪽을 가리킨다.
Cette maxime avait pénétré bien *avant* dans son esprit.
이 금언은 그의 정신 깊숙이에 스며들었었다.
Ils n'allèrent pas plus *avant* dans la forêt. 그들은 숲 속 더 안쪽으로는 들어가지 않았다.

✱ auparavant은 17세기까지는 전치사로서 사용되었었다.
auparavant l'arrêt 체포 전에

(2) de suite와 tout de suite

de suite는 '계속해서(successivement)', tout de suite는 '당장에, 곧(=immédiatement, sur-le-champ)'의 뜻이다.

Le concierge revient *de suite*. 수위가 연이어서 돌아온다.

Envoyez-moi de l'argent *tout de suite*. 내게 곧 돈을 보내 주세요.

cf. de suite이 '곧'(tout de suite)란 의미로 쓰이기도 한다.

(3) jamais

① 긍정문에 쓰였을 경우에는 '언젠가, 이전에'의 뜻이다.

Si vous venez *jamais* me voir, je vous montrerai mes bibelots.
당신이 언젠가 절 보러 오신다면, 제 골동품들을 보여 드리지요.

Cet hiver, il faisait plus froid que *jamais*. 이번 겨울에는 이전보다 더 추웠다.

② 부정문에 쓰일 때는 보통 ne나 sans과 더불어 쓰여 '절대로~않다'라는 강한 부정을 뜻한다.

Je découvrais mon profil, que je n'avais encore *jamais* vu.
나는 내 옆모습을 보았는데, 전에는 결코 한번도 보지 않았었다.

Jamais on ne vaincra les Romains dans Rome.
로마에서 절대로 로마인들을 이길 수 없으리라.

㈜ jamais는 부정부사 ne나 동사가 생략된 채 단독으로 쓰여서 부정을 나타내기도 한다.
Vous avez toujours été orateur, *jamais* philosophe.
당신은 늘 웅변가였지, 결코 철학자는 아니었다.

③ 다음과 같은 성구를 만든다.

à jamais(=pour jamais, à tout jamais) 영원히
au grand jamais 결코, 결단코
plus jamais 결코

(4) naguère와 jadis

naguère는 얼마 경과되지 않은 과거, 즉 '최근에'를, jadis는 autrefois와 마찬가지로 상당히 경과된 과거의 시기, 즉 '옛날에'를 일컫는다.

Jadis et même *naguère*, Ils se marièrent et eurent beaucoup d'enfants.
예나 지금이나, 그들은 결혼을 하였고 아이를 많이 낳았다.

(5) aussitôt와 sitôt

aussitôt는 '즉각(=dans le moment même)'의 뜻이고, sitôt는 긴박함이나 비교를 나타낼 때 쓰여 '그처럼 빨리, 그만큼 속히(=si promptement, aussi vite)'의 뜻이다.

On envoya chercher le médecin, il arriva *aussitôt*.
의사를 부르러 보냈는데 그는 즉시 도착하였다.

Quoi donc! elle devait mourir *sitôt*! 뭐라고! 그녀가 곧 죽어 버렸다고!

▸ aussitôt와 sitôt가 각각 두 개의 단어로 나누어져 aussi tôt, si tôt로 쓰이면 뜻은 '그만큼 일찍', '그처럼 일찍'이 된다.

Vous n'arriverez pas *aussi tôt* aujourd'hui qu'hier.
오늘 당신은 어제만큼 일찍 도착하지 못할 것이다.

Jenny ne l'attendait pas *si tôt*. 제니는 그렇게 일찍 그를 기다리고 있지 않았다.

✽ 접속사구 aussitôt que와 sitôt que는 모두 '~하자마자 곧'의 뜻으로 쓰인다.
*Aussitôt qu'*il m'aperçut, il vint à moi. 그는 나를 보자마자 내게 왔다.

Vous serez arrêté *sitôt que* vous sortirez d'ici.
당신은 여기서 나가자마자 즉시 체포될 것이다.

(6) tantôt

① "때로는~ 때로는~" 뜻으로, 두 개의 구에 나란히 쓰여 행위의 상호 반복이나 계속을 나타낸다.

Tantôt il pleure, *tantôt* il rit. 그는 울었다가 웃었다가 한다.

② 전통적인 tantôt의 용법에는 근접과거나 근접미래의 부사로서의 시간을 나타낸다.

Je l'ai vu ce matin(à sept heures) et je le reverrai *tantôt*(à onze heures)
나는 오늘 아침(7시)에 그를 보았는데 곧(11시에) 그를 다시 볼 것이다.

Je voudrais que vous eussiez été ici *tantôt*.
그대가 방금 전에 이곳에 계셨더라면 좋았을 걸.

✻ 파리 지역에서는 미래나 과거시제와 더불어 쓰여 '오늘 오후(=cet après- midi)'를 뜻한다.
Je l'ai vu ce matin, et je le reverrai encore *tantôt*.
나는 오늘 아침에 그를 보았는데, 오후에 다시 그를 만날 것이다.
On m'a dit que vous étiez venu *tantôt* me chercher.
오늘 오후에 당신이 나를 만나러 왔었다고 말하던데요.

✻ 17세기까지는 '곧(=bientôt)'이란 뜻으로 쓰였는데 지금도 지방에서는 여전히 쓰이는 곳이 있다.
Il est *tantôt* nuit. 곧 밤이다.
Ce bâtiment est *tantôt* achevé. 이 건물은 곧 완성된다.
Je viendrai *tantôt*. 나는 곧 올 것이다.

(7) tout à l'heure

가까운 미래나 가까운 과거에 쓰이는 부사로 '곧'이란 뜻이다.

Je suis à vous *tout à l'heure*. 조금 있다, 곧 응대해 드리겠습니다.

Ce que je vous disais *tout à l'heure* est si vrai.
제가 당신에게 방금 이야기해 드린 것은 정말 사실이다.

(8) tout à coup와 tout d'un coup

tout à coup는 '갑자기, 느닷없이'의 뜻이고, tout d'un coup는 '단번에, 한꺼번에'의 뜻이다.

Ce mal l'a pris *tout à coup*. 그는 갑자기 병이 났다.

Il devint pauvre *tout d'un coup*. 그는 단번에 가난해졌다.

Le crédit tomba *tout d'un coup*. 신용이 한꺼번에 떨어졌다.

연습문제

A. 기초 문제

1. 다음 형용사를 부사로 고치시오.

① lent ② heureux ③ joli ④ courant ⑤ violent
⑥ gai ⑦ précis ⑧ absolu ⑨ évident ⑩ profond
⑪ aveugle

B. 기본 문제

1. ( )속에 aussi/ autant 중 맞는 것을 넣으시오.

① Jean-Pierre travaille ( ) que son père.
② Je suis ( ) fatigué que toi.
③ Il s'occupe ( ) de ses enfants que sa femme.
④ Il a fait ( ) de progrès que sa femme.
⑤ Je veux parler ( ) bien français qu'un Français.

2. ( )속에 ne...que, ne...plus, ne...pas, ne...jamais를 넣으시오.

① Je ( ) connais ( ) de restaurant près de chez moi.
② Il ( ) a ( ) faim, il a trop mangé!
③ Je ( ) ai ( ) pu aller au cinéma car je ( ) avais ( ) 2 euros.
④ Mais non, je t'assure, je ( ) le connais ( ), je ( ) l'ai ( ) vu.
⑤ Tu ( ) as fait ( ) les exercises 2 et 3. Tu devais tous les faire!
⑥ Nous ( ) avons ( ) encore vu le dernier film de Godard.

3. Bon/ bien/ mieux/ meilleur 중에 적당한 것을 골라 답하시오.

① Comment allez-vous? ...., merci. Et vous?
② Il adore regarder la télé, et toi? - J'aime .... aller au cinéma.
③ Tu es.........gentil avec elle.

④ Elle va............? - Oui, elle est sortie de l'hôpital.
⑤ Prends mes lunettes, tu verras.............!
⑥ Comment trouvez-vous le vin? - Très ....
⑦ Quel est, selon vous, le ....moment de la journée?
⑧ Elle conduit vite mais elle conduit très...........
⑨ Il connaît Michel Honorat? - Bien sûr, c'est son ....ami.
⑩ C'est une........élève, mais ce n'est pas la..........de la classe.

4. Très/ beaucoup 를 알맞은 곳에 넣으시오.

① Nous sommes .... contents de vous voir.
② Est-ce qu'elle a .... attendu?
③ Brigitte s'intéresse..........à la litterature.
④ Il travaille ....lentement.
⑤ Nous avons................soif.
⑥ Excusez-moi, je suis........en retard.
⑦ J'ai ....aimé ce film.
⑧ Il a ....du courage.
⑨ Elle m'a..........parlé de toi.
⑩ C'est une .... bonne nouvelle.

C. 응용 문제

1. 아래 문장에서 ne가 허사인지 부정의 부사인지 구분하시오.

① Voici dix ans que je ne vous ai vu.
② Il est parti avant que son père ne revient.
③ Il est plus sage que vous ne le croyez.
④ Que serait-il devenu si vous n'étiez arrivé?
⑤ Cela est arrivé il y a un mois si je ne me trompe.
⑥ Il y a dix ans que je ne vous ai vu.
⑦ J'ai vu peu d'hommes qui ne me parlât de cela.
⑧ Il est si malade qu'il ne soit levé.
⑨ Il agit autrement qu'il ne parle.

⑩ Je crains que tu ne sois fatigué.

⑪ La pluie empêche que nous ne fassions une excursion.

⑫ La question est autre que je ne pensais.

정답 **A. 기초문제**

1. ① lentement ② heureusement ③ joliment ④ couramment ⑤ violemment ⑥ gaiement ⑦ précisément ⑧ absolument ⑨ évidemment ⑩ profondément ⑪ aveuglément

B. 기본문제

1. ① autant ② aussi ③ autant ④ autant ⑤ aussi 2. ① ne, pas ② n', plus ③ n', pas : n', que ④ ne, pas : ne, jamais ⑤ n', que ⑥ n', pas 3. ① bien ② bien(mieux) ③ bien ④ mieux ⑤ mieux ⑥ bon ⑦ meilleur ⑧ bien ⑨ meilleur ⑩ bonne, meilleure 4. ① très ② beaucoup ③ beaucoup ④ très ⑤ très ⑥ très ⑦ beaucoup ⑧ beaucoup ⑨ beaucoup ⑩ très

제7장

전치사 (Préposition)

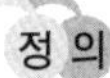

정 의

전치사는 명사, 대명사, 형용사, 부정법 등을 보어와 결합시켜 상호간의 관계를 나타내는 말로서 어형 변화는 하지 않는다. 전치사구는 몇 개의 어휘가 모여 하나의 전치사 역할을 하는 것을 말한다.

Je vais *à* l'école. 나는 학교 간다.

J'ai appris la nouvelle *de* sa mort *par* le journal.

나는 신문에서 그의 사망 소식을 알았다.

A cause de la pluie, nous ne sommes pas sortis.

비 때문에 우리는 외출하지 않았다.

Ⅰ. 전치사의 종류(Espèce de la préposition)

전치사는 그 종류가 다양하다. 한 개의 전치사가 여러 가지 용법으로 쓰이는 등 다양한 용법을 갖고 있음으로 그 종류를 일괄적으로 분류하는 데는 문제가 있다. 따라서 여기서는 주요한 전치사 및 전치사구로 양분하여 분류한다.

1. 전치사

à ~에	après ~후에	attendu ~때문에
avant ~ 전에	avec ~와 함께	chez ~의 집에
concernant ~에 관한	contre ~에 대하여	dans ~ 안에
de ~의, ~로부터	depuis ~이래로	derrière ~ 뒤에
dès ~부터	devant ~ 앞에	durant ~ 동안
en ~에, ~에서	entre ~ 사이에	envers ~에 대하여
excepté ~을 제외하고	hormis ~ 이외에	hors ~ 밖에서

jusque ~까지
moyennant ~에 의해
outre ~을 넘어서
passé ~을 지나서
pour ~ 위해서
sans ~ 없이
sous ~ 밑에
sur ~ 위에
voici(voilà) 여기에(저기에) ~ 있다
malgré ~에도 불구하고
nonobstant ~에도 불구하고
par ~에 의해
pendant ~ 동안
près ~ 가까이
sauf ~을 제외하고
suivant ~에 따라서
touchant ~에 관하여
parmi ~ 사이에
plein ~ 가득히
proche ~ 가까이
selon ~에 따르면
supposé ~로 가정하면
vers ~로 향하여
vu ~이므로

2. 전치사구

à bas de ~의 아래에
à côté de ~의 쪽에
afin de ~을 위하여
à force de ~ 때문에
à la faveur de ~의 덕분으로
à l'égard de ~에 관하여
à l'endroit de ~에 대하여
à l'exclusion de ~을 제외하고
à moins de ~ 없이는
à travers ~을 가로질러
au-dehors de ~의 밖에
au-dessous de ~의 아래에
au-devant de ~의 앞에
auprès de ~의 곁에
au risque de ~을 무릅쓰고
au travers de ~을 꿰뚫어
avant de ~ 전에
d'avec ~로부터
de façon à ~하도록
de peur ~이 무서워
du côté de ~의 곁에
à cause de ~ 때문에
à défaut de ~이 없을 경우에는
à fleur de ~와 같은 수평면에
à l'abri de ~을 피하여
à la merci de ~의 뜻대로
à l'exception de ~을 제외하고
à l'envi de ~와 겨루어
à l'insu de ~이 모르는 사이에
à raison de ~의 비율로
au-dedans de ~의 안에
au-delà de ~의 저쪽에
au-dessus de ~의 위에
au lieu de ~ 대신에
au prix de ~의 대신에
autour de ~ 둘레에
aux environs de ~ 둘레에
d'après ~에 따르면
de crainte de ~이 두려워
de par ~으로 보아
de sorte à ~하도록
en deça de ~의 이편에

en dedans de ~의 안쪽에	en dehors de ~의 밖에
en dépit de ~에도 불구하고	en face de ~에 맞서
en faveur de ~을 고려하여	en forme de ~규칙을 따라서
en égard à ~을 참작하여	faute de ~이 없어서
grâce à ~의 덕택으로	hors de ~을 제외하고
jusqu'à ~까지	le long de ~을 따라서
loin de ~에서 멀리	par-dessous ~의 밑에
par-dessus ~의 위에	par rapport à ~에 관해서는
près de ~가까이	proche de ~ 가까이
quant à ~에 관하여	y compris ~을 포함하여
non compris ~을 제외하고	si ce n'est ~이 아니라면
vis-à-vis 마주보고	

Ⅱ. 전치사의 형태(Forme de la préposition)

전치사의 형태는 프랑스어의 발달 과정을 통해 다음과 같이 다양하게 형성되어 왔다.

1. 라틴어에서 유래한 전치사

à ~에, 에게	avant ~ 전에	avec ~와 함께
contre ~에 반하여	de ~의, ~로부터	derrière ~ 뒤에
en ~에, ~에서	entre ~ 사이에	envers ~에 대하여
jusque ~까지	outre ~을 넘어서	par ~에 의해
pour ~을 위해서	sans ~ 없이	sur ~ 위에
via ~을 경유하여		

2. 프랑스어의 형용사, 분사, 부사 등 다른 품사로부터 전화된 전치사

sauf ~을 제외하고	plein 가득히	proche 가까이
attendu ~ 때문에	vu ~이므로	excepté ~을 제외하고
y compris 포함하여	passé ~을 지나서	attenant ~의 이웃에
concernant ~에 관한	durant 동안에	moyennant ~에 의해
non compris 제외하고	suivant ~에 따라서	supposé ~로 가정하면
touchant ~에 관하여	pendant ~ 동안	

Il avait déchiré en menus morceaux des feuilles blanches *plein* la main.
그는 손 가득히 흰 종이를 들고는 조각조각 찢어 버렸다.
Passé les heures limites, l'embarquement ne pourra être assuré.
제한된 시간이 지나면, 승선을 보장할 수 없을 것이다.

3. 명사 앞 또는 뒤에 전치사가 와서 이루어진 전치사구

grâce à ~ 덕택으로	faute de ~이 없어서
à cause de ~ 때문에	de peur de ~이 두려워서
par rapport à ~에 관해서는	en dépit de ~에도 불구하고

Ⅲ. 전치사의 기능과 위치(Fonction et place de la préposition)

1. 전치사의 기능

전치사의 기능, 즉 문장에서 전치사의 역할은 다양하다. 그 다양한 기능은 각기 개별적 전치사의 용법과 직결된다. 따라서 전치사의의 기능은 대체적으로 모든 전치사의 일괄적인 공통 용법인 만큼 그 쓰임에 확실히 익숙해 두어야 한다.

(1) 전치사는 그 뒤에 따라오는 보어와 더불어 다음과 같은 각종 보어를 유도한다.

전치사는 상황보어, 간접목적보어, 동작주보어, 한정보어, 형용사의 보어, 부사의 보어 등을 유도한다. 이 때 전치사와 함께 보어를 이루는 것에는 명사,

대명사, 분사, 부정법, 구, 절 등 다양하다.

① 명사의 보어를 유도

Il est docteur *en* médecine. 그는 의학 박사이다.
l'amour *de* la patrie 조국애
un bateau *à* vapeur 증기선

② 대명사의 보어를 유도

Aucun *de* ses amis n'est venu. 그의 친구는 한 명도 안 왔다.
C'est une *de* mes amies. 그는 내 친구중 하나다.

③ 형용사의 보어를 유도

Ce médicament est mauvais *au* goût. 이 약은 입에 쓰다.
un champ abondant *en* récolte 수확이 풍부한 밭

④ 부사의 보어를 유도

indépendamment *du* temps 시간과는 관계없이
antérieurement *à* l'expérience 경험 이전에

⑤ 동사의 간접목적보어를 유도

Il se souvient *de* son enfance. 그는 어린 시절을 회상한다.
Il s'irrita *contre* l'injustice de la société. 그는 사회에 불의에 대해 분노하였다.

⑥ 동사의 상황보어를 유도

[장소]

Je vais *à* la mer. 나는 바다에 간다.
Il est assis *à côté de* ses sœurs. 그는 자기 누이들 곁에 앉아 있다.

[시간]

Elle est venue me voir *à* midi. 그녀는 정오에 나를 보러 왔다.
Depuis trois ans il était au lit. 3년 전부터 그는 병상에 누워 있었다.

[원인]

Elle est tombée malade *de* tristesse. 그녀는 슬픔으로 병이 났다.
Mon père est affaibli *par* la maladie. 나의 아버님은 병으로 몸이 쇠약해졌다.

[목적]

Il ne faut pas vivre *pour* manger. 먹기 위해서 살아서는 안 된다.
Je n'ai rien appris *touchant* cette affaire.
이 일에 관해서 나는 아무것도 알지 못하였다.

[방법]

Il est parti *sans* une parole. 그는 한 마디 말도 없이 떠났다.

[순서]

Il a envoyé des lettres *avant de* partir. 그는 출발하기 전 편지를 보냈다.

[결합]

La France s'allia *avec* l'Angleterre. 프랑스는 영국과 동맹을 맺었다.

[반대]

Nous sommes parti en voyage *malgré* la pluie.
우리는 비가 오는 데도 불구하고 여행을 떠났다.

[소유]

Ce mouchoir n'est pas *à* moi. 이 손수건은 내 것이 아니다.

⑦ 동작주 보어를 유도

Il est aimé *de* tous. 그는 모든 이로부터 사랑받는다.

⑧ 진주어를 유도

Il est nécessaire *d'*étudier. 공부하는 것은 필요하다.

⑨ 속사(주로 목적보어의 속사)를 유도

Je le tiens *pour* un homme honnête. 나는 그를 정직한 사람으로 여긴다.

⑩ 부가형용사를 유도

Y a-t-il quelque chose *de* nouveau? 새로운 것이 있나요?

(2) 전치사의 보어가 될 수 있는 있는 것은 원칙상 명사나 대명사, 명사나 대명사적 기능을 가진 명사 상당어나 대명사 상당어로서, 다음과 같다.

① 명사

l'amour *de la mère* 어머니의 사랑
Elle est allée *de Paris à Strasbourg*. 그녀는 파리에서 스트라스부르로 갔다.

② 대명사

personne *d'eux* 그들 중 아무도
un livre *à moi* 나의 책

③ 분사

Il a mangé du pain *en parlant*. 그는 말하면서 먹었다.

④ 부정법

On travaille *pour vivre*. 살기위해 일한다.

Je trouve bon *de refuser*. 거절하는 것이 좋다고 생각한다.

⑤ 구

On se voit *à tout à l'heure*. 잠시 후 보자.

⑥ 절

Ce sera *pour quand tu seras guéri*. 그것은 네가 쾌차하고 나서 일이다.

2. 전치사의 위치(Place de la préposition)

(1) 일반적으로 전치사의 보어는 전치사 바로 뒤에 온다. 전치사와 그 보어가 어우러져 하나의 뜻으로 쓰일 때 특히 그러하다.

Nous voulons voyager *par* mer. 우리는 해상으로 여행하고 싶다.

prendre *à* témoin 증인으로 삼다

un homme *sans* esprit 재치가 없는 사람

㈜ 전치사는 중복해 쓰기도 한다.

Une masse fluide d'hommes et de matériel clapotait *sur* et *le long de* la route.
사람과 물질로 형성된 움직이는 덩어리가 길 위에서 그리고 길을 따라 찰랑거리고 있다.

(2) 현대 프랑스어에서는 전치사와 보어 사이가 떨어져 그 사이에 다른 어귀가 오는 경우도 많은데, 특히 avec, sans의 경우는 그렇다.

Avec naturellement à côté de moi cet admirable exemple.
내 곁에 당연히 있는 이 훌륭한 실례와 더불어

C'est peut-être au célibataire qu'il dut *de*, petit à petit, devenir un maniaque.
그가 조금씩 편집광이 된 것은 아마 독신 생활 탓이리라.

(3) l'un(e) l'autre, les un(e)s les autres와 함께 쓰인 전치사는 보어 상호간의 관계를 나타내는 것으로 전치사가 그 사이에 온다.

Nous avons passé vingt fois l'un *près de* l'autre.
우리는 서로의 곁을 수십 번 지나쳤다.

Ils déjeunaient l'un *en face de* l'autre. 그들은 서로 마주보고 점심을 들었다.

Tous deux marchent droit l'un *vers* l'autre.
두 사람 모두 서로를 향하여 곧바로 걸어간다.

Ⅳ. 전치사의 반복과 생략
(Répétition et ellipse de la préposition)

1. 전치사의 반복

(1) 전치사 à, de, en은 일반적으로 병렬되어 있는 각 보어 앞에서 반복한다.

Il écrit *à* ses parents et *à* ses amis. 그는 부모님과 친구들에게 편지를 쓴다.
Elle se sauva *de* l'ennui, *des* regrets, *de* toutes les mélancolies.
그녀는 권태, 회한 그리고 온갖 우울에서 벗어났다.
Elle fut surprise *en* lisant, *en* relisant, *en* recommençant encore ces quatres pages. 그녀는 그 네 페이지를 읽고 또 읽으면서 놀랐다.

❖ **다음의 경우는 à, de, en을 반복하지 않는다.**

ⓐ 전치사의 보어들이 합쳐 하나의 의미로 파악될 때
Il aime *à* aller et venir. 그는 왔다 갔다 하는 것을 좋아한다.
en mon âme et conscience 내 정신과 의식 속에서

ⓑ 전치사의 보어들이 동일한 존재나 사물을 나타낼 때
Je m'adresse *au* collègue et ami. 나는 동료이자 친구에게 말을 걸었다.
J'en parlerai *à* M. Dupont, votre associé.
나는 당신의 동업자, 뒤퐁 씨에게 그것에 관해 말할 것입니다.

ⓒ 전치사의 보어들이 전체적으로 하나의 총칭, 또는 하나의 의미를 나타내어야 할 때
La pièce est *en* cinq actes et dix tableaux.
그 연극은 5막 10장면으로 되어 있다.
Le général s'est adressé *aux* officiers et soldats.
장군은 장교와 장병들에게 연설을 하였다.
les adresses *des* amis et connaissances 친지의 주소

ⓓ 수형용사들이 ou로 연결되어 전체적으로 개략적인 뜻을 나타낼 때
La tour s'élève *à* trois cents ou trois cent dix mètres.
그 탑의 높이는 300미터 내지 310미터이다.
l'habitude de diviser toujours *en* deux ou trois points.
늘 두세 가지의 관점으로 나누는 습관

(2) à, de, en 이외의 다른 전치사들은 일반적으로 반복하지 않는다. 특히 각 보어들의 뜻이 비슷하거나 그 의미들이 서로 긴밀히 연결되어 있을 때 그러하다.

Il me reçut *avec* amabilité et même une certaine satisfaction.

그는 친절하게 그리고 만족스러워 까지 하면서 나를 맞이했습니다.

J'avance *à travers* les herbes, les orties, les mousses, les lianes et l'épais humus.

나는 수풀, 쐐기풀, 이끼, 칡, 그리고 두터운 부식토를 가로질러 앞으로 나아간다.

㊟ 각 보어들을 강조하고 싶거나, 상반된 뜻이거나 교대의 뜻을 지니면 à, de, en 이외의 전치사라도 반복한다.
Réponds-moi seulement *par* oui ou *par* non.
'예' 혹은 '아니오'로만 내게 답하라.
un enfant *sans* regard et *sans* voix 생기 없으며 말문이 막힌 아이

2. 전치사의 중복

한 개의 보어 앞에 두 개의 전치사를 쓸 수 있다.

Nous nous sommes promenées *avant* et *après* le déjeuner.

우리는 식사 전후에 산보했다.

Il y a des opinions *pour* et *contre* ce projet. 이 계획에 찬반양론이 있다.

㊟ 한쪽이 전치사적 숙어일 경우, 보어를 반복해 써야 한다.
à cause et par rapport à lui(×)
à cause de lui et par rapport à lui(○) 그 때문에 그리고 그와 관계되어서
aux environs ou dans la ville(×)
aux environs de la ville et dans la ville(○) 도시 주위와 안에서
en dehors et devant la maison(×)
en dehors de la maison et devant la maison(○) 집 안 밖에서
Il a parlé contre et en faveur de mon ami. (×)
Il a parlé contre mon ami et en sa faveur. (○)
그는 내 친구를 비난하기도하고 칭찬하기도 했다.

3. 전치사의 생략

(1) 나란히 놓인 두 단어 사이에 전치사가 없어도 그 뜻을 충분히 나타내면 생략되는 경우가 많다.

Nous étions *fin décembre*. 12월 말이었다.

C'était la *fin février*. 2월말이었다.

le *match France-Belgique* 프랑스 벨기에간의 시합
les *ateliers Dupont* 뒤퐁네 공장
le *Boulevard Voltaire* 볼테르 거리

(2) en face de, près de, proche de 뒤에 장소의 명사가 오면 전치사 de가 생략되는데, 특히 구어에서 그러하다.

près la forteresse 요새 가까이에
en face la chambre à coucher 침실 정면에
à l'orée d'un petit bois, *proche* la poterne 작은 숲 가장자리, 샛길 가까이

(3) vis-à-vis가 '~을 마주보고'의 뜻이면 de를 가끔 생략한다.

Ma cellule était presque *vis-à-vis* la cellule de Sainte-Thérèse.
내 감방은 거의 생트 테레즈의 감방과 마주보고 있었다.
vis-à-vis l'église 교회를 마주보고

(4) de retour de는 문어 속의 구어에 쓰일 때 앞의 de가 생략되고 retour de로 쓰인다.

Je vois vos mères qui vous attendent le soir *retour des* matches.
나는 시합에서 돌아오는 저녁에 너희들을 기다리는 엄마들을 본다.
C'est l'état d'esprit de Duhamel, *retour d'*Amérique.
그것이 미국에서 돌아온 뒤아멜의 정신 상태이다.

(5) 외교 용어에 관련된 auprès de는 près로 대치될 때가 있다.

ministre, ambassadeur du roi *près* la cour d'Autriche
장관이며, 오스트리아 주재 왕의 대사

V. **전치사의 용법**(Emploi de la préposition)

다양한 전치사와 전치사구 중에서 여기서는 주요한 전치사 및 전치사구의 용법을 알아보자.

1. 주요 전치사

(1) à

상황보어(부사구), 간접보어, 명사 및 형용사의 한정보어를 이룰 때 쓰인다.

1) 상황보어를 만들 때 쓰인다.

① 시간

일정한 때와 기간으로 구분된다.

J'irai en France *au* mois de juillet. (때) 나는 7월에 프랑스에 갈 것이다.

Il vivait *à* l'époque de Napoléon III. (때) 그는 나폴레옹 3세 시대에 살았다.

Remettons cela *à* demain. (기간) 이것은 내일로 미루자.

② 장소

정적인 것과 동적인 것으로 구분된다.

Nous allons *au* Caire. (동적) 우리는 카이로에 간다.

Tournez *à* gauche, puis *à* droite. (동적) 왼쪽으로 다음엔 오른쪽으로 돌으세요.

Elle habite *au* 3ème étage. (정적) 그녀는 4층에 산다.

㈜ à와 dans

Il est *au* jardin. 그는 마당에 있다. (다른 장소와 구별해서 지시한 것임)
Il est *dans* le jardin. 그는 마당 안에 있다. (마당 안에 있는 것을 강조할 때)
L'Angleterre est *au* nord de la France. 영국은 프랑스 북부(방향)에 있다. (방향을 나타냄)
Il habite *dans* le Nord. 그는 북부지방에 살고 있다. (지리적 위치 나타냄)

③ 소 속

Ce livre est *à* Pierre. 이 책은 피에르의 것이다.

Il a une manière bien *à* lui d'agir. 그는 자기 나름대로 행동하는 방식이 있다.

④ 목적, 목표

Il tend *à* la perfection. 그는 완성을 목적으로 한다.

Le roi parvint *au* trône. 왕이 즉위하였다.

Ce briquet sert *à* allumer la cigarette. 이 라이터는 담뱃불 붙이는 데 쓰인다.

✽ 다음의 생략형도 이 용법에 속한다.
Au feu! 불이야! *Au* voleur! 도둑이야!
Au secours! 사람 살려~! *Au* revoir! 다시 만나자!
A l'assassin! 살인이야!

⑤ 방법, 양태

Je pêche *à* la ligne. 나는 낚시질한다.

Je me promène *à* pied(*à* cheval, *à* bicyclette).

나는 걸어서(말을 타고, 자전거로) 산책한다.

Nous avons marché *à* pas lents. 우리는 느릿느릿 걸었다.

Il a gagné *à* lui seul. 그는 혼자 힘으로 이겼다.

㈜ 1. à pied, à cheval 등은 몸이 밖으로 나와 있을 경우이고, 몸이 탈 것 안으로 들어갈 경우는

en을 쓴다. en voiture, en auto, en avion, en bateau 등

㈜ 2. *à* bicyclette, *à* vélo, *à* motocyclette, *à* scooter 등은 *en* bicyclette, *en* vélo, *en* motocyclette 등으로도 쓰인다. 이 명사 앞 또는 뒤에 한정어가 오면 à는 sur로 바뀐다.
Il se promène *sur* la bicyclette de son frère. 그는 동생의 자전거로 산책을 한다.
Les paysans se rendent au marché *sur* des scooters.
농부들은 스쿠터를 타고 시장에 간다.
Je la dépassais *sur* ma moto. 나는 오토바이를 타고 그녀를 추월하였다.

⑥ 신체의 일부분

Il a mal *aux* yeux. 그는 눈이 아프다.

Elle s'est blessée *au* pied. 그녀는 발에 부상을 입었다.

Il avait un revolver *à* la main. 그는 손에 권총을 가졌었다.

Il m'a dit *à* l'oreille. 그는 내 귀에 대고 말했다.

⑦ 탈취, 추출

Ce soldat a enlevé le drapeau *à* l'ennemi.
이 군인은 적에게서 기를 빼앗았다.

puiser de l'eau *à* une source 샘에서 물을 긷다

Il a arraché une confidence *à* quelqu'un. 그는 누군가에게서 비밀을 알아냈다.

⑧ 정 도

J'étais fatigué *à* mourir. 나는 죽을 지경으로 피곤했다.

Il a couru *à* perdre haleine. 그는 사력을 다해 달렸다.

Nous avons ri *aux* larmes. 우리는 눈물이 나도록 웃었다.

⑨ 원인, 결과, 근거

A l'entendre, il n'est pas coupable. 그의 말을 들어 보면, 그는 잘못이 없다.

A ce mot, elle se mit *à* pleurer. 이 말에 그녀는 울음을 터트렸다.

⑩ 조건, 가정

Il faut vaincre, *à* tout prix, la troupe ennemie.
어떠한 대가를 치르더라도 적군을 무찔러야만 합니다.

A votre place, je n'aurais pas fait une chose pareille.
당신 처지라면, 난 그런 일은 하지 않았을 것이다.

⑪ 단위, 가격

Ces places sont *à* moitié prix. 이 좌석들은 반액이다.

Voici le drap *à* cinquante euros le mètre.
여기 미터당 50유로씩 하는 시트가 있다.

C'est de l'or *à* 18 carats. 이건 18금이다.

⑫ 분배, 비율

Deux est *à* trois comme quatre est *à* six. 2대 3은 4대 6과 같다.

Nous marchions deux *à* deux. 우리들은 둘씩 나란히 걸었다.

⑬ 식별

On reconnaît un écrivain *à* son stylo. 문체로 어떤 작가라는 것을 알아본다.

J'ai deviné, *à* son accent seul, qu'il mentait.

나는 그의 억양만으로도 그가 거짓말하고 있다는 것을 알아차렸다.

㈜ 주로 다음과 같은 판단이나 식별 동사와 같이 쓰인다.

apercevoir 깨닫다	comprendre 이해하다
conclure 결말짓다	connaître 알다
constater 확인하다	deviner 알아 맞추다
juger 판단하다	reconnaître 분간하다

2) 간접보어를 이룰 때 쓰인다.

Nous devons obéir *aux* lois. 우리는 법률에 복종해야 한다.

Il manque *à* sa parole. 그는 약속을 어긴다.

Il rêve *à* son avenir. 그는 자기 장래에 대해서 꿈꾼다.

3) 명사의 한정보어를 이룰 때 쓰인다.

① 용도, 목적

un moulin *à* farine 제분기	une tasse *à* thé 찻잔
une boîte *aux* lettres 편지함	une salle *à* manger 식당

J'ai un livre *à* lire. 나는 읽을 책이 한 권 있다.

Il a deux lettres *à* écrire. 그는 써야 할 편지가 두 통이 있다.

㈜ 전치사 de는 내용물을, à는 용도를 나타낸다.

une tasse *de* thé 차 한 잔

une tasse *à* thé 찻잔

une cuillère *de* soupe 수프 한 숟가락

une cuillère *à* soupe 수프 숟가락

② 양태, 특징

un piano *à* queue 그랜드 피아노

un chapeau *à* plumes 깃털 달린 모자

une table *à* trois pieds 다리 셋 달린 탁자

③ 장소

un voyage *à* Naples 나폴리로의 여행

sa naissance *à* Londres 런던에서의 그의 출생

④ 시간

un départ *à* l'aube 새벽의 출발

⑤ 수단, 방법

un moulin *à* vent 풍차

un bateau *à* vapeur 증기선

une machine *à* électronique 전자 기기

⑥ 성질

un enfant *à* l'esprit vif 활발한 성격의 아이

⑦ 소유, 소속

un camarade *à* moi 내 친구

son stylo *à* lui 그의 만년필

4) 형용사의 한정보어를 이룰 때 쓰인다.

C'est facile *à* comprendre. 이건 이해하기 쉽다.

un visage agréable *à* regarder 바라보기에 좋은 얼굴

une boisson nuisible *à* la santé 건강에 해로운 음료수

Il est apte *à* n'importe quel travail. 그는 아무런 일에나 적합하다.

(2) de

상황보어, 간접보어, 명사 및 형용사의 한정보어를 이룰 때 쓰인다.

1) 상황보어를 이룰 때 쓰인다.

① 시간 · 공간의 출발점

Il allait *de* ville en ville. 그는 이 마을 저 마을로 다녔다.

Cet animal s'est échappé *du* piège. 이 동물은 덫에서 도망쳤다.

Il y a *de* cela cinq ans··· 그로부터 5년 전에 ···

Il s'éloigna *de* moi sans une parole. 그는 말 한 마디 없이 내게서 떠나갔다.

Il ne reviendra pas *de* longtemps. 그는 당분간 돌아오지 않으리라.

＊ '···de ···à(en)'은 '···부터 ···까지'라는 뜻이며 à나 en은 생략되기도 한다.
de lundi *à* vendredi 월요일부터 금요일 까지
de Paris *à* Bruxelle 파리부터 브뤼셀까지
*d'*ici *le* soir fatal 지금부터 그 운명의 밤까지

② 일정한 시간, 방향

Il est parti *de* nuit(de bonne heure) 그는 밤에(일찍) 출발했다.

Allez *de* son côté. 그의 곁으로 가세요.

③ 원인, 이유

Elle a pleuré *de* honte. 그녀는 부끄러워서 울었다.

Il est mort *de* faim. 그는 굶어 죽었다.

④ 방법, 양태

Il me regarda *d'*un air fâché. 그는 화가 난 표정으로 나를 쳐다보았다.

Il me fit signe *de* la main. 그는 내게 손짓을 하였다.

Il cite tous ses textes *de* mémoire. 그는 그 원문을 모두 암기하여 인용한다.

Je vous aiderai *de* bon cœur. 나는 당신을 기꺼이 도우겠소.

⑤ 유래

Il descend *d'*une famille noble. 그는 귀족 출신이다.

Je suis anglais *de* naissance. 나는 영국 태생이다.

Son acte est *d'*un lâche. 그의 행동은 비겁한 자의 행동이다.

⑥ 동작주, 수단, 도구

Il est aimé et respecté *de* tout le monde. 그는 모든 사람들에게 사랑받고 존경받았다.

Dieu l'éclairait *des* lumières de la foi. 신은 신앙의 빛으로 그를 밝혀 주었다.

Il fut blessé *d'*une flèche. 그는 화살로 상처를 입었다.

Il frappa la porte *de* sa canne. 그는 지팡이로 문을 두드렸다.

⑦ 재료

Il vit *de* légumes et *de* fruits. 그는 야채와 과일로 먹고 산다.

De quoi dînez-vous? 저녁에 무엇을 드십니까?

⑧ 비례, 계량

La Tour Eiffel est haute *de* 372 mètres. 에펠탑은 높이가 372미터이다.

Il est plus âgé que moi *de* trois ans. 그는 나보다 세 살 많다.

Il est *de* beaucoup le plus rusé. 그는 그 중 제일 간교하다.

2) 간접보어를 이룰 때 쓰인다.

J'use *de* mon droit. 나는 내 권리를 행사한다.

Vous devez profiter bien *d'*une occasion. 당신은 기회를 잘 이용해야 한다.

Nous triomphons *de* nos passions. 격정을 이겨내자.

J'ai changé *d'*habit. 나는 옷을 갈아입었다.

3) 명사의 한정보어를 이룰 때 쓰인다.

① 소유

le livre *de* Paul 폴의 책

le sens *d'*un mot 말의 의미

la villa *de* mon oncle 나의 아저씨네 별장

② 성질, 특질, 구분

un homme *d'*affaires 사업가
un homme *de* cœur 마음이 너그러운 사람
un homme *de* génie 천재
un garçon *de* mérite 재능 있는 소년
une salle *de* spectable 관람실

③ 재료

une robe *de* soie 비단 옷
un pont *de* bois 목제 다리
une barre *de* fer 철 막대기

④ 시간

un repos *de* quatre heures 4시간의 휴식
un travail *de* dix ans 10년간의 일
une mort *de* quatre jours 나흘간의 죽음

⑤ 장소

une descente *de* l'avion 비행기에서 내림

⑥ 방향

la route *de* Paris 파리로 가는 길
le train *de* Strasbourg 스트라스부르행 열차

⑥ 원인

des larmes *de* joie 기쁨의 눈물

⑦ 부분, 내용

une tasse *de* café 커피 한 잔
un morceau *de* sucre 설탕 한 조각
un verre *de* vin 포도주 한 컵

⑧ 목적

l'amour *de* la patrie 조국애

4) 형용사의 한정보어를 이룰 때 쓰인다.

Il est très fier *de* sa naissance. 그는 자기 출생에 대해 매우 자부심이 있다.
un homme grand *de* taille 키가 큰 사람

❖ Remarque : 의미없는 de 용법

de가 전치사로서 본래의 의미를 잃고 관습상, 혹은 문법상 기능을 나타내기 위해 아무 의미없이 쓰인다. 다음과 같이 여러 가지가 있다.

(가) de가 칭호와 이름 사이에 쓰이면 귀족임을 나타낸다. 이 때 귀족의 작위를 뜻하는 어휘는 대개 생략된다.

Madame(la comtesse) *de* Grignan 드 그리냥(백작)부인

Henri(marquis) *de* Sévigné 앙리 드 세비녜(후작)

Le duc *de* Bellegarde 드 벨가르드 공작

(나) 부정법 앞에 쓰여, 상황보어 역할을 하게 위해 de를 쓴다. 이 경우 de는 de ce que(~로), vu que(~이므로), puisque(~이므로), quand(~할 때), si(~라면), comme si(마치~처럼)같은 원인, 결과, 시간, 조건, 비교 등을 나타낸다.

Je veux la mort *de* mériter sa haine. 그의 증오를 받으니 나는 죽고 싶다.

Je me croirais haï *d'*être aimé faiblement.

나는 미지근한 사랑을 받는 것은 증오를 받는 것이다.

(다) 타동사의 목적보어인 부정법을 유도한다.

Le médecin ne m'a pas permis *de* fumer.

의사는 내게 담배를 피지 못하도록 하였다.

Il mérite *de* réussir. 그가 성공하는 게 당연하다.

J'ai oublié *de* prendre le parapluie. 나는 우산을 갖고 가는 것을 잊었다.

✽ 타동사 뒤에서 목적보어로 쓰인 à도 역시 아무 의미 없다.
J'aime *à* nager. 나는 수영하는 것을 좋아한다.

(라) 간접 타동사의 목적보어에 쓰인 de

J'ai changé *de* robe. 나는 옷을 갈아입었다.

Je me trompe *d'*adresse. 주소를 잘못 찾았습니다.

(마) 문두에서 주어 혹은 목적어를 유도하거나, "il(ce, cela) ~de~"에서와 같이 진주어를 유도한다.

De s'arrêter aux petites choses, cela gâte tout.

사소한 일에 신경을 쓰면, 모든 것을 망친다.

Il est impossible *de* le lui affirmer.

그에게 그 사실을 입증하는 일은 가능하지 않다.

C'est une folie *de* résister. 저항하는 것은 미친 짓이다.

✽ à도 역시 의미가 없다.
A buser n'est pas user. 남용은 사용이 아니다.

(바) 문장에 활기를 주거나 강조하기 위해 부정법 앞에 de를 놓아 직설법 단순과거의 뜻을 나타낼 때가 있다. 이를 "역사적 부정법(infinitif historique)" 또는 "서술 부정법(infinitif de narration)"이라 한다.

Grenouilles aussitôt *de* se sauter dans les ondes.
즉시 물결 속으로 뛰어오른 개구리들.

A sa vue, le maître *de* s'écrier. 그를 보자 소리를 지른 주인

(사) 동격을 이루는 명사나 대명사 앞에 쓰인다.

la Ville *de* Paris 파리 시

le mois *de* juillet 7월

Le mot *de* gueux est familier. '망나니'란 말은 친숙하다.

Pauvre *de* moi! 불쌍한 내 처지!

(아) 다음과 같은 막연한 뜻인 대명사 뒤에 형용사, 과거분사, 현재분사, 부사가 올 때 그 사이에 de를 쓴다. 이 때 형용사, 과거분사, 현재분사는 변하지 않는다.

ce qui	ce que	ceci
cela	que	quoi
personne	pas un	rien
quelqu'un	quelque chose	autre chose
grand chose	qui	

quelque chose *d'*intéressant 재미있는 어떤 것

Rien *de* nouveau 새로운 것은 하나도 없다.

quelqu'un *de* grand 키 큰 사람

Quoi *d'*étonnant? 놀라운 것이 뭐지?

Sur qui *d'*autre jetteriez-vous les yeux? 당신은 다른 누구를 점찍을 것이냐?

(자) 부정문에서 직접목적보어 앞에 쓰인 부정관사나 부분관사를 대체한 de와, 부정문에서" il y a~ "다음에 쓰인 부정관사나 부분관사도 de로 바뀐다. (부정관사와 de 참조).

Elle n'a pas *d'*enfants. 그녀는 자식이 없다.

Dans la maison, il n'y avait pas *de* meubles. 집에는 가구가 없었다.

(차) 다음과 같은 동사 뒤에 수나 양을 나타내는 표현이 있고, 그것을 수식하기 위한 형용사나 과거분사가 따라오면, 수량을 강조를 하기 위해서 그 사이에 de를 쓰는 경우가 많다.

avoir 가지다	être 있다	il y a 있다
posséder 소유하다	rester 남아있다	remarquer 알아채다
rencontrer 만나다	connaître 알다	trouver 발견하다
se trouver 있다	voir(voici, voilà) 보다(~있다)	

Il y avait eu six mille barbares *de* tués. 사망한 원주민 6천 명이 있었다.

Il lui reste encore un bras *de* libre. 그에게는 아직도 자유로운 팔이 한 쪽 있다.

J'ai donc une main *de* libre. 그런데 나는 성한 손이 하나 있다.

(카) 비교를 나타내는 다음과 같은 구문 뒤에 제2의 비교어가 부정법으로 되어 있을 때는 de를 붙이기도 하고 안 붙이기도 한다.

autant vaut ~ que	il vaut mieux ~ que
mieux vaut ~ que	aimer mieux ~ que
préférer ~(plutôt) que	autre que

J'aime mieux souffrir mes maux que(*de*) les mériter.
고통을 당하는 것은 좋지만 누명을 쓰고 싶지는 않다.

J'ai bien d'autres choses à faire que(*de*) regarder des tableaux.
나는 그림을 감상하는 일 말고 다른 할 일이 많다.

plutôt mourir que(*d'*)y renoncer 그것에 승복하느니 차라리 죽는 것이

(타) 비교를 나타내는 의문문에서, 비교 대상 앞에서 사용된다.

Lequel des deux est le plus grand, *de* Pierre ou *de* Paul?
피에르와 폴 중에 누가 가장 크냐?

(파) 많은 숙어에 쓰인다.

Ce que c'est que *de* nous! 이거 야단났다!

C'en est fait *de* moi! 나는 이젠 틀렸어!

Si j'étais que *de* vous. 만약 내가 당신이라면.

Si j'étais *de* vous. 만약 당신이라면

Il ne fait que *d'*arriver. 그는 방금 도착하였다.

(3) avant과 devant

1) avant

시간, 상황 등에서 '앞'을 나타낸다.

Il est parti *avant* moi. 그는 나보다 먼저 떠났다.

Avant le coucher du soleil, vous arriverez à la destination.

당신은 해지기 전에 목적지에 도착할 것입니다.

Mettez la vertu *avant* la richesse. 재산보다 덕을 중히 여기시오.

㊟ avant 다음에 부정법이 오면 avant de(옛 : avant que de)가 된다.
Avant de me dire ta peine, réfléchis bien.
내게 네 고통을 이야기하기 전에 잘 생각해 보라.

2) devant

보통 장소, 위치 앞에 쓰이며 '~ 앞에, ~ 면전에'의 뜻이다.

Nous comparaîtrons tous *devant* Dieu. 우리 모두는 하느님 앞에 설 것이다.

Il parut *devant* ses juges. 그는 재판관들 앞에 출두하였다.

C'est mon ancien ami, il marche *devant* moi.

그는 내 옛 친구로 내 앞에서 걷고 있다.

㊟ avant, devant은 부사로도 쓰인다.
Passez *devant*. 먼저가세요

(4) après와 derrière

1) après

① 시간 및 공간상의 '뒤'를 뜻한다.

Après ce vestibule il y a un magnifique salon.

이 현관 다음에는 훌륭한 거실이 있다.

Il est arrivé *après* une demi-heure d'attente.

그는 30분 기다린 끝에야 도착했다.

Après avoir chanté, il nous récita une fable.

노래 부른 후 그는 우리에게 우화 하나를 낭송해 주었다.

② 추상 혹은 구체적인 의미로 사람이나 사물에 대한 경향을 뜻한다.

Il court *après* les honneurs. 그는 명예를 추구한다.

2) derrière

장소나 상황, 서열에 있어서의 '뒤'를 뜻한다.

Je marche *derrière* lui. 나는 그 뒤에서 걷는다.

Regarde par le rétroviseur de qui arrive *derrière* toi.
네 뒤에서 일어난 일을 백미러로 보아라.

㈜ arrière(뒤에)는 부사와 형용사로 쓰인다.
Il marche *arrière*. 그는 뒤로 걷는다.
marche *arrière* 후진
feu *arrière* 후미등

cf. en arrière de는 '~의 뒤에서' '뒤쳐저'
Il est très en arrière de ses amis. 그는 그의 친구들보다 매우 뒤쳐져 있다.

(5) dans과 en

① dans은 일반적으로 관사, 소유형용사, 지시형용사, 수사 등으로 한정된 명사 앞에 쓰여 상황보어를 유도하고, en은 보통 한정되지 않은 명사 앞에 상황보어로 사용된다.

Je voyage *en* avion. (방법) 나는 비행기로 여행한다.
Je voyage *dans* l'avion du président. 나는 대통령 전용기로 여행한다.
Je l'ai vu *dans* ce voyage. 나는 그 여행에서 그를 보았다. (위치)
Nous allons partir *en* voyage. 우리는 여행을 하려 한다.
Il est entré *en* colère. 그는 화가 났다. (상태)
Il est entré *dans* une grande colère. 그는 몹시 화가 났다.
Je suis né *en* 1995. 나는 1995년에 태어났다. (시간)
Elle est partie *dans* deux jours. 그녀는 이틀 후에 떠났다.
Il agit *dans* son seul intérêt. (목적) 그는 자신의 유일한 이익을 위해 행동한다.
Ce garçon a mis une vitre *en* pièces. (결과)
그 소년은 유리창 한 장을 산산조각을 내었다.
On a construit une maison *en* brique. (재료) 집은 벽돌로 지어졌다.
Il parle *en* maître. 그는 주인으로서 말한다. (자격)

㈜ 1. en이 때로는 정관사 이외의 한정어로 한정된 명사 앞에 쓰이기도 한다.
en des temps tels que ~ ~ 같은 시대에
en un lieu agréable 쾌적한 곳에
en telle année 그 해에
en cette situation 이 상황에
en un clin d'œil 눈 깜짝할 사이에
en tout temps 언제 어느 때라도

㈜ 2. en은"정관사+명사"앞에 쓰여 성구를 이룬다.
en l'air 공중에
en l'espèce 이 경우에 있어서는
en l'absence de ~의 부재 중에
en l'honneur de ~에 경의를 표하며

en la présence de ~의 면전에서
en l'an 1988 1988년에

✽ 위의 표현들은 요즈음 au, aux, dans le, dans les 등으로 바뀌어서 많이 쓰인다.
dans les airs 공중에
dans les jours de malheur 불행하던 때에
J'en mettrais ma main *au* feu 나는 그걸 굳게 맹세할 텐데.

✽ "en+les"가 특별히 ès로 축약될 때가 있다.
liencié *ès* lettres 문학사
docteur *ès* sciences 이학박사

② 장소를 나타낼 경우에, dans은 확정된 명사 앞에, en은 불확정된 명사 앞에 쓰이는데, 그래서 일반적으로 dans은 한정사가 주로 붙고, en은 한정사가 안 붙는다.

Il habite dans la ville. 그는 도시에서 살고 있다.

J'ai vécu en France. 나는 프랑스에서 살았다.

㈜ 일반적으로 en다음은 한정사가 오지 않고, 한정사가 오려면 en은 dans이나 à로 대치된다고 했으나, 그럴 경우에 의미가 다소 달라지는 경우들이 있으니 유의해야 한다.

être *en* classe 수업 중이다 — être *dans* la classe 교실에 있다
être *dans* le jardin 정원 안에 있다 — être *au* jardin 정원에 있다

❖ Remarque : 지명에 쓰이는 à와 en

(가) à는 주로 관사가 있건 없건 간에 도시명과 남성 국가명 앞에서, 도시와 유사한 섬 이름 앞에 쓰인다.

à Paris 파리에 — *à* la Havane 하바나에
au Havre 르아브르에 — *au* Caire 카이로에
à Ouessant 우에상 섬에 — *au* Japon 일본에
au Mexique 멕시코에

(나) 여성국가명 앞이나, 국가명과 비슷한 섬이 여성일 때는 en을 쓴다. 또한 모음으로 시작하는 남성국가명 앞에도 en을 쓴다.

en Corée 한국에 — *en* France 프랑스에
en Espagne 스페인에 — *en* Iran 이란에
en Corse 코르시카 섬에 — *en* Sardaigne 사르디냐 섬에

③ 시간에서는 서로 상반된 개념으로 dans은 확정된 시기나 기한(~후에=après, au bout de)'의 뜻이고, en은 소요된 시간의 길이나 막연한 때(~이내에, ~걸려서, 때에)의 뜻이다. 역시 en은 dans보다 덜 한정된 개념에

쓰인다.

Il arrivera au temple *dans* une demi-heure. 그는 30분 후에 절에 도착할 것이다.

Je ferai ce travail *en* trois jours. 나는 사흘 내에 이 일을 할 것이다.

Dans combien de temps reviendrez-vous?

당신은 얼마 후에 다시 돌아올 것입니까?

Il y fait froid *en* hiver. 겨울에는 그 곳이 춥다.

Rome n'est pas fait *en* un jour. 로마는 하루에 이루어지지 않는다.

㈜ dans과 시간 사이에 정관사가 오면 '~이내에'의 뜻이 된다.
Je vous paierai *dans* l'année. 나는 금년 중으로 당신에게 지불하겠소.
Je vous paierai *dans* une année. 나는 일 년 이내에 당신에게 지불하겠소.
Les déclarations de naissance seront faites *dans* les trois jours de l'accouchement, à l'officier de l'état civil du lieu.
출생신고는 생후 3일 내에 출생 장소의 시청 직원에게 할 것이다.

✽ dans les 다음에 수량의 명사가 오면 '대략, 거의(=environs, à peu près)'의 뜻으로 사용되기도 한다.
Elle a *dans les* quarante ans. 그녀는 약 40살이다.
Cela coûte *dans les* mille francs. 이건 수천 프랑이 나간다.
Ce livre coûte *dans les* vingt euros. 이 책은 약 20유로 될 것이다.

④ en은 간접보어를 유도한다.

La plupart ne croient pas *en* Dieu. 대부분의 사람은 하느님을 믿지 않는다.

Cette région abonda *en* fruits. 이 지역은 과일이 풍성하였다.

⑤ en은 명사나 형용사의 보어를 유도한다.

une montre *en* or 금시계(명사의 보어 : 재료)

une fenêtre *en* ogive 고딕식의 창문(명사의 보어 : 양태)

une promenade *en* voiture 자동차로의 산책(명사의 보어 : 방법)

une femme *en* colère 화난 여인(명사의 보어 : 상태)

riche *en* vertu 덕성이 풍부한(형용사의 보어)

fort *en* calcul 계산에 밝은(형용사의 보어)

⑥ en은 제롱디프에 사용된다.

Il s'en va au collège *en* sautillant comme un moineau, mais souvent il rentre *en* pleurant à la maison.

그는 참새처럼 깡충거리며 학교에 가지만, 울면서 집에 돌아오는 일이 자주 있다.

⑦ 다음과 같은 숙어가 있다.

en avant 앞에	en bas 아래에	en dessus 위에
en haut 위에	en dessous 아래에	en outre 밖에
en travers 가로로		

(6) durant과 pendant

모두 '~동안에'의 뜻으로 특별히 다른 점은 없으나, 보통 durant은 계속적인 의미가, pendant은 단순한 어느 기간 중의 한 시기를 지칭하는 데 쓰인다.

Durant la campagne, les ennemis se sont tenus enfermés dans leurs places.
전투 중 적군은 자신의 요새에 갇혀 있었다.

C'est *pendant* la campagne que s'est livrée la bataille dont vous parlez.
당신이 말한 전투가 일어났던 것은 그 전쟁 동안이다.

㊟ durant이 명사 뒤에 오는 경우가 있는데, 이때는 전치사로 쓰인 것이 아니라, 분사, gérondif, 혹은 부사적 용법으로 사용된 것으로 성구에서 자주 볼 수 있다.
Elle vivait en tristesse sa vie *durant*. 그녀는 생애 내내 슬픔 속에 살았다.

(7) entre와 parmi

둘 다 '~사이에'의 뜻으로 쓰이며 차이는 다음과 같다.

① entre는 시간·공간상에 두루 쓰이고 보통 두 가지 사이를 뜻하며, parmi는 셋 이상 되는 것 사이의 관계를 나타낸다.

Il arrivera *entre* onze heures et midi. 그는 11시와 12시 사이에 도착할 것이다.

L'église se situe *entre* deux sentiers pierreux.
교회는 돌투성이의 두 오솔길 사이에 있다.

Il se mêla *parmi* eux. 그는 그들 사이에 섞였다.

Parmi les assistants, on remarquait plusieurs prêtres mondains.
참석자 중에는 몇 명의 속된 사제들이 눈에 띄었다.

② entre는 en, dans, parmi의 의미로도 쓰인다.

Je le mettrai *entre* vos mains. 나는 그것을 당신 수중에 놓아 주겠소.

Il la regarde *entre* les deux yeux. 그는 그녀를 응시하고 있다.

cf. d'entre는 '~가운데에서, ~중에서'의 뜻이다.
On l'a retiré *d'entre* ses mains. 사람들은 손에서 그것을 꺼냈다.

③ 다음과 같은 숙어를 만든다. 이 경우 다수라도 entre를 사용한다.

entre autres 뛰어나게, 특히	entre deux vins. 반쯤 취하여
entre deux âges 장년기에	entre chien et loup 땅거미 질 때
entre nous 비밀리에	entre-temps 그 사이에
entre quatre murs 감옥 안에서	entre quatre planches 관속에서
entre quatre yeux 두 사람만으로	
nager entre deux eaux 물속 깊숙이 수영하다	

(8) hors, sauf, hormis와 excepté

① hors는 '~을 제외하고'의 뜻으로 명사나 수량형용사, 대명사 앞에서 단독으로 쓰인다.

Ils y sont tous allés, *hors* deux ou trois.
그들은 두세 명만 제외하고 모두 그 곳에 갔다.

Nul n'aura de l'esprit, *hors* nous et nos amis.
우리와 우리 친구들을 제외하고는 아무도 제 정신이 없을 것이다.

㈜ '~제외하고'의 뜻으로는 절대 de가 안 온다.

② hors de 다음에 명사나 대명사가 오면 '~이외에'의 뜻이다.

Il est *hors de* soi. 그는 제 정신이 아니다.

Il demeure *hors de* Paris. 그는 파리 시 이외 지역에 산다.

Nous voilà *hors de* danger. 이제 우리는 위험에서 벗어났다.

✽ 뒤에 부정법이 올 경우 "hors de+*inf.* "의 형태로도 쓰인다.

Hors de le haïr et de le maudire, elle ne pouvait rien faire contre lui.
그를 증오하고 저주하는 일 이외에, 그녀가 그에게 대항할 수 있을 것이라곤 하나도 없었다.

③ 다음과 같이 명사와 숙어를 이루면 대부분 '~이외의' 뜻으로 쓰인 것이다.

hors barrière 교외에	hors cadre 예비역의
hors courant 전류가 통하지 않는	hors tout(크기가)엄청난
hors rang 비전투부대	hors concours 무감사의
hors jeu 업사이드(축구 용어)	hors la loi 법률의 보호 밖에
hors ligne 특출한	hors série 뛰어난
hors texte 삽화	

④ sauf는 '~하지 않는 한, ~을 제외하고'의 뜻이다.

Sauf avis contraire, je prétendrai mon avis.
반대 의견이 없는 한, 나는 내 의견을 고집하리라.

Il a vendu tous ses biens, *sauf* sa maison.
그는 가옥만 제외하고 자신의 재산을 모두 처분했다.

⑤ hormis, excepté 는 모두 '~을 제외하고'의 뜻으로 쓰인다.

Il a tout perdu *hormis*(=*excepté*) sa fille. 그는 딸을 제외하고 모두 잃었다.

(9) jusque

① 뜻은 '~까지'이며, 보통 그 뒤에 전치사 à가 오며 그 밖에 vers, sur, chez, dans, contre, en, par-dessus, il y a, passé 등이 함께 오기도 한다.

*Jusqu'*à la mort, je vous aimerai. 죽을 때까지 그대를 사랑하리.

Attendez *juqu*'à ce que le maître se soit réveillé.
주인이 깨어날 때까지 기다리시오.

② jusque 다음에 부사 ici, là, où, alors 또는 시간 및 장소 부사를 수식하는 assez, aussi, si bien, fort, très, un peu, tout 등이 올 수 있다.

Voyez *jusqu*'où va leur licence. 그들의 방종이 어디까지 가는지 두고 보시오.
Je me tenais réveillé *jusqu*'assez tard. 나는 늦게까지 깨어 있었다.
Jusqu'alors je ne l'ai jamais vu. 그 때까지 나는 그를 본 적이 없다.
Le régime était resté, *jusque* tout récemment, aristocraque.
체제는 아주 최근까지 귀족 정치제로 남아 있었다.

(10) par

par는 주로 경과나 통과의 의미로 상황보어를 유도한다.

① 장소

Les enfants passent *par* la fenêtre. 아이들은 창문으로 드나든다.
Nous avons passé en voiture *par* la Suisse. 우리는 차를 타고 스위스를 지나갔다.
Le mal s'étend *par* tout le monde. 악은 모든 사람에게 퍼져 있다.

② 시간

Il se baigne *par* tous les temps. 그는 어떤 날씨라도 목욕을 한다.
Que d'inquiétudes *par* ces temps troublés! 이 혼란한 시기에는 걱정도 많다!

③ 원인

Il agit toujours *par* intérêt. 그는 늘 이해관계로 행동한다.
On pêche *par* ignorance. 사람들은 무지 때문에 죄를 짓는다.

④ 방법, 수단

Nous sommes allés en Angleterre *par* avion.
우리는 항공편으로 영국에 갔다.
Il est arrivé *par* le train de dix heures. 그는 10시 기차로 도착하였다.

⑤ 신체 일부

Je l'ai pris *par* le bras. 나는 그의 팔을 잡았다.
Je l'ai conduite *par* la main. 나는 그녀 손을 잡고 인도하였다.

⑥ 동작주

Il a été nommé *par* le ministre. 그는 장관에 의해 임명받았다.
Il était frappé *par* un bâton. 그는 막대기로 얻어맞았다.

⑦ 단위, 개수

Le facteur vient deux fois *par* jour. 우편배달부는 하루에 두 번 온다.

(11) pour

주로 '목적'이나 '방향'의 뜻을 나타내나, 이 밖에도 '~대신에(=au lieu de)', '~의 이름으로(=au nom de)' 등 다양한 용법과 뜻에 따라 여러 종류의 상황보어를 유도한다.

① 장소의 방향

Ce bateau partira *pour* Bordeaux. 이 배는 보르도를 향해 출발할 것이다.

Aujourd'hui, c'est le jour de leur départ *pour* l'Allemagne.

오늘은 그들이 독일을 향해 출발하는 날이다.

② 기간

J'irai en Amérique *pour* six mois. 나는 6개월간 미국에 가 있을 것이다.

㈜ 기간을 의미하는 pendant, durant은 과거, pour는 미래의 기간에 쓴다.

③ 목적, 대응

Il est mort *pour* sa patrie. 그는 조국을 위해 죽었다.

Toute chose *pour* toi semble être évanouie.

너를 위한 모든 것이 사라져 버린 것 같다.

④ 가격

J'ai payé dix euros *pour* un repas. 나는 식사 한 끼에 10유로를 지불했다.

Il a vendu sa maison presque *pour* rien. 그는 거의 거저로 자기 집을 팔았다.

On peut l'avoir *pour* cent euros. 100유로면 그걸 얻을 수 있다.

⑤ 가정, 조건

Pour toute récompense, il eut des reproches. 보상으로 그는 꾸중만 들었다.

Cela passe *pour* vrai. 이건 사실로 통한다.

⑥ 원인

Cet homme a été puni *pour* avoir volé.

이 남자는 도둑질했다는 것 때문에 처벌을 받았다.

La Grèce est célèbre *pour* ses vieux monuments.

그리이스는 옛 기념물들로 유명하다.

⑦ 비율

Il est grand *pour* son âge. 그는 나이에 비해 키가 크다.

Pour un enfant, il est bien gentil. 아이인데도 그 애는 몹시 점잖다.

⑧ 대리

Cet élève a répondu *pour* son camarade. 이 아이는 친구 대신 대답했다.

Il nous a rendu le bien *pour* le mal. 그는 우리에게 악을 선으로 갚았다.

(12) vers, envers, devers

모두 '~으로, ~에게'의 뜻이다.

① vers

시간 및 공간에 두루 쓰인다. 시간에 쓰이면 '~경, ~쯤'의 뜻이 된다.

Traversez le bois, et puis *vers* la gauche, vous trouverez le château.
숲을 지나가시오, 그러면 왼쪽으로 성을 발견할 것이오.

Il s'avance *vers* nous. 그는 우리 쪽으로 다가온다.

Il reviendra *vers* trois heures. 그는 세 시경에 돌아올 것이다.

② envers

시간, 공간이 아닌, 정신적 의미로 나타낸다.

Ne soyez pas cruels *envers* les animaux. 동물에게 잔혹하게 굴지 마시오.

Il est poli *envers* tout le monde. 그는 모든 사람에게 예의바르다.

③ devers

par devers의 형태로만 쓰이고 용법은 vers와 같다.

par devers le juge 재판관에게

par devers soi 자신에 대해서

(13) voici, voilà

① voici

가까운 것, 지금부터 말하려는 것, 현재의 상태 등을 나타낼 때 쓴다.

Me *voici* 나 여기 있소.

Voici l'automne, les feuilles tombent. 지금은 가을이다. 낙엽이 진다.

Écoutez, *voici* ce que j'ai lu dans les journaux de ce matin.
들어보시오. 오늘 아침 신문에서 내가 읽은 것이라오.

② voilà

먼 것, 방금 말한 것과 관계있는 것, 미래의 상태나 현재의 상태를 나타낼 때 쓴다.

Il entra et dit : me *voilà*. 그가 들어가자 말했다. "나 왔소."

Aimer, prier, chanter, *voilà* toute ma vie.
사랑하고 기도하고 찬송하는 것, 이것이 내 인생의 전부이다.

㈜ voici que, voilà que+절(직설법) 형태로 절이 따라 오기도 한다.
Mes amis, ***voici que*** nous commençons véritablement notre traversée.
친구들이여, 자 우리 진정으로 항해를 시작합시다.
Voilà qu'il se marie. 드디어 그가 결혼을 한다.

✱ il y a(~전에)의 의미로도 쓰인다.

Je l'ai vu, *voici* trois ans. 내가 그를 본 지 3년이 되었다.
Voilà longtemps qu'il est mort. 그가 죽은 지 오래되었다.

✽ 구어 특히 속어에서는 voici 대신 voilà를 쓰는 경우가 많다. 또한 voilà는 단독으로도 많이 쓰인다.
Voilà mon excuse ; l'intérêt, le plus bas intérêt personnel.
내 핑계라는 것이 바로 이익, 가장 야비한 개인적인 이익이다.
Garçon un demi! – *Voilà*, monsieur. 웨이터, 맥주 한 잔! – 예, 곧 갑니다.
Ayez la bonté de m'apporter ce livre-là? – *Voilà*, madame.
그 책도 갖다 주시겠습니까? – 여기 있습니다, 부인.

✽ 속어에서는 의문문이나 감탄문에서 voilà-t-il의 형태로 쓴다.
A mon grand étonnement, ne *voilà-t-il* pas qu'il se fâche!
정말 놀랍게도 그가 화를 내고 있는 게 아닌가!

2. 전치사구

(1) près de와 auprès de

① près de는 시간 및 장소상의 근접을 나타낸다.

Nous étions assis tout *près du* feu. 우리는 모두 불 가까이 있었다.
Il est *près de* sa dernière heure. 그는 임종에 가까웠다.
Elle a tout *près de* vingt ans. 그녀는 20살이 다 되었다.

㈜ "près de + inf."는 '막~하려 하는(=sur le point de + inf.)'의 뜻이다.
Elle était *près d'*éclater en sanglot. 그녀는 울음을 터뜨리는 참이었다.
La lune est *près de* se lever. 달이 막 뜨려 한다.

② auprès de는 장소적으로 특히 가까운 경우를 나타내며, 사람 사이의 친밀 관계도 나타낸다.

Il habite *auprès du* palais royal. 그는 왕궁 가까이에 산다.
Il est fort bien *auprès de* ses chefs. 그는 상사들과 매우 친하다.

㈜ auprès de는 '~와 비교하여, ~에게'의 뜻으로도 쓰인다.
Ce malheur n'est rien *auprès du* nôtre.
그 불행은 우리의 불행과 비교해 보면 아무것도 아니다.
Il se justifiera *auprès de* son père. 그는 아버지에게 변명할 것이다.

(2) à travers와 au travers de

뜻은 '~통하여'이며, à travers는 단독으로 쓰이고, au travers는 반드시 de가 온다.

Le couteau lui est passé *au travers du* poumon. 칼은 그의 폐를 관통했다.
Il avait toujours marché *au travers de* la ville. 그는 늘 도시를 가로질러 걸었다.
Il sourit *à travers* ses larmes. 그는 눈물을 흘리며 미소를 짓는다.

연습문제

A. 기초 문제

1. 보기에서 알맞은 전치사를 찾아 괄호에 넣으시오.

① La Seine coule ( ) le ciel de Paris.

② ( ) France, on parle français.

③ Le printemps vient ( ) l'hiver.

④ Nous prenons le repas dans la salle ( ) manger.

⑤ ( ) les vacances, nous nageons ( ) la mer.

⑥ Le soleil brille ( ) tout le monde.

<보기>

pour, sous, après, dans, à, en, pendant.

2. 보기의 전치사를 알맞은 곳에 넣으시오.

<보기>

à, au, en, avant, après, dans, pour.

① Vous pouvez venir.......midi? - Non, je ne peux pas.......15 h.

② Vous avez des projets.......ce soir? - Oui, mes amis arrivent......la fin de l'après-midi.

③ Ce travail ne peut pas être fait.......une demi-heure! - Alors, travaillez demain.......la matinée

④ Vous allez rester longtemps........ Canada? - Non, je pars........une semaine.

⑤ Le concert commence........21 heures précises. - Pour ne pas être en retard, n'arrive pas.....20h.45.

B. 기본 문제

1. ( )속에 적당한 전치사를 넣으시오.

① Il est âgé ( ) 24 ans.
② Ils jouent ( ) la balle.
③ Voici une machine ( ) écrire.
④ J'ai bu une bouteille ( ) vin.
⑤ Il se lave dans la salle ( ) bain.
⑥ L'auto court 200 km ( ) l'heure.
⑦ Il vient ( ) France.
⑧ Il est parti ( ) la France.
⑨ Elle joue ( ) la flûte très bien.
⑩ Pierre est le plus grand ( ) ces élèves.
⑪ Il a plus ( ) cinquante livres.
⑫ Il est allé ( ) pied.
⑬ Nous y sommes allés ( ) avion.
⑭ J'ai mal ( ) la tête.
⑮ Il se lève ( ) 7 heures du matin.

2. 아래 대화의 밑줄 부분에 depuis / pendant을 의미에 맞게 넣으시오.

Tu as des nouvelles de Jean? Je ne l'ai pas vu.......très longtemps. / Il était en Irlande. / Qu'est-ce qu'il y faisait? / Tu sais qu'il travaillait à un livre........plusieurs années. Eh bien, il l'a terminé là-bas. / Et le livre est sorti? / Oui, ...une semaine. je l'ai lu, il est très bon. ça se vendra bien........l'été.

3. 보기의 전치사로 밑줄 부분에 알맞은 것을 쓰시오.

〈보기〉

de, à en, par, pour, dans, chez.

① Vous êtes étudiant........Tours? - Non, j'étudie.......l'université.....Nice.
② Vous venez souvent......vacances.....la région? - Oui, je viens.......des amis qui habitent ici.

③ Vous avez voyage......Europe? - Un peu, je suis allé........Pays-Bas.
④ Vous êtes passé.......Bruxelles? - Non, j'avais un billet d'avion......Bonn.
⑤ Vous partez......les États-Unis? - Non, je vais........Australie.

4. Depuis/ il y a로 알맞게 아래 문장에 넣으시오.

① ....quelque temps, il est plus prudent.
② ....son retour, elle ne dit plus bonjour.
③ ....quelques jours, tu es très sérieux.
④ ....un mois, il a visité le Louvre pour la premier fois.
⑤ Cette maison n'a pas changé .... des siècles.
⑥ Je ne comprend pas; ....deux minutes, il m'a dit le contraire.
⑦ ....une heure, je n'ai pas vu une seule voiture.
⑧ ....trois cents ans naissait Bach.
⑨ ....cinq ans, vous ne pensiez pas la même chose.
⑩ Je n'ai pas vu un dentiste...........dix ans

C. 응용 문제

1. 문장 의미에 맞는 전치사를 넣으시오.

① Elle pleure ( ) joie.
② Il n'y a rien ( ) intéressant.
③ Elle est habillée ( ) Française.
④ Je reviendrai ( ) mai prochain.
⑤ La fenêtre donne ( ) la rivière.
⑥ Veuillez entrer ( ) la porte.
⑦ Je suis ici ( ) cinq jours.
⑧ J'ai acheté cela ( ) dix euros.
⑨ Le train roulait ( ) les plaines.
⑩ Il a lancé des pierres ( ) la fenêtre.
⑪ Le fleuve a mille kilomètres ( ) longueur.
⑫ On m'a pris ( ) Français.
⑬ C'est un homme ( ) génie.

⑭ La ville ( ) Paris est historique.
⑮ Tous les hommes sont égaux ( ) la loi.

2. 아래 일기예보에 밑줄부분에 알맞은 전치사를 넣어 쓰시오.

Prévisions.........demain. Brouillard.............début de matinée dans le nord de la France et sur la region Rhöne-Alpes. ....la journée, soleil sur l'ensemble du pays, mais temps nuageux........fin d'après-midi à l'ouest.

3. 기간을 나타내는 전치사 en, pendant, dans으로 맞는 곳에 써 넣으시오.

① Il est venu vivre ici........quatre ans.
② ....six mois, elle savait parler français.
③ J'ai lu ce livre..............moins d'une heure.
④ Ils ont dormi.............deux heures.
⑤ ....l'été, nous sommes partis à la montagne.
⑥ Je veux vous voir..........dix minutes, à mon bureau.
⑦ Dépêchez-vous! Philippe passe à la télé............dix minutes.
⑧ Avec le TGV, on peut faire Paris-Lyon.............deux heures.
⑨ ....le voyage, il n'a pas arrêté de parler.
⑩ Nous ne pouvons pas répondre à cette question...........trois secondes.
⑪ Tu pourras peut-être aller en France......deux ans.
⑫ Nous espérons le rencontrer...........peu de temps.
⑬ Ecoutez-le.........la réunion et vous comprendrez tout.
⑭ Raymond n'a pas fumé ....six mois.
⑮ Tu n'as plus le temps. nous partons...........cinq minutes.

정답 **A. 기초문제**

1. ① sous ② En ③ après ④ à ⑤ pendant, dans ⑥ pour 2. ① à, avant ② pour, à ③ en, dans ④ au, pour ⑤ à, après

B. 기본문제

1. ① de ② à ③ à ④ de ⑤ de ⑥ à ⑦ de ⑧ pour ⑨ de ⑩ de ⑪ de ⑫ à ⑬ en ⑭ à ⑮ à 2. depuis, depuis, depuis, pendant. 3. ① à, à, de ② en, dans, chez ③ en, aux ④ par, pour ⑤ pour, en 4. ① Depuis ② Depuis ③ Depuis ④ Il y a ⑤ depuis ⑥ il y a ⑦ Depuis ⑧ Il y a ⑨ Il y a ⑩ depuis

제8장

접속사 (Conjonction)

정 의

접속사는 두 문장이나, 같은 기능을 갖는 두 낱말 사이를 연결해 주며 어형 변화를 하지 않는다. 두 개 이상의 단어가 모여 접속사 역할을 하는 것을 접속사구라 한다.

Le vent se leva, *mais* le ciel restait clair.
바람이 일었으나 하늘은 맑은 채로였다.
Bien que cet échec fût grave, il ne se découragea pas.
실패가 컸는데도 불구하고 그는 실망하지 않았다.

Ⅰ. 접속사의 종류(Espèce de la conjonction)

접속사는 그 기능에 따라 등위접속사(conjonction de coordination)와 종속접속사(conjonction de subordination)로 크게 분류할 수 있다.

1. 등위접속사

같은 성질, 같은 가치를 갖는 어휘들 또는 절을 연결해 주는 접속사로서 용법에 따라 그 중요한 것들을 분류해 보면 다음과 같다.

(1) 결합, 연결

et 그리고	ni ~이 아니다	puis 그리고 나서
ensuite 그리고서	alors 그 다음에는	aussi 또한
bien plus 게다가	comme ~와	
ainsi que ~와 함께	aussi bien que ~와 같이	
de même que ~와 같이	non moins que ~처럼	
avec ~와 함께		

(2) 원 인

car 왜냐하면	en effet 사실상
effectivement 실제로	bien 참으로

(3) 결 과

donc 따라서	aussi 그러므로	partant 따라서
alors 그러므로	ainsi 그렇게 해서	enfin 마침내
par conséquent 따라서	en conséquence de quoi 그 결과로서	
en conséquence 따라서	conséquemment 따라서	
par suite 따라서	c'est pourquoi 그 때문에 ~이다	
dans ses conditions 그런 사정으로		

(4) 전이

or 그래서	donc 그러므로

(5) 대립, 제한

mais 그러나	et 그런데
au contraire 반대로	mais au contraire 반대로
au demeurant 그래도 역시	cependant 그러나
toutefois 그렇지만	néanmoins 그럼에도 불구하고
pourtant 그렇지만	quoique ~임에도 불구하고
d'ailleurs 더구나	aussi bien 게다가
au moins 최소한	au reste 게다가
du reste 게다가	en revanche 그 반면
par contre 그와 반대로	sinon 그렇지 않으면
encore 게다가	seulement 오직
tant(il) y a que 여하튼	

(6) 선택, 교차

ou 혹은	soit ~ soit ~나 ~나
soit ~ ou ~나 ~나	tantôt ~ tantôt 때론~ 때론
ou bien 혹은	ou au contraire 혹은 그 반대로

(7) 설명

savoir 즉	à savoir 즉
c'est-à-dire 다시 말하면	soit 즉
par exemple 예를 들자면	ainsi 따라서

(8) 정도

en outre 게다가	de plus 그 위에
au surplus 게다가	et même ~까지도
bien plus 뿐만 아니라 오히려	
non seulement ~ mais encore ~뿐만 아니라 ~도	

2. 종속접속사

종속절을 주절에 연결해 주는 접속사로서 다음과 같이 분류한다. 특히 종속접속사는 뒤 따라오는 절의 동사의 법(mode)은 그 종속접속사에 따라 제각각 다르다.

(1) 원 인

comme ~ 때문에	parce que ~ 때문에
puisque ~ 때문에	attendu que ~하기 때문에
vu que ~인 까닭에	étant donné que ~이므로
c'est que ~ 때문에	d'autant que ~이므로
à cause que ~인 이유로	

(2) 목 적

afin que ~하기 위해서	à seule fin que ~하기 위해서
pour que ~하기 위해서	de peur que ~이 두려워서

(3) 결 과

de façon que 그래서	de sorte que 그래서
en sorte que 그래서	de manière que 그래서
si bien que 매우 ~하므로 ~하다	tellement que 너무 ~ 때문에 ~하다
au point que ~하도록 ~하다	que 그래서

(4) 양보, 대립

bien que ~임에도 불구하고	quoique ~에도 불구하고
encore que ~임에도 불구하고	alors que 설사 ~하더라도
alors même que 설사 ~하더라도	lors même que 비록 ~일지라도
quand même 그렇지도	malgré que ~라 할지라도
sans que ~없이	tandis que ~하는 반면에
loin que ~는 커녕	au lieu que ~는커녕
quand ~한데도	

(5) 조건, 가정

si 만일 ~이면	au cas où 만약 ~이면
au cas que 만약 ~이면	en cas que 만약 ~이면
soit que ~이든지	si ce n'est que ~이 아니라면
supposé que ~이라 가정하고	à condition que 만약 ~이면
moyennant que ~이라는 조건으로	pourvu que ~하는 조건으로
à moins que ~하지 않는 한	si tant est que ~한다면

(6) 시 간

quand ~할 때에	lorsque ~할 때에
comme ~할 때에	avant que 하기 전에
alors que ~할 때에	dès lors que ~하자마자 곧
tandis que ~하는 동안	depuis que ~한 이래로
dès que ~하자마자 곧	après que ~한 후
aussitôt que ~하자마자 곧	sitôt que ~하자마자 곧
jusqu'à ce que ~하기까지	le plus tôt que 하자마자 곧
pendant que ~하는 동안	en attendant que ~하기 까지
à mesure que ~에 따라	durant que ~하는 동안

(7) 비 교

comme ~처럼	de même que ~와 마찬가지로
ainsi que ~처럼	autant que ~와 마찬가지로
non plus que ~도 또한 ~않다	plus que ~보다 더~하다
moins que ~보다 덜 ~하다	non moins que ~처럼 ~이다
selon que ~에 따르면	suivant que ~에 따르면
comme si ~처럼	

❋ 등위접속사와 종속접속사의 구분은 절대적인 것이 아니다. 문맥상으로 파악한다.
L'une *comme* l'autre gardent peu de loisir disponible pour l'aventure.
(등위접속사) 둘 다 모험을 할 한가한 시간이 별로 없다.
Elle tira ses bas *comme* on écorche un lapin.
(종속접속사) 그녀는 토끼 가죽을 벗기듯 스타킹을 벗었다.

❋ 각 용법도 편의상의 분류이지 절대적인 것이 아니므로 문장 내용에 맞게 의미를 파악해야 한다.
Il raconta des histoires de son jeune temps, *alors qu*'il travaillait à Boston.
(시간) 그는 보스톤에서 일하던 젊은 시절 이야기를 한다.
Il a encore bu du vin, *alors qu*'il avait déjà mal à l'estomac.
(대립) 그는 벌써 배가 아픈 데도 술을 여전히 마셨다.
Alors qu'il me donnerait 1,000 euros, je ne bougerais pas.
(양보) 그가 천 유로를 준다 해도 나는 꼼짝 않으리라.

Ⅱ. 접속사의 형태(Forme de la conjonction)

라틴어에서 유래한 것은 극소수이고 대부분은 프랑스어 자체에서 새로 형성된 것이다.

1. 라틴어에서 유래한 접속사

et 그리고, ~과	ou 혹은	ni ~도 아니다
quand ~할 때	si 만약	que

2. 프랑스어의 다른 품사에서 온 접속사

(1) 부사, 전치사 혹은 명사 뒤에 que가 와서 만들어진 것

ainsi que ~와 같이	alors que ~할 때에
aussitôt que ~하자마자	bien que ~임에도 불구하고
encore que ~이지만	loin que ~하기는커녕
lorsque ~할 때에	non que ~은 아니다
outre que ~할 뿐만 아니라	sitôt que ~하자마자 곧
tandis que ~하는 동안	tant que ~하는 한
à moins que ~ 없이는	de même que ~와 같이

pour peu que ~조금이라도 ~하기만 하면	
avant que ~하기 전에	après que ~한 뒤에
depuis que ~한 이래로	pour que ~할 수 있도록
à cause que ~ 때문에	de crainte que ~할까 봐
suivant que ~함에 따라	pourvu que ~한다는 조건으로

(2) 그 밖의 것

au contraire 반대로	c'est pourquoi 그 때문에
savoir 즉, 말하자면	à savoir 즉, 말하자면
soit 혹은	c'est-à-dire 말하자면
d'ailleurs 게다가	sinon 그렇지 않으면

Ⅲ. 접속사의 위치와 반복 (Place et répétition de la conjonction)

1. 접속사의 위치

(1) 접속사는 보통 연결해 주는 절이나 어휘 앞에 온다.

Nous lui avons offert un bouquet d'œillets *et* de roses.
우리는 그녀에게 카네이션과 장미꽃 한 다발을 주었다.
Nous aperçûmes les toits et l'église du village *lorsque* la brume se fut levée. 안개가 걷혔을 때 우리는 마을의 지붕과 교회를 보았다.

(2) donc, en effet, pourtant, cependant과 같은 몇몇 접속사들은 절 중간이나 혹은 끝에 오기도 한다.

Je parlerai *donc* s'il le faut. 좋아요. 필요하다면 내가 말하지요.
Je vois le bien, je l'aime, le mal *pourtant* me séduit.
나는 선을 알고 또 좋아한다. 허나 악이 나를 유혹한다.
Ce sacrifice doit être pénible, il est nécessaire *cependant*.
그 희생은 괴로운 것이지만 꼭 필요하다.

(3) aussi는 결과, 결론을 나타낼 때는 항상 문두에 온다.

Ces fleurs sont rares, *aussi* coûtent-elles cher.
이 꽃들은 희귀하다. 그래서 비싸다.

(4) 접속사구는 원칙적으로 여러 단어가 모여서 쓰이나 가끔 그 접속사구의 사이에 한 개 또는 몇 개의 다른 어휘가 끼는 경우가 있다.

Avant donc *que* d'écrire, vous devez réfléchir bien.
그래서 편지를 쓰기 전에는 잘 생각해야 한다.

2. 접속사의 반복(Répétition de la conjonction)

(1) et, ou, mais 등의 등위접속사는 강조하기 위해서 각 요소 앞에서 반복하는 수가 있다.

Il a aimé *et* sa mère *et* son père. 그는 어머니와 아버지를 사랑하였다.
Je viendrai *ou* demain, *ou* après-demain. 나는 내일이나 모레에 올 것이다.
Ce n'est pas un travail, *mais* un jeu, *mais* un sport.
이건 일이 아니다. 장난이나 운동에 지나지 않는다.

(2) 종속접속사나 종속접속사구, comme, lorsque, quand, si, avant que, bien que, quoique 등이 둘 이상의 종속절을 유도할 때는, 두 번째부터는 que로써 접속사(구)를 대신할 수 있다.

S'il faisait beau et *que* j'avais le temps, j'irait pêcher à la rivière.
날씨가 좋고 시간이 있다면 강에 낚시질하러 갈 텐데.
Comme il avait soif et *que* le vin était bon, il a trop bu.
갈증이 나고 또 포도주 맛이 좋았으므로 그는 과음을 하였다.

Ⅳ. 접속사의 용법(Emploi de la conjonction)

여러 접속사가 있지만, 그 중 중요한 접속사들의 용법을 살펴보기로 한다.

1. 등위 접속사

(1) et

① et는 긍정문과 긍정문, 두 개의 부정문, 혹은 부정문과 긍정문 등의 사이를 연결해 준다. 가장 흔한 부가적 용법 외에, pourquoi, alors, néanmoins, mais, cependant 등처럼 양보, 결과, 계속, 대립, 분노, 강조

등으로 해석할 경우도 있다.

▸ 부 가

La mouche *et* la fourmi contestaient de leur prix.

파리와 개미는 그들의 가치상 정반대였다.

M. Guitrel ne parlait pas *et* ne mangeait pas.

기트렐 씨는 말도 안하고 먹지도 않았다.

Il est grand *et* robuste. 그는 키가 크고 건장하다.

▸ 양보, 대립

Tu avais promis, *et* maintenant tu refuses.

너는 약속했는데 지금은 거절하는구나.

Je travaille *et* ne réussi pas. 나는 공부하지만 성공하진 못한다.

▸ 결 과

Tu as mis le verre au bord de la table *et* il est tombé.

너는 탁자 가장자리에 컵을 놓았는데 그것이 떨어졌다.

Il était bien malade *et* j'ai dû veiller fort tard.

그가 몹시 아파서 나는 매우 늦게까지 그를 지켜봐야 했다.

▸ 분노, 놀람

보통 문두에 et가 온다.

Il est entré chez moi, *et* à trois heures du matin.

그는 우리 집에 들어왔는데 그게 새벽 3시였다.

Et les dix euros que je vous ai prêtés? 내가 당신에게 빌려 준 것이 10유로라고?

② 등치된 항이 여럿일 경우, et는 보통 열거된 것들 중 맨 나중 것 앞에만 쓴다. 매번 et를 반복하여 쓸 경우는 표현에 생기를 주거나 강조하기 위해서이다.

Évacuez d'abord les enfants, les femmes *et* les vieillards.

우선 아이들과 여자와 노인들을 철수하시오.

Elle est bien aimable, honnête *et* jolie. 그녀는 몹시 친절하고 정직하고 예쁘다.

Et le riche *et* le pauvre *et* le faible *et* le fort vont tous également des douleurs à la mort.

부자도, 가난한자도, 강자도, 약자도, 모두 똑같이 괴로움을 안고 죽음으로 간다.

③ et ~ et가 두 요소 앞에서 각각 반복되었을 때는 non seulement ~ mais encore의 뜻이다.

Tu satisferas ainsi *et* le fils *et* le père.

너는 그렇게 해서 아들 뿐 아니라 아버지도 만족시킬 것이다.

Il est saint *et* de corps *et* d'esprit. 그는 영육이 모두 성스럽다.

④ 서술적 부정법(infinitif de narration)이 쓰이는 문장 앞에는 반드시 et를 쓴다.

Ainsi parla-t-il, *et* chacun de rire. 그가 그렇게 말하자, 누구나 웃었다.

Et les directeurs de protester tour à tour. 그러자 장들은 차례로 반대하였다.

Il s'approche, *et* les oiseaux de s'envoler. 그가 다가가자 새들이 날아갔다.

⑤ 두 절이 비교부사 plus, moins, mieux, autant 등으로 등위 관계에 있을 때 두 번째 절 앞에 접속사 et는 써도 좋고 안 써도 좋다.

Plus je le vois *et plus* je l'apprécie. 나는 그를 보면 볼수록 더욱 높이 평가한다.

Plus tu veux, *moins* tu peux. 네가 많이 원할수록, 할 수 있는 것은 적다.

Autant il a de vivacité, *autant* vous avez de nonchalance.
그가 활기찬 만큼 당신은 무기력하다.

⑥ 시간 및 치수에 1/2, 1/3, 1/4 등이 첨부될 때, 1/2인 demi, demie 앞에서 반드시 쓰고, 나머지는 써도 좋고 안 써도 좋다.

une heure *et* demie 1시 30분
midi *et* demi 낮 12시 30분
cinq mètres *et* demi 5미터 50센티
vers dix heures *et* quart(일반적 표현) 10시 15분경
jusqu'à huit heures(*et*) un quart 8시 15분까지

⑦ et의 생략

열거한 것을 더욱 간단하게 하기 위해, 또는 열거한 것들이 모두 동의어이며 누진적으로 나열되어 있을 때.

Hommes, femmes, vieillards, enfants, tous se sont rassemblés sur la place.
남녀노소, 모두가 광장에 모여들었다.

La fierté, la hauteur, l'arrogance caractérise l'hidalgo.
오만, 고고함, 건방짐이 귀족의 특색이다.

(2) ni

ni는 et에 해당하는 것으로 항상 ne와 더불어서 부정문에만 쓰인다.

① 단순히 ne와 더불어서 쓰일 때는 부정해야 하는 각 요소 앞에서 반복한다.

Ni l'or *ni* la grandeur ne nous rendent heureux.
황금도 위대함도 우리를 행복하게 해 주지 않는다.

L'homme n'est *ni* ange *ni* bête. 인간은 천사도 짐승도 아니다.

Je n'ai *ni* père *ni* mère *ni* sœur *ni* frère. 나는 부모 형제가 없다.

Ni lui *ni* elle ne disaient un mot. 그도 그녀도 말 한마디 하지 않았다.

② 몇 개의 병렬된 절을 부정할 때는 두 번째 절부터 ni를 앞에 놓아 반복한다.

Il ne boit *ni* ne mange. 그는 마시지도 않고 먹지도 않는다.

Je ne veux, *ni* ne dois, *ni* ne peux obéir.

나는 복종하고 싶지도 않고, 하지도 않을 것이고, 그럴 수도 없다.

③ ne ~ pas, ne ~ point이 동사와 함께 쓰였으면 두 번째 요소 앞에서부터 ni를 반복한다.

Je ne veux pas d'honneur *ni* de biens. 나는 명예도 재물도 원하지 않는다.

Il ne semblait pas qu'il fît jour *ni* qu'il fît nuit.

날이 밝은 것 같지도 않고 어두운 것 같지도 않았다.

Elle n'avait point fait un mouvement depuis leur entrée dans la piéce obscure, *ni* risqué une parole.

그녀는 어두운 방에 들어온 뒤로 미동도 하지 않았고 말 한 마디도 꺼내려하지 않았다.

④ ne ~ plus(jamais, personne, rien)가 동사와 함께 쓰이면 부정해야 하는 각 요소 앞에서 반복하되 첫 번째 요소 앞에서는 놓아도 좋고 안 놓아도 좋다.

Il ne parle à personne(*ni*) de ses affaires *ni* de ses projets.

그는 자신의 사업이나 계획에 대해 그 누구에게도 말하지 않는다.

La justice ne fut jamais(*ni*) si sévère, *ni* si cruelle.

재판은 그리 엄한 것도 가혹한 것도 절대 아니었다.

Il n'y a là rien(*ni*) d'étonnant *ni* de rare.

거기에는 놀랍거나 희귀한 것은 조금도 없다.

Je ne vois plus(*ni*) son père *ni* sa mère.

나는 이제 그의 아버지도 어머니도 더 이상 안 본다.

⑤ 전치사 sans과 함께 쓰일 경우, ni는 두 번째 요소부터 반복하든가, 아니면 et sans으로 반복한다.

Il est sans force *ni* vertu. 그는 능력도 없고 덕성도 없다.

Et je restais sans geste *et sans* parole.

그래서 나는 움직이지 않고 또 말도 안 하고 있었다.

(3) ou

궁정문에는 ou를, 부정문에는 ni를 사용하며, 구어에서는 특히 강조하려고 ou bien의 형태를 사용한다.

① 양자택일을 나타낸다.

Il faut persévérer *ou* renoncer tout de suite.

견디어 내든가 아니면 곧 포기해야 한다.

Les fruits grossissent à vue d'œil *ou* achèvent de mûrir.

과일들은 언뜻 보기에 알이 굵어지고 있거나 아니면 완전히 다 익었다.

㊟ 양자택일을 강조하기 위해서는 ou를 각 요소 앞에서 반복한다.
Ou vous obéirez, ***ou*** vous serez puni. 복종을 하든가 벌을 받든가 하시오.
Ou bien c'est lui ***ou bien*** c'est moi, il faut choisir.
그이든가 아니면 나든지, 선택을 해야 한다.

② '그렇지 않으면(=sinon)'의 뜻이 있다.

Donnez-moi la mort *ou* la liberté. 나에게 죽음이 아니면 자유를 달라.

Il paiera *ou bien* il sera poursuivi.

그는 값을 치를 것이다. 그렇지 않으면 쫓길 것이다.

Il avouera, *ou* je le mettrai à la torture.

그는 고백할거다, 그렇지 않으면 고문을 할 테니까.

③ '다시 말하면(=c'est-à-dire, autrement dit)'과 같은 뜻으로도 쓰인다.

L'éthique, *ou* la morale, est la plus haute des sciences.

윤리, 다시 말하면 도덕은 최고의 학문이다.

(4) mais

① 반대, 대립을 나타낸다.

Il était parti dès l'aube. *Mais* les chemins étaient impraticables. 그는 새벽부터 출발했다. 그런데 길은 통행이 불가능했다.

Ce n'est pas ma faute, *mais* la tienne! 그건 내 잘못이 아니야, 네 잘못이야!

㊟ mais는 부사로 쓰일 때, 구어에서 oui, non, si 등을 강조한다.
Tu viens avec moi? —*Mais* oui. 너는 나와 같이 가련? —물론이지.
Vous êtes fatigué? —*Mais* non. 피곤합니까? —천만해요.

② 제한의 뜻으로 쓰인다.

J'embrasse mon rival, *mais* c'est pour l'étouffer.

나는 내 적수를 포옹하지만 그건 그를 질식시키기 위해서이다.

Mon verre n'est pas grand, *mais* je bois dans mon verre.

내 잔은 크지 않지만 나는 그걸로 마신다.

③ 의문문이나 감탄문 앞에 쓰여 놀라움과 분노를 나타낸다.

Mais enfin, à quoi en voulez-vous venir? 결국 당신은 무엇을 노리지요?

Mais pourtant vous connaissez ce texte? —Je ne dis pas, *mais*... , oui, *mais*...

그런데 이 원문을 알고 계시다고요? —그렇다는 게 아니라, … , 네, 그런데….

④ 속사나 보어가 중복되어 있을 때, 그 정도를 가중시켜 말하고자 할 때 쓰인다.

Elle fut reçue très bien, *mais* très bien. 그녀는 아주 잘, 네, 아주 잘 대접을 받았지요.

Alors tu verras deux petits vieux, oh! *mais* vieux, archivieux.

그 때에 너는 키 작은 두 노인을, 아주 늙은 노인을 볼 것이다.

⑤ 문항에서 화제 내용의 전이를 유도한다.

Mais revenons à notre propos. 그러면 우리들 이야기로 다시 돌아가자.

Mais, dites-moi votre voyage. 그런데 당신 여행 이야기 좀 하시지요.

(5) car와 en effet

car와 en effet 모두 등위접속사로 원인을 나타내는데, en effet는 car 보다 그 위치가 자유롭고 뜻이 한층 추론적인 데 쓰인다.

Cet élégant fumait, *car* c'était décidément à la mode.

그 멋쟁이는 담배를 피웠는데, 단연코 그것이 유행이었으니까.

Il se déclara que sa vie avait un but *en effet*.

그는 자신의 인생이 실상 하나의 목적을 갖고 있다고 선언했다.

(6) or와 donc

1) or

'그런데, 그러므로'의 뜻으로 문장을 다시 설명할 때 쓰인다. bien이나 donc가 뒤에 와 강조되기도 한다.

Or, il est temps, ma sœur, de montrer qui nous sommes.

그런데, 누이여, 우리가 누구인지 보여 줄 시간이다.

Or bien je vais t'aider. 그러므로 나는 너를 도우려한다.

Or donc, pour revenir à ce que je disais…

그러므로 내가 말한 것으로 다시 돌아가려면…

✽ or는 단순한 전이를, donc는 결과, 결론을 나타내므로 둘이 어울려 삼단 논법을 표현할 때 많이 쓰인다.
Tous les hommes sont mortels, or Socrate est un homme, donc Socrate est mortel.
모든 인간은 죽는다. 헌데 소크라테스는 인간이다. 따라서 소크라테스는 죽는다.

2) donc

① 삼단 논법 이외에도 전문에 대한 결론에 쓰인다.

이 때 발음은[dɔ̃:k]로 한다.

Je pense, *donc* je suis. (Descartes) 나는 생각한다. 고로 나는 존재한다.

J'ai refusé, *donc* inutile d'insister. 나는 이미 거절하였다. 고로 고집할 필요가 없다.

② 굉장한 놀라움을 표시할 때 쓴다.

발음은[dɔ̃](다음에 모음이 오면[dɔ̃:k])

Il voulait *donc* venir ici? 설마하니 그가 여기에 오고 싶어했을라고?

Voilà *donc* la vérité! 자, 이게 진실이다!

Qui *donc*? 도대체 누구지?

③ 의문, 명령, 소원 등을 나타낼 때 강조로 쓴다.

발음은[dɔ̃](다음에 모음이 오면[dɔ̃:k])

Venez *donc*. 어서 오십시오.

Dis *donc* ce que tu as fait! 자, 네가 한 것을 말해라.

Taisez-vous *donc*! 자, 조용히들 하시오!

④ 중단되었던 이야기를 다시 계속할 때 쓴다.

발음은[dɔ̃:k]로 한다.

Il se dirigea *donc* vers nous. 그래서 그는 우리에게로 왔다.

Donc il avait réussi. 그래서 그는 성공했다.

2. 종속접속사

(1) que

que는 대표적인 종속접속사로서 그 용법이 매우 다양하다. 각종 절을 유도하며, 주된 기능은 종속절을 주절에 연결하는 것이다. 독립절에서도 쓰인다.

① 주어, 목적보어, 속사, 동격으로 쓰인 보어절, 비인칭 구문의 진주어절 등을 유도한다.

Qu'il ait composé lui-même, n'est pas douteux. (주어)
그 자신이 작곡했다는 것은 의심할 나위가 없다.

Je crains *que* vous ne soyez fâché. (직접보어) 나는 당신이 화를 낼까 두렵다.

Le mieux est *qu*'il parte. (속사) 최선의 것은 그가 떠나는 것이다.

Elle n'a pas accepté mon invitation sous le prétexte *qu*'elle était enrhumée.
(동격) 그녀는 감기가 들었다는 핑계로 내 초대를 받아들이지 않았다.

C'est bien dommage *qu*'elle soit devenue si laide. (비인칭의 진주어절)
그녀가 그렇게 추하게 되었다니 정말 안됐다.

Se peut-il *qu*'on trahisse son patrie?(비인칭의 진주어절)
조국을 배반할 수 있을까.

② "voilà que ~"나 강조 구문 c'est ~ que에도 쓰인다.

Voilà *qu*'il part. 자, 그가 떠난다.

C'est surtout les sottises humaines *qu*'a peintes Flaubert.

플로베르가 묘사한 것은 특히 인간의 어리석음이다.

③ 비교를 나타내는 표현들 plus, moins, aussi, si, tant, tellement과 형용사 tel, quel, même, autre 등과 함께 쓰인다.

Il est plus fort *que* je pensais. 그는 내가 생각했던 것보다 더 강하다.

Il n'est pas tel *que* vous le pensez. 그는 당신이 생각한 그런 사람이 아니다.

Elle est tout autre *que* sa mère. 그녀는 어머니와는 전혀 다르다.

④ que를 사용해서 만들어진 접속사구나 접속사 comme, quand, lorsque, quoique, puisque, si, comme si 대신, 반복을 피하기 위해 사용된다.

Il buvait tout son saoul, parce qu'il avait soif et *que* le vin était bon.

그는 목도 마르고 포도주 맛도 좋았으므로 취하도록 마셨다.

Si votre ami était dans la peine et *qu*'il vînt vous demander secours, que feriez-vous?

당신 친구가 곤경에 처해서 도움을 청하러 온다면 어떻게 하겠소?

Que dira-t-il quand il rentrera et *qu*'il vous trouvera ici?

그가 돌아와서 여기 있는 당신을 보면 뭐라고 말할까?

⑤ 여느 때는 que가 다음의 여러 가지 접속사(구)의 의미로 쓰인다.

afin que, alors que, à moins que, attendu que, avant que, bien que, de peur que, dequis que, de telle façon que, jusqu'à ce que, lorsque, parce que, pendant que, pour que, puisque, quand, sans que, si bien que, tant que. . .

Asseyez-vous là *que* nous causions. (=pour que)(목적)

우리 이야기 좀 하게 저쪽에 앉으시오.

La prière était finie *que* le nouveau est entré dans le chapelle. (=quand) (시간) 새로운 사람이 교회에 들어 왔을 때 기도는 끝나고 있었다.

Qu'elle fût bien ou mal coiffée, je l'admirais,(=quoique)(양보) 그녀가 머리를 잘 매만졌던 못 만졌건, 나는 그녀를 찬미하였다.

Il y a vingt ans *que* la guerre est finie. (=depuis que)(시간)

전쟁이 끝난 지 20년이 되었다.

Il ne se passait pas une semaine *qu*'il fût terrassé par une migraine atroce. (=sans que)(대립)

그는 극심한 편두통으로 얼이 빠지지 않고 한 주일을 보낸 적이 없었다.

⑥ que가 반복된 경우에, soit que ~ soit que의 의미로 쓰이는 경우도 있다.

Qu'il pleuve ou *qu'*il fasse du vent, je partirai demain.

비가 오든, 바람이 불든 나는 내일 떠날 것이다.

⑦ ne와 더불어 쓰여 '뿐(=seulement)', '~을 제외하고(=si ce n'est, sinon)'의 뜻을 나타낸다.

Elle *n'*est *qu'*une petite enfant. 그녀는 어린아이에 불과하다.

On *n'*entend *que* des cris. 비명 소리만 들린다.

Personne *ne* le méprise, *que* les dévotes.

독실한 신자들 이외에는 그 누구도 그를 경멸하지 못한다.

Rien *n'*est beau *que* le vrai. 진실만큼 아름다운 것은 없다.

㈜ 구어에서는 que만으로도 seulement의 뜻을 나타내는 수가 있다.
J'ai *que* dix euros sur moi. 내겐 10유로밖에 없다.
Que peut-il faire *que* de prier le ciel? 하늘에 비는 수밖에 달리 무얼 할 수 있는가?

❖ que의 독립절에서의 용법

ⓐ 명령, 희망, 소원 등을 나타낼 때 쓰인다.

*Qu'*il entre! 그를 들여보내라!

Que Dieu lui pardonne! 하느님이 그를 용서하시기를!

Que l'âme de notre ami repose en paix! 내 친구의 영혼이 편히 잠들기를!

ⓑ 감탄문이나 의문문에서 놀람, 분개를 나타낼 때 쓴다.

*Qu'*il ait fallu des menaces pour les conduire à l'autel!

그들을 제단으로 인도하기 위해 협박을 해야 했다구!

Moi, seigneur, moi *que* j'eusse une âme si traîtresse?

제가, 주인님, 바로 제가 배반을 했다구요?

ⓒ 문어에서는 문두에 있는 si 앞에 쓰여 이미 표현한 내용과 앞으로 표현할 내용을 긴밀히 연관짓는 역할을 한다.

Que si ce loup t'atteint, casse-lui la mâchoire.

그 악한이 네게 접근하면 그 놈의 턱을 부셔버려라.

Que si l'on creuse davantage, un autre trait du régime se découvre qui précipite la catastrophe.

더 자세히 파헤치면, 파국을 재촉한 체제의 또 다른 면이 발견되리라.

ⓓ 긍정 및 부정의 답변을 강조할 때 쓰인다.

Je joue si mal! —Oh! *que* non!

나는 그렇게도 연기를 못하는구나! —오! 천만해요!

Ils n'ont pas besoin l'un de l'autre. —*Que* si!
그들은 서로 필요로 하지 않는군. —네, 그렇지요!

ⓔ 주어가 속사 뒤에 도치되어 쓰였을 때 특별한 어조 대신 que를 쓰는 수가 있다.
Une chance, *que* cette pluie! 기회구나, 이 비는!
C'est une merveille *que* cette rose! 이 장미는 정말 멋진데!

(2) parce que, puisque, comme

모두 원인이나 이유를 나타내는 종속접속사로 그 차이점은 다음과 같다.

1) parce que

보통 pourquoi로 물어 본 의문에 대한 대답을 할 때 쓰이며, 또한 앞의 사실이나 행위의 이유를 단순히 설명할 때 쓴다.

Pourquoi pleure-t-il cet enfant? —*Parce qu*'il a perdu ses parents.
이 아이는 왜 울고 있지? —부모를 잃었답니다.
Je le dis, *parce que* c'est vrai. 그게 사실이니까 이야기 한다.
C'est *parce qu*'il était un conspirateur qu'elle l'avait d'abord aimé.
처음에 그녀가 그를 사랑하였던 것은 그가 공모자였기 때문이다.

㈜ parce que는 이유가 다음에 오지만, par consequent은 이유가 앞에 있다.
Il est malade, par consequent il ne vient pas. 그는 아프다, 그러므로 그는 오지 않는다.
cf. par ce que : '…한 바에 의해서' 뜻임

2) puisque

이론의 여지없는 논리적인 결말을 나타내고자 할 때, 또는 이미 기술되었거나 알려진 사실을 전제로 하고 그 이유를 설명할 때 쓰인다.

Je le ferai, *puisqu*'il le faut. 그럴 필요가 있으니까, 나는 그걸 할 것이다.
Puisque tu as fini tes études, tu dois chercher quelque place pour gagner ton pain.
너의 학업을 마친 이상, 벌이를 하려면 어떤 일자리를 찾아야 한다.

3) comme

① comme가 이유를 나타낼 때는 puisque의 용법과 같다.
Comme elle arrive demain, il faut préparer une chambre.
그녀가 내일 도착하니까 방을 준비해야 한다.

② comme는 또한 시간(~할 때 : quand)을 나타낸다.

Nous sommess arrivés *comme* il partait. 그가 출발했을 때 우리는 도착했다.

③ 비교도 나타낸다.

Il est mort *comme* il a vécu. 그가 살았던 대로 죽었다.

(3) quand과 lorsque

① 둘 다 시간을 나타내는 접속사로서 그 용법상 명확한 구분을 짓기 어려우나, quand이 명확한 시기를 나타낼 때 쓰는 반면, lorsque는 막연한 시기를 나타낼 때 쓰인다.

Elle attendait depuis trois quarts d'heure, *quand*, tout à coup, elle aperçut Rodolphe.

그녀는 45분 전부터 기다리고 있었는데 갑자기 루돌프를 알아보았다.

Quand la saison froid approche, l'homme se couvre de vêtements plus chauds.

추운 계절이 다가오면 사람은 더 따뜻한 옷으로 몸을 감싼다.

Lorsque l'aube parut, elle se traîna jusqu'au chemin, pour continuer sa route.

새벽이 되자 그녀는 여정을 계속하려고 길까지 겨우 나갔다.

② quand은 이 밖에도 가정, 반대, 양보의 뜻으로 쓰인다.

Quand elle l'eût voulu, elle n'eût pas pu.

그녀가 그걸 원했을지라도 그렇게 할 수는 없었을 텐데.

Quand la critique est juste, je me corrige. 비판이 옳다면 내가 고칠 것이다.

Quand même il aurait tort, je dois lui obéir

그가 틀리더라도 나는 그에게 복종해야 한다.

③ lorsque가 si의 뜻으로 쓰이는 수가 있다.

*Lorsqu'*on me trouvera morte, personne ne doutera que ce ne soit vous qui m'aurez tuée.

내가 죽은 걸 알게 되면, 나를 죽인 것이 당신이란 걸 그 누구도 의심하지 않으리라.

(4) pendant que, tandis que, cependant que

① pendant que는 어떤 두 행위 사이의 동시성을 나타낼 때 쓰고, tandis que는 행위보다 관념이나 사실 사이의 동시성을 나타낼 때 쓴다. cependant que는 pendant que와 동일한 뜻이나 문학에만 쓰이며 고어적인 맛을 낸다.

Vous pouvez sortir, *pendant que* je serai là.

내가 여기 있을 동안, 당신은 외출할 수 있다.

Le fourmi travaillait tout l'été *tandis que* la cigale chantait dans l'arbre.
매미가 나무에서 노래 부르는 동안 개미는 여름 내내 일을 했다.
Cependant que Camille et ma tante cueillaient des fleurs …
카미유와 나의 아주머니가 꽃을 꺾고 있는 동안….

② tandis que는 그 밖에도 '~는 커녕(=au lieu que), 반대로'의 뜻으로 쓰인다.
Tout le monde le croit heureux, *tandis qu'*il est rongé de soucis et de remords.
그는 걱정과 후회로 괴로워하는 데도, 모두들 그를 행복하다고 생각하고 있다.
Au nord, la contrée est plutôt plate, *tandis qu'*à l'est, elle est hérissée de hautes montagnes.
북쪽의 접경 지역은 오히려 평평하나, 반대로 동쪽은 높은 산들이 우뚝 솟아 있다.

(5) bien que, quoique, encore que

모두 '~임에도 불구하고'란 양보의 뜻인데, encore que는 17세기에 많이 사용되던 것으로 요즈음은 드물게 사용되고 문어로서 많이 쓰인다.

*Bien qu'*elle fût fatiguée, elle nous accompagna pour visiter le musée.
그녀는 피곤했지만, 박물관을 방문하기위해 우리를 따라 나섰다.
Quoique cet échec fût grave, il ne se découragea pas.
그 실패가 아무리 커도 그는 절망하지 않았다.
Quoique vous soyez riche, ne dédaignez pas les pauvres.
당신이 아무리 부자라도 가난한 사람들을 멸시하지 마시오.
*Encore qu'*il soit jeune, il ne laisse pas d'être sérieux.
그는 젊은데도 여전히 진지하다.

㈜ quoique는 부정대명사구 quoi que(어떠한 것이든간에)와 의미가 다르다.
Quoi que vous pussiez dire, vous ne me convaincrez pas.
당신이 무얼 말할 수 있건간에, 나를 이기지는 못하리라.

* quoique ça는 malgré cela와 같은 의미로 많이 쓰인다.
Quoique ça, tu es bien gentil. 그럼에도 불구하고 넌 몹시 친절하구나.

(6) si

① 주로 조건, 가정을 나타내는 종속절 앞에 쓴다. (조건법 참조)
Si vous veniez, je serais heureux. 당신이 온다면 난 행복할 텐데.
Si j'avance, suivez-moi, *si* je recule, tuez-moi, *si* je meurs, vengez-moi.
만일 내가 전진하면 나를 따르시오. 내가 후퇴하면 나를 죽이시오. 내가 만일 죽으면 원수를 갚아 주시오.

② 실제 사실을 가리키며 원인, 대립, 양보를 나타낸다.

Si j'ai parlé, devez-vous m'en blâmer?(=parce que)

내가 이야기를 했기 때문에 당신이 나를 탓해야만 하는 것입니까?

Si la pauvreté est la mère des crimes, le défaut d'esprit en est le père.

가난이 죄악의 어머니라면, 정신적 결함은 그것의 아버지이다.

Si ce n'est pas grand, c'est très compliqué. (=quoique)

그것이 대단한 것이 아니더라도, 매우 복잡한 것이다.

③ 그 원인이 뒤따라오는 어떤 사실을 나타내는 절을 유도한다.

Si je n'ai pas bougé, c'est parce que vous ne m'y avez pas invité.

내가 움직이지 않았다면, 그건 당신이 그렇게 하도록 나를 유도하지 않았기 때문이다.

④ '~때마다(=toutes les fois que)'의 뜻으로도 쓰인다.

Si je dis oui, elle dit non.

내가 "예"라고 말할 때마다 그녀는 "아니오"라고 말한다.

Le soir, *si* je rentrais un peu après mon heure habituelle, je le trouvais tout soucieux.

저녁에 내가 평상시보다 좀 늦게 돌아올 때마다, 나는 그가 몹시 걱정을 하고 있는 것을 알았다.

⑤ 소원, 분노 등을 나타내는 독립절을 유도한다.

Comment! *si* je suis malade? 뭐라고! 내가 아프다고?

Si je pouvais remplir mes coffres de ducats!

내 금고를 뒤카 금화로 가득 채울 수 있다면!

Dieu! *s*'il allait me parler à l'oreille!

제발! 그가 내 귀에다 소곤거리러 왔으면!

A. 기초 문제

1. ( )속에 적당한 접속사를 보기에서 골라 넣으시오.

① Pourquoi n'est-elle pas venue? ( ) elle est malade.

② ( ) il pleut demain, je ne partirai pas.

③ Il travaille ( ) tous ses amis s'amusent.

④ Elle parle anglais mieux ( ) moi.

⑤ Je le ferai ( ) il le faut.

⑥ Je me presse ( ) j'arrive à temps pour le train.

⑦ ( ) elle eut fait la vaisselle, elle alla se reposer.

⑧ Il ne réussira pas ( ) il travaille avec ardeur.

⑨ Il ne viendra pas ( ) nous l'ayons invité.

<보기>

parce que, sans que, dès que, bien que, afin que, puisque, que, pendant que, si.

B. 기본 문제

1. Si, au cas où, à supposer que 중 알맞은 것을 밑줄 부분에 넣으시오.

① Prends ton parapluie.........il pleuvrait.

② Il est difficile de faire mieux.......on n'est pas un vrai champion.

③ ....tu n'aurais pas mon adresse, écris-moi chez mes parents.

④ Tu te sentirais mieux........tu partirais quelques jours à la campagne.

⑤ ....il vienne, je ne veux absolument pas le voir.

⑥ Dis-lui de m'appeler.......il vient.

⑦ ....vous viendriez et que je ne sois pas là, demandez mes clés à la concierge.

⑧ ....vous n'ayez rien à faire, venez m'aider.
⑨ Que gagnerons-nous.......nous acceptions?
⑩ Que ferez-vous.......je partais.

C. 응용 문제

1. 보기와 같이 접속사의 문장을 명사를 이용해 단문으로 다시 써보시오.

Téléphone-moi dès que tu arriveras → Téléphone-moi dès ton arrivée.
① Je serai à la maison avant que tu ne revienne.
② Il a beaucoup changé depuis qu'il s'est marié.
③ Elle est allée se coucher dès que le film s'est terminé.
④ Va lui dire au revoir avant que tu partes.
⑤ Il nous a invités tout de suite après qu'il s'est installé.
⑥ Je l'attendrai jusqu'à ce qu'elle arrive.
⑦ Il n'a pas arrêté de parler pendant que nous voyagions.

2. Parce que, puisque를 사용해 아래 문장을 한 문장으로 다시 써보시오.

① Il a fait un mauvais départ. Il a perdu de précieuses secondes.
② Tu ne devrais pas nager. L'eau froide te donne des crampes.
③ Il ne nagera pas. L'eau froide lui donne des crampes.
④ La France a gagné face à l'Angleterre. Son gardien de but est excellent.
⑤ Les joueurs ont contesté la décision de l'arbitre. Le match a dû être interrompu.

3. 접속사 parce que 쓴 아래 문장들을 à cause de, pour로 가능하다면 다시 써보시오.

① Les joueurs ont joué moins bien que d'habitude parce qu'il faisait très chaud.
② Les spectateurs applaudissent le joueur parce qu'il est très précis dans ses tirs.
③ Mais ils sifflent le n^{0} 7 parce qu'il est extrêmement maladroit.
④ Le gardien de but a reçu un carton jaune parce qu'il s'est montré brutal.

정답 **A. 기초문제**

1. ① parce qu' ② S' ③ pendant que ④ que ⑤ puisqu' ⑥ afin que ⑦ Dès qu' ⑧ sans qu' ⑨ bien que

B. 기본문제

1. ① au cas où ② si ③ Au cas où ④ si ⑤ A supposer qu' ⑥ s' ⑦ Au cas où ⑧ A supposer que ⑨ au cas où ⑩ si

제9장

감탄사(Interjection)

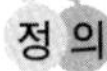

정 의

감탄사는 감동, 분노, 경고, 부름 등을 나타낼 때 쓰는 간단한 낱말로서 문장 속 다른 요소와는 문법적인 관련성은 없고, 어형 변화도 하지 않는다. 감탄사는 그 뒤에 보통 감탄 부호가 붙으며, 한 음절로 된 것이 많으나, 감탄사구(locution interjective)는 몇 개의 어휘가 모여 하나의 감탄사 역할을 한다.

Oh! le magnifique tableau. 오! 훌륭한 그림이군.

Et *patatras!* le voilà à terre. 아이구! 그가 나자빠졌군.

Çà, votre main. 자, 손 좀 내미실까.

Juste ciel! 저런!

I. 감탄사의 종류(Espèce de l'interjection)

1. 감탄, 감격

Oh!	Oh là là!	Hurrah!
Vivat!	Vive!	Vivent!

2. 동의, 시인

Accordé!	Admettons!	Ça va!	D'accord!
Eh bien!	Entendu!	Passe!	Soit!
Tant mieux!	Top!	Va pour. . . !	

3. 부름, 주의

Alerte!	Allô!	Attention!	Eh!

Hé!	Ho!	Hep!	Ohé!
Or ça!	Pst(=Psit)	Voici!	Voilà Ô!
Gare!			

4. 명 령

Arrière!	Chut!	En avant!	Halte!
Marche!	Paix!	Ouste!	Silence!
Stop!	Suffit!	Tout beau!	

5. 놀라움

Ah! ça!	Allons donc!	Bah!
Comment!	Diable!	Diantre!
Eh bien!	Eh bien quoi!	Est-ce Dieu possible!
Fichtre!	Ha!	Hein!
Hem!	Mâtin!	Mazette!
Mince!	Miracle!	Ouasis!
Pas possible!	Par exemple!	Peste!
Peuh!	Quoi?	Tiens!

6. 칭 찬

Dieu!	Bon!	Bravo!	C'est ça!
Ma foi!	Parfait!	Bien	

7. 권 태

Allons!	Bon!	Bigre!	Dommage!
Flûte!	Saperlotte!	Sapristi!	Zut!

8. 격 려

A la bonne heure!	Allons!	Allez!
Bis!	Continue!	Courage!
En avant!	Ferme!	Hue!

Patience!	Sus!	Tiens!
Va!	Voyons!	Hardi!
Bravo!		

9. 무관심

Bon!	Ça m'est égal!	N'importe!

10. 혐 오

Fi!	Fi donc!	Ho!	Hou!
Jamais!	Plutôt mourir!	Pouah!	

11. 분 노

Canaille!	Coquin!	Le diable t'emporte!

12. 고 통

Adieu!	Ah!	Ahi!	Aïe!
Hé!	Hélas!	Heu!	Hihi!
Oh!			

13. 걱정, 초조

Ciel!	Dieu!	Gare!	Juste ciel!
Ma mère!	Et après!	Allons bon!	

14. 기 쁨

Ah!	Chance!	Chic!	Oh!
Quelle chance!	Tant mieux!	Vienne!	

15. 애 원

Grâce!	Juste ciel!	Miséricorde!

Pitié! Mon Dieu!

16. 비난, 욕설, 경멸

Bah! Bon dieu! Corbleu! Dame!
Diable! Diantre! Dieu! Jarnidieu!
Morbleu! Nom de nom! Nom de Dieu!
Nom d'un chien! Palsambleu! Parbleu!
Pff! Tonnerre! Vantrebleu!

17. 안도, 위안

Ah! Enfin! Ha! Ouf!

18. 충격, 추락, 폭발

Paf! Vlan! Patatras! Boum!
Bang!

Bravo! il a gagné! 만세! 그가 이겼다.
Hélas! elle est morte! 아! 그녀가 죽다니!
Attention! tu vas tomber! 조심해! 넘어지겠어!
Allons! dépêchez-vous! 자! 서두르십시오!
Tiens, ma photo! 자, 내 사진이다!
Il a fini son devoir, maman. - *Bon*! 그 앤 숙제를 끝냈어, 엄마 - 좋아!

Ⅱ. 감탄사의 형태와 용법(Forme et emploi de l'interjection)

1. 감탄사의 형태

감탄사의 형태는 매우 다양하다.

(1) 단순한 고함이나 의성어에서 유래한 것으로, 동물의 울음소리를 흉내 낸 것도 이에 속하며 단음절로 된 것이 많다.

Ah! Eh! Hom! Euh!
Heu! Hue! Ohé! Ouais!

Ouf!	Bah!	Fi!	Fouah!
Chut!	Holà!	St!	Patatras!
Crac!	Boum!	Rataplan!	Pst!

(2) 단독으로 쓰인 명사, 혹은 부가 형용사, 한정사, 전치사가 붙은 명사가 감탄사로 쓰인다.

Attetion!	Courage!	Ciel!	Mon dieu!
Juste ciel!	Ma parole!	Par exemple!	Au temps!

(3) 단독으로 쓰이거나 부사를 동반한 형용사

Bon!	Chic!	Mince!	Ferme!
Bravo!	Tout doux!	Tout beau!	

(4) 부사나 부사구

Bien!	Comment!	Doucement!	Eh bien!
Or ça!	En avant!		

(5) 동사 형태, 특히 명령형

Allons!	Allez!	Gare!	Halte!
Tiens!	Suffit!	Vois-tu!	Dis donc!
Va!			

(6) 문장전체

Fouette cocher! 자! 어서가자
Va comme je te pousse! 아무렇게나 되는대로!
Vogue la galère! 될 대로 되라지!

2. 감탄사의 용법(Emploi de l'interjection)

(1) 어떤 간투사는 상황, 억양, 표정에 따라 여러 가지 의미를 나타낸다.

Ah! vous arrivez enfin. 아! 마침내 오시는군요. (안도)
Ah! je vous plains sincèrement. 아! 정말 안됐군요. (고통)
Ah! mon fils a réussi! 아! 내 아들이 성공했네!(기쁨)
Ah! vous voilà! 아! 당신이 여기 계셨군요!(놀람)

(2) 감탄사는 감탄부호(!)를 붙이지만 ô는 예외이다.
이 ô는 감탄, 놀람, 분노, 고통, 기쁨, 공포, 애원, 기원 등 여러 가지로 쓰이며, 명사나 대명사 앞에 나온다.

Ô surprise! 아이고 놀래라
Ô mon fille! 오 내 딸아!

(3) 여러 감탄사를 반복 사용할 때는 virgule(,)를 붙이며, 마지막 단어에는 감탄부호를 붙인다.

Ah, Ha! c'est mademoiselle Monique! 아! 하! 모니크 양이구나!

(4) 다른 품사에서 전환된 것들은 본래의 의미를 잃고 새로운 의미를 띠는 일이 많다. 특히 종교적인 의미를 띠고 있던 것이 한탄이나, 욕설 따위로 전환되어 쓰이는 일이 많다.

Dame(←Notre Dame)! 그럼!
Mon Dieu! 맙소사!
Sacrebleu! 제기랄!

제3부

구문론
(Syntaxe)

제3부

구문론

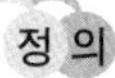

문법 연구 분야 중 하나인 구문론은 문장론이라고도 하며, 낱말이 모여 어떻게 문이나 절을 이루는가를 다루고 있다.

Ⅰ. 문(Phrase)

문(phrase)의 정의는 다양하나, 전통적인 정의로는 보통 한 개 이상의 단어가 모여 일정한 문법 규칙에 따라 배열되어 완전한 의미를 나타낼 때 이를 문이라 한다.

문에는 보통 주어와 동사가 포함되어 있으나, 단어 한 개 만으로도 완전한 의미를 전달할 수 있으면 이를 문으로 본다. 이때는 말하는 이의 태도 즉 억양이나 몸짓 등으로 그 내용을 확실히 한다.

Il chante. 그는 노래를 한다.

Je n'aime pas de chocolat. 나는 쵸코렛을 싫어한다.

Pendant qu'il se baigne, je reste sur la plage.
그가 해수욕을 하는 동안 나는 해변에서 쉬고 있다.

Défense de fumer 금연

Attention! 조심하시오!

1. 단문과 복문

문은 단문(phrase simple)과 복문(phrase composée)이 있다. 한 개의 문장에 동사가 하나면 단문이고, 동사가 여러 개면 복문이다. 그리고 복문에서 그 여러 개의 동사는 각각 절의 근간을 이룬다.

단문은 실질적으로 언어상에서 한 개의 완전한 의미를 표현하는 가장 단순한 집합체를 형성하는데, 바로 이 집합체를 절(proposition)이라고 부른다. 따라서 문(phrase)은 한 개의 절로 이루어지기도하고, 여러 개의 절로 이루어지기도하며, 한 개의 절이 단문을 형성하기도 하며, 여러 개의 절은 복문을 형성한다.

결국 절은 한 개의 동사와 직간접적으로 관계를 가지고 있으면서, 그 동사 앞뒤에서 문장 요소로 이용되는 단어들로 구성되는 집합체이다.

Le chien aboie. 개가 짖는다. (한 개의 절 : 단문)

Cet hommes est grand. 이 남자는 키가 크다. (한 개의 절 : 단문)

J'ai appris la nouvelle à Pierre, qui a été étonné. (2개의 절 : 복문)
내가 피에르에게 그 소식을 알렸더니, 그가 놀랬다.

2. 문의 기본 요소

문을 이루는 기본 요소에는 주어, 동사, 속사, 목적보어, 동작주보어가 있고, 이 밖에 기본 요소를 한정하고 연결해 주는 부수적인 요소들, 상황보어, 한정보어, 한정어, 연결어, 그리고 독립된 요소가 있다.

2.1. 주어(Sujet)

(1) 주어는 문의 주체가 되는 말(또는 어군)로써 주로 대명사 명사, 절, 부정법 등이 사용된다.

Le soleil brille. 해가 빛난다. (명사 주어)

On travaille. 사람들이 일한다. (대명사 주어)

Mentir est honteux. 거짓말은 창피한 거다. (부정법 주어)

Qui a bu boira. 취한 자가 마신다. (절 주어)

㈜ 형용사나 분사 등도 주어가 될 수 있다.
Les vieux passent là. 노인들이 저기 지나가고 있다.
Les blessés sont nombreux. 부상자가 많다.

(2) 주어의 위치

주어는 보통 동사 앞에 온다. 그러나 삽입절, 독립절, 의문문 등에서나 또는 특정한 부사(aussi, ainsi. peut-être 등등)가 문두에 오는 절에서는 주어와 동사가 도치되어 주어가 뒤에 오는 경우도 있다.

Le soleil se lève. 해가 뜬다.

François, dit *Pierre*, quelle heure est-il?
프랑수아, 몇 시지? 하고 피에르가 말한다. (삽입절)

Vive *la Corée*! 대한민국 만세!(독립절)

Où habite *ton camarade*? 네 친구는 어디 살고 있지?(의문문)

Elle s'est blessée à la jambe, aussi est-*elle* absente.
그녀는 다리를 다쳐서 결석을 하였다. (부사 aussi 뒤)

㊟ 문두에 특정부사란 à peine, aussi, aussi bien, ainsi. au moins, du moins, en vain, vainement, peut-être, sans doute 등이며 이런 부사들이 문두에 오는 경우 반드시 도치되는 것은 아니다.
A peine est-il hors de son lit. 그의 침대에서 나오자 마자.
A peine il est hors du lit. 침대에서 나오자 마자.

(3) 주어의 생략

명령문이나 격언, 속담과 같은 문장, 혹은 전보나 일기문에서는 주어를 생략하며, 또한 등위절에서 공통의 주어를 쓸 때는 두 번째 절부터는 주어를 생략한다. 비인칭구문에서도 주어를 생략하는 경우가 종종 있다.

Prends ce taxi. 이 택시를 타라. (명령문)
Lève-toi. 일어나라. (명령문)
Homicide point ne seras. 살인하지 말라. (격언)
Arriverons demain. 내일 도착. (전보문)
Jeanne a dîné et regardé la télévision. 쟌은 저녁을 들고 텔레비전을 보았다. (등위절)
Mieux vaut marcher que de prendre la voiture.
차를 타느니 걸어가는 것이 더 낫다. (비인칭구문)

(4) 진주어와 가주어

비인칭구문에서는 주어로 3인칭 단수 il이나 중성대명사 ce를 사용하는데 이를 비인칭주어(sujet impersonnel)라 한다. 비인칭구문에서는 동사 뒤에 사실상의 주어가 오는 경우가 있는데 이 주어를 진주어(sujet réel)라 하고, 이때의 비인칭주어를 가주어(sujet apparent)라 부른다.

Il pleut. 비가 온다.
Il est défendu de se tromper.
(de se tromper가 진주어) 서로 속이는 것은 금지되어 있다.
Il faut ta signature. (ta signature가 진주어) 네 서명이 필요하다.
Il importe que l'historien soit impartial.
(que l'historien soit impartial이 진주어) 역사가는 공평하다는 게 중요하다.

2.2. 속사(Attribut)

속사는 연결동사(copule, verbe copule)에 의하여 주어의 속성 또는 목적보어의 속성을 나타내는 요소이다. 속사로 쓰일 수 있는 것은 형용사, 명사, 대명사, 부정법, 분사 등이 있으며, 종류로는 주어와 연결된 주어의 속사(attribut du sujet), 목적보어와 연결된 목적보어의 속사(attribut du complément d'objet)가 있다.

(1) 주어의 속사

주어를 이끄는 동사는 être 가 가장 대표적이며 그밖에도 sembler, paraître, devenir, passer pour, tomber 등이 있다. 동사에 따라서 일부동사들은 속사 앞에 전치사를 동반하는 수가 있다.

Je suis *roi*. 짐이 왕이다.

Vous semblez *fatigué*. 당신은 피곤해 보이는군요.

Crier n'est pas *chanter*. 고함치는 것이 노래 부르는 것은 아니다.

Cela passe pour *vrai*. 그것은 사실로 통한다.

(2) 목적보어의 속사

목적보어의 속사는 타동사 appeler, nommer, élire, rendre, juger, trouver 등이나, considérer comme, choisir pour, prendre pour 등처럼 전치사를 동반하는 타동사의 목적보어의 속성을 나타낸다.

Nous avons appelé cette fille '*Blanche Neige*'.

우리는 그 소녀를 '백설공주'라 불렀다.

J'ai trouvé ces tours *magnifiques*. 나는 그 탑들이 멋있다고 생각했다.

On l'a élu *président*. 사람들은 그를 대통령으로 선출하였다.

Vous prendrez Dieu pour *juge*. 당신은 신을 판관으로 삼으시겠지요.

(3) 속사의 위치

원칙적으로 주어의 속사는 동사 다음에, 목적보어의 속사는 목적보어 다음에 오지만, 강조하거나 동사가 생략되어 도치된 경우는 속사가 문두에 오는 경우도 있다.

Il deviendra *médecin*. 그는 의사가 될 것이다.

Il a fait son neveu *héritier*. 그는 조카를 상속자로 정하였다.

Heureux les paysans! 농부들은 행복하여라!

Grande fut sa joie. 그의 기쁨은 컸다.

(4) 속사의 성 수 일치

속사가 형용사나 과거분사이면 관계되는 주어와 성·수를 일치시킨다.

Elles étaient très *jolies*. 그녀들은 매우 아름다웠다.

Je les crois *sincères*. 나는 그들이 진지하다고 생각한다.

Il a jugé la situation *chancelante*. 그는 상황이 불안정하다고 판단했다.

2.3. **동사의 보어**(Complément du verbe)

동사의 보어로는 직접목적보어, 간접목적보어, 동작주보어, 상황보어가 있다.

(1) 목적보어(Complément d'objet)

① 직접목적보어와 간접목적보어가 있으며 둘 다 타동사와 더불어 쓰인다. 차이는 전자는 직접타동사, 후자는 간접타동사와 함께 쓰이는 것인데, 명사가 목적보어로 올 경우에 간접목적보어는 전치사가 그 앞에 오나, 직접목적보어는 전치사 없이 사용되며, 부정법이 직접목적보어로 오면 부정법 앞에 전치사를 쓸 때도 있다. 간접보어 앞에는 전치사 à나 de가 흔히 쓰인다.

La tempête a détruit *la récolte*. (직접목적보어) 폭풍으로 수확이 망쳐졌다.
On doit obéir *à la loi*. (간접목적보어) 법에 따라야 한다.
Il s'est aperçu *de son erreur*. (간접목적보어) 그는 자신의 실수를 알아차렸다.
Elle me défend *d'aller au cinéma*. (직접목적보어)
그녀는 내가 영화관에 가는 것을 막는다.

② 직접 및 간접목적보어를 동시에 취하는 동사들도 있다.

Nous enseignons *le français à ces élèves*. (직접보어 : 간접보어)
우리는 그 학생들에게 프랑스어를 가르친다.
Il a prié *sa femme de partir ensemble*. (직접보어 : 간접보어)
그는 부인에게 함께 떠나자고 간청하였다.
On excite *les deux hommes au combat*. (직접보어 : 간접보어)
사람들이 그 두 남자가 싸우도록 부추긴다.

③ 목적보어는 명사나 부정법일 때 동사 뒤에 온다. 그러나 대명사일 때는 동사 앞에 온다. 단 대명사라도 긍정명령문에서는 동사 뒤에 온다.

J'aime *la musique classique*. (명사 : 동사 뒤) 나는 고전음악을 좋아한다.
J'aurais souhaité *de dîner avec vous*. (부정법 : 동사 뒤)
나는 당신과 저녁을 들고 싶었는데.
Je *vous* conseille de faire ce devoir sans dictionnaire. (대명사 : 동사 앞)
나는 여러분에게 사전 없이 이 숙제를 하도록 충고하는 바입니다.
Avertissez-*le* de venir sans tarder. (긍정명령문 ; 대명사 : 동사 뒤)
그에게 지체 말고 오라고 전하시오.
Ne *m*'en donnez pas. (부정명령문 ; 대명사 : 동사 앞) 내게 그걸 주지 마시오.

④ 간접 및 직접목적보어가 모두 대명사로서 함께 쓰일 때의 위치는 목적보

어의 인칭에 따라 각기 다르다. (제9장 보어인칭대명사의 위치참조)

(2) 동작주보어(Complément d'agent)

동작주보어는 수동태에서 행위를 하는 인물이나 사물을 말하며, 능동태의 주어가 변한 것이다. 동작주보어는 항시 par나 de와 함께 쓰인다.

La Suède était riante et couverte *de fleurs*.
스웨덴은 아름다웠고, 꽃으로 덮여 있었다.
L'accusé est interrogé *par le juge*. 피고가 판사로부터 질문 받고 있다.

(3) 상황보어(Comlpément circonstanciel)

① 상황보어는 동작이나 상태가 이루어지는 다양한 상황을 나타내며 주로 전치사의 유도를 받는다. 주로 동사를 수식해 동사와 관련이 있으나 문장 전체와 관련되는 수도 있다.

Il mange *avec gourmandise*. (동사와 관련) 그는 게걸스럽게 먹는다.
Il n'avait *malheureusement* pas pris son violon. (문장 전체와 관련)
그는 불행히도 자기 바이올린을 갖고 오지 않았다.

② 상황보어가 나타내는 상황은 다양하여 시간, 장소, 원인, 목적, 정도, 결과, 출신, 방법, 대립, 가정 등 여러 가지가 있다.

Je m'y rendrai *dans deux jours*. (시간) 나는 이틀 후에 거기에 갈 것이다.
Il a passé *par le parc*. (장소) 그는 공원을 통해 지나갔다.
Elle a tué *par jalousie*. (원인) 그녀는 질투 때문에 살인을 했다.
Il travaille *pour la gloire*. (목적) 그는 영예를 위해 일한다.
Cela m'ennuie *à la mort*. (정도) 그것 때문에 지루해 죽을 지경이다.
La police l'a pris *au collet*. (방법) 경찰은 그의 목덜미를 잡았다.
Il descend *d'une noble famille*. (기원) 그는 귀족 가문 출신이다.
Il partit *malgré nos avertissements*. (대립) 그는 우리가 알렸는데도 떠나갔다.
Appelez-moi *en cas d'urgence*. (가정) 위급한 경우에는 내게 알리시오.

③ 상황보어의 위치는 동사 뒤에, 목적보어가 있을 경우는 그 뒤에 오는 것이 보통이다. 그러나 상황보어를 강조하기 위해서 혹은 문의 균형을 맞추기 위해서 문두에 오는 경우도 종종 있다.

Le cultivateur sème *avec soin dès le matin*. (동사 뒤)
경작자는 아침부터 정성스럽게 씨를 뿌린다.
Le professeur enseigne français *sur l'estrade*. (목적보어 뒤)
선생은 교단 위에 서서 프랑스어를 가르친다.
Demain, dès l'aube je partirai. (강조 ; 문두) 내일 나는 새벽부터 출발하리라.

3. 문의 부속 요소

3.1. 한정어(Déterminant)와 기타 보어(Complément)

한정어는 한 문장의 주요 요소는 아니지만 주어나 목적어로 쓰이는 명사, 대명사 등의 요소를 수식·한정해 주는 역할을 한다. 보어 역시 동사의 보어만 있는 것이 아니라 한정보어를 비롯해 형용사를 보충해 주는 형용사의 보어, 부사를 보충해 주는 부사의 보어, 전치사를 보충해 주는 전치사의 보어 등 여러 가지가 있다.

(1) 명사의 한정어(Déterminant du nom)

명사 한정어란 명사 앞이나 뒤에서 한정 수식해 주는 단어들을 말한다. 명사는 실질적으로 단독으로 문장에서 쓰이는 경우는 거의 없으며 다른 단어들에 의해 한정 수식되어 그룹을 이루어 쓰인다. 관사라든가 품질형용사 비품질형용사(소유형용사, 지시형용사, 수형용사, 의문형용사, 감탄형용사, 부정형용사) 등은 명사의 한정어 역할에 필수적 요소로 쓰이고 있다.

① 관사는 명사 앞에서 가장 많이 쓰이는 명사 한정어이다.

Le pain 빵(관사)

Les chapeaux sont noirs. 모자는 검은 색이다. (관사)

② 품질형용사는 명사 앞뒤에서 수식해주는 명사 한정어 역할을 한다. 그리고 품질형용사로서 명사를 수식해 주는 한정어로 쓰는 형용사를 특별히 부가어 혹은 부가형용사(épithète, adjectif épithète)라 부른다.

Rends-moi mon *vieux* dictionnaire. (품질형용사)

내게 낡은 내 사전을 돌려다오.

③ 비품질형용사도 명사 앞에서 한정어로써 주요한 역할을 한다.

Ne mets pas *ce* manteau. 이 외투를 입지 말아라. (지시형용사)

On n'a que *deux* bras. 사람은 팔이 두 개뿐이다. (수형용사)

Quelle pièce aimez-vous? 당신은 어떤 작품을 좋아하지요?(의문형용사)

Quel beau temps! 날씨가 좋기도 해라!(감탄형용사)

④ 동격(apposition)

명사, 대명사, 부정법, 절 등이 명사 옆에 놓여 그 명사를 규정하거나 지칭함으로써 명사 한정어의 역할을 한다.

Un garçon *prodige*. 신동인, 한 아이(동격)

Il désire une seule chose, *réussir*. 그는 유일한 것, 성공을 원한다. (동격)

㈜ 다른 한정어는 대체로 수식하는 명사 앞에 쓰이지만, 부가어로 쓰인 품질형용사는 의미에 따라 그 위치, 즉 명사 앞이나 뒤가 정해지므로 그 위치를 유의해야 한다.
un *joli* chat *noir* 예쁜 검정 고양이
mon *vieil* ami *français* 나의 옛 프랑스 친구

⑤ 한정보어(Complément déterminatif)

명사, 대명사, 부정법, 부사, 절 등이 전치사 혹은 접속사를 동반하여 명사에 종속되어 쓰임으로써 그 명사의 의미를 제한시키는 역할을 하는데 이것을 (명사의)한정보어라 한다. 한정보어의 의미는 공간 장소, 도구, 물질, 정도, 시간, 기원 등으로 아주 다양하다.

Paris est la capitale *de France*. 파리는 프랑스의 수도다. (공간)
La bataille *d'Austerlitz*. 오스터리쯔 전투(장소)
Les hommes *d'autrefois*. 옛날 사람들(시간)
Une promenade *à pied* 도보로 산책함(수단)
La voiture *de mon père* 나의 아버님의 차(소유)
La joie *de vivre* 삶의 기쁨(부정법이 한정보어 역활)
C'est un homme *que je connais depuis longtemps*.
이 분은 내가 오래 전부터 알고 있던 분이다. (절이 한정보어 역할)

㈜ 부사도 명사의 한정어가 되기도 한다.
La note *ci-dessous* 아래의 주해

(2) 대명사의 한정어(Déterminant du pronom)

대명사도 그 뜻을 한정시키거나 정확하게 하기 위해 다른 단어들과 절을 동반해 한정된다.

① 일부 경우에 관사가 대명사를 한정한다.
J'achèterai *l'*autre. 다른 것을 사겠다.

② 일부 경우에 품질 형용사나 과거분사가 대명사를 한정한다.
Quoi *de nouveau*? 뭐가 새로워?

③ 일부 경우에 수형용사 부정형용사가 대명사를 한정한다.
Nous *deux*. 우리 둘
Nul *autre* ne l'a dit. 어떤 누구도 그것을 말하지 않았다.

④ 동격
Moi, *héron*, qu'est-ce que je dois faire? 영웅인 나, 무엇을 해야 하냐?

⑤ 한정보어
Chacun *de nous* a pu le voir. 우리들 각자가 그것을 볼 수 있었다.

⑥ 절

Ceux *qui vivent* luttent. 살아 있는 사람들이 투쟁한다.

(3) 형용사의 보어(Complément de l'adjectif)

명사, 대명사, 부정법, 부사, 절 등이 전치사 혹은 접속사를 앞에 동반하여 명사 뒤에 놓여 그 명사에 종속되어 한정보어 역할을 하는 것과 같이 형용사에 종속되어 형용사를 보충 수식 한정 역할을 하는 것이 형용사의 보어다.

Un homme désireux *de gloire* 영예를 갈망하는 사람

Un homme habile *dans son métier* 직업에서 유능한 사람

Un vase plein *d'eau*. 물로 가득한 물병.

Un homme *très* actif, 아주 활동적인 남자.

(4) 부사의 보어(Complément de l'adverbe)

부사가 다른 부사나 전치사를 동반한 명사 대명사 등에 의해 보충 수식되는데, 이때 부사를 보충 수식하는 다른 부사나 명사, 대명사 등을 부사의 보어라 한다.

Il y avait beaucoup *de cavaliers*. 많은 기병이 있었다.

(5) 전치사의 보어(Complément de la préposition)

J'écrirai aussitôt après *votre départ*. 당신의 출발 후 곧 편지 쓰겠다.

3.2. **연결어**(Mot de liaison)

문의 여러 요소들을 서로 결합해 주는 낱말을 연결어라 하며 접속사와 전치사가 이 역할을 한다.

(1) 접속사는 단순히 단어와 단어 사이를 연결하기도 하지만 절과 절을 연결하기도 한다.

Il est ami fidèle *et* loyal. (단어 사이 연결) 그는 충실하고 좋은 친구이다.

Mon père est grand *mais* ma mère est petite. (절 사이 연결)
나의 아버님은 키가 크지만 어머님은 작으시다.

(2) 전치사는 동사와 목적보어 사이를 연결해 주기도 하며, 상황보어 혹은 한정보어를 이룰 때도 쓰인다.

On tient *aux* honneurs. 사람들은 명예에 집착한다. (동사와 간접목적보어)

une invitation *au* voyage 여행에의 초대(명사의 보어)

une conduite digne *d'*eloges 칭찬을 받을 만한 행동(형용사의 보어)

contrairement *à* son habitude 자신의 습관에 어긋나게(부사의 보어)

3.3. 독립어(Mot indépendant)

문의 주요소나 부요소와는 문법적인 아무런 관련 없이 독립하여 쓰인 말이다. 대체로 간투사와 호격을 나타내는 말이 여기에 속한다.

Silence! Le professeur va entrer. 조용해! 선생님이 들어오신다.

Pierre! que tu es gentil! 피에르! 친절하기도 하지!

4. 문장 구문

4.1. 문장 형식

문장 형식은 다양하다. 문장에서 단어를 어떻게 배열해 놓고 쓰는가하는 것은 언어의 본질적인 성질인 습관에 달렸다. 프랑스어에서 습관적으로 잘 쓰고 있는 기본 문장 형식은 다음과 같다.

주어 + 자동사

Le soleil brille 태양이 빛난다.

주어 +(연결)동사 + 속사

Il est jeune

주어 + 타동사 + 목적보어

Cet homme aime l'arbre 이 남자는 나무를 사랑한다.

주어 + 동사 + 상황보어

Le soleil descend à l'horizon 태양이 지평선에 지고 있다.

특히 주어 + 타동사 + 목적보어 순서로 쓰이는 문장 형식은 프랑스어에 있어서 직접목적보어를 필요로 하는 동사와 간접목적보어를 필요로 하는 동사가 있다. 특히 간접목적보어를 필요로 하는 동사 다음에는 전치사가 습관적으로 따라옴으로 문형에 주의하여야 한다

그리고 또한 간접 목적보어를 필요로 하는 문장에 전치사가 동사 다음에 따라옴으로써 주어 + 동사 + 상황보어 순서로 쓰이는 문장과 주의 깊게 구별할 필요가 있다.

Pierre sourit à *Marie*. 피에르가 마리에게 웃는다. (주어 + 동사 + 간접목적보어)

Pierre va *à l'école*. 피에르가 학교에 간다. (주어 + 동사 + 상황보어)

Jean manque d'*argent*. 장은 돈이 부족하다. (주어 + 동사 + 간접목적보어)

Il joue *de la guitare*. 그가 기타를 친다. (주어 + 동사 + 상황보어)

4.2. 도치(inversion)

도치는 단어들의 습관적인 순서를 뒤집는 것이다. 그래서 주어, 속사, 동사의 보어, 한정보어, 형용사의 보어 등이 습관적인 문형에서 벗어나 다른 위치에 자리 잡아 문형이 형성된다.

특히 시에서 많은 도치가 이루어지고 있다.

As-tu compris? 너 이해했니?

Qui ton frère *a-t-il* rencontré? 네 형은 누구를 만났니?

Grande fut *ma surprise*. 내 놀라움이 크구나.

4.3. 강조

문장의 어떤 한 요소를 특별히 강조하기 위해서, 도입사(présentatif) c'est… qui 혹은 c'est… que 방식으로 문장 요소를 강조하거나, 강조할 요소를 문장 앞으로 놓고 다시 대명사로 다시 지시하는 방법 등으로 강조하고 있다.

Cet homme, je l'admire beaucoup. 이 사람, 나는 그를 아주 칭송한다.

Elles sont enfin là, *ces vacances*. 결국 바캉스구나.

C'est *ta mère* qui me l'a dit. 나에게 그것을 말했던 사람은 바로 자네 엄마야.

C'est *demain* qu'il le rencontre. 그가 그를 만나는 게 바로 내일이다.

5. 문의 종류

문은 보통 구성상 단문(Phrase simple)과 복문(phrase composée))으로 나누고, 내용상 평서문(phrase énonciative), 의문문(phrase interrogative), 감탄문(phrase exclamative), 명령문(phrase impérative)으로 구분한다.

(1) 평서문(Phrase énonciative)

어떠한 사실을 긍정 혹은 부정적으로 나타내는 문장이다.

La lumière se propage en ligne droite. 빛은 직진한다.

La mort ne surprend point le sage. 현자는 죽음을 두려워 않는다.

(2) 의문문(Phrase interrogative)

의문을 나타내는 문장으로 긍정의문문과 부정의문문이 있다. 또한 의문사 있는 의문문과 의문사 없는 의문문으로 나누기도 하고, 직접의문문과 간접의문문으로 나누기도 한다.

As-tu content? 너 만족하니?(긍정의문문)

N'as-tu pas content? 너 만족 안하니?(부정의문문)

Comment va votre mère?(의문사 있는 의문문) 어머님은 어떻게 지내시지요?

Tu as balayé l'escalier? 계단을 쓸었느냐?(의문사 없는 의문문)

Quelle heure est-il? 몇 시입니까?(직접의문문)

Dis-moi quelle heure il est. 몇 시인지 말해 주게. (간접의문문)

(3) 감탄문(Phrase exclamative)

기쁨, 놀라움, 고통 등의 감탄을 나타내는 문장으로 보통 que, comme combien 등으로 유도되지만 단어 한 개, 혹은 평서문, 의문문 등도 감탄을 나타내는 수가 있다.

Partir! 떠나다니!

La sotte réponse! 어리석은 답변이구나!

Quelle chaleur! 이 무더위라니!

Que(comme) vous êtes charmant! 정말 멋있군요!

C'est bien fait! 이제 됐다!

Quoi! déjà vous songez à me quitter? 뭐라고요! 벌써 나와 헤어질 생각을 하시나요?

(4) 명령문(Phrase impérative)

명령을 나타내는 문장으로 보통 명령법을 써서 나타내고, 직설법이나 접속법 (3인칭 명령), 부정법 또는 명사로도 명령을 나타낼 수 있다.

Partez tout de suite! 즉시 떠나시오!

Finissons vite ce travail! 빨리 이 일을 끝내시오!

Que personne ne sorte. 아무도 내보내지 말아라.

Ne pas se pencher au dehors. 밖으로 몸을 내밀지 말 것.

Voulez-vous asseoir? 앉으십시오.

Courage! 용기를 내라!

Ⅱ. 절(Proposition)

절(proposition)은 동사를 중심으로 문장 요소인 주어, 보어, 속사 등이 모여 완전한 의미를 나타내면서 문장의 일부 또는 전부를 구성한다. 즉 단문과 복문을 구성시킨다.

J'ai payé et je suis parti. 나는 지불을 하고 떠났다.

Il a peur que vous ne l'abandonniez. 그는 당신이 자기를 버릴까 봐 걱정한다.

❖ 절의 종류

단문은 하나의 동사를 중심으로 문의 요소들이 모여 이루어진 것이고 복문은 두 개 이상의 절이 모여 이루어진 문장이다. 절의 종류면에서 보면 단문은 독립절(proposition indépendante)이고, 복문은 독립절, 주절, 종속절이 둘 이상씩 모여 문장을 이룬다. 복문 중 둘 이상의 독립절이 등위접속사로 연결되어 있으면 이를 등위절(proposition coordonnée)이라 하고, 독립절들이 연결 없이 이어져 있으면 병렬절(proposition juxtaposée)이라 한다. 종속절은 보통 종속접속사나 관계대명사, 의문사 등의 다음에 오며 반드시 주절과 관련해서만 쓰인다.

절은 절 상호간의 관계로 보아 독립절, 종속절, 주절, 삽입절로 나눈다.

Il fait beau. 날씨 좋다. (단문 : 독립절)

L'éclair brille et le tonnere gronde. (복문 : 등위절) 번개가치고 천둥이 울린다.

Cette nouvelle avait abattu son courage ; il restait calme.

(복문 : 병렬문) 이 소식 때문에 그는 용기가 꺾였고, 조용히 있었다.

Je sait qui vous êtes. (복문 : 주절과 종속절) 나는 당신이 누군지 안다

1. 독립절(Proposition indépendante)

다른 절에 종속되지도 않고 종속시키지도 않으며 그 자체로 충분한 절을 일컫는다. 단문 중에 주어·동사를 모두 갖춘 것은 독립절이다. 복문 중에서 등위접속사로 연결되지 않고 늘어선 병렬절 역시 둘 이상의 독립절이 모인 것이다.

Il se promène. 그는 산책하고 있다. (단문)

L'hiver vient de fuir et le printemps va commencer. (등위절)

혹독한 겨울이 가고 봄이 오려 한다.

Il faisait très froid ; personne ne sortait de chez soi. (병렬절)

그 날 저녁은 몹시 추워서 아무도 집에서 나오지 않았다.

2. 삽입절(Proposition incise)

독립절과 비슷하며, 문 중간에 끼어 문의 설명을 돕거나 화자를 명시한다. 주로 간단한 문장으로 되어 있으며 주어, 동사는 도치 된다.

Venez voir mon bazar ; *lui dit-il*, vous serez étonné de tout ce que je

possède.
내 상점을 구경하러 오십시오, 내가 갖고 있는 걸 모두 보고 놀랄 것입니다 하고 그가 그에게 말한다.
Vous devez, *je le répète*, apprendre à cœur la conjugaison des verbes principaux : 되풀이 하지만, 당신은 중요한 동사 변화를 외워야합니다.

3. 주절(Proposition principale)

하나 이상의 종속절을 내포하고 있는 절을 말한다.

Je crains qu'on ne me trompe. 사람들이 나를 속일까 봐 두렵다.
Que dira-t-il quand il rentrera? 그가 돌아와서 뭐라고 말할까요?

4. 종속절(Proposition subordonnée)

주절에 종속되어 그 절의 의미를 보충해 주는 절을 말한다.

4.1. 종속절의 분류

종속절은 분류하는 방법이 여러 가지 있다.

(1) 형태에 따른 분류 : 종속절을 이끄는 종속사의 유무에 따라 나눈다.

① 접속사절(Proposition conjonctive) : 접속사가 유도함
② 관계사절(Proposition relative) : 관계대명사가 유도함
③ 의문사절(Proposition interrogative) : 의문사가 유도함
④ 부정법절(Proposition infinitive) : 종속사가 없음
⑤ 분사절(Proposition participe) : 종속사가 없음

L'or est précieux *parce qu'il est rare.* (접속사절)
금은 귀하기 때문에 값지다.
Il a besoin d'un secrétaire *qui puisse travailler le soir.* (관계사절)
그는 저녁에 일할 수 있는 비서가 필요하다.
Dis-moi *pourquoi tu rentres si tard.* (의문사절)
왜 그렇게 늦게 귀가하는 건지 말해라.
Les voyageurs y sont allés voir *le soleil se lever.* (부정법절)
여행객들은 해가 뜨는 것을 보러 그 곳에 갔다.
Le spectacle terminé, la salle se vide. (분사절)

연극이 끝나면 관람석은 텅 빈다.

(2) 기능에 따른 분류 : 문법상의 기능에 따라 분류하면 다음과 같다.[39]

① 명사절(Proposition substantive) 혹은 보어절(Proposition complétive)
명사처럼 주어, 목적보어, 속사, 동격, 형용사나 부사의 보어로 쓰인다.

② 형용사절(Proposition adjective) 혹은 관계사절(Proposition relative)
주로 형용사의 기능으로 쓰인다.

③ 부사절(Proposition adverbiale) 혹은 상황절(Proposition circonstancielle)
부사나 상황보어의 기능을 갖는 종속절로서 원인, 목적, 시간, 장소, 조건, 결과 등을 나타낸다.

Je vois *que vous avez encore fait erreur*. (명사절 : 목적보어)
보건데 당신은 여전히 잘못을 저지르고 있다.
Son cocher, *qui était ivre*, s'assoupit tout à coup. (형용사절)
취해 있던 그의 마부는 갑자기 졸았다.
Je viendrai *après que cette affaire aura été réglée*. (부사절 : 시간)
나는 이 일이 정리된 후에야 돌아올 것이다.

4.2. **명사절**(Proposition substantive)

(1) 명사절은 보통 접속사 que 로 유도되는 접속사절(이따금 de ce que나 à ce que 로 유도되는 것도 있음), 부정법절, 의문사로 유도되는 간접의문사절이 있다.

(2) 명사절은 명사처럼 여러 역할을 하는데 주어 목적보어, 속사, 동격, 보어(명사나 형용사, 부사 등의 보어) 등으로 쓰인다.

① 주 어
보통 que로 시작하는 접속사절이나 의문사절이 주어로 쓰인다.
Il est désirable *qu'il vienne*. 그가 왔으면 좋겠다. (접속사절 : 진주어)
Ce que j'ai été pendant la guerre importe peu. (의문사절)
전시에 내 신분이 무엇이었는지는 별로 중요하지 않다.

② 목적보어
접속사절이나 부정법절, 의문사절이 모두 목적보어로 쓰인다.

39) 이 밖에도 문의 요소와 같은 기능별로 주어절, 속사절, 목적보어절, 한정절, 상황보어절처럼 나누기도 한다.

J'attends *qu'il arrive*. (que 접속사절) 나는 그가 도착하기를 기다린다.

J'entends *mon enfant bouger auprès de moi*. (부정법절)

나는 아이가 내 곁에서 부스럭거리는 소리를 듣고 있다.

J'hésitais *si j'accepterais l'invitation*. (의문사절)

나는 초대를 받아들일 것인가 주저하였다.

③ 속사

que로 시작하는 접속사절이 이에 속한다.

Mon opinion est *qu'il a tort*. (접속사절 : 주어의 속사)

내 의견은 그가 틀렸다는 것이다

④ 동격

que로 시작하는 접속사절이나 의문사절이 이 기능을 한다.

Elle ne demandait qu'une grâce, *qu'il revînt de temps en temps*. (접속사절)

그녀는 그에게 이따금 다시 와 달라는 부탁만 하였다.

A une question de Marthe, *s'il avait beaucoup de nouveaux arrivés*, il eut un rire bruyant. (의문사절)

새로 도착한 사람이 많으냐는 마르트의 질문에 그는 소리 내어 웃었다.

⑤ 보어

접속사절이 이 역할을 하며 명사, 형용사, 부사의 보어 역할을 한다.

Il est faux que nous soyons dignes *que les autres nous aiment*.

우리가 타인의 사랑을 받을 만하다는 것은 거짓이다. (형용사의 보어)

4.3. **형용사절**(Proposition adjective)

(1) 형용사절은 관계대명사나 관계부사로 유도되는 것이 보통이다.

(2) 형용사절은 형용사적 기능(한정보어) 이외에 명사절처럼 쓰여 명사가 갖는 기능(주어, 속사, 목적보어 등)도 있고 상황보어적 기능도 가진다.

① 형용사적 기능(한정보어)

Le journaliste *de qui je tiens ce renseignement*…

내가 이 정보를 받아 낸 신문기자…

Je voudrais des élèves *qui fassent un effort*. 나는 노력하는 학생을 원한다.

② 명사적 기능

Qui vole un œuf vole un bœuf. 바늘 도둑이 소 도둑(주어)

Il n'a pas *où se reposer sa tête*. 그는 쉴 곳이 없다. (목적보어)

③ 상황보어적 기능

Voici le journal *dans lequel j'ai lu ce récit.* (장소)
내가 이 이야기를 읽은 신문이 여기 있군.
Les soldats, *qui ne s'étaient pas sauvés*, furent faits prisonniers. (원인)
도망치지 못했기 때문에 병사들은 포로가 되었다.

4.4. 부사절(Proposition adverbiale)

(1) 부사절로 쓰이는 것에는 접속사절, 부정법절, 분사절이 있으며, 관계사절도 쓰이는 수가 있다.

(2) 부사절은 부사나 상황보어의 여러 기능을 갖는다.

① 시간

주로 quand, lorsque, alors que, comme, pendant que, après que 같은 접속사로 유도되나, 분사절도 시간을 나타낸다.
Quand il paraît, le groupe l'applaudit. (접속사절)
그가 나타나자 단원들은 손뼉을 쳤다.
Le matin venu, l'inconnu descendit dans une gare allemande. (분사절)
아침이 되고, 어느 독일 역에 낯모르는 이가 내렸다.

② 원인

주로 parce que, puisque, à cause que, vu que 같은 접속사로 유도된다.
Pierre a étè puni *parce qu'il bavardait sans cesse*. (접속사절)
피에르는 계속 지껄여 대서 벌을 받았다.

③ 목적

pour que, afin que, de peur que, de crainte que와 같은 접속사로 유도된다.
La rue est faite *pour qu'on y passe*, mes enfants. (접속사절)
얘들아, 길은 지나다니라고 만들어 논 것이다.

④ 결과

대부분 que로 유도되며 주절에는 정도를 나타내는 표현이 온다.
si ~ que, trop(assez) ~ que, tellement ~ que, de façon que ~
Il s'est déjà trompé *de fois qu'on ne accordera aucun crédit*. (접속사절)
그는 벌써 여러 번 틀려서, 사람들은 조금도 그를 신용하지 않을 것이다.

⑤ 조건

si로 주로 유도되나, 그 밖에 que, quand, à moins que, pourvu que, supposé que 와 같은 접속사로 유도되며, 분사절도 조건을 나타낸다.

Si tu faisais cela, je te haïrais. (접속사절)
만일 네가 그걸 한다면, 난 너를 증오할 테다.
Vienne le printemps, la nature reverdira. (분사절)
봄이 오면, 자연은 다시 푸르러지리라.

⑥ 양보

bien que, quoi que, malgré que, encore que, quand même 등으로 유도되며, 분사절이나 관계사절도 양보의 뜻을 나타낸다.

Bien qu'il eût une forte fièvre, il sortit. (접속사절)
그는 열이 심했지만 외출하였다.
Ces guerriers, *en étant moins polis*, n'en étaient pas moins grands.
(제롱디프) 이 전사들은 예의바르지 못하지만, 그래도 역시 위대하다.

⑦ 비교

plus que, moins que, plutôt que, comme 등과 같은 접속사로 유도된다.

J'imaginais cette ville beaucoup *plus* sombre *qu'elle n'est*. (접속사절)
나는 이 도시를 실제보다 훨씬 더 어둡다고 생각하였다.
Elle descendit l'escalier *comme on fuit un incendie*. (접속사절)
그녀는 화재를 피해 나오듯 계단을 내려왔다.

⑧ 추가

outre que, sans compter que 등의 접속사로 유도된다.

Outre que votre père vous le commande, l'honneur vous y oblige. (접속사절)
당신 아버님이 그것을 요구하시지만 그 밖에도 명예가 당신으로 하여금 그걸 하도록 강요한다.

⑨ 제한

excepté que, sauf que, hors que, sinon que 등의 접속사로 유도된다.

Ils se ressemblent parfaitement, *excepté que l'un est plus grand que l'autre*. (접속사절)
그들은 한 사람이 다른 사람보다 더 크다는 점을 빼놓고는 아주 똑같이 닮았다.

4.5. 기타 종속절

(1) 분사구문 절

동사의 현재 분사나 과거분사를 가지고 절을 형성한 것을 말한다. 분사구문은 긴 형태의 절을 짧은 형태로 문장을 간략히 해주면서 간단명료하게 글을 이끄는 장점을 준다.

현재분사, 과거분사 복합형[40]	능동적인 뜻
과거분사	수동적인 뜻

Le tempête menaçant, il est néanmoins parti.
폭풍우가 위협하는데도, 불구하고 그는 출발했다.
Lui prenant la main, il le regarde affectueusement.
그의 손을 붙잡고 그는 정답게 그를 보았다.
Ce monument fut bâti en 1840, *Louis Philippe 1er étant roi des Français.*
루이 필립 1세가 프랑스 국왕이었을 때인, 1840년에 이 기념물은 세워졌다.
Le beau temps revenu nous avons continué le chemin.
날씨가 좋아지자, 우리는 계속해서 걷기 시작했다.
un portefeuille ayant appartenu à mon père
나의 아버지 소유였던 지갑

(2) 부정법 절

부정법 앞에 의미상의 주어(고유주어)가 나옴으로써, 특히 명확한 절을 형성하는데 부정법을 목적보어로 취하는 동사가 주동사일 때 그러하다.

Je vois *Pierre donner une aumône.*
나는 피에르가 동냥을 주는 것을 본다.
Je vois *le moment du départ approcher.*
나는 출발 시기가 닥아 왔음을 안다.

Ⅲ. 시제 일치와 화법(Concordance des temps dt discours)

1. 시제 일치(Concordance des temps)

문장에서 종속절의 시제는 주절의 시제와 밀접한 관계가 있는데, 이미 직설법, 조건법, 접속법 등의 여러 시제에서 시제일치를 보아 왔으나, 여기서 종합적으로 정리하여 살펴보면 다음과 같다.

40) 과거분사 복합형은 문법에서 분류를 '과거분사 복합형'으로 과거분사로 명칭하고 있으나, 그 명칭과는 달리 과거분사로서 용법은 없으며, 실질적으로는 현재분사의 그것에 준함으로 주의를 요한다.

(1) 종속절에 직설법을 쓰는 경우

주절의 동사시제	종속절의 동사시제	주절에 대한 종속절의 시제의 의미
직설법 현재 또는 미래 조건법 현재	현재	현재 또는 현재진행
	단순미래	미래
	전미래	미래(완료)
	복합과거	과거 또는 현재완료
	단순과거	과거
	반과거	과거 또는 과거진행
	대과거	과거(완료)
	전과거	과거
직설법 과거 조건법 과거	반과거	주절과 같은 시제(과거에 있어서 현재)
	대과거	주절보다 과거 시제(과거에 있어서 과거)
	전과거	주절보다 과거 시제(과거에 있어서 과거)
	복합과거	주절과 같은 시제(과거에 있어서 현재)

Il dit qu'il m'aime. 그가 나를 사랑한다고 말한다.
Il dit qu'il m'aimait. 그가 나를 사랑했다고 말한다.
Il a dit qu'il m'aimait. 그가 나를 사랑한다고 말했다.
Il a dit qu'il m'avait aimé. 그가 나를 사랑했었다고 말했다.
On eût cru qu'il s'agissait au moins des Etats-Unis.
적어도 사람들은 미국에 관한 것이라고 생각했을 것이다.

(2) 종속절에 조건법을 쓰는 경우

주절의 시제	종속절의 시제	주절에 대한 종속절 시제의 의미
조건법 현재	조건법현재	주절과 같은 시제(현재)
	조건법과거	주절보다 과거 시제(과거)
조건법 과거	조건법과거	주절과 같은 시제(과거 : 법으로써 용법)
직설법 현재 또는 미래	조건법현재	주절과 같은 시제(현재 또는 미래)
	조건법과거	주절보다 과거 시제(과거)
직설법 과거 조건법 과거	조건법현재	종속절에서 미래를 뜻함(과거에서 미래)
	조건법과거	종속절에서 전미래를 뜻함(과거에서 전미래)

Au cas où je n'aurais pas assez d'argent, je passerais à la banque.
충분히 돈이 없을 경우엔, 은행에 갈꺼야.
Au cas où j'aurais déjà vu ce film, je changerais de salle.
내가 이 영화를 이미 보았을 경우엔, 극장을 바꾸지.
J'aurais voulu qu'elle partirait le lendemain.
나는 그녀가 다음날 떠나기를 원했었는데.

Quand(bien même) vous insisteriez encore, je n'accepterais pas.
설사 당신이 다시 간청한다 해도 나는 수락하지 않을텐데요.
Quand elle l'eût voulu, elle n'eût pas pu.
설사 그녀가 그것을 원했다 해도, 그녀는 할 수 없었을 거다.
Il faut résister, quand même on devrait succomber à la fin.
마지막에 죽어야한다 할지라도 견뎌야한다.

(3) 종속절에 접속법을 쓰는 경우

주절의 동사 시제	종속절의 시제	주절에 대한 종속절 시제의 의미
직설법 현재 · 미래	접속법 현재	종속절에서 현재 · 미래를 나타냄
	접속법 과거	종속절에서 과거를 나타냄
	접속법반과거	종속절에서 현재를 나타냄 (조건을 의미하는 문이 보통 따라옴)
	접속법대과거	종속절에서 과거를 나타냄 (조건을 의미하는 문이 보통 따라옴)
직설법 과거	접속법반과거	주절의 시제와 같은 시제 또는 미래 (과거에 있어서 현재 · 미래)
	접속법대과거	주절의 시제보다 과거를 나타냄 (과거에 있어서 과거)
조건법 현재	접속법반과거	주절의 시제와 같은 시제 또는 미래를 나타냄(현재 또는 미래)
	접속법대과거	주절의 시제보다 과거를 나타냄 (현재에 있어서 과거)
조건법 과거	접속법반과거	주절의 시제와 같은 시제 또는 미래 (과거에 있어서 현재 · 미래)
	접속법대과거	주절의 시제에 대해 과거를 나타냄 (과거에 있어서 과거) ㊟ 조건법과거 제2형으로써 용법은 주절과 같은 시제임(조건법 참조)

Il faut que vous partiez tout de suite. (demain) 즉시(내일)떠나야 한다.
Je ne crois pas qu'il ait parti hier. 나는 그가 어제 떠났다고 믿지 않는다.
Elle souhaite qu'il dorme. 그녀는 그가(지금, 내일) 잠자기를 원한다.
Elle souhaite qu'il ait dormi. 그녀는 그가(과거에) 잠잤기를 원한다.
Je ne crois pas qu'il entreprît cette affaire(s'il n'etait pas sûr de réussir).
(그가 성공하는 것이 확실치 않다면)그것을 도모할 리가 없다고 믿는다.
→Je ne crois pas qu'il entreprendrait cette affaire(s'il n'etait sûr de réussir)
Je ne crois pas qu'il eût entrepris cette affaire(s'il n'avait été sûr de réussir)
(그가 성공하는 것이 확실치 않았다면)그것을 도모했을 리가 없다고 믿는다.

→Je ne crois pas qu'il aurait entrepris cette affaire(s'il n'avait été sûr de réussir).

Elle souhaitait qu'il dormît.

그녀는 그가(그때에, 더 나중에) 잠들기를 원했었다.

Elle souhaitait qu'il eût dormi. 그녀는 그가(그 이전에) 잠들기를 원했었다.

Il faudrait qu'il chantât. 그가(현재, 또는 미래에) 노래해야 하는데.

Il désirerait que j'eusse déjà fait son portrait.

그는 내가 그의 초상화를 이미(과거에)그렸기를 원할 텐데. (현재 원하는 것보다 이전에 이미 그렸어야함)

Il aurait fallu qu'il chantât. 그가 노래를 했었어야 하는데.

Il aurait désiré que j'eusse déjà fait son portrait.

그는 내가 이미 그의 초상화를 (그 이전에) 그려놓았기를 원했었을 텐데. (과거에 원했을 때보다 그 이전에 이미 그렸어야 함)

2. 화 법(Discours)

자신이나 다른 사람의 말 또는 생각을 전달하는 것을 화법이라 하는데 그 전달 방법에 따라 직접화법(discours direct), 간접화법(discours indirect), 자유간접화법(discours indirect libre), 세 가지로 나눈다.

2.1. 화 법

(1) 직접화법(discours direct)

사람의 말 또는 생각을 직접 옮기는 화법으로 보통 인용부호가 온다.

Son mari lui dit un soir : - Qu'as-tu? Voyons, tu es toute drôle depuis trois jours. (Maupassant)

그녀의 남편이 어느 날 저녁 그녀에게 말했다. - 무슨 일이야? 이봐, 당신 요 사흘 전부터 이상해.

(2) 간접화법(discours indirect)

사람의 말이나 생각을 그대로 직접 전달하지 않고 그 내용만을 화자의 말 형식으로 고쳐 간접적으로 전달하는 방식을 말한다. 직접화법에서 간접화법으로 바꿀 때는 인칭, 동사의 법과 시제, 부사, 소유형용사 등 여러 요소가 바뀌므로 주의해야 한다.

Il m'a dit qu'il me plaignait. 그는 나를 동정하고 있다고 말했다.

Déjà il se demandait s'il irait chercher refuge en Espagne ou en Écosse.

그는 도피처를 구하려 스페인으로 갈 것인지 스코틀랜드로 갈 것인지를 이미 생각하고 있었다.

(3) 자유 간접화법(discours indirect libre)

사건의 서술을 명료하게 부각시키기 위한 화법으로서 형성방법은 간접화법의 주절 부분과 접속사, 예컨대 Je pense que, Je me demande si 등을 생략하고 종속절 부분을 독립절 형태로 나타내는 것이다. 따라서 자유간접화법을 다시 간접화법으로 환원시키자면 주절 주어와 동사 dire, penser, demander 등에 qui, si 등의 접속사를 그 앞에 첨가하면 된다.

간접화법의 주절을 삭제함으로서 이 화법은 서술에 있어서의 직접성, 생동감, 현장성 등을 보다 강하게 표현해 준다. 문어체, 특히 지이드, 카뮈 등의 현대 프랑스 작가들이 많이 사용하였다.

J'avançais incertain : entrerais-je? ou ne repartirais-je pas plutôt sans l'avoir vue, sans avoir cherché à la voir?(A. Gide)
나는 어정쩡하니 앞으로 나아갔다. 들어갈 것인가? 아니 그녀를 만나 보지도 않고, 그녀를 만나려고 애쓰지도 않고 다시 떠나버리면 안되지 않을까?

2.2. 직접화법 간접화법의 시제 일치

(1) 직접화법에서 간접화법으로 바꾸어 쓰려면, 주절 동사에 따라 종속절의 시제가 바뀌어야 함으로, 동사 시제를 다음과 같이 바꾸어 써야 한다.

주절의 동사	직접화법	간접화법
직설법 현재 미래	현재	현재 그대로 씀
	과거	과거 그대로 씀
	미래	미래 그대로 씀
	명령법	부정법현재로 바꿈
직설법 과거	현재	반과거로 바꿈
	과거	대과거로 바꿈
	미래	조건법현재로 바꿈
	명령법	부정법으로 바꿈
	조건법현재	조건법현재 그대로
	조건법과거	조건법과거 그대로

Il dit : "J'étais heureux." 그는 말한다. "나는 행복했었다."
→ Il dit qu'il étais heureux. 그는 행복했다고 말한다.
Il me dit : "Soyez heureux." 그는 나에게 말한다. "행복해라."
→ Il me dit d'être heureux. 그는 내게 행복하라고 말한다.
Il a dit : "Je serai heureux." 그는 말했다. "나는 행복할꺼야."
→ Il a dit qu'il serait heureux. 그는 행복할꺼라고 말했다.

Il a dit : "Je serais heureux." 그가 말했다. "나 행복해."
→ Il a dit qu'il serait heureux. 그는 행복하다고 말했다.

(2) 일반적으로 직접화법이 긍정문이면 que를 명령문이면 de+부정법을 쓰며, 의문문이면 si를 쓰지만, 의문형용사나 의문대명사 의문부사로 물을 때는 그냥 그 의문사를 쓴다.

Il dit : "Je pars." 그는 말한다. "나 떠난다."
→ Il dit *qu*'il part. 그는 떠난다고 말한다.
Il m'a demandé : "Etes-vous malade?"
그가 나에게 물었다. "당신 아프십니까?"
→ Il m'a demandé *si* j'étais malade. 그는 내가 아픈지를 나에게 물었다.
Il m'a demandé ; "Qui êtes-vous?"
그는 나에게 물었다. "당신누구십니까?
→ Il m'a demandé *qui* j'étais. 그는 나에게 누구냐고 물었다.
Il m'a dit : "Partez" 그는 말했다. "떠나라"
→ Il m'a dit *de* partir. 그는 떠나라고 말했다.

(3) 직접화법의 때나 장소를 가리키는 부사도 간접화법에서 바뀐다.

직접화법의 부사	간접화법의 부사
maintenant	alors
ici	là
aujour'hui	ce jour-là
demain	le lendemain
hier	la veille
la semaine prochaine	la semaine suivante
ceci	cela

Il m'a dit : "Je n'ai jusqu'ici rien obtenu."
그는 나에게 말했다. "나는 지금까지 아무것도 가진 것이 없다."
→ Il m'a dit qu'il n'avait jusque-là rien obtenu.
그는 그때까지 아무것도 가진 것이 없다고 나에게 말했다.
Il m'a dit : "Je suis arrivé hier."
그는 나에게 말했다. "나 어제 도착했다"
→ Il m'dit qu'il était arrivé la veille.
그는 그 전날 도착했다고 나에게 말했다

연습문제

A. 기초 문제

1. 아래 예문처럼 괄호 속의 동사를 사용해 복문으로 만드시오.

Pierre : "C'est beau" (penser) → Pierre pense que c'est beau.

① M. et Mme Martin : "Broussac est un village calme" (croire)

② Jacques et Martine : "Ce film est très mauvais" (dire)

③ Le professeur : "Il faut apprendre les conjugaisons" (répéter)

④ M. Fontaine : "Monsieur Dupuis est en vacances" (penser)

2. 아래 문장을 직접화법이면 간법화법으로 간법화법이면 직접화법으로 고쳐쓰시오.

① Il lui dit : "Je suis malade."

② Elle me demande : "Qu'est-ce que vous désirez."

③ On m'a dit : "Reviens demain."

④ Pierre m'a dit que son père était malade.

⑤ J'ai dit qu'il était très gentil.

⑥ Il nous a dit de venir le voir.

3. 아래 문장에서 종속절이 명사절, 형용사절, 부사절인지 구분하시오.

① Je crois qu'on ne peut pas compter sur lui.

② Elle pense que tout le monde doit lui demander son avis.

③ Le livre que vous lui avez conseillé de lire est très difficile.

④ L'avion que tu as pris est un Boeing 707.

B. 기본 문제

1. 아래의 직접화법의 문장을 간접화법으로 쓰시오.

① On m'a demandé : "Est-ce exacte?"

② Il se disait : "Je suis heureux, je réussirai."

③ Elle m'a dit : "Ayez terminé vos devoirs jusqu'à midi."

④ Il s'est demandé : "Qu'est-ce que je ferai d'ici?"

⑤ Il a dit : "Je partirai après-demain."

⑥ Il m'a dit : "Je serai revenu avant midi."

⑦ Elles nous ont demandé : "Depuis quand pleure-t-il?"

⑧ Elle nous a écrit : "Je suis arrivée à Paris il y a trois jours."

2. 아래 간접화법을 직접화법으로 쓰시오.

① Il m'a dit qu'elle serait revenue avant sept heures.

② Léon m'a demandé si j'avais de bonnes places.

③ Jean pensait qu'il avait raison.

④ Il disait qu'il gagnrait la partie.

⑤ Le professeur nous a dit que la terre tourne autour du soleil.

⑥ Il a dit que son père était arrivé la veille.

C. 응용 문제

1. 다음 문장을 직접화법으로 다시 써보시오.

L'infirmière dit aux parents du jeune malade qu'il avait passeé une mauvaise nuit, que maintenant il dormait et que, s'ils désiraient voir leur fils, elle leur recommandait de ne pas le réveiller, car il fallait absolument éviter de le fatiguer et, surtout, qu'il était interdit de lui parler.

2. 예문처럼 밑줄부분을 복문을 단문으로 바꾸어 다시 써보시오.

Je suis sûr <u>qu'il partira demain</u> → Je suis sûr de son départ demain.

① Martine espère <u>que ses parents arriveront la semaine prochaine.</u>

② On souhaite que les relations entre ces deux pays se développeront.

③ Tout le monde croit qu'une nouvelle usine va s'installer dans la région.

3. 밑줄 부분을 예문처럼 부정사를 사용해 단문으로 고칠 수 있는 것은 다시 고쳐 쓰고, 고쳐 쓸 수 없는 것은 왜 그런지 이유를 말해 보시오.

J'espère que je saurai faire cet exercise → J'espère savoir faire cet exercise.

① Je pense que je serai chez moi ce soir.

② J'espère qu'il arrivera à l'heure.

③ Je crois que j'ai encore trop parlé.

④ J'espère que je peut compter sur toi.

⑤ Nous sommes sûrs que nous partirons demain.

⑥ Elle pense qu'elle viendra nous voir demain.

정답 **A. 기초문제**

1. ① M. et Mme Martin croient que Broussac est un village calme. ② Jacques et Martine disent que ce film est très mauvais. ③ Le professeur répète qu'il faut apprendre les conjugaisons. ④ M. Fontaine pense que M. Dupuis est en vacances. 2. ① Il lui dit qu'il est malade. ② Elle me demande ce que je désire. ③ On m'a dit de revenir lendemain. ④ Pierre m'a dit : "Mon père est malade." ⑤ J'ai dit : "Il est très gentil." ⑥ Il nous a dit : "Venez me voir." 3. ① 명사절 ② 명사절 ③ 형용사절 ④ 형용사절

B. 기본문제

1. ① On m'a demandé si c'était exacte. ② Il se disait qu'il était heureux et qu'il réussirait. ③ Elle m'a dit d'avoir terminé mes devoirs jusqu'à midi. ④ Il s'est demandé ce qu'il ferait depuis lors. ⑤ Il a dit qu'il partirait le surlendemain. ⑥ Il m'a dit qu'il serait revenu avant midi. ⑦ Elles nous ont demandé depuis quand elle pleurait. ⑧ Elle nous a écrit qu'elle était arrivée à Paris trois jours avant. 2. ① Il m'a dit : "Elle sera revenue avant sept heures." ② Léon m'a demandé : "Avez-vous de bonnes places?" ③ Jean pensait : "J'ai raison." ④ Il disait : "Je gagnerai la partie." ⑤ Le professeur nous a dit : "La terre tourne autour du soleil." ⑥ Il a dit : "Mon père est arrivé hier."

▶ 참고문헌

▶ 찾아보기

■ 참고 문헌

Le Bon Usage(13e édition : Duculot 1994)

Grammaire Larousse du français contemporain
(J. Dubois, Librairie Larousse : 1991)

La nouvelle grammaire du français
(J. Dubois, Librairie Larousse : 1991)

Grammaire pratique du français d'aujourd'hui
(G. Mauger, Hachette : 1970)

Code du français courant
(H. Bonnard : Magnard : 1998)

Grammaire du français classique et moderne
(R. L. Wagner et J. Pinchon : Hachette Université : 1991)

Grammaire de la phrase française
(Pierre Le Gofic, Hachette : 1993)

Histoire de la langue française
(F. Brunot : A. Colin)

Grammaire du française contemporain
(J. C. Chevalier, Larousse : 2002)

Grammaire descriptive de la langue française
(R. Eluerd, A. Colin : 2004)

찾아보기

● 저자소개

<서정철>

- 한국외국어대학교 프랑스어과 졸업
- 프랑스 소르본느대학교 문학박사
- 영국 Exeter 대학 초빙교수
- 한국외국어대학교 대학원장 역임
- (현재) 외대 프랑스어과 명예교수

▸주요저서 및 논문
- 최신불문법, 신아사
- 현대프랑스어 언어학
- 기타 논문 다수

<이창순>

- (16세) 대입검정고시 합격 후
- 핀란드 헬싱키대학교 인문학부와 외국어대학을 거쳐
- 프랑스 스트라스부르대학교 언어과학전공마침(졸업)(Licence)
- 스트라스부르대학교(대학원과정)언어과학전공(석사)
- 프랑스 루이파스퇴르대학교(ULP) 경제학전공(화폐금융분야), 학·석사과정마침
- 스트라스부르대학교 서양고전어(라틴어, 고언어학) 대학원 제2전공함
- 프랑스 낭시대학교 불어불문학-프랑스문화전공(박사과정)함
- 프랑스 스트라스부르대학교 복수외국어와 (중세필사본)paleography-원문해독비평, 불문학전공 (석사 : 불어불문학/ paleography-서양서지학)
- 프랑스 파리 소르본느대학교 프랑스어과, (전문)프랑스어전공 (고중세/어학, 불어불문 ; 서지-문헌학 ; 언어학, 불어학분야)(박사)
- (현재) 한국외국어대학교 대우교수역임 하고 프랑스어과 재직중임.

▸주요저서 및 논문
- 프랑스어사개요, 신아사
- 프랑스문화의 이해, 학문사
- 유럽과 로망스어의 이해, 신아사
- 로망스어에 대한 상충어의 영향, 프랑스 외 다수

표준 프랑스어 문법

La Grammaire Contemporaine du Français

1판 1쇄 발행 _ 2010년 2월 20일
1판 3쇄 발행 _ 2016년 6월 10일

저　　자 • 서정철·이창순
발 행 인 • 정 현 걸
발　　행 • 신 아 사
인　　쇄 • 한승인쇄
출판등록 • 1956년 1월 5일 (제9-52호)
주　　소 • 서울특별시 은평구 통일로 59길 4 (2F)
전　　화 • (02) 382-6411 • 팩스 (02) 382-6401
홈페이지 • www.shinasa.co.kr
E-MAIL • shinasa@daum.net

ISBN 978-89-8396-646-9(93760)

정가 *25,000* 원